복 있는 사람

오직 여호와의 율법을 즐거워하여 그 율법을 주야로 묵상하는 자로다.
저는 시냇가에 심은 나무가 시절을 좇아 과실을 맺으며 그 잎사귀가 마르지 아니함 같으니
그 행사가 다 형통하리로다. (시편 1:2-3)

「완전한 진리」는 깊이 있는 세계관 분석과 빼어난 글 솜씨가 빛나는 참으로 놀라운 책이다. 기독교적 관점에서 현대문화를 분석한 최고의 작품이다.

_제임스 사이어 | 「기독교 세계관과 현대사상」 저자

피어시는 갈수록 세속화하는 세상 속에서 한층 믿을 만하고 진실한 증거로 우리를 인도한다. 이 책을 읽는 이들은 모두 굉장한 유익을 얻을 것이다.

_제임스 패커 | 리젠트 칼리지 신학교수

낸시 피어시는 이 책에서 기독교 세계관을 이론으로만 아니라 정치와 문화 등 삶의 전 분야에 실천적으로 적용하는 데 탁월한 능력을 보여주었다. 프란시스 쉐퍼의 '기독교는 인간의 경험과 지식에 정확히 일치하는 바른 진리'라는 명제를 오늘의 언어로 가장 잘 발전시킨 책이다.

_성인경 | 한국 라브리 대표

오늘날의 모든 갈등과 사회문제의 근본은 결국 그 저변에 숨어 있는 세계관의 싸움이라고 생각합니다. 그리스도인들이 가정, 학교, 일터의 한복판에서 직면하는 수많은 이슈들에 당황하는 이유는 성경적 세계관으로 무장되어 있지 못하기 때문입니다. 오늘날 성도들은 피상적인 신앙에 갈팡질팡하며 일관성이 없는 모습으로 방황하고 있습니다. 낸시 피어시의 「완전한 진리」는 이런 문제로 고민하는 한국의 그리스도인들에게, 특히 학부모와 교사 그리고 기독교적 세계관으로 성도들을 양육하고자 진지하게 고민하는 목회자들에게 실제적인 도움을 제공하는 양서가 될 것입니다.

_이동원 | 지구촌교회 원로목사

이 책은 세계관 관련 서적을 수없이 대해 온 학자들도 놀라게 한다. 물론 기쁨과 감사가 따르는 경이다. 낸시는 세계관 연구의 산실인 캐나다 기독교 학문연구소(ICS)를 거친 후 훌륭한 저술가로 활약해 왔다. 그녀의 저술 중 최고라 할 수 있는 이 책은 철학서처럼 어렵게만 느껴지는 여타의 세계관 책과는 차원을 달리한다. 이 책은 학문적 규모나 다루는 영역에 있어 방대할 뿐 아니라, 그 깊이와 시대적 적실성에 있어서도 모두 최고점을 줄 수 있는 탁월한 책이다.

_ 신국원 | 총신대학교 신학과 교수

「완전한 진리」는 낸시 피어시 특유의 명료성, 가독성, 지적 깊이가 돋보이는 책이다. 이 책은 문화적으로 적실한 통합된 성경적 세계관을 열정적으로 제시하고 있다. 이처럼 신앙적·지적으로 흠잡을 데 없는 동시에 기분 좋게 술술 읽히는 책은 참으로 보기 드물다.

_ 알버트 월터스 | 「창조, 타락, 구속」 저자

낸시 피어시의 글을 읽어 본 사람이라면, 그녀가 세심한 문학비평과 최근 사안에 대한 예리한 논평과 문화에 대한 창조적 분석을 명징하고 쾌활한 언어로 제시하리라 기대하기 마련이다. 「완전한 진리」는 그런 기대를 저버리지 않는다. 이 책은 오늘날 기독교가 대면한 가장 중대한 이슈들과 씨름하고 있다.

_ 폴 마샬 | 「천국만이 내 집은 아닙니다」 저자

낸시 피어시는 프란시스 쉐퍼 이래 기독교 세계관을 가장 통찰력 있게 적용하여 세계관 분석을 한 차원 높인 인물이다.

_ 진 에드워드 비스 | 「현대사상과 문화의 이해」 저자

전체를 보면서도 고백적인, 눈부신 걸작이다. 페이지마다 예리한 통찰로 가득 차 있다.

_ 랄프 윈터 | U. S. Center for World Mission 대표, 「미션 퍼스펙티브」 저자

피어시는 현대과학이 기독교의 입장을 어떻게 지지하는지, 왜 더 많은 그리스도인들이 그 사실을 알아야 하는지를 놀랍도록 명료한 사고와 문장으로 설명해 준다.

_ 마이클 베히 | 「다윈의 블랙박스」 저자

낸시 피어시는 광범위한 문화적 지평을 넘나들며 세속의 사상과 기독교의 지향을 한데 엮어 냈다. 프란시스 쉐퍼가 사상과 그 결과를 분석하는 믿음직한 일반 분석 틀을 제시했다면, 피어시는 더 깊이 들어가 쉐퍼의 생각이 옳았음을 예증한다.

_ 우도 미들맨 | 프란시스 쉐퍼 재단 책임자

읽기 쉽고, 잘 정리되고, 종종 도전적인 낸시 피어시의 글을 통해 우리는 세계를 보다 분명하게 볼 수 있게 된다. 이 책을 읽는 이들은 이제 전과는 다르게 살게 될 것이다.

_ 베키 노튼 던럽 | 헤리티지 재단 외교분과 부대표

보석 같은 지성에 의해 쓰여진 「완전한 진리」는 탁월하다.

_ 라엘 애링턴 | *Worldproofing Your Kids* 저자

「완전한 진리」는 우리가 낸시 피어시에게 기대해 마땅한 연구의 깊이와 광범위한 내용을 전해준다.

_ J. P. 모어랜드 | 탈봇 신학교 철학교수

나는 복음의 진리가 삶의 모든 부분에 적실하다고 믿는 낸시의 고집스런 지적 끈기를 사랑한다.

_ 켈리 몬로 컬버그 | *Finding God at Havard* 공저자

미국의 가장 탁월한 저자가 쓴 기독교 세계관에 관한 가장 진지한 탐구서!

_ 마이크 애덤스 | *Welcome to the Ivory Tower of Babel* 저자

진지한 내용에 역사적 깊이와 기독교적 성실함이 어우러진 책을 만나기란 쉽지 않다. 게다가 읽기 쉬운 책은 더더욱 드물다. 만일 당신이 오늘날의 문화가 혼란스럽고 그 속에서 갈피를 못 잡고 있다면, 이 책을 읽으라.

_ 제임스 스킬런 | 공공의 정의 센터 대표

낸시 피어시는 재능이 많은 작가이자 사상가다. 그녀는 문화의 흐름과 복잡다단한 정치와 철학적 견해들이 일으키는 소란스런 목소리에 명징함과 통찰력을 부여한다.

_ 프랜시스 J. 벡위스 | 바빌론 대학 교수

우리가 하는 일에 우리의 세계관이 투영되지 않는다면, 얼마나 많은 그리스도인이 문화적으로 영향력 있는 자리에 있는가는 전혀 중요하지 않다. 「완전한 진리」는 삶의 모든 국면을 하나님 영광을 위해 살라는 성경의 권면을 회복해 준다.

_ 윌리엄 위치터맨 | 미국 국회 보좌관

변증, 세계관 분석, 사회 논평, 실제적 지침이 절묘하게 조화된 책이다. 피어시의 지식과 혜안과 믿음은 우리 시대 몇 안되는 현실적인 기독교 사상가들 가운데 단연 최고다.

_ 데이비드 림보 | 칼럼리스트

「완전한 진리」는 명확하고 통찰력이 넘친다. 깊이 생각해 봐야 할 철학적 주제를 다루지만, 술술 읽히는 훌륭한 책이다.

_제이 리처드스 | 디스커버리 연구소 부소장

이 훌륭한 책에서 낸시는, 그리스도인들이 교회문을 나설 때 자기 세계관을 점검하지 않는다는 사실을 지적한다. 자기 직장과 취미와 학업에 기독교적 덮개를 씌우는 것만으로는 부족하다. 삶 전반과 신앙이 완전히 통합되어야 하는 것이다.

_커트 러블리스 | 라이프워크 포럼 이사

매력적인 책이다! 그녀의 관점은 신선하고, 유용하며, 감동적이고, 도전적이다. 「완전한 진리」는 간명하지만 깊이 있고, 열정이 넘치지만 설교하지 않는다. 넓게 보지만 본질적인 사안에 집중해 있다.

_존 밴터 스텔트 | 도트 대학 철학과 명예교수

나는 낸시 피어시 개인의 이야기를 좋아한다. 그 이야기는 그녀가 다루는 사안을 살아나게 한다. 명징하고 구체적이며 생생한 그녀의 글에 감사한다. 그녀가 전하는 메시지는 널리 읽힐 만하다.

_마이클 고힌 | 리디머 대학 교수

열정과 기술을 고루 갖춘 낸시 피어시는 기독교 세계관의 요소를 제시할 뿐 아니라 사회 속에서 그리스도인의 실천이 설득력을 갖는 사례를 보여준다.

_케비 앤더슨 | 미국 부패감시부 장관

피어시는 가장 깊이 있는 내용과 복잡한 이슈를 명징하게 제시하는 데 타의 추종을 불허한다.

_테드 베어 | '무비 가이드' 설립자

완전한 진리

Nancy R. Pearcey

Total Truth

완전한 진리

낸시 피어시 지음 | 홍병룡 옮김

완전한 진리

2006년 5월 18일 초판 1쇄 발행
2025년 9월 26일 초판 30쇄 발행

지은이 낸시 피어시
옮긴이 홍병룡
펴낸이 박종현

(주) 복 있는 사람
주소 서울특별시 마포구 연남동 246-21 (성미산로 23길 26-6)
전화 723-7183(편집), 723-7734(영업·마케팅)
팩스 723-7184
이메일 hismessage@naver.com
등록 1998년 1월 19일 제1-2280호
ISBN 89-90353-42-4

Total Truth
by Nancy Pearcey

Original edition copyright ⓒ 2004, 2005 by Nancy Pearcey
Published by Crossway Books
a division of Good News Publishers
1300 Crescent Street, Wheaton, Illinois 60187, U.S.A.
through KCBS Literary Agency, Seoul, Korea.
Korean Translation Copyright ⓒ 2006 by The Blessed People Publishing Inc., Seoul, Korea.
All rights reserved.

본 저작물의 한국어판 저작권은 KCBS Literary Agency를 통해 Crossway Books와 독점 계약한 (주) 복 있는 사람이 소유합니다. 저작권법에 의하여 한국 내에서 보호받는 저작물이므로 무단전재와 복제를 금합니다.

차례

추천의 글   17
필립 존슨 서문   23
한국어판 서문   29

머리말   37

정치로는 충분치 않다 / 우리의 자녀들을 잃어버리고 있다
가슴과 머리의 분리 / 권력 장악에 불과한가? / 마음의 지도
학문적 차원에 국한된 것이 아니다 / 세계관 훈련

제1부 세계관이란 무엇인가

1. 이분법적 사고를 넘어서_ 창조, 타락, 구속   63

분열된 지성 / 성경학교 중퇴자 / 미묘한 유혹 / 계몽주의의 우상
두 개의 도시 / 절대적인 존재 / 아리스토텔레스의 도구
성경적 도구상자 / 방향을 읽으라 / 성장하도록 주어진 삶 / 개인적 여정
잔소리꾼과 부랑배 / 사랑 안에서, 창조적으로

2. 다시 찾은 기쁨   125

실리의 비결 / 국회의사당에서의 죄책감 / 이중언어 구사하기 / 믿음의 간격
조각난 헌신 / 기독교의 정신분열현상 / 이원론으로부터의 탈출
균형 잃은 기독교 / 이제는 통합된 삶이다

3. 종교가 있어야 할 자리   189

고삐 풀린 이성 / 두 가지 피해 / 데카르트의 분할 / 칸트의 모순
지적으로 완성된 무신론자들 / 세속적 신앙의 도약 / 세계관 전쟁
당신의 세계관은 너무 작다 / 제국주의적 "사실" / 캠퍼스에서의 전쟁
자유주의의 찌꺼기 / 오늘날의 복음전도 / 이 시대의 영
C. S. 루이스의 참 신화 / 온전한 진리

4. 영적 황무지에서 살아남으려면   237

금지된 사상의 신비감 / 정직한 답변 / 실제적인 세계관
이웃집의 세계관 / 세계관 선교사들

제2부 최초의 시점으로 돌아가서

5. 다윈과 베렌스타인 곰의 만남　　　　　　　　　　　289

보편적인 산화(酸化) 현상 / 유치원 수준의 자연주의 / 과학의 홍보요원들
허튼소리 탐지기 / 펑크 과학자들 / 새와 박쥐와 벌 / 신의 발을 문 안에
종교가 되어 버린 진화론 / 구출 작전에 나선 버클리 / 닫힌 체계, 꽉 막힌 지성
공적 담론의 장에서 발언권을 얻다 / 모든 학생이 알고 있는 것

6. 상식에 기초한 과학　　　　　　　　　　　　　　337

작은 녹색 인간들 / 눈먼 시계공? / 설계의 흔적들
상대주의를 수용한 그리스도인 / 요정 이야기
자연주의자의 의자에서 일어서라

7. 다윈주의의 보편화 현상 _ 오늘은 생물학, 내일은 세계　　387

보편적인 다윈주의 / 만인을 위한 진화
강간에 대한 다윈적 근본주의의 입장 / 진화와 유아 살해
피터 싱어의 파격적인 주장 / 다윈화되는 문화 / 자가당착의 논리
유전자에게 호수에 뛰어들라고 말하다 / 마음의 지도
세계관의 충돌 / 레오 스트라우스의 딜레마
거듭난 다윈주의자들 / 식탁을 교실로

8. 철학적 다윈주의　　　　　　　　　　　　　　　425

흄즈, 신앙을 잃다 / 다윈의 새로운 논리 / 생각의 현금 가치
종교는 당신에게 무슨 가치가 있는가 / 딱딱한 마음, 부드러운 마음
다윈의 제자들 / 미국을 변화시킨 사상 / 총에서 나오는 진리
거기 계시며 말씀하시는 하나님 / 인지적 전쟁

제3부 복음주의는 어떻게 지성을 잃어버렸는가

9. 복음주의는 무엇이 좋은가_ 제1차 대각성운동　　467
채워질 수 없었던 덴젤의 지적 욕구 / 과거로 돌아가서 / 정체성 확인
승자는 누구? / 정부가 상처입은 자들을 도와줄 때 / 서부 변경의 종교
폭풍을 뚫고 다니는 사람들 / 변경지방의 복음화

10. 미국과 기독교가 만나 누가 이겼을까_ 제2차 대각성운동　　505
교회로 들어온 민주주의 / 자연 상태의 미국 / 1800년의 시간을 뛰어넘어
제퍼슨을 지지하는 그리스도인들 / 교통경찰은 필요 없다 / 자력으로 사는 사람들
설교자, 공연가, 이야기꾼 / 유명인사 스타일 / 우리는 홍보를 믿는다 / 민중 선동가?
범죄자의 회랑이 아니다 / 자아가 다스리는 시대가 열리다

11. 이층적 진리를 받아들인 복음주의　　543
상식적 실재론 / 성경이라는 과학 / 캠벨의 이성주의적 접근
현대인을 위한 옛날 책들 / 오직 성경? / 허공에 바탕을 둔 시각
두 마음을 품은 복음주의 / 상식적으로 이해하기 / 리드와 로마서 1장
그릇된 정보를 전하는 장관 / 철학적 "속임수"
지성적 삶의 표지들 / 상자에 갇힌 신자들

12. 여성은 어떻게 문화전쟁을 시작했는가　　597
여성과 대각성운동 / 가정이 곧 일터였던 시대 / 공동체적 남성다움
피난처로서의 가정 / 남자들은 왜 가정을 떠났을까 / 정열적인 남성 / 남자 길들이기
교회의 여성화 현상 / 도덕과 자비 / 여성적 표준과 남성의 분노 / 남자다운 남성
놀이방 아빠 / 페미니스트의 격분 / 여성이 잃어버린 것은 무엇인가?
도덕적 재무장 / 이중 잣대는 없다 / 가정을 개조하는 것
사적이고 개인적인 / 삶의 청사진

제4부 그러면 우리는 어떻게 살 것인가

13. 참된 영성과 기독교 세계관   645

렘브란트의 자유 / 쉐퍼의 위기 / 마음의 우상들 / 십자가 신학
배척받고, 죽임당하고, 살아나는 것 / 생명을 낳는 기계
하나님의 일, 하나님의 방법 / 금과 은과 보석 / 보증된 결과
메시지를 마케팅하기 / 더 많은 돈, 더 많은 사역 / 기독교 기관의 운영방식
좋은 단계에서 위대한 단계로 / 아이디어와 글을 도용하는 것
작은 사람이란 없다 / 섬기는 지도자 / "잘못함"으로써 바로잡다 / 참된 영성

부록 1_ 미국의 정치는 어떻게 세속화되었는가   701
부록 2_ 현대 이슬람교와 뉴에이지 운동   709
부록 3_ 유물론과 기독교 사이의 기나긴 전쟁   717
부록 4_ 라브리의 실제적 변증 사역   725

추천도서   733
주   749
찾아보기   857
스터디 가이드   879
옮긴이의 글   929

추천의 글

2004년 미국 미시간 주에 있는 칼빈 칼리지에서 1년간 가르친 뒤 다시 서강대로 복귀했을 때였다. 첫 학기에 예전처럼 '철학과 현실'이란 과목을 가르치게 되었다. 타인·행복·노동·정의·사랑·욕망·고통·죽음·신앙·삶의 의미·나의 존재 등 우리 일상의 구체적인 삶의 주제들을 가지고 학생들과 토론을 하면서 수업을 진행했다. 65명 정도 참여했는데 토론을 진행하기에는 수가 너무 많았으나 매 시간마다 열띤 논쟁이 이어졌다. 학기 초반이 지나 중간 정도에 들어설 때부터 어느 주제를 토론하든지 주장의 내용이 두 편으로 갈라졌다. 정확하게 조사해 보지는 않았지만, 기독교 신앙을 가진 것으로 보이는 학생들과 그렇지 않은 학생들로 전선(戰線)이 형성되었다. 나는 어느 편의 손을 들어주기보다는 두 쪽 모두 자신의 주장을 말이 되게, 다른 사람들이 충분히 수긍할 수 있도록 논거를 대면서 이야기하도록 계속 추궁했다.

매주 토론 내용을 정리하고 자신의 생각을 덧붙여 글을 써내도록 하였다. 강의가 끝난 뒤, 그 가운데서도 토론에 비교적 활발하게 참여했던 한 학생이 마지막 페이퍼 끝에 이렇게 적어 두었다. "저는 곧 졸업을 앞두고 있습니다. 졸업하기 전에 교수님 강의에 꼭 한번 참여해 보고 싶었습니다. 좋았습니다. 그러나 수업시간마다 참담함을 금치 못했습니다. 저는 교회에서나 선교단체에서는 어떤 주제를 토론할 때마다 아무 어려움 없이 말할 수 있었습니다. 수업시간에 다룬 주제도 아마 제가 교회 안에서나 제가 속한 선교단체에서 토론했다면 성경책을 펼치면서 훨씬 쉽게 얘기할 수 있었을 것입니다. 그러나 철학 수업을 하는 교실에서는 그렇게 할 수 없었습니다. 제가 무엇보다 절실하게 느낀 것은 저에게 어휘가 부족하다는 사실이었습니다. 반종교적 세계관이 문제가 많다는 것을 알면서도 제가 가진 기독교 세계관을 그 사람들에게도 말이 되게 설명할 수 있는 어휘가 제게 없었습니다. 교회에서 배운 어휘 외에, 다른 어휘가 없었습니다. 열심히 하겠습니다. 성경책 외에, 그리고 기독교 신앙서적 외에도 다른 책들도 신앙과 관련해서 열심히 읽도록 노력하겠습니다."

이 학생이 말한 "문제"는 단순히 어휘 문제가 아니었다. 현대사상에 유행하는 몇몇 어휘를 모른다고 토론시간에 기독교적 입장을 적극적으로 변호할 수 없는 것은 아니다. 문제는 "세상의 언어"로 자신이 믿고 있는 바를 이야기하는 훈련을 받지 못했다는 것이다. 성경을 읽고 성경을 통해서 자신을 돌아보고 자신의 삶을 "믿음의 언어"로 말하는 데는 익숙하지만 그렇게 형성된 자신의 신념과 믿음, 자신의 지식을 그 언어를 쓰지 않는 대학의 강의실에서 지식인들에게 통용되는 "세상의 언어"로 번역해 이야기할 수 없었던 것이 문제였다.

우리가 교회에서 사용하는 언어는 세상의 관점에서 보자면 일종의 "게토"화 된 언어다. 우리끼리는 충분히 알아들을 수 있는 말이다. 바깥 사람은 교회 안으로 들어와 이 언어를 서서히 배워가면서 교회 특유의 언어를 이해하게 된다. 그러나 세상에서 세상 사람들과 어떤 문제를 두고 이야기할 때는 세상 사람들이 알아들을 수 있는 언어로 이야기할 수 있는 훈련이 되어야 한다. 예컨대 우리가 흔히 세상의 영역이라 생각하는 정치나 경제, 사회나 문화를 두고 믿지 않는 사람들과 토론할 때, 우리는 곧장 성경의 언어를 가지고 사람들을 설득시키려고 할 수 없다. 성경을 통해 형성된 신앙과 지식이 참된 것이라면 그것을 세상의 언어로 번역해서 설득시키려고 노력해야 한다. 이런 능력을 키우는 일에 교회나 신학교나 그곳에 종사하는 사람들이 거의 무관심했다고 말해야 할 것이다.

만일 성경의 가르침이 참이라면 그것은 단지 영혼 구원과 우리의 내면생활에 국한되지 않을 것이다. 성경의 진리는 어떤 일에나 무슨 일에나, 신약성경의 표현대로, "만유"에 적용될 것이다. 하나님은 만유의 주이시다. 그리스도의 십자가 위에서의 피 흘리심은 만유를 하나님과 화해시키는 일이다. 교회는 만유를 화해시키는 그리스도의 사역에 함께 참여하도록 부름받은 공동체이며 그리스도인은 성령 안에서, 성령의 능력과 지혜로 자신의 삶과 자신이 처한 삶의 각 영역에서 회복의 사역을 맡은 사람들이다. 하나님의 구원

역사의 이 우주적 계획을 수용한다면 기독교 신앙과 복음, 그리스도인의 삶의 영역은 개인에게만 국한되지 않을 뿐더러 이른바 "영적인 것", "하늘에 있는 것"에도 국한되지 않는다. 그리스도인의 삶의 영역은 개인적인 것을 넘어 이 세상 모든 것으로 확장된다. 이 세상 어느 것도 하나님의 것이 아닌 것이 없다. 그러므로 어떤 일을 하든지 그것이 죄 짓는 일이 아니면, 그리고 하나님께서 각자에게 주신 은사에 따라 마치 "주께 하듯" 한다면 하나님의 일 아닌 것이 없다. 아이를 키우는 일을 하든지, 공무원 생활을 하든지, 공부를 하든지, 사람을 가르치는 일을 하든지, 이 일은 모두 하나님의 일이다. 이 일을 하면서 우리는 "믿음의 언어"를 "세상의 언어"로 끊임없이 번역하고 바꾸어 나가는 작업을 해야 한다.

이 책은 그리스도인들이 "이중 언어"(bilingual) 능력을 갖기를 호소한다. 믿음의 언어를 정치와 경제, 사회와 문화, 예술과 학문 영역에서 통용될 수 있는 세상의 언어로 번역하여 사용할 수 있는 능력을 역설한다. 여기에는 기독교 신앙이 단지 체험의 문제가 아니라 진리의 문제이며 기독교의 진리는 단편적인 진리가 아니라 총체적 진리라는 확신이 깔려 있다. 그런데 우리가 이중 언어를 구사하기 위해서는 몇 가지 조건을 갖추어야 한다. 우선 자신이 속한 영역의 언어를 잘 구사해야 한다. 예컨대, 나의 경우에는 내가 하는 철학 분야의 언어를 완벽하게 소화하고 그것을 올바르게 구사할 수 있어야 한다. 그렇지 않고서는 아무도 듣지 않는다. 이렇게 하는 데는 능력뿐만 아니라 시간과 열정과 엄청난 노력이 필요하다. 동시에 내가 속한 그리스도인들의 공동체 언어를 완벽하게 소화하고 그것을 이해해야 하고 이 공동체에서 가르치는 진리와 전통에 익숙해 있어야 한다. 그렇게 해야 성경과 그리스도인의 공동체를 통해 배운 참된 도리와 삶의 모습을 세상의 언어로 번역해서 말할 수 있다. 이 책의 1부는 이중 언어 능력을 갖기 위해 성과 속의 이원론을 벗어나야 한다고 말한다.

그런데 우리가 대학을 통해 배운 언어에는 근대를 통해 형성된 일정한 세계관이 이미 깔려 있다. 여기에는 적어도 세 가지 세계관이 관련되어 있다. 존재하는 것은 오직 자연밖에 없으므로 하나님이나 계시나 초자연적인 일은 없다고 보는 이른바 "자연주의"(naturalism)와, 참과 거짓과 옳고 그름은 실제로 존재하는 현실이 아니라 우리의 약속이나 관습에 근거하고 있다고 보는 "반실재론"(anti-realism), 그리고 모든 것을 인간 경험과 판단을 중심으로 보고자 하는 "인간주의"(humanism)이다. 그리스도인은 이들의 언어로 이들과 논쟁하고 답변할 수 있는 준비를 해야 한다. 이 책 2부는 특히 다원주의와 관련해서 자연주의가 안고 있는 문제를 보여주며, 3부는 미국의 복음주의가 어떻게 지적 관심을 잃어버렸는지 그 과정을 잘 보여준다. 공적인 것과 사적인 것의 분리, 사실과 가치의 분리가 주요 분석개념으로 등장한다. 이를 통해 복음주의 교회도 이 점에서 근대 이원론에 희생되어 왔음이 드러난다. 공적인 공간에서 "성경의 언어"를 "세상의 언어"로 번역해서 사람들을 설득하고 삶의 모습을 가꾸어 갈 능력이 상실된 과정을 알 수 있다. 4부의 논의를 통해, 진리는 아는 데 그치는 것이 아니라 결국 삶으로 사는 것임을 알게 될 것이다. 이것이야말로 최상의 전도요 신앙의 변증이며 최상의 번역이다.

　이 책은 여러 가지 의미에서 미덕을 갖추고 있다. 우선 무엇보다도 모든 문제를 단순화시키지 않고 자세히 여러 측면을 고려하면서도 일상적인 예를 통해 세계관의 문제가 무엇인지 쉽게 이해할 수 있도록 쓰여 있다. 세계관적 안목을 가지고 여러 사상체계를 분석할 수 있는 구체적인 본보기를 제시한 것도 이 책이 지닌 장점이다. 프란시스 쉐퍼를 위시한 20세기뿐 아니라 현재의 주요 기독교 사상가들의 사상이 거의 종합되어 녹아 있는 것도 이 책이 가진 장점이 될 것이다. 미국의 예가 많으나 이것도 우리의 모습을 비추어볼 수 있는 좋은 거울이 될 것이다.

　나는 이 책을 한국의 모든 그리스도인과 목회자와 심지어 신학자들조차 읽었으면 좋겠다고 생각하지만, 누구보다도 기독교가 과연 진리인가 하는 물음을 가지고 고민하는 고등학생들과 대학생들이 널리 읽기를 간절히 소망한다. 그리하여 기독교가 우리의 지성과 의지와 감성, 우리의 전 인격을 만족시켜 줄 뿐 아니라, 실재하는 세계에 대한 가장 합당한 설명을 해줄 수 있는 진리임을 알고 그 진리를 겸손하게 삶으로 실천하는 그리스도인으로 자라기를 희망한다. 이 책에서도 인용한 레바논 출신 기독교 철학자 찰스 말릭의 말을 기억하자. "문제는 영혼을 얻는 것뿐만 아니라 지성도 구하는 것이다. 온 세계를 얻고도 세계의 지성을 잃어버린다면 세계를 얻지 못했음을 당신은 곧 알게 될 것이다."

서강대학교 철학과 교수
강 영 안

필립 존슨 서문

낸시 피어시가 자신이 쓴 "세계관"(worldview) 관련 책의 서문을 부탁했을 때 나는 선뜻 그 영예를 받아들였다. 내가 그 부탁을 영예롭게 여긴 이유는, 이 책이 특별한 능력을 가진 저자가 쓴 아주 중요한 책이기 때문이다.

그 원고를 읽고 검토하는 것이 나는 너무나 기뻤고, 이제 장차 이 책을 읽을 잠재적인 독자들에게 내가 경험한 즐거움을 똑같이 즐기도록 설득하는 것이 나로서는 일종의 큰 호의를 베푸는 일인 양 느껴지기까지 한다. 낸시 피어시는 그녀의 저작을 아는 모든 이들에게 크게 존경받는 훌륭한 저자다. 이 책을 통해 그녀로서는 지금까지 그 사상과 저술이 마땅히 받아야 했던 찬사를 아낌없이 받게 되기를, 그리고 독자들은 여기 담긴 해방의 메시지에서 지적·영적 갱신의 열쇠를 발견하게 되기를 기대하는 바다.

세계관을 하나의 중요한 주제라 말한다면 그것은 삼가서 하는 표현이리라. 오히려 나는 세계관이 어떻게 형성되는지, 세계관이 어떻게 생각을 지도하거나 제한하는지를 아는 것이 다른 모든 것을 이해하는 필수 요건이라고 말하고 싶다. 세계관을 이해하려는 것은 자기 눈의 렌즈를 보려고 애쓰는 것과 비슷하다. 우리는 보통 우리 자신의 세계관을 보지 못하지만, 그것을 통해서 다른 모든 것을 본다. 간단히 말하면, 우리의 세계관은 우리가 세계를 조망하고 무엇이 실재적이고 중요한지 또는 무엇이 비실재적이고 중요하지 않은지를 (종종 잠재의식 가운데) 결정하는 창문이다.

어쩌면 세계관은 편견들의 집합체일지도 모른다. 그렇다 하더라도 편견은 필요한 것인데, 우리가 백지 상태에서 시작해서 스스로 모든 것을 조사할 수는 없는 노릇이기 때문이다. 가령 누군가가 나에게 자신은 기도중에 하나님의 인도를 받는다고 말하거나, 과학이 모든 것을 확실히 알 수 있는 유일한 길이라고 주장하거나, 혹은 선과 악 사이에 객관적인 차이가 없다고 말할 경우, 나로서는 상대방이 그저 착각을 하고 있는 것인지 아니면 진지하게 고려해야 할 만큼 지각 있는 얘기를 하는 것인지 당장 판단할 수 있도록 돕는 실제적인 준거 틀이 필요하다.

비슷한 예를 들자면, 내가 버클리 대학교의 동료 교수들에게 진화론을 믿지 않는다고 말할 때 나로서는 그들이 왜 나의 입장을 심각하게 받아들이기 어려워하는지, 혹시 진화론에 대한 나의 반대가 창세기가 아니라 과학적 증거에 기초하고 있음을 믿기 어려워하는 것인지 그 이유를 알 필요가 있다. 단적인 이유는 진화와 그에 수반되는 철학이 아주 깊은 차원에서 바로 그들의 세계관을 형성하고 있기 때문에, 그들로서는 그 이론이 과학적 증거와 상반될 수 있다는 가능성을 상상조차 하기 어렵기 때문이다.

우리 각자는 나름대로 하나의 세계관을 갖고 있으며, 그 세계관은 우리가 미처 인식하지 못할 때라도―아니 특히 그러할 때―우리 생각을 지배한다. 그렇기 때문에 좋은 의도를 품은 악인을 심심찮게 만나게 된다. 이를테면, 스스로 그리스도인이라 확신하고 교회에 충실히 출석하며 심지어는 지도자의 위치에 있는 사람이 별도의 세계관에 젖은 나머지, 일상생활에서 접하는 문제를 해결할 때는 기독교적 원칙을 쉽게 무시해 버리는 모습을 보게 되는 것이다. 그의 경우, 기독교적 원칙을 내면 어느 한구석에 나름대로 성실히 간직하고는 있지만 실제적인 결정은 그와 다른 방에서 이루어진다. 그런 사람은 예수께서 세상을 심판하러 다시 오신다고 믿으면서도 세상 기준에 맞추어 살아가느라 여념이 없다.

이와 마찬가지로, 기독교 교육이라는 것도 우리 청소년들이 안전한 기독교 가정을 떠나자마자 반드시 직면하게 될 세계관적 도전에 대처하고 그것을 극복하도록 준비시켜 주지 못한다면 소득 없는 노력에 불과하게 될 것이다. 아니 그런 도전은 믿는 가정에서 생활하는 중에도 기독교적 환경에서 교육을 받는 중에도 올 수 있는데, 미디어와 인터넷의 영향이 일상에 너무나 만연해 있기 때문이다. 예를 들어, 어느 청소년이 아주 훌륭한 기독교적 원칙들을 배우며 자랐더라도 그런 원칙은 소위 "종교적 신념"이라는 특정한 범주에만 들어맞는 것으로 생각할 수 있다.

조만간에 대학에 들어간 그 청소년은 불신자 교수들, 심지어는 그리스도인 교수들조차 은연중에 종교적 신념은 세상이 어떻게 작동하고 있는지를 배울 때는 잠시 옆으로 제쳐 놓아야 한다고 가르칠 때, 서서히 그런 신념에서 멀어지는 것을 정상적인 성숙의 과정으로 여기는 모습을 보게 될 것이다.

교수들이 왜 그렇게 생각하는 것일까? 그 이유는 물론 그들이 몸담고 있는 학문 영역이 지닌 지배적인 신념체계로 말미암은 것이다. 그것은 대다수의 일간신문이나 TV 방송국 뉴스 편집실의 문화이기도 하다. 그런데 사람들이 자기를 둘러싸고 있는 문화로부터 영향을 받는다고 말한다 해서 그것이 우리 문화가 어떻게 과거와는 전혀 다른 현재의 상태에 이르게 되었는지를 설명해 주는 것은 아니다. 오늘날 근대적 혹은 포스트모던한 미국문화에 숨겨진 편견들에 압도되지 않고 거기서 살아남기 위해서는, 각자가 그러한 편견들을 인식할 줄 알아야 하고 그 배후에 있는 사고방식을 이해해야 한다. 흔히 "모든 합리적인 사람들이 생각하는 방식"이라는 딱지를 달고 있는, 우리가 깨어 있지 않으면 우리의 믿음까지 삼켜 버릴 만큼 널리 퍼진 가정(假定)이 어떤 면에서 잘못되었는지 우리 자신과 타인에게 설명할 수 있어야 한다.

세계관 분석에 대한 올바른 교육은 현대 그리스도인의 방어체계의 기본요소다. 이는 과거에 신중한 여행객이 칼을 가진 강도의 습격을 막기 위해 몸에 지니고 다녀야 했던 방패와 비슷하다. 오늘날 지적인 약탈자들은 "만인이 알고 있는 것" 혹은 "오늘날 우리가 생각하는 방식"과 같은, 바람 따라 모양이 바뀌는 모래 위에 쌓은 논리를 앞세우면서 방심한 청소년들로부터 믿음을 빼앗아 간다. 따라서 청소년들은 든든한 반석을 찾아야 할 뿐 아니라 그 반석이 왜 든든한지, 그리고 세상은 왜 변화무쌍한 모래를 선호하는지 모두 알아야 한다.

보통 사람들이 흥미롭게 읽을 수 있는 동시에 피상적인 수준을 넘어 학문적 깊이의 이해를 도모할 수 있는 세계관 분석에 관한 책을 쓰려면 특별한 재능이 요구된다. 미국문화가 20세기를 거치면서 엄청나게 변했다는 점은 누구나 알고 있다. 하지만 그런 변화가 일어난 과정, 곧 처음에는 이상하게 보였거나 별로 중요하게 여겨지지 않았던 사상과 습관이, 마침내 대중문화에 깊이 파고들어 이제는 저항할 수 없을 만큼 확고히 자리잡게 된 경로를 이해하는 사람은 무척 드물다. 오늘날 우리가 처한 상황은 이전 시대의 사상에 그 뿌리를 두고 있다. 불과 얼마 전만 하더라도 아주 사악한 범죄로 간주되었던 행위가, 지금은 관용의 대상이 될 뿐더러 새로운 규범으로까지 자리잡기에 이르렀다. 그런 행위를 비난하거나 그와 같은 새로운 규범을 열렬히 환영하지 않는 것만으로도, 이제는 오히려 사회적 비난이라는 무거운 압력을 느끼지 않을 수 없게 되었다. 행위상의 변화는 세계관의 변화에 의해 초래된 것이며, 이것이 그러한 새로운 유행을 좇는 이들의 사고방식을 바꾼 셈이다.

여기서 이 글을 마감하고 이제 여러분을 낸시 피어시의 글로 초대하기 원한다. 여러분은 즐거운 마음으로 이 책을 읽게 될 뿐 아니라, 실재에 관한 참된 지도를 포함해 기독교적 지성을 형성하는 데 필요한 모든 요소와 정보를 얻게 될 것이다. 그리스도인 부모와 목회자, 교육자 및 여러 지도자들이 이 주제에 대해 마땅히 중요성을 부여하고 가정과 교단과 학교에서 철저히 가르치면서 몸소 실천에 옮길 때, 우리는 세상적인 지혜에 더 이상 두려워하거나 겁을 먹을 필요가 없음을 알게 될 것이다. 이제 다같이 그 여정을 시작해 보기로 하자.

캘리포니아 주 버클리에서
필립 존슨(Philip Johnson)

한국어판 서문

그리스도인은 각 시대마다 성경의 영원한 진리를 참신한 방식으로 전파할 소명을 받은 자들이다. 한 세대가 제기하는 질문은 앞선 세대의 것과 다를 경우가 많다. 하지만 복음은 참으로 다차원적이고 풍성하기 때문에 어떤 도전에도 대처할 수 있는 자원을 제공한다. 예를 들어, 현재 나이가 많은 이들은 의무와 순종이 사회적 표준이던 시대에 자란 세대다. 그들은 개인적인 욕구를 보다 큰 사회집단—가정, 회사, 국가—의 유익을 위해 희생하라는 가르침을 받았다. 그들은 사회의 도덕적 여론에 부응하면서 선하고 존경받는 인물이 되고 싶어한다. 이러한 세대를 향해 복음은 어떤 메시지를 던지고 있을까? 여러분의 바람은 거룩함보다 도덕주의에 더 가깝다고, 선하게 되고자 하는 것 자체가 자만심과 자기 의를 불러일으킬 소지가 많다고, 죄로 인해 우리 중 누구도 하나님의 표준은 말할 것도 없고 우리가 세운 표준조차 달성할 수 없다고, 이런 저런 이유로 참으로 선하게 되는 것은 성령의 역사로만 가능하다고 할 것이다.

그에 비해 오늘날의 젊은 세대를 향해 복음은 무엇이라고 말할까? 요즈음 십대와 이십대를 둘러싸고 있는 문화는 그들의 의사결정을 지도할 초월적인 도덕적 진리도, 누구에게나 적용할 수 있는 표준도 존재하지 않는다고 가르친다. 지성 세계도 대체로 보편적인 도덕법이라는 개념을 거부하면서 젊은이들에게 스스로 옳고 그른 것을 정해도 좋다고 가르치는 실정이다. 법마저도 도덕적 여론을 강제하던 입장에서 개인의 권리와 자유를 보호하는 입장으로 바뀌었다. 이처럼 자유에 최고의 가치를 부여하도록 배운 세대를 향해 복음은 어떤 메시지를 던질까? 하나님과의 관계를 통해서만 진정한 자유를 맛볼 수 있다고, 스스로 "해방되었다"고 주장하는 이들은 사실 근대 후기 서구문화의 최신 사조를 흡수했을 뿐이라고, 그래서 그들이 깔보는 전통주의자만큼이나 그들도 사회적 기대치에 얽매인 노예일 뿐이라고, 오직 하나님만 인간이 만든 것을 초월하는 분이시기에 그분의 진리만이 우리를 문화적 세력에서 해방시켜 우리 본연의 모습을 되찾게 하리라고 말할 것이다.

이런 상반된 세계관들은 물론 나이의 경계를 넘어 오늘날 문화 논쟁의 핵심부에 자리잡고 있다. 예를 들면, 2004년 미국 대통령 선거가 끝난 후 실시된 여론조사에서 현재 가장 중요한 이슈가 바로 사회적·문화적 문제—낙태, 동성간의 결혼, 배아 줄기세포 연구 등—임이 드러나서 정치전문가들을 놀라게 했다. 아니, 그보다 더 놀라운 것은, 갈등의 소재가 이런 것이 옳은가 혹은 그른가에 있는 것이 아니라 옳고 그른 것 자체가 존재하는지 여부에 있다는 점이었다! 한 정치평론가가 말했듯이, 그 선거는 일종의 "도덕적 간격"을 노출했는데, 이는 흔히 종교에 근거하여 객관적이고 보편적인 도덕 진리가 있다고 아직 믿고 있는 유권자들과 도덕을 주관적이고 개인적인 선택의 문제로 생각하는 유권자들 사이의 간격이었다. (양자의 분열현상에 대해 더 알고 싶다면 이 책 마지막에 나오는 스터디 가이드를 참고하라.)

이런 문화적 맥락에서 무엇보다 요구되는 것은 진리의 성격 자체에 초점을 둔 이른바 "예비 전도"(복음전도에 걸림돌이 되는 잘못된 개념을 정리하는 일)라는 것이다. 1970년대 초 청년 시절에 내가 그리스도인이 되는 과정에서 해결해야 했던 문제가 바로 이런 것이었다. 당시만 해도 나는 당대에 풍미하던 상대주의 메시지를 철저히 흡수한 상태였기 때문에, 라브리(프란시스 쉐퍼의 사역지)에 갔을 때 기독교의 진리 여부를 숙고하기 전에 먼저 객관적이고 보편적인 진리라는 것이 존재한다는 것을 확신하지 않으면 안되었다. 이미 30년 전에 상대주의가 복음의 주요 걸림돌 가운데 하나였다면, 지금은 그 세력이 당시보다 훨씬 더 파급된 상태라고 할 수 있다. 데살로니가후서 2장 3절과 7-8절에서 바울은 '아노미아'(*anomia*)라는 죄가 크게 증대할 것을 경고하는데, 이는 문자적으로 "법이 없음" 혹은 "무법"을 의미한다. 이것은 무척 흥미로운 단어로서, 옳고 그른 것을 인정하지만 일부러 그것을 멸시하는 자를 일컫는 말이 아니다. 그런 의미를 전달하려 했다면 바울은 다른 헬라어 단어('하마르티아')를 사용했을 터인데, 이 단어야말로 기존의 법이나 명령에 대한 고의적 위반을 뜻하기 때문이다. 그 대신 그는 도덕법의 존재 자체를 부인하는 것을 뜻하는 용어를 사용하고 있다. 그와 가장 가까운 단어는 "도덕률 폐기론자"(anti-nomian)인데, 이는 도덕법의 보편적 타당성을 부인하는 자를 일컫는 말이다.

바울의 경고가 놀라운 점은, 오늘에 이르러 역사상 처음으로 상당히 많은 이들이 실제로 도덕률 폐기론을 수용했다는 사실에 있다. 과거에도 물론 몇몇 철학자들이 사회적 관습을 넘어서는 더 높은 법이란 존재하지 않는다고 간간이 주장한 적이 있었다. 그리고 다수가 도덕적 이상을 입으로는 시인했으나 실제로는 무시한 경우도 있었다. 그러나 우리 시대는, 세계 역사상 처음으로, 더 높은 도덕·종교적 진리가 존재하지 않는다고 말하는 것이 널리 용인되며 그것을 경청할 만한 소리로 받드는 시대다. 이런 과격한 상대주의는 서구에서 탄생했으나 거기에만 머물 수 없다. 오늘과 같은 인터넷 시대에는, 지역문화가 어떠하든지 상관없이 마우스를 한번 누르기만 하면 온갖 관념이 국경을 넘어 금세 세계 전역으로 퍼져 나간다. 여기에는 부정적인 면과 긍정적인 면이 동시에 있는데, 후자의 예로는 그리스도인들이 과거 어느 때보다도 공동의 문제에 대처하기 위해 함께 협력할 수 있다는 점을 들 수 있다. 그래서 한국의 '복 있는 사람' 출판사가 「완전한 진리」를 한국어로 출간하겠다고 요청해 왔을 때, 나는 그것을 영예로 받아들였다. 이 책이 처음 출간되었을 때 나는 세계 여러 곳—헝가리, 핀란드, 뉴질랜드, 싱가포르, 필리핀 등—에서 이메일을 받았는데, 그들은 한결같이 본서가 다루는 사안들이 자기들 사회에도 적실하다는 이야기를 해주었다. 나는 이 책이 가족, 친구, 학생, 이웃을 대상으로 진리를 증거하고

자 애쓰는 그리스도인들에게 적절한 방향과 영감을 제공해 주기를 기도하는 바다.

마지막으로, 우리의 목표는 진리를 말로만 전하는 것이 아니라 삶의 각 영역에서 몸으로 살아내는 것이어야 할 것이다. 성경적 세계관을 우리의 행위로 구현해야 한다는 말이다. 우리가 우리 마음의 중심을 주님께 드림으로써 그분이 우리에게 능력을 주사 그분의 진리를 더욱 한결같이 구현할 수 있게 해달라고 간구하자. 결국에는 거룩하고 사랑이 충만한 성품이야말로 초월적 진리의 실재를 가리키는 가장 설득력 있는 논증임을 우리는 알고 있기 때문이다.

2006년 4월 1일
낸시 피어시

기독교는 일련의 복수 형태의 진리들(truths)이 아니라 대문자 "T" 로 시작하는 진리(Truth)다. 종교적인 것에 국한되지 않는, 총체적 실재(total reality)에 관한 진리다.

성경적 기독교는 총체적 실재와 관련된 진리이며, 그 총체적 진리를 지적으로 붙들고 그 진리의 빛 가운데 살아가는 것이다.

프란시스 쉐퍼
1981년 4월 노트르담 대학교 강연에서

머리말

"당신이 먼젓 번에 쓴 책에서 그리스도인은 개개인만이 아니라 문화 전체를 구속(救贖)하도록 부름받았다고 하더군요." 어느 수련회에서 내가 강연을 막 끝내고 점심을 먹을 때 함께한 어느 교사가 던진 말이다. 그러고는 사려 깊은 태도로, "그런 주장은 난생 처음 듣는 것이었습니다" 하고 덧붙였다.

그 교사가 언급했던 책은 「그리스도인, 이제 어떻게 살 것인가?」(*How Now Shall We Live?*, 이후 「어떻게 살 것인가」로 표기―편집자)[1]였는데, 그의 말을 듣고 나는 놀라서 고개를 들어 그를 쳐다보았다. 그는 지금 문화의 모든 영역에 걸쳐 구속의 능력이 미친다는 개념(idea)을 한번도 들어본 적이 없다고 말하는 것인가? 그는 고개를 가로저었다. "못 들어 봤습니다. 저는 구원을 생각할 때 언제나 개인의 영혼만을 염두에 두고 있었습니다."

이 대화를 계기로 나는 그 책에 나오는 세계관 관련 주제들을 다룰 책을 집필하기로 마음을 굳혔다. 몇 년 전 그 책의 집필을 시작할 때만 하더라도 **세계관**(worldview)이란 용어는 수준 있는 대화에서도 자주 사용되는 어휘가 아니었다. 사람들에게 **세계관**에 관한 책을 쓰고 있다고 말하면, 흔히들 눈이 휘둥그레져서 서둘러 대화의 주제를 바꾸곤 했다. 그런데 요즈음에는 이곳저곳을 여행하다 보면, 복음주의자들이 순전히 사유화된 믿음의 차원을 넘어서서 성경적 원리를 일, 사업, 정치 등의 영역에 적용하려고 애쓰는 모습을 보게 된다. 기독교 출판물을 한번 펼쳐 보라. 수련회, 연구소, 프로그램 등 **세계관**에 관련된 광고를 여럿 발견하게 될 것이다. 이 용어 자체가 지금은 상당한 마케팅 가치를 갖고 있음이 분명한데, 이는 그리스도인들 가운데 자신의 삶에 일관성을 부여할 전반적인 틀을 찾고자 하는 깊은 갈망이 있음을 시사한다.

이 책은 그런 갈망을 다루고 있으며, 이 세계관 운동을 증진시킬 새로운 방향을 제시하고 있다. 이 책은 당신의 믿음을 "종교적 진리"라는 사적 영역에 가두어 두도록 하는 성(聖, sacred)/속(俗, secular)의 분리현상을 확인해 줄 것이다. 또한 당신의 삶과 일의 영역에서 기독교 세계관을 정립하도록 실제적이고 유용한 안내자 역할을 할 것이다. 아울러 우리가 포스트모던 세계에서 접하는 온갖 사상과 이데올로기의 미궁을 뚫고 나갈 세계관의 적용방법을 가르쳐 줄 것이다. 세계관을 공부하는 목적은 다름 아니라, 기독교를 그 문화적 포로 상태에서 해방하고 그 권능을 발휘하게 함으로써 세상을 변혁하도록 풀어 주는 것이다.

"복음은 우리에 갇힌 사자와 같다"고 위대한 침례교 설교자 찰스 스펄전(Charles Spurgeon)이 말했다. "그것은 변호할 필요가 없다. 다만 우리에서 풀어 주기만 하면 된다." 오늘날 사자의 우리는 성/속의 분리를 수용하는 것이며, 이는 기독교를 개인의 사적 신념의 문제로 축소해 버리는 결과를 초래한다. 그 우리의 자물쇠를 풀기 위해서는, 프란시스 쉐퍼(Francis Schaeffer)의 말처럼, 기독교는 그저 종교적 진리가 아니라 총체적 진리 곧 실재 전체에 관한 진리임을 분명하게 확신하지 않으면 안된다.

정치로는 충분치 않다

오늘날 세계관의 메시지가 그처럼 강력한 힘을 발휘하는 이유는, 우리가 아직 20세기 초반의 근본주의 시대에서 벗어나는 과정에 있기 때문이다. 그때까지만 해도 복음주의자들은 미국에서 문화적 주도권을 누리고 있었다. 그러나 스코프스 재판(Scopes trial, 존 스코프스라는 과학교사가 학교에서 불법으로 진화론을 가르쳐 일어난 소송사건—편집자)과 신학적 근대주의의 발흥 이후, 종교적 보수주의자들 스스로가 내향적으로 돌아섰다. 그래서 끼리끼리 모이고 요새 중심의 성향을 발전시켜 나갔으며 "분리주의"를 적극적인 전략으로 옹호하게 되었다. 그 후 1940년대와 50년대에 요새를 깨고 나오려는 새로운 운동이 전개되었다. 이 그룹들은 스스로를 **신복음주의자**(neo-evangelicals)라고 불렀다. 그들의 주장은 우리 그리스도인들은 주변의 문화에서 도피하기보다 그 문화에 깊이 관여하기 위해 부름받았다는 것이었다. 그들은 개개인뿐 아니라 사회구조와 제도까지 포괄하는 구속적(redemptive) 비전을 정립하려고 애썼다.

하지만 많은 복음주의자들에게는 그런 과제에 필요한 개념적 도구가 없었고, 이는 곧 성공을 가로막는 심각한 걸림돌이 되었다. 이를테면, 최근 수십 년 동안 많은 그리스도인들이 미국 사회의 도덕적·사회적 추락현상을 보고 정치적 행동주의로 돌아섰다. 신자들이 공직에 입후보하는 사례가 더욱 늘어났고, 교회가 선거인 등록을 조직화하며, 공공정책을 제안하는 집단이 급증하고 있고, 상당수의 기독교 출판물과 라디오 프로그램이 공적 사안들에 대해 논평을 제공하고 있다. 이처럼 고조된 행동주의로 말미암아 여러 공적 영역에서 많은 열매를 거두기는 했으나 영향력에 있어서는 다수가 기대했던 것에 훨씬 못 미쳤다. 그 이유가 무엇일까? 복음주의자들이 종종 모든 계란을 한 바구니에 담기 때문이다. 그들이 정치적 행동주의에 뛰어든 것은 그것이 공적 영역에서 영향력을 발휘할 가장 확실하고 빠른 길이라고 여겼기 때문인데, 정치가 문화를 반영하는 것이지 문화가 정치를 반영하는 것이 아님을 미처 깨닫지 못한 셈이다.

복음주의자가 정치에 심취한 현상을 가장 분명히 보여주는 예는 어느 그리스도인 변호사가 들려준 이야기에 잘 나타난다. 그는 수도에서 직장을 구할지 여부를 놓고 워싱턴 지역의 담당 지도자에게 자문을 구했는데, 그 담당자는 "당신이 현재 있는 곳에 머물면서 변호사 일을 계속하든지 워싱턴에 와서 **문화를 변화시키든지** 둘 중 하나를 택해야 할 것입니다"라고 일러 주었다. 이 말에 담긴 뜻은, 문화적 변화를 도모하려면 국내 정치를 통하는 길밖에 없다는 것이었다. 오늘날 싸움에 지친 정치 용사들은 그런 전략의 한계를 더욱 현실적으로 볼 수 있을 만큼 성숙했다. 이제 우리가 배운 것은 "정치가 문화의 하류에 해당하지 그 반대가 아니라는 점이다"라고 상원 다수파 지도자 빌 프리스트의 정책 자문인 빌 위치터맨(Bill Wichterman)은 말한다. "진정한 변화는 문화와 더불어 시작해야 한다. 우리가 국회의사당에서 할 수 있는 일이라고는 정부가 건강한 문화를 배양할 수 있는 방안을 모색하는 것뿐이다."[2]

이와 비슷한 논조로 한 하원의원도 나에게 이렇게 말한 적이 있다. "제가 1973년 낙태 허용 결정이 내려진 직후 정치에 투신하게 된 것은 그것이 도덕적 개혁에 이르는 가장 빠른 길이라고 생각했기 때문입니다. 글쎄요, 우리가 입법의 측면에서 일부 승리를 거두기는 했으나 **문화는 잃어버린 셈입니다**." 그가 깨닫게 된 것은, 자신의 영향력이 미치는 범위—가정과 교회, 학교와 동네, 일터와 전문가 조직, 공공시설 등—내에서 문화를 개혁하기 위해 하나님의 소명을 이루는 보통 그리스도인들이야말로 가장 효과적인 사역을 감당하고 있다는 사실이었다. 우리가 영속적인 변화를 도모하려면 "기독교 세계관(Christian worldview)을 개발할 필요가 있다"고 그 의원은 결론을 내렸다.

우리의 자녀들을 잃어버리고 있다

우리는 "문화를 잃어버렸을" 뿐 아니라 우리의 자녀를 계속해서 잃어버리고 있다. 기독교 가정에서 자라나 믿음이 좋던 아이가 대학에 들어가서 믿음을 버리는 이야기는 귀에 익은 비극적인 스토리다. 왜 이런 일이 그처럼 흔하게 반복되는 것일까? 대체로 청소년 시절에 성경적 세계관을 개발하도록 배우지 못했기 때문이다. 오히려 기독교는 종교적 신념과 개인적 경건이라는 특정 영역에 국한되는 것으로 배웠다.

최근에 깜짝 놀랄 만한 사례를 읽은 적이 있다. 어느 기독교 계통 고등학교에서 신앙교사가 교실 앞으로 나가더니 칠판 한쪽에는 가슴을, 다른 한쪽에는 머리를 그렸다. 그러고는 이 둘은 칠판의 양 끝만큼이나 서로 분리되어 있다고 학생들에게 말했다. 가슴은 신앙을 위해 사용하는 것이고, 머리는 학문을 위해 사용하는 것이라고 했다는 것이다.

출처가 의심스러운 이야기일까? 기독교의 반지성주의를 풍자한 것이 아닐까? 아니다. 이 이야기는 그날 그 교실에 있었던 한 여학생이 직접 들려준 것이다. 더 염려스러운 것은, 거의 2백 명이나 되는 학생들 가운데 그 교사의 말에 반대한 사람이 그 학생 혼자였다는 사실이다. 나머지는 종교를 "가슴"의 영역에 국한하는 것에 대해 아무런 문제를 느끼지 않았던 것이다.[3]

그리스도인 부모·목회자·교사·청소년부 지도자로서 우리는 청소년들이 강력한 문화적 역류에 휩쓸려 가는 모습을 줄곧 목격한다. 우리가 그들에게 전해 주는 것이 다만 "가슴의" 신앙에 불과하다면, 그것은 매력적이고도 위험한 사상의 유혹에 대처할 만큼 강하지 못할 것이다. 그러므로 젊은 신자들에게는 "머리의" 신앙—세계관과 변증의 훈련—또한 필요한데, 이는 그들이 가정을 떠날 때

접하게 될 다양한 세계관들을 분석하고 비판하도록 준비시켜 주기 위함이다. 그들이 일찍 경고를 받아 미리 무장을 할 경우, 나중에 동료 학생들이나 직장 동료들 사이에서 자신들이 소수파에 속한 것을 알게 되었을 때 적어도 싸울 기회라도 얻게 될 것이다. 청소년에게 기독교적 지성을 개발하도록 훈련하는 것은 더 이상 선택사항이 아니다. 그것은 생존에 필요한 필수 장비가 된 것이다.

가슴과 머리의 분리

기독교 세계관을 형성하는 첫 단계는 "가슴"과 "머리" 사이의 뚜렷한 분리를 극복하는 것이다. 우리의 삶을 예배 및 개인의 도덕과 같은 거룩한 영역과, 과학·정치·경제 등 공적 영역을 포괄하는 세속적 영역으로 나누어 양자가 서로 대립하는 것처럼 생각하는 사고방식을 배격해야 한다. 우리의 생각 속에 있는 이런 이분법(dichotomy)이야말로, 복음의 능력이 오늘날의 문화 전반에 영향을 주는 것을 방해하는 최대 걸림돌이다.

더구나 이 문제는 현대사회의 구조 전체를 찢어 놓는, 훨씬 더 폭넓은 분리현상—사회학자들이 공적(public)/사적(private) 분리라고 부르는 것—에 의해 더욱 강화되고 있다. "근대화는 사회적 삶의 색다른 이분화를 불러왔다"고 피터 버거(Peter Berger)는 썼다. "그 이분법은 공적 영역에 속한 거대하고 막강한 제도들[국가·학문기관·대규모 기업 등]과……사적 영역 사이의 분리다." 후자는 가정·교회·개인적 관계 등의 영역을 일컫는다.

대규모 공적 기관들은 스스로 "과학적"이고 "가치중립적"이라고 주장하는데, 이는 가치란 개인적 선택의 대상인 사적 영역에 속한다는 것을 의미한다. 버거가 설명하듯이 "개개인은 광범위한 활동에 걸쳐 자기 생각대로 하도록 방치된 셈인데, 자신의 종교적 선호를 표명하는 데서부터 성생활 방식을 정하는 데 이르기까지 자기 정체성을 형성하는 데 중요한 모든 활동에 있어서 그러하다."[4] 이런 이분법을 도표로 그려보면 다음과 같다.

현대사회는 두 영역으로 뚜렷이 분리된다

사적 영역
개인적 선호

공적 영역
과학적 지식

요컨대, 사적 영역은 도덕적 상대주의로 가득 차 있다. 버거가 사용하는 "종교적 선호"(religious preference)라는 표현에 유의하라. 종교는 우리가 순종해야 마땅한 객관적 진리로 간주되는 것이 아니라 선택 가능한 개인적 취향의 문제에 불과하다. 그러므로 이 이분법은 종종 사실(fact)/가치(value)의 분리로 불리기도 한다.

가치는 자의적·실존적 결정으로 축소되었다

가치
개인적 선택

사실
모두에게 구속력이 있음

쉐퍼는 진리의 개념 자체가 분열되었음을 지적하면서 그 과정을 이층 건물을 비유 삼아 설명하고 있다. 하층부는 과학과 이성이 자리 잡고 있는 공적 진리의 영역으로서, 모든 이들에게 구속력을 갖는 것으로 간주된다. 상층부는 비인지적 경험이 차지하고 있는데, 이곳은 사적인 진리의 영역으로, 흔히 사람들이 "그것이 너에게는 진리일지 모르나 나에게는 그렇지 않다"고 말하는 것을 듣게 되는 영역이다.[5]

진리에 대한 두 영역 이론

상층부
합리성과 관계없음, 비인지적

하층부
합리적, 검증 가능함

쉐퍼가 글을 쓸 때는 **포스트모더니즘**이란 용어가 창안되기 전이었지만, 쉐퍼는 그것에 관해 논의하고 있었음이 분명하다. 오늘날의 표현을 빌면, 하층부에는 여전히 보편적·객관적 진리를 갖고 있다고 주장하는 모더니즘이 있고, 상층부에는 포스트모더니즘이 자리 잡고 있다고 할 수 있다.

오늘날의 이층구조

포스트모더니즘
주관적, 특정 집단에 관련됨

모더니즘
객관적, 보편적으로 타당함

이런 분리현상을 인식하는 법을 배우는 것은 매우 중요하다. 바로 이것이 오늘날 성경적 관점이 공적 영역에서 합법성을 갖지 못하도록 공격하는 가장 강력한 무기이기 때문이다. 그 경로를 보면 다음과 같다. 대다수의 세속주의자들은 정치적 감각이 있기 때문에 직접 종교를 공격하거나 거짓된 것으로 폭로하지 않는다. 그러면 어떻게 하는가? 그들은 종교를 **가치**의 영역에 집어넣음으로써 진실과 거짓의 영역에서 아주 빼내어 버린다. 그런 다음 우리에게 그들도 종교를 "존중한다"고 확신시키는 동시에 종교는 공적 영역과는 아무 상관이 없다고 주장한다.

필립 존슨이 언급하듯이, 사실/가치의 분리는 "형이상학적 자연주의자들이 문제를 일으킬 만한 종교적 사람들에게 과학이 '종교적 **신념**'을 배제하지 않는다(단 그 신념이 **지식**이라 주장하지 않는

한)고 확신시킴으로써 그들이 진정하도록 해준다."⁶ 달리 말하면, 모두가 그것을 단순히 사적인 감정의 문제로 이해하는 한 배제하지 않는다는 것이다. 이와 같은 이층구조는 무엇을 참 지식으로 진지하게 취할지, 또 무엇을 단순한 소원성취 정도로 가볍게 취급할지를 판가름하는 문지기 역할을 한다.

권력 장악에 불과한가?

그리스도인들이 공적인 영역에서 의사 소통하기가 그렇게 어려운 이유가 바로 이런 분리 때문이다. 불신자들이 우리 말을 들을 때 정신적 사실/가치의 틀을 통해 계속해서 여과하고 있음을 아는 것이 매우 중요하다. 예를 들어, 낙태나 생명윤리 혹은 동성애와 같은 이슈에 대해 입장을 표명할 때, **우리**로서는 사회의 건강에 중요한 객관적인 도덕적 진리를 의도적으로 주장하지만, **그들**은 우리가 단지 주관적인 편견을 표현하고 있다고 생각한다. 우리가 우주에는 누군가에 의한 지적 설계를 지지하는 과학적 증거가 있다고 말할 때, **우리**로서는 시험 가능한 진리 주장을 의도적으로 내놓는 것이지만, **그들**은 "종교적 우파가 정치권력을 장악하려고 한다"고 말한다. 사실/가치의 틀이 우리가 하는 말의 객관적 내용을 순식간에 무력화시켜 버리기 때문에, 우리가 먼저 이 문지기를 지나갈 방법을 찾지 못한다면 공적 토론장에서 우리의 신념 **내용**을 성공적으로 소개하기 어려울 것이다.

그래서 레슬리 뉴비긴(Lesslie Newbigin)이 분열된 진리 개념을 "복음의 문화적 포로 상태"의 일차적 요인이라고 경고했던 것이다. 그것은 기독교를 사유화된 가치들로 이루어진 상층부에 가두어 놓음으로써 공적인 문화에 아무런 영향도 미치지 못하게 한다.[7] 뉴비긴은 인도에서 40년간 선교사로 사역했기 때문에 서구문화에 젖어 전 생애를 보낸 우리보다 서구사상의 특징을 더욱 분명히 분별할 수 있었다. 그는 서구로 돌아오자마자, 기독교 진리가 변두리로 밀려난 경로를 보고 충격을 받았다. 종교의 딱지가 붙은 의견은 모조리 가치 영역인 상층부에 배치됨으로써 더 이상 객관적 지식으로 간주되지 않는 현상을 목격했던 것이다.

최근의 예를 하나 들어 보면, 배아 줄기세포 연구를 둘러싼 논쟁에서 크리스토퍼 리브라는 남자배우는 예일 대학교의 한 학생단체를 상대로 "공공정책의 문제를 논의할 때는 **어떤 종교에게도 자리를 허락해서는 안된다**"고 말했다고 한다.[8]

그리스도인이 공적 토론장에서 자리를 다시 확보하려면 공적인 것과 사적인 것, 사실과 가치, 거룩한 것과 세속적인 것 사이의 이분법을 극복하는 방안을 찾아야 한다. 우리는 복음을 문화적 포로 상태에서 해방시켜 공적 진리의 지위로 회복시켜야 한다. "현대 서구문화에서 [교회가] 사실/가치의 이분법에 타협하는 것은 복음을 쇠창살 우리에 감금하는 것이다." 세계관 연구교수인 마이클 고힌(Michael Goheen)의 말이다.[9] 총체적 진리에 대한 통전적 견해를 회복할 때만 복음이 삶의 모든 영역에 걸쳐 구속(救贖)의 능력을 발휘하게 될 것이다.

마음의 지도

기독교가 총체적 실재에 관한 진리라고 말하는 것은, 그것이 완전한 세계관이라는 의미다. 세계관의 뜻은 문자 그대로 **세계**에 대한 **관점**이자 성경에 입각해서 모든 실재를 보는 관점을 일컫는다. 세계관은 세계를 잘 항해하는 법을 일러 주는 마음의 지도와 같다. 그것은 하나님의 객관적 진리를 우리의 내면에 새기는 것이다.

우리 각자는 머릿속에 우주의 모델을 하나씩 갖고 다니는데, 그것은 세계가 어떤 모습이고 그 안에서 우리가 어떻게 살아야 할지를 일러 준다. 세계관에 관한 고전으로 꼽히는 「기독교 세계관과 현대사상」(*The Universe Next Door*)이라는 책 제목이 시사하듯, 우리는 모두 정신적 혹은 개념적 우주를 갖고 있으며 그 안에서 "살고" 있는 셈이다. 이는 인생의 근본적인 의문들 — 우리는 누구인가? 우리는 어디에서 왔는가? 삶의 목적은 무엇인가? — 에 대답을 제공하는 원리들의 그물망이다. 저자인 제임스 사이어(James Sire)는 독자들에게 다른 사람들 곧 "이웃"에 살고 있는 자들이 견지하고 있는 정신적 우주를 이해하기 위해 다양한 세계관을 검토해 보도록 초대한다.

세계관은 공식적인 철학과는 다르다. 그렇지 않다면 전문적인 철학자의 관심사에 불과할 것이다. 보통 사람들도 실재가 어떻게 작동하고 자신이 어떻게 살아야 할지에 대해 나름대로 일련의 신념을 갖고 있다. 우리는 모두 하나님의 형상으로 지어졌기 때문에 삶의 의미를 발견하려고 애쓴다. 어떤 신념은 의식적 차원에 속하고 또 어떤 것은 무의식적인 것이지만, 그 모두가 합쳐져 비교적 일관된 실재상(像)을 형성한다. 인간은 "순전히 자의적인 의견을 견지하거나 전혀 원칙에 입각하지 않은 결정을 내리는 것이 불가능하다"고 알 월터스(Al Wolters)가 세계관에 관한 책에서 썼다. 우리는 본래 합리적이고 책임감 있는 존재이기 때문에 "우리에게는 삶의 기준이 되는 어떤 신조나 삶의 여정을 안내할 어떤 지도가 필요하다"는 것을 감지한다.[10]

먼저 우리에게 그런 "지도"가 필요하다는 생각은 인간 본성에 대한 성경적 견해에서 나온다. 마르크스주의자는 인간의 행위가 궁극적으로 경제적 환경에 의해 좌우된다고 주장한다. 프로이트주의자는 모든 것들을 억압된 성적 본능의 탓으로 돌린다. 행동주의 심리학자는 인간을 자극-반응의 메커니즘으로 간주한다. 그러나 성경은 우리의 선택을 좌우하는 최우선적 요인은, 우리의 궁극적 신념이나 종교적 헌신이라고 가르친다. 우리의 삶은 우리가 예배하는 "신"—성경의 하나님이든 그 밖의 다른 신이든—에 의해 그 모양이 결정된다.

세계관(worldview)이란 용어는 독일어 단어 '*Weltanschauung*'을 번역한 것으로, 세계를 보는 방식이란 뜻이다(*Welt*〔세계〕, *schauen*〔보다〕). 독일 낭만주의는, 문화란 복합적인 총체로서 그 전반—공식 철학뿐 아니라 예술·문학·사회제도 등—에 걸쳐 삶에 대한 특정한 조망이나 시대정신이 표현되어 있다는 사상을 발전시켰다. 따라서 어떤 문화의 소산을 이해하는 최선의 길은 거기에 표현된 저변의 세계관을 파악하는 것이다. 그런데 문화라는 것은 역사의 흐름에 따라 변하기 마련이므로, **세계관**이란 용어의 본래 용법은 상대주의(relativism)를 내포하고 있었다.

이 단어는 나중에 아브라함 카이퍼(Abraham Kuyper)와 헤르만 도예베르트(Herman Dooyeweerd) 같은 화란 신칼뱅주의 사상가들에 의해 기독교 진영에 소개되었다. 그들의 주장은, 그리스도인이 자기가 몸담고 있는 시대의 정신에 맞서려면 그만큼 포괄적인 성경적 세계관―독특한 기독교 문화를 형성할 수 있는 인생관―을 개발해야 한다는 것이다. 다만 그것이 특정한 문화의 상대주의적 신념에 불과한 것이 아니라 어느 시대나 장소에도 타당한, 하나님 말씀에 근거한 것이어야 한다는 핵심 조건을 달고 있다.[11]

학문적 차원에 국한된 것이 아니다

세계관이란 개념이 유행하게 되면서 오해의 소지도 무척 높아졌다. 어떤 이들은 그것을 섭렵해야 할 또 하나의 학문적 주제로 여긴 나머지 일종의 정신적 훈련이나 "방법론적" 전략으로 생각한다. 또 어떤 이들은 세계관을 문화전쟁에서 사용하는 무기, 좀더 효과적인 행동주의를 위한 도구로 취급한다. 뿐만 아니라 유감스럽게도 대중을 현혹하고 기부자를 끌어모으는 새로운 **전문용어**나 마케팅 전략으로 이용하는 이들까지 있다.

진정한 세계관적 사고는, 오늘날의 사건에 대처하는 정신적 전략이나 사고의 전환을 훨씬 넘어서는 것이다. 그 핵심에는 우리의 영적 성품과 삶의 성격을 심화시키는 요소가 있다. 이는 우리의 지성을 우주의 주님께 복종시켜 그분의 가르침을 기꺼이 받고자 하는 데서 시작한다. 세계관 공부의 원동력은 "네 마음을 다하며 목숨을 다하며 힘을 다하며 뜻을 다하여 주 너의 하나님을 사랑"(눅 10:27)하는 전적인 헌신에서 나와야 한다.

그러므로 지적 성장의 핵심 조건이 바로 영적 성장인 것이며, 이는 "모든 생각을 사로잡아 그리스도에게 복종케"(고후 10:5) 하는 은혜를 하나님께 구하는 것이다. 하나님은 영혼의 구원자일 뿐 아니라 창조세계의 주인이시기도 하다. 그분의 주되심을 인정하는 한 가지 방법은, 그분의 진리에 비추어 **창조세계**의 모든 측면을 해석하는 것이다. 그럴 때 하나님의 말씀은 우리의 모든 생각과 행동을 새로운 관점으로 보게 하는 안경 역할을 하게 된다.

성화(sanctification)의 모든 측면이 그렇듯, 지성을 새롭게 하는 것도 고통스럽고 힘든 작업일 수 있다. 이 일에는 그리스도를 향한 희생적 사랑과 그분의 몸된 교회를 세우고자 하는 불타는 열정에 바탕을 둔 고된 작업과 훈련이 요구된다. 그리스도의 마음(지성)을 품기 위해서는 기꺼이 그리스도와 함께 십자가에 못박힐 뿐 아니라 그분이 인도하시는 곳이면 어디든, 어떤 대가를 치르고서라도 따라가려는 자세가 있어야 한다. "우리가 하나님 나라에 들어가려면 많은 환난을 겪어야 할 것이라"(행 14:22). 우리가 고난의 불 속에서 정련의 과정을 거칠 때에야, 우리의 욕망이 순화되고 정신력을 포함한 우리 존재의 모든 부분이 오직 주님의 기도-"[하나님의] 나라가 임하옵시며"-를 이루는 데 굴복하도록 소원하게 된다. 그 때에 우리는 이 세상에서 하나님의 목적이 성취되도록 그분의 발

앞에 우리의 재능과 은사를 모두 내려놓고 싶어진다. 기독교 세계관을 개발한다는 것은 하나님께 대한 헌신과 섬김의 행위다. 우리의 자아 전체를 그분께 굴복시키는 것이다.

세계관 훈련

이 책은 세계관이란 주제에 대해 세 갈래에서 얻은 통찰을 함께 엮어 가는 방식으로 접근하려고 한다.[12] 제1부는 성/속 이분법에 관해 다룬다. 이분법은 기독교를 종교적 진리의 영역에 국한시킴으로써 이중적 사고와 파편화된 삶을 초래할 위험성을 안고 있다. 우리가 온전한 자아를 발견하려면, 우리의 일과 삶의 모든 측면을 하나님의 지도와 능력 앞에 적나라하게 내놓아야 한다. 세계관적 사고는 기쁨과 성취감에 이르는 풍성한 길임에 틀림없다. 이는 하나님의 진리의 빛이 우리 삶 구석구석에 비치도록 하는 수단이기 때문이다.

제1부는 실제적이고 구체적인 세계관 훈련을 제공하는 부분이기도 하다. 창조·타락·구속이라는 구조적 요소들을 이용하여 어떤 분야에서든 성경에 기초한 세계관을 정립하도록 차근차근 안내해 줄 것이다. 또한 비기독교적 세계관을 분석해 기독교를 변증할 기회도 제공할 것이다. 결국 모든 철학과 이데올로기는 동일한 근본 문제에 대해 각각 나름대로 대답을 해야 하기 때문이다.

1. **창조**: 모든 것은 어떻게 시작되었는가? 우리는 어디서 왔는가?

2. **타락**: 무엇이 잘못되었는가? 고통과 악의 근원은 무엇인가?

3. **구속**: 이에 대해 우리는 무엇을 할 수 있는가? 어떻게 세계를 다시 바로잡을 수 있는가?

이 간단한 기준을 적용함으로써 우리는 비성경적 세계관을 파악할 수 있을 뿐 아니라, 그것이 어떤 면에서 잘못되었는지 분석할 수 있다.

제2부는 창조에 관한 부분으로, 어떤 세계관에서든 근본적인 출발점에 해당한다. 서구의 경우, 현재 왕좌를 차지하고 있는 창조 신화는 다윈의 진화론(Darwinian evolution)이다. 따라서 어떤 분야에서든 상관없이 우리는 다윈주의(Darwinism)를 비판하는 것으로 출발한다. 이것은 과학적 주장과 세계관적 함의를 모두 포함해야 한다. 여기서 당신은 최근의 과학적 발견이 자연주의적 진화론의 신빙성을 무너뜨리는 한편, 지적 설계(Intelligent Design)의 개념을 지지하고 있음을 발견하게 될 것이다. 아울러 다윈주의가 과학의 테두리를 벗어나 얼마나 터무니없는 데까지 나아갔는지, 심지어는 미국의 사회적·법적 제도를 변형시켜 얼마나 파괴적인 결과를 초래했는지를 알고는 놀라게 될 것이다.

제3부는 **왜** 복음주의자들이 강력한 세계관 전통을 갖고 있지 못한지 그 이유를 역사의 거울로 들여다본다. 왜 성/속의 이분법이 그토록 만연해 있을까? 여기서 우리는 현재로부터 한 걸음 물러서

서 미국 복음주의의 역사와 유산을 살펴볼 것이다. 과거의 다락방에 들어가 구석구석을 샅샅이 뒤져 봄으로써, 과거로부터 물려받은 사고방식이 어떻게 현재 우리의 사고를 계속해서 좌우하고 있는지 진단할 수 있다. 또한 세계관적 사고를 방해하는 자멸적인 걸림돌을 파악하는 법과 그것들을 극복하는 법을 배울 수 있다.

제4부는 세계관적 사고의 핵심이 실제적·개인적 적용에 있음을 상기시켜 줄 것이다. 우리의 지성을 새롭게 하는 것은, 우리의 존재 전체를 그리스도의 주되심 앞에 굴복시킬 때만 가능하다. 베다니의 마리아가 그랬듯이, 우리도 "한 가지만이라도 좋은 편"을 택하고 예수의 발 앞에 앉아 그분의 가르침을 기꺼이 받아야 마땅하다(눅 10:42). 우리는 타락한 본성을 갖고 있기에 위기—슬픔·상실·불의와 같은—를 당하여 주저앉기 전에는 주님 앞에 앉으려고 나아가지 않는다. 우리의 개인적 꿈과 야망을 완전히 빼앗긴 후에야 진정으로 자기 나름의 의제(agenda)에 대해 죽게 된다는 말이다. 그리스도의 죽으심과 부활 안에서 그분과 하나되는 것만이 마음과 지성의 성화에 이를 뿐 아니라, 그리스도의 형상을 덧입는 유일한 길이다.

감사의 말

이 책의 메시지를 형성하는 데 사상적으로, 삶으로 도움을 준 분들에게 감사를 표하는 것은 무척 기쁜 일이다. 가장 먼저 프란시스 쉐퍼를 들고 싶은데, 그의 사역을 통해 내가 십대 시절에 버렸던 기독교 신앙으로 돌아오게 되었기 때문이다. 처음 라브리(L'Abri)를 방문하고 나서 1년 후 또 한 차례의 학습을 위해 방문했을 때 나는 당시 청년이던 남편을 만나게 되었다. 그 후 우리는 한때 쉐퍼가 가르쳤던 세인트 루이스에 소재한 카비넌트 신학교(Covenant Seminary)에서 학위과정을 함께 마쳤다. 대학원 과정은 토론토에 있는 기독교 학문연구소(Institute for Christian Studies)에서 이수했는데, 거기서 카이퍼와 도예베르트 같은 화란 개혁주의 사상가들의 철학을 깊이 접했다. 그들의 사상, 특히 창조·타락·구속·회복이라는 전반적 틀은 「어떻게 살 것인가」의 뼈대를 제공했다. 이와 동일한 배경이 이 책의 독자들에게도 확연히 드러날 터인데, 나는 원저를 자주 인용함으로써 독자들이 스스로 그 풍부한 자원을 발견하도록 격려하려 했다.

둘째, 필립 존슨 박사에게 많은 빚을 졌다. 그는 버클리 소재 캘리포니아 대학의 명예 법학교수로서 지적 설계 운동에 전략적 지도력을 제공하고 있다. 내가 그를 알게 된 계기는 1990년에 「성경-과학 뉴스레터」(Bible-Science Newsletter)에 기사를 싣고자 그를 인터뷰한 일이었는데,[13] 설계를 지지하는 논점을 구성하는 그의 독창적인 방식은 창조 기원에 관한 논쟁에 혁명적 변화를 일으켰다. 그의 이름도 본문 전체에 걸쳐 자주 등장할 터인데, 나의 의도는 독자들이 그의 원저서들을 읽도록 권하려는 것이다.

내가 아직 어린 그리스도인이던 때에 데니스와 마지 학(랜섬 재단의 창설자)이 꼭 필요한 지원과 안정을 제공해 주었다. 카비넌트 신학교에서는 특히 데이비드 존스(David Jones) 박사의 훌륭한 가르침에서 많은 유익을 얻었다. 기독교 학문연구소에서는 1년에 걸친 신플라톤주의 과목을 통해 고대 헬라철학을 생생하게 되살릴 수 있었는데, 알 월터스 박사의 드문 재능이 유감없이 발휘되었다. 또한 버나드 질스트라 박사가 불시에 암으로 돌아가시기 직전까지 그의 마지막 신칼뱅주의 철학강의를 듣는 특권을 누리기도 했다.

나의 숙부 빌 오번에게도 감사 드린다. 그는 탁월한 물리학자인데, 나는 그의 추천으로 1977년부터 「성경-과학 뉴스레터」에서 일하게 되었고 13년간 과학과 기독교 세계관의 관계를 다루는 "세계관"이란 칼럼에 매달 깊이 있는 글을 쓸 수 있었다. 그때 쓴 글들은 진화론적 개념들이 교육·심리학·법·마르크스주의·성·뉴에이지 종교 그리고 그 밖의 여러 분야에 미친 영향을 추적한 것이었다. 그 글들은 나중에 이 책과 「어떻게 살 것인가」에 기고한 내 글의 기반이 되었다.[14]

이 책의 기본 재료는 여러 청중과 대화하는 가운데 얻은 것이다. 그들에게 감사의 말을 전하고 싶다. 세계 저널리즘 연구소와 밥 케이스 소장, 신앙과 법(하원의 직원 모임), 국회의사당의 「어떻게 살 것인가」 독서 모임, 로스 알라모 국립연구소의 메가뷰 포럼 및 그 연구소의 공동 설립인, 빌 레드먼드 전 국회의원, 리젠트 대학교(Regent University) 법과대학, 미네소타 주 로체스터 소재 라브리, 국제 기독교학교 협의회(ACSI), 르네상스 그룹(그리스도인 예술가와 연예인 모임), 국제 기독교 학교 모임(CSI), 트리니티 포럼 아카데미, 기독교 대학교 등. 나는 여러 대학에서 활동하는 기독 학생들이 주관한 모임에서 강연을 하며 유익을 얻기도 했다. 그중에는 프린스턴, 다트머스, 오하이오 주립대, UC 산타바바라, 미네소타 주립대학, USC 등이 포함된다. 바이올라 대학교의 토리 기념 연구소장인 존 마크 레이놀즈에게 특별히 감사 드리고 싶다. 그는 이 책이 원고 상태일 때 나를 초청해 세미나를 열어 주었다. 그 모임에 참석해 논평을 해주고 반응을 보여 준 학생들에게도 감사한다.

이 책의 집필을 준비하며 연구 조사하던 초반기에 재정 보증을 해준 디스커버리 연구소(Discovery Institute's Center)의 과학과 문화 연구센터와 스티브 마이어 소장에게도 감사의 말을 전하고 싶다. 그 센터의 직원과 연구원들은 고도로 전문적인 학자와 과학자로서, 수많은 방법으로 서로의 작업을 알리고 고무하는 멋진 사람들이다.

원고의 일부를 읽거나 의견을 제시해 준 분들께도 감사 드린다. 아일라 앤더슨, 라엘 알링턴, 마이클 베히, 케이티 브래든, 데이비드 칼훈, 밥과 캐시 케이스, 낸시 찬, 로이 클라우저, 짐 데콘, 마이클 고힌, 오스 기니스, 데릴 하트, 다나 힐, 데이비드 존스, 래널 머콜레이, 조지 마스덴, 팀 맥그루, 스티븐 마이어, 우도 미들맨, 캐슬린 닐슨, 제임스 패커, 디터 피어시, 도로시 랜돌프, 칼 랜돌프, 제이 리차즈, 짐 스킬렌, 존 밴더 스텔트, 타이론 월터스, 린다 맥긴 워터맨, 리차드 웨이카트, 알 월터스 등.

매우 믿음직하고 섬김의 정신이 투철한 실리 예이츠를 나의 중개인으로 삼은 것도 영예로운 일이다. 크로스웨이 출판사의 레인 데니스는 그 아내 이베스와 더불어 처음부터 기도와 열정을 품고 이 책의 작업을 환영해 주었다. 이 출판사의 여러 직원들께 감사 드린다. 특히 부사장 마빈 파젯과 편집자 빌 데칼드에게 고마움을 전한다.

마음 깊은 곳에서 나오는 감사는 늘 그렇듯 가족에게 드려야 마땅하다. 자녀들을 루터교 학교에 보내느라 큰 희생을 감수하신 부모님께 감사 드린다. 남편 릭에게도 말로 다할 수 없는 빚을 졌는데, 그는 지칠 줄 모르는 후원, 전문가다운 편집 기술, 세계관 연구의 배경 등으로 집필의 동반자 역할을 톡톡히 해주었다. 국회의사당에서 수년간 쌓은 편집 경험으로 갈고 닦은 그의 관점은 나의 발을 현실세계에 꼭 붙들어 놓았다. 마지막으로, 나는 이 책을 두 아들, 디터와 마이클에게 헌정한다. 장차 그들이 자기 분야에서 기독교 세계관을 정립해 복음의 능력이 그들의 삶과 세계를 변혁시키기를 간절히 소원한다.

버지니아 주 레이크 리지에서
낸시 랜돌프 피어시(Nancy Randolph Pearcey)

제1부_ 세계관이란 무엇인가

1_ 이분법적 사고를 넘어서
창조, 타락, 구속

일요일은 어디까지나 일요일,
나머지 평일과는 동떨어진 날,
규칙 또한 전혀 다른 날.
분리된 두 세계가 합쳐질 날이 있을까?
_ 존 베케트(John Beckett)[1]

최근 유행하는 옷을 차려입은 여대생 하나가 도도하게 고개를 치켜들고 상담 사무실에 들어섰다. 사라는 어떤 유형인지 금방 알아차렸다. 그녀가 일하는 계획출산 진료소에는 근처에 있는 일류대학 학생들이 들락거렸는데, 대부분 부유하고 자신만만한 특권층의 자녀들이었다.

"자리에 앉아요. 테스트 결과가 나왔는데…… 임신이네요."

여대생은 고개를 끄덕이며 얼굴을 찌푸렸다. "저도 어느 정도 예상은 했어요."

"어떻게 할지도 생각해 보았나요?" 사라가 물었다.

"낙태하고 싶어요." 여대생은 분명한 어조로 재빨리 대답했다.

"우선 당신이 택할 수 있는 대안을 살펴봅시다." 사라가 말했다. "오늘 가능한 한 모든 선택안을 살펴보는 게 중요합니다."

진료소를 찾아온 여대생들 가운데는 성급한 반응이나 심지어 적대적인 태도를 보이는 경우도 있다. 이미 다른 대안이 없다고 스스로 확신한 학생들이 대개 그렇다. 사라는 수년에 걸친 상담 경험으로, 낙태한 여자들이 종종 후유증에 시달린다는 점을 알고 있었다. 그래서 학생들이 낙태로 인한 고통을 한동안 감수해야 할지도 모른다는 점을 고려해 지혜로운 결정을 내리도록 돕고 싶었다. 그들이 망설이는 반응을 보이면 그녀는 뒤로 물러서서 "그냥 이게 저의 일이라서 그렇게 말한 거예요" 하고 의례적으로 대꾸한다.

왜 사라는 상대방에게 그런 배려를 한 것일까? 그 이유는, 그녀가 오랜 세월이 지난 뒤 내게 설명한 것처럼,[2] 진정한 그리스도인이라면 마땅히 그렇게 해야 한다고 생각했기 때문이다. 그녀에게는 낙태를 생각하는 여인을 불쌍히 여기는 마음이 있었던 것이다. 그녀만 그런 게 아니었다. 그녀가 근무한 계획출산 진료소는 미국 남부의 이른바 성서지대(Bible Belt, 근본주의 신자가 많은 미국 남부의 몇몇 주—편집자)에 위치하고 있어서 사실 직원 모두가 교회에 출석하는 교인들이었다. 휴식시간에는 자신이 속한 성경공부 그룹이나 주일학교 프로그램에 대해 얘기를 나눌 정도였다.

사라의 이야기는 신실한 신자마저도 신학적인 면에서 정통을 견지하면서도 은연중 세속적 세계관에 빠져 있을 수 있다는 사실을 잘 보여준다. 사라는 확실한 복음주의 교단에서 자랐다. 십대 시절에 신앙의 위기를 겪었으나 잘 극복하고 새로운 확신을 품게 되었다. "당시 제가 할머니한테 받은 흰색 성경책을 아직도 간직하고 있답니다." 그녀가 내게 한 말이다. "구원받았다는 사실을 확신하게 해주는 단락을 찾아 모두 밑줄을 그어 놓았습니다." 그때 이후로 그녀는 성경의 기본교리에 대해 의심한 적이 한번도 없었다고 한다.

그러면 어떻게 그녀가 계획출산 진료소에서 일하게 되었고 여자들에게 낙태를 권유하게 되었는가? 사라가 대학에 갔을 때 어떤 일이 일어났던 것이다. 사라 역시 오늘날 대부분의 캠퍼스에서 가르치는 자유주의적 상대주의에 빠졌다. 사회학·인류학·철학 등의 과목에서 진리는 문화적으로 상대성을 지닌다는 가정이 당연시되었다. 진리란, 사상과 신념이란 문화적 세력에 의해 역사적으로 형성되었으므로 궁극적 의미에서 참이나 거짓으로 규정할 수 없다는 것이다.

그러면 기독교는 어떠한가? 기독교는 학문세계와는 아무런 관계가 없는 것으로 취급되었다. "도덕철학 강의에서 교수는 실존주의에서 공리주의에 이르는 모든 이론들을 소개했지만 기독교적 도덕론에 대해서는 한마디도 하지 않았습니다. 서구역사를 통틀어 가장 지배적인 종교였는데도 말입니다." 사라의 회상이었다. "기독교는 너무나 비합리적이어서 다른 도덕이론과 나란히 취급할 자격조차 없는 것으로 간주된 것이죠."

사라는 자신의 믿음에 대한 이런 공격에 어떻게 반응해야 할지 몰랐다. 교회가 구원의 확신을 가지는 데는 도움을 주었으나, 강의실에서 배우는 이데올로기에 도전할 수 있는 지적인 자원은 제공하지 **못했다**. 교회의 가르침은 거룩한 영역과 세속적 영역 사이에 뚜렷한 구분이 있다고 가정했으며, 오직 사라의 종교적 삶과 관련되는 것만 다루었다. 그 결과, 시간이 흐르면서 그녀는 강의실에서 배운 세속적 관점을 받아들이게 된 것이다. 그녀의 정신세계가 둘로 갈라졌다. 종교는 예배와 개인 도덕의 테두리 안에 엄격히 국한되었고, 다른 모든 것들에 관한 관점은 자연주의와 상대주의로 채색되었던 것이다.

"저는 세속적 세계관의 이런저런 요소를 뽑아다가 저의 기독교 신앙 위에 세례를 주듯 뿌리기 시작한 것 같습니다." 사라의 설명이었다. "그런데 졸업하고 계획출산 진료소에서 일하면서 이 패턴이 거꾸로 바뀌었답니다. 즉 세속적 세계관이 중심을 차지하고 저의 기독교 신앙은 그것을 덮는 얇은 덮개로 축소되었지요. **그것은 일종의 정신분열증 같은 것이었습니다.**" 머리말에서 언급한 것처럼, 그녀의 정신은 서구문화의 특징인 분열된 진리 개념—성/속, 사실/가치, 공/사—을 그대로 흡수했던 것이다. 그녀는 진실한 신앙을 갖고 있었으나, 그것은 순전히 사적인 경험에 불과했고 공적 지식은 세속적 자연주의에 의해 규정되었다.

사라의 이야기는 아주 극적인 성격을 띠고 있지만, 이 같은 유형이 우리가 생각하는 것보다 훨씬 흔하다는 사실을 보여주는 좋은 사례다. 그녀의 신앙이 지닌 치명적 약점은, 기독교 교리를 엄격하게 개인적 신념의 문제로 받아들였다는 점이다. 그리스도의 신성,

동정녀 탄생, 기적, 부활 등 하나하나를 그런 식으로 이해했던 것이다. 반면에, 기독교가 하나의 통합된 진리 체계로서 사회적 쟁점, 역사, 정치학, 인류학 등 모든 분야에 적용되는 종합적 성격을 지니고 있음을 몰랐던 것이다. 요컨대, 그녀에게는 기독교 세계관이 없었다. 기독교를 작은 진리들(truths)의 집합으로 여겼으나 [모든 것을 포괄하는] 진리(Truth)로 생각하지는 않은 것이다.[3]

세월이 많이 흘러 개인적 위기를 겪은 후에야 사라의 상대주의적 견해는 도전을 받게 되었다. "하원이 낙태에 대한 청문회를 개최했을 때 온몸에 소름이 돋았어요. 만일 9개월이 지나 낙태하는 게 잘못이라면 8개월째 하는 것도 잘못이고, 7개월째도 그렇고, 6개월째도……. 그렇다면 임신 초기에도 마찬가지겠지요." 그것은 참으로 충격적인 경험이었다. 사라는 자기 속에 있는 세속적 세계관을 조목조목 분해한 다음 그 자리에 기독교 세계관을 정립하는 고통스런 작업을 시작해야 한다는 것을 알았다. 무척 힘겨운 작업이었으나, 지금에 와서는 성/속 이원론의 함정을 깨고 나와 예전에는 신앙과 상관없다고 여겼던 여러 영역에서 자신의 믿음이 되살아나는 기쁨을 누리고 있다. 기독교가 그저 종교적 진리에 불과한 것이 아니라 모든 실재를 포괄하는 총체적 진리임을 배우고 있는 것이다.

분열된 지성

사라의 경우처럼 많은 신자들이 사실/가치, 공/사의 이분법을 수용함으로써 자신의 신앙을 종교적 영역에 국한시킨 채 자신이 속한 전문 영역이나 사회집단에서 유행하는 견해는 무엇이든 받아들이고 있다. 우리가 아는 그리스도인 교사 가운데도 최근의 세속적 교육이론을 무비판적으로 받아들이는 이들이 있다. 용인된 세속적 경영이론에 입각해 기업을 운영하는 그리스도인 사업가도 있다. 경제계의 마케팅 기법을 그대로 사용하는 기독교 사역단체도 있고, 십대 자녀에게 불신자 친구들이 즐기는 영화와 음악을 무차별하게 허용하는 기독교 가정도 있다. 그들은 진실한 신앙을 갖고 있으면서도 삼투작용에 의해 주변의 문화로부터 온갖 세속적 관점을 흡입한 것이다.

이 문제를 간명하게 표현한 것으로는, 해리 블래마이어즈(Harry Blamires)의 고전적인 책 「그리스도인은 어떻게 사고해야 하는가?」(*The Christian Mind*)를 들 수 있다. 오래전 내가 초신자였던 시절에는 그 책이 무척 유행하여 누구나 극적으로 표현된 그 책의 첫 문장을 읊고 다닐 정도였다. "**기독교적 지성이란 더 이상 존재하지 않는다.**"[4]

블래마이어즈가 염두에 둔 것은 무엇인가? 그리스도인은 교육도 못 받은 뒤떨어진 촌놈이라고 말한 것이 아니다. 세상에서는 흔히 천편일률적으로 그렇게 그리고 있기는 하지만 말이다. 몇 년 전 「워싱턴 포스트」(*The Washington Post*)에 실린 한 악명 높은 기사는 보수적 그리스도인을 "가난하고, 교육도 못 받고, 쉽게 남의 의견을 좇는" 사람으로 묘사한 적이 있다.[5] 곧 이어 전국에서 그 신문사로 전화와 팩스가 봇물처럼 쏟아져 들었는데, 그리스도인들이 자신의 학위와 은행계좌의 잔고내역을 보낸 것이었다!

만일 그런 뜻이 아니라면 블래마이어즈는 도대체 어떤 의미로 그런 말을 **한** 것일까? 기독교적 지성이 없다는 말은, 신자들이 전문성 면에서는 고도의 교육을 받았을지 모르나 자기 분야의 중심 주제를 해석할 만한 성경적 세계관을 갖고 있지 않다는 뜻이다. "우리는 집합적으로 용인된 일련의 개념과 태도를 뜻하는 **지성**(mind)이란 단어를 사용해 '근대적 지성'과 '과학적 지성'에 관해 논하곤 한다"고 블래마이어즈는 설명한다. 그러나 "기독교적 지성"이란 존재하지 않는데, 이는 법·교육·경제·정치·과학 혹은 예술 등과 같은 주제에 관해 성경에 기초한 일련의 공유된 가정이 없다는 뜻이다. 도덕적 존재로서 그리스도인은 성경의 윤리를 따른다. 영적 존재로서 신자는 기도를 하고 예배에 참석한다. "하지만 **사고하는** 존재로서, 현대의 그리스도인은 세속주의에 굴복해 세속적 지성이 만든 준거 틀과 세속적 판단을 반영하는 일련의 평가기준을 받아들였다."[6] 말하자면, 우리가 우리의 전문 분야에 관해 대화할 때 우리의 사적인 신념이 무엇이든, 정신적으로는 비그리스도인처럼 현재 통용되는 개념과 범주를 사용한다는 것이다.

내가 워싱턴에 살면서 직접 목격한 것은, 오늘날 정치 영역에서 일하는 신자의 수가 점점 늘고 있다는 무척 고무적인 현상이다. 하지만 경험에 입각해 말할 수 있는 또 하나의 사실은, 뚜렷한 기독교적 정치철학을 갖고 있는 이가 거의 없다는 점이다. 언젠가 국회의장이 "내가 특정한 관점을 갖고 있는 것은 정치적으로 보수적이기 때문이지 그런 관점들이 성경에 기초하고 있다고 생각하기 때문은 **아니다**"라고 시인한 적이 있다. 그는 성경에 기초한 정치철학을 정립해야 한다는 점은 알고 있었으나 어떻게 정립할지는 모르고 있었다.

　이와 비슷하게, 나는 과학과 세계관에 관한 글을 수십 년간 쓰면서 아주 헌신된 신자로 살아가는 과학자들과 교류했다. 하지만 그 가운데 성경적인 과학철학을 확립한 사람은 거의 없었다. 기독교 사역과 관련해서, 자신의 **메시지**가 성경적인 성격을 지니도록 심혈을 기울이는 사역자는 많이 만났지만 자신의 사역 **방법**(methods)이 성경적인지 여부를 묻는 경우는 보지 못했다. 저널리즘을 가르치는 어느 교수가 최근 내게 말하기를, 가장 훌륭한 그리스도인 저널리스트—탁월한 전문 기술을 가진 신실한 신자—조차 저널리즘에 대한 기독교적 이론이 없는 경우가 보통이라고 했다. 대중문화 분야에서도, 신자들은 예술가와 연예인들을 중심으로 한 기존 문화와 완전히 병행하는 문화를 만들었다. 찰리 피콕(Charlie Peacock, 미국의 CCM 아티스트—편집자)이 예술과 미학에 관해 "기독교적으로 사고하는" 자가 거의 없다고 한탄할 정도다.[7] 이 표현은 블래마이어즈에게서 빌어온 것인데, 내가 찰리의 집에서 예술가와 음악가를 대상으로 강연을 했을 때 그는 나에게 책장에 블래마이어즈의 책이 여섯 부나 꽂혀 있는 것을 보여주었다. 여러 친구에게 한꺼번에 빌려 줄 요량으로 준비한 것이었다.

　"기독교적으로 사고하는 것"(thinking Christianly)은 기독교가 실재 전체에 관한 진리를 제공한다는 것, 곧 모든 수제를 해석하는 데 필요한 관점을 제공한다는 점을 이해하는 것이다. 창세기는 하나님께서 당신의 말씀(Word)으로 우주 전체를 창조하셨다고 말한다. 이 말씀을 요한복음 1:1은 **로고스**(*Logos*)라고 부른다. 이 헬라어 단어는 말씀뿐 아니라 이성 또는 합리성을 의미하기도 하는데, 고대 스토아 철학자들은 우주의 합리적 구조를 지칭하는 데 이 단어를 사용했다. 즉 우주의 저변에 깔려 있는 구조는 창조주의 생각을 반영한 것이다. 성경의 기사에는 사실/가치의 이분법이 없다. 창조주의 뜻과 유리된 자율적인 또는 독립적인 정체성을 가진 것은 아무것도 없다. 따라서 모든 창조세계는 하나님과의 관계에 비추어 해석되어야 마땅하다. 우리가 공부하는 분야가 무엇이든, 우리는 하나님이 세계의 구조를 짤 때 사용하신 법칙과 창조의 명령을 발견하게 되는 것이다.

성경의 표현처럼 온 우주는 하나님에 대해 말하고 있다. "하늘이 하나님의 영광을 선포하고"(시 19:1). 이는 만드신 만물 안에 그분의 성품이 반영되어 있기 때문이다. 이것은 모든 시대 모든 이들에게 전달되는 것이므로 "일반" 계시라고 불리는데, 성경 안에 주어진 "특별" 계시와 대비되는 것이다. 조나단 에드워즈(Jonathan Edwards)가 설명한 것처럼, 하나님은 "성경 안에서 우리에게 자기 음성을 들려주심으로" 의사를 전달하실 뿐 아니라 창조세계와 역사적 사건 안에서도 그리 하신다. "하나님의 창조세계 전체가 설교하고 있다"[8]는 말이 옳다. 그럼에도 그리스도인이 일반계시의 메시지를 듣지도 보지도 못할 수 있는데, 그리스도의 마음(mind)을 품는 훈련 중 하나는 창조세계의 설교를 "듣는" 영적 민감성을 위해 기도하는 것이다.

위대한 종교사가인 마틴 마티(Martin Marty)는 모든 종교가 두 가지 기능을 수행한다고 말한 적이 있다. 첫째는 개인 구원의 메시지로, 우리가 하나님과 올바른 관계를 맺는 법을 가르쳐 준다. 둘째는 세계를 해석하는 렌즈와 같은 역할이라고 한다. 역사적으로 보면 복음주의자들은 첫째 기능, 곧 "영혼을 구원하는 일"은 잘 수행해 왔다. 그러나 사람들로 하여금 주변세계를 해석하도록 돕는 일은 제대로 수행하지 못했다. 이는 과학·정치·경제·생명윤리 등과 같은 분야에 성경적 관점을 제공하는 렌즈와 같은 역할로서, 상호 연관된 일련의 개념들을 공급하는 것을 말한다. 마티의 표현처럼, 복음주의자들은 흔히 "개인 경건과 개인 구원은 강조했지만 자기를 둘러싼 세계를 해석하는 일은 스스로 알아서 하도록 내버려 두었던" 것이다.

사실 오늘날 많은 이들이 세계에 대한 해석을 제공하는 일을 더 이상 기독교의 **역할**이라고 생각하지 않는다. 마티는 이것을 "근대의 분열"(Modern Schism, 이는 그의 책 제목이기도 하다)이라 부르면서, 우리는 역사상 처음으로 기독교가 사적 영역에 갇힌 채 공적 영역에 대해 발언하는 것을 중단한 시대에 살고 있다고 말한다.[9]

"이 같은 종교의 내면화 혹은 사유화는 이제까지 기독교세계에서 일어났던 가장 중대한 변화 가운데 하나다"라고 또 다른 역사가인 시드니 미드(Sidney Mead)가 그의 책에서 말했다.[10] 그 결과, 우리의 삶은 종종 분열되고 파편화되었으며, 우리의 신앙은 교회와 가정이란 사적 영역에 완전히 가두어진 채 직업을 비롯한 공적 영역에서는 그 기능을 발휘하지 못하게 된 것이다. 예배의 감동은 일요일이 지나면 사라져 버리고, 한주 내내 무의식적으로 세속적인 태도를 받아들이게 된다. 결국 두 개의 분리된 "세계"에서 살고 있는 셈인데, 종교생활과 일상생활을 뚜렷이 분리시킨 채 그 사이를 왔다 갔다 하는 것이다.

성경학교 중퇴자

이러한 분열현상에 대해 대부분의 신자들은 심각한 좌절감을 느낀다. 우리는 우리의 신앙이 직업을 포함한 삶의 모든 영역과 통합되기를 진정으로 **소원한다**. 온전한 인격, 곧 전인적으로 흠 없는 사람이 되고 싶은 것이다. 최근에 회심한 미술교사를 얼마 전에 만난 적이 있는데, 그는 자신의 신앙을 직업에 어떻게 적용할 수 있을지 고민하고 있었다. "제 삶 전체가 하나님과의 관계를 반영하길 바랍니다. 제 신앙과 예술이 별도의 방에 나뉘는 것을 원치 않습니다." 그가 내게 한 말이다.

도로시 세이어즈(Dorothy Sayers)는 만일 종교가 우리의 직장생활에 관해 전할 메시지가 없다면 우리가 엄청난 시간을 투자하는 과업에 대해 아무것도 할 말이 없는 셈이라고 했는데, 참으로 지당한 말이다. 사람들이 종교는 아무 상관이 없다고 말하는 것이 놀랄 일이 아니다! "종교가 삶의 10분의 9를 차지하는 것과 아무 상관이 없다면, 누가 그런 종교에 관심을 갖겠는가?"[11]

성/속의 이원론에서는 교회 일이 더 가치 있는 것으로 여겨지는 반면, 일상적인 일은 사실상 하찮게 여겨진다. 「양들, 포효하다」(Roaring Lambs)란 책에서 밥 브리너(Bob Briner)는 기독교 대학에 다니던 시절을 묘사한다. 거기서는 **진정으로** 하나님을 섬기는 유일한 길은 전임사역자가 되는 것이라고 은연중에 내비쳤다고 한다. 자기가 스포츠경영 분야에서 일하고 싶다는 것을 이미 알고 있었던 브리너는 다음과 같이 고백했다. "나는 내 자신이 이등급 학생인 것처럼 여겨졌다. 목회사역이나 선교를 준비하던 동료들은 장차 **참된 교회 일**을 하게 될 인물로 대우받았다. 그 나머지는 뒤에서 후원이나 하는 조연배우에 불과했다."

여기에 깔린 메시지는 일반직업에 종사하는 이들은 기도와 재정 후원으로 기여할 테고, 그것이 전부라는 것이다. "교회나 대학에서의 경험 가운데 기독교 전문사역 바깥에서도 참여적이고 역동적인 그리스도인의 삶을 살 수 있다는 가능성을 제시해 준 것은 전혀 없었다"고 브리너는 결론을 내린다. "소금과 빛이 되라는 얘기는 들었지만, 그렇게 살 수 있는 방법에 대해서는 아무도 말해 준 적이 없다."[12] 당신의 일을 하나님께 드리라는 식의 빈말을 듣기는 하였으나, 그 의미는 고작해야 '**최선을 다하고 너무 두드러진 죄를 짓지 말라**'는 정도였다.

이 같은 성/속 이원론은 기발하고 재미있는 베지 테일(Veggie Tales, 미국의 애니메이션 비디오 시리즈―편집자) 제작자들의 창의적인 재능을 사장시킬 뻔했다. 필 비스커(Phil Vischer)는 영화를 만들고 싶다는 생각을 늘 했으나 "자랄 때 받은 암묵적 메시지는 전임사역만이 확실한 기독교적 봉사라는 것이었다. 나이 어린 그리스도인은 장차 목사나 선교사가 되기를 열망하는 게 바람직하다는 것이었다." 그래서 자신도 의무적으로 보따리를 챙겨 사역을 준비하러 성경학교로 떠났다고 한다.

그런데 영화가 아이들에게 주는 강력한 영향력을 목격할수록 양질의 영화를 만드는 것이 중요하다는 생각이 더욱 간절했다. 마침내 그는 "다른 사람들이 무슨 말을 하든 하나님은 영화감독 한두 명 정도는 사용하실 수 있으리라고 생각했다." 그와 그의 친구 마이크 나로키(Mike Nawrocki)는 성경학교를 중퇴하고 비디오 회사를 시작했다. 대학 동기생들이 목사와 청소년 사역자가 되는 동안, 그들은 '토마토 밥과 오이 래리'(Bob the Tomato & Larry the Cucumber)의 대변인이 되었다.[13] 베지 테일 비디오는 성경적 메시지와 꾀바른 유머로 굉장한 인기를 끌었다. 만일 이 두 성경학교 중퇴자가 성/속을 구별하는 의식구조에서 해방되어 그리스도인이 영화제작 분야에서도 정당한 소명을 찾을 수 있다고 결심하지 않았더라면, 그들의 재능은 교회에서 소멸되고 말았을 것이다. 그리스도의 몸에 속한 각 지체는 전체의 유익을 위해 은사를 받았고, 그 은사들이 억눌리면 우리 모두가 실패하게 되는 법이다.

성/속의 분리가 만연해 있는 현상은 많은 목회자와 교사들에게서도 예외는 아니다. 어느 학교의 교장이 나에게 대다수의 교육자는 "그리스도인 교사"를 개인적인 행위―좋은 본을 보이는 것과 학생들에게 관심을 표현하는 것 등―에 의거하여 엄격히 정의한다고 말했다. 아무도 문학이나 과학이나 사회나 미술이나, 그들이 가르치는 과목에 대한 성경적 세계관을 전달하는 것으로 그 정체성을 규정하지 않았다. 달리 말하면, 그들은 자신의 일을 그리스도인답게 행하는 데 관심을 갖고 있지만, 그 일 자체에 대한 성경적 틀을 정립하는 데는 신경을 쓰지 않는 것이다.

기독교 학교의 경우, 흔히 교실에 기도 및 성경암송과 같은 두세 가지 소수의 "종교적" 요소를 주입하는 것을 전략으로 삼는다. 그러고는 일반 학교에서 가르치는 내용과 똑같은 것을 가르친다. 교과과정을 보면, 마치 케이크 위에 크림을 바르듯 과목 위에 영적 열심을 살짝 입히고 내용 자체는 그대로 두는 것이다.

미묘한 유혹

이와 동일한 패턴이 최고의 학문 수준에 이르기까지 단계별로 계속된다. "고등교육에 몸담은 그리스도인은 자기 신앙을 구분하고 싶은 미묘하면서도 강한 유혹을 받는다." 기독교 대학에서 수년간 가르친 경력이 있는 사회학교수의 말이다. 종교가 교회와 캠퍼스의 종교활동 같은 특수한 영역과는 상관있다고 여기지만, "우리가 강의를 하고 연구를 할 때는 일반적으로 자기 분야에서 허용된 기존의 이론, 개념, 여타 주제 등에 신경을 집중하기 마련이다."

여기서 우리는 성/속 이원론의 위험성을 보게 된다. 우리가 속한 분야에서 "이론, 개념, 여타 주제" 등의 문제를 불신자에게 양보하는 것이 그것이다. 그리스도인들이 일종의 거래관계를 용인한 셈인데, 우리가 성경공부와 기도회를 하도록 허용받는 한 학문 분야의 **내용**은 세속주의자에게 넘겨준다는 식이다.

오래전 내가 기사를 쓰기 위해 어느 물리학교수와 인터뷰하면서 그야말로 기가 막히는 예를 접한 적이 있다. 그는 규모가 큰 일반 대학의 유명한 캠퍼스 선교단체 지도교수였기 때문에 나는 그의 전공 분야에 관한 기독교적 관점에 대해 물었다. 특히 상대성이론과 양자역학을 중심으로 한 신물리학(new physics)에 대해 물었다. 당시는 신물리학의 혁명적 영향에 대해 찬반 양론이 오가던 때였다. 신물리학이 3백 년간 물리학계를 지배했던 뉴턴의 세계관을 붕괴시켰다, 결정론을 논파하고 자유의지에 새로운 여지를 제공했다, 유물론의 기초를 허물었다는 등 많은 주장이 제기되었던 것이다. 이 주제에 관한 많은 대중서적들이, 양자역학이 동양의 형이상학을 확증했다고 주장할 정도였다(그 고전적 예가 「물리학의 도(道)」〔The Tao of Physics〕라는 책이다)[14]. 젊은 필자인 나는 그리스도인 교수가 신물리학에서 나온 광범위한 철학적 함의를 어떻게 평가할지 자못 궁금했던 것이다.

그러나 실망스럽게도 그 교수에게는 아무런 견해가 없었다. 물리학과 신앙은 전혀 별개의 영역이라고 나에게 말했다. 그가 한 말이 그대로 내 뇌리에 새겨졌다. "양자역학은 자동차역학과 같습니다. 그것은 나의 신앙과 아무 관련이 없답니다."

그 교수는 캠퍼스 사역에 깊이 관여하고 있었으나, 자신의 신앙과 학문은 따로 떨어진 평행선에 둔 것이 분명했다. 마치 영원히 만나거나 교차될 수 없는, 나란히 달리는 기차의 선로처럼 말이다. 그는 그리스도인이자 물리학자였다. 그런데 그 둘을 묶어 줄 기독교 세계관을 갖고 있지 않았던 것이다.[15]

기독교적 지성을 개발하는 일은 최고의 학위를 받는 것을 훨씬 넘어서는 일임에 분명하다. 박사학위를 가진 많은 그리스도인들이 단순히 자기 분야에 대해 두 갈래 접근법을 수용한다. 과학이든 사회학이든 역사든 그것을 종교적으로 중립적인 지식인 양 여긴 나머지 성경적 진리에는 그와 관련해 전할 만한 중요한 메시지가 없는 것처럼 생각한다. 이런 영역에서는 하나님의 말씀이 우리의 길을 비추는 빛이 아닐 뿐더러, 따라서 우리는 그저 세속적인 전문가가 선포하는 것이면 무엇이든 순응해야 한다는 식이다.[16] 결국 우리의 사고를 변혁시킬 하나님 말씀의 능력을 빼앗긴 셈이고, 우리는 내적으로 분열된 채 온전하고 통합된 삶의 기쁨을 박탈당한 것이다.

계몽주의의 우상

세속주의자는 **자신의** 이론이 어떤 특정한 철학을 반영하는 것이 아니라고 주장함으로써 이런 분열된 의식구조를 더욱 강화시킨다. 달리 말하면, "합리적인 사람이라면 모두 그렇게 생각하기 마련"이라는 식이다. 그래서 종교적 견해는 편향되거나 편견에 불과한 것으로 비난하는 반면, 자신의 견해는 공적 영역에 적합한 합리적이고 편견이 없는 것이라고 주장한다. 이런 책략이 종종 그리스도인들을 위협해 신앙에 대해 방어적인 자세를 취하게 만들었고, 나아가 그들이 보다 넓은 문화의 영역에서 효과적인 사역을 하지 못하도록 막대한 피해를 입혔다.

여기서 잘못된 것은 마치 어떤 종교적·철학적 가정에도 영향을 받지 않은 중립적인 또는 편견이 없는 이론이 실제로 **존재**하는 것처럼 생각하는 사고방식이다. 물론 우리는 거룩한 영역에는 각기 다른 종교적 견해―기독교·유대교·이슬람교·뉴에이지 등―가 있다는 것을 알고 있다. 하지만 **세속적** 영역에 대해서는 종교적·철학적 가치관이 개입하지 않은 중립적 지식에 접근할 수 있는 것처럼 생각한다.

그런데 이런 이상 자체가 특정한 철학적 전통의 산물이라는 점은 하나의 아이러니다. "이성"이란 적나라한 진리에 도달하기 위해 이전의 모든 가정과 종교적 신념의 옷을 벗어 버리는 것이 가능하다는 생각은 계몽주의에서 온 것이다. 이는 17세기에, 흔히 최초의 근대적 철학자로 꼽히는 르네 데카르트(René Descartes)에 의해 가장 강력하게 표명되었다. 진리를 발견하는 길은, 우리가 도저히 의심할 수 없는 진리의 토대에 도달하기까지 의심 가능한 모든 것을 생각에서 제거해 버리는 것이라고 그는 말했다. 그는 아주 깊이 파고 들어간 끝에 유명한 **코기토**(*cogito*)—"나는 생각한다. 그러므로 나는 존재한다"—의 토대를 발견했다고 믿었다. 우리가 모든 것을 의심하고 있는 그 순간에도 여전히 생각은 계속되고 있으므로, 우리가 알 수 있는 가장 확실한 것은 생각하는 주체의 존재인 셈이다.

체계적인 의심의 방법으로 인간의 정신—또는 이성(종종 대문자로 시작하는 이성[Reason])—이 신과 같은 객관성과 확실성에 도달할 수 있다는 생각이 출현하게 되었다. 대학 시절 어느 철학강의에서 담당교수가, 객관성을 "하나님이 사물을 보는 방식"으로 정의했던 것이 기억난다. 그는 신자가 아니었지만, 이 세상을 초월하는 존재이자 모든 것의 실상을 알고 있는 존재만이 참된 객관성에 도달할 수 있다고 생각한 것이다. 계몽주의는 이성이야말로 그런 초월적 힘이며, 정확무오한 지식을 제공한다고 과신했던 것이다. 결국 이성은 절대적 진리의 근원이신 하나님의 자리를 차지한, 우상에 다름 아닌 것이 되고 말았다.

아이러니한 사실은, 데카르트가 독실한 가톨릭 신자였다는 점이다. 그는 하나님이 자기에게 논박 불가능한 **코기토**의 논리를 계시했다고 확신한 나머지 이탈리아에 있는 로레토 성지로 순례의 길을 가겠다고 서약했다. 그리고 수년 뒤에 실제로 그렇게 했다. 그런 면에서 그는, 신실한 그리스도인도 결코 기독교적이지 **않은** 철학을 유포할 수 있음을 보여주는 비극적 본보기인 셈이다. 데카르트는, 이성을 단지 합리적으로 생각할 수 있는 인간의 능력으로 보지 않고 정확 무오하고 자율적인 진리의 근원으로 보는 합리주의의 기틀을 정립한 장본인이다. 이성은 어떤 종교나 철학으로부터도 독립된 진리의 창고로 간주되기에 이르렀다.

두 개의 도시

계몽주의 프로젝트는 고전적 기독교 전통과 뚜렷이 대조되었다. 기독교 전통은 지식에 대해 훨씬 겸손하고 더욱 현실적인 관점(또는 인식론)을 제시했다. 다시 말해, 우리가 지식으로 간주하는 것이 우리의 영적 상태에 의해 크게 좌우된다는 점을 인정한 것이다. 이것을 가장 잘 표현한 것이 성 아우구스티누스(St. Augustine)의 두 도시─하나님의 도시와 인간의 도시─이미지다. 아우구스티누스는 어떤 이들이 생각한 것처럼, 교회와 국가 간의 분리에 대해 말한 것이 아니라 두 종류의 사고 및 충성의 체제에 대해 말한 것이다. 우리의 행위가 하나님의 사랑에 의해 좌우되고 지도를 받아 그분을 섬기는 데 바쳐질 때, 그것은 하나님의 도시를 건설하는 데 기여하게 된다. 반면에, 우리의 행위가 자기 사랑에 의해 충동되어 죄스러운 목적을 섬기는 데 사용될 때, 그것은 인간의 도시를 건설하는 데 사용된다.

이것을 정신적 삶에 적용할 경우 두 도시의 이미지가 의미하는 것은, 우리 모두가 이미 모종의 영적 동기를 품은 채 정신활동을 하고 있으며 이 동기가 진실에 대한 우리의 판단에 영향을 미친다는 것이다. 우리의 정신은 백지 상태가 아니라 우리의 영적 입장에 의해 채색되어 있다. 즉 하나님을 긍정하는 입장이거나 반대하는 입장이거나 둘 중 하나다. 로마서 1장에서 언급하듯이, 우리는 참 하나님을 예배하고 섬기든지 아니면 피조물(우상)을 예배하고 섬기게 되어 있다. 인간은 본래 종교적 존재로 하나님과 관계를 맺도록 창조되었다. 설령 우리가 하나님을 배척하더라도 종교적 본성이 사라지는 것은 아니다. 오히려 우리 삶의 토대로 삼을 다른 궁극적 원리를 찾게 마련이다.

우상이라는 것은 흔히 재정적 안정이나 직업상의 성공과 같이 구체적인 성격을 지닌다. 또는 하나의 이데올로기나 어떤 신념체계처럼 종교를 대체하는 것일 수도 있다. 우상이 어떤 형태를 띠든지, 로마서 1:18에 의하면 우상을 예배하는 자들은 하나님에 관한 지식을 **적극적으로 억누른다**. 대신 다른 신들을 찾고자 하는 것이다. 이것은 종교적으로 중립적인 입장과 거리가 멀다.

물론 기독교가 결정론적 관점을 주장하는 것은 아니다. 하나님의 은혜에 의해 사람들이 그분의 진리로 마음이 밝아져서 그분 앞에 엎드리고, 한편에서 다른 편으로 움직일 수 있다고 가르친다. 즉 흑암의 나라에서 그리스도의 나라로 옮겨질 수 있다는 말이다(골 1:13). 이것을 우리는 회심이라 부른다. 하지만 어느 한 시점에는 양편 중 어느 한편에 속해 있기 마련이다. 경험을 해석할 때 우리는 신적 계시에 비추어 보거나, 아니면 그와 경쟁관계에 있는 다른 사고체계에 의해 해석하게 된다. 우리가 그리스도인으로서 받은 소명은, 우리의 사고 속에 남아 있는 "우상들"의 찌꺼기를 점진적으로 완전히 청소함으로써 삶의 모든 측면에 걸쳐 하나님 도시의 시민답게 사는 것이다.[17]

최근 수십 년간, 이 같은 고전적인 기독교적 입장이 의외의 진영에서 지지를 받았다. 오늘날의 과학철학은 지식에 대한 과거의 실증주의적 정의―흰 가운을 걸친 과학자가 실험실에 들어가는 순간 감쪽같이 이전의 모든 선입견과 신념으로부터 자유롭게 되는 것처럼 취급하는―를 배격했다. 요즘 철학자들은 무엇을 지식으로 간주할지를 정하는 데 인간적 요인이 작용한다는 사실을 훨씬 서둘러 인정하고 있다. 즉 완전히 중립적인 철학적 입장에 서서 사실에 접근하기란 불가능함을 시인하는 것이다. 우리는 어디까지나 통합된 인격으로 과학 활동에 진입하는 것이며, 이전의 경험과 이론적 가정, 개인의 신념·야망, 사회경제적 이익 등으로 짜여진 옷을 입고 실험실에 들어가게 된다. 이런 선입견들은 사실상 과학 활동의 모든 측면을 채색하기 마련이다. 우리가 연구할 만한 가치가 있다고 생각하는 것, 우리가 발견하고 싶은 것, 우리가 살펴볼 장소, 결

과물을 해석하는 방식 등이 모두 거기에 포함된다.[18]

"모든 사실에는 이론이 실려 있다." 이것이 오늘날 과학철학의 보편적 표어다. 어쩌면 좀 과장된 표현인 것 같지만, 우리가 "사실"로 간주하기로 선택한 것조차도 우리가 사용하는 이론으로부터 영향받는다는 점을 잘 지적하고 있다. 우리가 어떤 자료들을 처리할 때는 언제나 우리가 채택한 이론적 틀에 비추어 세계를 이해하기 마련이다.

절대적인 존재

결론적으로, 어떤 사고체계도 순전히 이성의 산물이라고 볼 수 없다. 이성이란 데카르트를 비롯한 합리주의자들이 생각한 것처럼 정확 무오하고 종교적으로 자율적인 진리의 보고가 아니기 때문이다. 그러므로 참으로 중요한 질문은, 본인이 무엇을 궁극적 전제로 받아들이는가 하는 점이다. 이것이 다른 모든 것을 좌우한다.

어떤 사상이든 그 배후를 계속 추적해 올라가면 결국에는 출발점에 도달할 수 있다. 무엇인가 스스로 존재하는 것, 곧 궁극적 실재요 다른 모든 것의 근원이 되는 그 무엇이 있기 마련이다. 그것이 존재하는 이유는 없다. 그저 "존재"할 뿐이다. 유물론자에게는 궁극적 실재가 물질이므로, 모든 것이 물질적 구성요소로 환원된다. 범신론자의 경우 궁극적 실재가 영적인 힘이나 토대이므로, 명상의 목표는 영적 하나됨(oneness)과 재결합하는 것이다. 교조적 다원주의자에게는 생물학이 궁극적이므로, 종교와 도덕까지 포함한 모든 것이 진화의 산물로 환원된다. 경험주의자의 경우 모든 지식이 궁극적으로 감각의 자료로 추적될 수 있으므로, 감각에 의해 인식될 수 없는 것은 비실재적인 것이다.

이런 식으로 계속 열거해 가면, 어떤 사고체계든지 특정한 궁극적 원리와 더불어 시작한다. 하나님으로부터 시작하지 않으면 피조물의 어떤 차원—물질적·영적·생물학적·경험적 또는 그 무엇—에서 시작하기 마련이다. 피조된 실재의 어떤 측면이 다른 모든 것의 근거요 근원으로 "절대화"된다. 그것이야말로 원인 없는 원인이자 자존(自存)하는 것으로 여겨질 것이다. 종교적 언어를 사용하자면, 이 궁극적 원리가 신적 존재의 역할을 하는 것이다. 여기서 신적 존재란 다른 모든 존재가 의존하는 단 하나의 존재를 뜻한다. 이 최초의 가정은 믿음으로 받아들이는 것이지 사전의 추론으로 도달하는 것이 아니다. (그렇지 않다면 그것은 모든 추론의 궁극적 출발점이 될 수 없다. 따라서 더 깊이 파고 들어가 출발점이 될 만한 것을 찾아 거기서 출발하지 않으면 안된다.)

이런 의미에서, 기독교와 경쟁하는 모든 대안은 각각 하나의 종교라고 말할 수 있다. 그 속에 어떤 의식이나 예배의 형식이 없다 하더라도, 그것은 창조물 가운데 있는 어떤 원리나 힘을 다른 모든 것의 자존적 원인으로 삼고 있다. 불신자조차도 존재의 궁극적 근거가 되는 어떤 것을 붙들고 있는데, 본인에게 그것은 하나의 우상이나 거짓 신으로 작용한다. 그러므로 "성경의 저자들이 독자에게 메시지를 전할 때 독자들이 이미 하나님이나 하나님을 대신하는 어떤 것을 믿고 있는 것으로 언제나 간주하는 것"이라고 철학자 로이 클라우저(Roy Clouser)가 설명한다.[19] 믿음은 인간의 보편적 작용이므로, 하나님을 향하지 않으면 다른 어떤 것을 향하도록 되어 있다.

"종교에 대한 욕구는 인간이라는 동물 속에 배선처럼 깊숙이 깔려 있는 것 같다"고 철학자 존 그레이(John Gray)는 썼다(무신론자인 그는 이 사실을 탄식하듯 말하기는 한다). "세속적 인본주의자들의 행위가 확실히 이 가설을 지지해 주고 있다. 무신론자도 신자만큼이나 감정적으로 깊이 관여하는 것이 보통이다. 아니, 그들이 지적으로 더 경직되어 있는 경우가 아주 흔하다."[20] 요컨대, 그리스도인이 믿음을 가진 반면 세속주의자는 자신의 신념의 기반을 순전히 사실과 이성에 두는 것은 아니라는 말이다. 세속주의 자체도 기독교만큼이나 궁극적 신념에 근거를 두고 있다. 창조물의 일부—보통 물질이나 자연—가 신의 역할을 한다. 그러므로 바른 질문은 어떤 관점이 종교적이고 또 어떤 관점이 순전히 합리적인가 하는 것이 아니라, 어느 것이 참이고 어느 것이 거짓인가 하는 것이다.

이것이 바로 아우구스티누스의 두 도시 이미지에 담겨 있는 의미다. 인류는 최초의 타락 이래 줄곧 두 부류의 집단으로 나뉘어 왔다. 하나는 하나님을 좇아 그 생각을 그분의 진리에 복종시키는 이들이고, 다른 하나는 모종의 우상을 세워 놓고 우상숭배를 합리화하는 방향으로 자기 생각을 가다듬는 이들이다. 궁극적 헌신이 결국 선택을 좌우하기 때문에, 사람들의 관점은 반드시 그 선택을 지지하는 쪽으로 형성되기 마련이다. 거짓 신이 거짓 세계관을 조성하게 하는 것이다.

그렇기 때문에 그리스도인은 안일한 자세로 **세속**이라는 영역을 불신자에게 넘겨줄 수 없는 것이다. 그들이 우리에게 자유로이 찬송을 부르고 성경을 읽을 수 있는 **거룩한** 영역을 제한적으로 허락한다고 해도 말이다. 오히려 우리는 지배적인 지적 우상들을 밝혀내어 비판하고 성경에 기초한 대안들을 정립하는 것이 마땅하다.

아리스토텔레스의 도구

그러나 그리스도인과 비그리스도인이 넓은 영역에 걸쳐 서로 의견을 같이할 때가 있음을 부인하는 것은 아니다. 건물을 짓고, 은행을 경영하고, 수술을 하고, 컴퓨터 프로그램을 작성하는 능력이 불신자가 더 뛰어날 수 있다. 그 이유는 창조교리에 근거한다. 우리는 모두 하나님의 세계에서 살도록 하나님의 형상을 따라 지음받았고, 우리의 능력은 이 세계에 관한 참 지식을 제공하도록 설계되어 있다. 그러므로 여러 분야에 걸쳐 신자와 불신자 간에 상당한 의견일치가 가능한 것이다.

이에 덧붙여, 성경은 일반은총의 교리를 가르친다. **특별은총**이 구원을 지칭하는 반면, **일반은총**은 하나님의 섭리적 보살핌, 곧 그분이 창조세계 전체를 열심히 붙들고 계심을 의미한다. 하나님은 "비를 의로운 자와 불의한 자에게 똑같이 내리우심이니라"고 성경은 말한다(마 5:45). 이것은 그분의 은사가 불신자에게도 주어졌다는 뜻인데, 여기에는 지식과 통찰력 같은 지적인 은사도 포함된다. 그래서 예수께서는 죄인들조차 "좋은 것으로 자식에게 줄 줄 알"고 좋은 부모가 될 수 있다고 말씀하신 것이다(마 7:11). 그분은 또한 자신을 대적하는 자들에게 시대의 징조를 해석하지 못한다고 꾸짖기도 하셨다. 그들에게 다음날 날씨의 징조를 해석할 능력이 있었으니 역사의 의미 또한 분별할 수 있을 것으로 기대하셨던 것이다(마 16:1-4). 그러므로 성경은 불신자들이 인지적 기능을 포함한 여러 방면에서 유능한 능력을 발휘할 수 있다고 가르치고 있다.

그런데 우리가 알고 있는 내용을 **설명하려고** 애쓰는 순간 우리의 영적·철학적 가정이 작동하기 시작한다. 수학을 예로 들어 보자. 당신은 기독교적 수학관이라는 것이 없다고 생각할지 모르지만, 사실은 있다. 신자와 불신자를 막론하고 누구나 5+7=12라는 데 동의한다. 하지만 사람들에게 수학 지식을 어떻게 **정당화**할 수 있는지 물으면, 여러 진영으로 나뉘게 될 것이다.

서구역사의 여명기에 등장했던 고대 헬라인들은 유클리드 기하학을 발견한 것으로 유명하다. 하지만 그들은 수학적 세계 자체가 정밀한 수학적 질서를 보여준다고 믿지 않았는데, 그것은 물질을 수학적 규칙에 전적으로 "순종"하지 않는 완강하고도 독자적인 존재라고 생각했기 때문이다. 그래서 그들은 수학을 추상적이고 플라톤적인 "하늘"에 가두어 버렸다. 반면에, 근대 초기의 과학자들은 대부분 그리스도인들이었다. 그들은 물질이 선재(先在)한 것이 **아니라** 하나님의 손에서 나온 것이라고 믿었다. 그래서 그분의 뜻에 저항할 힘이 없었으며 그분이 내놓은 법칙 곧 수학적 정밀함에 "순종"했다.

역사가 콜링우드(R. G. Collingwood)는 "자연과학의 견지에서 본 응용수학의 가능성은 자연을 전능한 하나님의 창조물로 믿는 기

독교 신앙에서 나오는 것"이라고 썼다.[21]

수학교수인 내 아버지에게 나는 이따금 콜링우드의 말을 상기시켜 드린다. "아버지의 분야가 **존재**하는 이유는 바로 기독교 세계관 덕분이랍니다."

그런데 오늘날 대다수의 철학자들이 더 이상 수학을 하나의 진리로 간주하지 않는다. 현재 지배적인 수학철학은 그것을 야구경기 같은 사회적 산물로 취급한다. "스트라이크가 셋이면 아웃이다"라는 것은 하나의 자의적 규정이다. 그것은 참이나 거짓의 문제가 아니다. 우리가 경기를 운영하려고 정한 방식에 불과하다. 이와 마찬가지로, 수학법칙도 우리가 경기를 하는 방식과 동일하게 간주된다.[22]

요즈음은 미국의 어린 학생들조차 수학에 대해 이 같은 포스트모더니즘의 관점을 배우고 있다. 널리 사용되는 중학교 교과과정 계획서에는 학생들이 "수학은 사람이 만든 것이고 자의적인 것이며, 좋은 해답은 전문가들 사이의 합의에 의해 정해진다"라고 배워야 한다고 적혀 있다.[23] 사람이 만든 것? 자의적? 공립학교들이 포스트모더니즘의 짙은 안개 속으로 아주 깊숙이 들어간 것이 분명하다.

더구나, 수학이 자의적이라면 잘못된 답이란 있을 수 없고 다른 관점만 있을 뿐이다. 미네소타 주에서는 교사들에게 "다수의 수학적 세계관들"에 대해 관용하도록 지침을 내린다.[24] 뉴멕시코 주에서 내가 만난 한 젊은이는 최근 고등학교를 졸업했는데, 학교에서 자신이 정답을 구하는 것을 중요하게 여긴다고 수학교사가 "편협한" 학생으로 딱지를 붙였다고 했다. 그 교사는 학생들이 공동작업을 해서 합의에 이른 것이라면 수용할 만한 결과라고 주장했던 것이다.

이는 가장 간결하고 일반적인 지식의 형태인 수학마저도, 때로는 근본적으로 다른 세계관의 해석에 좌우된다는 것을 의미한다. 세계관의 영향은 생물학·경제학·법학·윤리학 등과 같이 더 복잡한 분야로 올라갈수록 확연하게 커질 것이다.[25]

그리스도인이 **의식적으로** 그 학문에 대한 성경적 접근을 개발하지 않는다면, 무의식적으로 다른 철학적 접근을 받아들이게 될 위험이 있다. 세계를 해석하는 일련의 사상은 용어와 개념들로 채워진 철학적 도구상자와 같다. 그리스도인들이 자기 나름의 분석 도구를 개발하지 않는다면, 자신이 이해하고 싶은 어떤 이슈가 생길 때 **다른 사람의** 도구를 빌려 오게 될 것이다. 그쪽 전문 분야에서 일반적으로 수용되는 개념이나 문화로 받아들여지는 것이면 무엇이든 차용할 것이다. 그런데 그리스도인이 그렇게 할 경우, "도구 하나만 따로 빌려 오는 게 아니라, 각 문제에 대한 그들 나름의 특수한 편견으로 채색된 철학적 도구상자 전체를 빌려 오는 것"임을 모른다고 오스 기니스(Os Guinness)는 썼다. 어쩌면 자기도 모르는 사이에 전혀 생경한 원리 전체를 흡수하게 될 수도 있다. 앞에서 소개한 사라의 경우처럼. 비기독교적 가정들에 깊숙이 박혀 있는 분석 도구를 사용하는 것은 "마치 다른 사람의 안경을 끼거나 다른 이의 신발을 신고 걷는 것과 같다. 결국 **도구들이 사용자의 모습을 좌우하는 것이다.**"[26]

달리 말해, 우리는 잃어버린 문화에 대해 소금과 빛이 되지 못할 뿐더러 오히려 그 문화에 의해 우리의 모습이 좌우되는 꼴이 되는 것이다.

성경적 도구상자

그렇다면 성/속의 분리에 대한 교정책은 무엇일까? 우리가 접하는 모든 이슈에 대해 사용할 수 있는 성경에 기초한 개념적 도구를 어떻게 확보할 수 있을까? 무엇보다 영적 문제뿐 아니라 모든 것에 대해 성경적 관점이 **존재한다**는 점을 확신하는 것이 필요하다. 구약성경은 "여호와를 경외함이 곧 지혜의 근본이라"(시 111:10, 잠언 1:7, 9:10, 15:33)는 것을 거듭 강조하고 있다. 이와 비슷하게, 신약성경은 그리스도 안에 "지혜와 지식의 모든 보화"가 있다고 가르친다(골 2:3). 우리가 이 구절들을 영적 지혜로 한정해 해석할 때가 많지만, 본문은 그 용어에 어떤 제한을 두고 있지 않다. "대대수 사람들이 이 본문이 주님을 경외하는 것이 **종교적** 지식의 근본이라고 말하는 것으로 읽는 경향이 있다"고 클라우저는 말한다. "그러나 사실 그 구절들은 아주 과격한 주장을 펼치고 있다. 어떤 경위로든 **모든** 지식이 종교적 진리에 달려 있다는 주장이다."[27]

이 부분에 있어, 기독교만 그런 주장을 펴는 것이 아니라는 점을 알면 이해하기가 더 쉽다. 모든 신념체계는 같은 방식으로 작동한다. 앞에서 살펴본 것처럼, 어떤 체계가 스스로 존재하는 것으로 내세우면 **그것이 무엇이든** 본질상 신적인 것으로 간주하는 것이다.

그리고 그런 종교적 헌신은 모든 것을 통제하는 원칙으로 작용하게 된다. 어떤 종류의 "신"에 대한 경외는 모든 지식체계의 근본이라는 말이다.

일단 우리가 첫째 원리들이 어떻게 작용하는지 이해하게 되면, 모든 진리가 하나님께로부터 시작하지 않으면 안된다는 점이 분명해질 것이다. 스스로 존재하는 유일한 실재는 하나님이고, 다른 모든 것은 그 기원과 존재의 지속 면에서 하나님께 의존하고 있다. 그분의 뜻과 별개로 존재하는 것은 하나도 없다. 성경의 역사에서 주요 전환점을 이루는 창조·타락·구속의 범위에서 벗어나는 것도 없다.

창조

기독교의 메시지는 "그리스도를 네 구원자로 영접하라"는 말로 시작하지 않는다. 그것은 "태초에 하나님이 천지를 창조하셨다"는 말로 시작한다. 성경은 하나님이 창조질서 전체의 유일한 근원이라고 가르친다. 어떤 신도 그분의 경쟁 상대가 될 수 없고, 어떤 자연의 힘도 스스로 존재할 수 없으며, 어떤 것도 그 본성이나 존재를 다른 근원에서 찾을 수 없다. 이처럼 그분의 말씀과 법과 창조명령이 이 세상에 질서와 구조를 부여하는 것이다. 하나님의 창조말씀이 우리가 자연과학에서 공부하는, **물리적** 성격을 지닌 법칙의 근원이다. 그것은 또한 **인간의** 본성에 관한 법칙의 근원이기도 하다. 도덕(윤리학), 정의(정치학), 창조적 활동(경제학), 미학(예술), 그리고 심지어 명료한 사고(논리학)의 원리까지 여기에 포함된다. 그러므로 시편 119:91은 "만물이 주의 종"이라고 말하는 것이다. 철학적으로나 영적으로 중립적인 주제는 존재하지 않는다.

타락

창조의 보편적 성격은 타락의 보편성으로 이어진다. 성경은 창조세계의 모든 부분─우리의 지성을 포함해─이 창조주에 대한 거대한 반역과 연관되었다고 말한다. 신학자는 이것을 타락의 "인지적"(noetic) 영향(지성에 미친 영향)이라고 부른다. 이것은 하나님의 중생(重生)의 은혜와 관계없이 세계를 이해하려는 우리의 능력을 무력화시킨다. 성경은 우상숭배나 하나님에 대한 의도적 불순종이 인간의 '눈'이나 '귀'를 멀게 한다는 경고로 가득 차 있다. "이 세상 신이 믿지 아니하는 자들의 마음을 혼미케 하여…… 복음의 광채가 비치지 못하게 함이니"(고후 4:4). 죄는 문자 그대로 지각을 "어둡게" 한다(엡 4:18).[28]

물론 불신자도 하나님의 세계에서 활동하고 하나님의 형상을 지니고 있으며 하나님의 일반은총으로 삶이 지탱되고 있기 때문에 참 지식을 부분적으로는 발견할 능력이 있다. 그리스도인은 그들의 통찰력을 환영하는 자세를 지녀야 마땅하다. 초대 교부들의 말대로, 모든 진리는 하나님의 진리이기 때문이다. 그들은 그리스도인에게 최상의 세속적 학문을 전유(專有)하기를 촉구했으며, 그것이 성경적 세계관 안에 놓여질 때 가장 잘 들어맞는다는 것을 보여주라고 권고했다. 어떤 경우는 불신자가 옳고 그리스도인이 그릇될 수 있다. 하지만 불신자가 이룩한 전반적인 사고**체계**는 성경적 진리에 근거하지 않고 다른 궁극적 원리에 기초를 두고 있기 때문에 결국 그릇될 수밖에 없다. 그들의 경우, 개별의 진리들도 잘못된 세계관의 렌즈를 통해 보게 될 것이다. 따라서 각 분야에 대한 기독교적 접근은 비판적 성격과 건설적 성격을 둘 다 지닐 필요가 있다. 우리가 세속 학문의 연구 결과를 빌어올 때 그것이 마치 완전히 개방적이고 객관적 사고에 의해 발견된, 영적으로 중립적인 영토인 것처럼 간주하면서 빌어 올 수는 없는 노릇이다. 그것은 마치 인간의 타락사건이 결코 일어나지 않은 것처럼 여기는 것과 같은 자세다.

구속

마지막으로, 구속(救贖, redemption)은 창조와 타락만큼 포괄적이다. 하나님께서 우리를 구원하실 때, 우리의 지성은 마음대로 작동하도록 내버려 두고 우리 영혼만 구원하신 것이 아니다. 그분은 인격 전체를 구속하신다. 회심은 우리의 생각·감정·의지·습관 등 여러 영역에 걸쳐 새로운 방향을 제시하기 마련이다. 바울은 우리 존재 전체를 "산 제사"로 드림으로써 "이 세대를 본받지 말고 우리의 마음을 새롭게 함으로 변화를 받"으라고 권고한다(롬 12:1-2). 우리가 구속될 때 **만물이** 새롭게 된다(고후 5:17). 하나님은 우리 성품에 새로운 생명을 불어넣으심으로 "새로운 마음과 새로운 영"을 주겠다고 약속하신다(겔 36:26).

 그러므로 성경은 죄를 일차적으로 하나님께 등을 돌리고 다른 신을 섬기는 것으로 여기며, 부도덕한 행위는 이차적인 것으로 취급한다. 첫째 계명은 어디까지나 첫째 계명이며, 나머지는 우리가 누구를 혹은 무엇을 예배할지 확실히 한 **후에** 따라오는 것들이다. 마찬가지로, 구속은 일차적으로 우리의 정신적 우상들을 던져 버리고 참 하나님께 돌아오는 것을 일컫는다. 그렇게 할 때에만 그분의 변화시키는 능력이 우리 삶의 모든 영역을 새롭게 하는 것을 경험하게 된다. 기독교 세계관에 대해 말한다는 것은, 우리가 구속될 때 삶에 대한 우리의 관점 전체가 하나님 중심으로 재조정되고, 그분의 계시된 진리 위에 다시 세워진다는 것을 달리 표현하는 것일 뿐이다.

방향을 읽으라

그렇다면 우리는 어떻게 기독교 세계관을 정립할 수 있을까? 그 핵심 단락은 창세기에 나오는 창조기사다. 거기로 돌아가야만 태초에 하나님께서 인류를 창조하신 본래 목적을 알 수 있기 때문이다. 죄가 들어옴으로 인간은 정도를 벗어나 길을 잃었고 엉뚱한 방향으로 나아갔다. 우리가 그리스도의 구원을 받아들일 때 비로소 바른 길로 되돌아가 우리 본래 목적을 되찾게 된다. 구속은 **죄로부터** 구원받는 것일 뿐 아니라 무엇을 **향해** 구원받는 것이기도 하다. 그것은 곧 우리가 본래 창조될 때 주어진 과업을 다시 시작하는 것을 뜻한다.

그 과업은 무엇이었는가? 창세기를 보면, 하나님이 인간에게 첫번째 직무를 주시는 장면이 나온다. "생육하고 번성하여 땅에 충만하라. 땅을 정복하라." "생육하고 번성하라"는 첫째 구절은 **사회**

적 세계를 개발하라는 의미다. 여기에는 가정·교회·학교·도시·정부·법 등이 포함된다. "땅을 정복하라"는 둘째 구절은 **자연세계를** 대상으로 일하라는 뜻으로, 곡식을 재배하고 다리를 건설하고 컴퓨터를 설계하고 음악을 작곡하는 등의 활동을 일컫는다. 이 대목은 문화 명령이라고도 불리는데, 우리의 본래 목적이 다름 아닌 문화를 창조하고 문명을 건설하는 일임을 일러 주기 때문이다.[29]

그러므로 우리의 직업이나 전문직은 단순히 밥벌이를 위한 이류활동에 불과한 것이 아니다. 그것은 우리가 창조된 본래 목적이자 고상한 소명이다. 우리가 창조주 하나님을 섬기는 길은 그분에게 받은 재능과 은사를 사용하여 창조적인 일을 하는 것이다. 그런 면에서 우리가 하나님의 창조사역을 계속하도록 부름받았다고 말할 수 있다. 그렇다고 우리가 하나님처럼 무에서(*ex nihilo*) 창조한다는 말은 물론 아니다. 우리가 할 일은 하나님께서 창조세계 속에 심어 놓으신 힘과 잠재력을 개발하는 것이다. 나무를 이용해 집을 짓고, 면으로 옷을 만들고, 실리콘으로 컴퓨터 칩을 제조하는 일이다. 현대의 사회·경제 제도들이 에덴동산에서 명시적으로 언급되지는 않았지만, 그 성경적 근거는 문화 명령에서 찾을 수 있고 그로써 정당화될 수 있다.

창세기 이야기에서 처음 6일은, 하나님께서 물리적 우주를 만드시고 그것을 채우시는 장면을 그리고 있다. 하늘은 해와 달로, 바다는 헤엄치는 피조물들로, 땅은 육지의 동물들로 각각 충만케 하셨다. 그러고는 이야기가 잠시 중단되는데, 다음 단계는 마치 앞서 일어난 모든 일들의 절정이 될 것임을 강조하는 듯하다. 그 단계는 창조과정 가운데 하나님이 미리 당신의 계획을 알리시고 삼위 하나님께서 서로 논의하는 유일한 대목이다. "우리가 우리의 형상대로 한 피조물을 만들어, 우리를 대변하게 하고 이 땅에서 우리의 작업을 수행하게 하자"(창 1:26을 보라). 그리고 나서 하나님은 첫 인간 커플을 창조하셔서 땅을 정복하고 당신의 이름으로 그것을 다스리게 하신 것이다.

본문을 살펴보면, 인간은 자기 마음대로 무엇이든 할 수 있는 자율적인 최상의 지배자가 아님을 분명히 알게 된다. 그들의 지배권은 위임된 권세다. 그들은 최상의 지배자를 대변하는 존재로서, 창조물에 대한 그분의 거룩하고 자애로운 보살핌을 반영하도록 부름받았다. 그들은 땅을 "경작할"(cultivate) 직무를 받았다. 이 단어는 "문화"(culture)와 같은 뿌리를 갖고 있다. 우리가 하나님의 형상을 반영하는 길은 바로 창조적인 존재가 되고 문화를 건설하는 것이다.

하나님께서 처음 인간을 창조하셨을 때 품었던 목적이 바로 이런 것이었다. 이것은 오늘날 우리에게도 그대로 적용된다. 그분의 본래 계획이 타락으로 인해 폐기되지 않았다. 죄는 인간 본성의 모든 측면을 오염시켰으나, 우리를 인간 이하로 만든 것은 아니다. 우리는 동물이 아니다. 우리는 "거울로 보는 것같이 희미하나"(고전 13:12) 여전히 우리의 본래 모습인 하나님의 형상을 반영하고 있다. 불신자들조차 문화 명령을 수행하는 중이다. 그들도 "생육하고 번성하여 땅에 충만"한데, 결혼을 하고 가정을 이루고 학교를 시작하고 사업을 경영하는 것을 일컫는다. "땅을 정복"(cultivate)하기도 하는데, 자동차를 고치고 책을 쓰고 자연을 공부하고 새로운 장치를 고안하는 일 등이 여기에 속한다.

어느 수련회에서 강연이 끝난 후 한 젊은 여성이 내게 이런 말을 했다. "당신이 문화 명령에 대해 얘기한 것은 기독교적 차별성이 담긴 내용이 아니더군요. 그런 것은 누구나 다 하는 일이 아닙니까?" 그것이 바로 내가 말하고자 하는 요점이었다. 창세기는 우리의 진정한 본성, 곧 우리가 하지 않으면 안되는 일, 하나님께서 창조하실 때 모든 사람에게 주신 본분을 일러 주고 있는 것이다. 우리의 목적은 바로 하나님이 우리에게 주신 본분을 이행하는 것이다.

타락은 우리의 본래 소명을 파괴한 것이 아니라 그것을 어렵게 만들었을 뿐이다. 우리의 일은 슬픔과 고된 수고를 특징으로 한다. 창세기 3:16-17에서, 출산의 "수고"와 곡식 재배의 "수고"에 동일한 히브리어 단어를 사용하고 있다. 본문이 시사하는 것은, 성인의 두 가지 중심 과제—차세대를 양육하는 일과 생계를 유지하는 일—가 모두 타락하고 파편화된 이 세계에서 고통으로 가득하리라는 것이다. 우리가 경주하는 모든 노력이 죄와 이기심으로 뒤틀리고 그릇된 방향으로 나아갈 것이다.

하지만 하나님이 우리를 구속하실 때, 우리는 죄책감과 죄의 권세에서 해방되고 완전한 인간성을 회복하게 되어 다시금 본래의 창조 목적인 그 과업을 수행할 수 있게 된다. 우리의 일 역시 그리스도의 십자가 구속으로 인해 새로운 측면을 덧입게 된다. 즉 그분의 구속적 목적에 동참하는 수단이 되는 것이다. 창조세계를 경작함으로써 우리는 본래의 목적을 되찾을 뿐 아니라, 타락에 의해 유입된 악과 오염을 반전시키는 구속의 힘을 불러오게 된다. 우리는 하나님 나라가 임하고 그분의 뜻이 이루어지도록 그분께 우리의 은사를 드린다. 마음과 생각이 새롭게 됨으로써 이제는 하나님을 향한 사랑과 그분을 섬기는 기쁨으로 맡겨진 일을 수행할 수 있다.

문화 명령이 주는 교훈은 우리의 성취감이 얼마나 창조적이고 건설적인 일을 하느냐에 달려 있다는 것이다. 인간의 이상적 존재 상태는 영구적인 여가나 끝없는 휴가―기도와 묵상을 위해 수도원으로 피정 가는 것까지 포함해서―가 아니라, 하나님의 영광과 타인의 유익을 위해 창조적 노력을 기울이는 것이다. 우리의 소명은 "하늘나라에 가는 것"에 불과한 것이 아니라 땅을 경작하는 것이다. 또한 "영혼을 구원하는 것"만이 아니라 우리의 일을 통해 하나님을 섬기는 것이기도 하다. 하나님도 친히 구원의 일(특별은총)에 관여하실 뿐 아니라 당신의 창조세계를 보존하고 개발하는 일(일반은총)에도 참여하시기 때문이다. 문화 명령에 순종할 때, 우리는 하나님의 일반은총의 일꾼으로 그분의 일에 참여하는 것이다.

우리가 **구속**이라는 단어를 들을 때 마음속에 마땅히 떠올려야 할 내용이 이처럼 풍부하다. 이 용어는 일회적인 회심의 사건만 지칭하는 것이 아니다. 그것은 우리의 은사와 재능을 힘껏 활용해 아름답고 유용한 것을 건설하는 한편, 창조세계를 억압하고 왜곡하는 악과 죄의 세력에 대항해 싸움으로써 평생토록 추구할 여정에 진입하는 것을 의미한다. 「어떻게 살 것인가」에서는 소명의 영속성을 강조하기 위해 창조, 타락, 구속 외에 네번째 범주인 회복(restoration)을 덧붙였다. 일부 신학자는 넷째 범주를 영화(glorification)라고 주장하는데, 이것은 우리의 최종 목표가 새 하늘과 새 땅에 사는 것이며, 현재 우리의 일은 그에 대한 준비과정임을 상기시켜 주기 때문이라는 것이다. 어떤 용어를 사용하든 그리스도인이 된다는 것은, 개인의 삶(성화)과 소명의 영역(문화적 갱신) 모두에서 은혜에 힘입어 일생에 걸친 성장의 과정을 시작한다는 뜻이다. 새 하늘과 새 땅은 우리가 현재 알고 있는 이 창조세계와 연속성을 지닐 것이다. 불로 정화될 것이지만 동일한 것으로 인식할 수 있을 텐데, 마치 예수께서 부활한 몸을 입고 나타나셨을 때 알아볼 수 있었던 것과 마찬가지다. 루이스(C. S. Lewis)가 「나니아 나라 이야기」의 마지막에서 말한 것처럼, 우리는 결코 끝나지 않을 위대한 모험의 이야기를 시작한 셈이다. 그것은 "이 땅의 어느 누구도 읽지 못한 위대한 이야기로 영원히 계속될 것이고, 각 장은 앞 장보다 더 나은 이야기일 것이다."[30]

성장하도록 주어진 삶

많은 교회에서 칭의(justification)의 메시지는 수없이 반복해서 설교한다. 그러나 성화(sanctification)에 관한 메시지 곧 회심한 이후에 어떻게 살 것인지에 대해서는 훨씬 적게 다룬다. 내가 자란 루터파 교회에서는 언제나 종교개혁의 싸움을 되풀이하고 있는 것 같았다. 설교는 언제나 믿음으로 의롭게 된다는 주제로 되돌아오곤 했다. 회심한 지 얼마 되지 않은 어느 날, 나는 무척 좌절감을 느끼면서 독실하고 지성적인 종조모께 매주일 빠짐없이 믿음으로 구원받는다는 기본적인 메시지를 꼭 들을 필요가 있느냐고 토로한 적이 있다.

할머니는 철테안경 쓴 눈을 반짝이며 나를 쳐다보고는 참을성 있는 자세로 이렇게 대답했다. "애야, 은혜는 우리 인간의 성향과 너무 반대되는 것이라, 항상 우리 마음에 상기할 필요가 있는 거란다."

물론 그 말이 옳지만, 대다수 교회가 회심에 대해서는 지나치게 강조하면서 회심 이후의 삶에 대해서는 충분히 가르치지 않는 것이 사실이다. 하나의 비유를 생각해 보자. 어떤 의미에서 우리 몸의 탄생은 다른 모든 것의 출발이 되기 때문에 우리 삶에서 가장 중요한 사건이다. 그러나 다른 의미로 보면, 출생은 그야말로 중요한 사건이 **아니다**. 그것은 단지 출발점에 불과하기 때문이다. 누군가가 '출생한다는 것이 얼마나 놀라운 일인가' 하고 날마다 언급한다면, 이상하게 들릴 것이다. 일단 우리가 이 세상에 태어난 이상 중요한 과업은, 성장하고 성숙하는 일이다. 마찬가지로, 거듭나는 것은 우리의 영적 삶에서 필요한 첫 단계지만, 줄곧 구원받는 법에만 메시지의 초점을 맞추어서는 안된다.[31] 교회의 필수사역은 사람들로 하여금 영적 성숙의 길로 나아가도록 이끌고, 문화 명령에 따라 우리에게 주신 하나님의 사명을 수행하도록 성도를 준비시키는 일이다.

우리 각자는 창조세계를 개발하는 일과 하나님의 규범에 따라 정의롭고 인도적인 사회를 만들기 위해 담당해야 할 역할이 있다. 물론 단지 필요성 때문에 우리 시간의 상당 부분을 할애해, 사업을 하고 학교에서 가르치고 신문을 발행하고 교향악단에서 연주하는 등 문명의 발전에 필요한 여러 가지를 하는 것이 사실이다. 심지어 "기독교 전임사역"에 종사하는 이들도, 집을 청소하고 아이를 돌보고 잔디를 깎을 필요가 있다. 우리가 이런 일을 할 때, 마치 하나님 나라를 위해 열등하거나 이류의 일을 하는 것처럼 생각해서는 안된다. 오히려 우리는 이 세상에서 하나님의 일반은총을 대리하는 일꾼으로서 그분의 일을 행하는 것이다.

마르틴 루터(Martin Luther)는 우리의 직업을 하나님의 "가면"이라고 즐겨 말했다. 우리의 직업이 하나님께서 인간이란 수단을 통해 보이지 않게 창조세계를 보살피시는 방식이라는 뜻이다. 우리가 일할 때, 우리는 하나님의 손이요 하나님의 눈이자 하나님의 발인 셈이다. 과거에 하나님이 하늘에서 만나를 내려 이스라엘 백성을 먹이신 것처럼, 때로는 직접적인 기적으로 일하실 때도 있다고 루터교인이자 저술가인 진 에드워드 비스(Gene Edward Veith)는 말한다. 그러나 보통은 농사·운수업·식료품 가공업·소매업 등에 종사하는 수많은 일꾼들을 통해 사람들을 먹이신다. 때로 하나님은 신약성경에 나오는 예수의 경우처럼 기적적으로 병자를 고치기도 하신다. 그러나 그에 못지 않게 의사·간호사·건강관리 전문가 등을 통해서도 일하신다. 때로는 사사기에 나오는 것처럼 적의 군대를 기적적으로 물리치기도 하시지만, 일상생활에서는 경찰·변호사·판사 등을 매개로 삼아 우리를 악에서 보호하신다. 외부의 적에 대해서는 군대로 그렇게 하신다. 그분은 부모·교사·목회자·축구코치 등을 통해 아이들을 양육하신다. 이런 면에서 불신자도 하나님의 "가면" 곧 그분의 섭리적 사랑과 보살핌의 통로가 될 수 있다.[32]

하나님의 "가면"이라는 은유는, 직업이 **우리가** 하나님을 위해 하는 어떤 것이 아님을 깨닫게 한다. 그런 생각은 우리에게 무엇인가를 해내고 성취하도록 부담을 줄 것이다. 오히려 직업은, 우리가 **하나님** 일에 참여하는 길이다. 왜냐하면 하나님이 친히 구원의 일 뿐 아니라 창조세계를 보존하고 유지하는 일에 관여하고 계시기 때문이다.

이 깊은 진리를 깨닫는 것은 승리주의적(triumphalistic) 태도를 갖지 않도록 예방하는 데도 유익하다. 나는 기독교 세계관의 개념을 싫어하는 사람들을 가끔씩 만나는데, 그들은 그 개념을 세계를 탈취해 우리의 신념을 위에서 아래로 누르듯 다른 모든 이들에게 강요하려는 것으로 이해하기 때문이다. 그럴 경우 우리는, 하나님의 구원 수단이 바로 십자가였음을 그들에게(우리 자신에게도) 상기시킬 필요가 있다. 그분은 겸손히 인간의 연약함을 입고 오셔서 죄인들의 손에 죽기까지 자기를 굴복시킨 분이다. 타락한 세상에서 우리 역시 하나님의 소명에 충실한 대가로 상당한 값을 지불해야 할 경우가 있다. 우리가 옳은 것을 위해 불의에 대항할 경우, 경력이나 공적·전문가적 인정, 수입에서 손해를 볼지도 모른다. 그리스도를 따르는 이들은 마침내 그분의 고난에 동참하게 될 수도 있다. 루터는 이런 주제에 대해 "십자가 신학"에서 강조했다.[33] 이것은 우리가 승리주의와 자만과 자기 의에 빠지지 않도록 도움을 줄 것이다.

우리는 하나님의 은혜로 우리의 영향권 내에서 상당한 변화를 불러일으킬 수 있다. 다만 우리가 성공, 권력, 대중의 환호를 갈망하는 욕구를 "십자가에 못박을" 때에야 그것이 가능하다. "아무든지 나를 따라오려거든 자기를 부인하고 날마다 자기 십자가를 지고 나를 좇을 것이니라"(눅 9:23). 예수의 말씀이다. 우리가 그리스도의 마음을 품고 싶은 심정이 간절하다면, 먼저 그분이 우리에게 보여주신 고난의 본을 기꺼이 좇아야 한다. 기독교 세계관을 개발하는 과정이 무척 힘들고 고통스러운 싸움임을 예상하고 각오해야 한다. 먼저 내적으로 우리의 사고생활 속에 자리잡은 우상들을 뿌리째 뽑아내야 하며, 외적으로는 타락한 불신세계의 적대감과 부딪쳐야 하는 것이다. 그 과정에서 우리에게 필요한 힘은 그리스도와의 영적 연합에서 찾을 수 있으며, 고난이야말로 우리가 그분을 본받고 그분의 형상으로 다시 빚어지는 통로임을 인식해야 한다.

개인적 여정

기독교 세계관을 개인적 차원으로 구체화하기 위해 먼저 나 자신의 회심 이야기를 들려준 다음, 이어서 기독교적 관점을 적용한 다른 이들의 이야기도 덧붙이고 싶다. 여기에는 혁명적 변화를 불러일으킨 경우도 포함돼 있다. **세계관**이란 용어가 어떤 이들에게는 고루한 학문적 냄새를 풍기고 먼지 쌓인 강의실과 교수를 연상시킬지 모르겠다. 「어떻게 살 것인가」가 출간되었을 때, 교도소 선교회(Prison Fellowship)는 강연회를 개최하여 본격적인 홍보에 돌입했는데, 초청강사 중에는 **세계관** 강연회를 다소 불편해 하는 텔레비전 피디도 포함되어 있었다. 나는 그녀에게 "대중문화에 대한 기독교적 틀"과 관련해 강연해 줄 것을 제안했다. 강연 내내 그녀는 "틀"과 "세계관"과 "관점" 등에 대해 거의 조롱에 가까운 경멸적인 비평을 일삼으면서, 그런 용어가 마치 주머니 속에 장난감 병정을 넣고 다니는 얼간이들에게나 어울리는 것인 양 위협적인 인용을 늘어놓았다. 한마디로 **연예인**에게는 적합하지 않은 주제라는 뜻이었다!

다음날 아침에 내 간증이 잡혀 있었다. 나는 그날 밤이 늦도록 **세계관**이 추상적이거나 학문적인 것이 아니라 지극히 개인적인 것임을 강조할 목적으로 내 개인적 이야기를 완전히 뜯어고쳤다. 세계관은 누구나 씨름하지 않을 수 없는 인생의 핵심 질문에 대한 우리의 대답이다. 우리가 여기 존재하는 이유는 무엇인가? 궁극적 진리는 무엇인가? 인생의 목적이 될 만한 것이 존재하는가?

나는 십대 시절에 이런 질문들을 진지하게 생각하기 시작했다. 스칸디나비아의 루터교 가정에서 자라 루터교단 소속 초등학교에 다녔기 때문에 기독교가 **무엇**을 가르치는지에 대해서는 잘 알고 있었다. 그러나 그것이 **왜** 진리인지는 모른다는 것을 깨달았다.

십대 청소년들이 그렇듯이, 나도 비그리스도인 친구들의 영향을 어느 정도 받고 있었다. 그 가운데 특히 한 유대인 소녀가 내게 상당한 영향을 끼쳤다. 우리는 학교 교향악단에서 함께 바이올린을 연주했고 음악캠프에도 같이 참가했다. 시간이 흐르면서 내가 알게 된 사실은, **그녀는** 민족적 배경과 부모에 대한 공경 때문에 유대교적인 반면, **나는** 나의 가족 배경과 부모를 기쁘게 해드리고 싶은 마음 때문에 기독교적이라는 점이었다. 그런데 동일한 동기가 서로 다른 결과를 가져왔다면 그것은 분명히 인식론적 원리로 보아 타당성이 없는 것이었다.

물론 당시 내가 그 문제를 그런 견지에서 생각했던 것은 아니다. 하지만 내가 접한 다른 신념체계들에 반하여 기독교만이 진리라고 믿을 만한 이유가 없다는 것도 깨달았다.

내가 부모님과 목회자들에게 의문을 제기하기 시작하자, 아쉽게도 전형적인 대답은 그저 어깨를 토닥거리며 선심을 쓰는 정도였다. 어느 목회자는 내게 "염려할 필요 없단다. 누구나 회의에 빠질 때가 있으니까" 하고 말해 주었다. 어느 누구도 내가 단지 심리적인 "회의" 때문에 고민하는 것이 아니라, 믿음의 테두리를 벗어나 전반적인 체계의 진리성 여부를 의심하고 있음을 포착하지 못한 것이다.

불신 선언서

해답을 찾지 못한 나는 마침내 아주 중대한 조치를 취했다. 지적으로 가장 정직한 길은 나의 믿음을 버리는 것이라고 결론을 내린 것이다. 그러고 나서 그것을 다른 주요 종교 및 철학과 나란히 놓고 객관적으로 분석해 어느 것이 진리인지 결정하기로 한 것이었다. 열여섯의 소녀로서는 꽤 야심 찬 계획이었다. 그때부터 고등학교 도서관에서 철학 서가에 있는 책들을 끄집어내 끙끙거리며 읽기 시작했다. 그 내용의 많은 부분을 이해할 배경지식은 내게 없었지만, 인생의 큰 문제 곧 진리와 인생의 의미에 관한 의문들을 다룬 것이 거기 있다고 확신했기 때문이었다.

그것이 단지 학문적 공부에 불과한 것이 아니라 내 인생에서 아주 어둡고 험난한 시기였음을 강조하고 싶다. 교회 바깥에서 자라는 사람들은 자기가 무엇을 잃고 사는지 모를 것이다. 그런데 나의 경우는 비록 어린이의 믿음이기는 했으나 진정한 믿음을 갖고 있었다. 하나님이 나를 창조하셨다는 것, 그분이 나를 사랑하신다는 것, 그분이 내 인생에 놀라운 목적을 갖고 계시다는 것을 알고 있었다. 이런 원리들은 아주 단순해 보이지만 그것들을 버린 후에는 사정이 달라진다. 갑자기 인생의 근본적인 질문에 대한 답이 내게 없다는 사실이 아주 절실하게 다가왔다. 나는 어디서 온 것일까? 인생은 그저 맹목적인 힘에 의한 우발적인 결과물인가? 도대체 어떤 목적이 있는가? 내 삶의 토대가 될 만한 아주 진실하고 실재적인 원리들이 있는가?

마침내 나는 근대문화에 속한 상대주의와 주관주의(subjectivism), 그리고 그 밖의 여러 대중적 "주의들"(isms)을 포용했다. 불신의 논리적 결과에 대해 가차없이 정직하기로 단호히 결심했기 때문이었다. 만일 하나님이 없다면, 무엇이 객관적 또는 보편적 진리의 근거가 될 수 있을까? 내가 알게 된 것은, 모든 시간과 공간을 통틀어 타당성 있는 보편적 지식을 얻기 위해 우리의 제한된 경험—그야말로 광대한 우주의 역사에서 너무나 하찮것없는 조그마한 조각에 불과한—바깥으로 발을 내딛는 것이 불가능하다는 사실이었다.

그리고 만일 하나님이 없다면, 무엇이 보편적으로 타당한 도덕적 표준의 근거가 될 수 있을까? 언젠가 같은 반 친구 하나가 어떤 사람의 행동을 '잘못되었다'고 얘기했을 때, 나는 고개를 저으면서 우리는 궁극적 의미에서 무엇이 옳고 무엇이 그른지 알 수 없다고 주장하기 시작했다.

결국에는 내 머리 바깥에 있는 그 어떤 실재에 대해서도 확신을 품을 수 있을지 의심하기 시작했다. 전세계를 내 생각 속에 있는 하나의 비눗방울에 불과한 것으로 멋대로 상상했다. 고등학교를 졸업할 무렵 '나는 왜 그리스도인이 아닌가'라는 제목의 에세이를 썼다. 나중에야 버트런드 러셀(Bertrand Russell)이 그 제목으로 유명한 글을 이미 썼다는 것을 알게 되었다(당시 나는 그 책을 읽기 전이었다). 그것은 나의 불신 선언서였다.

스위스 농부 같은 인물

몇 년이 지난 후 내가 독일에서 학교를 다니면서 하이델베르크 음악학교에서 바이올린을 공부하고 있을 때 우연히 스위스에 있는 라브리에 들르게 되었다. 그곳은 프란시스 쉐퍼가 사역하던 공동체로서 나를 너무나 놀라게 했다. 내가 품고 있던 의문에 대해 실제로 답변을 제공하는 그리스도인들을 그때 처음으로 만났다. 내게 믿음을 갖도록 밀어붙이는 것이 아니라 기독교 진리를 옹호하는 이유와 논점을 제시한 첫번째 사람들이었던 것이다. 내가 도착해 가장 놀란 것은 대다수의 방문객이 그리스도인이 아니라는 사실이었다. 그곳에는 장발에 턱수염을 기르고 나팔바지를 입은 히피들이 북적거렸다. 당시만 해도 기독교 사역이 문화적 장벽을 넘어 소외된 젊은이에게 다가가는 경우가 매우 드물었기 때문에 나는 호기심이 크게 발동했다. 도대체 이 그리스도인들은 **누구인가**?

염소수염에다 니커바지를 입은 쉐퍼부터가 사람들에게 종종 이상한 인물로 비쳤다. (라브리에 실제로 머물 때는 전혀 이상하게 느껴지지 않았는데, 그곳은 어디까지나 알프스였고 그의 복장은 스위스 농부의 모습이었기 때문이다.) 하지만 그가 입을 열어 말을 하기 시작하면 사람들은 못에 박힌 듯이 꼼짝하지 못했다. 현대철학을 논하고, 실존주의자들의 글을 인용하고, 레드 제플린(Led Zeppelin)의 노랫말에 담긴 세계관을 분석하고, 존 케이지(John Cage)의 음악과 잭슨 폴록(Jackson Pollock)의 그림을 설명하는 **그리스도인**이 있었던 것이다. 당시만 해도 기독교 대학의 학생들은 디즈니 영화도 보지 못하게 규제받던 시절이었음을 기억할 필요가 있다. 그런데 그는 베리만(Bergman)과 펠리니(Fellini)의 영화를 논하고 있었던 것이다.[34]

그리스도인이 지적·문화적 세계에 관해 담론을 펼치는 모습을 보는 것은 놀라운 경험이었다. 사실 그것이 너무나 신기해서 내가 참된 확신이 아니라 감정적으로 기독교를 택하게 되지나 않을까 염려되어 한 달 후 나는 미국으로 돌아왔다. (솔직히 말하면 집으로 도**망**쳤던 것이다.) 그리고 이런 생각을 했다. "학교에서 철학강의를 들을 때 이런 사상이 일반 대학교에서 얼마나 버틸 만한 것인지 시험해 보자."

그러고 나서 금세 아주 극적인 반응을 얻게 되었다. 나로서는 처음으로 철학과목을 신청하고 나서 보니 3백 명이나 수강하는 대규모 강좌였다. 어느 정도 겁도 났다. 첫번째 주요 과제물을 준비하면서, 쉐퍼의 「이성에서의 도피」(*Escape from Reason*) 가운데 나오는 몇 가지 논점을 가지고 보고서를 작성했다. 한 주 가량 지난 후, 담당교수가 "여러분이 쓴 보고서를 돌려주겠습니다.…… 그런데 먼저 그 가운데 하나를 여러분 모두에게 읽어 주고 싶습니다"라고 말하는 것이었다. 그것은 내가 쓴 리포트였다.

말할 필요도 없이 나는 놀라서 자빠질 뻔했다. 이어서 교수가 "지금까지 본 학부생 가운데 이처럼 성숙한 사상을 가진 학생은 처음입니다"라고 말했을 때 더더욱 그랬다. 물론 그것은 내 사상이 아니었다. 내가 라브리를 통해 배웠던 기독교 세계관에 따른 분석이었던 것이다.[35] 그 후 거듭해서 라브리에서 배운 사상을 여러 과목에서 시험해 보았는데, 기독교가 일반 대학에서도 충분히 버틸 만한 지적 자원을 갖고 있음을 알게 되었다.

하나님의 승리

라브리에 있을 때 나는 어떤 학생에게 다가가서 왜 기독교로 회심했는지 그 이유를 설명해 달라고 요청한 적이 있다. 강한 남아프리카 억양의 그 창백하고 여윈 청년은 "그들이 내 주장을 모조리 거꾸러뜨리고 말았기 때문"이라고 간단히 답했다.

나는 무엇인가 미심쩍은 눈초리로 그를 계속 응시하면서 좀더 극적인 대답이 나오기를 기대했다. "글쎄, 언제나 굉장한 감정적 체험이 따르는 것은 아니지." 자기 입장을 변호하듯 미소를 지으며 그가 말했다. "내가 여기에 올 때 가져온 다른 어떤 사상보다 기독교가 더 나은 논점을 갖고 있다는 걸 알게 되었어." 그는 내가 만난 사람 가운데 순전히 지적인 차원에 의거해 회심한 최초의 인물이었고, 나는 당시만 해도 나 역시 그와 비슷한 경로를 밟을 줄은 예측하지 못했다.

미국에 돌아온 후 나는 강의실에서 쉐퍼의 사상을 시험하는 동시에 C. S. 루이스, 체스터튼(G. K. Chesterton), 오스 기니스, 제임스 사이어 등 여러 변증가들의 저서를 읽었다. 한편 내면적으로도 실재를 향한 굶주림이 있었는데, 어느 날 데이비드 윌커슨(David Wilkerson)의 「십자가와 스위스칼」(*The Cross and the Switchblade*)을 집어들었다. 거기에 극적인 것을 맛보고 싶은 욕구를 만족시켜 줄 만한 흥미진진한 이야기가 들어 있었다. 슬럼가를 용감하게 누비면서 마약 중독에서 기적적으로 치유받는 모습을 목격한 그리스도인들의 이야기였다. 그날 밤 나는 하나님이 내 삶 속에서도 그같이 굉장한 일을 하실지도 모른다는 희망에 가슴이 뜨거워져서, 그분께 정말 당신이 살아 계시다면 내게 어떤 초자연적인 기적을 베풀어 달라고 빌었다. 그렇게 하신다면 당신을 믿겠노라고. 한편 이런 일은 더욱 공격적으로 접근해야 효과가 있을 것이라 생각하고, 그분이 내게 표적을 보여주시기 전에는 밤새도록 잠을 자지 않겠다고 맹세했다.

 자정이 지나고, 시계는 새벽 한 시, 두 시를 넘어 네 시를 가리켰다. 내 의지에도 불구하고 내 눈은 계속 감기기 시작했으나 기다리던 굉장한 표적은 아직 나타나지 않았다. 마침내 그런 연극적인 행동에 빠져든 것이 분하게 느껴져서 그만 멈추기로 했다. 그러자 갑자기 하나님의 임재가 강하게 느껴지면서, 내 심령 깊은 곳에서 하나님께 단순하게 직접 말하고 있는 나 자신을 발견했다. 이제 나에게는 외적인 표적과 기사가 필요 없다는 것을 (다소 애처롭게) 인정하게 되었는데, 내 마음 가장 깊은 데서 기독교가 진리임을 이미 확신하지 않을 수 없었기 때문이다. 라브리에서 나눈 토론과 변증에 관한 서적을 통해 내가 깨닫게 된 것은, 도덕적 상대주의와 물리적 결정론과 인식론적 주관주의, 그리고 그 밖에 내 머릿속을 한동안 맴돌던 다른 여러 이념들을 충분히 반박할 만한 논점들이 확실히 있다는 사실이었다. 그 남아프리카 친구가 표현했듯이, 내 생각이 모조리 거꾸러지고 말았던 것이다.[36] 이제 다음 발걸음은 내가 완전히 설득당했음을 시인하고 내 생애를 진리의 주님께 드리는 일이었다.

그날 새벽 4시 30분 경에, 나는 하나님이 논쟁의 승리자임을 조용히 시인했다.

이런 체험에서 당신이 간파하기를 바라는 것은, **세계관**이 하나의 추상적·학문적 개념이 아니라는 점이다. 그것은 오히려 누구나 붙들고 씨름할 수밖에 없는 지극히 개인적 의문들—삶의 목적과 의미와 진리를 향한 마음의 탄원—이 있으며 그에 대한 해답을 찾고자 우리가 애쓰고 있음을 보여준다. 어느 누구도 목적의식과 방향감각, 곧 자신의 생애가 우주적 이야기의 일부로서 어떤 중요한 의미를 갖고 있다는 의식 없이는 살 수 없다. 우리는 학위를 취득하고 취업하고 결혼하고 가정을 이루는 등 단기적인 목표에서 한 걸음을 내디딜 만한 작은 의미를 발견하면서 한동안 천천히 삶의 여정을 걸을 수도 있다. 그러나 어느 시점에 도달하면, 이런 일시적인 것들은 인간의 심령에 내재된 영원을 향한 깊은 굶주림을 만족시키지 못한다. 왜냐하면 우리는 하나님을 위해 지음받았고, 우리를 구성하고 있는 모든 부분이 그분과의 관계를 지향하는 방향으로 조직되어 있기 때문이다. 우리가 그분 안에서 안식을 얻기 전까지 우리 마음은 쉴 수가 없다고 아우구스티누스가 말하지 않았던가.[37]

일단 기독교 세계관이 진리임을 발견한 다음에는 그것을 삶으로 실천하는 것이 필요한데, 실천이란 삶의 모든 영역에서 하나님을 위해 살고자 우리의 모든 힘―실질적·지적·정서적·예술적―을 그분께 드린다는 의미다. 그런 믿음은 우리의 존재 전체를 사로잡고 우리의 모든 생각을 새로운 방향으로 인도하는 것일 수밖에 없다. 성/속의 분리란 도무지 생각할 수 없는 것이다. 성경의 진리가 우리의 내면을 붙들게 되고, 우리는 그것이 구원의 메시지일 뿐 아니라 모든 실재에 관한 진리임을 인식하게 된다. 하나님의 말씀은 우리가 걷는 **모든** 길에 빛이 되어 우리 삶의 모든 부분이 그리스도의 주되심 아래 놓이도록 근본 원리를 제공함으로써, 그분께 영광을 돌리고 그분의 창조세계를 개발하게 한다.

잔소리꾼과 부랑배

지난 30년을 돌아볼 때 라브리에 대해 더욱 감사하는 마음을 갖게 되는 것은, 나의 영적 생활이 시작되는 시점에서 기독교 세계관이라는 개념을 거기서 배웠기 때문이다. 쉐퍼는 문화 명령에 대해 **가르치기만** 한 것이 아니라 그것을 실제로 **보여주었다**. 내가 자동차를 얻어 타고 산길로 올라가서 그 묘하게 생긴 스위스식 샬레 산장인 라브리에 도착하는 순간부터, 아주 사소한 것에도 예술과 문화를 귀하게 여기는 모습에 무척 놀랐다. 저녁식탁에 놓인 들꽃이 담긴 꽃병이 지닌 단순한 아름다움, 스위스 산세를 담은 실내장식이 풍기는 자연스런 우아함, 깊이 있고 폭 넓은 대화, 저녁식사 후의 고

전문학 읽기 등.[38] 쉐퍼의 강의를 듣는 것 자체가 하나의 교육이었는데, 그의 강의는 정치·철학·교육·예술·대중문화를 넘나들며 모든 영역에 기독교적 관점이 있을 수 있음을 예를 들어 보여주었다.

그리스도인이 된 후 나는 라브리로 돌아가서 이전보다 더 오랫동안 공부했다. 그때 비로소 세계관적 접근이 얼마나 해방감을 주는지 발견했다. 그리스도인은 세속세계를 피해 복음주의 하부문화의 장막 뒤로 숨을 필요가 없으며, 오히려 인간의 창조물인 예술작품과 문화를 하나님 형상의 표현으로, 긍정적으로 **감상할** 수 있다. 다른 한편으로, 세속문화 속에 깊이 스며 있는 거짓되고 위험한 메시지에 대해 순진하거나 무비판적 자세를 취할 위험도 없다. 세계관이 그런 것을 분석하고 비판하는 데 필요한 개념적 도구를 제공하기 때문이다. 신자는 신문을 집어들거나 영화를 감상할 때 또는 책을 읽을 때마다 분명하게 성경적 관점을 적용할 수 있는 것이다.

쉐퍼는 강연과 저술을 통해 이처럼 균형 잡힌 접근을 실제로 보여주었다. 이를테면, 르네상스 시대의 미술작품을 설명할 때 그 속에 표현된 자율적 인본주의라는 르네상스의 **세계관**을 비판하면서도 그것이 지닌 예술적 가치에 주목하게 한다. 그는 표현주의 미술의 색상과 구도, 베리만 영화의 기술 수준, 또는 록 음악의 음악성 등을 높이 평가한다. 물론 그것이 표현하는 상대주의적·허무주의적 세계관을 지적하면서 말이다.[39]

예술가는 사회의 지표일 경우가 많기 때문에 그들의 작품에 깔린 세계관을 분석함으로써, 우리가 근대정신을 어떻게 효과적으로 다룰지에 대해 많은 것들을 배울 수 있다. 그런데 많은 그리스도인들이 문화에 대해 도덕적 관점에만 입각해 일차원적으로 비판하기에 문화를 부정적인 것으로 비난하게 된다. 기독교 대학에서 영문학과목을 수강한 적이 있는데, 담당교수는 고전문학 작품을 비판할 때 등장인물이 얼마나 자주 나쁜 언사를 하는지, 부정한 성관계를 맺는지 표를 만들어 비판했다. 그는 그 작품의 문학적 가치, 곧 그것이 **문학으로서** 양질의 작품인지 아닌지에 대해서는 분별력이 없었다. 그 작품에 표현된 세계관을 파악하는 법에 대해서도 가르치지 않았다. 비슷하게, 최근에 기독교 방송에 출연한 한 인사도 엘비스 프레슬리(Elvis Presley)를 향해 가차없이 삿대질을 했는데, 그의 노랫말이 부도덕하다는 것이 이유였다. 그 노래들이 하나의 음악으로서 양질의 음악인지의 여부는(사실 좋은 음악이었음이 분명한데) 아예 따지지 않았고, 대중문화가 왜 그처럼 강력한 영향을 미치는지를 묻는 세계관적 질문도 던지지 않았다. 그리스도인이 문화를 비평할 때 도덕적 비난만 일삼을 경우, 비그리스도인에게 화를 내고 꾸짖는 태도를 견지할 수밖에 없을 것이다.

인간의 문화가 낳은 위대한 업적―예술이나 과학기술이나 경제적 생산력이나―을 대할 때 우리가 보일 첫 반응은, 문화가 하나님의 창조성을 반영하는 것으로 보고 그것을 찬미하는 것이다. 그리고 그것이 어디에서 잘못되었는지 분석할 때도 사랑의 정신으로 해야 한다. 오늘날 기독교 방송이나 사역을 위한 보급 요청 편지를 보면, 기독교 행동주의자들은 할리우드나 텔레비전이나 랩 음악을 심한 분노의 어조로 공격하되 부도덕한 내용을 꾸짖거나 포스트모던 시대의 정치적 입장을 조롱하는 투로 한다. 쉐퍼라면 결코 그렇게 하지 않았을 것이다. 그는 심각한 비판을 제기할 때도 잘못되고 해로운 세계관의 함정에 빠진 이들에 대해 안타까운 심정을 뜨겁게 표명했다. 너무나 많은 영화, 미술작품, 대중음악 등에 표출된 비판주의와 허무주의를 묘사할 때, 그는 실제로 그런 절망 가운데 사는 자들에 대해 깊은 정서적 공감의 자세를 보여주었다. 그러한 예술 작품들은 "처절한 상실감으로 몸부림치는 이들의 표현물"이라고 그는 썼다. "우리가 그런 것을 보고 감히 웃을 수 있을까? 그들의 작품에서 고뇌의 흔적을 보고 우리가 감히 우월감을 느낄 수 있을까?" 그런 것을 만드는 이들은 "살아 있으나 죽어가는 자들인데, 우리에게는 그들을 불쌍히 여기는 심정이 있을까?"[40]

오늘날 기독교 행동주의자들은 일부 예술가 집단에 대한 자금 지원을 중단하라고 조직적으로 정치인을 보이콧하거나 압력을 가하는 일을 재빠르게 감행한다. 때로 이런 전략이 필요한 것은 사실이다. 하지만 연민의 마음을 품고 예술가들에게 접근하는 신자들은 얼마나 될까? 그들이 제기하는 질문에 진지하게 답하기 위해 노력하는 이들은 얼마나 될까? 잘못된 세계관에 사로잡혀 몸부림치고 있는 자들을 위해 하나님께 울부짖는 사람은 얼마나 될까?

사랑 안에서, 창조적으로

나쁜 세계관을 몰아내는 최선의 방법은 좋은 세계관을 제공하는 것이다. 그리스도인은 문화를 **비판하는** 것을 넘어 문화를 **창조하는** 일을 해야 한다. 이것이 본래 하나님께서 인간을 창조하실 때 주신 과업이며, 우리는 성화과정에서 그 과업을 회복하지 않으면 안된다. 우리가 머리로 일하든 손으로 일하든, 분석적이든 예술적이든, 사람을 상대로 일하든 사물을 대상으로 일하든, 우리는 문화의 창조자요 우리의 일은 하나님께 드리는 일종의 제물이다.

로스앤젤레스에서 할리우드 연예인을 대상으로 사역하는 한 교회는 그 핵심 원칙에 "창조성은 영성의 자연스런 결과다"라는 멋진 문구를 포함하고 있다.[41] 너무나 옳은 말이다. 창조주와 관계를 맺고 있는 사람은 누구보다 더 창조적이 되어야 한다. 신자는 자기 분야에 대한 성경적 접근을 창조적으로 개발함으로써 그 분야 전체를 변화시킬 수 있을 것이다. 감동적인 예를 몇 가지 들어 보자.

벽장에서 나온 그리스도인 철학자들

얼마 전 철학 학술지「필로」(Philo)에 기사가 하나 실렸는데, 그리스도인들이 현재 전국의 여러 대학에서 철학과를 점령하는 중이라는 한탄 섞인 내용이었다.[42] 적어도, 그런 현상이 벌어지고 있다는 것이 필자의 주장이었다. 쿠엔틴 스미스(Quentin Smith)는 철학적 자연주의의 열렬한 옹호자로서(그는 기독교 변증자들과 공개적인 논쟁을 벌이는 인물이다), 그 글을 통해 동료들에게 철학 분야가 지금 "탈(脫)세속화되고"(de-secularized) 있다고 경고했다. 스미스는 비공식적 조사에서 전국의 철학과 교수들이 한결같이 현재 철학과의 4분의 1내지 3분의 1이 유신론자(대개는 그리스도인)들로 구성돼 있다고 말했다고 한다.

왜 이런 일이 일어나고 있는가? 그것은 한 그리스도인 철학자의 노력으로 말미암은 현상이다. 바로 알빈 플란팅가(Alvin Plantinga)라는 철학자다. 과거에는 철학계에 몸담은 그리스도인들이 자신의 유신론을 "사적인 영역"에 국한시켜 놓았을 뿐 "저술과 강의"에서는 언급한 적이 없었다고 스미스는 말한다. 그런데 플란팅가의 영향력 있는 저술 「신과 타자의 정신들」(*God and Other Minds*)이 출간되면서, 유신론자들도 "개념적 정밀성, 논리적 엄격성, 전문적 해박성, 독창적 세계관의 심층적 변호" 등 여러 면에서 자연주의를 따르는 동료들에 필적할 수 있음을 증명했다.[44] 뒤를 이어 출간된 플란팅가의 다른 책들 역시 모두 그리스도인도 "질적으로 최고 수준의 분석철학서를 쓰는" 능력이 있음을 보여주었다고 스미스는 말한다.

얼마 지나지 않아 다른 여러 형태의 유신론적 실재론이 철학계를 휩쓸기 시작했는데, 대부분이 플란팅가의 영향을 받은 것이었다. 다른 분야에서는 그리스도인 학자들이 학문적 자살행위를 할까 두려워서 자신의 믿음을 학문과 분리시키는 경향이 여전하지만, "철학에서는 거의 하룻밤 만에 유신론을 주장하는 것이 '학문적으로 존중할 만한' 것이 되어 버렸다"고 스미스는 쓰고 있다.

그는 침울한 어조로 다음과 같이 결론짓는다. "신은 학문세계에서 '죽지' 않았다. 그는 1960년대 후반에 되살아나서 현재 그의 최후의 학문적 요새인 철학 분야에서 생생하게 건재해 있다."

플란팅가의 광범위한 영향이 보여주는 바는, 신자들이 반대자들보다 더 나은 작업을 할 수 있을 뿐 아니라 그 학문 분야 전체의 흐름을 반전시키는 것도 가능하다는 점이다. 그것은 모든 생각을 사로잡아 그리스도께 복종케 하라는 명령에 그리스도인들이 순종할 때 그들이 이룰 수 있는 것을 보여주는 놀라운 사례다. 스미스는 자연주의를 따르는 동료 철학자들을 향해 철학이 탈세속화되고 있는 유일한 학문 분야에 속하게 된 "당혹스러운 일"에 대해 책임져야 한다고 혹평하고는, 글의 나머지 부분을 이러한 치명적인 경향을 역전시킬 것을 촉구하는 데 할애하고 있다.[45] 우리는 하나님의 은혜로 그렇게 되지 않기를 기도할 뿐이다.

종교_ 당신의 건강을 위한 보약

또 하나의 감동적인 예는 작고한 데이비드 라슨(David Larson)의 업적인데, 그는 홀로 종교와 건강이란 주제로 의학계를 뒤집어 놓은 인물이다. 정신의학을 배우던 대학원 시절 그는 그 분야를 떠나라는 충고를 들었다. 기존의 입장은 천편일률적으로 종교적 믿음이 정신 질환과 연관 있다는 것이었다. 프로이트가 하나님에 대한 믿음을 "보편적 강박신경증"[46]으로 선언한 이래, 종교가 정신 건강에 해로울 뿐더러 심지어 병적인 것이라는 주장이 하나의 정설로 자리 잡아 왔다.

그럼에도 라슨은 연구를 계속했고, 시간이 흐르면서 실제 연구 결과들이 종교에 대한 부정적 고정관념을 뒷받침하지 않는다는 점을 발견하기 시작했다. 사실은 **정반대**였던 것이다. 연구 대상자들 가운데 신앙심이 더 깊은 자들은 병든 집단이 아니라 건강한 집단에서 나타난다는 결론에 도달했다. 라슨은 독자적으로 연구를 시작해 마침내 국립 보건연구소(National Institute for Healthcare

Research, NIHR)를 설립했고, 거기서 종교적 믿음(미국에서는 대체로 기독교를 지칭한다)이 더 나은 정신 건강과 실제적인 상관관계가 있음을 확증하는 여러 편의 연구 결과를 출간했다. 현재는 신앙심 깊은 사람들이 우울증·자살·가정의 불안정·마약 및 알코올 남용·기타 사회적 병리 면에서 발병 비율이 더 낮다는 것이 널리 인정되고 있다.

종교가 정신건강의 강력한 원천이 된다는 사실을 과학자들이 어떻게 그토록 오랫동안 간과할 수 있었을까? 어떻게 종교를 일종의 정신 **장애**로 잘못 인식하게 되었을까? 만일 실무자들의 주장처럼 정신건강에 관한 연구가 하나의 과학이라면, 이것은 결코 "사소한 간과"가 아니었다고 패트릭 글린(Patrick Glynn)이 「하나님, 그 증거」(*God: The Evidence*)에서 말했다. "이는 근대성 주창자들이 그동안 얼마나 '과학'이라는 용어를 오용하여 하나님이란 개념에 반대하는 이전의 편견을 가리는 데 사용했는지를 분명히 보여주고 있다."[47]

더 놀라운 사실은 종교적 믿음이 더 나은 **신체** 건강과도 상관관계에 있다는 점이다. 암으로부터 고혈압과 심혈관 질환에 이르기까지 거의 모든 질병과 관련해 더 낮은 발병률을 보이고 있다. 병에 걸렸다가 회복되는 속도도 신앙 있는 사람이 더 빠르다. 사망률조차 더 낮은 것으로―말하자면, 더 오래 산다는 뜻이다―나타났는데, 이는 의료 전문가들에게 가장 중요한 사항이다. (오늘날 인구 통계학자들은 평균 수명을 삶의 질을 보여주는 최고의 지표로 간주한다.) 한마디로 말하자면, 교회에 정기적으로 나가는 사람이 더 행복하고 더 건강하고 심지어 더 오래 산다는 것이다.

이것은 놀랄 만한 아이러니라고 글린은 말한다. "근대성의 기수들은 영성이 어떤 신체적 근거를 갖고 있는 것으로 가정했으나, 사실은 정반대의 현상이 일어난 셈이다. 즉 건강이 영적인 토대를 갖고 있는 것으로 입증된 것이다."[48]

15년 전만 하더라도 종교와 건강을 주제로 한 연구는 출판될 수조차 없었다. "이런 유형의 연구는 '종신 교수직을 가로막는' 작업으로 여겨질 정도였다"고 라슨이 언급한 적이 있다. "종교에 관한 연구는 거의 들어본 적도 없고 나의 동료들은 그런 것을 학문적 건강에 해로운 것으로 간주했다."[49] 하지만 오늘날에는 빠른 속도로 용인되고 있다. 비그리스도인 연구가들도 그 상관관계를 인정하기 시작했을 정도다. 스스로 신앙이 없다고 주장하는 하버드 대학의 허버트 벤슨(Herbert Benson)은 우리가 모두 "하나님을 향하도록 배선되어 있다"는 재치있는 말로 유명하다.[50] 우리가 하나님을 믿을 때 몸의 기능이 더 잘 발휘된다고 그는 말한다.

순전히 증거의 무게에 설득당한 또 한 명의 비그리스도인은 「왜 미국에 종교가 필요한가」(*Why America Needs Religion*)의 저자 구엔터 류이(Guenter Lewy)다. 흥미로운 사실은 류이가 애초에 쓰려고 한 책은 정반대의 제목—왜 미국에 종교가 필요 없는가—이었다는 것이다. 많은 정치적 보수주의자들이 종교는 도덕과 사회 안정에 토대를 제공한다고 주장했는데, 류이는 그것이 오류임을 증명하려고 했다. 그의 책은 본인의 말 그대로 "세속적 인본주의와 윤리적 상대주의를 변호하는 책"이 될 예정이었다.[51]

그런데 류이는 증거를 조사하는 과정에서 180도 방향을 선회했다. 결국에는 종교—특히 기독교—가 범죄·약물 남용·미혼모·가정 붕괴 등과 같은 사회적 병리현상을 줄이는 것과 상관관계가 있다고 주장하는 책을 쓰게 된 것이다. 좀더 긍정적으로 표현하면, 기독교가 책임감·도덕성·긍휼·이타주의 같은 사회적 건강을 지향하는 태도를 불러일으킨다는 말이다. "계몽주의의 기대와는 달리, 개인을 전통적 종교의 사슬에서 해방시킨다고 해서 도덕적인 향상으로 귀결되는 것은 아니다"라고 류이는 결론짓는다. 오히려 반대로, 현존하는 증거들이 분명히 보여주는 것은, "어떤 사회도 종교 없이 도덕을 성공적으로 가르친 경우는 아직까지 없었다"는 사실이다.[52]

오늘날에는 성경적 원리들이 현실세계에서 효력이 있음을 과학 자체가 확증하고 있다. 이는 그 원리들이 진리임을 보여주는 강력한 증거다. 성경은 창조법칙에 따른 삶의 방식을 묘사하고 있는데, 우리가 그것을 좇아 살 때 더 행복하고 더 건강해지는 법이다. 이것을 가장 잘 설명하자면, 우리의 삶이 객관적인 실재의 구조와 일치하기 때문이라고 할 수 있다.

자선의 제국

마지막 사례는 마빈 올래스키(Marvin Olasky)다. 그는 뜻밖에, 결정적으로 사회복지 논쟁을 변혁시킨 인물이다. 과거 유태계 러시아인으로 마르크스주의자였던, 날씬하고 안경을 낀 올래스키는 현재 신문방송학을 가르치는 교수이자 잡지 「월드」(World)의 편집인이다. 그는 1990년대 초에 책을 집필하려고 기금을 받아, 내가 살던 곳에서 두 블록 떨어진 워싱턴의 헤리티지 재단(Heritage Foundation)에 조그마한 연구실을 마련했다. 내가 걸어가 그곳을 방문하면 그는 자신의 프로젝트에 관해 얘기해 주었는데, 그것은 불과 2-3년 후에 그를 유명하게 만들어 줄 연구계획이었다.

미국의 복지정책은 막다른 골목에 봉착해 있었다. 복지정책은 다시 자립할 수 있는 이들을 일시적으로 후원하는 면에서 효과가 있었지만, 오히려 그들을 영구적인 최하층 계급―알코올 중독·약물 남용··아버지 없는 가정·범죄 등과 같은 사회적 병리현상과 관련된 가난으로 인한 만성적 극빈자―으로 만들고 말았다. 정치권 양쪽에서는 한목소리로 복지를 개혁해야 한다고 외쳤지만 어떻게 해야 할지는 아무도 모르고 있었다.

이에 대한 해답을 찾은 사람이 바로 올래스키였다. 그는 자선사업에 대한 전통적인 기독교적 접근을 분석함으로써 그 대답을 찾아냈다. 올래스키는 19세기에 기독교 자선사업―흔히 자선의 제국(Benevolent Empire)[53]이라 불렸던―이 널리 확산된 현상을 연구하면서 교회가 개인적 도움을 제공하는 면에서 특출했음을 발견하게 되었다. 그것은 **긍휼**을, 문자적 의미대로 타인과 함께 고통 나누기를 실천하는 것이었다(긍휼을 뜻하는 영어단어 compassion은 어원상 아픔을 함께하다는 뜻이다―편집자). 그리스도인들은 그냥 돈을 나눠 준 것이 아니라, 직업훈련과 교육을 중심으로 사람들의 삶을 변화시키려고 애썼다. 그들은 가난한 자들이 유용한 일을 통해 사회에 기여하고 그렇게 함으로써 자신의 존엄성을 다시 확립하도록 요구했다. 또한 버림받은 자들이 사회적 그물망을 구축하도록, 가족 및 교회와 다시 연결되어 지속적인 후원과 함께 책임도 지도록 도왔다. 무엇보다도 역기능 행위의 핵심에 놓여 있는 도덕적·영적 필요의 문제를 다루었다.

이것은 정부 차원에서 할 수 있는 일을 넘어서는 것임에 분명하다. 사실 정부의 도움이 문제를 더 악화시킬 소지도 있다. 정부가 근본적인 행위의 문제를 다루지 않고 자격이 되는 이들에게 그저 수표만 나눠 주는 것은 본질적으로 반사회적이고 역기능적 패턴을 "보상하는" 셈이다. 정부가 보상하는 행위는 어떤 것이든 증가하기 마련이다. 19세기의 통찰력 있는 비평가가 말한 것처럼, 정부의 도움은 "친척 관계의 유대를 끊고, 가족의 사랑을 저지하고, 빈민의 마음속에 있는 자립심과 자경감을 억누르는 막강한 용매가 되어 그들을 영구적인 거지로 만든다."[54]

교회가 택한 성공적인 접근은 올래스키의 책 「미국식 긍휼의 비극」(*The Tragedy of American Compassion*)에 묘사되어 있는데, 이 책에서 그는 온정적 보수주의(compassionate conservatism)라는 용어를 창안했다. 이 책은 전 하원 대변인이었던 깅그리치(Newt Gingrich)의 손에 채택되었다. 그는 이 책을 너무나 좋아한 나머지 국회에 처음 진출하는 모든 의원들에게 그 책을 나눠 줄 정도였다. 하룻밤 사이에 올래스키는 막다른 골목에 봉착한 복지정책을 구해 낸 권위자로 주목받기 시작했다. 그는 조지 부시의 자문위원이 되었고, 부시는 "온정적 보수주의"의 기치 아래 대통령 선거 유세에 나섰으며, 장차 신앙에 바탕을 둔 의안을 지원하는 특별관청을 개설하겠다고 약속했다. 정책 분석가들이 세부적인 내용을 놓고 토론을 계속하고 있지만, 올래스키가 미국의 복지정책에 결정적인 전환을 가져온 것은 분명하다.

플랜팅가, 라슨, 올래스키 등과 같은 사람들이 이룩한 성공 사례에 감동을 받아 우리도 유신론적 신앙을 구석에서 끌어내어 공적 영역에 들고 나갈 수 있을 것이다. 기독교가 참으로 진리라면, 모든 분야에 대해 더 나은 접근법을 제공할 것은 당연하다.

그런데 왜 많은 그리스도인들이 아직도 자신의 신앙을 사적인 영역에 가두어 놓는 것일까? 왜 성/속의 분리를 수용한 채 하나님 말씀이 지닌 혁명적인 영향력을 제한하는 것일까? 이 벽을 허무는 유일한 길은 그 뿌리로 거슬러 올라가는 수밖에 없다. 즉 그런 세계관이 어디서 왔고 세월이 흐르면서 어떻게 자라났으며, 어떻게 이 시대를 사는 대다수 그리스도인들의 사고방식이 형성되었는지 진단하는 것이다. 다음 장에서 우리는 어떻게 우리가 이런 식으로 생각하게 되었는지, 그 실마리를 찾아 역사를 더듬어 올라갈 것이다. 기독교가 종교적 진리일 뿐 아니라 총체적 진리라는 확신을 되찾기 위해서는 어떻게 해야 하는 것일까?

2_ 다시 찾은 기쁨

문제는 영혼을 얻는 것뿐 아니라 지성도 구하는 것이다.
온 세계를 얻고도 세계의 지성을 잃어버린다면,
세계를 얻지 못했음을 당신은 곧 알게 되리라.
_ 찰스 말릭(Charles Malik)[1]

실리 예이츠는 불과 스물다섯의 나이에 이미 인생의 꿈을 달성했다. 그는 법과대학을 나와 변호사 시험에 합격했고 상당한 직업도 구했다. 또한 멋진 여자와 결혼해서 첫아이를 낳아 기르느라 바빴다. 썩 괜찮은 인생이었다.

그러나 그때 실리는 깊은 우울증에 빠지고 말았다. 중년의 위기를 맞이하기에는 너무 젊은 나이였지만 그는 그러한 질문을 던지고 있었다. 이게 전부란 말인가? 이것이 남은 생애 내내 내가 하고 싶어하는 일이란 말인가? 이 모든 것의 의미는 도대체 무엇인가?

실리는 평소 우울에 빠지는 편이 아니었기 때문에 그 배후에

드러나지 않은 이유를 곰곰이 따져 보았다. 결국 그가 발견한 답은 어떤 심리학자도 추정할 수 없는 것이었다. 기쁨과 목적을 되찾는 길은 바로 기독교를 총체적 진리로 새롭게 이해하는 데 있었다. 이는 막혔던 댐을 허물고 바짝 말라 버린 그의 삶의 여러 영역에 복음의 생수를 콸콸 쏟아 부은 놀라운 통찰이었다.

오래전 열다섯 살 때 실리는 한 침례교회에서 회심하라는 초대에 응한 적이 있었다. 그 순간부터 그는 뼛속 깊숙이 자신이 가장 원하는 것이 하나님을 섬기는 것임을 알았다. 처음에는 그것이 어떤 종류든 교회 일—목회자나 선교사나 찬양 인도자가 되는 것—을 의미한다고 생각했다. "나는 하나님을 위해 살고 싶었고, 내가 가진 유일한 준거 틀은 기독교 전임사역자가 되는 것밖에 없었습니다." 실리가 내게 한 말이다.[2]

그런데 한 가지 문제가 있었다. 그것은 그에게 교회의 전문사역을 할 수 있는 기술이 하나도 없다는 점이었다. 고등학교 때 진로상담을 맡은 교사가 그의 적성검사 결과를 검토하고는 변호사가 되는 것을 고려해 보라고 제안했다. 그 제안은 굉장한 흥분을 불러일으켰다. 실리의 집안에는 법과대학은 말할 것도 없고 대학을 나온 사람조차 전혀 없었기 때문이다. 그런 생각 자체가 가능성의 한계를 모두 뛰어넘는 것처럼 보였다. 그는 기도도 하고 열심히 공부해 이제는…… 그것을 이룬 것이다.

그런데 행복하지 않을 이유가 어디 있는 것일까? 불가능한 듯보였던 실리의 꿈은 실현되었지만 생활은 비참하기 짝이 없었다. 온통 교회활동으로 일정이 꽉 채워졌지만 영적인 굶주림이 그의 마음을 좀먹고 있었다. 어쩌면 그가 실수한 것은 아닐까? 정말 교회 전임사역으로 부름을 받았으나 그런 하나님의 부르심을 무시한 것은 아닐까? 당장 직장을 그만두고 선교지로 나가야 하는 것은 아닐까?

믿음이 확고한 그리스도인들조차 종종 이 같은 내면의 갈등을 경험한다. 실리처럼 우리도 대부분 하나님을 섬기는 것이 주로 교회사역을 하는 것이라는 생각을 갖고 있다. 혹시 다른 분야에서 일하게 될 경우에도 우리가 맡은 책임 위에다 종교적 활동—교회에서의 봉사, 성경공부, 전도 등과 같은—을 듬뿍 쌓는 것이 하나님을 섬기는 길이라고 생각한다. 그러면 직장에서 하는 일은 무슨 의미가 있는 것일까? 물질적 필요 곧 식탁에 밥과 반찬을 올려놓기 위한 것 외에는 본래 영적 의미는 전혀 없는 것인가? 생계를 유지하는 순전히 공리주의적 방편에 불과한가?

실리는 바로 이런 의문들이 자기를 우울하게 한다는 사실을 발견했다. 달리 말하면, 자신의 기독교 신앙과 전문가적 삶을 어떻게 통합할 수 있을지 알지 못했던 것이다. 과거에 UCLA에서 법학과목을 수강할 때 기독교에 대한 언급을 들어본 적이 전혀 없었다. 교수나 학생 중 자신의 신앙에 대해 얘기한 사람도 없었다. 현재 일하는 변호사 사무실의 동료 중에도 없다. 그러니 그가 깨어 있는 시간의 대부분을 차지하는 삶의 커다란 부분인 직업이 자신의 가장 중요한 것으로부터 차단되어 있는 셈이다.

"내 삶에서 하나님은 어디 계시는가?" 실리는 이런 질문을 던지기에 이르렀다. 자기가 우울이라고 생각했던 것이 사실은 자신의 일 속에서 영적인 의미를 찾으려는 처절한 갈망으로 드러났다. 완전히 세속적인 일에다 교회활동을 얹는 것은 마치 세속적 그림에 종교적 틀을 끼워 맞추는 것과 같았다. 자신의 영적인 굶주림과 순전히 "세속적인" 일의 시간적 요구 사이의 긴장이 그의 내면을 찢어 놓고 있었던 것이다.

실리의 노력이 마침내 보상을 받게 된 것은 고객의 영적인 삶을 다루는 법을 가르쳐 주는 기독교 연구 프로그램을 발견하면서부터였다. 순간적으로 전혀 새로운 세계가 그의 눈앞에 펼쳐졌다. 법이 전인격의 문제를 다루고 있음을 깨닫게 되었던 것이다. "사람들이 변호사를 찾아올 때는 대체로 위기에 처했을 경우입니다." 그가 설명했다. "그런 사람들이 올바르게 처신하도록 돕는 것은 굉장한 기회임에 틀림없습니다." 이혼을 생각하고 있는 부부, 법을 위반한 빗나간 십대, 윤리적 갈등을 겪는 사업가, 성경의 원칙을 타협하고 있는 기독교 사역단체 등을 대상으로 일할 수 있는 위치에 있는 자가 변호사다. 법은 어떤 절차나 논쟁 기술에 불과한 것이 아니다. 그것은 잘못된 것에 대항하고 정의를 세우며 약자를 변호하고 공적 선을 증진하는 하나님의 도구다.

각 분야에서 현재 지배적인 견해는 저변에 깔린 철학, 곧 무엇이 궁극적으로 옳고 타당한지에 대한 기본적 가정(假定)으로부터 나오는 법이다. 그러므로 그리스도인노 자시 **나름의 가정**을 그 분야에 내놓는 것을 부적절하다고 생각할 필요가 없다. 실리는 정의·권리·화해에 관한 성경적 이해를 법조계에 내놓는 것을 당연한 자유로 생각하기 시작했다.

실리의 비결

실리의 딜레마는 어떤 분야에서든 그리스도인이 흔히 직면하는 문제다. 1장에서 살펴보았듯이, 현대사회는 거룩한 영역과 세속의 영역을 날카롭게 분리하는 것을 특징으로 한다. 일과 사업은 순전히 세속적인 것으로 간주된다. 그 결과로 그리스도인들은 종종 두 개의 분리된 세계, 곧 가정과 교회의 사적 세계(우리의 믿음을 자유로이 표현할 수 있는 곳)와 공적 세계(신앙 표현이 단호하게 억제되는 곳) 사이를 오가면서 생활을 영위한다. 우리가 하는 일에 대한 기독교적 관점이 무엇인지도 모르는 경우가 허다하다. 물론, 우리는 그리스도인답다는 것이 직업과 관련해 윤리적으로 사는 것을 의미한다고 알고 있다. 실리의 표현을 빌면, "거짓이나 속임수를 쓰지 않는 것"이다. 하지만 일 자체는 가정에 필요한 재정을 채워 주고 경력을 인정받고 전문가로서 명망을 얻게 하는 등 세속적 견지에서 규정되는 것이 보통이다.

실리와 같은 변호사의 경우, 성공이란 일차적으로 소송을 이기는 것으로 규정된다. 오늘날 법조계에서는 대체로 법이 도덕과 아무 상관이 없다고 본다. 변호사는 진실이나 정의의 도덕 원칙과 상관없이, 자기 고객이 옳든 그르든 그를 변호하는 것이 마땅한 "고용된 총잡이"에 불과하다. 자신의 도덕적 관점은 사적 영역에 확실히 감추고 공적 영역에서는 법적 조언을 주는 것에 국한하도록 엄격히 권고받고 있다.[3]

그런데 어떤 직업이든 이처럼 상충된 두 방향으로 나뉘는 것에 대해 달갑게 생각하는 그리스도인은 없을 것이다. 우리는 모두 우리가 하는 일이 금전적 보상이나 동료들의 칭찬을 넘어서는 어떤 의미가 있기를 기대한다. 우리 신앙이 삶의 나머지 부분과 분리된다면 우리가 신앙의 힘을 어떻게 온전히 경험할 수 있겠는가? 만일 우리가 출근 길에 우리의 속 깊은 믿음을 모두 내던져 버리고 직장에서는 순전히 "세속적" 사고방식으로 일하도록 요구받는다면, 어떻게 온전하고 통합된 삶을 살 수 있겠는가?

우리가 지금까지 논의한 이분법들—성/속, 공/사—은 추상적인 개념에 불과한 것이 아니다. 실로 개인의 삶에 심대한 영향을 미치는 것이다. 공적 영역이 종교로부터 자유로운 영역으로 차단될 때, 우리 삶은 찢어지고 파편화되기 마련이다. 일과 공적인 삶은 영적 의미가 없는 것으로 치부되고, 우리 삶에 가장 깊은 의미를 부여하는 영적 진리들은 일과 외의 시간에만 적합한 여가활동으로 전락하고 만다. 복음은 제한되고, 삶의 모든 영역에 "스며들어" 끼쳐야 할 영향력을 빼앗기게 된다.

그렇다면 우리 삶에서 하나님의 능력을 제한하는 이런 이분법을 어떻게 깨뜨릴 수 있을까? 어떻게 하면 하나님에 대한 사랑과 섬김이 우리 삶 전체를 밝게 비추는 불빛이 되게 할 수 있을까? 이것은 세속적인 것과 거룩한 것, 공적인 것과 사적인 것을 **모두** 단일한 틀 속에 통합하는 세계관적 관점을 발견함으로써만 가능하다. 뿐만 아니라 정직한 일과 창조적 활동 모두가 주님께로부터 온 타당한 소명이 될 수 있음을 깨닫고, 일의 모든 분야에 적용되는 성경적 원리가 존재한다는 것을 인식함으로써 가능하다. 이런 통찰력은 우리에게 새로운 목적의식을 채워 줄 것이며, 삶의 모든 차원에서 하나님과 관계를 맺는 데서 오는 기쁨을 선사할 것이다.

실리의 경우, 정직하게 법을 적용하는 일이 돈벌이와 소송에서의 승리를 훨씬 넘어서는 것임을 아는 것이었다. 정의를 증진시키고 사회의 유익에 기여하는 것이 근본적으로 세상에서 하나님의 목적을 수행하는 길이다. "하나님께서 전문가로 사는 삶 속에서 그분을 위해 사는 법을 내게 보여주셨습니다." 실리가 내게 한 말이다. "사업을 운영한다거나 생계를 유지하는 일에 그치는 것이 아닙니다. 우리는 우리의 일 속에서 실은 하나님의 일을 하고 있는 것입니다. 그 사실을 깨달은 순간, 나는 다시 기쁨을 찾았습니다."

국회의사당에서의 죄책감

우리 가운데 기독교 세계관의 개념과 삶의 기쁨을 서로 연계시킨 사람은 별로 없을 것이다. 하지만 실리의 말이 맞다. 우리가 행하는 모든 일을 예배로 하나님께 바칠 때에만, 그분의 능력이 우리 존재의 모든 부분을 가로질러 흐르는 것을 경험할 수 있다. 성경의 하나님은 인간 영혼의 하나님일 뿐 아니라 자연과 역사의 하나님이기도 하다. 우리는 예배를 통해 그분을 섬길 뿐 아니라 문화 명령에 순종함으로써 섬기기도 한다. 교회가 제자도를 진지하게 여긴다면, 신자들이 일요일에 교회문을 나선 후에도 계속해서 하나님을 위해 살도록 그 방법을 가르쳐야 마땅하다.

얼마 전에 국회의사당에서 강연을 한 적이 있다. 강연이 끝난 후 국회의장이 내게 다가오더니 약간 침통한 표정으로, 워싱턴에 오는 많은 그리스도인 젊은이들이 정치에 관심을 품는 것에 대해 "죄책감"을 느끼고 있다고 일러 주었다.

"죄책감이라고요?" 나로서는 도무지 납득할 수 없는 말이었다. "그런데 왜 그렇게 느끼시죠?"

"글쎄요. 자기가 **정말** 하나님께 헌신했다면 여기에 있지 않았을 거라고 생각하는 것 같습니다. 기독교 사역에 종사하고 있을 것이라고 여기는 것이지요." 그가 설명했다. 그들 중 많은 이들이 기독교 대학을 졸업했지만 기독교 세계관을 배운 적이 없다. 그들은 아직도 전문직을 성/속의 구분에서 **세속** 쪽에 가둬둔 채 종교적 활동보다 가치가 떨어지는 것으로 여겼던 것이다.

워싱턴의 고위 관리 한 사람이 언젠가 헌신된 그리스도인이자 동시에 뛰어난 전문가를 찾기가 얼마나 어려운지 모르겠다고 한탄한 적이 있다. 문제는, 대다수의 그리스도인이 자기 직업에 대한 성경적 소명의식이 없는 것이라고 했다. 자기 직업을 하나님 나라를 위한 최전선의 일로 생각하지 않는다는 것이다. 하나의 예로, 그는 어떤 의사가 의료직을 그만두고 기독교 기관의 간사가 된 이야기를 들려주었다.

"나는 사역을 하기 위해 의료직을 떠난 것입니다." 그 의사가 그에게 말했다.

"잠깐, 그것이 바로 문제입니다. 당신이 지금 하고 있는 일만큼이나 의료직 자체도 하나의 **사역입니다.**" 그 관리가 말했더니 의사는 깜짝 놀라면서 자기는 그런 식으로 생각해 본 적이 한번도 없었다고 털어놓았다.

사업·제조업·정치·공업 등의 영역에서 일하는 평범한 그리스도인들은 "세상에 관여하는 교회의 최전선 군사들"이라고 레슬리 뉴비긴은 썼다. 만일 우리가 평신도를 영적 전쟁에서 싸우는 최전선 군사라고 여긴다면, 교회가 얼마나 많이 변할지 한번 상상해 보라. "우리는 이 전쟁에서 그들을 지원할 책임을 진지하게 여기고 있는가?" 뉴비긴은 물었다. "우리는 그들의 증언을 강화하기 위해, 그들이 날마다 직면하는 매우 곤란한 윤리적 문제에 대처하도록 돕기 위해, 그들이 치르는 일상적인 영적 전쟁과 관련해 전 교회가 그들 배후에 있다는 확신을 주기 위해 어떤 진지한 노력을 기울였는가?"[4] 교회는 준비된 평신도들이 세상을 향해 복음을 전하도록 그들을 내보내는 훈련장에 다름 아니다.

이중 언어 구사하기

어떤 면에서 그리스도인들은 이중 언어를 구사하는 법을, 곧 복음의 관점을 우리 문화가 이해할 수 있는 언어로 번역하는 기술을 배울 필요가 있다. 우리는 모두 세상의 언어를 사용하도록 배운다. 우리가 공적인 교육체계를 밟았다면, "하나님 가설 없이도 세상의 의미를 발견할 수 있다고 주장하는 언어를 사용하도록 훈련받은 셈"이라고 뉴비긴은 말한다. 반면에 우리는 "일주일에 한두 시간 동안 다른 언어 곧 성경의 언어를 사용한다."[5] 우리는 이민자와 같다. 마치 스웨덴에서 미국으로 이민 온 내 조부모와 같다는 말이다. 일요일에 루터교회에서 예배를 드리는 동안에는 낯익은 모국어를 사용했다. 그러나 그 밖의 생활에서는 그들이 정착한 땅의 언어, 곧 이상한 소리로 들리는 영어를 사용하지 않으면 안되었다.

하지만 그리스도인들은 **단지** 옛 나라의 관습과 말을 얼마간 보존하면서 사는 이민자와 같이 되라고 부름받은 것이 아니다. 오히려 믿음의 언어를 우리 주변의 언어로 활발하게 번역하는 선교사와 같이 살도록 부름받았다.

그런데 마음에 걸리는 사실은, 우리가 언어학자로서 그 역할을 잘 감당하지 못하고 있다는 점이다. 신문 칼럼니스트 앤디 크라우치(Andy Crouch)는 그리스도인 학생들에게 관심이 많은, 코넬 대학의 어느 그리스도인 교수에 관한 이야기를 들려준다. 그 교수는 학생들이 "거의 입을 떼지 않는다"고 불평했다. 강의를 듣는 학생 중에 동료 신자들이 있다는 사실을 알게 되는 유일한 경로는 "그들이 강의 후에 나에게 와서 슬쩍 감사하다고 말하는" 순간이다. 어떻게 해서든 우호적인 분위기를 만들어 그리스도인 학생들이 자유로이 참여하도록 애쓰지만 그들은 아무 말도 하려 하지 않았다!"[6]

왜 말을 하지 않는 것일까? 그것은 대다수의 그리스도인 학생들이 자신의 신앙적 관점을 공적 영역에 적합한 언어로 표현하는 법을 모르기 때문이다. 마치 새로운 나라의 문법을 아직 섭렵하지 못한 이민자들처럼, 그들은 수줍어 사람들 앞에서 말하기를 꺼린다. 따로 있을 때는 자기 종교의 모국어를 사용해 서로 대화하지만, 강의실 안 학문세계에서 통용되는 말로 종교적 관점을 표현하는 법은 잘 모른다.

믿음의 간격

여론조사를 할 때마다 한결같이 나타나는 것은, 상당 비율의 미국인들이 하나님을 믿거나 거듭났다고 주장하지만 공적인 영역에서 기독교적 원칙의 영향력은 감소하고 있다는 사실이다. 왜 그럴까? 그것은 대다수의 복음주의자들이 기독교 세계관의 원리를 공적 영역에서 적절한 언어로 표현하는 법을 배우지 못했기 때문이다. 현대문화 속에서 기독교가 크게 부흥하고 있지만, 과거 어느 때보다 더 확실히 사적인 영역으로 떨어지는 **대가를 지불하고** 있다.

이런 현상을 달리 표현하면, 사적 영역은 갈수록 더 종교적이 된 반면에 공적 영역은 더욱 세속적이 되었다는 것이다. 1994년에 실시된 여론조사에서 미국인의 65%가 공적 삶에서 종교의 영향력이 줄어들고 있다고 말했는데, 거의 동일한 수에 해당하는 62%가 개인적인 삶에서는 종교의 영향력이 더 커지고 있다고 했다.[7] 이것은 공적 영역과 사적 영역의 간격이 더욱 크게 벌어져서 이제는 그리스도인이 성경에 기초한 원리를 공적 영역에 도입하기가 과거 어느 때보다 더 힘들어졌음을 뜻한다.

사유화(privatization)는 종교의 **성격**도 바꾸었다. 사적 영역에서는 종교가 상당한 자유를 누릴지 모르나, 그것은 어디까지나 그 사적 영역이 "현실" 세계 곧 사회의 "중요한" 활동이 벌어지는 곳으로부터 안전하게 차단되어 왔기 때문이다. 종교는 이제 더 이상 공적인 의제와 충돌할 소지가 있는 중요한 진리의 원천으로 간주되지 않는다. 사적인 영역은 "무해한 놀이터"로 축소되었다고 피터 버거는 말한다. 그곳에서 종교는 그런 유의 버팀목이 필요한 자들에게 용납되지만, 종교가 정치와 경제라는 보다 큰 세계에서 일어나는 어떤 중요한 계획도 뒤엎을 수 없는 곳이다.[8]

그런데 우리는 종교가 격리된 영역에 제한되도록 허용함으로써, 종교의 일차적 목적 중 하나인 인생의 전반적인 의미를 제공하는 역할을 잘라낸 셈이다. 버거가 말한 것처럼 사유화는 "종교의 전통적 과제의 심각한 파열현상을 상징하는데, 그 과제란 다름 아니라 실재에 대한 일련의 통합된 정의를 정립함으로써 사회 구성원들이 의미를 공유하는 공동의 우주에 거할 수 있도록 하는 역할을 뜻한다."[9] 사실 오늘날 많은 복음주의자들이 그처럼 "의미를 공유하는 공동의 우주"를 제공하는 것을 더 이상 종교의 **과제라고** 생각하고 있지 않다. 종교는 사적인 영역의 필요에만 호소하고 있는 실정이다. 개인적 의미의 추구, 사회적 유대의 욕구, 가족 양육, 정서 함양, 실제 생활 등의 필요에 국한된다는 말이다. 이런 분위기에서는 교회가 주로 종교의 치료적 기능에 초점을 맞춘 채 심리적 욕구의 언어를 구사하도록 하는 수밖에 없다. 과거에는 종교가 공동체의 정체성 및 소속감과 연관이 있었던 데 비해, 이제 종교는 오직 진정한 내면생활을 추구하는 것과 동일시되고 있다.

사람들은 이런 식으로 자신의 정서적·실제적 필요를 다뤄 주는 종교에 집착하는 경향이 있다. 갈수록 비인격적 성향이 심해지고 있는 공적 세계에서 사람들은 자신의 개인적·사적 세계를 지탱해 줄 자원을 간절히 찾고 있다. 하지만 이것은 모든 실재에 관한 진리라고 주장하는 기독교에 대한 불완전한 견해일 뿐이다. "세속화가 종교의 죽음을 야기하지는 않았으나, 종교를 다른 많은 영역과 더불어 현대적 삶을 이루는 한 영역에 불과한 것으로 만들어 버렸다. 종교는 이전에 주장하던 보편성과 해석의 능력을 상실한 것이다."[10] 신학자 발터 카스퍼(Walter Kasper)의 말이다. 이제 기독교는 실재의 전체를 해석하는 렌즈로서의 기능을 잃어버렸을 뿐 아니라, 더 이상 총체적 진리로 여겨지지 않는다는 뜻이다.

본질적으로, 그리스도인들은 일종의 흥정을 한 셈이다. 즉 기독교는 사유화 과정을 묵인하고 "가장 중요한 분야를 내놓은 값을 치름으로써 스스로 영구적인 자리 하나를 확보한 것이다."[11] 뉴비긴의 지적이다. 달리 말하면, 기독교는 사적 영역에서는 살아남았다. 그러나 그것은 공적 영역에서 믿을 만한 주장을 내놓거나 현재 지배적인 이데올로기에 도전하는 능력을 상실하는 값을 치르고서 얻은 것이다.

뉴비긴이 이 문제에 그처럼 민감했던 이유는, 인도에서 40년 동안 선교사로 살았기 때문이다. 인도는 성/속, 공/사의 구분 같은 분열증에 걸리지 않은 곳이다. 인도 그리스도인들의 의식구조는 **당연히** 종교가 삶의 모든 영역에 스며든다고 본다. 아프리카의 그리스도인들도 마찬가지다. "대다수의 인간 문화에서 종교는 삶의 나머지 부분과 동떨어진 별개의 활동이 아니다"라고 뉴비긴은 설명한다. 그런 문화에서는 "종교라고 부르는 것이 인간의 경험 전체를 이해하는 방식, 곧 총체적인 세계관이다."

따라서 세계적 차원에서 보면 성/속의 이분법은 일종의 기형이며 서구문화만이 지닌 특징인 것이다. "서구문화가 종교적 사안과 세속적 사안 사이에 그어 놓은 날카로운 선 그 자체가 우리 문화의 가장 중요한 특징 중 하나이며, 이는 대다수 사람들이 이해할 수 없는 것이리라."[12] 그러므로 서구에서 복음을 전하려 할 때 우리는 특별한 도전에 직면하게 된다. 그것은 복음을 사적 영역에서 해방시켜 모든 실재에 관한 진리로, 그 영광스러운 모습 그대로 제시하는 법을 배워야 한다는 것이다.

조각난 헌신

첫 단계는 우리 정신 속에 분열된 의식구조가 있는지 파악하고 그것이 작동하는 방식을 진단하는 일이다. 우리는 이런 이분법에 너무나 익숙한 나머지 자신의 사고방식 속에 그런 것이 있는지 **인식하기조차** 어려운 경우가 많다. 이 사실이 내게 개인적으로 크게 와 닿은 계기는, 몇 년 전 노스캐롤라이나 대학의 사회학자 크리스천 스미스(Christian Smith, 그는 복음주의 교단 신자다)가 실시한 조사[3]에 관한 보고서를 읽으면서였다. 그 조사 결과는 미국의 복음주의에 대한 좋은 소식과 나쁜 소식을 둘 다 부각시키고 있다.

좋은 소식은, 종교적 생동력에 관한 여러 조사에서 복음주의자가 언제나 최고 점수를 받았다는 점이다. 복음주의자의 경우, 신앙에 대한 헌신도가 매우 높고 복음의 언어를 유창하게 밀힐 수 있다는 것은 분명한 사실이다. 다른 한편으로, 그들에게 다른 주제들—일·사업·정치와 같은 영역—에 대한 기독교적 세계관을 조리 있게 표현해 보라고 요청하자 별로 할 말이 없었다. 신앙적 관점을 공적 영역에 적합한 언어로 번역할 수 있는 능력이 없었던 것이다.

그 조사는 복음주의자와 다른 네 집단―근본주의자, 주류 개신교인, 자유주의 개신교인, 로마 가톨릭 신자―을 서로 비교했다.[14] 거기서 발견된 몇 가지 사실을 살펴보자. 먼저 좋은 소식이다. 성경에 대한 견해를 물었을 때, 복음주의자의 97%가 하나님의 영감으로 기록된 오류 없는 책이라고 대답했다. 이를 다른 집단들의 경우와 비교해 보자.

복음주의자: 97%

근본주의자: 92%

주류 개신교인: 89%

자유주의 개신교인: 78%

가톨릭 신자: 74%

예수 그리스도를 개인의 주님이자 구원자로 믿고 헌신하는 면에서도 복음주의자가 가장 높은 비율을 차지했다.

복음주의자: 97%

근본주의자: 91%

주류 개신교인: 82%

자유주의 개신교인: 72%

가톨릭 신자: 67%

신앙이 자기에게 매우 중요하다고 말한 비율을 보면 이렇다.

   복음주의자: 78%
   근본주의자: 72%
   주류 개신교인: 61%
   자유주의 개신교인: 58%
   가톨릭 신자: 44%

절대적인 도덕기준이 존재하는지 묻는 질문에 "그렇다"고 답한 비율은 다음과 같다.

   복음주의자: 75%
   근본주의자: 65%
   주류 개신교인: 55%
   자유주의 개신교인: 34%
   가톨릭 신자: 38%

당신의 신앙에 회의가 드는가? "전혀 그런 적이 없다"고 대답한 비율은 다음과 같다.

   복음주의자: 71%
   근본주의자: 63%
   주류 개신교인: 62%

자유주의 개신교인: 44%

가톨릭 신자: 58%

지적 세계에서 성경적 세계관을 변호하는 것이 얼마나 중요한가라는 이 책과 가장 연관성이 높은 질문에 대해 "매우 중요하다"고 대답한 비율은 다음과 같다.

복음주의자: 63%

근본주의자: 65%

주류 개신교인: 46%

자유주의 개신교인: 49%

(가톨릭 신자는 제외됨)

이 수치로 볼 때, 종교적 생동력에 관한 여러 조사에서 복음주의가 아주 양호한 것을 알 수 있다.[15] 역사학자와 사회학자들은 현대세계에서 기독교가 쇠퇴할 것이라고 예측한 주범들이다. 사회는 근대화되는 과정에서 필연적으로 세속화의 길을 걸을 것이라는, 이른바 "세속화 논제"를 그들 **대부분이** 수용했다. 그런데 미국의 세속화 정도는 이제까지 매우 과장되게 부풀려져 왔다. 하지만 드러난 증거는 오늘날처럼 고도로 근대화된 사회에서조차 복음주의가 건재하고 있음을 보여준다.

    이것이 좋은 소식이라면, 나쁜 소식은 무엇일까? 나쁜 소식이란, 공적 영역에 속한 여러 이슈에 대해 성경적 세계관의 관점을 정연하게 설명해 보라고 했을 때 **아무도** 대답하지 못했다는 사실이다. 조사대상을 통틀어 단 한 사람도 없었다. 응답자들은 순전히 개인적 도덕과 종교적 헌신의 언어로 말했고, 사업이나 정치 혹은 문화에 관한 기독교 철학을 제시하지 못한 것이다.[16]

그들의 응답을 몇 가지만 읽어 보아도 이 점을 금세 알 수 있다. 보다 광범위한 문화를 변화시키려면 어떻게 해야 할지 그 방법을 물었을 때, 한 침례교인 여성은 이렇게 답했다. "개개인이 그리스도인다운 삶을 산다면…… 사회에 영향을 줄 것이라고 생각합니다. 일반사회에 영향을 끼치려면 단지 그리스도가 원하시는 삶을 최선을 다해 살면 됩니다." 은사주의자인 한 그리스도인은 여론조사원에게 이렇게 말했다. "내가 보기에, 세계의 문제에 대한 해결책은 그리스도인이 되는 것입니다. 그렇지요?" 그리스도의 교회에 속한 교인은 이렇게 대답했다. "오직 그리스도를 믿고 그분이 원하시는 대로 최선을 다해 사십시오. 그러면 세상이 변할 것입니다."[17]

이런 응답들은 물론 상당한 진리를 담고 있다. 하지만 그것은 어디까지나 개인의 회심과 개인의 영향력에 국한된 진리다. 응답자 가운데 현대의 공적 삶을 지배하는 세계관을 비판한다거나 사회질서에 관한 기독교적 이론을 개발할 필요에 대해 말한 사람은 한 명도 없었다.

기독교가 어떻게 일과 사업의 영역에 영향을 미칠 수 있을지를 묻자, 대다수가 일터에 종교활동을 도입하는 것만 생각했다. 구도자를 위한 교회의 한 여성은 이렇게 답했다. "기회는 많습니다.…… 회사에 있는 시간을 이용한 성경공부, 조찬기도회, 이런저런 전도활동 등." 오순절 교단에 속한 (아주 거친 일을 하는) 한 남성은 이렇게 대답했다. "나는 일꾼들이 일을 하면서 지나친 욕설을 못하게 합니다.…… 금주, 술이 덜 깬 상태로 출근하는 것 금지. 거의 날마다 아침에 일을 시작하기 전에 우리는 기도를 합니다."[18]

다른 응답자들은 일터에서 행하는 도덕적 증인의 역할을 강조했다. 그리스도인은 "고용인들 가운데 가장 정직한 사람이 되어야 합니다." 한 장로교인 남성이 답했다. "당신이 누군가를 위해 일하는 입장이라면, 물건을 훔치거나 점심시간을 10분이라도 초과해서는 안됩니다." 사람들이 가장 많이 언급한 요소는 정직이었다. 그리스도의 교회의 한 남성은 "그리스도인들은 모두 정직하기 때문에 잘할 겁니다"라고 말했다. 한 침례교인 여성은 "[정직하기만 하다면] 당신이 하는 거의 모든 일이 저절로 잘 돌아갈 것"이라고 했다.[19]

물론 우리는 일터에서 성경공부를 시작하거나 도덕적 영향을 끼치려고 애쓰는 이들을 칭찬해야 마땅하다. 하지만 일 자체에 대한 성경적 관점은 어떻게 되는가? 응답자들이 자신의 일을 하나님께 대한 섬김으로 또는 문화 명령(땅을 정복하라는 성경의 명령)의 성취로 고백하지 않는다면 무엇인가 빠져 있는 것이다. 응답자들에게 그 같은 대답을 강조했건만, 성경적 경제 원리를 제시하거나 전반적인 경제 세력 또는 제도의 영향력을 인식하는 사람이 하나도 없었다.

마지막으로, 정치에 관해서는 어떨까? 복음주의 계통의 모라비안 교회에 다니는 한 여성은 이렇게 대답했다. "그리스도인이 정치 영역에서 이룰 수 있는 것이 무엇인가? 도덕적 존재로 거기에 있는 것." 그리스도의 교회에 속한 한 남성은 이렇게 응답했다. "왜 그리스도인이 〔정치 영역에서〕 활동적이어야 하는가? 그것은 영혼을 구원해야 하기 때문이라 생각하고…… 만일 내가 정부에 몸담고 있어서 누군가를 〔천국에 가도록〕 도울 수 있다면…… 무척 기분 좋을 일이다."[20]

그리스도인이라면 어디에 있든지 전도자로 부름받았다는 사실을 부인하지 않을 것이다. 물론 정치 영역도 포함해서 말이다. 그러나 정치적 직무가 복음을 전하는 연단에 불과한 것은 아니다. 우리는 또한 국가와 정치에 대한 성경적 관점을 실현하도록 부름받은 것이다. 하나님은 어떤 목적을 위해 국가를 창조하셨는데, 우리는 그 목적이 무엇인지 물어봐야 한다. 그리스도인은 정의와 공적 유익을 증진시키기 위해 어떻게 일할 수 있을까?

간간이 응답자들이 구체적으로 정치적 쟁점을 거론할 때는 흔히 낙태와 동성애를 언급했다. 왜 그런 이슈를 말하는 것일까? 그것은 개인적 도덕의 견지에서 개념화하기 쉬운 것들이기 때문이다. 이와 마찬가지로 사회문제에 대한 해결책도 거의 예외 없이 개인의 자발적 활동에 입각해 제시했다. 가난한 자, 집 없는 자, 중독자 등을 위한 자선사업 같은 것들이다. "이런 프로젝트는 가치 있는 활동일지 모르나, 어느 것도 사회적·문화적 체계를 변혁시키려는 것이 아니고 다만 기존의 체제로 인한 폐해를 일부나마 줄여 보려는 것일 뿐이다"라고 스미스는 논평한다.[21]

이 연구조사는 오늘날 복음주의 그리스도인들의 상태를 기막히게 잘 포착했는데, 그들의 장점과 단점을 너무나 정확하게 파악했다. 한편으로 그들의 마음은 올바른 자세를 견지하고 있다. 성실하고 진지하며 헌신되어 있다는 말이다. 다른 한편으로 그들의 신앙은 거의 완전히 사유화되어 있다. 통상적으로 개인적 행위, 가치관, 관계의 영역에 국한되어 있다는 뜻이다. 그들이 공적 영역에 영향을 미치려고 애쓸 경우에도 그 주요 전략은 기도회와 전도 같은 사적 영역에서 유입된 활동들이다. 국회의사당에서 일하는 친구들의 말에 따르면, 정치인과 직원들을 대상으로 사역하는 기독교인 모임이 여럿 있지만, 모두가 사역의 범위를 개인의 경건생활에 국한하고 있다고 한다. "당신은 어떻게 예수님과 동행하고 있습니까?"라는 유의 질문이 그것이다. 정치에 관여하는 이들에게 쟁점 자체에 대해 성경적 관점으로 생각하도록 도전하는 경우는 무척 드물다. "기독교적 정치철학은 무엇인가? 당신의 신앙적 관점이 오늘 국회에서 처리할 법안 투표에 어떤 영향을 줄 것인가?" 이 같은 질문은 거의 제기하지 않는다는 말이다.

우리가 기독교 세계관을 정립하기에 앞서 해야 할 일이 있는데, 그것은 우리의 신앙을 일·사업·정치 등의 영역에 적용하지 못하게 막는 장애물을 파악하는 것이다. 서구 그리스도인들이 우리 삶 전체를 향한 하나님의 부르심을 왜 놓쳐 버렸는지를 우리는 이해할 필요가 있다. 어떻게 해서 우리는 성/속의 분리에 굴복함으로써 이처럼 공적 영역에서 힘을 못 쓰는 절름발이 신세가 되고 말았는가? 이러한 파괴적 사고방식에서 벗어나려면, 그것이 어디서 왔는지, 어떤 형태를 지니고 있는지, 어떤 경로로 우리의 지배적인 사고 유형으로 자리잡았는지를 이해할 필요가 있다. 사실 기독교가 처음부터 여러 종류의 이원론과 이분법의 공세를 받았음을 이제 알게 될 것이다. 우리가 이원론적 사고에서 해방되는 유일한 길은, 그 문제에 대해 명확한 진단을 내리는 것이다.

기독교의 정신분열 현상

그 진단을 내리려면 초대교회 시절로 돌아가 초대교회와 헬라사상과의 만남을 살펴보아야 한다. 초기의 신자들이 처한 상황을 한번 상상해 보자. 든든한 기반에 언어·문학·문화·도시 제도를 갖춘 이질적 문화에 둘러싸여 여러 공세에 시달리던 소규모 집단에 불과한 시절이었다. 그것도 가장 강력하고도 풍부한 지적 전통을 가진 헬라철학에 직면한 상황을 생각해 보라. 초대교회가 당대의 고도로 발달한 철학들에 대항해서 예수의 부활을 믿는 믿음을 어떻게 변호했겠는가?

알다시피 호메로스, 소크라테스, 플라톤, 아리스토텔레스와 같은 고전 사상가들은 선한 것을 많이 가르쳤다. 그들은 우주의 합리적 질서를 강조했는데, 그것이 훗날 근대과학의 발달에 중요한 영감을 주었다. 그들은 당시의 유물론자와 쾌락주의자들에 맞서 진·선·미의 영원한 이상을 주창했다. 지식이란 사회적 관습에 불과한 것이 아니라 객관성을 지닌다고 주장했다. 플라톤은 심지어 자연계 안에 있는, 목표 지향적 질서에 기초한 설계로부터 논증을 펴기도 했다.[22] 기독교 사상가들은 이런 사상이 아주 우호적임을 발견하게 되었고, 그 결과로 그들의 성경적 신앙에 철학적 옷을 입히는 데 고

전철학의 여러 요소를 지적 도구로 채택하기 시작했다.

그러나 헬라 사상가들은 이방인이었고 그들의 교리 중 많은 부분이 성경의 진리와 양립할 수 없었다. 우리는 고전사상을 종합적으로 살펴보는 대신 문제가 되었던 몇 가지 요소에 초점을 맞출까 한다. 공정하게 말하면, 교회의 교부들이 헬라사상의 양호한 부분을 흡수하지 않을 수 없었다고 할 수 있다. 당시의 지식사회를 상대하려 할 때 그들이 사용할 수 있는 개념적 언어는 사실상 그것밖에 없었다. 하지만 그와 더불어 심각한 부정적 꾸러미도 함께 따라왔다. 특히 쉐퍼가 실재에 대한 "이층적"(two-story) 견해라고 부른 것이 그것이다.[23] 고전사상은 물질과 영혼 사이에 뚜렷한 이분법을 설정하고, 물질의 영역을 영혼의 영역보다 가치가 떨어지는 것으로 취급했으며, 때로는 완전히 악한 것으로 여겼다. 그렇게 함으로써 구원의 의미를, 물질세계에서 영혼을 해방시켜 하나님께로 올라갈 수 있게 하는 금욕적 훈련에 근거해 이해했다.

이런 설명이 추상적으로 들릴 수 있다. 이제 기독교 사상에 가장 큰 영향을 끼친 두 인물을 구체적으로 검토해 보자.

플라톤이 중요한 이유

방금 묘사한 이원론은 플라톤의 사상에서 특히 강하게 드러난다. 그는 중세에 이르기까지 기독교 사상가들에게 어느 누구보다도 심대한 영향을 끼친 철학자다(특히 나중에 변형을 거친 이른바 신플라톤주의를 통해 더욱 그렇다).[24] 플라톤은 모든 것이 질료(Matter)와 형상(Form)으로 구성되어 있다고 가르쳤으며, 원재료는 이성적 생각에 의해 질서가 부여된다고 보았다. 조각상 하나를 생각해 보자. 그것은 대리석으로 된 것으로서, 예술가의 생각에 담긴 설계나 청사진에 따라 아름다운 모습으로 빚어진 것이다. 질료 자체는 무질서하고 혼란한 것으로 간주되었고, 형상은 질서와 조화를 가져오는 이성적이고 선한 것이었다.

오늘날 우리에게는 이상하게 들릴지 모르지만, 사실 순수한 형상의 영역이 물질세계보다 **더 실재적인**(more real) 것으로 여겨졌다. 플라톤은 강력한 회화적 언어로 이를 표현했는데, 일상적 경험의 세계-우리가 시각·청각·촉각으로 아는 세계-란 동굴의 벽 위에서 일어나는 그림자 놀이에 불과하다고 시사한 것이다. 대다수의 사람들은 그 그림자 쇼에 사로잡혀 그것을 실재로 착각한다고 그는 말했다. 그러나 철학자는 그 동굴을 탈출해 진·선·미를 정점으로 하는 비물질적 형상의 참 세계를 발견하는 개화된 존재라고 한다. 플라톤의 회화적 언어가 가리키는 요점은, 물질세계가 오류와 환상의 영역이라는 것이다. 참 지식에 이르는 길은 우리 자신을 신체적 감각에서 해방시켜 이성이 형상의 영역을 꿰뚫는 통찰을 갖게 하는 것이다.

왜 플라톤은 물질세계를 열등한 것으로 보았을까? 1장의 수학에 관한 논의에서 보았듯이, 플라톤은 질료를 영원 전부터 선재(先在)하는 것으로 여겼다. 창조자의 역할은 거기에다 이성적 형상을 부여하는 것에 불과했다. 그런데 물질의 선재성은, 그것이 창조자가 통제할 수 없는 독자적 속성을 지녔음을 의미했다. 그 결과, 신이 물질로 하여금 형상을 지니도록 강요하는 면에서 완전히 성공할 수 없었던 것이다. 그래서 이 세상에는 언제나 어느 정도의 혼돈과 무질서, 비합리성이 있을 수밖에 없다.

본질적으로 플라톤은 세계의 이중적 기원(twofold origin)을 제시하고 있었던 셈이다. 형상과 질료는 둘 다 영원하다. 다시 말해, 형상은 이성과 합리성을 상징하는 반면, 형상이 없는 질료의 영원한 흐름은 본래 악하고 혼란스러운 것이다. 기원에 대한 이런 이중적 견해는 실재에 대한 이층적 견해를 낳았는데, 상층부에는 **형상**이 하층부에는 **질료**가 자리잡고 있다.

플라톤의 이원론을 도표로 그리면 다음과 같다

형상
영원한 이성

질료
영원한 무(無)형상의 흐름

성경적 관점에서 보면, 플라톤의 이원론의 문제는 혼돈과 악의 근원을 하나님의 창조세계의 일부와 동일시했다는 점이다. 이른바 물질이라는 것이다. 창조세계가 두 부분으로 나뉘어졌는데, (우월하고 선한) 영적 부분과 (열등하고 악한) 물질적 부분이 그것이다. 이는 성경적 세계관과 분명히 대치되는 것이다. 성경은 영원 전부터 하나님을 대적하는 존재란 **존재하지 않는다**고 가르치기 때문이다. 물질은 하나님의 능력을 저지할 수 있는 힘을 가진, 독자적 속성을 지닌 선재하는 어떤 것이 아니다. 하나님께서 그것을 창조하셨고 따라서 그것은 그분의 절대적 통제권 아래 있다. 이것이 무로부터의 창조교리가 지닌 실질적 의미였다. 그 어떤 것도 하나님으로부터 자유로운 독자성을 갖고 있지 않을 뿐더러, 모든 것이 그분에게서 왔으며 그분에게 종속되어 있다는 것이다.

그러므로 그리스인들의 생각과는 반대로, 성경은 물질세계를 본래 선한 것으로 그리고 있다. 그것은 하나님에 의해 창조되었으므로 그분의 선한 성품을 반영한다.[25] 성경은 악을 물질이나 창조물의 어떤 부분과도 동일시하지 않고 죄와 동일시하는데, 죄는 본래 선한 하나님의 창조세계를 뒤틀리게 하고 왜곡시키는 것이다. 이를테면, 성경은 몸을 본래부터 죄많은 것이나 가치가 덜한 것으로 여기지 않는다.[26] 바울이 갈라디아서 5장에서 "육신의 정욕"을 피하라고 우리에게 권고할 때 그가 언급하는 것은 몸(body)이 아니라 "육신"(flesh)으로, 이것은 죄악된 본성을 가리키는 전문용어다.[27] 만일 몸이 본래 죄악된 것이라면 성육신은 불가능했을 터인데, 예수께서는 죄가 없으나 인간의 몸을 입으셨기 때문이다. 하나님께서 친히 인간의 형태를 취했다는 이 놀라운 사실만 보아도 몸의 존엄성을 넉넉히 알 수 있다. 그리스도들인의 주장 가운데 헬라 사상가들에게 가장 충격적이었던 것은, 하나님께서 역사적 인간, 곧 눈으로 보고 귀로 듣고 손으로 만질 수 있는 사람이 되었다는 주장이었다. 이성적 탐구는 더 이상 감각의 세계를 무시할 수 없게 되었고, 역사를 고려 대상으로 삼지 않으면 안되었다. 그리스도의 성육신과 죽음과 부활과 같이 시간과 공간에서 일어난 사건들 말이다.[28]

아우구스티누스

이를 달리 표현하면, 성경은 인간의 딜레마를 **도덕적으로** 규정하고 있다는 것이다. 문제는 우리가 하나님의 명령을 위반했다는 점이다. 그런데 헬라인은 인간의 딜레마를 **형이상학적으로** 규정했다. 이 경우 문제는 우리가 신체적·물질적 존재라는 점이다. 만일 물질세계가 나쁘다면, 종교적 삶의 목표는 삶의 물질적 측면을 피하고 억누르고 궁극적으로는 그로부터 탈출하는 것이 된다. 육체 노동은 기도와 명상보다 덜 가치 있는 것으로 간주되었다. 결혼과 성은 금욕보다 열등한 것으로 배격되었다. 일반적인 사회생활은 은둔처와 수도원에서의 삶보다 낮은 차원에 속했다. 영적인 삶의 목표는, 정신을 몸과 감각의 악한 세계에서 해방시켜 하나님께로 올라갈 수 있게 하는 것이었다.

귀에 익은 이야기가 아닌가? 이는 교부들의 영성과 중세의 영성의 상당 부분을 묘사하는 말이다. **진정으로** 헌신한 그리스도인은 일상적인 일과 가정생활을 버리고 기도와 묵상의 삶을 살고자 수도원에 들어갔다. 그리스도인의 소명은, 일상적인 삶과 공동체로부터 분리되는 것으로 이해되었던 것이다.

이런 생각은 성경이 아니라 헬라철학에서 유래한 것이었다. 많은 교부들이 플라톤주의의 영향을 깊이 받았는데, 그중에는 알렉산드리아의 클레멘스(Clement), 오리게네스(Origen), 히에로니무스(Jerome), 아우구스티누스 등이 포함된다. 그들의 저술을 보면, 한편으로는 세계의 이중적 기원을 거부하고 창조의 선함을 강하게 주장하는 입장을 견지했다. 창조세계의 모든 측면이 하나님의 손에서 나왔으므로 그분의 작품이라는 도장이 찍혀 있다. 하지만 다른 한 편으로는, 그들 대다수가 그리스인의 물질세계에 대한 부정적 태도를 적어도 일부나마 흡수한 것이 사실이다.[29]

그 가운데 가장 영향력이 컸던 인물은 아우구스티누스다. 그는 총명했으나 불량한 젊은이로(그 자신이 우리에게 고백했듯이) 어머니의 기독교 신앙에 반기를 들고 진리를 찾아 지적인 탐구를 했던 인물이다. 처음에는 마니교에 매력을 느꼈다(마니교는 두 신을 믿는데, 하나는 선하고 다른 하나는 악한 신이다). 나중에 그는 플라톤주의자가 되었다가, 결국에는 기독교로 회심했다. 물론 그렇다고 플라톤주의의 모든 요소를 포기한 것은 아니었다. 가장 중요한 점은 그가 이중적 창조개념을 각색한 입장을 견지한 것이다. 그 내용은 하나님이 먼저 지적인 이해가 가능한 플라톤식의 형상들을 만들었고 나중에 그 형상들을 본떠서 물질세계를 만들었다는 것이다.

이처럼 각색된 이원론은 실로 파괴적인 영향을 끼쳤다. 아우구스티누스가 명시적으로 창조의 선함을 단언했음에도 불구하고, 그의 이중적 창조개념은 자기가 말한 바를 깎아내리고 이층구조를 초래하는 결과를 가져왔다. 즉 비물질적 세계(형상)가 상층부의 역할을 하고 하층부에는 그보다 열등한 물질적 창조세계가 자리잡고 있는 것이다. 신학자 콜린 건턴(Colin Gunton)은 이렇게 말한다. "창조된 질서의 선함과 실재성에 대한 그의 단언에도 불구하고, 감각의 세계는 그에게 지적인 세계보다 분명히 열등한 것이었다. 그의 저술에서 플라톤식 이원론이 거론되지 않은 채 논의가 진행된 적이 없을 정도다."[30]

창조세계에 대한 이 같은 이원론적 견해는 자연히 그리스도인의 삶에 대한 이원론적 견해를 낳았다. 아우구스티누스는 금욕주의 윤리를 포용하게 되었는데, 그것은 물질적 세계와 신체적 기능이 본래부터 열등하고 죄의 원인이 된다는 가정에 기초하고 있었다. 보다 높은 영적 생활에 도달하는 길은 신체적 욕구를 거부하고 끊는 것이었다. 세상에서의 일상적인 일—그가 "활동적"(active) 삶이라고 부른—은 수도원에 은둔하면서 기도와 묵상을 영위하는 "관상적"(contemplative) 삶보다 열등하다고 생각했다. 또한 결혼을 독신보다 열등한 것으로 여겼으며, 심지어는 결혼한 성직자에게 아내와 같이 살지 말라고 권할 정도였다.[31]

부분적으로는 아우구스티누스가 교회 역사에서 차지하는 비중이 너무나 컸기 때문에, 일종의 기독교화된 플라톤주의가 중세를 가로질러 줄곧 신학자들 사이에 공용어(*lingua franca*)처럼 자리잡았다. 그 사상은 보에티우스(Boethius), 존 스코투스 에리게나(John Scotus Erigena), 안셀무스(Anselm), 보나벤투라(Bonaventure) 등의 저술을 줄줄이 엮어 내는 유별난 실과 같으며, 아리스토텔레스의 저작들이 유럽에 다시 소개되는 13세기에 이르기까지 전혀 도전을 받지 않았다.

아리스토텔레스와 아퀴나스

아리스토텔레스의 저작들을 재발견한 것은 기독교 자체에 심각한 도전을 제기했다. 그것이 철학뿐 아니라 윤리학·미학·과학·정치학 등 여러 영역을 포함하는 포괄적인 이방적 체계였기 때문이다.

일부 그리스도인들은 그 사상에 너무나 감명을 받은 나머지 극단적인 이층적 이분법, 즉 상층부과 하층부를 서로 모순되는 것으로 보는 이른바 이중진리론(double-truth theory)을 호소하기도 했다.

예를 들어, 아리스토텔레스는 세계가 영원한 것이라고 가르쳤다. 그러나 성경은 세계가 창조된 것이라고 가르친다. 그런데 어떤 연유인지 이 둘이 **모두** 사실이라고 주장되었다. 이 이중진리론을 가장 강력하게 주장한 인물은 시제르 드 브라반트(Siger de Brabant)라는 프랑스 신학자였다. 그의 견해에 대해 G. K. 체스터튼은 다음과 같이 신랄한 어조로 평했다. "두 가지 진리가 존재한다. 초자연적 세계의 진리와 초자연적 세계와 상충되는 자연적 세계의 진리가 그것이다. 우리가 자연주의자로 있을 동안에는 기독교가 온통 난센스 덩어리라고 생각한다. 그러나 다음 순간, 우리가 그리스도인임을 기억할 때에는 기독교가 난센스임에도 그것을 진리로 인정하지 않으면 안된다."[32]

물론 이중진리론 자체가 난센스였는데, 이를 반대한 인물은 바로 토마스 아퀴나스(Thomas Aquinas)라는 도미니크회 수도사였다. 부드러운 거인과 같았던 아퀴나스는 너무나 과묵해서 친구들이 벙어리 황소라는 별명을 붙여 줄 정도였다. 그러나 이중진리론을 공격할 때면 그의 말은 청산유수와 같았다. 아퀴나스는 아리스토텔레스의 철학을 "기독교화"하려고 굉장히 노력했는데, 명백히 비성경적인 것은 배격하고 나머지는 기독교와 양립 가능한 방식으로 재해석하려고 시도했다(이전의 사상가들이 플라톤에 대해서 한 것처럼).[33]

그 최종 결과는, 용어는 바뀌었으나 헬라철학의 이원론적 틀을 그대로 견지한 것이었다. 아퀴나스는 상층부에다 **은총**(grace)를 얹고 하층부에는 **자연**(nature)을 두었다. 여기서 자연이란 근대과학적 의미의 자연이 아니라 아리스토텔레스적 의미의 "사물의 본성"을 가리키는 것으로, 그 사물의 이상 혹은 완전한 형상, 충만한 잠재력, 이루고자 하는 최종 목표인 '텔로스'(*telos*)를 뜻한다. 아리스토텔레스의 철학에서 모든 자연적 과정은 **신학적이며** 하나의 목적이나 목표를 지향하는 이른바 목적론적 성격을 지니고 있다.[34]

이 같은 아리스토텔레스 사상의 각색은 여러 면에서 기독교 사상에 유익한 영향을 끼쳤다. 이를테면, 아리스토텔레스는 자연적 과정을 **선하다**고 가르쳤는데, 그 이유는 그 과정을 수단으로 해서 사물이 자신의 "본성"을 성취하고 자기의 이상이나 완전한 형상에 도달하기 때문이라는 것이다. 도토리가 자라서 완전한 떡갈나무가 되고 달걀이 성숙하여 닭이 되는 것처럼, 아퀴나스는 이 논점을 포착해 물질세계(질료)를 본래부터 열등한 것으로 보는 플라톤의 사상을 공격하는 무기로 삼았다. 창조물(자연)이 선한 창조주의 작품이기 때문에 선한 것이라고 주장했다. 한 역사적인 저술은 기독교적 아리스토텔레스주의의 메시지를 "하나님이 선하시고, 그분의 창조가 선하다. [그리고] 창조세계의 선함과 인과율은 하나님이 선하다는 증거"라고 설명했다.[35]

아퀴나스는 중세에 그토록 유행한, 세계를 부정하는 금욕주의에 큰 타격을 가했고 창조세계에 대한 보다 성경적인 견해를 회복시켰다. 이는 예술의 영역에 즉각적인 영향을 발휘했는데, 치마부에(Cimabue)와 지오토(Giotto di Bondone)의 작품에 나타나는 것처럼, 자연적이고 실재적인 양식을 고무시켰던 것이다. 또한 자연에 관한 연구도 촉진시켜서 장차 일어날 과학혁명의 기반을 닦게 했다.[36]

은혜의 솜털

하지만 아퀴나스는 이층적 구조를 그대로 견지했기 때문에 자신이 이룩한 좋은 것을 상당 부분 손상시키고 말았다. 아퀴나스가 빌려 온 자연에 대한 아리스토텔레스의 정의 속에는, 그 체계 자체를 폭발시킬 다이너마이트가 숨겨져 있었다. 어째서 그러한가? 그 이유는 사물의 "본성"―사물의 목표나 목적 또는 목적론―을 세계 속에 내재하는 것으로 규정했기 때문이다. 이것은 하나님이 필요 없고, 세계 자체가 순전히 독자적으로 자원을 동원하여 그 목적이나 완전한 잠재력에 도달할 능력을 갖고 있다는 것을 의미했다. 이것은 특히 인간과 관련해 곤란한 문제를 불러일으켰다. 과연 우리 삶의 목적은 이 세계의 지평에 의해 제한되는 것인가? 우리에게는 그보다 더 높은 목적이 있지 않은가? 우리는 우리가 지닌 자연적 기능만으로 바람직한 삶을 살아낼 수 있는가? 참으로 충만한 인생을 살기 위해서는 하나님과의 관계가 필요하지 않은가?

성경의 대답은, 물론 모든 창조세계가 하나님과의 관계를 지향하도록 설정되어 있다는 것이다. 이에 대해서는 아퀴나스도 알고 있었다. 그렇다면 어떻게 그는 이 성경적 진리가 들어설 여지를 마련했는가? 그의 해결책은 아리스토텔레스의 **자연** 개념을 보존하되 그것을 하층부에 국한시킨 것이다. 상층부에는 하나님의 초자연적 **은총**을 덧붙였다. 그것은 우리의 자연적 기능을 넘어서는 것으로서, 하나님이 사람에게 하나님과 관계를 맺을 수 있도록 부여한 초자연적 선물이나 기능이다. "순전한 자연의 상태에서 인간이 초자연적 선을 행하고 싶어하고 또 행하려면…… 자연적 능력에다 은총으로 **덧붙여진** 또 하나의 능력이 필요하다."[37] "순전한 자연"의 상태는 추가로 덧붙여진 은총의 상태에 의해 보충되어야 했다. 그의 말에 의하면, 은총은 바로 '덧붙여진 선물'(*donum superadditum*)인 것이다.

아퀴나스의 개조된 이층론을 도표로 그리면 다음과 같다

은혜
초자연적으로 덧붙여진 것

자연
내장된 이상 또는 목표

그러나 이 같은 자연과 은총의 이층구조는 불안정한 것으로 판명되었고, 아퀴나스 이후 이 두 가지 존재 질서는 갈수록 서로 분리되어 독자적으로 자라는 경향을 보였다. 그 이유는? 서로 간에 진정한 상호작용이나 상호의존 관계가 없었기 때문이다. 아리스토텔레스의 "자연"은 그 자체로 완전하고 충분한 상태를 유지했고 은혜는 그저 외적으로 덧붙여진 것에 불과했다. 케이크 위에 크림을 아무리 많이 바른다 해도 그것은 여전히 별개의 물질일 뿐이다. 세상의 것들과 하나님의 것들이 본질적인 차원에서 서로 관계를 맺지 않은 채 평행선을 그리며 공존했던 것이다. 아퀴나스 이후에 등장한 이들(후기 스콜라철학자들)은 심지어 인간의 삶에 두 가지 별개의 목표나 목적이 있는 것처럼 말하기도 했다. 지상의 목표와 천상의 목표가 그것인데, 일부 로마 가톨릭 신학자들은 아직도 이 견해를 견지하고 있다. 최근의 예를 들면 이렇다. "우리 속에 두 가지 목표, 곧 자연적인 것과 초자연적인 것이 있으므로 두 종류의 덕과 두 종류의 습관과 두 종류의 은사가 있는 셈인데, 하나는 자연적인 부류이고 다른 하나는 초자연적 부류다."[38]

이처럼 철저한 이분법의 문제점은 그것이 인간의 본성 자체를 반반으로 나눈다는 것이다. "중세의 기독교 세계가 생각한 것처럼 사람이 둘로 쪼개졌다"고 가톨릭 철학자 자크 마리탱(Jacques Maritain)은 쓰고 있다.

> 한편으로 사람은 순전한 자연의 모습을 지니고 있는데, 단지 완전하고 지혜롭고 선하게 되고 땅을 얻을 필요만 지닌 존재다. 그리고 다른 한편으로는 천상의 외피와 믿음의 영을 지닌 그리스도인들로서 하나님께 부지런히 예배드리고 기도하는 존재인데, 이는 순전히 자연적인 사람을 은혜의 솜털로 둘러싸서 천국을 얻을 수 있게 한다.

마리탱은 매우 비꼬는 투로 다음과 같이 비평한다. "그리스도인은 복음서가 내다보지 못했던 일종의 영리한 노동분업으로 두 주인을 동시에 섬길 수 있게 될 것이다. 하늘로는 하나님을, 땅으로는 맘몬을 섬길 것이고, 자기 영혼을 둘로 나누어 똑같이 절대적이고 궁극적 성격을 지닌 두 가지 순종을 가능하게 할 것이다. 즉 하늘로는 교회에 순종, 땅으로는 국가에 순종할 것이다."[39]

이 같은 자연/은총의 이원론은 실질적으로 중세의 이층적 영성을 강화하는 결과를 초래했다. 평신도는 단지 자연적인 지상의 목표—이는 확실히 열등한 것이다—만 달성할 능력이 있는 것으로 간주된 데 비해, 오직 종교적 엘리트만이 주로 종교의식과 의례의 집행으로 규정된 영적 완전에 도달할 역량이 있는 것으로 여겨졌다. 그래서 종교 전문가들이 영적 의무를 스스로 감당할 능력이 없다고 여겨진 자들의 몫을 떠맡게 된 것이다. 보통 사람을 대신해 기도하고, 미사에 참석하고, 참회하고, 순례길을 가고, 자선행위를 한 것이다.

반항의 기치를 든 종교개혁자들

종교개혁자들을 움직인 원동력 가운데 하나는, 이러한 중세직 이원론을 극복하고 하나님 말씀의 권위 아래 삶과 지식의 통일성을 회복하려는 것이었다. 그들은 중세의 스콜라철학자들이 아리스토텔레스와 같은 이방인 철학자들에게 지나칠 정도로 타협했다고 주장하면서, 신적 계시와 별도로 이성에 의해 도달한 진리들에 대해 보다 비판적 태도를 견지하도록 요구했다. (이를 배경으로 우리는 "이성은 마귀의 매춘부"라고 한 루터의 과장된 비난을 이해해야 한다. 그는 이성 자체에 반대한 것이 아니라 하나님 말씀의 테두리를 벗어난 이성의 적용에 반대한 것이다.) 종교개혁자들은 신적 계시가 모든 학문 분야를 조명하는 빛으로 작용하는, 하나로 통일된 지식의 장(場)으로 돌아가고자 한 것이다.

그들은 다른 무엇보다도 자연/은총의 이원론에 함축된 영적 엘리트주의를 단호히 배격했다. 종교 전문가와 평신도를 대비시키는 이층구조를 무너뜨리고 만인 제사장직이라는 확고한 가르침으로 대치했다(벧전 2:9). 또한 수도원주의를 배격하면서, 그리스도인의 삶은 가정과 일과 같은 창조질서를 떠나는 것이 아니라 창조질서 속에 뿌리박고 있는 것이라고 역설했다. 중세에는 소명(vocation)이란 단어가 종교적 직업(사제·수도사·수녀)에만 국한되어 사용되었으나, 마르틴 루터는 의도적으로 그 단어를 상인·농부·뜨개질하는 사람·주부 등에게 적용했다. 그는 사업이나 집안을 운영하는 일이 사제나 수녀가 되는 것보다 조금도 열등하지 않다고 주장했는데, 그 모든 일이 문화 명령에 순종하는 일환이기 때문이라는 것이다. 즉 그런 일은 창조세계를 유지하고 돌보시는 하나님의 일에 동참하는 행위라는 것이다.

이런 입장을 신학적으로 지지해 준 것은, 은혜를 자연에 '덧붙여진 어떤 것'으로 본 기존의 정의를 배격한 것이었다. 기존의 정의에 따르면, 하나님이 창조한 모습 그대로의 인간 본성은 그 자체로 그분과의 관계를 맺기에 부적합하므로 추가적인 능력이 부여되어야 한다. 이는 인간의 본성에 모종의 결함이 있다고 시사하는 것이다. 종교개혁자들은 하나님의 창조를 격하시키는 모든 형태의 이원론을 없애고자 애썼기 때문에 하나님이 창조한 인간의 본성은 본질적으로 선하다고 주장했다. 은혜란 인간의 본성에 덧붙여진 어떤 실체가 아니라 하나님이 죄인들을 자비롭게 영접한 것을 일컫고, 그렇게 함으로써 그분이 그들을 본래의 완전한 상태로 구속하고 회복시키게 된다고 했다.

이런 입장이 왜 그처럼 혁명적이었는지를 알려면 아우크스부르크 신앙고백(Augsburg Confession)을 보면 된다. 이는 당시의 태도를 들여다볼 수 있는 창문 역할을 하는데, 종교개혁 이전의 기독교에 대해 이렇게 묘사하고 있다. "기독교는 순전히 특정한 성일, 의식, 금식기간, 의복 등을 지키는 것으로 이해되었다. 그런 것을 준수하는 것 자체가 영적인 삶과 온전한 생활을 상징하는 높은 자격을 부여해 주었다." 그 결과, 일상생활에서 하나님께 순종하는 일은 평가절하되었다. 이에 대해 본문은 다음과 같이 설명하고 있다.

> 각자의 부르심에 따른 하나님의 명령은 영예가 없는 일이었다. 아버지가 자식을 기르는 일, 어머니가 자녀를 낳는 일, 군주가 나라를 다스리는 일 등은 세상적이고 불완전한 일로 간주되었고 그 빛나는 [성일, 의식 등의] 준수보다 훨씬 낮은 것으로 여겨졌다.

이처럼 이중적인 계층구조는 영적으로 헌신된 평신도들에게 괴로움을 안겨 주었다. "이런 잘못은 경건한 양심을 심히 괴롭혔는데, 그들은 결혼 [또는] 행정직 같은 불완전한 상태에 묶여 있는 것을 슬퍼했다.…… 그들은 수도사와 같은 이들을 동경했는데, 이들의 의식 준수가 하나님께 더 합당한 것이라고 오해했기 때문이었다."[40]

종교개혁자들의 마음은 이같이 경건하지만 평가절하된 평신도들을 향했고, 문화 명령에 순종하여 수행된 일상생활의 여러 활동에 영적 의미를 부여하려고 노력했다.

종교개혁자들은 세상에서 나오라는 수도원적 소명을 세상 속으로 들어가라는 성경적 소명과 대비시켰다. 예수께서 요한복음 17:15에서 "내가 비옵는 것은 저희를 세상에서 데려가시기를 위함이 아니요, [세상에 있는 동안] 오직 악에 빠지지 않게 보전하시기를 위함이니이다"라고 기도한 것과 같다. 칼뱅은 일상적인 일에 대한 자신의 견해를 매우 분명하게 표명했는데, 나중에 그것은 개신교 노동윤리(Protestant work ethic)라고 불리게 되었다. "그는 신자 개개인에게 세상에서―인간 존재의 모든 영역에 걸쳐―하나님을 섬길 소명이 있다고 가르침으로써 일상적인 일에 새로운 존엄성과 의미를 부여했다"고 신학자 알리스터 맥그래스(Alister McGrath)는 설명한다.[41] 칼뱅은 그리스도가 문화를 포함한 창조세계의 모든 영역의 구속자라는 것과, 우리는 일상적인 일을 통해 그분을 섬긴다는 것을 가르쳤다.

이 모든 노력에도 불구하고, 자연/은총의 이원론에 대한 종교개혁자들의 강력한 반대는 오랜 사고방식을 극복하기에는 역부족이었다. 문제는 그 새로운 신학적 통찰을 표현할 만한 정교한 **철학적 어휘**(philosophical vocabulary)를 만들어 내는 데 실패한 것이다. 추종자들에게 철학적 공격에 대비하여 그 통찰들을 변호할 도구를 제공하지 못했다. 달리 말하면, 이원론적 스콜라철학에 대한 하나의 대안을 창출하는 데 실패한 것이다.[42] 결과적으로, 루터와 칼뱅의 후계자들은 뒤로 후퇴해 개신교 대학에서 아리스토텔레스의 논리학과 형이상학에 기초한 스콜라철학을 가르치기에 이르렀다. 따라서 이원론적 사고가 계속해서 기독교 전통 전반에 영향을 미치게 된 것이다.

이원론으로부터의 탈출

물론 시대에 따라 무엇이 거룩하고 무엇이 세속적 또는 세상적인지를 규정하는 방식이 바뀌어 왔다. 청교도들 가운데는, 다채로운 옷과 주름 잡힌 칼라를 세속적이라고 규정하고, 거룩하게 된다는 것을 소박하고 어두운 색의 옷을 입는 것과 동일시한 이들이 있었다. 오늘날에도 나이 많은 그리스도인들 중에는 과거에 춤·담배·카드놀이·화장·영화 관람 등을 금지한 교회에서 자란 기억을 간직한 이들이 많다. 여러 해 전에 내 친구 하나가 어느 기독교 대학에 다닐 때만 해도 대학 구내수영장에서 남녀가 함께 "수영하는 것"은 금지사항이었다. 요즈음도 일부 근본주의 교회에 들어가면 마치 1950년대로 되돌아간 느낌을 받곤 한다. 남자는 온통 어두운 색깔의 옷을 입고 여자는 모두 무릎 아래로 내려오는 치마에다 긴 양말을 신은 모습이다. 그런 교회의 교인들은 여자가 바지를 입는 것을 반드시 죄라고 부르지는 않을지 모르나 분명히 "나쁜 몸가짐"으로 간주한다.

이런 성/속 이원론의 문제는 오래전에 플라톤이 했던 역할을 그대로 반복한다는 것이다. 즉 죄를 창조세계의 일부(춤·영화·담배·화장)와 동일시한다. 영성은 그런 부분을 피하는 한편 창조세계의 다른 부분(교회·기독교 학교·성경공부 그룹)에 최대한 많은 시간을 들이는 것으로 규정된다. 결국 목회자나 선교사처럼 영적 영역에서 일하는 것이 은행가나 사업가가 되는 것보다 더 중요하고 가치 있는 것으로 여겨지는 것이다. 실리 예이츠와 같은 이가, 이런 태도를 받아들여 하나님을 섬기는 유일한 길이 전임사역자가 되는 것이라고 생각한 것은 놀랄 일이 아니다.

「월요일을 사랑한다는 것」(Loving Monday)이라는 책에서 존 베켓이라는 사업가는 이 같은 이원론적 사고를 극복하려고 얼마나 고심했는지를 들려주고 있다. 베켓은 성인이 되어 하나님께 나아왔는데, 멀잖아 자신의 신앙과 일 사이에 "커다란 간격"이 있음을 발견하게 되었다. 물론 그는 모든 영역에 걸쳐 적용되는 분명한 도덕적 원칙들이 있음을 알았다. "그러나 대체로 나 자신이 각기 다른 두 세계에 몸담고 있음을 발견했다"고 그는 말한다.[43]

"두 세계 사이의 보다 완전한 통합"을 갈망한 그는 프란시스 쉐퍼의 책을 읽기 시작했고, 헬라시대 이래로 일과 직업의 세계가 하층부로 전락해 온 것을 생생히 알게 되었던 것이다. 이런 이원론적 관점이 지닌 분명한 암시는 "사업에 몸담고 있는 사람으로서는 하나님을 섬기는 것이 '불가능하다'"는 것이었다고 베켓은 고백한다. "수년 동안 나는 사업에 몸담는 것이 일종의 이등급 일이라고 생각했다. 먹을 것을 버는 데 필요한 일이지만 목사나 선교사가 되는 보다 거룩한 일에 미치지 못하는 덜 고상한 일로 여긴 것이다."[44]

베켓의 이야기를 듣노라면, 헬라인의 관점이 지금도 생생하게 살아 있어서, 신자들이 하나님께서 약속하신 통합된 삶을 살지 못하게 하고 있음을 새삼 인식하게 된다. 베켓은 이처럼 만연한 이원론에서 어떻게 해방되었을까? 창조·타락·구속의 우주적 범위를 새롭게 깨달음으로써 그것이 가능했다. 우리들도 그와 동일한 방식으로 이원론적 사고를 극복할 수 있고, 그 결과 우리 삶이 치유되고 더욱 온전해지는 것이 가능하다.

창조_ 온 우주에 찍힌 하나님의 지문
이원론이 탄생한 배경은, 헬라인들이 질료는 선재하는 영원한 것이며 형상에 의해 부과된 이성적 질서를 저항할 능력이 있다고 생각했기 때문이다. 이 이원론에 대한 자명한 해답은 하나님 외에는 어떤 것도 선재하거나 영원하지 않다는 성경적 교리다. 그분만이 모든 창조물의 유일한 근원이고, 모든 부분이 그 본래 창조된 형태에서 그분의 지문과 선한 성품을 반영하고 있다. "땅과 거기 충만한 것과 세계와 그 중에 거하는 자가 다 여호와의 것"이라고 시편기자는 쓰고 있다(시 24:1). 만물에 창조주의 도장이 찍혀 있는 것이다. 창세기는 새로이 창조된 세계에 대해 "하나님의 보시기에 좋았더라"(창 1:4, 10, 12을 비롯한 여러 곳)는 말을 거듭 반복함으로써 이 점을 강조하고 있다.

여기에 함축된 의미는 창조세계의 어떤 부분도 본래 악하거나 나쁘지 않다는 것이다. 바울은 "하나님의 지으신 모든 것이 선하매 감사함으로 받으면 버릴 것이 없나니"라고 말한다(딤전 4:4). 창조세계의 특정한 부분—영화·카드·춤·화장—을 따로 격리시키고 그것을 피하는 것으로 영성을 정의할 수 없는 노릇이다. 우리가 일단 이 점을 이해하기만 하면, 그리스도인은 흥을 깨는 자라는 부정적 이미지가 다시는 떠오르지 않을 것이다. 한편으로 우리는 죄를 미워해야 하지만, 하나님의 작품인 이 세계를 향해서는 깊은 사랑을 품어야 마땅하다. 이 세계의 죄와 깨어진 모습을 꿰뚫어 창조시의 본래적 선함을 볼 수 있어야 한다. 그러므로 우리는 자연의 아름다움과 인간의 창조성의 놀라움을 사랑하는 사람들로 인정받아야 한다.

종교개혁자들 가운데 이 주제를 가장 일관성 있게 다룬 인물은 칼뱅이었다. 플라톤은 우주 질서를 추상적 이상(질료는 이성적 형상에 의해 질서를 갖게 된다)에 근거해서 설명한데 비해, 칼뱅은 그것을 하나님의 말씀과 법, 또는 창조명령의 산물로 설명했다. 신적인 말씀은 인간의 삶(도덕법)과 물리적 우주(자연법칙)를 모두 다스리면서 사물에게 고유한 "본성"과 정체성을 각각 부여한다. 현대인은 도덕과 과학을 전혀 다른 범주에 넣는 경향이 있지만, 칼뱅에게는 둘 다 하나님 법의 표본이었다. 그 차이는, 인간은 도덕법에 순종하기로 **선택**해야 하는 반면 자연 사물은 그런 선택의 여지 없이 물리 또는 전자기법칙에 순종하지 않으면 안된다는 점뿐이다. 우리가 칼뱅주의자의 눈으로 세계를 보게 될 때, 하나님의 법이 우주의 모든 요소를 다스리는 모습, 하나님의 말씀이 우주의 질서정연한 구조를 제정하는 장면, 하나님의 진리가 모든 분야에서 발견되는 현상 등을 포착할 수 있다.

타락_어디에 선을 그을 것인가

창조의 우주적 범위—모든 창조물이 하나님 손에서 왔다는 것—를 주장해야 하는 것과 마찬가지로, 우리는 타락의 우주적 범위 또한 주장해야 마땅하다. 창세기 3장과 로마서 8장이 말하는 것처럼 자연세계도 인간의 죄로 인해 영향을 받았다. 인간이 하나님의 대리자로서 창조세계를 다스리는 권위를 받았으므로 인간의 죄 또한 자연세계에까지 영향을 미치는 파급효과를 낳았다. 이것은 그 권위가 초래한 결과 중 하나에 불과하다. 아버지가 가혹하면 온 식구가 불행해지고, 사장이 비윤리적이면 회사 전체가 부패할 가능성이 높다.

헬라사상과 맞서서 우리는, 악과 무질서는 물질세계에 내재돼 있는 것이 아니라 인간의 죄로 인한 것이며, 그것이야말로 하나님의 선한 창조를 악한 목적을 위해 왜곡하는 장본인이라고 주장해야 한다. "아담이 타락했을 때, 그것은 그가 신체를 가져서가 아니라 반역적인 의지를 품은 결과 때문이었다"고 철학자 고든 클라크(Gordon Clark)는 쓰고 있다.[45] 그래서 바울도 "무엇이든지 스스로 속된 것이 없으되"(롬 14:14)라고 쓴 것이다. 다만 죄인들이 하나님에 대한 반역을 표현하는 수단으로 사용할 때 부정하게 **되는** 것이다. 선과 악을 가르는 선은 창조세계의 한 부분과 다른 부분 사이에 그어지는 것이 아니라, 인간의 마음 자체를 가로질러 흐른다. 이는 창조물을 선이나 악을 위해 사용하려는 우리의 성향을 말한다.

예를 들어, 음악은 좋은 것이지만 대중가요가 도덕적 타락을 미화하는 데 이용될 수 있다. 예술은 하나님께로부터 온 좋은 선물이지만, 책과 영화가 비성경적 세계관을 실어 나르고 도덕적 부패를 부추기는 도구로 사용될 수 있다. 과학은 하나님께로부터 온 소명이지만, 창조주에 대한 믿음을 저해하는 데 이용될 수도 있다. 성(性) 또한 애초에 하나님의 아이디어였으나, 왜곡되고 뒤틀려서 이기적이고 쾌락주의적인 목적의 시녀 노릇을 할 수 있다. 국가는 정의를 세우도록 하나님이 제정하신 것이지만, 전제정치와 불의로 전락할 소지가 있다. 일은 하나님의 부르심이지만, 오늘날의 직장문화에서는 종종 중독현상을 일으킨다. 승진의 사다리를 올라가고, 더 많은 봉급을 받고, 더 화려한 경력을 쌓으려고 미친 듯이 경쟁하는 것이다. 그러므로 삶의 각 영역에 걸쳐서 하나님께서 본래 세상을 창조하신 방식과 그것이 죄로 인해 변형되고 손상된 모습을 서로 구별할 필요가 있는 것이다.

개혁주의 사상가들은 이것을 **구조**(structure) 대 **방향**(direction)이라고 부른다. 구조란 세계의 창조된 성격을 일컫는데, 타락 이후에도 여전히 선한 것으로 남아 있다. 음악·예술·과학·성·일·국가 등이 여기에 속한다. 방향이란 우리가 이 구조들을 하나님 또는 우상을 섬기도록 "지휘하는" 방식을 지칭한다. 우리가 관여하는 각 분야에 대해 이런 질문을 던져야 할 것이다. 첫째, 하나님이 창조하신 본래의 구조는 무엇인가? 둘째, 그것이 죄된 목적을 위해 어떻게 왜곡되고 방향이 비뚤어졌는가?[46]

종교활동마저도 죄를 지향하는 것이 가능하다. 목회자나 기독교 단체 지도자와 관련해 우리 모두에게 비극적 경험이 있을 것 같다. 아주 언변이 뛰어나고 자기 자랑을 일삼다가 영적 자만에 이끌려, 그 지위를 섬기는 데 사용하지 않고 권력과 영향력의 도구로 이용하다가 실패한 인물들 말이다. 영적인 죄는 정확하게 포착하기 어려운 법이다. 우리 자신이 성/속의 이원론에 눈이 멀어 영적 영역을 창조계의 "선한" 부분으로 분류하기 때문이다. 이것은 또한 종교지도자로 하여금 쉽게 자신의 잘못을 "사역을 증진시키기 위해" 혹은 "더 많은 사람들과 접촉하기 위해" 필요하다는 식으로 그럴 듯하게 얼버무리게 만든다. 우리는 알렉산더 솔제니친(Alexander Solzhenitsyn)이 한 강력한 말을 깊이 명심할 필요가 있다. "선과 악을 나누는 경계는 국가와 국가, 계급과 계급, 정당과 정당 사이를 지나가는 것이 아니라 바로 각 인간의 마음 중심을 가로지르는 것이다."[47]

구속_거대한 분열 이후

마지막으로, 만물이 본래 선하게 창조되었고 그 모두가 타락의 영향을 받은 것처럼, 장차 모든 것이 구속될 것이다. 하나님의 궁극적 약속은 새 하늘과 새 땅이다. 이것은 지상에서의 삶이 그저 끝나고 마는 것이 아니라 완전히 성화될 것임을 뜻한다. 천국은 실체가 없는 영들 또는 몸에서 분리된 정신이 떠돌아다니는 곳이 아니다. 우리의 육체인 몸이 부활하고 회복될 것이며, 장차 새 땅에서 살게 될 것이다. 사도신경에서 우리는, 예수의 몸의 부활과 우리 자신의 부활을 고백한다. 그분의 부활은 우리도 장차 부활할 것을 보증하는 것이다(고전 15장). 하나님의 선한 창조의 일부인 물질세계는 최후의 구속에 참여하게 될 것이다. 영원의 세계에서도 우리는 계속해서 문화 명령을 이룰 것인데, 다만 죄가 없는 가운데 그러할 것이다. 즉 하나님의 새 창조의 원재료로 아름답고 유익한 것들을 창조하게 될 것이다.

이것이 의미하는 바는, 정당한 직업은 각각 새 하늘과 새 땅에 그 짝(counterpart)이 있으므로, 이 땅에서 우리 일이 영원한 중요성을 갖게 된다는 것이다. 영원의 세계에서의 삶이 어떤 모습일지는 정확히 알 수 없지만, 성경이 그것을 새 "땅"이라 부르고 우리가 영화로운 몸으로 거기서 살게 될 것을 언급하는 것으로 보아 여기 옛 땅에서 살아온 우리 삶의 부정은 아닐 것이다. 오히려 이생이 향상되고 심화되고 영화된 모습일 것이다. C. S. 루이스는 「천국과 지옥의 이혼」(The Great Divorce)에서 내생의 모습을 그리고 있다. 그곳은 알아볼 수 있을 정도로 이 세상에서의 삶과 비슷하지만 잔디 잎사귀 하나하나가 여기서 경험할 수 있는 어떤 것보다 더 실재적이고, 더 충실하고, 더 실질적인 모양을 지닌 그런 곳이다.[48]

전문 저술가로 일하는 한 젊은 여성이 언젠가 내게 자기는 정말 하고 싶은 일―그것은 대부분 교회와 관련된 활동이었다―을 하기 위해 재정을 확보하고자 지금 일을 할 뿐이라고 했다. "나는 글을 더 잘 쓰는 법을 배우려고 학교로 돌아갈까 생각한 적이 있었지만 다음 순간 천국에는 그런 것이 필요 없으므로 공부할 가치가 없다는 것을 알았죠." 영적인 것에 대한 그녀의 헌신은 칭찬할 만하지만, 이 땅에서의 직업을 임시방편으로 간주한 것은 잘못된 생각이다. 우리는 일을 통해 하나님의 섭리적 활동에 참여할 뿐 아니라, 종말에 새 땅을 경작할 때 맡게 될 그 과업을 예시하는 셈이다. 일찍이 하나님은 아담과 하와에게 창조세계의 아름다움과 선을 개발하는 일에 함께할 것을 명령하심으로 인간의 삶 **전체**를 향한 당신의 목적을 계시하셨다. 그분이 단번에 모든 죄의 문제를 처리하신 후에, 우리는 새로워진 세상에서 구속된 백성의 기쁜 마음으로 그 과업을 다시 담당하게 될 것이다.

창조·타락·구속의 포괄적 비전에는 성/속의 분리가 들어설 여지가 없다. 모든 창조물이 본래부터 선했기 때문에, 좋은 영적 부분과 나쁜 물질적인 부분으로 나뉠 수 없다. 모든 창조물이 타락의 영향을 받았으므로 종말에 이르면 그 모두가 구속될 것이다. 악은 하나님의 선한 창조의 일부에 거하는 것이 아니라, 죄악된 목적을 위해 창조물을 오용하는 데 내재한다(구조 대 방향). 바울은 "믿음으로 좇아 하지 아니하는 모든 것"이 죄라고 규정했다. 이것은 하나님의 영광과 그분에 대한 섬김을 지향하지 않는 **모든 것**을 일컫는다. 이를 뒤집어 보면, 구속 안에서는 "**만물**이 다 너희[우리] 것"임을 의미한다(고전 3:21).

이런 통전적 관점은 놀라운 해방감을 준다. 존 베켓은 마침내 성/속 이원론을 극복했을 때 처음으로 자신의 일을 "하나님께 굉장한 가치를 지닌 것으로" 여길 수 있었다. "사업가로서 나는 더 이상 이등급 시민이 아니었다"고 그는 크게 기뻐했다. "또한 월요일 아침에 업무를 시작할 때 기독교적 신념과 성경적 가치관을 사무실의 문 바깥에 내려놓을 필요도 없었다."[49] 우리도 이원론적 사고를 버리고 통전적 기독교 세계관을 받아들인다면, 분명 동일한 해방을 체험할 수 있을 것이다.

균형 잃은 기독교

이원론적 사고를 파악하는 일은 여러 가지 다른 형태가 존재하기 때문에 좀 까다로운 면이 있다. 하지만 창조-타락-구속의 틀은 훌륭한 분석의 도구를 제공해 준다. 교회의 역사를 통틀어 볼 때, 다양한 집단에서 이 세 가지 요소 가운데 하나를 붙들고 그것을 지나치게 강조한 나머지 다른 두 요소에 해를 끼친 경우가 많았다. 그 결과 한쪽으로 기울어진 불균형한 신학을 낳았다. 타락을 너무 강조하면 비관주의와 부정주의로 흐르게 되고, 구속을 지나치게 강조할 경우 승리주의와 무사안일주의를 초래할 소지가 크다.

이제 이 틀을 기독교 집단에서 흔히 나타나는 몇 가지 특징에 적용함으로써 그 사용법을 연습해 보자. 미국 복음주의가 지닌 가장 흔한 불균형은 타락을 지나치게 강조하는 경향일 것이다. "당신은 죄인이므로 구원받아야 한다"는 전형적인 복음전도의 메시지를 생각해 보자. 여기서 무엇이 잘못되었다고 생각하는가? 우리가 죄인이라는 말은 물론 사실이다. 그런데 이 메시지가 창조 대신에 타락으로 시작한다는 점에 주목하라. 죄라는 주제로 시작함으로써, 우리는 죄책을 지닌 죄인이므로 하나님의 심판을 받아 마땅하다는 점에서 우리의 본질적 정체성을 찾는다. 심지어 일부 기독교 서적은 우리가 거룩한 하나님 앞에서 아무것도 아니며 전혀 무가치한 존재라고까지 말한다.

지나치게 부정적인 견해는 결코 성경적이지 않으며, 기독교가 인간의 존엄성에 대한 낮은 관점을 지니고 있다는 비난을 불러일으킬 여지를 제공한다. 성경은 타락이 아니라 창조에서 시작한다. 우리의 가치와 존엄성은, 우리가 하나님의 형상으로 창조되었고 이 땅에서 그분의 대변인으로 부름받았다는 높은 소명에 뿌리박고 있다. 사실 인간이 그처럼 높은 가치를 지니고 있기 **때문에** 죄가 그만큼 비극적인 것이다. 만일 우리가 처음부터 무가치한 존재였다면 타락은 하찮은 사건에 불과했을 것이다. 싸구려 물건이 부서졌을 때는 그저 어깨를 으쓱거리며 옆으로 치우면 그만이다. 그러나 귀중한 걸작품이 망가졌을 때는 충격을 느끼며 낙심한다. 인간이야말로 바로 하나님의 걸작품이기 때문에 죄의 파괴성이 그 같은 끔찍한 절망과 슬픔을 낳는 것이다. 성경은 인간의 본성에 대해 낮은 관점을 표명하는 것이 아니라 현대의 지배적인 세속적 관점보다 훨씬 높은 관점을 제시한다. 세속적 관점은 인간을 살로 만들어진 복잡한 컴퓨터에 불과한 존재로 보고 있다. 초월적 목적이나 의미가 없는 맹목적이고 자연적인 힘의 산물로 보는 것이다.

우리가 창조의 맥락을 무시한 채 죄의 메시지를 출발점으로 삼게 되면, 불신자의 귀에는 단죄하는 부정적인 메시지로 들릴 것이다. 작가 폴 써로우(Paul Theroux)는 한동안 아프리카 전역을 여행한 후 「검은 별 원정」(*Dark Star Safari*)을 썼는데, 거기서 그는 그 여행에서 경험한 아주 슬픈 순간들 가운데 하나를 기억한다. 그것은 "한 젊은 여자[선교사]가 모잠비크를 향해 가고 있다면서, '그들은 모두 죄인이랍니다' 하고 한마디 덧붙이는 소리를 듣는" 순간이었다고 회고했다. 써로우는 선교사들이 사람들에게 그렇게 말하는 것은 "그들 자신을 경멸하도록" 만들 뿐이라고 결론지었다.[50] 우리의 메시지는 성경이 시작하는 지점에서 시작해야 하는데, 그것은 곧 모든 사람은 누구나 하나님의 형상으로 창조되었기 때문에 존엄성과 높은 소명을 갖고 있다는 사실이다.

죄인 이상의 존재

더욱이 오늘날과 같이 세속화된 문화에서 타락을 출발점으로 삼을 경우 메시지의 나머지 부분이 일관성을 잃게 된다. 미국인 대다수가 교회에서 자란 이전 시대에는 모두가 기본적인 신학 개념에 친숙했다. 그래서 죄와 구원을 중심으로 한 부흥강사의 단순한 메시지도 그런대로 적절했다. 사람들은 "당신은 죄인입니다"라는 말을 들을 때 그것이 무엇을 의미하는지 그 맥락을 알고 있었고, 많은 이들이 회개하기에 이르렀다. 하지만 오늘날의 미국인들은 자라면서 성경을 배우지 못한 경우가 많기 때문에 죄의 개념을 잘 이해하지 못한다. 그래서 흔히 이런 질문을 던진다. 죄란 무엇인가? 하나님은 무슨 권리로 나를 심판하는가? 하나님이 존재한다는 것 자체를 어떻게 알 수 있는가? 창조가 아니라 죄로부터 시작하는 것은 마치 책을 중간부터 읽으려는 것과 같다. 그러면 등장인물을 알 수 없고 줄거리는 이해가 되지 않는다.

그 결과, 강단을 내리치며 불과 유황을 운운하는 설교라도 그 효과는 크게 반감될 수밖에 없다. 나의 경우 십대 시절에 신앙을 되찾는 여정에서, 죄와 심판에 관한 메시지를 가장 뜻밖의 장소에서 만난 적이 있다. 제임스 조이스(James Joyce)의 반자전적 소설 「젊은 예술가의 초상」(*A Portrait of the Artist as a Young Man*)에서였는데, 그 책은 고등학교 영어과목 필독서였다. 아놀 신부의 지옥불 설교를 언급하는 대목에 나오는 저주받은 자의 고통에 대한 정교한 묘사를 음미할 때는 두려움이 엄습했음을 인정하지 않을 수 없었다. **만일** 기독교가 진리라면 믿음의 결심은 참으로 삶과 죽음의 문제라는 생각을 하게 되었다. 친구들에게 우리의 느슨한 상대주의를 재고해야 할지도 모르겠다고 얘기했다. **만일** 단 하나의 보편적 진리가 정말 존재한다면 어떻게 하겠는가? 올바른 방향으로 발걸음을 내디딘 것인지는 모르겠지만, 그것이 믿음이나 회개로 연결된 것은 아니었다. 조이스의 책에 나오는 지옥불 이미지는 진리 추구의 심각성을 가리키는 은유 이상의 역할은 하지 못했다. 오늘날 성경의 문맥을 벗어난 채 이런저런 교리를 이야기하는 것은 현대인에게 아무 의미가 없다. 그들은 더 이상 스스로 그 맥락을 이해할 지식이 없기 때문이다.

마지막으로, 우리가 창조 대신 타락에서 시작하면 구속을 설명할 방도가 없게 된다. 구속의 목표란 바로 우리를 창조 당시의 본래 지위로 **회복**하는 것이기 때문이다. 만일 우리가 정말 가치 없는 존재고 죄성이 우리 정체성의 핵심을 이루고 있다면, 무언가 가치 있는 것을 얻기 위해서 하나님은 인류 전체를 멸하시고 처음부터 다시 시작해야 할 것이다. 그러나 하나님은 그렇게 하지 않으신다. 대신에 창조시 우리에게 부여한 높은 존엄성을 회복시키셔서, 우리의 진정한 정체성을 되찾게 하고 우리 안에 있는 하나님의 형상을 새롭게 하신다.

하나님의 자손

우리는 사도들이 신약시대의 다양한 청중들에게 메시지를 전했던 방식에서 교훈을 얻을 수 있다. 첫 청중은 당대의 유대인들이었다. 그들은 구약에 깊이 뿌리박은 백성으로서, 언약·율법·죄·희생과 같은 주요 개념을 분명하게 이해하고 있었다. 그들을 대상으로 할 때 사도들은 곧바로 예수를 하나님의 어린 양, 탁월한 희생제물로 제시하면서 메시지를 시작하는 것이 가능했다. 장차 오실 메시아를 기다리던 유대인들에게는 예수가 바로 그들이 고대하던 인물임을 선포하면 되었던 것이다.

이와 대조적으로, 사도행전 17장에서 바울이 스토아 학파와 에피쿠로스 학파로 구성된 비종교적 그리스 철학자들을 대상으로 연설할 때는 어디서부터 시작했는가? 바로 창조 이야기부터였다. 그가 자기 논점을 어떻게 차근차근 쌓아가는지 눈여겨보라. 먼저 그는 하나님이 이 세계의 궁극적 기원이라고 밝힌다. "우주와 그 가운데 있는 만유를 지으신 신께서는 천지의 주재시니"(24절). 그러고는 이 하나님이 바로 우리 인류의 근원이라고 밝히고 있다. "인류의 모든 족속을 한 혈통으로 만드사"(26절). 마지막으로, 그는 논리적 결론을 이끌어 낸다. "이와 같이 신의 소생이 되었은즉 신을 금이나 은이나 돌에다 사람의 기술과 고안으로 새긴 것들과 같이 여길 것이 아니니라"(29절). 말하자면, 하나님은 우상과 같은 물질적 존재와 비슷할 수 없다는 것이다. 그분이 우리를 만드셨으므로 그분은 적어도 우리가 지닌 인격적·도덕적·이성적·창조적 존재로서의 특징을 지니신 것이 틀림없다는 말이다. 마치 물이 그 근원보다 더 높아질 수 없듯이, 인격이 없는 사물이나 세력이 우리와 같은 인격적 존재를 생산할 수는 없는 것이다. 따라서 하나님도 인격적 존재(personal Being)라고 결론짓는 것이 논리적이다.

그렇다면 우리는 하나님과 인격적 관계를 맺고 있는 셈이다. 마치 자녀가 자기를 이 세상에 태어나게 한 부모를 공경하고 효도할 의무가 있는 것처럼, 우리도 그분께 충성을 다해야 할 것이다. 사실상 하나님을 인정하지 않는 것은 도덕적 잘못이고 회개해야 마땅하다. "하나님이…… 이제는 어디든지 사람을 다 명하사 회개하라 하셨으니"(30절). 여기서 바울이 창조에 기초한 하나의 논점을 세운 **후에야** 비로소 죄와 회개의 개념을 소개하고 있음을 주목하라. 이교적 그리스 문화를 상대로 할 때 그는 먼저 창조의 교리를 바탕으로 삼았던 것이다. 로버트 벨라(Robert Bellah)가 논평하듯, "성경에 무지한 아테네 사람들에게 예수 그리스도와 그의 십자가를 전하기 위해, 바울은 그들에게 근본적으로 유대적인 창조주의 개념을 확신시켜야 했다.……그 맥락에서만 예수 그리스도의 성육신과 십자가의 죽음과 부활이 의미를 지니기 때문이다."[51]

오늘 우리가 성경에 대해 무지한 21세기 미국인들을 대상으로 메시지를 전할 때도 바울의 본을 좇아 사람들이 죄와 구원의 메시지를 이해할 것을 기대하기 전에 먼저 창조로부터 논점을 세워야 할 것이다. 우리는 "예비 전도"(pre-evangelism)를 시행해야 한다. 이것은 복음의 메시지를 제시하기 전에 변증론을 사용해 하나님이 누구신지, 우리가 누구인지, 우리가 그분에게 빚진 것이 무엇인지 등의 기본 개념을 변호하는 것을 뜻한다.

토기 항아리

죄와 심판에서 시작하는 것이 역사적으로 개신교 진영의 가장 흔한 불균형이었다면, 그 반대 방향으로 기울어지는 것도 가능하다. 일부에서는 타락보다 구속에 더 큰 비중을 둔 나머지 그리스도인의 완전(Christian Perfection) 또는 성결의 교리를 주장한다. 이생에서 우리가 온전히 성결한 상태에 도달할 수 있다는 것이다. 이를테면, 웨슬리 교파와 나사렛 교파의 전통에서 중심 교리는 "전적인 성화"(entire sanctification)다. 이것은 우리가 영원한 삶을 기다리는 대신 현재의 삶에서 완전히 성결한 상태나 죄로부터 자유로운 상태에 도달할 수 있다는 가르침이다. 이 교회들의 주장은 다음과 같다. "신자는 원죄 혹은 타락의 상태에서 해방되어 하나님께 완전히 헌신된 상태로 옮겨졌으며, 사랑의 거룩한 순종이 완성된 것이다"(나사렛 교회의 신조 중에서).[52]

여기서 잘못된 것은, 이생에서 구속이 타락을 완전히 압도한다는 주장이다. 성경은 그리스도가 재림할 때까지는 죄가 완전히 정복되지 않을 것이라고 가르친다. 그리스도께서 십자가 위에서 죄와 사탄을 무찌르고 결정적 승리를 거뒀지만, 그리스도가 승리의 왕으로 돌아오기까지는 이 세상의 상당 부분이 원수의 권세 아래 있을 것이다. 우리는 균형을 잃지 않고 이 두 가지 진리를 모두 붙들고 있어야 한다. 바리새인들이 예수께 그 나라가 언제 올 것인지 묻자 그는 "하나님의 나라는 너희 안에 있느니라"(눅 17:21) 하고 대답하셨다. 또한 그는 제자들에게 "하나님의 나라가 임하도록" 기도하라고 하셨고, 그 나라의 도래가 아직 완전히 이루어지지 않았다고 가르치셨다. 그리스도의 초림과 재림 사이에서 우리는 이 중간기의 "이미"(already)와 "아직"(not yet)의 측면을 균형 있게 유지해야 한다.[53]

하나님이 이 세계를 창조하셨으니 당연히 하나님께 속한 영토로 그려 보라. 타락으로 그 영토가 침략을 받아 사탄과 그 무리들이 점령하게 되었고, 그들은 하나님의 백성을 상대로 끊임없이 전쟁을 벌이고 있다. 역사의 획기적인 전환점에 이르렀을 때, 하나님은 당신 자신, 곧 삼위의 두번째 위격이신 예수 그리스도란 사람으로 이 땅에 오셔서 죽음에서 부활하심으로 사탄에게 결정적인 타격을 입히신다. 원수는 치명적인 상처를 입었고 전쟁의 결과는 확실해졌으나, 점령된 영토는 아직 해방을 맞지 못한 상태다. 지금은 하나님의 백성들이 후속 전투에 참여해 적을 몰아내고 하나님을 위해 영토를 탈환하도록 부름받은 시기다. 우리가 살고 있는 현재는, 그리스도의 부활과 죄와 사탄을 정복할 최후 승리 사이에 속한 중간기다. 우리의 소명은 십자가에서 완성된 그리스도의 사역을 우리 삶과 세상에 적용하되, 그리스도가 재림하시기 전에 완전한 결말이 없다는 것을 아는 것이다.

그렇다고 현실에 안주하라는 말은 아니다. 우리는 그리스도인다운 성품을 힘써 개발함으로써 구속받은 자와 그렇지 못한 자의 다른 점을 밝히 보여주어야 한다. 우리가 사는 동안 초자연적인 차원을 분명히 드러냄으로써 불신자들이 그저 타고난 재능이나 능력 덕분이라고 얼버무리지 못하도록 해야 한다. 바울은 그 균형 잡힌 상태를 잘 표현했는데, 우리가 강력한 영적 보배를 갖고 있되 깨어지기 쉬운 질그릇에 담고 있다고 말했다(고후 4:7). 하늘나라의 이

편에서, 우리는 이 세 가지 요소의 균형을 유지하면서 살고자 노력해야 한다. 그것은 하나님의 세계가 본래 선하게 창조된 것을 인식하고(창조), 계속되는 죄와 깨어진 상태에 대항해 싸우며(타락), 창조세계가 치유되고 하나님의 목적이 회복되도록 일하는 것(구속) 사이의 균형이다.

더 높은 영성?

일부 집단에서는 더 균형을 잃은 극단적인 견해를 견지하기도 한다. 구속이 타락을 압도할 뿐더러 창조 자체까지 삼킬 정도로 말이다. 이는 수도원주의를 비롯한 온갖 종류의 유토피아 운동이 품고 있는 확신으로, 최고의 소명은 창조주 하나님의 목적을 회복하는 것이 아니라 최종적인 구속을 미리 보여주는 것이라는 신념이다. 수도원주의(Monasticism)는 결혼이 창조질서의 일부임을 인정했으나, 그것을 열등한 것으로 배격하고 그 대신 영화롭게 된 상태를 미리 나타내기를 열망했다. 그 상태란 결혼도 없고 이혼도 없이 "하늘에 있는 천사들과 같"이 될 것을 가리킨다(막 12:25). 이 구절에 대한 수도원주의의 해석에 따르면, 독신은 최종적 구속을 미리 예시하는 길로 높여지는 것이다.[54]

마찬가지로, 수도원주의는 재산 소유를 창조에 그 뿌리가 있고 제8계명에 의해 보장되는 자연적 권리로 인정했다. 그렇지만 수도사와 수녀는 모든 재산을 포기함으로써 자연적 질서보다 더 높은 상태로 올라가고자 했다. 수도원주의는 각 개인과 각 나라가 스스로를 보호할 자연적 권리를 인정했다. 그러나 평화주의가 더 고상한 소명이라고 주장했다. 이런 식으로 계속 이어진다. 하지만 이런 사상이 수도사와 수녀에게만 국한되는 것은 아니다. 역사상 기독교는 다양한 급진적 유토피아 운동이 발흥하는 것을 목격했는데, 그 운동들은 창조질서에 기초한 일상적인 삶을 배격하고 영원을 고대하는 이른바 더 높은 영성(higher spirituality)을 지향했다.

여기서 문제는, 구속의 질서가 창조의 질서를 파괴한다는 잘못된 가정이다. 이에 대한 교정책은, 구속이 하나님의 선한 창조를 무너뜨리는 것이 아니라 그것을 성취한다는 점을 인식하는 것이다. 우리가 살펴본 것처럼, 이것이 종교개혁자들과 그 이전 토마스 아퀴나스의 저술에 나타난 주제였다. 아퀴나스의 입장은, 은혜가 자연을 더 높은 어떤 것으로 대치하기 위해 자연을 **파괴**하는 것이 아니라 자연을 **완전**하게 만든다는 것이었다. 여기서 그는 '완전하게 만들다'(perfect)라는 동사를 어떤 목표를 달성하다, 목적을 이루다, 이상을 성취하다 등과 같은 성경적 의미로 사용했다. 이것은 야고보가 신자들에게 "온전하고 구비하여 조금도 부족함이 없게" 되라고 요청할 때(약 1:4) 염두에 둔 것이다.[55] 구속에 있어서, 하나님은 우리에게 인간이 아닌 **다른** 어떤 존재가 되라고 부르시는 것이 아니라 진정한 인간성을 **회복**하라고 요청하신다. 우리가 본래 창조될 때 의도하신 목적을 이루도록 힘을 주시는 것이다. 그분이 창세기에서 "심히 좋았다"라고 선언하신 바로 그 창조 당시의 본성이 완성되기를 기대하시는 것이다.

유대 지도자들이 예수의 결혼에 대한 가르침에 도전했을 때 그가 어떻게 응답하셨는지 주목해 보자. 어떻게 반응하셨는가? "지으신 이가 본래 저희를 남자와 여자로 만드시고"(마 19:4). 달리 말하면, 하나님께서 "본래" 계획하신 창조질서가 인류 역사 전체에 걸쳐 한결같이 표준이 된다는 뜻이다. 그것은 구속에 의해 압도되거나 파괴될 열등한 질서가 아니다. 창세기는 하나님께서 애초부터 인간을 향해 품은 의도를 밝히고 있으며, 그것은 오늘날에도 여전히 온전한 인간의 삶을 영위하는 데 유효하다.

거대한 드라마

그러나 안타깝게도, 아퀴나스가 중세의 사상을 바로잡고자 이 교정책을 적용하면서 지나친 보상을 제공하다가 결국 또 하나의 불균형을 낳고 말았다. 어떤 집단이 타락이나 구속을 지나치게 강조할 때 무슨 일이 발생하는지는 이미 논의했다. 그런데 누군가가 창조를 지나치게 강조할 경우 어떤 일이 일어날까? 그것이 곧 아퀴나스가 범한 실수다. 이는 타락에 대한 불완전한, 일부가 잘려 나간 견해를 낳았다.

앞에서 논의한 아퀴나스의 자연/은총의 이원론을 상기해 보자. 그 논의는 은총을 자연에 덧붙여진 어떤 것으로, 창조시 아담의 자연적 기능을 보충하려고 주어진 초자연적 기능으로 보는 것이다. 이것은 아퀴나스의 타락에 대한 관점에 어떤 함의를 갖는가? 이에 대한 대답은 인간이 죄에 빠졌을 때 단지 초자연적 은총이라는 덧붙여진 은사(상층부)만 잃게 되었다는 것이다. 인간은 은총의 상태에서 순전한 자연의 상태로 추락했다. 추가로 주어진 초인간적 기능들은 상실했지만 인간적 기능들(하층부)은 본질적으로 아무런 손

상 없이 그대로 유지되었다는 것이다.[56]

그런데 이것이 함축하는 바를 주목해 보자. 만일 상층부만 타락했다면, 상층부만 구속되면 될 것이다. 하층부는 그럴 필요가 없는 셈이다. 영적으로 우리는 초자연적 은총을 다시 주입받아야 하지만, 일반적인 인간의 본성은 타락이나 구속 어느 것에도 참여하지 않는다.[57]

결과적으로, 복음은 종교와 신학이 속한 상층부 영역에 국한되었던 것이다. 그 영역에서는 신적인 계시와 하나님 영의 조명이 필요했다. 그러나 과학·철학·법·정치 등이 속한 하층부에서는 인간의 이성이 자율적으로 제대로 기능을 발휘한다고 생각했다. 이성은 영적으로 중립적이거나 자율적인 것으로 간주되었으며, 타락의 영향을 받지도 않았고 하나님의 말씀으로부터 지도받을 필요도 없다고 여겨졌다. 달리 말하면, 이런 영역에서는 **독특한 성경적 관점이 존재하지 않는다**는 뜻이다. 모두가 "이성"이 명하는 것을 쉽게 받아들일 수 있다는 것이다.

이는 죄를 우리 존재의 핵심에서 하나님께 등을 돌린 것으로 규정한, 그래서 우리가 생각하고 행하는 **모든 면**에 영향을 끼친다고 본 고전적인 개신교의 가르침과 아주 대조적이다. 우리의 존재 전체가 죄와 구속의 거대한 드라마에 연관되어 있다. 인간의 본성 가운데 타락의 영향을 받지 않은 곳이 없으며, 영적으로 중립적인 이성에 의해 인식되는 독립된 영역도 없다. 사실 이성을 중립적인 것으로, 어떤 철학적 혹은 종교적 신념으로부터도 독립된 것으로 여기는 것 자체가 잘못된 생각이다. 우리가 1장에서 보았듯이, 모든 사고의 체계는 모종의 기본적 전제, 곧 자존하거나 신적인 것으로 간주되는 궁극적 원리와 더불어 시작한다. 이성은 이런 출발점이 되는 전제로부터 사고하는 인간의 역량에 불과하다.

요컨대, 이성은 언제나 궁극적으로 종교적인 비전에 봉사하는 역할을 한다. 사람들이 어떤 사실을 해석할 때 성경적 계시 또는 그와 경쟁적인 어떤 사고체계에 비추어 해석하기 마련이다. 칼뱅주의자가 **전적 타락**(total depravity)이란 말을 사용할 때 바로 이런 의미를 가리킨다. 즉 인간이 절망적일 정도로 악하다는 뜻이 아니라 지적인 부문을 포함한 인간 본성의 **모든 측면**이 타락의 영향을 받았다는 뜻이다. 따라서 **모든 측면**이 구속받아야 하는 것이다. 자연 그대로 순수성을 유지하고 있는 것은 하나도 없게 되었다는 말이다. 우리의 지성마저 참 하나님 대신 우상을 예배하고픈 유혹을 받고 있다.

두 주인을 섬기는 것

이 분석은 중세의 자연/은총의 이원론이 타락에 대한 불완전한 견해를 낳았다는 개신교 사상가들의 오랜 주장을 잘 설명해 준다. 만일 상층부만 타락했다면, 하나님의 계시와 구속의 범위는 종교적 영역에 국한되는 것이다. 헤르만 도예베르트는 자연/은총의 이원론은 "타락과 구속의 범위를 초자연적인 것에 국한시킴으로써" 기독교 메시지에서 모든 것들을 아우르는 통합적 특성을 제거했으며, "더 이상 사람의 마음을 그 모든 능력과 절대성으로 붙잡을 수 없게" 만들었다고 쓰고 있다. 실제적으로 말하면, 자연/은총의 이원론에 담긴 의미는 신학과 종교가 속한 상층부에서는 **영적 중생**이 필요하지만, 정치·과학·사회생활·도덕·일 등에 대한 바른 견해를 갖기 위한 **지적 중생**은 필요하지 않다는 것이다. 이런 영역에서는 인간의 이성이 종교적으로 중립적인 것인 양 간주되고, 우리가 세속적 전문가들이 명하는 것을 무엇이든 수용해도 무방하다고 본다. 이런 이원론 때문에 신자들이 여러 영역에서 세상과 타협하게 된 것은 놀랄 일이 아니다. (이것은 또한 세속주의로 이어지는 디딤돌 역할을 했다. 다음 장에서 이를 살펴볼 것이다.)

오늘날 많은 가톨릭 학자들은 자연/은총의 이원론에 대한 비판에 동의하기에 이르렀다. 이를테면, 루이스 듀프레(Louis Dupré)는 이원론적 구조가 **순수한 자연**(하층부)을 "타락과 구속의 역사적 단계에서 벗어난 독립된" 것으로 생각하도록 허용했다고 지적한다. 그러고는 개혁신학이야말로 "중세 후기 신학이 견지한 자연에 '덧붙여진' 초자연적 질서라는 이중적 관점보다 죄와 구속의 드라마에 인간의 **총체적** 개입(total involvement)을 훨씬 더 심오하게" 표현했다고 호평한다.[58]

그러나 우리가 잊어서는 안될 점은, 똑같은 이원론이 가톨릭 사상을 철저히 지배한 것 못지않게 개신교 교단에도 스며들어 있다는 사실이다. 개신교 종교개혁자들이 (앞서 본 것처럼) 스콜라철학에 대한 대안철학을 정립하지 못했기 때문에 많은 추종자들이 동일한 중세의 자연/은총의 이원론에 빠져들고 말았다. 오늘날 그리스도인들이 주말에는 교회와 성경공부에 참여하면서도 평일에는 자기 전문 분야에서 유행하는 개념과 이론을 무엇이든 수용해도 좋다고 생각하는 현상이 그것을 잘 보여준다.

이성은 종교적으로 중립적이라는 생각은, 실제로 세속주의와 자연주의가 "중립성"(neutrality)이라는 가면 아래 더욱 조장되는 것을 뜻한다. 성경적 견해가 편향된 사적인 의견으로 치부되는 한편, 그런 사조는 객관적이고 합리적이며 모든 이들에게 구속력이 있는 것으로 제시된다. 이런 애매한 풍조는 그리스도인들에게 엄청난 압력을 가함으로써 자기 전문 분야에서 독특한 성경적 관점을 포기하게 만들었다. 어느 그리스도인 철학자는 성경적 원리를 자신의 일에 적용하는 것은 "잘못"이라고까지 주장한다. "나는 개인적으로 확실한 종교적 신념을 갖고 있다. 그러나 내가 수행하고 있는 분석의 실제과정에 그것을 묵시적 전제로 도입하는 것은 전적으로 잘못된 것이라고 생각한다."[59] 이 학자는 지적인 작업이 종교적 또는 철학적 신념과는 무관하게, 자율적으로 진행될 수 있다는 생각을 따르고 있음이 분명하다.

이 같은 입장의 결과는, 그리스도인들이 사상의 세계를 세속주의자들에게 넘겨준 것이다. 그들은 세속주의 자체가 하나의 철학적 헌신임을 보지 못하고 있다. 만일 그들이 다양한 이슈에 대해 **성경적 원리**를 제시하지 않는다면, 결국에는 비성경적 원리를 부추기게 된다는 점을 모르고 있는 것이다. 이 세계에 대해 일련의 전제 없이 생각하는 것 자체가 불가능하다. 그러므로 그리스도인이 자연/은총의 이원론의 문제점을 이해하는 것이 그토록 중요한 것이다. 그래야만 우리는 잘못된 사고방식에서 벗어나 우리 삶 전체가 하나님 말씀이 지닌 변혁의 능력을 접하도록 열어 놓을 수 있게 된다.

이제는 통합된 삶이다

지금까지 간략하게 살펴본 신학적 전통에서 배울 수 있는 것은 창조·타락·구속이 성경 역사상 근본적인 전환점들일 뿐 아니라, 놀라울 정도로 진단의 도구로서도 유용한 역할을 한다는 사실이다. 참된 성경적 신학은 이 세 가지 원리를 균형 있게 견지해야 한다. 그것은 창조된 모든 실재가 하나님의 손에서부터 왔고 본래부터 선했다는 것, 죄로 인해 모든 것이 손상되고 오염되었다는 것, 그러나 모든 것이 하나님의 은혜로 구속되고 회복되고 변혁될 수 있다는 원리다.

이 세 가지 원리는 우리 삶에서 성/속 이분법을 극복할 수 있는 방안을 제공하기도 한다. 성경의 메시지는 "종교"나 "교회생활"이라는 딱지가 붙은 삶의 일부와 관련된 것이 아니다. 창조·타락·구속은 창조된 모든 실재의 본성을 형성하는 거대한 사건들을 묘사하는 것이다. 그 범위는 우주적이다. 우리는 우리 믿음과 삶의 나머지 부분 사이의 내적 분열을 수용할 필요가 없다. 대신에 우리 존재의 모든 차원에서 하나님과 관계를 맺고 우리가 행하는 모든 일을 그분에 대한 사랑과 섬김의 표현으로 드릴 수 있다. "그런즉 너희가 먹든지 마시든지 무엇을 하든지 다 하나님의 영광을 위하여 하라"(고전 10:31). 기독교가 약속하는 것은, 성령에 의해 삶의 모든 차원이 변혁되어 완전한 삶의 기쁨과 능력을 경험하는 것이다. 뿐만 아니라 우리의 존재 전체가 하나님의 구속이라는 위대한 드라마에 참여하는 것이다.

우리가 기독교 세계 내에서 오랜 성/속의 이원론을 극복하려고 애쓰다 보면 **세속적** 세계에 존재하는 강력한 이원론과도 충돌하게 될 것이다. 이는 성경의 메시지를 사적 영역으로 몰아내려는 시도다. 서구의 세속적 사상은 우리가 살펴본 지적인 역사와 같은 흐름에서 나온 것이다. 자연/은총의 이원론이 세속화됨으로써, 우리 시대에까지 여전히 강력한 영향을 미치고 있는 사실/가치의 이분법을 낳았다. 문화적 포로 상태에 놓인 기독교를 해방하기 위해서는, 현대의 세속적 이원론도 진단할 필요가 있다. 다음 장에서 그 작업을 하고자 한다.

3_ 종교가 있어야 할 자리

결국, 과학은 사물에 관한 것, 신학은 말에 관한 것이다.
_ 프리먼 다이슨(Freeman Dyson)[1]

연합방어기금(ADF)에서 일하는 앨런 시어즈(Alan Sears)는 손가락으로 자켓의 오른쪽 주머니를 가볍게 두드리며 말했다. "그리스도인 변호사들은 대부분 자기 신앙을 한쪽 주머니에 간직합니다." 그러고는 왼쪽 주머니를 두드리면서 말을 이었다. "법은 다른 주머니에 간직하죠. 그 둘을 통합할 수 있는 능력은 아주 빈약합니다."[2]

시어즈는 그 회사가 법에 대한 기독교적 접근에 입각해 변호사들을 훈련하는 프로그램을 만든 이유를 설명하는 중이었다. 많은 그리스도인 변호사들이 주류 법과대학원에서 공부한 결과 세속화된 법률관을 흡수하면서, 법을 자기 고객의 이익을 증진하기 위해 마음대로 조종할 수 있는 일련의 공리주의적 절차에 불과한 것으로 여기게 되었다. 전문인으로서의 삶은 주님과 인격적으로 동행하는 것과 상관없이 영위된다. 물론 그리스도인으로서 그들은 업무를 수행할 때 도덕적으로 행해야 한다는 것을 알고 있다. 거짓말이나 도둑질을 하지 않는 것을 말한다. 그러나 법철학 자체에 대한 대안적 접근을 제공해 줄 기독교 변증이나 세계관을 배경으로 갖고 있는 경우는 드물다.

"이 교육 프로그램의 첫 단계는 그리스도인 변호사들이 세속적 훈련에서 흡수한 법철학을 해체시키는 것입니다." 시어즈의 설명이었다. 이 작업은 소그룹에서 이루어지는데, "공개적으로 하기에는 너무 고통스럽기 때문"이라고 덧붙였다.

"고통스럽다구요? 왜 그렇죠?" 내가 물었다.

"그들이 세속적 사고방식과 얼마나 타협해 왔는지를 알게 되면 큰 충격을 받기 때문입니다." 시어즈가 대답했다. 많은 그리스도인 법률가들이 개인적으로 종교적 신념이 있음에도 전문 분야에서는 상대주의와 실용주의 사고방식에 빠지고 마는 것이다.

특히 두드러진 예로서 「포춘」(Fortune)지가 선정한 5백대 기업에 드는 회사에서 일한 적이 있는 한 그리스도인 변호사를 들 수 있다. 교회에서 집사직을 맡고 있는 그는 십일조를 내고 주일학교에서 가르치는 등 모든 면에서 모범적인 교인이었다. 그런데 그가 직장에서 맡은 유일한 책임은…… 계약을 깨는 일이었다. 회사가 어떤 이와 함께 일하는 것이 더 이상 유익하지 않다고 판단되면, 법의 허점을 찾아 계약을 파기하는 일을 해야 했다. 그는 날마다 자신이 하는 일이 도덕적 원칙—진실·성실함·약속 준수 등과 같은 이상―을 위반하는 것임을 인식하지 못했다. 그저 "맡은 일을 할" 뿐이라고 생각했다.

어떻게 그처럼 헌신된 신자가 그토록 분별력이 없을까? 그 이유는 오랜 기간 세속적인 환경에서 전문직 훈련을 받아왔기 때문에 성경적 세계관을 개발할 기회가 없었던 것이다. 사실, 그들이 성경적 관점을 명시적으로 드러내게 되면 대학원에 들어가는 데도 지장이 있다. 대다수의 신자들은 삶을 구획화하는 법을 배운 나머지 전문 분야에서는 지배적인 세속적 가정(假定)들을 받아들이는 한편, 사적인 시간에는 신앙생활을 유지하면서 살고 있는 것이다.

시어즈는 어떤 주 대법원의 대법관이 법률가들을 모아 놓고 한 이야기를 들려주었다. "여러분, 만일 법이 도덕과 관련이 있다고 생각한다면, 이 분야에서 오래 일하기 어려울 것입니다." 그러면 어떻게 대다수의 그리스도인들이 법률 분야에서 오랫동안 존속하는 것일까? 일하는 동안에는 자신의 종교적 신념을 벽장 속에 가두어 놓고 그 분야에서 통용되는 개념과 절차를 수용함으로써 살아남는 것이다.

사실, "전문가"라는 개념 자체가 세속적이라는 의미를 함축한다. 크리스천 스미스의 설명에 따르면, 19세기 후반과 20세기 초에 모든 분야를 전문화하려는 경향이 일어났다. 그것은 기독교 세계관을 벗어던지고 **과학적**이고 **가치중립적**이라 선전되는 세속적 접근을 개발하는 것을 의미했다. 그 과정은 다름 아니라 "세속 혁명"(secular revolution)이었다고 스미스는 말한다. 고등교육의 경우, 과거 "전반적인 개신교 세계관과 도덕"을 증진하던 대학들이 종합대학으로 변신하면서 "종교와 무관한 비종교적이고 '객관적인' 지식 추구와 전달을 선호함으로써 종교적 관심사를 주변으로 몰아내는 곳"이 되었다.[3]

이런 "세속 혁명"이 문화 전반에 영향을 주었는데, 고등교육뿐 아니라 공립학교·정치·심리학·미디어 등 모든 분야로 퍼져 나갔다. 각각의 영역에서 기독교는 "분파적" 성격을 지닌 사적인 것으로 치부된 반면, 유물론과 자연주의 같은 세속 철학은 "객관적"이고 "중립적"이어서 유일하게 공적 영역에 적합한 관점으로 제시되었다.

물론 사실은 전혀 그렇지 않았다. 진리에 도달하는 유일한 길이 하나님의 존재를 부인하는 것이라는 주장은 결코 중립적일 수 없다. 하나님의 존재를 긍정하는 것이 종교적인 주장인 것처럼 그 반대도 역시 마찬가지다. 그러나 세속 혁명으로 말미암아 신자들마저도 구별된 기독교적 관점으로 말하는 것이 편향된 입장이라고 믿기에 이르렀다. 즉 참으로 객관적이려면 자기 분야에서 믿음은 괄호 안에 묶어 두고 불신자들처럼 사고해야 한다고 여기게 된 것이다. 근대성의 사조에 적응하기 위해서는, 자기 분야의 중심 주제에 대해 세속화된 자연주의적 접근을 도입하지 않으면 안된다는 압력을 받았던 것이다.

모든 분야를 통틀어 그리스도인들은 (앨런 시어즈의 표현에 따르면) 자기 신앙은 한쪽 주머니에, 자신의 일은 다른 주머니에 간직하도록 교육받았다. 많은 이들이 이런 사조를 수용한 결과, 자기 분야에서 세속화된 개념들이 정말로 중립적 지식을 구성하기 때문에 성경적 비판이 필요 없다고 생각한다. 믿음은 종종 개인적이고 사적인 삶을 위한 별개의 부가물 정도로—초콜릿이라면 맥을 못 추는 약점과 같은 사적인 탐닉의 수준으로—축소되고 공적 영역과는 어울리지 않는 주제로 여겨진다.

영문학교수 캐슬린 닐슨(Kathleen Nielson)은 이렇게 말한다. 오늘날 신자들은 때로 너무 겁을 먹은 나머지 "'기독교적인' 냄새를 지나치게 풍기지 않으려고 애쓴다." 그녀는 기독교 대학에서 문학을 가르친 경험을 바탕으로 복음주의자에 대해 이렇게 평한다. 그들은 중립적 학문의 이상에 너무나 잘 적응하려 하기 때문에 "어떤 소설 속에 나오는 세계관이 아주 비기독교적이거나 반기독교적이라고 해도 예술을 정죄한다거나 제대로 감상하지 않는 것처럼 보일까 두려워 그것을 지적하지 못할 때가 있다."[4] 달리 말하면, 우리는 세련되지 못한 모습으로 비쳐지기를 싫어하는 것이다. 전문적인 학문의 규율이 공/사의 이분법을 억지로 강요하기 때문에 그리스도인들은 종종 그 규율에 맞추어 활동하는 수밖에 없다고 생각한다.

이런 공과 사의 이분화가 그토록 강력한 힘을 가진 이유는 무엇일까? 앞 장에서 우리는 초대교회에서부터 중세를 거쳐 오면서 기독교 내에서 발생한 자연/은총의 이원론을 검토했다. 이번 장에서는 그에 이어서 이원론이 세속화되면서 공/사, 사실/가치의 근대적 이분법을 낳게 되는 과정을 추적하려고 한다. 우리가 중세사회에 관해 생각할 때 가장 놀라는 점은 당시와 현대 사이에 놓인 엄청난 차이점이다. 이를테면, 중세사회는 이원론적 세계관에도 불구하고 제도적으로 공과 사로 분열된 근대사회에 비해 통합성과 통전성을 훨씬 더 많이 확보하고 있었다. 더구나, 중세에는 상층부가 더욱 높은 가치를 갖고 있던 반면에 근대에 와서는 그와 정반대의 현상이 일어났다. 하지만 이제 우리가 살펴보겠지만, 역사적으로 둘 사이에 중요한 연속성이 존재한다. 우리가 기독교의 진리를 공적 영역에 다시 도입할 효과적인 전략을 수립하려면 세속적 이원론의 발생과정을 알아야 한다. 그래야만 그것을 뿌리로부터 공격할 수 있기 때문이다. 또한 그 발전과정을 추적함으로써 오늘날 그것이 작동하는 방식을 진단할 수 있을 것이다. 이 과정에서 우리는 포스트모던 시대에 적합한 효과적인 복음전도 전략도 개발할 수 있을 것이다.

고삐 풀린 이성

전반적으로 세속화 과정을 개관한 다음 그 주요단계를 하나씩 검토하는 것이 쉬울 것이다. 먼저 토마스 아퀴나스 이후 자연/은총의 이원론이 진전된 데서 시작해 보자. **은총**은 신학과 믿음의 신비(상층부)를 의미한 반면, **자연**은 이 세상의 사물에 관한 지식, 곧 신적 계시의 도움 없이도 이성으로 알 수 있다고 생각되었던 지식(하층부)을 의미했다. 하지만 다른 도움이 필요 없는 자율적인 이성이라는 개념 자체가 심각한 문제를 불러일으켰다. 만일 일상적인 삶의 문제가 이성만으로 이해되고 처리될 수 있다면 은총의 영역은 갈수록 그 적실성이 줄어들 수밖에 없기 때문이다. 그래서 사람들은 좋은 조건으로 **내세**에 들어가기 위해서는 교회 의례를 정확하게 지킬 필요가 있다는 것을 알았다. 그러나 **현세**에서는 기독교의 진리가 불필요한 것처럼 보이기 시작했다. 다른 한편으로, 국가·사회·과학·경제·철학, 아니 신학 이외의 모든 것들을 이해하는 데는 인간의 이성 그 자체로 충분하다고 여겼던 것이다. 그 결과 기독교적 지성 자체가 분열되기 시작했다. 하나님의 말씀은 상층부에 국한되고 하층부를 지도하는 데는 부적절하고 불필요한 것으로 여겼다.

아퀴나스는 이 두 층 간의 균형 잡힌 통합을 유지할 수 있었으나 그 통합은 오래가지 않았다. 갈수록 종교는 이성이 말하는 것을 감시하는 부정적 견제장치에 불과한 것으로 보였다. 계시가 일련의 진리를 제공하여 이성이 그와 상충된 방향으로 나가지 못하게 함으로써 오류를 탐지하는 유용한 잣대의 역할을 했다. 그러나 하층부에 필요한 긍정적 안내자의 역할은 하지 못했다.[5] 후기 스콜라철학에 접어들 무렵에는 신앙과 이성이 서로 무관한 별개의 범주로 갈라지기 시작했다. 종교는 자의적 신앙의 문제로 격하되고, 이성은 마치 독자적인 진리의 근원인 양 계시로부터의 자율성이 더욱더 심화되었다. 이것을 그림으로 그리면, 중세 후기의 사상가들이 상층부과 하층부의 경계선을 더욱 두껍게 만들어서 결국에는 침투 불가능한 벽이 되었다고 할 수 있다.

종교개혁 직전에 이르면, 신앙과 이성의 분리가 거의 찢어질 정도로 팽팽하게 벌어졌다. 그 핵심인물은 오캄의 윌리엄(William of Ockham)이었다. 그는 이성적 범주로는 하나님을 전혀 이해할 수 없다고 부정했다. 이전에는 많은 그리스도인 사상가들이 하나님의 구원계획이 완전히 이성적이고 참으로 적절한 것임을 입증하려고 많은 애를 썼다. 이를테면, 12세기에 안셀무스(Anselm)는 구원을 지지하는 간결하고 논리적인 입장을 내놓았다. 인간이 죄를 지었기 **때문에** 그에 대한 값을 지불해야 마땅했다. **그러나** 우리가 하나님께 빚진 것이 너무 크기 때문에 오직 하나님만 그것을 지불할 능력이 있다. **그러므로** 신적 정의가 반드시 요구하는 그 값을 치르기 위해 하나님께서 인간이 되셨다. 안셀무스의 논점은 하나님의 구원계획이 완전히 이치에 맞는다는 것이었다.[6] 그와 반대로, 오캄의 주장은 만일 우리가 어떤 면으로든 하나님께 이성적 원리를 적용하면 그분의 절대 자유를 부정하는 셈이라는 것이었다. 이성의 관점에서 보면, 하나님의 구원계획은 완전히 자의적(arbitrary)이므로, 하나님께서 우리를 구원하기 위해 전혀 다른 방법을 선택할 수도 있었다는 것이다. 그분이 사람이 되지 않고 돌이나 당나귀가 될 수도 있었다고 오캄은 말했다. 종교 문제와 관련해서 우리는 이성적으로 보이는 것을 생각할 수 없는데, 종교는 믿음으로 받아들이는 계시에서만 연유하기 때문이다.

요컨대, 신앙과 이성은 각기 별개의 범주로 나뉘어졌다. 그리고 이런 철저한 이분법에서 조금만 더 나아가면 세속주의로 귀결될 수 있었다. 만일 일상생활에 필요한 모든 것을 이성만으로 알 수 있다면, 도대체 우리에게 계시가 왜 필요한가 묻기 시작한 것이다. 여기서 일종의 합리주의(rationalism)가 태동했는데, 그것은 "이성"(Reason)을 신적 계시와 관계없이 자율적으로 알 수 있는 진리의 창고로 받드는 이념이었다.[7] 사실, 이런 자율적 진리들을 사용해 종교의 주장을 **판단**할 수도 있을 것처럼 보였다. 그 결과, 세력 균형에 변화가 생겼다. 종교가 오류의 잣대 역할을 하는 대신, 이제는 이성이 진리의 잣대로 격상된 것이다. 그리고 그 잣대로 재어 보니 종교가 수준에 못 미친다고 많은 이들이 결론지었다.

중세에서 르네상스로 접어들 무렵(대략 1300년대에 시작되는데), 이성을 계시에서 완전히 해방시키자는 북소리가 울려퍼지기 시작했다. 그 소리가 점차 높아져서 (1700년대에 시작되는) 계몽주의 시대에 최고조에 달했다. 계몽주의의 신조는 자율성(autonomy)이었다. 외적인 권위는 모조리 뒤엎고, 오직 이성으로만 진리를 발견하라! 계몽주의는 과학혁명의 눈부신 성공에 매료되어 과학을 참 지식의 유일한 근원으로 왕좌에 올렸다. 또한 하층부를 상층부로부터 "해방시킨다"고 주장하면서, 자연이 유일한 실재이며 과학적 이성(scientific reason)이 진리에 이르는 유일한 길이라고 외쳤다. 과학적 연구의 대상이 될 수 없는 것은 무엇이든 환상이라고 선언했다. 이성이 철학적으로 중립적인 것인 양 선전되었지만 실제로는 과학적 유물론과 동일시되기 시작했다.

두 가지 피해

그러나 기계론적 우주관을 가진 과학적 유물론은 많은 이들에게 매력을 주지 못했고, 그 반작용으로 낭만주의 운동이 일어나게 되었다. 중립적 이성으로 가장한 과학적 유물론의 피해는 종교에 국한되지 않았다. 도덕과 예술도 공격의 대상이 되었는데, 도덕적 이상·아름다움·창의성 역시 과학적 조사의 대상이 아니었기 때문이다. 낭만주의자들은 과학적 유물론에 환원될 수 없는 것들, 곧 종교와 도덕과 예술과 인문학 등을 위한 인지적 영토를 확보하려고 애썼다. 낭만주의는 유물론적 철학을 배격하고 관념론적 철학을 선호했다. 이는 물질이 아니라 정신 또는 영을 궁극적 실재로 보며, 그것은 흔히 정신(Mind), 영(Spirit) 또는 절대(the Absolute)로 표기된다.

그러나 낭만주의는 치명적인 양보를 하게 되었다. 자연에 관한 연구는 대부분 기계론적 과학에 양보하고 예술과 인문학 분야에서만 대등한 영역을 확보하려고 애쓴 것이다. 그 결과, 낭만주의적 관념론은 상층부에 국한되고 하층부에서는 과학적 유물론이 계속 지배함으로써 이원론적 구조가 그대로 남게 되었다.

크게 개관해 본다면, 그 후 계몽주의와 그 지적 후예들에게 하층부를 지배하는 관할권이 주어졌다. 그곳은 합리적·객관적·과학적 지식을 다루는 영역으로 공적 영역이라 불린다. 낭만주의와 그 후예들에게는 상층부를 관할하는 권한이 주어졌는데, 거기는 종교·도덕·인문학을 다루는 사적 영역이다. 이것을 도표로 그리면 다음과 같다.

계몽주의와 함께 시작된 근대적 형태의 이원론

낭만주의
종교와 인문학

계몽주의
과학과 이성

이것이 세속화 과정에 대한 전반적인 그림이다. 이를 보다 실질적으로 이해하려면 주요 단계별로 추적해 보아야 한다.

데카르트의 분할

세속적 이원론의 시발점은 일반적으로 17세기 프랑스 철학자 데카르트로 잡는다. 그는 물질과 정신 사이의 뚜렷한 이분법을 제시한 인물이다. 그가 그린 물질세계는 하나의 거대한 기계가 수학적 필연성에 종속된 채 자연법칙에 의해 고정된 패턴으로 움직이는 모습이었다. 데카르트에게는 동물도 기계였고 인간의 몸도 기계였다. 이와 대조적으로, 인간의 정신과 영은 사고·인식·감정·의지 등이 속한 영역이었다.

데카르트가 물질과 정신을 그처럼 뚜렷하게 대비시킨 목적이 정신의 영역을 **방어**하기 위함이었음을 아는 이는 드물다. 1장에서 언급했듯이 데카르트는 경건한 가톨릭 신자였다. 그는 기계적 세계와 인간의 영 사이에 뚜렷한 선을 그음으로써 믿음을 후자의 영역에 보호하고자 했다. 그의 유명한 말 "나는 생각한다. 그러므로 존재한다"도 본래 종교적 단언으로 제시된 것이었다. 즉 사고란 정신적 활동이므로 인간 정신의 존재를 입증한 것이다.

그러나 하나의 역사적 아이러니는, 데카르트 철학의 영향이 줄곧 그가 의도한 것과 정반대 방향으로 나아갔다는 점이다. 결국 살아남은 것은 인간의 정신(영)에 대한 그의 변호가 아니라 그의 기계론적 우주관이었다. 정신은 상층부로 던져진 채, 과학으로 인식되는 물질적 세계와는 전혀 상관없는 그림자적 존재로 전락했다. 물리적 신체와는 다만 가느다란 끈으로 연결되어 있는 일종의 유령 같은 존재가 된 것이다. 소설가 워커 퍼시(Walker Percy)는 "그 유명한 철학자 데카르트가 몸을 정신으로부터 찢어 내고 그 영혼을 그 집에 출몰하는 유령으로 바꿔 놓은 이래 서구인의 영혼을 둘로 갈라놓은 무서운 단절"에 대해 얘기하고 있다.[8]

데카르트의 세속적 이원론의 유산을 도표로 그리면 다음과 같다

정신
영·사고·감정·의지

물질
기계론적·결정론적 기계

상층부과 하층부 간의 "무서운 단절"은 뉴턴의 물리학이 눈부신 성공을 거둔 후에 더욱 넓어졌다. 뉴턴의 중력의 법칙은 단 하나의 수학적 공식 아래 엄청나게 많은 자연적 과정들—사과가 떨어지는 현상부터 유성의 공전에 이르기까지—을 포괄했다. 자연은 탁상시계의 톱니바퀴만큼이나 엄격하게 자연법칙의 지배를 받는 하나의 거대한 기계로 그려지기 시작했다. 그 같은 메커니즘에 어떻게 인간의 영혼이나 영이 들어설 여지가 있을까? 이런 개념들이 종교와 도덕에는 중요할지 모르지만, 과학 개념의 세계에는 들어설 여지가 없는 것 같았다.[9]

만일 그 둘 가운데 하나를 선택해야 한다면, 종교나 형이상학보다 과학이 훨씬 더 확실성을 보장하는 것 같았다. 16세기 종교전쟁 중에 그리스도인들은 종교적 차이를 둘러싸고 서로 싸우고 죽였고, 이로 인해 많은 이들이 보편적 진리는 종교의 영역에서 인식될 수 없다고 결론을 내렸다. 하나됨에 이르는 길은 종교가 아니라 과학 안에 있다고 생각한 것이다. 이런 확신으로 실증주의(positivism)와 과학적 유물론 같은 철학이 발생하게 되었고, 이들은 과학에 지식(하층부)에 대한 독점권을 부여한 반면, 다른 모든 것들은 사적인 신념과 문화적 전통(상층부)에 불과한 것으로 돌렸다.

칸트의 모순

상층부의 실추에 기여한 핵심인물은 위대한 독일 철학자 임마누엘 칸트(Immanuel Kant)였다. 마르고 빈약한 체형의 칸트는 자기 생활을 시계바늘처럼 규칙적으로 영위했다(소문에 의하면 그 이웃이 칸트의 산책시간을 기준으로 시계를 맞출 정도였다). 또한 그는 우주를 시계처럼 여기는 계몽주의적 관점을 열렬히 포용했다. 칸트는 당대의 새로운 과학적 발견에 깊이 몰입한 나머지 실은 철학보다 과학에 관한 저술에 대부분의 생애를 보냈는데, 태양계의 기원에 관한 최초의 자연주의적인 설명(성운설)을 정립하기도 했다. 철학에 대한 관심이 고조된 것은 뉴턴 과학의 신빙성을 깎아내리는 데이비드 흄(David Hume)이라는 회의적 스코틀랜드인의 저술을 접한 이후였다.[10] 그것은 참으로 무도(無道)한 짓이었고, 칸트는 그런 얼토당

토않은 회의주의로부터 뉴턴의 물리학을 변호하기 위한 도구로 철학에 눈을 돌렸다. 그 과정에서 그는 상층부과 하층부를 **자연** 대 (對) **자유**로 개조했다.[11]

칸트가 개조한 진리에 관한 두 영역 이론

자유
자율적 자아

자연
뉴턴의 기계적 우주

이 용어들이 칸트에게는 어떤 의미를 지녔을까? 자연은 더 이상 토마스 아퀴나스의 아리스토텔레스적 자연이 아니었다. 이제는 뉴턴 물리학의 결정론적 기계를 의미했다. 칸트가 썼듯이, "발생하는 모든 것이 절대 오류가 없는 자연법칙에 부합하도록 결정되어 있어야 했다."[12]

그러나 칸트는 뉴턴의 결정론에 반발하는 낭만주의의 발생 또한 감지하고 있었기 때문에 **자유**를 상층부에 배치한 것이다. 우주에 대한 기계적 이미지가 예술가·작가·종교 사상가 등과 같이 창의적이고 민감한 이들에게 불쾌감을 주고 있음을 그는 분명하게 인식하고 있었다. 기계론적 모델은 세상을 아주 아름답게 만드는 선명한 색깔과 소리와 냄새를 실재적인 것으로 보지 않았다. 그것들은 원자들이 우리의 감각에 부딪칠 때 일어나는 이차적인 효과에 불과하다고 본 것이다. 더군다나 인간까지 포함한 모든 것이 기계에 속한다면, 창조성·도덕·자유 또는 영과 같은 것은 존재할 수 없을 것이다. 그래서 시계와 같은 우주관의 계몽주의 과학이 인도주의적 가치관의 적으로 비치기 시작했다.

계몽주의적 진보와 문명의 개념을 거부한 최초의 인물은 장 자크 루소(Jean-Jacques Rousseau)로서, 그는 낭만주의의 탄생을 주도한 불꽃 같은 스위스인 반항아였다. 그는 인간은 기계의 일부가 **아니다**라고 선언했다. 인간은 본래 자유롭고 자율적인 존재라는 것이다. 루소는 스스로 파리의 궁전을 떠나 시골로 물러났는데, 세련된 몸가짐을 모두 벗어버리고 자연과 조화롭게 자유로이 살기 위해서였다.[13] 칸트는 루소의 자율성 사상에 매료되었다(비록 그 자신은 너무 철저하게 정돈된 삶을 살고 있었지만). 한편으로 칸트는 독실한 경건주의적 가정에서 자랐기에 도덕의 필요성을 확고히 믿었고, 도덕은 도덕적 선택을 내릴 수 있는 자유를 전제로 하고 있다고 생각했다. 그러므로 상층부에 자유 또는 자율성을 배치한 것이다. 여기서 **자율성**(autonomy)을, 문자 그대로 자신이 스스로 부과한 법칙에만 종속되는 것으로 정의했다. (헬라어에서 'authos'는 자아, 'nomos'는 법을 의미한다.) 그의 이상은 오직 자신의 도덕적 의지의 영향만 받는 것이었다.

이것은 참으로 급진적인 자율성 개념이었다. 한 신학자가 논평한 것처럼, "보편적 [도덕]법의 창조는 전통적으로 오직 하나님의 역할로 여겨졌는데, 이 기능이 이제는 인간 개개인의 이성적 의지로 부당하게 넘어간 것이다." 심지어 "칸트가 이성을 하나님으로

만들었다"고 할 정도였다.[14]

칸트의 이분법상의 두 측면은 서로 독립적일뿐더러 정면으로 상충되는 관계임을 아는 것이 중요하다. 만일 자연이 정말 뉴턴 물리학의 결정론적 기계라면, 자유라는 것이 어떻게 존재할 수 있을까? 칸트조차도 이것이 역설("이율배반")임을 시인했고 이 문제를 결코 풀지 못했다. 다만 우리 자신에 대해서 양 방향으로 동시에 생각해 보는 것이 하나의 방법일 것이라고 말했다. 즉 우리가 자연법칙에 의해 완전히 결정되는 물리적 세계(하층부) 내에서 작동하고 있다고 생각하는 한편, 동시에 우리 자신을 자유로운 도덕적 행위자로 여기는 개념적 세계(상층부)에 참여하고 있다고 보는 것이다. 칸트는 순전히 개념적인 이 세계에 하나님과 영혼과 불멸성을 배치시켰다.

칸트가 이처럼 노력했지만 그 역설의 양 측면을 똑같이 진실한 것으로 붙들기는 불가능했다. 하층부에서는 실제로 존재하는 사물들인 실재 세계의 구성물에 관해 이야기하는 한편, 상층부에서는 개념이나 원리의 영역 곧 우리가 도덕을 위해 필요하다고 추정하는 것들에 관해 이야기했기 때문이다. 도덕의 필요조건은 의지의 자유이므로, 과학이 아무리 부인하더라도 우리 자신을 자유로운 존재로 **가정**하지 않으면 안된다. 행복과 덕의 상응관계를 그저 우연의 일치로 돌릴 수 없으므로, 그것을 보증하는 하나님이 있음을 **가정**하지 않으면 안된다. 그리고 이생에서 도덕적 완전함에 도달할 수 없으므로, 우리 자신이 영원히 살 것을 **가정**하지 않으면 안된다. 칸트가 스스로 인정한 것은, 자신은 "자유가 우리 자신 속에 그리고 인간의 본성 속에 실제로 존재하는 어떤 것임을 증명한 것이 아니라" 다만 "우리가 전제해야 할" 그 무엇임을 보여주었다는 점이다. 그것은 "객관적 실재 자체가 의심스러운 이성적 개념에 불과하다."[15]

하층부는 우리가 **인식**하는 영역이고, 상층부는 우리가 **믿지 않을 수 없는** 영역인 것이다.

결국 칸트는 두 손을 들고 과학이 무엇이라고 말하든 우리는 자유로운 존재인 것"처럼" 행동해야 한다고 주장했다. 그런데 이 짧은 문구야말로 가게를 통째로 넘겨주는 말이다. 그것은 우리가 더 잘 안다는 것, 우리가 우리 자신을 농락하고 있다는 것, 도덕적 자유는 기껏해야 유용한 허구에 불과하다는 것 등을 의미한다. 칸트의 공식에서는 자유와 하나님과 불멸성이 "희망사항의 조각들처럼 의심스럽게 보인다"고 철학자 콜린 브라운(Colin Brown)은 말한다.[16]

지적으로 완성된 무신론자들

칸트의 이분법을 달리 묘사하면, 하층부는 공적으로 검증 가능한 **사실**의 영역이 된 반면, 상층부는 사회적으로 구성된 **가치**의 영역이 되었다고 할 수 있다. 바로 이 용어가 사회과학자들의 작업을 통해 오늘날 널리 퍼지게 된 것이다.

오늘날 가장 널리 사용되는 용어는 사실 대 가치다

가치
사회적으로 구성된 의미들
———————————
사실
공적으로 검증 가능한 진리

사실과 가치의 분리는 19세기 말 다윈주의의 발생으로 확고하게 고정되었다. 칸트를 비롯한 여러 사람들이 우주의 자연주의적 기원에 관해 막연히 추측하기는 했으나, 다윈이 생명의 기원에 대한 개연성 있는 자연주의적 메커니즘을 제공하기까지는 그림이 완성되지 않았다. 다윈은 그 잃어버린 퍼즐조각을 제공함으로써 자연주의를 완전하고 포괄적인 철학으로 만들어 주었다. 현대의 생물학자 리처드 도킨스(Richard Dawkins)는 "다윈은 지적으로 완성된 무신론자가 되는 것을 가능하게 만들었다"고 말한다.[17] 그가 설명하듯이, 다윈 이전에도 무신론자가 되는 것은 분명 가능했으나 지적으로 만족스러운 수준은 아니었다. 왜냐하면 완전하고 포괄적인 세계관을 정립할 수 없었기 때문이다. 그런데 다윈이 자연주의적 세계상에서 모자라던 최후의 간격을 메워 주었다. 하층부가 이제 이음새가 없는 완비된 시설을 갖추게 된 것이다.

그 결과, 상층부는 역사·과학·이성 등의 분야와 전혀 연결되지 않고 완전히 단절되었다. 만일 진화의 원동력이 인간의 정신을 만들어 냈다면, 종교와 도덕 같은 것들은 더 이상 초월적 진리가 아닐 것이다. 그것들은 인간의 정신이 어느 수준까지 진화하면 나타나는 생각, 곧 인간 주관성의 산물에 불과할 것이다. 우리는 스스로 선택함으로써 우리 나름의 도덕과 의미를 창조한다.

이것이 의미하는 것은 물론 우리가 원하기만 하면 언제든지 그것들을 **재**창조할 수 있다는 것이다. 예를 들어, 그 어떤 것도 결혼을 남편과 아내 사이의 일평생의 연합으로 보는 규범적 정의를 정당화하지 못한다. 그런 사회적 양식은 인간의 본성 속에 본래부터 있던 어떤 것이 아니다. 인간의 본성 속에는 본래부터 있는 것 자체가 존재하지 **않기** 때문이다. 문화적 양식이란 인간의 진화과정에서 자연주의적 원인에 의해 서서히 나타나는 것으로, 생존의 방편으로 필요한 기간만큼만 존속할 뿐이다.[18]

세속적 신앙의 도약

오늘날 사실/가치의 이분법은 미국 정신의 낯익은 풍경의 일부가 되었다. 아이들은 교실에서 날마다 그것을 습득한다. 인문학과 사회학 분야는 그 주도권이 포스트모더니즘으로 넘어갔다. 영어과목의 경우, 교사들은 빨간 연필을 내던져 버리고 바른 철자나 문법 같은 것은 마치 권력을 가진 자들이 강제로 부과한 억압의 형태인 양 여긴다.

그러나 역설적인 사실은, 복도를 따라 과학교실에 가보면 거기서는 객관적 진리의 이상이 여전히 군림하고 있음을 보게 된다는 점이다. 다윈의 진화론 같은 이론들은 의문을 받아들이지 **않고**, 그것이 진실인지 여부를 학생들이 스스로 판단할 수 있도록 지도하지도 않는다. 학생들의 개인적 신념과 상관없이 그것은 모든 이가 당연히 수용해야 할 공적 지식으로 취급된다.

이 학생들이 대학에 갈 무렵이면 그 교훈을 아주 잘 습득한 상태가 된다. 철학자 피터 크리프트(Peter Kreeft)는 해마다 그의 강의를 들으러 오는 학생들을 이렇게 묘사한다. "그들은 과학 분야에는 객관적 진리가 있고 때로 역사 분야에도 그런 진리가 있다고 기꺼이 믿으려 하지만, **윤리나 도덕의 경우에는 결코 그렇게 생각하지 않는다**."[19] 당신은 이런 태도에서 이분법을 간파할 수 있겠는가? 강의실에 들어오는 대다수의 학생들이 과학은 **사실**을 구성하는 반면, 도덕은 **가치**에 관한 것이라는 확신을 이미 품고 있는 것이다.

그리고 그들이 대학 강의실에서 배우는 것들은 보통 이런 분열을 더욱 심화시킨다. 현대의 사상가 두세 명만 자세히 분석해 보아도 진리에 관한 두 영역론(two-realm theory)이 오늘날 얼마나 널리 퍼져 있는지 알 수 있다.[20] 예를 들어, 인지과학 분야의 선두주자이자 베스트셀러 「마음은 어떻게 작동하는가」(*How the Mind Works*)의 저자인 MIT 대학의 스티븐 핑커(Steven Pinker)를 보자. 그는 과학의 메시지는 인간의 정신이 자료 처리용 기계, 곧 복잡한 연산 장치에 불과하다는 것이라고 쓰고 있다. 동시에 도덕의 가능성 자체는 우리가 기계 **이상**의 존재라는 관념에 달려 있다고 말한다. 즉 우리는 아직 결정되지 않은 것을 강요받지 않고 자유로이 선택할 능력이 있는 존재라는 말이다. 그는 이 딜레마를 이렇게 서술하고 있다. "윤리학 이론은 자유롭고 지각력이 있으며 이성적이고 동등한,

외부 요인으로 말미암지 않고 행동하는 행위자와 같은 이상화된 존재를 필요조건으로 하지만, 과학의 눈으로 보면 이 세계에는 그같이 원인 없는 사건이란 아예 없다."[21]

여기서 핑커는 무슨 말을 하고 있는 것인가? 요점을 더 분명하게 하기 위해 다시 진술하면 이렇다. 포스트모더니즘의 딜레마를 요약하면, 윤리학은 유물론적 과학이 **비실재적**(unreal)이라고 선언한 어떤 것의 **실재**(reality)에 의존하고 있다는 것이다.

우리는 과학이 윤리학의 근본 전제를 논박했다는 것이 핑커의 주장이라고 생각할 수도 있다. 당신이 방금 칸트에 관해 읽지 않았다면 그렇게 생각하는 것도 무리가 아니다. 왜냐하면 칸트처럼 핑커도 도덕적 자유와 같은 개념들을 상층부에 배치시킴으로써 그 모순의 양 측면을 모두 붙들고 싶어하기 때문이다. 핑커는 과학자로서 인간 본성의 유물론적·기계론적 모델을 수용한다. "기계론적 입장은 우리를 움직이는 것이 무엇인지 그리고 우리가 물리적 우주에 어떻게 들어맞는지를 이해하게 해준다." (이것이 그의 하층부다.) 그러나 실험용 옷을 벗고 집에 가면 도덕적 책임을 운운하는 전통적 언어로 되돌아간다. "당일에 필요한 그런 논의가 서서히 끝나고 나면 우리는 존엄성을 지닌 자유로운 인간으로 서로 얘기하는 모습으로 되돌아간다." (이것이 그의 상층부다.)

이것은 단지 진리가 둘로 **나뉘어진** 것이 아니라 철저한 모순 그 자체다. 핑커도 이를 해결할 방도를 찾지 못했다. 그저 모순의 양 측면을 동시에 붙들고 있을 따름이다. "인간은 하나의 기계인 **동시에** 지각을 가진 자유로운 행위자인데, 논의의 목적에 따라 정해질 따름이다." 또 다른 그의 표현을 빌자면, 우리가 "과학 경기"를 하는지 또는 "윤리학 경기"를 하는지 여부에 달려 있다는 것이다.[22]

핑커의 두 영역론을 도표로 그리면 다음과 같다

윤리학 경기
인간에게는 도덕적 자유와 존엄성이 있다

과학 경기
인간은 자료 처리용 기계다

이것은 그저 사상의 분류도표 A칸에 나오는 그런 것이 아니라 실재 인간임을 잊어서는 안된다. 즉 두 가지 상충된 사고방식 사이에서 깊은 실존적 긴장감을 느끼며 사는 사람을 일컫는다. 핑커가 **전문가로서의 삶을 지도하는 철학에 기초해서 개인적 삶을 사는 것은 불가능하다.** 실재 인간들은 기계론적 패러다임에 의거해 행동하기를 완강히 거부한다. 그래서 그 역시 자유와 존엄성 같은 것의 실재를 긍정하지 않을 수 없다. **비록 그 자신의 철학 안에는 그런 것들에 대한 토대가 없지만 말이다.**

쉐퍼는 생생한 이미지를 사용해 이 딜레마를 묘사한다. 근대의 사상가들은 종종 하층부에서 상층부로 "신앙의 도약"을 시도한다고 그는 말한다. 지적으로는 과학적 자연주의를 포용하는데, 이것은 그들의 직업적 이데올로기다. 그런데 이 철학이 그들의 실재 삶의 경험에 맞지 않기 때문에 상층부로 신앙의 도약을 하게 된다. 거기서는 도덕적 자유와 인간의 존엄성 같은 일련의 모순된 개념을 긍정한다. 비록 이런 것들이 그들의 지적 체계 내에는 기반이 없지만 말이다.

핑커도 그것을 거의 도약이라고 부르다시피 한다. 그가 붙인 이름은 **신비**(mysticism)다. "의식과 자유의지는 모든 차원에 걸쳐 신경생물학적 현상으로 가득 채우는 것 같다"고 그는 쓰고 있다. "사상가들은 자신의 존재를 부정하거나 신비에 빠지거나 둘 중 하나로 비난을 받는 것 같다."[23] 다시 말해, 당신은 하층부에서 진화론적 자연주의에 일관된 입장을 취하려고 애쓸 수 있다. 이런 경우에는 의식과 자유의지의 존재를 부정해야 한다. **또는** 비록 당신의 지적 체계 내에 그런 존재를 수용할 기반이 없지만 그 존재를 긍정할 수 있다. 이는 순전히 신비에 속한다. 비합리적 도약인 셈이다.

세속적 "신앙의 도약"

포스트모던적 "신비"
도덕적·인도주의적 이상은
과학적 자연주의가 규정하는 진리 내에 기반이 없다.
그러나 우리는 이것을 긍정한다

과학적 자연주의
인간은 기계다

이제 여러분은 쉐퍼가 왜 자신의 저서 가운데 하나에다 「이성에서의 도피」라는 제목을 붙였는지 이해할 수 있을 것이다. 이것은 우리

시대의 심각한 지적 상실이다. 많은 이들이 스스로 인지할 수 없고 검증 불가능한 것으로 여기는 상층부에다가 존엄성과 의미를 향한 모든 희망을 매달지 않을 수 없게 되었기 때문이다.

세계관 전쟁

이런 패턴이 얼마나 흔한지를 보여주는 몇 가지 예를 더 들어 보자. 핑커의 MIT 대학 동료인 마빈 민스키(Marvin Minsky)는 인간의 정신은 "3파운드짜리 살코기 컴퓨터"에 불과하다는 표어를 만든 인물로 유명하다. 하지만 그의 책 「마음의 사회」(The Society of Mind)에서 그 역시 신앙의 도약을 꾀한다. "물질세계는 의지의 자유가 들어설 여지를 주지 않는다"고 그는 쓰고 있다. 그러나 "그것은 우리의 정신 영역의 모델들을 위해서는 필수적인 개념이다. 심리학의 너무 많은 부분이 그 개념에 기초하고 있기 때문에 그것을 포기할 수 없다. [그러므로] **우리는 비록 그 신념이 거짓임을 알지만 그것을 유지하지 않으면 안되는 것이다.**"[24]

기가 막힌 진술이다. 사람은 하나님의 형상으로 만들어졌기에 인간의 자유와 같은 내용들을 도무지 믿지 않을 수 없다. 그런데 그들은 유물론적 철학에 기초해서 이런 개념을 거짓으로 "알고"(know) 있는 것이다. 그들에게는 상층부가 거짓이지만 필요한 환상의 영역으로 축소된 것이다.

철학자 존 설(John Searle)은 서로 "전쟁을 벌이고 있는" 두 가지 우주관이 있다고 말한다. 과학은 우주를 하나의 거대한 기계로 그리고 있는데, 그것은 언제나 법에 따라 규칙적으로 움직인다. 그러나 일상의 경험은 인간을 의식적이고 이성적인 결정을 내릴 능력이 있는 행위자로 그리고 있다. 이 보편적 경험은 너무나 강력하기 때문에 "**우리의 자유에 대한 근거가 없음에도 불구하고 그에 대한 확신을 포기할 수 없다**"고 설은 말한다.[25] 과학적 유물론 안에는 그런 근거가 없다는 말이다.

그가 말하는 것은 자신의 경험이 상층부로 도약해야 한다는 뜻인데, 거기서는 합리적 근거가 없는 것들도 믿을 수 있기 때문이다.

이것이 포스트모던 시대의 비극이다. 인생에서 가장 중요한 것들―자유와 존엄성, 의미와 중요한 의의(Significance)―이 그저 유용한 허구에 불과한 것으로 전락해 버린 것이다. 희망사항으로, 비합리적 신비로 말이다.

당신의 세계관은 너무 작다

이 두 이야기의 역학을 이해하는 열쇠는 양쪽 사이의 공생관계를 인식하는 것이다. 하층부가 과학적 자연주의의 견지에서 규정되었기 **때문에** 상층부의 신념에 대한 "근거가 없는" 것이다. 자연주의는 인간 본성에 대한 기계론적·결정론적 모델을 낳고, 이 모델은 자유와 존엄성 같은 개념을 유용한 허구로 전락시킨다. 근대주의가 하층부에 몸담고 있기 **때문에** 포스트모던적 회의주의가 상층부를 점거하게 되었다고도 말할 수 있을 것이다.

우리가 "영역의 분리" 운운하는 소리를 들을 때면, 언제나 그 가운데 하나는 객관적 진리의 지위를 갖게 되고 다른 하나는 사적인 환상으로 전락하게 됨을 확신해도 좋다. 계몽주의 이래, **사실**의 영역은 계속해서 **가치**의 영역 속으로 그 영토를 확장한 끝에 후자에게는 남은 영토가 거의 없게 되었다. 가치의 영역은 그저 우리의 비합리적인 희망과 공상을 표현하는 공허한 말로 전락했고, 과학적 유물론이 규정하는 실재 내에는 아무런 기반도 없다. 보다 생생하게 묘사하자면, 하층부가 도덕과 의미 같은 모든 전통적 개념을 분해하면서 상층부를 "잠식한다"고 쉐퍼는 경고한다.[26]

다시 말하건대, 이것은 단지 지적 분석에 그치지 않는다. 우리는 지금 한 사람의 내면의 삶을 분열시켜 굉장한 긴장을 불러일으키는 심각한 문제를 논하고 있다. 이처럼 분열된 지식관을 수용한 사람들을 전도할 때는, 이같이 들쭉날쭉하게 갈라진 틈이 그들의 사고 세계를 가로지르고 있다는 무서운 실재를 정직하게 직면하도록 밀어붙여야 한다. 그들이 신앙의 도약을 하지 않으면 안된다는 사실 자체가, 그들이 하층부에서 수용한 과학적 자연주의가 적절한 세계관이 아님을 보여주고 있다. 그것은 인간 본성을 누구나 경험하는 그대로 설명해 주지 못하기 때문이다. 그들 자신도 경험하는 그런 인간 본성 말이다.

누구든 세계관이 너무 "작을" 경우에는 인간 본성의 어떤 요소가 항상 그 패러다임에 맞지 않기 마련이다. 쉐퍼의 비유를 빌자면, 그것은 마치 사람을 쓰레기통에 억지로 집어넣으려는 것과 같다. 그럴 경우 결국 팔이나 다리가 삐죽 나오게 마련이다.[27] 과학적 자연주의의 옹호자들도 일상생활에서는 다른 패러다임으로 전환해야 한다는 점을 스스럼없이 인정한다. 그로 인해 그들이 깨달아야 할 점이 있다. 세계관의 목적은 결국 **세계**를 설명하는 것이 아닌가. 그런데도 어떤 세계관이 세계의 일부를 설명하지 못한다면, 그 세계관은 무엇인가 잘못된 것이다. "어떤 사람이 자신을 가리켜 기계에 불과한 존재라고 말할 수 있겠지만, **그의 삶 전체가 그것을 부인한다**"고 쉐퍼는 쓰고 있다.[28]

복음을 전할 때 우리의 과제는 사람들로 하여금 이런 모순을 정직하게 직면하도록 하는 것이다. 그것은 본인이 믿는다고 말하는 내용과, 그의 **삶 전체**가 그에게 말해 주고 있는 것 사이의 모순이다. 그때 복음은 참으로 좋은 소식이 된다. 우리가 하나님의 형상으로 창조되었다는 교리가 인간의 자유와 도덕적 존재로서의 의미를 위한 든든한 기반을 제공해 주기 때문이다. 우리는 불합리한 상층부로의 도약에 호소하지 않아도 된다. 인격적 하나님을 출발점으로 삼을 때 비로소 우리 자신의 인격성도 완전히 설명될 수 있는 것이다. 더 이상 "쓰레기통에서 삐죽 나오지" 않아도 된다. 기독교 세계관이야말로 최고의 인간 이상을 지지하는 확고한 기초를 제공한다.

이제 우리는 기독교를 상층부에 배치시키지 않는 것이 왜 중요한지 알게 되었다. 그럴 경우 **이층적 이분법에 빠진 사람들에게 내놓을 만한 것이 아무것도 없게 될 것이기** 때문이다. 즉 우리도 또 하나의 비합리적인 상층부의 경험을 내놓는 셈인데, 그것은 "나에게는 타당하지만" 보편적이고 객관적인 타당성은 없는 것이리라. 우리는 기독교를 삶과 실재의 모든 부분을 다루는 포괄적이고 통일된 세계관으로 제시해야 마땅하다. 그저 종교적 진리에 불과한 것이 아니라 총체적 진리인 것이다.

제국주의적 "사실"

사실/가치의 이분법은 문화적·지적 동향의 상당 부분을 설명하는 데 필요한 도구들을 제공해 준다. 환원주의의 과정, 곧 쉐퍼가 언급한 하층부가 상층부를 "잠식하는" 현상을 예로 들어 보자. 우리가 몸담고 있는 현 시대에 이 과정은 꽤 멀리까지 진전되었다. 전통적으로는 상층부가 영이나 영혼―또는 현대인들이 말하는 자아―의 영역이었다면, 오늘날에는 이 개념들이 인지과학(마음의 철학)으로부터 대단한 폭격을 받고 있다. 우리의 자아 의식은 기껏해야 분자들의 상호작용으로 인한 우발적인 부산물 정도로 간주되고 있다. "물리적 세계는 완전히 자연적 공간이다"라고 설은 쓰고 있다. "그것은 분자들로 구성되어 있는데, 분자는 조직체를 이루고 그 가운데 일부는 진화과정상 의식과 지향성(intentionality)을 발달시켰다."[29] 이를테면, 당신과 나는 분자들에 불과한 존재인데, 그 분자들이 어찌어찌 해서 의식과 개인적 정체성을 발달시켰다는 것이다.

    많은 과학적 유물론자들이 "자아"라는 것 자체가 존재하지 않는다고까지 말하기 시작했다. 몸속에 거하면서 결정을 내리고, 의견을 견지하고, 사랑하고 미워하는 "나"라는 중심이 없다는 말이다. 정신에 관한 대중적 컴퓨터 이론은 '나'를 쪼개어 각각 별도로 진화된 모듈(컴퓨터에서 독자적 기능을 가진 교환 가능한 구성요소―

편집자)의 집합, 곧 각기 고도로 특화된 기능을 수행하는 연산기의 집합체로 만들었다. 최근에 있었던 공개 포럼에서, 핑커는 통일된 자아라는 개념은 순전히 허구라고 주장했다. "뇌라는 집무실에 대통령이 있어 모든 활동을 감독한다는 것은 환상에 불과하다."[30] 그 포럼의 제목은 적절하게도 "과학이 영혼을 죽이고 있는가?"였다.

제거적 유물론(eliminative materialism)이라 불리는 한 학파는, 의식 자체를 환상으로 치부할 정도로 극단적이다. 그들은 정신 상태가 존재하지 않는다고 주장한다. 신념과 욕망에 관한 언어를 신경조직의 물리적 메커니즘에 관한 진술로―신경세포의 활동 등과 같은 용어로―대치하라고 요구한다.[31] 설은 위 운동의 산물을 소화작용이라고 부르듯이 뇌 작용의 산물을 "정신작용"(mentation)이라고 묘사할 것을 제안한다. 우리는 우리가 의도적이고 의식적으로 행동한다고 **생각할지** 몰라도, 사실은 뇌가 독자적으로 행동하고 나서 우리가 의도적으로 행동했다고 생각하도록 기만한다는 것이다. 다니엘 웨그너(Daniel Wegner)라는 하버드 대학교의 심리학자는 「의식적 의지의 환상」(*The Illusion of Conscious Will*)이란 책을 썼는데, 거기서 무의식적 세력들이 우리의 모든 행동을 좌우한다고 주장했다.[32]

그러나 진정한 칸트의 형식에서는, 제거적 유물론자마저도 자아의 개념이 편리한 허구로 남아 있음을 시인한다. 실제로 우리에게 없어서는 안되는 것으로 여긴다. 우리의 행동이 무의식적 에너지의 산물이라 하더라도, 웨그너에 의하면, 의식적 의지의 **느낌**은 유용한 환상에 불과하다. 그것은 누가 무엇을 했는지를 파악하는 데 도움이 되고 우리의 행동에 대한 도덕적 책임을 수용할 수 있게 하기 때문이다(비록 우리가 그런 행동을 하겠다고 선택한 것은 아니지만).

여기서 당신은 다시 신앙의 도약이 일어나는 것을 간파할 수 있는가? 과학적 유물론은 의식적 의지의 객관적 존재를 배제한다. 그러나 일상적인 경험에서 우리는 그것 없이 살 수 없다. 그러므로 그것을 다른 유용한 허구들과 함께 상층부로 던져 버리는 것이다.

이와 비슷하게, 철학자 다니엘 데닛(Daniel Dennett)의 주장은 목적·의도·느낌 등에 관한 언어는 과학에 속하지 않고 그가 "통속 심리학"(folk-psychology)—일상 담론의 관용어—이라고 부르는 것에 속한다는 것이다. 하지만 그것은 일상 담론에서는 필수 불가결할 정도다. 사람들의 행위를 예측할 때, 그들을 그저 물리적 메커니즘으로 가정하는 것보다 신념과 욕망과 목적을 가진 존재**인 것처럼** 생각하는 편이 훨씬 더 믿을 만하기 때문이다. (만일 샐리가 우유를 **원한다**는 것과 그녀가 그것이 냉장고에 있다고 **믿는다**는 것을 우리가 안다면, 그녀가 냉장고로 가리라는 것을 예측하기가 더 쉽다.) 그런데 데닛이 상층부를 묘사할 때 사용하는 칸트식의 표현—마치…… **인 것처럼**(as if)—은 사실 죽은 양보다. 그것은 유용하지만 따지고 보면 거짓이기 때문이다. 한 철학자는 이렇게 말한다. 만일 우리가 통속 심리학이 "사물을 바라보는 하나의 방식이지만 엄격하게 말해, 어떤 의미에서는 거짓"[33]임을 유념한다면 유용하다고 할 수 있다.

사실의 영역이 강력한 제국주의로 성장하여 **가치**의 영역을 급격하게 식민지화하고 있음이 분명하다. 그 결과 자아와 도덕적 책임 같은 전통적 개념들을 편리한 허구로 축소시켜 버린 것이다.

캠퍼스에서의 전쟁

상층부과 하층부 사이의 역학은 종종 양 진영을 대표하는 그룹들 간의 적대감으로 이어진다. 오늘날 대학 캠퍼스를 보면 그 적대감이 선명하게 드러난다. **사실**의 진영인 자연과학 분야에서는 객관적 지식의 이상이 아직도 주도권을 잡고 있다. 일반 대학에 다니는 많은 그리스도인들은 다원주의를 신봉하는 교수들이 종교적 믿음을 가진 학생들을 조롱하는 끔찍한 이야기를 종종 들려준다. 이와 반대로, **가치**의 진영인 인문학과 사회과학 분야에서는 객관적 진리의 이상이 케케묵은 유물이 되었고, 지금은 주관주의가 포스트모더니즘·다문화주의·해체주의·정치적 올바름(political correctress) 등의 형태로 군림하고 있다. 여기서의 진리란 특정한 해석 공동체에 따라 달라질 수 있는 상대적인 것이고, 지식 권리의 주장도 기껏해야 사회적 구성물이며 최악의 경우에는 권력 행사에 불과하다고 본다. 대학생 시절 내 신앙에 가장 거칠게 도전한 것은 사회학 강의였다. 상대주의적 가정이 너무나 팽배했기 때문에 기독교가 진리라는 확신은 고사하고도 객관적 진리라는 **가능성** 자체에 희망을 두는 것마저도 여간 어려운 일이 아니었다. 최근의 조그비 여론조사(Zogby poll)에 의하면, 미국 대학 4학년생의 75%가 교수들이 보편적 또는 객관적 의미에서 옳고 그른 것이 아예 존재하지 않는다고 가르친다고 답했다. "옳고 그른 것은 개인의 가치관과 문화적 다양성의 차이에 달려 있다"는 것이다.[34]

오늘날 캠퍼스에서 일어나는 전쟁은, **사실**의 영역이 제국주의적 성격을 더욱 강화하고 있고 **가치**의 영역이 반격을 가하는 양상을 띠고 있다. 포스트모더니스트들은 합리성과 과학 같은 계몽주의의 개념을 겨냥해 그것들이 모두 서구·백인·남성 권력의 표출이라고 폭로한다. 페미니스트 대수학에서는 수학 문제를 "공략한다"는 관용어를 억압적이고 폭력적인 표현이라 비난한다. 페미니스트 생물학은 DNA의 개념을 세포의 활동을 지도하는 "우두머리 분자"로 묘사하는 것을 남성적 편견의 산물로 비난하고 있다. 과학적 방법 자체가 남성의 지배와 통제라는 성차별적 뉘앙스를 띠고 있다고 비판하며, 그것이 "지구의 강간"(rape of the earth)을 정당화하고 있다고 한다. 페미니스트인 산드라 하딩(Sandra Harding)은 뉴턴의 역학 원리를 뉴턴의 "강간 지침서"라고 불러야 한다고 주장한 것으로 유명하다.[35] 물론 여성들이 새로운 관점을 소개함으로써 학문세계에 기여한 적이 있지만, 여기서 내가 말하는 것은 포스트모더니즘 및 다문화주의와 손잡고 합리성과 객관성의 개념을 파헤쳐 그 정체를 폭로하는 급진적이고 이데올로기적인 페미니즘이다.

그런데 왜 이런 운동들이 서구 합리주의에 그토록 반기를 들고 있는 것일까? 먼저 계몽주의적 과학주의의 발흥이 종교뿐 아니라 예술과 인문학까지도 수세를 취하게 만들었다는 점을 상기하는 것이 중요하다. 전통적으로, 예술은 진리(Truth)의 표현으로 간주되어 왔다. 예술은 신화와 은유를 사용하더라도 인간의 상태에 대한 심오한 진리를 전달했다. 그런데 계몽주의 시대에 이르러 합리주의적 비평가들이 예술을 비난하기 시작했다. 일각수·용·괴물·요정 등이 등장하는 시와 동화는 해로운 환상에 불과하다고 주장한 것이다. 과학에 의해 밝혀진 "참 세계"를 시인과 화가가 만들어 낸 "거짓 세계"와 대조시켰다.

"과학이 지성인을 설득한 것은, 우주는 목적 없는 물질의 파편들이 기계적으로 상호작용을 일으키는 것에 불과하다는 점이었다"고 역사가 자크 바준(Jacques Barzun)이 쓰고 있다. 결과적으로, "90년대〔1890년대〕의 사려 깊은 사람은 자신에게 더 이상 황혼을 감탄하며 바라보아서는 안된다고 단단히 타일렀다. 그것은 가변적인 밀도를 가진 여러 공기 층에서 하얀 빛이 먼지조각을 통해 굴절된 것에 불과했다."[36] 마찬가지로, 황혼을 그릴 이유가 또한 어디 있는가? 그것은 한갓 환상을 그리는 것일 뿐이다. 예술은 기껏해야 즐거움을 주는 거짓, 고상한 거짓말(Noble Lie)에 불과한 것이었다.

예술이 그 지위와 명성을 잃게 되면서 예술가와 작가는 사회에서의 역사적 역할을 상실한 채 표류하기 시작했다. 많은 이들이 기계론적 과학과 산업사회를 비인간화의 주범으로 공격하는 등 공세를 취했고 그로 인해 오히려 그들의 지위는 더욱 곤경에 빠졌다.[37] 오늘날에도 그들은 새로 개발한 문학 분석과 해체(deconsturction) 같은 분석 수단의 우월성을 입증함으로써 잘못된 것을 시정하려고 계속해서 노력하고 있다. 그런데 이런 도구들을 신성불가침의 영역인 과학에는 왜 적용하지 않는 것일까? 만일 모든 텍스트가 해체될 수 있다면, 과학 텍스트는 어째서 면제 대상이 되었는가?(포스트모더니즘의 텍스트 독해법인 해체는, 텍스트의 구조가 텍스트가 주장하는 의미와 대립하여 스스로 붕괴됨을 보여주려 한다—편집자)

여러 해 전에 보스턴 대학에서 열린 과학과 포스트모더니즘을 주제로 한 학회에서 흥미로운 격론이 오가는 것을 목격한 적이 있다. 포스트모더니즘 철학자들은 "거대 담론(metanarratives)이란 존재하지 않는다"—모든 것을 포괄하는 보편적 진리란 없다—고 주장하면서 논쟁을 시작했다. 과학자를 대표해서 응답에 나선 이는 노벨상 수상자인 물리학자 스티븐 와인버그(Steven Weinberg)였다. 그는 이렇게 말했다. 천만에, 거대 담론은 당연히 존재한다. 진화라는 게 있지 않은가? 그것은 대폭발(Big Bang)에서 태양계의 기원을 거쳐 인간 생명의 기원에 이르는 광대한 거대 담론이다. 진화가 사실인 이상, 적어도 **하나의** 거대 담론이 있다는 것이 증명된 셈이다.

이에 대해 포스트모더니스트 철학자들은 아주 공손하게 반응했다. 그것은 단지 **당신의** 거대 담론일 뿐이라고. 진화는 다른 모든 도식과 마찬가지로 하나의 사회적 구성물에 불과하다고 했다. 인간 정신의 창조물이라는 것이다.

이처럼 포스트모더니즘은 가장 신뢰받던 과학이론마저 상대적인, 문화의 제약을 받는 사회적 구성물로 전락시킨다. 더구나 합리주의의 죽은 손에서, 합리주의가 낳은 산업화된 비인격적인 사회에서 "해방시킨다"는 명목으로 그렇게 한다. 때로는 순전히 비합리적인 것마저도 하층부의 자연주의적 "기계"로부터의 탈출인 것처럼 그려지기도 한다. 우리가 1960년대의 마약문화와 그 후 70년대의 뉴에이지 운동에서, 그리고 오늘날 포스트모더니즘에서 목격하는 비합리성의 예찬이 바로 그런 것이다. 1978년에 「뉴욕 타임스」 (*New York Times*)의 한 사설은 캘리포니아 주가 "강철에서 플라스틱으로, 하드웨어에서 소프트웨어로, 유물론에서 신비주의로, 실재에서 공상으로" 전환한 첫번째 주라고 논평했다.[38] 신비주의? 공상? 낭만적 포스트모더니즘이, 사멸하는 유물론에 대한 구속적 대안으로 제시된 좋은 예라 하겠다.

하층부가 점점 더 자연주의적이고 기계론적 성향을 띨수록, 상층부는 더욱 비합리적이고 공상적인 방향으로 나아가는 것 같다. 논리와 합리성으로부터의 도피는 의미를 더 크게 경험하기 위한 탈출구로 받아들여졌다.

자유주의의 찌꺼기

진리에 대한 이층적 관점으로의 전환은 자유주의 신학의 발흥을 설명하는 데도 유용하다. 자유주의는 딱 부러지게 정의하기가 어렵다. 신학자마다 역사적 기독교 교리에서 각기 다른 부분을 취하기 때문이다. 어떤 이는 예수의 신성을 받아들이는 반면에 다른 이는 그것을 부인한다. 부활의 실재나 동정녀 탄생이나 예수의 기적들을 수용하는 이가 있는가 하면 그렇지 않은 이도 있다. 이런 식으로 계속 이어진다. 오랜 세월 동안 보수적 신학자들은 자유주의에 대항해 이런저런 교리를 개별적으로 방어하느라 허둥거렸다. 그러나 자유주의를 비판하는 훨씬 더 효과적인 방법은 그들의 인식론(진리에 관한 이론)을 노출시키는 것이다. 자유주의가 안고 있는 결정적인 결함은 진리에 대한 이층적 개념을 도입하고 있다는 점이다. 하층부에서는 과학과 역사에 대한 자연주의적 설명을 수용하는 한편, 신학은 상층부로 넘겨져 개인적이고 비인지적인 경험으로 축소돼

버렸다.³⁹

그래서 자유주의 신학자들이 성경은 오류투성이라고 주장하는 것이다. 자연주의적 과학과 역사는 기적을 비롯한 초자연적 사건이 아예 불가능하다고 천명하고 있기 때문이다.⁴⁰ 자유주의자들은 자연주의에 순응해야 한다고 확신하기 때문에 성경에 나오는 초자연적 요소들을 부인하거나 그것들을 자연주의적 언어로 번역하는 수밖에 없다. 예를 들어, 한 아일랜드인 성직자가 최근에 성경의 모든 기적에 대해 "자연적 설명이 가능하다"고 주장하는 글을 썼다. "오병이어의 기적에 대해 가능한 자연적 설명 한 가지는, 그 군중이 예수의 말에 감동을 받아 자기들이 갖고 있던 적은 양식을 아주 관대하게 효과적으로 나누어 먹었기 때문에 모두에게 충분했다"고 한다. 놀랄 만한 사실은, 그 성직자가 과학적 비판가들에 대항해 기독교를 **변호**하기 위해 이런 해석을 내놓았다는 것이다. 그는 희망에 차서 결론짓는다. "만일 당신이 이에 대해 생각해 보면 충분히 납득할 것이다."⁴¹ 그의 적수들이 과연 깊은 인상을 받았을지 의심스럽다.

자유주의 신학은 하층부에 자연주의를 수용하고 나서 상층부에만 국한된, 자연이나 역사로부터 완전히 단절된 새로운 형태의 기독교를 재건하려고 애쓴다. 그들의 주장에 의하면, "창조"는 하나님이 실제로 행한 어떤 것이 아니다. 그것은 하나님에 대한 우리의 의존관계를 나타내는 상징적인 언어일 뿐이다. "타락"은 역사상 일어났던 사건이 아니라, 단지 만연한 도덕적 부패의 상징일 뿐이다. "구속"은 의미와 목적의식을 지칭하는 것이지, 예수의 빈 무덤이 역사적 사실인지 여부와 아무런 상관이 없다. 이런 과정을 거치고 남은 신학은 너무나 얄팍해서 결국 다른 곳—실존주의(신정통파), 마르크스주의(해방신학), 페미니즘(여성해방신학), 과정사상(과정신학), 또는 포스트모더니즘 등—에서 해석의 틀을 빌려 오게 된다. 그럴 경우 기독교적 범주들은 외적인 개념의 틀에 입각해서 재해석되기 마련이다.

그렇다면 자유주의의 핵심적 특징은 성경에 대한 세세한 해석에 있는 것이 아니라 진리에 대한 두 영역론에 있는 것이다. 자유주의는 역사적 사실에 근거한 기독교를 그 뿌리로부터 떼어 내어 상층부에 던져 버린 셈이다. 거기서 기독교는 주관적이고 알맹이 없는 상징과 은유로 전락하고 만다. 실제적으로는, 보다 내실 있는 다른 사고체계를 위한 영적인 창 정도밖에 되지 않는 것이다.

이 같은 진리 개념의 분할은 역사적 기독교에 전혀 낯선 것이다. 기독교는 영적 진리가 역사적 사건에 확고히 뿌리박고 있다고 가르친다. 바울은 만일 그리스도의 부활이 실제 역사에서 일어나지 않았다면—빈 무덤이 없었다면—우리의 믿음이 헛것이라고까지 말했다(고전 15장). 그리고 그리스도의 십자가 죽음 후에 그가 살아 있음을 목격한 증인이 5백 명이나 되었다고 주장했다. 이는 역사적 사건을 검증하는 데 사용되는 일반적 수단이 종교적 진리에 적용될 수 있음을 시사한 것이다. 물론, 부활은 하나의 역사적 사건일 뿐 아니라 심오하고 광범위한 영적 의미를 담고 있다. 그런데 중요한 점은, 그 둘이 따로 분할되지 않는다는 것이다. 실제로 발생하지 않은 사건이 영적인 의미를 함축할 수 없기 때문이다. 정통 그리스도인은 통일된 진리의 장을 붙들고 있다. 그것은 우리 마음속에서 행하시는 하나님이 또한 역사 속에서 활동하시는 하나님이시기 때문이다.

오늘날의 복음전도

포스트모던 시대를 사는 우리가 전도활동에 참여할 때는, 기독교 진리의 전체적 통일성(holistic unity)이 우리 메시지의 핵심을 차지해야 한다. 전통적인 변증론은 많은 이들에게 더 이상 효과가 없다. 예를 들면, 성경의 역사적 신빙성에 근거한 논증은 불신자가 과거의 틀, 곧 종교적 주장이 참과 거짓 둘 중의 하나라고 생각하던 사고방식을 갖고 있을 경우에는 효과가 있다.[42] 하지만 오늘날 당신이 기독교를 참이라고 하거나 역사적으로 검증 가능하다고 이야기하면 많은 이들이 어리둥절해 할 것이다. 지금 시대는 종교가 인간의 주관성의 산물로 간주되고 있다. 그러므로 "좋은" 종교적 신념의 시험은, 그것이 객관적으로 타당한가에 있는 것이 아니라 그것을 믿는 사람의 삶에 유익한 영향을 미치는가에 있다.

불가지론자였던 시절에 나도 이런 태도를 무차별적으로 흡수했다. 나의 오빠 칼이 언젠가 나와 내 친구에게 종교적 신념에 관해 퀴즈를 낸 적이 있었다. 그 친구는 자신의 회의를 공개적으로 시인하는 것을 꺼려서 이리저리 피하고 있었는데, 마침내 오빠가 이렇게 질문을 던졌다. "너는 부활을 믿니? 예수가 역사적으로 죽은 자 가운데서 살아났다는 것 말이야."

내 친구는 잠시 생각하더니 "글쎄, 그것이 문제의 핵심이지요?" 하고 사려 깊게 응답했다.

"아니, 그렇지 않아" 하고 내가 끼어들었다. "부활은 일종의 비유일 수 있어. 역사적인 사실이 아니라 그것을 믿는 자들에게 어떤 영적 진리를 보여주는 것일 수 있다는 말이야." 이 대화에서 내 친구는 과거의 합리주의적 회의론을 대표했는데, 참과 거짓 그리고 경험론적 검증 가능성의 범주 내에서 사고하고 있었던 것이다. 나는 이미 포스트모던적 주관주의에 휩쓸린 상태여서 종교가 더 이상 그런 범주에 포함되지 않는다고 생각했다. 아이젠하워 대통령은 "우리 정부가 깊은 종교적 신앙에 기초를 두지 않는 한 아무런 의미가 없을 것이다. 그리고 그것이 무엇이든 나는 상관하지 않는다"고 말했다.[43] 일찍이 동일한 태도를 표명한 것이다. 포스트모던 세계에서는, 종교가 객관적으로 사실인지 여부는 중요하지 않고 다만 유익한 기능을 발휘하는지가 중요하다.

사실, 현대인은 **종교**에 관해 이야기하기를 꺼리고 **영성**이라는 용어를 더 선호한다. 「미국의 인구 통계」(*American Demographics*)라는 잡지는 "나는 종교가 아니라 영성으로 진입한다"는 말이 새천년의 주문으로 빠르게 자리잡고 있다고 보도했다.[44]

이 둘의 차이는 무엇일까? **종교**는 제도·교단·공식적 교리·형식적 의례 등과 같은 공적 영역을 지칭하게 된 반면, **영성**은 개인의 체험이라는 사적 영역을 연상시킨다. 웨이드 클락 루프(Wade Clark Roof)는 이렇게 설명한다. "영은 종교의 내적·체험적 측면이고 제도는 외적으로 확립된 형태다."[45] 이제는 신앙의 영역까지 이처럼 공적인 부분과 사적인 부분으로 나뉜 것이 흥미롭지 않은가? 그리고 영성이 개인적 체험의 사적 영역에 확고히 자리잡고 있기에, 많은 이들이 공적인 종교기관과 공식적인 종교의 교리라는 **개념 자체**에 의심스런 눈초리를 보내고 있다. 신앙은 당연히 개인적이고 주관적인 것이라는 생각이 만연함에 따라 오늘날 종교기관들이 신빙성을 잃게 된 것이 아닐까 생각된다.

이런 분할 현상이 표출된 하나의 계기는, 테러 공격에 대한 미국인의 영적 반응을 타진한 여론조사였다. 사람들에게 9·11 사태가 자신의 종교적 **감정**에 얼마나 영향을 미쳤는지 물었는데, 수치가 크게 치솟았다. 그러나 그들의 실제적인 종교적 **신념과 실천**(예를 들어 얼마나 자주 교회에 가는지 성경을 읽는지 등)에 관해 묻자, 그 수치는 사태 이전과 같은 수준으로 떨어졌다. "오늘날에는 마음에 위안을 주는 모호한 영성은 건전하다고 보는 반면 교리적이고 권위적인 종교는 위험하다고 보는 합의가 더욱 형성되고 있는 것 같다."[46] 칼럼리스트 테리 매팅리(Terry Mattingly)가 내린 결론이다. **영성**의 개념은, 교리적 내용이 빠진 채 분석 가능한 어떤 역사적 주장들로부터도 동떨어진 체험을 의미하기에 이르렀다. 즉 상층부에만 속하는 그 무엇을 지칭한다는 말이다.

이 시대의 영

이런 분위기에서 우리에게 주어진 도전은 기독교를 상층부에만 국한되지 않는, 통일되고 포괄적인 진리로 제시하는 일이다. 먼저 기독교가 **모든** 차원에서 진리임을 확신해야 한다. 아주 엄격한 합리적·역사적 시험을 견뎌낼 수 있는 동시에 최고의 영적 이상을 성취할 수 있는 진리라고 믿는 것이다.

그리스도인들은 이 세상의 영을 대적하도록 부름받았는데, 그 영은 끊임없이 변하고 있다. 우리 세대가 직면한 도전은 이전 세대의 것과 같지 않다. 이 세상의 영을 대적하려면 오늘날 그 영이 취하는 형태를 간파해야 한다. 그렇지 않으면 그것을 대적하지 못할 뿐더러 무의식중에 그것에 동화될 수도 있다.[47]

우리 가운데 많은 이들이 그렇게 하지 않았는가? 많은 복음주의자들이 자신의 신념을 상층부로 옮겨 놓고 주관적이고 개인적인 진리로 삼고 있지 않은가? "나에게는 진리"지만 보편적이고 객관적인 진리는 아닌 것으로 말이다. 빌 위치터맨은 이렇게 쓰고 있다. "미국인들 가운데 상당히 높은 비율이 이전 세대로부터 유신론적 세계를 물려받았으나 그것을 문화적 엘리트의 상대주의와 '혼합시켰다.'" 그 결과 그들은 "근본적으로 양립 불가능한 개념들을 붙들고 결국 양자를 동시에 긍정하기에" 이르렀다.[48]

예컨대, 루터교단에서 가장 큰 세 개의 노회를 대상으로 실시한 1970년대의 설문조사에서, 루터교인의 75%가 예수 그리스도에 대한 믿음이 구원에 절대 필요한 것으로 생각하고 있음이 드러났다. 그런데 모든 길이 하나님께로 인도하며, 어느 길을 택하든지 상관없다고 생각하는 교인도 75%인 것으로 나타났다. 이 수치로 볼 때는, 여론조사에 응답한 루터교인 중 적어도 반이 서로 배타적인 두 가지 신학적 입장을 갖고 있는 셈이다. 어떻게 그것이 가능할까? 그리스도인들은 종종 "두 갈래로 나뉘어진 정신"을 갖고 있다고 역사가 시드니 미드는 설명한다. "어느 미국인이 예수 그리스도에 대한 믿음이 구원에 필수적이라고 주장할 때는 정통 기독교 세계의 전통을 학습한 결과 그렇게 말하는 것이고…… 모든 길이 하나님께로 이르고 모두 똑같이 타당하다고 주장할 때는 18세기 '계몽주의' 관점의 예속자로서 그렇게 말하는 것이다."[49]

혹시 당신과 나도 정신은 계몽주의의 관점에 젖은 채 신앙을 마음(heart)의 문제로만 여기고 있지는 않은가? 그런 경우가 너무나 많다고 필립 존슨은 말한다. "보수적인 그리스도인들조차도 신앙을 너무나 사유화한 나머지 그것을 지식의 근원이 아니라 세속적 학문이 제시한 주제에 대해 신학적으로 '성찰'하는 정도에 불과한 것으로 간주한다."[50] 그가 설명하듯이 "전형적인 전략은, '사실'을 결정하는 권한은 과학에 양보하고 '가치'의 영역에서 기독교 신앙의 일부분을 건져내려는 것이다."[51]

하지만 그런 전략은 결국 자멸에 이르게 할 뿐이다. 그것은 가치관에 참 지식의 지위를 부여하지 않고 그저 주관적이고 자의적인 것으로 치부해 버리기 때문이다. **가치**라는 단어에 매력이 있는 것은 그것이 "인간 경험의 가장 중요한 차원들", 곧 옳고 그름·선과 악·아름다움과 추함 등을 지칭하기 때문이라고 역사가 더글라스 슬로안(Douglas Sloan)은 쓰고 있다. "그런데 그것은 환상"이라고 그는 경고한다. "그것은 사실상 가치와 사실을 나누는 근대의 이원론에 항복하는 것을 의미하는데, 그에 따르면 인간 경험의 가장 중요한 영역이 자의적이고 비합리적으로, 궁극적으로는 독단적인 방식으로 다루어질 수밖에 없다는 것이다."[52] 그리스도인들은 우리가 주장하는 것이 실재에 관한 것이지 주관적인 경험에 불과한 것이 아님을 확실히 밝히는 길을 찾아야 한다.

언젠가 교사 수련회에서 사실/가치의 이분법을 설명하는 강연을 마치자, 한 교사가 일어나더니 신나는 어조로 이렇게 말했다. "기독교 교육은 그 둘을 모두 포함하고 있습니다. 기독교는 **가치**에 관한 것이고 교육은 **사실**에 관한 것이니까요. 그러므로 우리는 아주 잘 하고 있다고 생각합니다." 그 교사는 자신이 근대의 분열적 사고방식에 완전히 젖어 있다는 것을 자각하지 못하고 있는 것이다. 우리가 이 용어들이 오늘날 어떤 의미로 사용되는지 안다면, 그 둘 모두를 배격할 것이다. 그리스도인은 **가치**를 장려하는 것이 아니다. 우리는 기독교가 사적인 선호에 불과한 것이 아니라 객관적인 진리임을 확신하기 때문이다. 또한 우리는 근대적 의미의 **사실**을 가르치는 것도 아니다. 그 사실이라는 용어는 어떤 종교적 틀로부터도 자유로운 "가치중립적" 과학을 의미하기 때문이다. 기독교가 제공하는 것은 세속세계에서 말하는 이층적 진리 개념과 완전히 대조되는 하나로 통일되고 통합된 진리(unified, integrated truth)다.

C. S. 루이스의 참 신화

전통적 복음전도는 인간의 **도덕적** "상실"을 주제로 삼았는데, 그것은 전도 대상자가 거룩한 하나님 앞에 선 죄인이라는 인식을 할 경우에 효과적인 방법일 수 있다. 그러나 오늘날에는 초월적인 도덕적 표준이 있다고 믿는 사람이 많지 않다. 당신이 죄의식에 관해 이야기하면, 그들은 당신이 심리치료를 받아야 할 심리적 문제를 이야기하는 것으로 생각하지 용서받아야 할 진정한 도덕적 죄의식에 대해 말하고 있다고 여기지 않는다.

그런데 우리가 주제로 삼을 만한 **형이상학적 "상실"**이라는 것도 있다. 이층적 분리의 비극은 인생에서 가장 중요한 것들—존엄성·자유·개인의 정체성·궁극적 목적 등—이 상층부로 던져진 결과, 일반적으로 용인되는 지식에 근거를 두고 있지 않다는 점이다. 우리는 분리된 진리의 개념을 다만 학문적인 것으로만 여겨서는 안 된다. 그것은 실제로 사람들이 **안다고 생각하는 것**(우리는 결정론적 우주에 몸담은 기계에 불과하다는 것)과 그들이 절실히 **믿고 싶어하는 것**(우리의 삶은 목적과 의미를 갖고 있다는 것) 사이의 내적인 분열도 낳기 때문이다.

이는 너무나 곤혹스러운 딜레마를 낳기도 하는데, 널리 사랑받는 작가 C. S. 루이스의 경우가 극적인 한 예다. 루이스는 젊은 시절에 어린아이 때의 신앙을 버리고 무신론과 유물론을 포용했다. 하지만 그 새로운 철학들은 그를 지적인 욕구불만에 빠뜨렸고 그의 상상력도 굶주림에 시달렸다. 그는 훗날 이렇게 썼다. "나는 내가 사랑한 거의 모든 것[시·아름다움·신화]이 상상의 산물이라 믿었고, 내가 실재라고 믿었던 거의 모든 것은 음산하고 무의미하다고 생각했다."[53]

여기서 이층적 구분을 알아차릴 수 있겠는가? 루이스가 실재라고 **생각했던** 것은 과학적 유물론이 지배하는 하층부의 세계였다.

그것은 "냉혹하고 무의미한" 것이었다. 그가 실재이길 **희망했던** 것은 신화와 의미가 속한 상층부였는데, 그 영역은 "상상"에 불과하다고 믿었던 것이다.

이런 내면의 갈등이 굉장한 고뇌를 불러일으켜 루이스로 하여금 종교적 탐구를 하게 만들었다. 그는 의미와 아름다움을 향한 갈망을 포함해 전인(全人)을 만족시켜 줄 진리를 찾으려고 씨름했다. 결국 그는 유물론을 버리고 철학적 관념론을 채택했다가 범신론을 포용했는데, 그가 "이성"과 "낭만주의"라고 부른 두 개의 상충된 영역을 하나로 묶으려는 간절한 노력의 여정이었다.

이성 대 낭만주의에 관한 C. S. 루이스의 논의

낭만주의
아름답지만 상상의 산물

이성
냉혹하지만 실재하는 것

마침내 기독교야말로 평생에 걸친 고민을 해결할 수 있다는 것을 깨달았을 때 루이스는 얼마나 기뻤는지 모른다. 그는 그리스도의 성육신이, 그가 언제나 좋아했던 고대 신화들의 완성인 동시에 확인 가능한 역사적 사실임을 알았다. 기독교는 "다른 모든 신화들이 가리키고 있던 진정한 참 신화였다"고 한 전기작가는 설명한다. "그것은 역사에 근거한 신앙이었고, 그의 엄청난 지성을 만족시켜

준 것이었다."⁵⁴

루이스 자신이 표현한 강력한 문구를 빌자면, 그리스도의 부활은 사실이 된 신화였다. 그것은 신화에 담긴 경이와 아름다움을 모두 갖고 있으면서 초월적 영역과 접촉하고픈 인간의 가장 깊은 욕구에 부응하는 것이었다. 그리고 그것은 경이 중의 경이로서, 시공간의 역사 가운데서 실제로 발생한 사건이었다.

> 기독교의 핵심은 신화이며 또한 사실이다. 죽는 신에 관한 오랜 신화가 신화로 그치지 않고 전설과 상상의 하늘에서 역사의 땅으로 내려온다. 특정 시간, 특정 장소에서 발생하여 설명 가능한 역사적인 결과를 낳는다. 우리는 언제, 어디서 죽었는지 아무도 모르는 발데르와 오시리스를 지나 본디오 빌라도 치하에서 십자가에 못박힌 역사적 인물에 이른다.⁵⁵

아이러니하게도, 루이스에게 전환점이 된 것은 그가 그때까지 알았던 무신론자들 중 "가장 강경한" 무신론자와의 대화였다. 그는 복음서들의 역사성에 대한 증거가 놀랄 만큼 훌륭하다는 말을 해서 루이스를 놀라게 했던 인물이다. "죽는 신에 관한 그 자료[신화] 말이야. 범상치 않아. 한번은 실제로 일어났던 일 같단 말이야."⁵⁶

그 몇 마디 때문에 루이스는 생각의 초점을 뚜렷이 맞출 수 있었다. 그는 기독교가 경험적 증거에 의해 확인될 수 있는 역사적 사건들에 기초해 있다는 것, 그리고 동시에 그 사건들이 가장 고상한 영적 의미를 표현하고 있다는 것을 깨달았다. 거기에는 서로 상충되고 반대되는 진리의 분열이 없었다. 따라서 한 개인의 내면생활에도 분열현상이 없었던 것이다. 기독교는 우리의 이성과 영적 갈망을 둘 다 채워 준다. 이는 참으로 좋은 소식임에 틀림없다. 우리가 이 세상에 줄 수 있는 것은 지적으로 만족스러운 동시에 아름다움과 의미를 향한 우리의 속 깊은 굶주림을 채워 주는, 하나로 통일된 진리다.

온전한 진리

우리는 포스트모던한 우리의 이웃들에게 이런 입장을 제시할 준비가 되어 있는가? 우리는 "자기를 지켜 세속에 물들지" 않게 하라(약 1:27)는 야고보의 명령을 읽을 때면 그것을 순전히 도덕적 의미로, 죄를 짓지 말라는 명령으로 해석하는 경향이 짙다. 그러나 그것은 우리 자신을 세상의 잘못된 사고방식, 곧 잘못된 세계관에 "물들지 않도록" 지키라는 의미도 담고 있다. 우리는 역사의 현 시점에서 가장 지배적인 잘못된 세계관을 파악하고 그것에 저항하는 법을 배워야 한다. 그리고 우리 시대에 가장 만연한 사고방식은 진리에 관한 두 영역론이다. 싸움이 가장 치열하게 전개되는 곳에 개입하고 싶다면 성과 속, 공과 사, 사실과 가치 사이의 이분법을 극복할 수 있는 방법을 찾지 않으면 안된다. 기독교 세계관만이 온전하고 통합된 진리를 제공하고 있음을 세상에 증명하는 일이 바로 그것이다. 그것은 실재의 제한된 한면이 아니라 총체적 실재에 관한 진리다. 즉 총체적 진리다.

그러면 어떻게 그같이 포괄적인 기독교 세계관을 정립할 수 있을까? 어디서부터 시작할 것인가? 다음 장에서 당신은 기독교 세계관 정립을 위한 기본 도구들을 다루는 법을 배우면서 세계관 분석을 직접 실습하게 될 것이다. 동시에 비성경적 세계관들을 비판할 수 있는 간단하면서도 효과적인 전략도 배우게 될 것이다. 그래서 다른 이들을 잘못된 관념의 세력에서 해방시킬 수 있도록 하나님께 쓰임받을 준비를 갖추게 될 것이다.

4_ 영적 황무지에서 살아남으려면

[기독교 세계관은] 근본적인 세 가지 차원을 포함한다.
본래의 선한 창조,
죄로 인한 창조세계의 타락,
그리스도 안에서 창조세계의 회복.
_ 알버트 월터스(Albert Wolters)[1]

십대 시절, 나는 동네에 있는 대학 도서관에서 숲 속을 서성이는 아이 마냥 이리저리 헤매면서 기독교에 관한 책을 물색한 적이 있다. 당시 나는 고등학교를 막 졸업한 시점이었는데, 3학년 때는 실험과목으로 전투적인 무신론자 교사가 가르치는 지성사(intellectual history)를 택했다. 그 강의에 전혀 거부반응이 없었던 것은, 나로서는 이미 내가 자란 기독교 신앙을 버린 상태였고 나 나름의 진리를 찾는 중이었기 때문이다. 심지어 3학년 때는 내가 왜 기독교를 더 이상 신뢰할 수 없는지에 대해 보고서를 쓰기도 했다.

그런데 너무나 놀랍게도 그 맹렬한 무신론자 선생님이 내 리포트를 읽고는 나를 진정시키려 한 것이다. "무언가 새로운 것을 찾아보기 전에 네가 버리려는 것이 무엇인지 먼저 확실히 알아야 한다"고 충고했다. "네가 기독교를 완전히 포기하기로 결심하기 전에 기독교 철학에 관한 책을 몇 권 읽어 보는 게 좋겠다." 그는 내게 "아주 개방적인 그리스도인"(거꾸로 말하면 "폐쇄적인 무신론자")이 되는 것도 얼마든지 가능하다며 정직하고 열린 마음으로 진리를 찾는 것은 좋지만 자신의 가정 배경을 송두리째 묵살할 필요는 없다고 안심시켜 주었다.

이전에 기독교 철학이라는 것이 있다는 말조차 들은 적이 없는 나는, 근처에 있는 대학 도서관에서 "철학-기독교"란 주제가 적힌 카드 목록을 찾았다. 서가에서 내가 끄집어낸 책은 앨런 와츠(Alan Watts)의 「성령을 보라」(*Behold the Spirit*)는 책이었다. 1960년대 반문화 운동에 낯익은 이들은 금방 내가 함정에 빠진 것을 알아차릴 것이다. 와츠는 동양종교를 서양에 소개한 중심인물로서, 제목만 보면 기독교 서적 같지만, 그 주제는 실상 기독교의 껍데기를 벗기고 깊이 들어가 보면 동양의 신비주의가 가르치는 것과 동일하다는 것이었다. 와츠는 모든 종교가 공통적인 신념 — "영원의 철학" — 위에 문화적 겉치레를 한 것에 불과하다며, 그 신념이란 만물이 신적 존재(divine Being)에서 방출된다고 보는 것이라고 했다.

나는 평생 교회에 다녔고(부모님이 그렇게 만들었다) 루터 교단의 초등학교에 다녔다. 수년 동안 찬송가·성경구절·신조·루터교 교리문답 등을 암송했으며, 지금도 그런 배경에 대해 무척 감사하고 있다. 하지만 변증의 방법이나 다른 "주의들"로부터 기독교를 변호하는 법 또는 사상의 분석을 위한 도구 사용법을 배운 적이 없었기 때문에, 와츠의 책을 읽고는 그 속에 빠져 버렸다. 서점에서 그가 쓴 다른 책들과 올더스 헉슬리(Aldous Huxley, 「영원의 철학」 [*The Perennial Philosophy*])이란 제목의 책을 써서 그 사상을 퍼뜨린 인물)와 테야르 드 샤르댕(Teihard de Chardin, 신비적인 영적 진화론을 주장한 인물)의 책들을 구입했다.[2]

어깨 너머로 내가 읽는 것을 보고 비판적인 안목을 제공해 준 유일한 사람은 오빠 칼이었는데, 귀찮게도 그는 그 책들의 내용이 정통 기독교에서 아주 벗어난 것임을 지적해 주었다. 그런데 바로 그 점이 그 책들의 매력이었다. 그 책에서 약속한 것처럼 내가 기독교의 신비주의적 핵심을 붙드는 동시에 색다른 종교적 관념을 탐구할 수만 있다면, 더할 나위 없이 좋은 일이었다.

이 이야기는 기독교 세계관을 개발해야 할 가장 중요한 이유 중 하나를 잘 보여준다. 그것은 자신도 모르는 사이에 이질적인 철학을 흡수하는 잘못을 예방하기 위한 것이다. 젊은이들이 흔히 그렇듯, 나도 성경을 배우기는 했으나 성경의 교리를 관념과 이데올로기의 영역에 어떻게 연관시켜야 하는지 몰랐다. 가정과 교회의 울타리를 벗어나 처음으로 넓은 지적 세계에 진입했을 때, 나는 아주 쉬운 표적이 되고 말았다. 신앙에 대한 도전들을 물리칠 수 있는 개념적 도구가 없었기 때문이다.

"너희 속에 있는 소망에 관한 이유를 묻는 자에게는 대답할 것을 항상 예비하되"라고 베드로는 말한다(벧전 3:15). 여기서 "대답하다"(defense)는 본래 헬라어로 '아폴로기아'(*apologia*, 변증 [apologetics]의 어원)인데, 이는 법률용어로 법정에서 검사에 대한 변호인의 답변을 의미한다. 나중에 이 단어는 초대 기독교의 변증가들(apologists)을 지칭하는 데 사용되었다. 철학적으로 훈련된 신학자들이 자신의 새로운 신앙을 당시 로마제국의 이교주의에 대항해 변호한 것이다.

그렇다고 신앙을 변호하는 일이 전문적으로 훈련된 변증가에게만 해당하는 것은 아니다. 모든 그리스도인들이 복음을 전하도록 부름받은 것과 마찬가지로, 복음 메시지의 신빙성을 지지하는 이유를 제시하는 법도 배울 책임이 있다. 우리는 기독교 신학을 당대의 언어로 "번역"해 그것을 다른 사고체계(systems of thought)들과 나란히 놓고서, 기독교야말로 실재에 대해 더 일관되고 포괄적인 설명을 제공한다는 점을 입증할 수 있어야 한다.

몇 개월 전에 기발한 광고를 본 적이 있는데, 주름살이 많은 대학교수가 독자를 노려보는 사진 아래 이런 문구가 쓰여 있었다. "당신의 아들이 처음 접할 대학교수를 만나 보라. 그는 마르크스주의자이자 무신론자인 영어교수로, 그리스도인 신입생을 점심식사로 잡아먹는 인물이다."[3] 그리스도인 부모가 십대 자녀를 일반 대학에 보낼 때 바로 이런 이미지가 마음속에 떠올라야 한다. 오늘날에는 생존을 위해서라도 기본적인 변증을 배우는 것이 필수적이다. 변증의 도구 없이는, 젊은이들이 성경공부와 교리를 탄탄하게 배웠다고 해도 가정을 떠나 홀로 세속세계에 직면하면 어쩔 수 없이 비틀거리게 된다. 이런 비극적인 현상이 수없이 되풀이되곤 한다. 십대 그리스도인들이 가방을 싸 부모에게 작별인사를 한 다음 일반 대학에 가서는, 최근 유행하는 지적 사조에 잡아먹힘으로써 졸업하기 전에 이미 신앙을 잃어버리는 것이다.

금지된 사상의 신비감

1960년대와 70년대의 반문화(counterculture) 운동에 사로잡힌 많은 이들처럼, 나도 동양사상에 뛰어들었고 실존주의를 탐구했으며 초기 페미니즘에 관해 읽고 시험 삼아 마약도 해보면서, 진리란 상대적이고 주관적임을 "발견했다." 일부 십대들에게는 반문화 운동이 순전히 재미요 신나는 놀이판이었지만, 나에게는 진리와 의미를 찾으려는 진지한 시도였다. 나는 올더스 헉슬리와 같은 철학자들이 쓴 책을 읽은 후에 향정신제를 복용해 보았는데, 그들은 우주적 의식에 진입하는 수단으로 마약을 추천했던 것이다. 「인식의 문」(*The Doors of Perception*)이란 책에서 헉슬리는, 환각제를 사용하면 우리의 인식을 지루하고 평범한 일상세계로 제한하는 일반적 합리성의 "축소지향적 밸브"가 활짝 열릴 것이라고 약속했다. 나는 그로부터 영감을 받아 더 넓은 진리의 지평을 향한 철학적 추구의 일환으로 환각제에 손을 댄 것이다.[4]

뒤돌아보면 이상하기는 하지만, 내가 처음 프란시스 쉐퍼의 「이성에서의 도피」를 읽었던 것은 그 제목이 마약에 관한 또 다른 책처럼 들렸기 때문이다. 라브리에 관해 들어 보기 전에 나는 그 책의 영국판을 접했는데, 표지 그림이 좀 무시무시한 느낌을 주었다.

제목은 내가 찾고 있던 것을 정확하게 약속해 주는 것 같았다. 그것은 지루한 일반적 합리성의 굴레에서 벗어나는 것이었다. 내가 그 책을 집어들며 "그래 맞아, 나는 '이성으로부터 도피'하고 싶어"라고 생각했다. 물론 얼마 가지 않아서 쉐퍼의 주제가 그것과 정반대임을 알게 되었다. 포스트모던한 비합리성은 막다른 골목이며, 인생의 기본적인 철학적 의문에 대해 기독교만이 논리적으로 일관된 해답을 제공한다는 것이었다.

부모들은 자녀가 집을 떠날 때 이 같은 확신이 그들 마음속에 깊이 새겨지도록 해야 한다. 기독교야말로 사상의 시장에서 도전받을 때 스스로 지탱할 수 있는 능력이 있다고 말이다. 젊은 그리스도인들에게 개인 경건의 시간을 가르치고, 성경암송 프로그램을 따르게 하고, 캠퍼스 선교단체에 가입하게 하는 것으로 충분하지 않다. 강의실에서 직면할 지적인 도전에 대응하도록 그들을 준비시키는 것이 필요하다. 그들은 집을 떠나기 전에 장차 접할 모든 "주의들"—마르크스주의로부터 다윈주의, 포스트모더니즘에 이르기까지—에 대해 충분히 알아야 한다. 젊은 신자의 경우 이런 사상들에 대해 먼저 부모나 목회자나 청소년 지도자 등에게서 배우는 것이 최선인데, 그들이야말로 경쟁관계에 있는 다른 이데올로기들을 분석하는 전략을 가르쳐 줄 수 있기 때문이다.

최소한 할 일은, 이런 이데올로기들을 감싸고 있는 금지된 사상의 신비감을 벗겨 내는 것이다. 내가 십대였을 때 내 언니가 문화가 가진 몇 가지 신비—진화와 윤리적 상대주의 같은—속으로 나를 끌어들였다. 지금도 기억나는 것은 그것이 "어머니가 내게 한번도 이야기해 준 적 없는" 그 무엇이었기에 더욱 매혹적으로 보였다는 점이다. 기독교 학교와 교회에서 흔히 사용하는 방법론은 자녀들을 비성경적 이데올로기로부터 보호하는 것인데, 부분적으로는 건전한 교육정책이다. 지적 발달과 관련해 자녀가 복잡한 관념을 다룰 준비를 갖출 때까지 그들을 보호하는 것은 타당한 일이다. 그런데 많은 경우 학생들이 가정과 교회 또는 기독교 학교 내에서 다른 경쟁적인 사상에 한번도 노출되지 않음으로써, 장차 일반 대학과 같은 곳에서 접할 지적 싸움에 전혀 준비되지 않은 채 세상으로 나간다는 것이 문제다.

정직한 답변

이 젊은이들이 강의를 듣기 시작하고 그럴듯한 새로운 사상을 접하게 되면, 그동안 어른들이 무엇인가를 감추고 있지 않았나 의아해하기 시작한다. 부모와 교사들이 경쟁적인 사상들에 대해 비판하지 않은 것은 타당한 비판점이 없었기 때문이라고 의심할 수도 있다. 기독교를 변호하는 법을 보여주지 않은 것도 그것이 변호될 수 없기 때문이라고 생각하는 것이다.

학생들은 전형적인 캠퍼스 선교단체에서도 큰 도움을 받지 못한다. 회심 이후 내가 관계했던 그룹은 영적으로는 헌신되어 있으나 절망적일 정도로 반지성적이었다. 초신자였던 나는 회심 이전에 그토록 매혹적으로 보였던 "주의들"과 여전히 씨름하고 있었지만, 그 모임은 내게 별로 도움을 줄 수 없었다. 어느 날 사회학 수업에서 배운 상대주의에 거의 압도당한 채 나는 우리 모임의 한 리더를 찾아갔다. 그에게 진정한 객관적 진리가 존재한다는 것을 변호할 지적인 도구를 좀 달라고 간절히 요청했다. 그런 것이 없다면, 기독교가 진리인 것을 어떻게 확신할 수 있겠는가? 그의 대답은, 대화 내용을 지적 영역에서 끌어내 친숙한 영적 영역으로 돌리는 것이었다. "낸시, 너는 구원의 확신에 문제가 있는 것 같구나."

당시 나는 구원에 필요한 과정을 이미 거쳤음을 알고 있었다. 회심 당시 필요한 과정을 이미 완수했는데, 예수께 나의 죄에 대한 죗값을 지불해 달라고 부탁했고 그것이 하나님이 요구하시는 전부였다. 내 관심사는 신학적인 부분이 아니었던 것이다. 강의실에서 나를 압도하는 상대주의 분위기 때문에 나는 하나님의 존재 여부에 대해서조차 의심할 정도로 끙끙대고 있었던 것이다.

흔히 지적인 의문은 영적 또는 도덕적 문제를 가리는 연막에 불과한 것처럼 천편일률적으로 생각하는데, 언제나 그런 것은 아니다. 젊은이와 전문인들이 세속사회의 수준 높은 도전에 제대로 대처하도록 준비시키려면, 먼저 교회가 목회자와 청소년 지도자의 임무에 변증과 세계관 훈련을 포함시켜야 한다. 우리는 신앙에 대한 반대 사유를 단순히 영적 핑계로 치부해서는 안된다. 오히려 쉐퍼가 말한 것처럼 "정직한 질문에 대한 정직한 답변"을 제공할 준비를 갖추어야 한다.

미국이 신흥국가였을 때만 해도, 일반적으로 성직자가 그 지역에서 교육 수준이 가장 높았다. 교인들은 그들을 우러러보며 지적인 전문가로 존경했다. 그러나 오늘날에는 회중 가운데 목사만큼

교육받은 이도 많고, 사회에서는 성직자를 오히려 편협한 훈련을 받은 실무자로 낮추어보기까지 한다. 이런 분위기에서는 신학교가 목회자 교육의 범위를 넓혀 교과과정에 지성사(intellectual history)를 포함시킬 뿐 아니라 목회자 후보생들이 현대의 지배적인 이데올로기들을 비판할 수 있도록 훈련시켜야 한다. 목회자들도 강단에서 변증을 가르칠 정도로 교인들에게 지적인 리더십을 제공할 수 있어야 한다. 또한 교인들에게 성경적 가르침을 소개할 때마다 그들이 직면할 반대 사조에 대비해 그것을 변호하는 방법도 가르쳐야 한다. 지적인 작업을 외면한 채 개인적인 관계와 정서 중심의 치유 영역으로 물러서는 종교는 현대의 영적 전쟁터에서 결코 살아남지 못할 것이다.

실제적인 세계관

이제 이 장의 핵심으로 넘어가서 세계관을 정립하는 일을 직접 실습해 보자. 창조·타락·구속의 틀은 우리가 앞선 장들에서 보았듯이 신학적 전통들을 진단하는 데 도움이 될 뿐 아니라 경쟁적인 세계관을 분석하는 틀이 되는 동시에, 어떤 주제에 대해서든 기독교적 관점을 세우는 기틀을 제공해 준다.

어떤 분야에서든 기독교 세계관적 관점을 건설하는 방법은 다음 세 종류의 질문을 던지는 것이다.

1. **창조**: 이 세계는 본래 어떻게 창조되었는가? 그 본래의 성격

과 목적은 무엇이었는가?

2. **타락**: 이 세계는 타락에 의해 어떻게 왜곡되었는가? 죄와 잘못된 세계관들에 의해 어떻게 오염되었는가? 창조세계가 하나님께로부터 단절될 경우 신격화나 악마적이 되는 경향이 있다. 우상 또는 악이 되는 것이다.

3. **구속**: 어떻게 하면 이 세계를 본래 창조된 목적에 맞게 회복시켜 그리스도의 주권 아래 놓을 수 있겠는가?

이제 이 범주들을 몇 가지 주요 영역 ― 교육, 가정, 기독교적 사회이론 ― 에 적용해 보자.

무너진 곳 보수하기

성경은 부모들에게 성경적 진리를 다음 세대에 전수할 것을 반복해서 권고하고 있다. 이스라엘 백성이 약속의 땅으로 들어갈 무렵, 모세는 그들의 종교적 유산을 자녀에게 넘겨줄 것을 강조했다. "또 그것[나의 이 말]을 너희의 자녀에게 가르치며 집에 앉았을 때에든지 길에 행할 때에든지 누웠을 때에든지 일어날 때에든지 이 말씀을 강론하고"(신 11:19). 이것은 가족이 공식 교육뿐 아니라 일상적인 대화를 통해서도 믿음을 전수하는 모습을 잘 그리고 있다.

역사의 어느 기간을 보더라도, 그리스도인들이 교육의 책임을 진지하게 떠맡았음을 알 수 있다. 학교를 세우고, 문맹을 퇴치하고,

주변문화의 가치 있는 유산을 보존하는 등 다양한 활동을 전개해 왔다. 로마의 몰락 이후, 고대의 원고들을 공들여서 복사하고 본문의 의미를 설명하는 주석과 주해를 다는 등 고전세계의 위대한 문학적·철학적 대표작들을 정성스럽게 보존한 이들은 바로 수도사들이었다.[5] 종교개혁자들은 모든 신자들의 제사장직―각 사람마다 성경을 알고 이해할 책임이 있다는 것―을 설파했고, 아이들에게 어릴 때부터 신앙의 원리를 가르치기 위해 교리문답 학교를 세웠다. 청교도들이 미국에 상륙하여 광야를 개척하기 시작할 무렵, 불과 6년 만에 젊은이들에게 목회사역과 정치적 리더십을 훈련시키려고 최초의 대학(하버드)을 설립했다.

그러면 우리는 창조·타락·구속의 범주들을 어떻게 교육에 적용할 것인가? 창조는 어린이들이 하나님의 형상으로 창조되었다고 일러 주는데, 이는 그들이 사랑·도덕·합리성·예술적 창조성 기타 인간에게만 속한 여러 능력을 가진 피조물로서 큰 존엄성을 지니고 있다는 뜻이다. 교육은 인간이 지닌 **모든** 측면을 다루어야 한다. 우리는 학생들을 복잡한 자극-반응의 기계로 취급하는 행동주의(behaviorist) 방법론에 만족할 수 없다. 또한 개념들을 주관적 체험을 조직화하는 도구로 사용함으로써 환경에 적응하는 유기체로 보는 구성주의적 방법론도 받아들일 수 없다. 인간 본성과 관련해 기독교는, 이처럼 비인격적 세력의 우연한 작용을 출발점으로 삼는 다른 어느 세계관보다도 높은 견해를 갖고 있다.[6]

그러면서도 성경적 인간관은 아주 현실적이다. 타락의 교리는 어린이들이 우리 모두와 같이 죄에 빠지기 쉬우므로 도덕적·지적 지도가 필요하다고 가르친다. 타락사건이 일어난 후에 하나님은 언어적 계시를 주셔서 우리가 영원하고 보편적인 진리에 따라 살도록 하셨다. 계시가 없었다면 타락하고 유한한 피조물이 그것을 알 수 없었을 것이다. 그러므로 그리스도인 교육자들은 계몽주의적 낙관론(Enlightment optimism)을 수용할 수 없는데, 이는 신적 계시와 상관없이 이성이 자율적으로 세계에 대해 "하나님의 시각에 입각한" 관점을 정립할 수 있다고 보기 때문이다. 또한 어린이들이 본성적으로 순수한 상태로—"바람을 따라 흐르는 영광의 구름"처럼—이 땅에 왔다고 보는 낭만적 생각도 받아들일 수 없다. 이 두 철학은 모두 타락의 실재를 부정하는 진보적 교육방법을 탄생시켰다. 이에 따르면 학생들에게 참과 거짓, 옳고 그름을 구별해서 가르쳐서는 안되며 그들 나름의 "진리들"을 발견하도록 기대해야 한다고 주장한다.[7]

마지막으로 구속이 의미하는 것은, 학생들로 하여금 문화 명령에 순종하여 자신의 소명을 취하도록 준비시키는 데 교육의 목표가 있다는 것이다. 아이마다 하나님께서 특별한 은사를 주셔서 인류의 과업에 특유한 기여를 하도록 하셨는데, 그것은 곧 세상에서 타락의 결과를 역전시키고 그리스도의 주권을 확장하는 일을 가리킨다. 시인 존 밀턴(John Milton)이 언젠가 쓴 것처럼, 배움의 목표는 "우리의 첫 부모들이 무너뜨린 것을 보수하는 것이다."[8] 그런 일을 하려면 모든 과목을 확고한 성경적 관점에 입각해 가르침으로써, 학생들이 학제간에 상호 연계성이 있음을 파악하고 모든 진리가 하나님의 진리임을 스스로 발견하도록 해야 한다.

동시에 우리는, 오늘날 교육이론의 배후에 있는 잘못된 구속관(救贖觀)을 경계해야 한다. 각기 다른 이데올로기의 옹호자들이 저마다 교실에서 확고한 자리를 확보하려고 애쓰는 것은, 미래의 모습을 결정하는 열쇠가 바로 어린이들의 지성을 좌우하는 것임을 알기 때문이다. 그중에는 우리가 밀어내야 할 대상이 여럿 있다. 명상과 심상 지도를 교실에 적용하는 뉴에이지 방법론(더 높은 의식의 개발을 통한 구속), 치유의 기술을 이용해 학생들의 태도를 바꾸어 어떤 진보적 의제에 맞추려는 방법(심리적 조정을 통한 구속), 정치적 올바름과 다문화주의 같은 강령(좌파 정치를 통한 구속) 등.[9] 심지어 많은 교육자들이, 교육을 학생들이 기술을 배우고 지식을 얻도록 돕는 것으로 더 이상 보지 않고, 이미 승인된 사회적 명분을 위해 응원군을 키우는 과정으로 생각한다. 미국문화가 기독교적 유산으로부터 멀어지면서 공립학교의 교실이 여러 경쟁적 이데올로기의 전쟁터가 되고 있는 것이 현실이다. 우리의 가장 중요한 과제 가운데 하나는 학생들에게 세계관을 분별하고 비판하는 법을 가르치는 일이다.

가정을 재정비하기

창조·타락·구속의 틀은 성경적 가정관을 정립하는 데 어떤 도구를 제공하는가? 가정은 사회를 이루는 기본 집단으로서 이제까지 수많은 사회적 실험의 대상이 되어 왔다. 정치적인 야심가가 등장할 때마다 가정을 재정비하기 위한 계획을 내놓았고, 심지어는 과격한 국가주의나 극단적인 개인주의를 선호하여 가정을 완전히 폐하려한 적도 종종 있었다.

국가주의는 서구문화의 태동 이래 줄곧 등장해 온 주제다. 서구의 정치·사회사상은 이상적인 사회상과 관련해 가정의 역할에 대해 놀라울 정도로 적대적이었다. 플라톤에서 루소, 스키너(B. F. Skinner), 힐러리 클린턴(Hilary Clinton)에 이르는 세속 지식인들은 어린이를 가정이 아니라 국가의 직접적인 보호 아래 두자는 사상에 깊이 매료되어 왔다.

그 같은 유토피아적 책략에 맞서려면 먼저 창조에서 시작해야 한다. 성경의 창조교리는 가정을 인간의 본성 자체에 내재하는 사회적 양식(pattern)이라고 한다. 그러므로 그것은 모든 시대와 모든 역사적 상황에 타당한 규범적인 것이다. 그 세부적인 모습은 다양할 수 있지만 본질적인 성격은 마음대로 개조할 수 없다. 가정을 역사의 쓰레기통에 던져 넣으려는 모든 유토피아적 책략은 결국 인간 본성 자체에 반하는 시도임을 깨닫게 될 것이다.

창조를 부정하는 유토피아 사상가들은 타락 또한 부정하는데, 인간의 본성이 타락했고 악에 물들기 쉽다는 생각을 전적으로 거부한다. 그 대신 그들은 모든 사회문제들을 일시적인 혼란으로 보고, 교육과 사회공학(social engineering)을 통해 해결할 수 있다고 믿는다. "유토피아 사상가들은 타락의 결과를 신적인 구속에 의지하지도 않고 극복하려는 열망으로 움직인다"고 브라이스 크리스텐슨(Bryce Christensen)은 「가정에 맞서는 유토피아」(*Utopia Against the Family*)에서 말한다. "대다수의 유토피아 사상가들은 하늘의 축복이 아니라 자기 의지와 인간공학을 통해 스스로 '하나님과 같

이 되'려고(창 3:5) 한다."¹⁰

 이런 식으로 새로운 에덴이 창조되고 그것을 통해 유혹적인 구속의 그림이 탄생하는 것이다. 본래의 순수한 상태로 되돌아가려는 것이다. B. F. 스키너의 유명한 소설 「제2의 월든」(Walden Two)에서 그 창설자는 자신의 유토피아 공동체를 "창세기보다 개선된 것"으로 묘사한다.¹¹

 그런데 아이러니한 것은, 창세기보다 개선된 유토피아를 지향했던 역사적 시도들이 거의 예외 없이 강압적 전체주의 국가로 끝나고 말았다는 사실이다. 왜 그랬을까? 그 이유는 유토피아적 비전과는 반대로 죄가 실재할 뿐 아니라 그것을 사회공학을 통해 사라지게 할 수 없기 때문이다. 유토피아의 꿈을 실현하기 위해 국가는 언제나 사람들에게 **강제력**을 동원하는 것이다. 가정의 파괴는, 국가가 충성심을 요구하는 다른 경쟁 상대들을 제거하고 스스로 개인 위에 군림하는 권력을 강화하려는 하나의 도구에 불과한 경우가 많다. 국가에만 전적인 충성심을 바치게 하려는 시도다. 이런 국가주의적 의제에 대항해 가정을 지키려면, 창조·타락·구속의 성경적 드라마만이 인간 본성과 사회에서의 가정의 구조와 목적에 관해 현실적이고도 인도적인 설명을 제공한다고 주장해야 한다.

아이들을 사랑하기 위하여

국가주의로 향하는 경향 곁에는 모든 사회관계를 개인의 선택으로 환원하려는 역설적인 흐름이 있다. 하나의 단적인 사례가 테드 피터스(Ted Peters)의 「아이들을 사랑하기 위하여」(For the Love of

Children)라는 책인데, 저자는 미국 가정에 대한 철저한 정밀조사를 촉구하고 있다. 피터스는 모든 부모에게 자기 자녀와 법적 계약을 맺어야 한다고 주장한다. 결혼식과 유사한 공공 예식을 거행하면 더욱 좋다고 한다. 좀 이상하게 들리는 이 제안의 목적은 무엇일까? 가정의 기초를 생물학에서 선택으로 돌리려는 것이다.[12]

"우리가 좋아하든 그렇지 않든, 현재 해체되고 있는 개방사회(liberal society)의 종착지는 개인적인 선택"이라고 피터스는 주장한다. 그 방향으로 가는 것 이외의 다른 대안이 없다는 뜻이다. 자유주의 루터교인인 그는, 그리스도인들에게 "선택을 우회해서 종착지에 도달하려는 시도, 곧 신적 언명(divine dicta)이나 전통적 권위나 자연법에 기초한 전근대적 형식주의는 모조리" 집어던지라고 촉구한다.[13] 달리 말하면, 하나님의 명령(신적 언명)조차도 선택에 기초한 가정의 개조작업을 중지시킬 힘이 없다는 것이다. 피터스의 제안에 따르면, 가정은 서로 관계가 없는 원자적 개인들의 집합에 불과하며, 스스로 선택하지 않는 한 아무도 어떠한 애착관계나 의무에도 묶이지 않는다. 이는 존재론적 개인주의(ontological individualism)라고 불리는데, 개개인만을 유일한 궁극적 실재로 보는 사상이다. 관계란 궁극적인 의미를 갖고 있지 않은데, 그것은 개인의 선택에 의해 유래되고 만들어진 것에 불과하기 때문이다.

피터스가 성경적 창조교리를 거부하고 과정신학(Process Theology)의 진화론적 접근을 출발점으로 삼고 있다는 점은 의미심장하다. 이로써 그는 전통적인 기독교 사회철학을 자유로이 내버릴 수 있게 되었다.[14] 이와 대조적으로, 창조는 우리를 몸에서 분리된 의지에 불과하다거나 순전히 선택에 의해 가정을 꾸미는 존재라고 말하지 않고, "우리와 같은 유"를 낳는 통전적 존재라고 한다. 우리는 하나님이 제정하신 객관적 도덕 질서에 순응하기로 선택함으로써 의지를 행사하는 것이지, 다른 대안을 만들어 냄으로써 행사하는 것이 아니다. 가정은 하나님 나라를 보여주는 풍부한 은유인 셈인데, 가정은 바로 우리가 이성적 선택을 초월하는 의무를 경험하는 일차적인 장이요 우리의 본성에 어울리는 것이기 때문이다.

삼위일체와 사회이론

가정을 둘러싼 국가주의와 개인주의 사이의 주도권 다툼을 더 잘 이해하려면 단계를 높여 전반적인 사회이론을 생각하면 된다. 기독교적 사회이론의 초석은 삼위일체다. 인류는 하나님의 형상으로 창조되었는데, 하나님은 세 위격이 하나의 신성을 이룰 정도로 친밀한 관계 속에 계신다. 고전적인 신학 신조에 따르면, **하나의 존재이면서 세 위격**(one in being and three in person)이라고 표현할 수 있다. 하나님은 세 가지 형태로 보이는 하나의 신성이 아니다. 그렇다고 세 신성도 아닌데, 이는 다신론을 의미하기 때문이다. 하나됨(oneness)과 셋됨(threeness) 양자가 하나님의 본성과 관련해 똑같은 실재요, 똑같이 궁극적인 속성이요, 똑같이 기본적이며 필수적인 요소다.

삼위일체 안에 있는 통일성과 다양성의 균형은 인간의 사회생활에 하나의 모델을 제공하는데, 신성 자체 내에 개별성과 관계성이 모두 존재함을 의미하기 때문이다. 하나님은 서로 교통하는 존재(being-in-communion)시다. 사람은 하나로 통일된 셋(tri-unity)인 하나님의 형상으로 만들어졌다. 그것은 그분의 본성이 삼위일체의 위격 상호 간의 사랑과 의사소통에 있다는 뜻이다.[15] 이 모델은 집단주의와 개인주의의 오랜 싸움에 해결책을 제공해 준다. 집단주의에 반하여, 삼위일체는 개별 인격의 존엄성과 독특성을 함의한다. 또한 철저한 개인주의에 반하여, 삼위일체는 관계란 순전히 선택으로 이루어지는 것이 아니라 본질적으로 인간의 본성 속에 내장되어 있다는 것을 암시한다. 우리는 원자적 개개인이 아니라 관계를 위해 창조된 존재인 것이다.

그 결과, 개별적인 존재와 하나님의 의도에 따라 사회적 관계에 참여하는 존재 사이에 조화가 있는 것이다. 이 말이 다소 추상적으로 들릴지 모르겠으나, 이런 식으로 생각해 보자. 부부라면 누구나 결혼이 부분들의 합 이상임을 알고 있다. 즉 관계 자체가 하나의 실재로서 그에 관련된 두 개인을 넘어서는 것이다. 결혼이라는 사회제도는 본질적으로 특유한 규범적 정의를 가진 도덕적 실체다. 이것은 전통적으로 공동선(common good)의 견지에서 설명되어 왔다. 관계 속에 있는 개개인 각자를 위한 "선"(각 사람을 향한 하나님의 도덕적 목적)과 그들 공동의 삶을 위한 "공동선"(결혼 자체를 향한 하나님의 도덕적 목적)도 존재한다는 것이다.

죄의 영향을 받지 않은 완전한 결혼관계라는 것이 있다면, 이 두 목적 사이에 갈등이 없을 것이다. 공동선이 아내와 남편의 개별적 본성들을 모두 표출하고 성취할 것이기 때문이다. 사실, 신실함과 자기희생적 사랑 같은 영적 성숙에 필요한 어떤 미덕들은 관계

안에서만 실천될 수 있다. 그렇다면 개개인이 결혼·가정·교회와 같은 사회적 관계에 참여하지 않을 경우 자신의 진정한 본성을 충분히 개발할 수 없는 법이다.[16]

그러나 인간이 타락한 이래로 사회는 개인이나 집단 중 어느 한쪽으로 기울어지는 경향이 늘 있어 왔다. 현대문화에서는 가족의 유대가 개인적 자율성이란 산성(酸性, acid)에 빠르게 용해되고 있다. 이와 반대로, 일부 전통주의 문화에서는 혈족이나 부족이 개인보다 우선되고 있다. 내가 1970년대 중반에 루터교 계통 성경학교에 다니고 있을 때, 일본인 여학생 한 명이 일본에 있는 불교도 가족들로부터 기독교 신앙을 버리라는 엄청난 압력에 시달리고 있었다. 그녀는 일본에서 기독교를 믿는 데 가장 큰 장애물은 대다수 젊은이들이 자기 부모와 친척의 종교와 다른 신앙 갖기를 거부하는 점이라고 말해 주었다. 이것이 나에게는 신기하게 들렸는데, 미국인 젊은이들은 종교를 택하든 다른 무엇을 하든 자기 부모와 달리 되는 것을 오히려 좋은 이유로 보았기 때문이다.

삼위일체의 교리는 가정에 대한 개념뿐 아니라 거의 모든 분야에 영향을 미친다. 철학의 경우, 하나님의 삼위적 본성은 하나와 다수의 문제(때로는 통일성과 다양성의 문제라 불린다)에 해결책을 제공해 준다. 고대 헬라인들 이래로 철학자들이 줄곧 제기한 의문은, 궁극적인 실재는 (범신론에서처럼) 단 하나의 존재 또는 실체로 이루어져 있는가, 아니면 (원자론에서처럼) 서로 분리된 특수자들(particulars)로 구성되어 있는가 하는 것이었다.[17] 정치에서는, 이 두 극단이 전체주의 대 무정부주의(anarchy)의 모습으로 연출된다.

경제 분야에서는, 사회주의나 공산주의 대 자유방임적(laissez-faire) 개인주의로 극단화된다.

물론 현실적으로는 대다수의 사회가 양극단 사이의 중간지대 어딘가에 적당히 자리잡는다. 오늘날 미국의 "혼합" 경제가 그런 사례다. 그러나 양극단 사이에서 배회하는 것은 이론적으로 일관된 입장이 아니다. 일관된 세계관이라면 일관성 있는 체계 안에서 그것들을 화해시킬 방안을 제시해야 마땅하다. 인간의 사회성의 토대로서 삼위일체를 제시함으로써, 기독교는 사회이론을 위한 유일하게 일관된 기반을 제공한다.

문제에 대한 답변도 이론적인 수준에 머물지 않는다. 구속 안에서, 신자들은 실제적인 사회―교회―를 형성하도록 부름받았다. 이는 세상을 향해 하나와 다수, 통일성과 개별성 사이의 균형 잡힌 상호작용을 직접 보여주는 사회다. 요한복음 17:11에서, 예수는 곧 남겨 두고 떠날 제자들을 위해 기도하면서 "**우리와 같이** 저희도 하나가 되게 하옵소서"라고 아버지께 부탁했다. 삼위일체 위격 사이의 교통이 교회 내에서 신자들 간의 교통의 모델이라는 말씀이다. 이것은 존재론적으로 실재하는 관계 안에서 풍부하고 다양한 개별성을 어떻게 증진시킬 수 있을지 가르쳐 준다. 정교회 주교 티모시 웨어(Timothy Ware)는 "교회 전체는 삼위일체 하나님의 아이콘으로서 다양성 가운데 일치(unity in diversity)라는 신비를 지상에서 재생산한다"고 쓰고 있다. "사람들은 삼위일체 하나님이 하늘에서 나누는 상호 사랑의 신비를 지상에서 재생산하도록 부름받았다."[18] 그리고 우리가 교회 내에서 다양성 가운데 일치를 실천적으로 배우게 될 때, 이와 동일한 균형을 우리의 모든 사회적 관계—가정·학교·일터·이웃—에 도입할 수 있다.

이웃집의 세계관

변증은 기독교 신앙을 변호하는 일뿐 아니라 다른 신앙이나 세계관을 비판하는 일도 포함한다. 복음전도는 잘못된 세계관이 실재에 대해 제대로 설명하지 못하는 부분을 진단해 냄으로써 사람들을 그런 세계관의 세력에서 해방시키는 일도 포함한다. 구약시대 이사야가 사람의 손으로 만든 나무 우상에게 절하는 것이 얼마나 어리석은 짓인지를 보여주면서 반박했던 것처럼 말이다(사 44:6 이하). 오늘날 우리도 많은 이들의 마음을 사로잡고 있는 개념적 우상들을 해체해야 한다.

세계관을 비교하는 데 가장 간단하고 효과적인 수단은 다시금 창조·타락·구속의 틀을 적용하는 것이다. 모든 세계관이나 이데올로기는 예외 없이 다음과 같은 세 종류의 질문에 답해야 한다.

1. **창조**: 세계관 용어로 번역하면, 창조란 궁극적 기원을 지칭한다. 모든 세계관 혹은 이데올로기는 기원에 관한 이론에서 시작해야 한다. 모든 것은 어디에서 왔는가? 우리는 누구이며, 어떻게 여기까지 오게 되었는가?

2. **타락**: 또한 모든 세계관은 타락에 상응하는 것을 제공하는

데, 곧 악과 고통의 근원에 대한 설명이 그것이다. 이 세계는 어떤 면에서 잘못되었는가? 전쟁과 갈등이 존재하는 이유는 무엇인가?

3. **구속**: 마지막으로, 사람들의 마음을 끌기 위해서 구속에 대한 비전을 제시함으로써 희망을 불어넣지 않으면 안 된다. "타락"을 역전시키고 세상을 다시 바로잡기 위한 의제를 제공해야 한다.

이제 실제 연습으로 들어가 이 틀을 우리 모두가 접하는 몇 가지 세계관에 적용해 보자. 먼저 내가 각 세계관에 대해 간략하게 묘사하면 여러분은 그것을 읽으면서 잠깐 멈추어 그 내용을 창조·타락·구속으로 어떻게 구분할 수 있을지 생각해 보라.

마르크스의 이단설
마르크스주의는 창조·타락·구속의 세 범주에 너무나 잘 들어맞기 때문에 많은 이들이 그것을 종교적 이단이라고 불러 왔다. 그런 면에서 첫번째 예로 적합하다. 또한 그리스도인들에게 여전히 중요한 철학이기도 하다. 철의 장막은 무너졌지만 마르크스주의는 세계 여러 곳에서 강력한 영향력을 발휘하고 있다. 특히 미국의 대학에서 그러하다. 최근에 한 프랑스 정치철학자는, 마르크스주의자와 논쟁을 하고 싶으면 미국 대학에서 한 명을 수입해 와야 한다고 말했다.

이보다 더 중요한 점은 우리 모두가 다문화주의·페미니즘·정치적 올바름 같은 다양한 좌파운동을 접하고 있다는 사실이다. 이런 해방운동들은 때로 **신**마르크스주의라고 불리는데, 그 이유는 마르크스주의적 분석방법을 인종이나 성(gender) 중심의 집단에 적용함으로써 그들을 의식화하고 압제자를 전복시키도록 촉구하기 때문이다. 등장인물은 바뀌었으나 각본은 동일한 것이다.

그렇다면 다양한 형태의 마르크스주의를 분석하는 데 창조·타락·구속의 범주를 어떻게 활용할 수 있을까?[19] 칼 마르크스(Karl Marx)의 경우, 물질 그 자체를 궁극적인 창조의 힘으로 보았다. 이는 새로운 형태의 철학적 유물론이었는데, 그 이전의 유물론들은 세계를 거대한 기계로 보는 정체적(static) 그림이었기 때문이다. 마르크스가 보기에, 그런 사상의 문제는 하나님 개념에 대해 문을 열어 놓는 것처럼 보인다는 데 있었다. 기계란 특정한 기능을 발휘하도록 설계된 것이므로 설계자(designer)가 있기 마련인데, 마치 시계가 시계공(watchmaker)의 존재를 함축하고 있는 것과 같다.[20] 그런 결론을 피하기 위해 마르크스는 물질적 우주가 정태적이지 않고 역동적이라고 주장하면서, 그 자체 안에 운동·변화·발전의 힘을 내포하고 있다고 했다. 그것이 바로 그가 주창한 **변증법적**(dialectical) 유물론이 의미하는 바다. 그는 변증법적 법칙이라는 최초의 원인(Prime Mover)을 물질 속에 심어 놓은 것이다.

요컨대, 마르크스는 물질을 하나님으로 만든 셈이다. 그의 제자 레닌은 노골적으로 종교적 언어를 사용하기를 서슴지 않았다. "우리는 물질적·우주적 세계를 최고의 존재로, 모든 원인들의 원인으로, 하늘과 땅의 창조자로 간주해도 된다."²¹ 우주는 스스로 생겨나 저절로 작동하는 기계가 되었고, 계급 없는 사회라는 최종의 목표를 향해 가차없이 움직이고 있다는 것이다.

마르크스의 사상에서 에덴동산에 해당하는 것은 원시 공산제 상태였다. 어떻게 해서 인류가 그런 순수한 상태에서 예속과 억압의 상태로 떨어진 것인가? 사유재산이 생기면서 그렇게 되었다. 이 경제적 "타락"으로부터 모든 착취와 계급투쟁의 악이 발생한 것이다.

구속은 원죄를 역전시켜야 하는데, 마르크스주의의 경우에는 재산의 사적 소유권을 파괴하는 일이 그것이다. "구속자"(redeemer)는 프롤레타리아 계급, 곧 도시의 공장 노동자로서 장차 자본주의 압제자를 대항해 혁명을 일으킬 것이다. 어느 비그리스도인 역사가는 여기에 담긴 종교적 어조를 잘 끌어냈다. "구원자 프롤레타리아 계급은 고난을 받음으로 인류를 구속할 것이고 이 땅 위에 천국을 이룩"할 것이다.²²

이제 이 사상에 창조·타락·구속의 틀을 적용해서 셋으로 구분해 보자. 답을 보지 말고 먼저 당신 스스로 분석해 보라.

창조

질문: 마르크스주의에서 창조,
곧 만물의 궁극적 기원에 해당하는 것은 무엇인가?

답변: 스스로 창조하고 발생하는 물질

창조의 범주에 속하는 중요한 요소 하나는 인간의 본성에 관한 견해다. 알다시피 인간은 언제나 하나님—무엇이든 궁극적 실재로 간주되는 것—과의 관계에 의해 규정된다. 마르크스주의의 경우, 우리의 존재는 우리가 물질과 관계를 맺는 방식에 의해 규정된다. 우리의 필요를 채우기 위해 물질을 조작하고 그로부터 물건을 만드는 방식으로 정의되는 것이다. 한마디로 생산수단이다. 따라서 마르크스의 유물론은 그가 왜 경제적 결정론을 포용했는지를 설명해준다. 정치에서 과학과 종교에 이르는 모든 것들을 경제적 관계 위에 세워진 상부구조로 간주한 이유가 설명되는 것이다.

타락

질문: 마르크스주의에서 타락,
곧 고통과 억압의 근원에 해당하는 것은 무엇인가?

답변: 사유재산의 발생

여기서 마르크스가 악의 궁극적 기원을 도덕적 실패로 보지 않는 것에 주목하라. 그럴 경우에는 인간이 도덕적으로 문제가 있음을 함축하는 것이므로, 해결책도 용서와 구원에서 찾아야 할 것이다. 그 대신 그는 악을 사회적·경제적 관계 속에 위치시키고, 해결책도 혁명을 통해 그 관계를 바꾸는 것에서 찾는다. 마르크스주의는 외적인 사회구조를 바꿈으로써 인간의 본성을 변혁할 수 있다고 가정한다.

> ## 구속
>
> 질문: 마르크스주의는 어떻게 세상을
> 다시 바로잡을 수 있다고 주장하는가?
>
> **답변: 혁명! 압제자를 전복하고
> 본래의 원시 공산주의 낙원을 재창조함으로써**

마르크스주의에서 심판의 날은 곧 혁명의 날이다. 악한 부르주아 계급이 처벌받는 날이다. 마르크스와 엥겔스는 예전(禮典, litungical) 용어인 '디에스 이라에'(*Dies Irae*, 진노의 날)를 차용하여 장차 강자가 거꾸러질 그날을 바라보았다.[23] 마르크스주의란 "현재의 모든 갈등이 해소되도록 새로운 인간과 새로운 세상을 창조하려는 하나의 프로그램에 다름 아니다"라고 신학자 클라우스 복뮤엘(Klaus Bockmuehl)은 말한다. 그것은 "세속화된 하나님 나라의 비전이다."[24]

결국 마르크스주의가 세상 어느 곳에서도 계급 없는 사회를 만드는 데 완전히 실패했음에도, 계속해서 그처럼 광범위한 영향을 미치고 있고 지금도 신마르크스주의 운동이 줄곧 양산되고 있는 이유가 여기에 있다. 그 사상은 포괄적인 세계관의 모든 요소들을 갖추고 있기 때문에 구속을 향한 우리의 깊은 종교적 굶주림을 건드리는 호소력이 있다. 철학자 존 그레이(John Gray)는 역사의 종말―공산주의가 승리하여 세상에서 갈등이 사라질 때―에 대한 마르크스의 사상은 "분명히 기독교의 묵시적 신념의 세속적 변형"이라고 쓰고 있다. 그것은 "과학의 가면을 쓴 신화다."

그렇기 때문에 그 사상이 과학보다 훨씬 더 강력한 힘을 발휘하는 것이다. 그것은 내세 지향적인 종교적 희망을 세속화시켜 현세적인 혁명의 열정으로 변하게 한다.[25] "기독교처럼 마르크스의 사상은 이론 이상의 것이다." 철학자 레슬리 스티븐슨(Leslie Stevenson)은 말한다. "많은 이들에게 그것은 하나의 세속적 신앙, 사회적 구원의 비전이 되어 왔다."[26]

루소와 혁명

이제 마르크스 사상의 원조격 가운데 하나인 장 자크 루소로 돌아가 보자. 20세기를 피로 물들인 대다수의 이데올로기가 루소의 영향을 받았다. 그의 저술은 프랑스 대혁명의 로베스피에르를 비롯해 마르크스, 레닌, 무솔리니, 히틀러, 모택동 등을 감화시켰다. 심지어는 캄보디아 인구의 25%를 살육한 폴 포트(Pol Pot)도 파리에서 교육을 받았고 루소를 읽었다. 따라서 루소의 사상을 파악하면 근대세계의 상당 부분을 이해할 수 있다.

루소의 세계관을 그처럼 혁명적이게 만든 것은 정확하게 무엇일까? 인간의 본성을 파악하는 길은, 만일 우리가 모든 사회적 관계·도덕·법·관습·전통 등 일체의 문명을 벗어 버린다면 어떤 모습이 될지 가정해 보는 것이라고 루소는 말했다. 사회 이전에 존재했던 본래의 상태를 그는 "자연 상태"라 불렀다. 그 가운데 존재했던 이들은 모두 제각각 분리된 자율적인 개개인이며, 그들의 유일한 원동력은 자기보존의 욕망이었다. 그것을 루소는 자기애

(*amour de soi*)라고 불렀다. 사회적 관계는 궁극적인 의미에서 실재인 것이 아니라, 개인의 선택에 의해 창조된 이차적 또는 파생적인 것이다.

루소는 어떤 사회관을 갖게 되었을까? 만일 우리의 참 본성이 자율적 개개인이 되는 것이라면 사회는 우리의 본성에 **거슬리는** 것이다. 사회는 인위적·제약적·억압적 성격을 갖고 있다. 그런 이유로 루소의 대표작 「사회계약론」은 "사람은 자유롭게 태어나, 어디에서든 사슬에 매인다"는 유명한 문장으로 시작한다. 그가 의미한 사슬은 우리가 흔히 생각하는 **정치적** 억압이 아니다. 그에게 참으로 억압적인 관계는 결혼·가정·교회·일터와 같은 **개인적인** 것이었다.

이 대목은 전통적인 기독교 사회이론과 뚜렷이 대조되는데, 후자는 (앞서 본 것처럼) 삼위일체를 사회적 삶의 모델로 삼고 있기 때문이다. 성경에서 제시하는 궁극적 기원의 그림은, 각기 분리된 외로운 개개인이 자연 상태에서 나무 아래를 배회하는 모습이 아니다. 그것은 처음부터 서로 관계를 맺고 있는 남녀 한 쌍의 그림인데, 그 관계란 사회적 삶의 토대를 이루는 결혼이라는 사회제도 안에서의 관계다.

삼위일체 교리의 함의는, 관계가 개개인만큼이나 궁극적이고 실제적이라는 것이다. 관계는 자율적 개인의 창조물이 아니며, 누가 마음대로 형성하거나 깰 수 있는 것이 아니다. 관계는 창조된 질서의 일부이므로, 존재론적으로 실재적이고 선한 것이다. 관계로 말미암는 도덕적 요구는 우리의 자유를 침해하는 강제가 아니라 우리의 참 본성의 표출이다. 우리는 가정·교회·국가·사회와 같이 문명을 이루는, 각각 고유한 "공동선"을 가지고 있는 제도에 참여함으로써 우리의 사회적 본성을 성취하고 도덕적 덕목을 개발하게 된다. 이는 우리의 궁극적 목적, 곧 천국의 시민이 되도록 준비시켜 주는 것이다.

이로써 우리는 개개인이야말로 유일한 궁극적 실재라는 루소의 주장이 왜 그토록 혁명적인지 이해할 수 있다. 그는 문명을 그 사회적 관습과 함께 인위적이고 억압적인 것으로 비난했다. 그러면 무엇이 우리를 이런 압제로부터 해방해 줄 것인가?

국가다. 국가는 모든 사회적 연줄을 파괴하고 개인이 오직 국가에게만 충성하도록 풀어 줄 것이다. 루소는 자신의 비전을 놀라울 정도로 명료하게 서술했다. "그렇게 되면 각 시민이 자신의 동료 인간 모두로부터 완전히 **독립**될 것이고 국가에 절대적으로 **의존**하게 될 것이다."[27] 그의 철학이 그토록 많은 전체주의 체제에 영감을 준 것은 놀랄 일이 아니다.

이제 이런 사상을 세 개의 틀을 통해 분석해 보자.

창조

질문: 루소 철학의 출발점,
곧 에덴동산의 대체물은 무엇인가?

답변: 자연 상태

자연 상태라는 개념에서 출발한 사상가는 루소만이 아니다. 토마스 홉스(Thomas Hobbes)와 존 로크(John Locke) 같은 다른 근대 초기의 정치 사상가들도 그런 개념을 제시했으며, 본래의 인간 상태를 각기 분리된 원자적 개개인으로 그렸다. 그들은 물리적 세계를, 원자들이 인력이나 반발력 아래서 서로 결합하고 재결합하는 모습으로 그린 뉴턴의 물리학에서 실마리를 찾았다. 이 초기 정치 사상가들은 사회적 세계에도 동일한 모델을 적용하여 그들이 "속한" 사회제도보다 논리적으로 우선하는 인간 "원자들"의 견지에서 사회를 재조명했다.

자연 상태라는 개념은 분명히 에덴동산에 대한 하나의 대안으로서, 인간의 기원에 관한 새로운 이야기다. 그것은 "창세기에 나오는 이야기와 일치하지 않는, 기원에 관한 새로운 신화다"라고 철학자 낸시 머피(Nancy Murphy)는 말한다.[28] 근대가 동틀 무렵에 일어난 이 사상가들은 새로운 시민사회관을 제시하려면 먼저 새로운 창조신화를 내놓아야 한다고 생각한 것이다. 그들은 다윈보다 앞서 저술을 하고 있었기 때문에 자신들이 내놓는 것이 실제 있었던 역사적 이야기인지 생각으로만 하는 실험인지 모르는 모호한 상태였다. 그러나 어떤 경우든 새로운 정치철학을 제시하려면 새로운 창조 이야기에 근거해야 한다는 점은 분명히 인식하고 있었다.

그런데 루소는 홉스나 로크보다 더 멀리 나아갔다. 그가 제시한 자연 상태의 시나리오에서, 개인은 사회적 유대뿐 아니라 인간의 본성 자체도 벗어 버린 존재로 등장한다. 최초의 인간은 제대로 발달되지 않은 불확정적인 모습을 지닌, 그야말로 짐승과 다름 없는 존재다. (홉스의 경우와는 대조적으로) 온순하고 평화스러운 행복한 짐승이지만 어디까지나 짐승에 불과하다. 그러므로 인간 본성에 대한 루소의 정의는 역설적이게도 본성은 전혀 갖고 있지 않지만 자신을 스스로 창조할 자유는 가진 존재다.[29] 사람은 자신을 개발하고 변혁할 수 있는 특유한 능력을 가진 존재인 것이다. 사회적인 관계가 억압적인 이유는 그것이 자신을 창조할 수 있는 개인의 자유를 침해하기 때문이다.

인간의 본성에 관한 이런 개념과 더불어 근대적 의미의 혁명이 가능하게 되었다. 이는 정치체제에 항거하는 반란뿐 아니라, 사회 질서 전체를 파괴하고 처음부터 다시 이상적인 사회를 재건설하려는 시도, 인간 본성 자체를 변혁하고 "새로운 인간"을 창조하려는 시도를 의미한다. 루소가 표현하듯이, 이상적인 입법자는 "인간의 본성을 바꿀 수 있는 역량을 자기 내면에서 느껴야 한다."[30] 왜냐하면 인간의 본성이 불확정적이라 명확하게 정의될 수 없다면, 국가가 규정한 인간 본성이 무한정 강요될 것이기 때문이다.

타락

질문: 루소의 경우, 억압과 고난의 근원,
곧 타락에 해당하는 것은 무엇인가?

답변: 사회 또는 문명

자연 상태에서 인간은 자율적 존재이며 자신이 스스로 선택하는 관계를 제외한 다른 유대는 존재하지 않는다. 그렇다면 당연히 선택의 산물이 **아닌** 모든 관계는 억압적일 수밖에 없다. 여기에는 가족과 같은 생물학적 유대, 결혼과 같은 도덕적 유대, 교회의 영적 유대, 또는 혈연과 인종 같은 유전적 유대관계가 모두 포함된다.

개개인이 원시적 자율성을 보존할 수 있는 유일한 사회적 유대는 계약이다. 왜냐하면 거기서는 당사자들이 스스로 합의의 조건과 정도를 원하는 대로 선택할 자유가 있기 때문이다. 그 조건은 하나님·교회·공동체·도덕적 전통 등에 의해 미리 설정된 것이 아니라, 완전히 자발적으로 선택하는 것이다.[31] 그러므로 루소·홉스·로크는 모두 "사회계약"에 기초한 국가를 요구했던 것이다. 그 안에서는 모든 사회적 유대가 해체되고 이어서 선택에 기초한 계약들이 그 자리를 차지할 것이다. 이런 제안은 언제나 개인을 관습·전통·계급이 주는 억압과 과거의 압박감에서 해방시킨다는 명목으로 제시되어 왔다.[32]

구속

질문: 루소에게 있어 구속의 근원은 무엇인가?

답변: 국가

국가가 해방자가 될 수 있다는 관념은 전혀 생소한 것이었다. 물론 실제 경험으로 보면, 국가는 힘과 권위와 강제력이 결집된 곳이다.

국가가 해방자가 될 가능성이 있다는 주장은 이전에 아무도 한 적이 없었다. 한 그리스도인 정치이론가는 루소가 "구속의 정치"를 탄생시켰다고 말한다.[33]

역사가들은 20세기가 피를 가장 많이 흘린 세기였다고 말하는데, 문제는 수많은 사람들이 갑자기 어떤 불가사의한 도덕적 타락에 빠져든 것이 아니라는 점이다. 진짜 문제는 그들이 창조·타락·구속에 대한 잘못된 정의에 근거한 세계관들을 채택했다는 점이다.[34]

철저한 개인주의 철학이 급진적 국가주의를 낳을 수 있다는 것이 역설적으로 보일지 모르겠다. 그러나 한나 아렌트(Hannah Arendt)가 「전체주의의 기원」(*The Origins of Totalitarianism*)에서 지적하는 것처럼, 각기 분리되고 고립된 개개인이야말로 전체주의적 통제에 가장 취약한데, 그들에게 어떤 경쟁적인 정체성이나 충성심이 없기 때문이다.[35] 그런 이유로 **개인**의 권리를 보호하는 최선의 길 가운데 하나는 가정·교회·학교·사업체·자발적인 협회 등과 같은 **집단**의 권리를 보호하는 것이다. 강하고 독립적인 사회집단들은 국가를 제한하는 역할을 하는데, 각각 고유한 책임 및 관할 영역을 주장함으로써 국가가 삶의 모든 부문을 통제하지 못하게 만들기 때문이다. 신칼뱅주의 정치철학은 사회적 영역들의 독립성을 **영역주권**(sphere sovereignty)이란 용어로 묘사한다. 그 의미는 각 영역이 다른 모든 영역에 대비하여 고유하고 제한된 관할권을 갖고 있다는 뜻이다.[36] 가톨릭 사회사상은 이와 동일한 개념을 **부차성**(subsidiarity)이라는 용어로 표현한다. 루소와 반대로, 도덕적·사회적·혈연적 관계를 보호하는 것이 실은 개인의 자유를 보호하는 셈이다.

안타깝게도 자유주의와 보수주의를 모두 포함한 미국의 정치사상 대부분이 지금도 사회가 자율적 개인들로 구성되어 있다는 원자적 견해에 기초하고 있다. 한 그리스도인 교수는 요즈음의 학생들이 그런 무의식적 가정을 강의실에 들고 들어온다고 말한다. "그들은 로크의 글을 한 줄도 읽지 않았으나 전혀 의심 없이 그의 사회계약 개념을 재생산할 수 있다."[37]

사실상 자율적 개인주의의 가정(假定)이 오늘날 미국사회를 붕괴시키는 중심 요인이라고 나는 주장한다. 공공정책을 보라. 마이클 샌들(Michael Sandel)은 「민주주의의 불만」(*Democracy's Discontent*)에서, 근대 자유주의의 배경이 되는 신념은 "방해받지 않는" 자아라는 개념이라고 하는데, 이는 "그들이 선택하지 않은 도덕적 또는 시민적 관계에 의해 방해받지 않는" 자아를 뜻한다.[38] 자유주의에 의하면, 개인의 존재가 결혼·가정·교회·정치 조직 등과 같은 도덕적 공동체의 소속보다 우선한다. 자아는 심지어 그 본성에 대한 어떤 정의(定義)보다 우선하는 것이다. 자유주의는 우리 인격의 핵심이 바로 우리 자신의 정체성을 선택하는, 이른바 우리 자신을 창조하는 능력이라고 말한다. 그러므로 종종 여러 관계와 책임을 우리의 본질적 정체성과 별개로, 심지어는 상반된 것으로 여기는 것이다. 개개인 또한 "진정한 자아"를 찾으려면 남편, 아내 혹은 부모라는 사회적 역할에서 벗어나야 한다고 생각한다.[39] 루소의 사상이 복귀한 것이다.

혹은 법철학을 보자. 메리 앤 글렌던(Mary Ann Glendon)은

「권리론」(Rights Talk)에서 근대의 미국법은 흔히 "자연스러운" 인간을 홀로 있는 피조물의 모습으로 그린다고 말한다. 우리의 법이 기초하고 있는 인간관은 "스스로 결정을 내리고 방해받지 않는 개인, 선택에 의해서만 타인과 연결되는 존재로서 권리를 가진 모습이다."[40] 달리 말하면, 관계란 우리 정체성의 구성요소가 아니고 개인의 선택에 따른 산물이다. 루소의 "자연 상태" 이론의 직접적 반향이다.

마지막으로, 정치철학을 보자. 피에르 마넨(Pierre Manent)은 「근대의 자유와 그 불만」(Modern Liberty and Its Discontents)에서, 자유주의의 기본 교의는 어느 개인도 자신이 동의하지 않은 의무에 대한 책임이 없다는 것이라고 한다. 모든 인간의 애착관계는 용해되어야 하고, 선택에 기초해서 재구성되어야 한다. 이는 계약을 뜻한다. "각 개인은 자기 동료들과 맺는 계약을 통해 자기 의무의 창조자가 되는 셈이다."[41] 이제 우리는 왜 테드 피터스가 가정의 생물학적 토대를 해체하고 순전히 선택에 기초해서 그것을 재구성하려 했는지 이해할 수 있다.

이런 생각은 순수하게 추상적이고 학문적 차원에만 머물지 않는다. 그것들은 교수를 통해 학생에게 전달되고, 학생은 그것을 실행에 옮길 가능성이 많다. 예를 들어, 결혼이 순전한 선택의 문제로 축소된 상황에서, 많은 학생들은 결혼서약에 "서약합니다"라고 대답하는 것이 지나치게 위험 부담이 크다고 생각한다. 즉 자신의 자율성을 포기할 만큼의 가치가 없는 거래관계로 보는 것이다. 럿거즈 대학 내 국립결혼연구소가 행한 연구에 따르면, 현대의 젊은이들은 결혼을 "만연된 이혼으로 인한 경제적 노출과 위험 부담의 한 형태"로 본다고 한다. 이것은 원자론적 사회관의 치명적 열매다. 결혼이 사회적 선으로 숭상되는 것이 아니라 이제는 일종의 경제적 위험 부담으로 우려되고 있는 실정이다. "오늘날 독신들의 짝짓기 문화는 결혼을 지향하지 않는다. 그 대신 '부대조건 없는 섹스, 반지 없는 관계'를 특징으로 삼는 낮은 헌신의 문화로 가장 잘 묘사된다."[42] 분명한 사실은, 홉스와 로크와 루소의 존재론적 개인주의가 계속해서 미국의 사회적·정치적 위기의 핵심에 놓여 있다는 점이다. (이 주제에 대해 더 알고 싶으면, 부록 1 '미국의 정치는 어떻게 세속화되었는가'를 보라.)

생어가 말하는 섹스의 종교

"부대조건 없는 섹스"를 언급한 이상, 우리 시대의 최첨단에 속하는 사회적 이슈 몇 가지에 세계관 분석법을 적용해 보자. 전통적으로 미국정치에서 좌파–우파의 분열은 부의 분배와 같은 경제적 쟁점을 둘러싼 것이었다. 그러나 오늘날에는 성과 생식의 문제를 둘러싸고 둘로 나뉜다. 낙태·동성애자의 권리·무과실 이혼(no-fault divorce)·가족의 정의·배아 실험·줄기세포 연구·복제·성교육·포르노 등.

실제로 몇 년 전 「보스턴 글로브」(*The Boston Globe*)지는 대학생에게 학점을 얻는 새로운 방법이 생겼다고 보도했는데, 그 방법이란 포르노 영화를 관람하는 것이었다. 현재 많은 대학들이 노골적인 포르노(hard-core pornography)를 분석하는 과정을 개설하고 있다. 학생들은 심지어 자신의 적나라한 모습을 담은 필름을 찍어 강의실에서 보여주는 것을 과제로 받는다. 이것이 "포르노 연구"라 불리는 새로운 경향이다.[43]

어떻게 호메로스를 공부하던 학생들이 'Debbie Does Dallas' 와 같은 포르노를 공부하기에 이르렀는가? 그것은 성 해방 자체가 세계관의 모든 요소를 갖춘 완전한 이데올로기가 되었기 때문이다.

성 혁명의 개척자들이 하는 말을 들어 보자. 마거릿 생어(Margaret Sanger)는 계획출산협회(Planned Parenthood)의 창설자로 성 혁명의 개척자 가운데 한 사람이다. 우리 대부분은 생어를 산아 제한을 주창한 초창기 옹호자로 알고 있으나, 그녀가 하나의 완결된 세계관에 관한 책을 여러 권 썼다는 사실을 아는 사람은 많지 않다. 생어는 헌신된 다윈주의자요 사회적 다윈주의와 우생학의 옹호자였는데, 그것은 20세기 초 매우 유행했던 사조였다. 그녀의 목표는 다윈주의에 기초해 성에 대한 "과학적" 접근을 정립하는 것이었다.

생어는 역사의 드라마를, 도덕의 속박으로부터 우리 몸과 정신을 해방하려는 몸부림으로 그렸다. 그녀는 그 속박을 "자기부인과 죄의 잔인한 도덕성"이라고 불렀다. 그녀는 성 해방을 "내면의 평화와 안정과 아름다움"을 찾는 "유일한 방법"으로 선전했다. 심지어는 사회적 병폐를 극복하는 길로 제시하기도 했다. "지금 내적 에너지[성적 에너지에 대한 완곡한 표현]의 방출을 방해하는 속박과 금지를 제거해 보라. [그러면] 큰 사회적 악들이 대부분 사라질 것이다."[44]

마지막으로, 생어는 대담하게 다음과 같은 메시아적 약속을 제시했다. "섹스를 통해 인류는 위대한 영적 깨달음에 도달할 것이며, 그것이 세상을 변혁하며 지상낙원에 이르는 유일한 길을 밝혀줄 것이다."[45]

이것은 하나의 종교적 비전임에 틀림없다. 우리의 틀로 그것을 분석해 보자.

창조

질문: 생어의 경우, 창조신화의 역할을 하는 것은 무엇인가?
인간은 어디에서 왔는가?

답변: 진화. 그녀는 생물학적·사회적 다윈주의의 열렬한 옹호자였다

이것으로부터 생어의 인간 본성에 대한 견해를 어떻게 끌어낼 수 있을까? 만일 우리가 진화의 산물이라면, 인간으로서 우리의 궁극적 정체성은 생물학적·자연적·본능적—특히 성적 본능—측면에 내재되어 있다. 몇 년 전, 「뉴요커」(New Yorker)는 "포르노 연구"에 관한 기사를 실으면서 그 과목을 가르치는 교수 몇 사람과 인터뷰를 했다. 그 가운데 한 사람은 이렇게 설명했다. "섹스는 이제 우리 존재의 원동력인 것 같다." 우리의 "궁극적" 정체성이라는 말이다.[46]

생어의 시대는 과학자들이 내분비선에 대해 발견하기 시작한 시기이기도 한데, 건강한 인간 발달은 그 생식 내분비선의 자유로운 작동에 달려 있다고 그녀는 결론을 내렸다. 이는 성욕의 억제가 생리학적으로 해롭다는 주장과 같다. 오늘날에는 그런 개념이 잘못된 것으로 판명돼 그 분야의 전문가들 중 누구도 성적 억제가 신체적으로 해롭다고 믿지 않는다. 하지만 성 과학자들(sexologists)은 계속해서 성 해방이 건강한 인성 발달의 기초라고 믿고 있다.

타락

질문: 생어의 경우, 사회적·개인적 역기능의 근원은 무엇인가?

답변: 기독교적 도덕의 발흥

사람들이 자기 존재의 핵심인 진정한 성 정체성을 발견하지 못하게 막는 것은 기독교의 억압적 도덕이며, 이는 곧 이어 온갖 종류의 역기능을 불러일으킨다. 생어는 "금욕·자기부인·억제를 전파하는 '도덕주의자들'"을 비난했다.[47]

물론 성 개방주의자가 모두 그처럼 대놓고 기독교의 도덕을 비난하는 것은 아니다. 더 흔한 전략은, 자기들은 과학적 견해를 추구할 뿐이고 과학은 도덕적으로 중립적인 입장을 요구한다는 것이다. 예를 들어, 알프레드 킨지(Alfred Kinsey)는 대표작 「인간에 있어서 남성의 성행위」(*Sexual Behavior in the Human Male*)의 첫 대목을, 인간의 행위를 정상과 비정상의 범주로 나누는 과학자들에 대해 불평하는 것으로 시작한다. 이런 도덕적 구별을 용납하는 것보다 "성행위에 대한 자유로운 조사를 방해한 것은 없다"고 열을 올렸다. 그리고는 과학자들에게 모든 형태의 인간 행위를 윤리적 논평 없이 "객관적으로" 묘사하도록 촉구했다. 그가 반복해서 강조한 점은, 섹스는 "정상적인 생물학적 기능이고 **어떤 형태로 표현되든지 용납할 수 있는 것**"이라는 것이었다.[48]

그런데 그런 진술 자체가 하나의 도덕적 입장을 드러내고 있다. 킨지는 다윈의 자연주의에 기초한 윤리적 상대주의에 완전히 헌신된 인물이었다. 다만 객관적이고 중립적인 과학으로 가장해 **자신의 가치관**을 은밀하게 끌어들이고 있을 뿐이다. 킨지는 과학이 사실에 근거해 서술할 뿐이어서 사람들에게 당위적인 것을 처방할 수 없다고 주장했다. 그러나 실제로는 "사람들이 해야 하는 것과 해서는 안되는 것에 대해 매우 강한 견해를 그가 갖고 있었고, 그런 견해를 가장하려는 노력이 빤히 들여다보였다"고 역사가 폴 로빈슨(Paul Robinson)은 지적한다. 그가 선택한 분석의 범주 자체가 "전통적인 성 질서를 무너뜨리는 역할을 한 것이 분명했다." 사실 킨지는 종종 성경에 기초한 성 도덕의 도입이 인류 역사에서 특유한 분수령이었던 것처럼 말했다.[49] 그것은 우리 모두가 구속받아야 할 일종의 "타락"이었다는 말이다.

구속

질문: 생어와 킨지 같은 이들은 치유와 온전함의 도구로 무엇을 제시하는가?

답변: 성 해방

「뉴요커」에 실린 포르노 연구에 관한 기사에서, 한 교수는 "문화적 좌파"가 사회변혁에서 주로 자기 성의 참 본성을 발견하는 것으로 정의되는 "내적 변화"로 전향했다고 설명했다.[50] 요컨대, 성 해방 자체가 도덕적 십자군운동이 되었다. 기독교의 도덕이 그 적이요 그에 대한 반대는 영웅적인 도덕적 입장으로 칭송되는 것이다.

이것은 그리스도인의 사고로는 받아들이기 어려운 개념인데, 우리는 도덕이란 단어를 들으면 으레 성경적 도덕을 연상하기 때문이다. 그러나 많은 세속주의자들은 성경적 도덕을 악과 역기능의 근원으로 간주한다. 반면에 그들의 입장에는 도덕적 전투를 명하는 열정과 자기 의가 있다.

보수적인 유대인 영화 비평가 마이클 메드베드(Michael Medved)는 이 점을 아주 어렵게 배워야 했다. 한번은 부부 모두가 할리우드의 어느 영화 제작자 커플의 작품을 공개적으로 칭찬한 적이 있었다. 그들은 15년간 함께 살았고 아이가 둘이나 있었기 때문에, 그는 그들을 결혼한 부부로 소개했다. 그러자 즉시 그들의 친구들로부터 그들이 결혼하지 **않았다는** 말을 들었다. 그리고 결혼했다는 말을 듣는다면 그들 "기분이 상할" 것이라고 했다.[51]

기분이 상한다? 아니 누가 결혼한 줄로 아는 것을 모욕이라고 생각할까? 그 커플은 결혼을 배격함으로써 억압적인 도덕 관습에 대항하고 자유를 향하는 고상한 입장을 견지하려 했던 것이다. 철학자 존 스튜어트 밀(John Stuart Mill)은 언젠가 "불복종의 본, 관습에 무릎 꿇기를 거부하는 몸짓 자체가 하나의 봉사"라고 썼다.[52] 이 할리우드 커플과 같은 이들은 해방의 본으로서 인류에게 봉사를 베풀고 있다고 생각한다. 최근 인터뷰에서 마돈나에게 왜 1992년에 야한 책 「섹스」(Sex)를 출판했는지 묻자, 그녀는 "나는 여성을 해방시키는 혁명가가 됨으로써 인류에게 봉사하고 있다고 생각했다"고 응답했다.[53]

이런 태도를 통해, 우리 문화가 더욱 성적으로 노골화되는 현상을 막는 것이 얼마나 어려운지 알 수 있다. 성 해방은 단지 관능적인 만족이나 감흥의 문제가 아니다. 그것은 세계관의 모든 요소를 갖춘 하나의 완전한 이데올로기다. 이에 대항하려면 가만히 앉아서 **그것이 잘못되었다**는 식으로 비난만 해서는 안된다. 먼저 도덕이란 언제나 파생적인 것임을, 하나의 세계관에서 나오는 것임을 유념할 필요가 있다. 우리가 효과적으로 대응하려면 그 저변에 깔린 세계관의 문제를 다루어야 하는 것이다.

불교도의 경우

언젠가 비행기에서 내 옆 자리에 고운 얼굴에 검은 머리칼을 한 태국 여성이 앉은 적이 있었다. 그녀는 독실한 불교도였다. 동양종교에 대해 직접 배울 수 있는 절호의 기회라고 생각한 나는 그녀에게 온갖 질문을 퍼부었다. 그러고 나서 알게 된 사실은, 불교의 신조가 할리우드 연예인들 사이에 유행하는 내용과는 판이하게 다르다는 점이었다. 환생을 예로 들어 보자. 서구화된 환생설에서는, 계속해서 더 높은 차원으로 올라가는 순환과정이 진화적 진보의 낙관적 성격을 띠고 있다.[54] 그러나 진정한 불교도에게는 환생이 **고통의 수레바퀴**에 해당한다. 인생의 전반적인 목적은 그로부터 도피하는 것이다.

어떻게 그것이 가능한가? 자기부인과 이 세상의 것들로부터 초연해짐으로써 가능하다. 이 독실한 태국 여성은 매달 일주일씩 명상을 하러 불교사원에 가서 전기도 없이 땅바닥에서 생활한다. 오랜 명상을 통해 자신의 "혼탁해진 마음"(세상 염려로 가득 찬)이 "맑은 마음"(세상적인 애착으로부터 자유로운)으로 변화될 수 있다고 그녀는 설명했다. 그리고 마침내 자신의 의식이 그런 차원에 도달하게 되면 고통의 순환에서 벗어날 수 있다고 했다. 평생에 성공하는 이는 드물며, 그나마 대부분이 승려들인데 그들은 결혼과 가족에 대한 집착을 버렸기 때문이라고 했다. 그럼에도 수십만 명 가운데 겨우 한 사람 정도가 그러한 경지에 이른다는 것이다.

"당신은 어떻습니까?" 내가 물었다. 그녀는 결혼도 했고 아이들도 있다는 것을 알고 질문한 것이었다. "그러면, 당신은 이미 기회를 놓친 것이 아닌가요?"

"나는 그것에 대해 신경 쓰지 않아요. 그냥 명상을 계속할 뿐입니다." 그녀의 대답이었다. 그러고는 업보(業報, karma)의 법칙을 설명해 주었다. "나쁜 생각은 나쁜 것을 끌어들이고, 좋은 생각은 좋은 것을 끌어들이죠." "그러면 당신은 좋은 사람인데 나쁜 일이 일어난다면, 그것은 왜죠?" 내가 물었다.

"그렇다면 전생에 행한 것을 갚고 있는 셈이죠." 그 순간 불교가 무척 침침한 종교라는 생각이 들었다. 나쁜 일이 일어나면 모두가 자기 잘못 때문인데, 이생이나 전생에 범한 잘못에서 기인한다는 것이다. 이생을 사는 동안 은혜도 없고 구속의 희망도 존재하지 않는다. 그리고 명상이란 우리에게 귀를 기울이고 사랑으로 응답하는 하나님을 만나는 것이 아니다. 그것은 물질세계로부터 초연한 마음을 기르기 위한 일련의 정신 훈련일 뿐이다.

사실, 불교와 힌두교 같은 동양종교에는 인격적 하나님이 **존재**하지 않는다. 신적 존재란 인격과 인지 능력이 없는 영적인 세력의 장(場)이다. 이런 종교들의 궁극적 목표는 행복이 아니라 오히려 자신의 짐으로부터 벗어나는 것이다. 열반(涅槃, nirvana)은 개별적 영이 만물의 토대를 이루는 보편적인 영적 근원과 합쳐지는 것이며, 이는 범신론적 초월자(One) 속에서 자신의 개별성을 잃어버리는 것이다.

동양사상이 1960년대에 미국으로 건너왔을 때 서구적 요소와 결합해 뉴에이지 운동을 일으켰다. 하지만 그 중심에 있는 범신론적 개념은 그대로 남아 있다. 뉴에이지 사상에 우리의 틀을 적용해 보자.

창조

질문: 뉴에이지 범신론에서 궁극적 실재,
만물의 기원은 무엇인가?

답변: 절대자, 초월자(the One), 보편적인 영적 본질

범신론의 경우, 궁극적 실재는 만물을 관통하는 통일된 정신 또는 영적 본질이다. 그것은 모든 인간의 사고 범주—선과 악, 주체와 객체의 구분—를 초월하는 미분화된 통일체다. 이는 의식과 욕망을

가진 인격적 존재가 아니라 인격이 없는 영적 본질로서, 우리 모두가 그 일부를 이루고 있다. 사실상 기독교의 신과 같은 인격적 하나님은 열등한 존재로 취급되는데, 인격성이란 구별을 함축하며 구별은 동양의 정신으로 볼 때 제한성을 의미하기 때문이다. 인격성과 무한성을 둘 다 가진 성경적 신 개념은 불가해한 것으로 간주된다.

타락

질문: 범신론에서는 악과 고통의 근원이 무엇인가?

답변: 우리의 개별성에 대한 인식

범신론에서 인간 존재의 중대한 딜레마는 죄가 아니다. 무의식적인 영적 본질은 인간이 서로에게 행하는 것에 관심을 둘 수 없기 때문이다. 인간의 딜레마는 우리가 신의 일부인 것을 **모른다**는 점이다. 우리는 각기 별개의 존재와 정체성을 가진 개별자라고 생각한다. 이로 인해 탐욕과 이기심, 갈등과 싸움이 생기는 것이다. 힌두교에서는 심지어 우리의 개별성 인식을 "마야"(maya) 곧 환영(illusion)이라고 한다. 영적 훈련의 목표는 개별성의 환상으로부터 우리의 마음을 해방시키는 일이다.

> ## 구속
>
> 질문: 범신론은 악과 고통의 문제를
> 어떻게 해결할 수 있다고 보는가?
>
> **답변: 우리 모두의 근원인 보편적인 영적 본질과 재결합함으로**

동양종교의 훈련 목표는 내면의 신과 재결합하는 것이며 우리 모두가 신이라는 의식을 되찾는 것이다. 이렇게 분석해 보면, 뉴에이지 운동에서 수많은 테크닉이 엄청나게 확산되고 있는 이유를 알 수 있다. 요가, 초월명상, 수정구슬, 센터링 명상, 타로카드 점, 식이요법, 심상훈련 등. 이처럼 테크닉이 아주 다양하기는 해도 그 궁극적 목적은 자아의 경계선을 허물고 보편적 하나됨의 의식을 회복하는 데 있다.

세계관적 분석법을 배워야 할 중요한 이유 중 하나는, 우리 자신과 자녀들이 잘못된 세계관에 빠지는 것을 방지하기 위해서다. 몇 년 전 아주 헌신된 그리스도인 친구 하나가 내게 책 한 권을 추천하면서 "고전이니 꼭 읽어 보라"고 말했다. 그 책을 사서 보니 동양의 범신론을 이야기 형태로 꾸민 것이어서 너무 놀랐다. 여러분도 대부분 알 만한 책인데, 바로 프랜시스 버넷(Francis H. Burnett)이 쓴 「비밀의 화원」(*The Secret Garden*)이다.

주인공은 열 살 소년 콜린이다. 저자 버넷은 그를 자신의 범신론적 철학을 대변하는 인물로 삼는다. 콜린은 이야기에 나오는 다른 등장인물들에게 이 세상의 모든 것은 단 하나의 영적 실체—그가 "마법"(Magic)이라고 부르는—로부터 만들어졌다고 일러 준다. 이 단어는 언제나 대문자로 표기되는데, 신성을 뜻하는 암호임을 드러내고 있다. 콜린은 이렇게 말한다. "모든 게 마법으로부터 만들어졌어. 잎과 나무, 꽃과 새…… 마법은 내 안에도 있지.…… 우리 각자 안에도 있단다."[55] 이 마법은 놀라운, 아니 기적의 권능을 갖고 있다. 사물을 자라게 하고, 병자를 고치고, 사람들을 선하게 만드는 등의 능력이 있다. 그것은 우주에서 유일한 궁극적 힘인데, 한 등장인물의 말처럼 그보다 "더 큰 마법"은 있을 수 없기 때문이다. 주목할 만한 사항은 콜린이 노골적으로 기독교의 언어를 빌려 온다는 점이다. "마법은 언제나…… 무(無)에서 사물을 만들고 있어."[56]

이것은 우리를 사랑하는 인격적 하나님이 아니라 전기처럼 연결되어야 할 비인격적 힘인 것이 드러난다. 콜린이 표현하듯이, "우리는 마법을 붙잡아서 전기와 말과 증기처럼 우리를 위해 일하도록 해야 한다."[57] (버넷이 이 책을 쓴 해는 1911년이었다.) 그리고 그 힘을 "붙잡을" 수 있는 방법이 주문이다. 이야기에 등장하는 아이들은 "신전 안에서 앉는 것처럼" 양다리를 꼬고 앉고, 콜린은 "대제사장의 어조로" 주문을 시작한다. "**마법은 내 안에 있다. 마법은 내 안에 있다.…… 마법아, 마법아, 와서 도와다오.**"[58]

이것이 노골적인 종교가 아니고 무엇이겠는가. 그런데 내가 알고 있는 수많은 그리스도인 부모와 교사들이 아이들과 이 책을 읽었으면서도 **동양의 범신론적 세계관을 간파하지 못했다**. 나는 그 책을 읽은 후 비교적 쉽게 포착할 수 있는 종교적 주제들을 분석해서 글로 옮겼는데,[59] 얼마 지나지 않아 내 아들이 그 책을 읽으라는 숙제를 받아 왔다. 기독교 학교에서 말이다.

여러 해가 지난 후 나는 버넷의 생애를 연구하면서, 그녀가 강신술(降神術, Spiritualism)과 신지학(神智學, Theosophy, 불교에 영감을 받은 철학으로 업보·환생·범신론 등의 개념을 내포하고 있다)에 관여했던 것을 알게 되었다.[60] 독자가 그녀의 개인적 내력을 몰라도 그 책 전체에 걸쳐 나타나는 동양적 세계관은 얼마든지 인식할 수 있다. 이것은 아주 좋은 사례다. 우리가 세계관적 분석법을 모르고 자녀에게도 가르치지 않을 경우, 주변문화에서 마주치는 색다른 세계관에 대해 무방비 상태가 될 수 있다는 원리를 일깨워 준다. 그리고 우리도 모르는 사이에 그런 세계관을 받아들일 가능성이 높은 것이다. (뉴에이지 운동에 관한 보다 자세한 내용은 부록 2를 보라.)

세계관 선교사들

왜 우리에게 기독교 세계관이 필요한지 깊이 생각해 보니, 바로 지상명령에 대한 순종에 다름 아니라는 생각이 든다. 그리스도인으로서 우리는 세상에 대해 선교사가 되도록 부름받았는데, 그것은 선교 대상이 되는 사람들의 언어와 사고방식을 배우는 것을 의미한다. 자기 나라에서는 굳이 새로운 언어를 섭렵할 필요가 없으나 문화의 사고형태는 반드시 배워야 **한다**.[61] 철학자에게는 철학의 언어로, 정치가에게는 공공정책의 언어로, 과학자에게는 과학의 언어로 말할 필요가 있기 때문이다.

국제관계를 공부하는 한 학생이 언젠가 내게 이런 말을 한 적이 있다. 자기가 택한 과목들은 전문가들로 하여금 다른 문화에 가서 일하도록 준비시키는 내용인데, 거의 대부분이 세계관에 초점을 맞추고 있다는 것이었다. 다른 언어를 배우는 일은 하나의 예비단계에 불과하다고 설명했다. 효과적으로 의사소통을 하는 데 가장 중요한 요건은, 그 문화에 내포된 사고의 습관을 아는 것이라고 했다. 바울이 그리스도인들을 일컬어, 하늘의 왕을 위해 낯선 문화로 파송된 "대사"로 부름받은 자들이라고 한 것은 결코 우연이 아니다(고후 5:20). 우리가 유능한 대사가 되려면 국제관계를 담당하는 전문가 못지 않게 철저하게 우리 자신을 준비할 필요가 있다.

창조·타락·구속의 틀은 세계관들을 비교하고 대조하는 데 간단하고도 효과적인 도구를 제공하는 동시에, 창조에 관한 성경의 가르침이 오늘날 왜 그처럼 끊임없이 공격을 받고 있는지에 대해서도 잘 설명해 준다. 어떤 세계관이든지 창조의 개념은 근본 토대를 이루는 것이다. 그것은 첫번째 원리로서, 그 뒤에 따라오는 모든 것을 좌우한다. 기독교를 비판하는 이들은 기독교가 궁극적 기원에 관한 성경의 가르침과 더불어 세워지거나 넘어진다는 것을 알고 있다.

그러므로 우리가 그리스도를 위해 더 유능한 대사가 되려면 과학적·철학적으로 성경의 창조관을 변호하는 법을 배워야 한다. 다음 네 장(제2부)에 걸쳐 이 주제를 다루고자 한다.[62] 이 네 장을 공부하는 동안 우리는 다원적 자연주의의 도전에 대처해 신앙을 지키는 법과 지적 설계를 지지하는 입장을 정립하게 될 것이다. 또한 다윈의 세계관이, 낙태의 합법화에서부터 공교육의 몰락에 이르는 수

많은 문화적 파괴현상을 불러일으킨 경로를 알게 될 것이다. 기독교 세계관을 전달하는 첫 단계는 창조에 대한 설득력 있는 입장을 세우는 것이다.

제2부_ 최초의 시점으로 돌아가서

5_ 다윈과 베렌스타인 곰의 만남

[다윈주의는] 과학적 증거보다는
무신론적 철학의 가정(假定)에 의해 지지되고 있다.
_ 휴스턴 스미스(Huston Smith)[1]

"신앙에 대해 처음으로 의심을 품게 한 것은 바로 다윈주의였다."
「하나님, 그 증거」의 저자 패트릭 글린이 회상하면서 한 말이다.[2]
가톨릭 가정에서 자란 글린은 어린 시절 "아주 독실한 신앙"을 가진 아이였다고 자신을 묘사했다. 공식적으로 허용된 나이보다 어린 나이에 성사를 시중드는 복사가 되었고, 자기가 다니던 가톨릭 학교의 도서실에는 성자들의 생애를 다룬 책들이 반이나 차지했다고 회고한다.

그런데 7학년 때 선생님이 진화론을 소개했고, 어린 패트릭은 「벌거벗은 임금님」에 나오는 시력 좋은 아이처럼 그것이 자기가 이전에 배운 종교적 가르침과 상충된다는 점을 즉시 알아챘다. "나는 일어나서 그 수녀에게, 만일 다윈의 이론이 옳다면 성경에 나오는 창조 이야기가 어떻게 사실일 수 있는지 물었다." 그 수녀는 얼떨떨한 표정을 지었고……그래서 의심의 씨앗이 뿌려졌던 것이다.

패트릭의 어머니는 교구사제와 이야기를 나눠보라고 권유했는데, 그 사제는 소년을 야구경기에 데려가 핫도그를 사 주면서 **대화할 기회를 마련했다**. 경기의 회가 바뀌는 휴식시간을 이용해 사제는, 인류의 기원에 관한 진화론과 창세기를 조화시키는 법을 설명해 주었다. "당시에 아담과 하와가 생존하고 있던 **유일한** 존재였다고 믿을 필요는 없단다. 하나님이 그들을 택해서 영혼을 주셨다고만 믿으면 된다." 임기응변에 불과한 것이 너무나 뻔하게 보여서 오히려 소년의 의심을 깊게 할 뿐이었다.

"내가 하버드에서 공부할 무렵에 이르러서는, 그곳의 자연주의와 세속주의의 분위기에 쉽게 빠질 만큼 아주 무르익은 상태였다"고 글린은 말한다. 수강하는 과목마다 누구든 이성을 가진 인간이라면 종교적 믿음을 갖는 것이 불가능하다는 가정이 굳게 자리잡고 있었다. 결국 "다윈은 생명의 기원을 설명하는 데 굳이 하나님의 존재를 가정할 필요가 없다는 점을 입증했던 것이다." 만일 자연적 원인이 자율적으로 작동하여 만물을 생산할 능력이 있다면, 창조자가 할 일은 전혀 없게 된다는 것이 자명한 결론이다. 그분은 실직한 셈이다. 그리고 하나님의 존재가 더 이상 해석적·인지적 역할을 수행할 수 없다면, 남은 것은 감정적 역할밖에 없다. 하나님에 대한 믿음이, 근대성에 직면하기 두려워하는 이들을 위한 일종의 탈출구로 전락한 것이다. 하버드에서는 종교를 원시문화가 발명한 인조물로서 혹독한 생존의 과정에서 하나의 방어기제로 만든 것으로 본다고 글린은 말한다. 그가 대학원을 졸업할 즈음에 내린 결론은, 하나님도 없고 영혼도 없고 내세도 없으며, 우주에 어떤 고유한 정의(正義)도 없다는 것이었다. "나는 내 세계관이 현실적이라고, 아니 마키아벨리만큼이나 현실적이라고 우쭐했다."

약 20년이란 세월이 흐르고 개인적인 위기를 겪은 후에야 글린은 그때까지 확신하고 있던 이성주의와 자연주의에 의문을 품기 시작했다. 그는 「하나님, 그 증거」에서 마침내 하나님의 존재를 되찾아 준 여러 갈래의 논증을 열거하고 있는데, 거기에는 물리적 우주에 나타난 설계를 가리키는 놀라운 증거도 포함되어 있다(이것에 대해서는 6장에서 다룰 것이다).

글린의 개인적 이야기가 보여주는 것은, 기원에 관한 이론이 세계관 형성에 토대 역할을 한다는 점이다. 우리가 본 것처럼, 각 세계관은 창조에 관한 이야기로 시작하고 그것이 타락과 구속의 개념을 좌우한다.[3] 따라서, 한 문화의 창조신화를 만드는 권위를 가진 자가 실질적인 "제사장"이며, 그에게 지배적인 세계관을 정할 권세가 있는 셈이다. 그리스도인이 오늘날의 세속적 "제사장"의 권세를 깨뜨리기 위해서는 기본적으로 기원을 둘러싼 논쟁을 파악하고 그것이 현대의 사조에 미치는 폭넓은 영향을 인식할 필요가 있다.

다음 네 장에 걸쳐 살펴보겠지만, 다윈의 진화론이 미친 큰 영향은 변이와 자연선택에 관한 상세한 이론에 있는 것이 아니라 그보다 훨씬 더 의미있는 그 무엇에 있다. 그것은 바로 객관적 진리가 되려면 갖추어야 할 새로운 자격 기준이다. 한 역사가가 설명하듯이, 다윈주의는 자연주의적 지식관을 낳았다. 그 견해에 따르면 "신학적 도그마와 철학적 절대는 나쁘게 말하면 순전히 사기고 좋게 말해 인간의 깊은 열망의 상징에 불과하다"는 것이다.[4] 좀더 풀어서 설명해 보자. 만일 다윈주의가 옳다면, 종교와 철학적 절대(진·선·미와 같은)는 엄격히 말해 거짓이거나 "사기"라는 것이다. 우리가 정말 원한다면 그런 것들을 여전히 붙들어도 무방하다. 다만 그것들을 별개의 범주로, 참으로 존재하는 것이 아니라 인간의 희망과 이상의 "상징에 불과한" 것으로 분류한다는 조건부로 그렇게 할 수 있다.

여기서 진리를 이층으로 분리하는 것을 간과할 수 있겠는가? 지식에 대한 자연주의적 관점은, 다윈주의를 공적인 **사실**이 속한 하층부에 배치하는 한편, 종교와 도덕은 사적인 **가치**의 상징에 불과하다 보고 상층부로 분류하는 것이다. 한 철학 교재가 기술하듯이, 다윈 이전에는 대다수의 미국 사상가들이 "지식의 근본적인 통일성"을 당연한 것으로 가정하고 있었다. 이것은 하나님이 제정하신 단 하나의 우주적 질서―자연 질서와 도덕 질서를 모두 포괄하는―에 대한 확신에 바탕을 둔 것이었다. 다윈의 진화론은 "이런 지식의 통일성을 깨뜨리고" 종교와 도덕을 "비인지적(noncognitive) 주제들"로 축소시키는 결과를 초래했다.[5] 요컨대, 다윈주의는 상층부와 하층부 사이의 분할을 완전히 마무리한 것이다. 오늘날에는 이 두 층이 평행선을 달리고 있어서, 만나거나 합쳐지는 일이 결코 일어나지 않는다. 이 책의 2부를 읽어 가면서 알게 되겠지만, 이런 이분화는 움직일 수 없을 정도로 고착되어, 우리 시대에 이르러서는 종교적 진리 주장의 객관성을 전복시키는 강력한 도구가 되어 버렸다.

이제 우리는 주요한 과학적 주장과 그에 대한 반대 주장을 살펴볼 것이다. 이번 장에서는 다윈주의에 반대하는 최근의 과학적 입장을 소개하고, 다음 장에서는 지적 설계를 선호하는 긍정적 입장을 견지하도록 여러분을 도울 것이다. 이어서 기원(origin)을 둘러싼 논쟁이 서구문화 전반—윤리에서 교육, 영화에서 음악에 이르기까지—에 걸쳐 지닌 함의를 훑어볼 예정이다. 사실, 사회의 모든 영역이 다원주의 세계관의 영향을 받았기 때문에, 여러분과 내가 유능한 세계관 선교사가 되려면 그것이 왜 잘못되었는지를 보여 주는 동시에 믿을 만한 대안을 제시하지 않으면 안된다.

보편적인 산화(酸化) 현상

과학혁명 이후 약 300년 동안, 사람들은 기독교와 과학이 완전히 양립 가능하고 서로를 지원하는 관계라고 생각했다. 대부분의 과학자가 기독교 신자였고, 교구 목회자가 시골에서 생물학 표본을 수집하러 다니는 모습이 흔히 눈에 띄었다. 과학이 발견한 자연의 놀라운 복잡성(complexity)은 하나님에 대한 믿음에 도전하는 것이 아니라 그분의 지혜와 설계를 확증하는 것으로 환영받았다. 코페르니쿠스·케플러·뉴턴·보일·갈릴레이·하비·레이 등과 같은 다양한 학자들이 자신의 과학적 재능을 하나님을 찬양하고 인류에 봉사하는 데 사용하도록 부름받았다고 느꼈다. 과학을 의학과 기술공학에 적용하는 것은, 고통과 지루함을 경감시키는 효과를 초래하기에 타락의 영향을 역전시키는 수단으로 정당화되었다.[6]

하지만 세속화 현상이 발생하면서 과학과 종교 간의 조화가 위협받기 시작했고, 그 최후의 급격한 붕괴가 19세기 후반 찰스 다윈이 진화론을 출판한 것을 계기로 일어났다. 다윈주의는 철저히 자연주의적 성격을 띠고 있는데, 생명의 기원과 발달을 오직 자연적 원인들에 입각해 설명하기 때문이다. 그것은 (우리가 3장에서 살펴본 것처럼) 실재에 대한 자연주의적 그림을 완성하는 잃어버린 퍼즐조각이었다. 이 시기에 역사가들은 과학과 종교 간의 "전쟁" 이미지를 그려 내기 시작했는데, 특히 그 싸움의 승자가 과학이기를 바라는 역사가들이 앞장서서 그렇게 했다.

오늘날에는 이런 획일적인 전쟁 이미지가 대중문화의 일부가 되어 버렸기 때문에, 이런 모습이 아주 최근에 그려졌다는 사실을 알고는 많은 이들이 무척 놀란다. 언젠가 나는 아들의 가라데 도장 밖에서 강의 준비를 하고 있었다. (어린아이를 가진 엄마들은 보통 이런 식으로 많은 일을 해치운다. 놀이터나 축구장 옆에서.) 한 엄마가 내게 와서 이야기를 주고받다가 내 주제가 기독교와 과학이라는 말을 듣고는 눈을 치켜뜨면서 놀라는 반응을 보였다. "왜 그런 주제를 다루죠? 종교와 과학은 언제나 싸우고 있지 않나요? 거의 모든 면에서 서로 불일치하지 않습니까?" 보다 최근에는 항공우주공학을 공부하는 대학원생이 내게 일러 주기를, 교회에 다니지 않는 룸메이트가 자기가 신자라는 사실을 알고는 즉시 "너는 어떻게 그리스도인이면서 과학을 공부할 수 있니?" 하고 물었다고 한다. 이런 이야기들이 상기시켜 주는 것은, 아직도 많은 이들이 과학과 종교가 정면으로 충돌하고 있다고 무심코 가정하고 있다는 사실이다.

공정하게 말하면, 이런 천편일률적 이미지는 일부 진영에서 의도적으로 고안해 낸 것이다. 몇 년 전, 한 친구가 기원의 문제에 대해 스스로 공부해야겠다고 마음먹고 서점에 가서 책을 둘러보다가 「다윈의 위험한 생각」(Darwin's Dangerous Idea)이라는 책을 발견했다고 한다. 그는 "다윈주의에 대한 비판서로 안성맞춤이겠다"고 생각했던 것이다.

그런데 그 책이 비판적 입장이기는커녕 다윈주의에 뜨거운 **찬사**를 보내는 내용임을 알고서 그 친구는 무척 억울해 했다. 다윈주의는 전통적 종교와 윤리 같은 비합리적 미신에게만 "위험하다"고 저자 다니엘 데닛은 말하고 있다. 그는 다윈주의를 "보편적 산(酸)"이라고 부르는데, 이는 산이 부식성이 너무 강해 모든 것, 심지어 산을 담은 병까지 갉아먹는 현상을 보며 어린이들이 신기해 하는 모습을 상기시킨다. 다윈주의도 그처럼 부식성이 강해서 도무지 담아 둘 수 없다는 것이다. 그것은 모든 연구 분야에 퍼져서 초월적인 목적이나 도덕의 흔적을 모조리 부식시켜 버린다. 데닛이 표현하듯이, 다윈주의는 "거의 모든 전통적 개념을 갉아먹고 그 뒤에 하나의 혁명적 세계관을 남긴다."[7]

공립학교는 다윈의 "보편적 산"을 학생들이 가정에서 들고 오는 신념에 투여함으로써, 그들의 세계관에 혁명을 일으키라는 주문을 받고 있다. 그런데 성가신 부모들이 자녀에게 다윈주의가 인간의 기원에 대한 온전한 이야기가 **아니라**고 가르친다면 어떻게 할 것인가? 그럴 경우에는, "우리는 당신의 가르침이 거짓을 유포하는 행위라고 묘사할 것이고, 최대한 빨리 이 점을 당신의 자녀에게 입증하려고 노력할 것"이라고 데닛은 씩씩거리며 반응한다. 그가 제시한 최후의 모욕적인 제안은, 전통적 교회와 의례들을 죽은 문화가 남겨 놓은 다른 인공물과 나란히 "문화 동물원"에 보관하자는 것이다.[8]

분명한 것은, 여기서 데닛이 선전하고 있는 것이 객관적 과학이 아니라 진화론적 유물론 또는 자연주의로 볼 수 있는 자신의 철학이라는 점이다. 데닛은 PBS 방송이 여덟 번에 걸쳐 방영한 '진화' 시리즈에 출연하여, 다윈의 위대한 업적은 우주의 설계를 "목적 없고 무의미하게 운동하는 물질"의 산물로 환원시킨 것이라고 시청자에게 말했다.[9] 그러나 그런 진술을 과학적으로 실험할 수 있는 방법이 있기나 한지 한번 생각해 보자. 우주가 "무의미하게 운동하는 물질"에서 생겨났음을 확증할 수 있는 실험실 실험이라는 것이 있을 수 있을까? 결코 있을 수 없다. 그것은 전혀 과학적 이론이 아니라 데닛의 개인적 철학에 불과한 것이다.

그럼에도 바로 이 철학이 공적 영역에서 공식적인 정통이 되어 버렸다. 이미 반세기 전에 체스터튼은 과학적 유물론이 서구문화에서 지배적인 "신조"가 되었다고 경고했다. "진화에서 시작해 우생학으로 끝난" 그 유물론은, 하나의 과학이론에 불과한 것이 아니라 "참으로 확고히 자리잡은 우리의 교회"라고 말했다.[10]

우리 세대에 기독교 세계관을 변호하려면 이 "확고히 자리잡은 교회"에 도전하는 법을 배우지 않으면 안된다. 그 첫 단계는 그것이 교회―신념의 체계나 개인적 철학―임을 명확하게 증명하는 일이다. **과학**이라는 상표로 포장돼 팔리는 것 가운데 많은 것이, 실제로는 과학이 아니라 철학적 유물론이다. 다시 말해 그것은, 객관적 진리가 아니라 누군가의 개인적 "가치"의 표출에 불과하다는 말이다. 우리는 판을 뒤집기 위해 사실/가치의 이분법을 이용할 수 있는데, 진화 자체가 사적이고 주관적인 "가치"의 영역에 속한다고 주장할 수 있다. 우리가 그것을 권위 있는 것으로 여길 이유가 없다는 뜻이다. 과학자들이 옥수수를 교배하거나 의약품을 제조하는 법을 가르칠 권위는 있을지 모르나, 어떤 세계관을 믿을지 일러 줄 수 있는 전문가는 아니다. 그들이 과학의 테두리를 벗어나 우주가 "목적 없고 무의미하게 운동하는 물질"의 산물이라는 식의 형이상학적 선언을 할 때는 우리에게 아무런 권위를 지니지 못한다. 그처럼 공격적인 철학적 개종 활동에 대해서는 우리가 수용 거부 전략을 개발할 필요가 있다.

유치원 수준의 자연주의

요즈음에는 어린아이들조차 비판적으로 생각하는 법을 배워야 한다. 여러 해 전에 막내아들 마이클이 읽을 과학책을 한 권 고른 적이 있는데, 그 속에 과학적 내용과 함께 철학적 자연주의가 강하게 포함되어 있는 것을 보고 충격을 받았다. 「곰이 안내하는 자연 속으로」(*The Bears' Nature Guide*)[11]란 제목이 붙은 그 책은, 인기 절정의 어린이 그림책 곰돌이 시리즈의 베렌스타인 곰을 데려다 주인

공으로 다루고 있었다. 책을 열면 곰 가족이 자연 속으로 산책을 가자고 우리를 초대한다. 두어 쪽을 넘기면 양쪽에 걸쳐 눈부신 일출 장면이 나타나고 대문자로 이런 글이 쓰여 있다. "자연······ 은 **현재나 과거나 미래에 존재하는 전부다!**"

이런 글귀를 이전에 본 적이 있지 않은가? 기억할지 모르겠지만 바로 칼 세이건(Carl Sagan)이 진행한 PBS의 '코스모스'(Cosmos)란 프로그램에서 나왔던 것이다. 그 프로그램의 표어는 "우주는 현재나 과거나 미래에 존재하는 전부"였다.[12] 전례를 중시하는 교회에 다닌 이들은 세이건이 **송영**('태초로 지금까지 또 영원무궁토록 성삼위께 영광 영광')을 대체해 그런 표어를 내놓고 있음을 알아차릴 것이다.[13] 베렌스타인 곰 시리즈를 쓴 저자들은 이제 어린이들을 위해 세이건의 자연주의적 종교를 재포장한 것이다.

어린이가 자연주의적 메시지를 놓칠 경우를 대비해 각 쪽 맨 아래에 곰 한 마리가 독자에게 손짓하면서 "자연은 너야! 자연은 나야!" 하고 말하는 모습을 그려 넣었다.

여기서 지적하고 싶은 것은 철학적 자연주의가 어린이책에도 등장할 정도라면 이미 문화 전반에 스며들었다는 점이다. 과학을 가르친다는 명목 아래 철학적 전쟁이 벌어지고 있는 것이다. 만일 그리스도인이 철학적 쟁점들을 적절한 틀로 다루지 않는다면 다른 이들이 그렇게 할 것이다. 아울러 그들은 자신의 메시지를 어린이들에게 전달하는 일까지 망설이지 않고 수행할 것이다.

과학의 홍보요원들

자연주의 철학이 수행하는 역할을 파악하려면 다윈의 진화론을 지지하는 증거가 얼마나 제한적인지 생각하면 된다. 다윈주의자들에게 그 이론에 대한 관찰 가능한 경험론적 증거를 들라고 하면 한결같이 동일한 주머니에 손을 넣고 자기가 좋아하는 재고품들을 끄집어낸다. 그것들은 여러분도 쉽게 섭렵할 수 있는 것들이다. 고등학교와 대학교 교과서에 가장 많이 등장하는 예를 분석한 조나단 웰스(Jonathan Wells)의 책 「진화의 아이콘」(Icons of Evolution)[14]을 따라가면서 그 가운데 몇 가지를 살펴보자. 이런 그림들은 우리 모두, 그리고 아마 우리 자녀들에게도 낯익은 것인 만큼 그것들을 평가하는 법을 배우는 것이 무척 중요하다.

다윈의 부리

진화를 지지하는 증거로 가장 널리 인용되는 것은, 남미 해안의 갈라파고스 군도에 사는 핀치새(finches)의 변이현상이다. 핀치새라는 작고 우둔하게 생긴 새에 우리가 관심을 갖는 이유는, 그 부리의 크기가 서식환경에 따라 변하기 때문이다. 이는 그 새들이 변화하는 환경에 적응해 왔음을 시사한다. 거의 모든 생물학 교재는 다윈이 젊은 자연주의자로서 감행했던 갈라파고스로의 항해 이야기를 반복하고 있고,[15] 현대의 생물학자들 역시 그의 이론을 확증하려고 그곳을 다시 방문해 왔다.

한 연구는 갈수기에 부리의 평균 크기가 실제로 약간 커졌다는 사실을 발견했다. 건조한 시기에 얻을 수 있는 먹이는 좀더 크고 거친 씨앗밖에 없으므로 약간 더 큰 부리를 가진 새들이 생존하기에 유리했다. 그런데 지금 우리가 이야기하고 있는 변화는 밀리미터의 1/10단위로 측정할 수 있는 정도의 크기다. 엄지손톱의 두께 정도다. 그럼에도 그것은 다윈의 이론을 확증한 증거로 크게 각광받았다. 한 과학 저술가가 기쁨에 겨워 소리쳤던 것처럼, 이것이 "바로 〔우리〕 눈앞에서" 벌어지고 있는 진화의 현상으로 여겨졌던 것이다.[16]

그러나 이야기는 거기서 끝나지 않는다. 마침내 비가 다시 내리기 시작해 본래 있었던 다양한 씨앗들이 맺혔다. 그 후 무슨 일이 일어났을까? 부리의 평균 크기가 정상적으로 되돌아갔다. 달리 말해, 다윈주의자들을 그토록 흥분시켰던 그 변화가 하나의 순환적인 변이에 불과한 것으로 드러난 것이다. 핀치류가 새로운 종류의 새로 진화하는 과정에 진입한 것이 아니었다. 그저 그 종이 건조한 기후에서 살아남도록 한 사소한 적응에 불과했던 것이다.

말하자면, 그 변화는 핀치새들이 불리한 환경 아래서도 **핀치새로서 생존하게 해준** 사소한 적응이었다는 것이다. 그것은 그들이 다른 유의 유기체에서 진화한 것을 증명한 것도 아니고 그들이 새로운 종으로 진화하고 있음을 입증한 것도 아니었다(그림 5.1을 보라).[17]

국립과학 아카데미(NAS)가 교사들을 위한 진화 관련 소책자를 출판할 때, 이 이야기를 좀 더 긍정적인 방향으로 선회시키는 것이 필요하다고 결정했다. 그래서 그 소책자에는 부리의 평균 크기가 정상으로 되돌아왔다는 사실을 **언급하지 않았다**. 그 대신에 그런 변

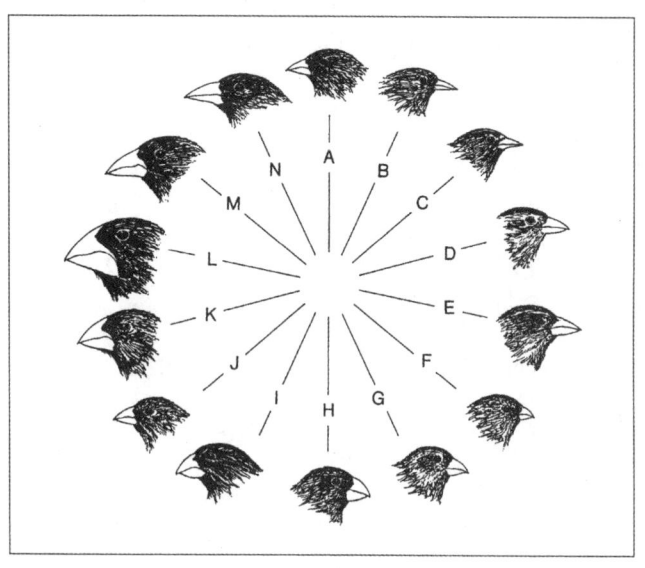

그림 5.1_ **다윈의 핀치새들**. 부리 크기의 변화는 새들이 불리한 환경 아래서도 핀치새로서 생존하게 하는 하나의 순환적 변이였다.

화가 2백여 년 동안 줄곧 계속된다면 무슨 일이 발생할지를 추측했다. 어떤 "새로운 종의 핀치새"가 나오지 않을까 하고 말이다.[18]

이는 사실을 오도하고 있는 것이 분명하다. 마치 그 변화가 역전될 수 있는 것이 아니라 한 방향을 지향하는 것인 양 썼기 때문이다. 이에 대한 필립 존슨의 적절한 반응이 「월스트리트 저널」(*Wallstreet Journal*)에 실렸다. "앞서 가는 과학자들이, 주식중개인이었다면 감옥에 가게 될 수도 있는 이런 왜곡을 일삼지 않으면 안될 지경이라면, 그들은 난관에 빠진 것이 분명하다."[19]

더구나 문제는 핀치새의 부리에 국한되지 않는다. 역전 가능한 미세한 변이의 사례들이 생물학적 진화를 다루는 교과서에 흔히 등장한다. 자주 실리는 또 다른 예는 항생제에 대한 내성의 발달이다. PBS 방송 '진화' 시리즈의 하이라이트 가운데 하나는 에이즈 바이러스(HIV)가 외관상 돌연변이로 인해 치료용 약물에 어떻게 저항하는지 설명한 대목이다. 다시 한번 이것은 진화가 작용하고 있는 것으로 인정받았다. 그런데 약물이 제거되자마자 그 변화가 역전되어 바이러스가 정상으로 되돌아왔다. (다시 약물에 민감하게 된 것이다.)[20] 그처럼 역전될 수 있는 변화는, 한계가 없을 뿐 아니라 방향성을 지닌 변화를 요건으로 삼는 이론을 증거하기에는 근거가 불충분하다.[21]

기능 장애를 가진 초파리

자연이 제공하는 증거보다 더 나은 증거를 찾으려고 과학자들은 실험실에서 흔히 초파리를 이용해 돌연변이를 만들려고 애써 왔다. 이 작은 곤충은 불과 며칠이면 번식이 가능하기 때문에 연구자들은 그것을 방사선이나 유독성 화학물질에 노출시켜 몇 세대에 걸쳐 어떻게 변화하는지 관찰할 수 있다. 어떤 종류의 돌연변이가 만들어졌을까? 더 큰 날개, 더 작은 날개, 움츠러든 날개, 날개가 없는 경우, 심지어는 머리에서 더듬이가 아니라 다리가 자라는 별난 경우도 있다.

결국 어떤 결론에 도달했는가? 한마디로 기능 장애를 가진 초파리다. 반세기에 걸쳐 초파리에게 방사선 세례를 퍼부었으나 새로운 종류의 곤충을 만들어 내지 못한 것이다. 더 향상된 새로운 초파리를 한 마리도 만들지 못했다. 돌연변이 파리들은 본래 모습만큼

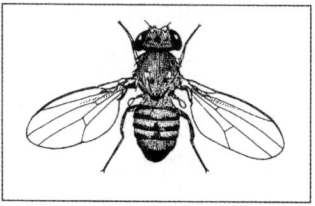 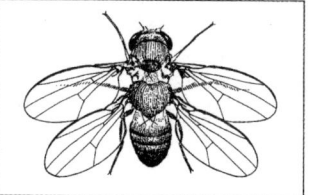

그림 5.2_ 정상적인 초파리와 날개가 네 개 달린 초파리.
돌연변이는 개체가 더 약해지기 때문에 야생에서 살아남을 확률이 더 적다.

잘 날지도 못했고 야생에서도 살아남기도 힘들 것 같았다.

향상된 모습이라고 볼 수 있는 경우가 단 하나 있었다. PBS 방송의 '진화' 시리즈는 둘이 아니라 네 개의 날개가 달린 돌연변이를 방영했다(그림 5.2를 보라). 그것은 진화 과정상의 진보로 보일 수도 있다. 그러나 그 프로그램이 진행될 때 텔레비전 화면을 유심히 관찰하면 덤으로 달린 날개들이 움직이지 않는다는 사실을 발견할 수 있다. 그것은 근육 없이 그저 달려 있을 뿐인데, 오히려 비행시 갑옷처럼 내리누르는 역할을 한다. 다윈주의가 주장하듯이 돌연변이가 진화를 추진하는 동력이라면,[22] 이 경우에는 사실 아무런 역할도 하지 못하는 게 분명하다.

다윈 이론의 열쇠는 기존 자료에 의한 추정에 있다. 오늘날 우리가 자연에서 발견하는 소규모 변화를 따라 과거로 거슬러 올라가면, 분류학적으로 다른 집단 간의 큰 차이점들을 그런 작은 변화의 축적으로 설명할 수 있다고 가정하는 것이다. 그런데 문제는, 그런 작은 변화들이 다윈의 이론을 충족시키는 방식으로 축적되지 않는다는 데 있다. 유전학자 리처드 골드슈미트(Richard Goldschmidt)는 거의 반세기 동안 초파리로 실험한 끝에 결국 두 손을 들고 말았다. 그때 누군가 단 한 마리의 초파리로 천 가지의 돌연변이를 모은다 해도, 여전히 괴상한 초파리에 불과할 것이라고 했다.[23] 단지 세부적으로 다른 모습을 이것저것 모은다고 해서 새로운 종이 만들어지는 것이 아니다. 전반적으로 다른, 새로운 설계가 필요한 것이다.

유기체의 변화에 한계가 있다는 점은 오랜 세월 동안 농부와 사육자들 사이에서 하나의 상식이었다. 더 빠른 말이나 더 큰 사과로 개량하는 것은 가능하지만, 아무리 집중적으로 개량 프로그램을 진행한다고 해도 넘을 수 없는 한계에 도달하게 된다. 말이 치타처럼 빨라진다거나, 사과가 호박만큼 커지는 것은 불가능하다. 더구나 그 한계에 가까워질수록 유기체가 점점 더 약해지고 질병에 걸리기 쉬우며, 결국에는 생산력이 메말라 죽게 된다. 이것이 태초 이래 개량의 노력이 가져온 재난이다. 모든 시대를 통틀어 가장 유명한 육종학자로 불리는 루터 버뱅크(Luther Burbank)는 "모든 생물을 어떤 고정된 한계 내에서 보존하는" 자연법칙이 있을지도 모른다고 시사했다.[24]

다윈주의 패러다임에 따라 엄청난 양의 연구조사가 지난 한 세기 반에 걸쳐 진행돼 왔지만, 성공 사례는 초파리의 돌연변이와 같이 "고정된 한계" **내에서** 이루어진 변화에 국한되었을 뿐이다. 맨 처음 초파리가 어떻게 존재하게 되었는가 하는 정작 중요한 의문에 대해서는 아무것도 조명하지 못했다.[25] 누군가 재미있게 표현한 대로, 다윈주의가 적자(適者)의 **생존**은 설명할지 모르나 적자의 **도래**는 설명하지 못한다는 것이다.

얼룩나방

자연주의적 진화를 지지하는 입장은, 그동안 주요 증거로 삼았던 것이 최근에 역전된 탓에 심각한 손상을 입었다. 영국의 얼룩나방을 예로 들어 보자. 이는 고등학교 과학 교과서에 사진으로 실려 있어서 모두 기억할 것이다. 보통 두 가지 변이—연한 회색과 짙은 회색—가 나오는데, 교과서에 실린 이야기는 보통 이렇다. 산업혁명이 진행되는 동안 새로운 공장들이 연기와 그을음을 뿜어내 나방이 앉아 있는 나무의 몸통 부분을 까맣게 만들어 버려서, 그보다 밝은 색깔의 나방들은 새의 눈에 잘 띄어 쉽게 잡아먹혔다는 것이다. 결국 시간이 흐르면서 어두운 색깔의 나방이 많이 생겼다. 이것은 자연선택설의 대표적인 사례로 오랫동안 선전되어 왔다.

그런데 최근에 작은 문제 하나가 드러났다. 얼룩나방은 야생에서 나무의 몸통에 자리를 잡지 않는다는 사실이 그것이다. (얼룩나방은 나무의 윗쪽 그늘 부분에 앉는 것으로 알려져 있다.) 그렇다면 교과서에 나오는 사진은 어떻게 설명할 수 있을까? 그것은 연출된 것으로 판명되었다. 사진을 찍으려고 과학자들이 죽은 나방을 나무 줄기에 접착제로 붙인 것이다. 텔레비전 다큐멘터리 제작을 도왔던 한 과학자는, 그 사진을 찍는 과정에서 자신이 죽은 나방을 나무에다 붙였다고 시인했다(그림 5.3을 보라).[26]

그런데 과학 연구에 이런 가짜가 허용되는 이유는 무엇인가? 또한 어떻게 그것이 진화론적 생물학에서 대표적인 지위를 누리게 되었는가? 그 까닭은 과학자들이 절실하게 그것을 믿고 싶어하기 때문이라고 언론인 주디스 후퍼(Judith Hooper)가 최근에 폭로했

그림 5.3_ 나무 몸통에 앉은 얼룩나방. 연출된 사진인 것으로 판명되었다.

다. 다윈 이론의 문제점은 진화의 변화가 일어나려면 수천 년 혹은 수백만 년의 세월이 필요하므로 아무도 그것이 실제로 일어나는 것을 볼 수 없다는 점이다. 그런데 얼룩나방의 경우는 처음으로 그 변화가 빠르게 진행되는 것 같아 실제로 관찰할 수 있겠다고 생각한 것이다. 단지 다윈주의자들이 고대하던 바였는데, 얼마 지나지 않아 "반박할 수 없는 하나의 신조"가 되어 버린 것이다.[27]

이제는 이 사건이 과학서적에 완전히 공개되어 발표되는 바람에 진화론자들은 크게 당황했다. 얼룩나방은 "우리 마구간에 모아 놓은 사례들 가운데 우등상을 탄 말"이었다고 한 저명한 진화론 생물학자가 한탄했다. 그 진실을 알게 된 것은 마치 "성탄절 전야에 선물을 갖다놓은 자가 산타클로스가 아니라 내 아버지"였음을 알게 된 것과 같았다고 그는 말했다.[28]

그럼에도 얼룩나방이 여전히 과학 교과서에 실리는 것은 참으로 놀라운 일이다. 진취적인 기자 한 사람이 교과서 필자와 면담한 결과, 그도 그 사진들이 가짜임을 알고 있었지만 그래도 사용했다고 답했다. 그 필자는 "얼룩나방의 이점은 시각적으로 너무나 뚜렷하다는 점"이라고 말했다. "나중에 [학생들이] 그것을 비판적으로 볼 수 있을 것"이라고 덧붙였다.[29] 다윈의 정통설만 강화할 수 있다면 거짓된 증거라도 용납할 수 있음이 분명하다.

가장 유명한 날조

중학교 시절 부모님이 특별전시를 하고 있는 박물관에 나를 데려간 적이 있는데, 그날 나는 큰 감명을 받았다. 내가 본 것은 누구에게나 낯익으리라 생각되는데, 척추동물의 배아들—어류·양서류·파충류·조류·인간—을 나란히 전시해 놓은 것이었다. 그 전시의 초점은 배아들이 얼마나 비슷한지를 보여줌으로써 공동의 조상이 있음을 시사하는 것이었다. 다윈 자신이 다른 어떤 것보다도 척추동물 배아들 간의 유사성이 자신의 이론을 "지지하는 가장 강력한 사실"이라고 말했다.[30]

그런데 다윈이 속은 것으로 판명되었다. 그 배아 시리즈는 그의 열렬한 지지자인 독일인 과학자 에른스트 헤켈(Ernst Haeckel)이 만들어 낸 것이었다. 그의 목표는 자기가 만든 표어—**개체 발생은 계통 발생을 되풀이한다**—를 지지하는 것이었는데, 그 표어의 의미는 각각의 배아가 앞선 진화의 단계를 모두 재현한다는 뜻이다(그림 5.4를 보라).

충격적으로 들릴지 모르지만, 헤켈은 실제 모양보다 훨씬 더 비슷하게 보이도록 그렸던 것이다. 이제 그의 그림(5.4)과 보다 정확한 그림(5.5)을 비교해 보라.

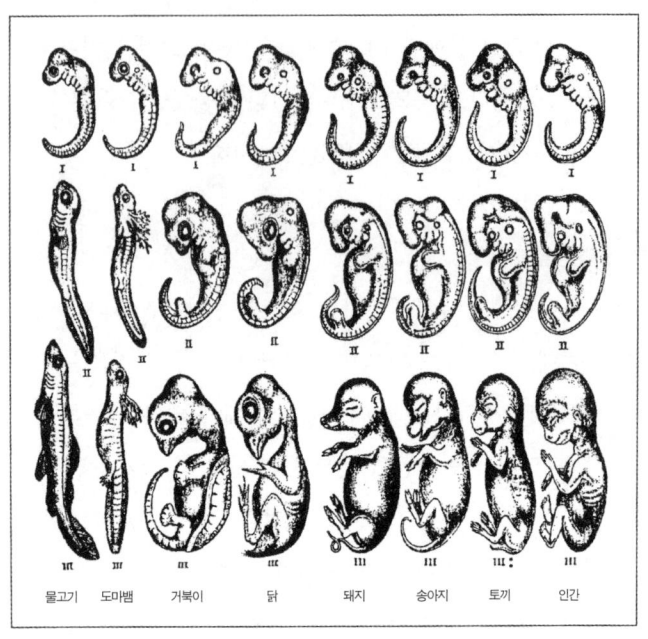

그림 5.4_ 헤켈의 배아들. 다윈은 진화론 "확증"에 지나친 열정을 품은 한 지지자에 의해 오도되었다.

 이보다 더 충격적인 점은, 지금부터 백여 년 전인 헤켈의 시대에 그가 그림을 조작했다는 사실을 과학자들이 **이미 알았으며** 그를 사기꾼으로 비난했다는 것이다. 하지만 과학 공동체가 그런 거짓을 공개적으로 폭로하기 시작한 것은 비교적 최근의 일이다. 한 발생학자는 「사이언스」(Science)지에 기고하면서 헤켈의 그림을 "생물학에서 가장 유명한 날조 중 하나"라고 불렀다.[31] 그럼에도 그와 동일하거나 비슷한 그림이 지금도 생물학 교과서에 실리고 있는 실정이다.

 헤켈의 발생반복설(인간의 배아가 진화의 단계를 반복한다는 것)은 이처럼 거짓임이 판명되었지만, 마치 사후에 되살아난 유령처럼

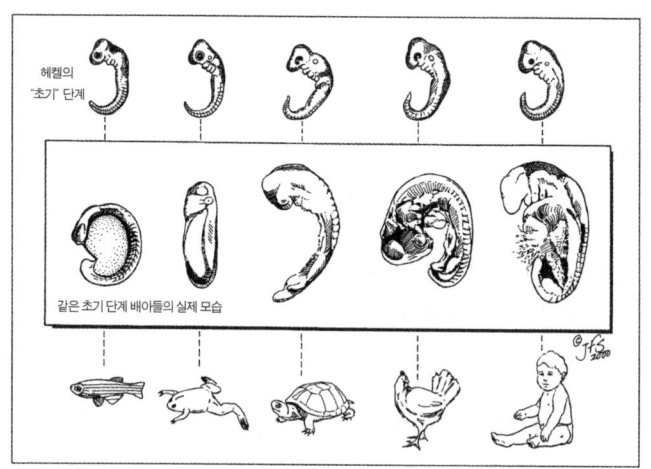

그림 5.5_ 헤켈의 그림과 실제 배아의 모습. 헤켈은 이미 당대에 사기꾼으로 비난받았다.

아직도 생존해 있고 종종 낙태를 정당화하는 논리에 이용되곤 한다. ("결국, 그 단계에서는 물고기나 파충류에 불과하다"는 식으로.) 칼럼니스트 마이클 킨슬리(Michael Kinsley)는 배아 줄기세포 연구를 지지할 목적으로 그것을 이용하기도 했다. 전문적으로 말하자면, **개체 발생은 계통 발생을 되풀이한다**는 원리가 이미 신빙성을 잃었음을 킨슬리도 인정했다. 그럼에도 그것은 일말의 진리를 담고 있다고 그는 주장했다. 일상적인 언어로 다시 말하면, 개별 인간이 성장하는 과정에서 진화와 "비슷한 그 무엇"이 정말 발생하는데, 그것은 "우리 각자가 인간보다 못한 어떤 것으로 시작하며, 변형이 서서히 일어난다"는 점이라고 했다.[32]

그런데 어떤 원리가 거짓이라면 그것을 대중적인 언어로 다시 표현한다고 해서 진실이 되는 것은 아니다. 생물학적으로 말하면,

우리 모두가 인간보다 못한 어떤 것으로 발생한다고 말하는 것은 한마디로 부정확한 진술이다. 배아는 첫날부터 인간이다. 즉 하나의 자기 통합적인 유기체로서 그 개체성·특유성·정체성이 배아가 발달하는 과정에서도 그대로 유지된다는 말이다.

이처럼 뱃속의 생명에 대해 낮은 견해를 가진 헤켈이 인종에 기초한 우생학을 지지했으며, 종종 그가 국가사회주의의 창시자로 여겨지는 것은 결코 우연한 일이 아니다. 하지만 킨슬리와 같은 현대 자유주의자가 사장된 지 오래된 인종주의자인 독일인 과학자의 주장을 다시 부활시키려 하는 것은 도무지 이해할 수 없다.

허튼소리 탐지기

그러면 다윈주의자들은 대표적인 증거들이 무너진 것에 대해 어떤 반응을 보였을까?[33] 놀랍게도, 대부분은 오류로 판명된 이야기들이 사용되는 것을 옹호하려고 일치단결하는 양상을 보였다. 이를테면, 텍사스 주립대학의 생물학교수인 바셋 맥과이어(Bassett Maguire)는 나방의 사진이 조작된 것이고 배아의 경우도 과장되었다는 점을 인정했다. 그러나 그는 기자에게 그런 사례 자체는 그것이 가르치는 개념만큼 중요하지 않다고 했다. 그런 대표적인 사례들이 문제는 있으나 그래도 과학에 있어서는 역사적 순간들이었다고 했으며, 그것들이 설명하는 개념들은 여전히 타당하다고 말했다.[34]

이것은 진리를 추구하는 고상한 과학자의 이미지를 깨뜨리는 것임에 틀림없다. 그들의 모습은 쓸모 있는 거짓이라면 언제든지 이용하려 드는 선전요원과 다르지 않다.

내가 여러 해 과학 관련 필자로 일하는 바람에 우리 아이들은 그 덕을 톡톡히 보았는데, 어린 시절부터 진화론적 메시지에 굉장히 민감한 반응을 보이게 되었다. 큰아들 디터가 불과 여섯 살이었을 때, 도서관에서 빌려 온 책이나 텔레비전 프로그램에서 다윈의 개념을 접할 때마다 "엄마, 진화야!" 하고 노래 부르듯 소리치는 습관이 붙었다. 그러면 우리는 함께 그 주장을 살펴보고 진짜 증거가 보여주는 것과 대조해 보았다. 나의 목표는 아이들이 정교하게 조율된 "허튼소리 탐지기"(필립 존슨의 표현[35])를 개발해 진화론적 주장을 평가할 수 있는 지성을 갖추도록 돕는 것이었다.

이제 우리가 가진 "허튼소리 탐지기"를 꺼내 전형적인 다윈의 논증에 담긴 문제점을 밝혀 보기로 하자. 다윈 이론의 핵심은, 방대한 기간에 걸쳐 작은 적응들(때로 소진화라 불리는)을 기초로 추정해 보면, 분류학상 집단을 달리하게 만드는 큰 차이점들(대진화)을 설명할 수 있다는 것이다. 하지만 문제는 우리가 살펴본 것처럼, 그 이론이 요구하는 방식으로 작은 변화들이 계속 축적되지 않는다는 점이다. 더구나, 이것은 적어도 1980년 이래 공공연한 지식이 되어 왔다.

그해 「뉴스위크」지의 어느 호를 펼쳐보고는 무척 충격을 받았던 기억이 생생하다. 그것은 시카고의 자연사 박물관에서 "대진화"를 주제로 개최한 기념비적인 학회에 관해 다루고 있었다.[36] 그 학술대회를 하나의 분수령으로 만든 것은, 고생물학자들이 생물학자들에게 그들이 가장 듣기 싫어하는 소리를 용감하게 해주었기 때문이었다. 즉 화석 기록은 다윈의 시나리오, 곧 단순한 단계에서 복잡한 단계에 이르기까지 생명의 형태가 계속해서 순조롭게 진보한다는 각본을 지지하지 않으며, 앞으로도 결코 그렇게 되지 않을 것이라는 내용이었다. 오히려 암석은 형태 변화에 간격이 있다는 것을 보여준다. 새로운 생명의 형태는 그 이전의 전환기적 형태 없이 갑자기 등장하고 이어서 긴 안정기로 접어드는데, 그 기간에는 거의 혹은 전혀 변화가 없다고 한다. 작고한 하버드 대학교의 스티븐 제이 굴드(Stephen Jay Gould)는 이것을 "고생물학의 영업 비밀"이라고 불렀는데, 과학자들 사이에 동료의 압력이 얼마나 큰지를 무심코 드러낸 것이다. (그들은 무엇 때문에 그것을 비밀로 지켜야 한다고 생각했을까?)

다윈은 자신의 이론에 가장 큰 타격을 주는 증거가 화석 기록의 불연속성—중간 형태의 결여—이라고 스스로 인정했다. 하지만 언젠가 잃어버린 고리를 모두 찾을 수 있으리라는 희망을 품었다. 그리고 그때가 되면 자신의 이론이 예측한 전환기적 형태들이 연속적으로 화석 기록에 나타날 것이라고 생각했다.

그 대진화 학술대회가 지닌 중요성은 많은 고생물학자들이 마침내 타당성이 없음을 인정했다는 점에 있다. 다윈 이래 한 세기 이상에 걸쳐 화석 수집이 집요하게 진행되어 왔으나, 그 간격들을 메우기는커녕 새로이 발견된 것들이 오히려 간격을 더 뚜렷하게 벌려 놓았다. 왜 그런가? 그 이유는 화석의 형태들이 기존의 집단 **내에** 속한 것으로 분류되어 집단 **사이의** 간격은 그대로 남게 되기 때문이다. 말과 소, 개와 고양이와 같은 최근의 동물들 사이에 뚜렷한 간격이 존재하는 것처럼 말이다. 달리 말하면, 변화의 양상이 한 집단에서 다른 집단으로 서서히 움직이는 것이 아니라 집단 **내부**에 국한되는 경향이 있다는 것이다.

암석에서 이처럼 일관된 패턴을 발견한 고생물학자들은, 언젠가 그 간격들이 메워질 것으로 희망하는 것은 비합리적이라고 그 대회에서 선언했다. 이제는 그 간격들이 그대로 남을 것으로 인정할 때가 된 것이다. 진화의 그림 자체가 다시 그려져야 한다. 순조롭고 연속적으로 이어지는 생명 형태의 연결고리 대신에 변덕스럽게 건너뛰는 과정으로 변형되어야 할 것이다. 이 새로운 견해는 **단속평형설**(punctuated equilibrium)이라 불리는데, 이것은 난데없이 새로운 형태가 등장하는 간헐적인 분출로 인해 전반적인 안정 기조가 깨어지는 것을 뜻한다. "대부분의 종은 지상에 존재하는 동안 방향성 있는 변화를 보여주지 않는다"고 굴드는 설명했다. "그것이 화석 기록에 나타날 때의 모습은 그것이 사라질 때의 모습과 거의 같다."[37]

이것은 고전적인 다윈의 점진주의에서 크게 멀어진 견해인데, 이로 인해 생물학자들은 갑작스러운 대규모의 계통적 변화를 발생시킬 만한 새로운 메커니즘을 찾느라고 허둥거렸다. 이런 노력은 오늘날까지 계속되고 있다.[38] 이솝의 우화에서 이미지를 빌려 온다면, 진화의 변화가 과거에는 (느리고 꾸준한) 거북이를 모델로 삼았다면 지금은 (오랜 낮잠에서 깨어나 갑자기 분발하는) 토끼를 모델로 삼고 있는 것이다. 그러나 그런 변덕스러운 패턴을 발생시킬 만한 유전적 메커니즘은 존재하지 않는 것 같다. 대규모의 돌연변이는 해로운 경우가 많고 치명적인 때도 종종 있다. (선천적 기형을 생각해 보라.) 그러므로 오늘날 진화는 영향력 있는 어떤 책의 제목처럼 「위기에 처한 이론」(A Theory in Crisis)과 같은 상태다.[39] 다윈의 점진주의는 그 신빙성을 잃어버렸으며, 그것을 대체하거나 널리 수용될 만한 대안적 메커니즘은 아직 없다.

펑크 과학자들

이처럼 소란스런 사태가 진행되는 상황에서, 유력한 과학자들이 공공연하게 도전을 받았을 때 반응하는 모습을 보면 놀랍기 짝이 없다. 몇 년 전 캔자스와 오하이오 주에서 있었던 공립학교 논쟁 같은 경우가 그러하다. 그들은 즉시 제한된 변이를 시사하는 낡은 사례들―핀치새의 부리, 초파리, 항생제에 대한 내성 등―을 마치 대진화를 둘러싼 논쟁을 한번도 들은 적이 없는 것처럼 자랑스럽게 내놓았다. 논쟁의 요점은, 결국 이 같은 작은 변화들이 대진화를 일으키는 동력이 아니라는 것이었다. "시카고〔대진화〕학술대회의 중심 질문은 소진화의 저변에 있는 메커니즘을 기초로 해서 대진화의 현상을 설명하는 것이 가능한가 하는 것이었다"고 로저 루인(Roger Lewin)은 「사이언스」지에 썼다. 몇 가지 조건을 전제로 "분명히 아니라고 대답할 수 있다."[40]

기존의 과학계는 이제 고전적인 증거가 모두 부적절하다는 것을 시인하기보다, **진화**라는 단어를 아주 다른 두 가지 과정을 모두 일컫는 것으로 사용함으로써 이 논쟁을 얼버무리고 있다. 한편으로는 이 용어를 **기존의** 집단 내에서 일어나는 **제한된** 변화에 적용시키는데, 핀치새와 초파리가 그 예로써, 이는 쉽게 관찰 가능하고 아무도 이를 부인하지 않는다. 다른 한편으로는 이 용어를 새로운 집단의 창조로 이어지는 무제한적 변화에도 사용하는데, 이는 관찰에 근거한 것이 아니라 순전히 추측에 의존한 것이다. 이것은 일부러 용어를 모호하게 사용하는 언어적 속임수다. 그 용어를 사용해 누구에게나 낯익은 작은 변화를 연상시킴으로써 추측에 불과한 진화의 시나리오에 신뢰감을 품도록 하는 것이다. 이런 계략을 접하게 될 때마다 우리의 허튼소리 탐지기가 큰소리로 울려야 한다.

보다 최근에 고안된 "단속평형설" 패러다임도 이 문제를 해결하지 못한다. 만일 여러분이 과학교실에서 고전적 다윈주의의 문제점을 지적한다면, 마치 단속평형설이 그 문제들을 모두 해결한 것처럼 사람들이 여러분을 즉시 설득하려 들 것이다. 그러나 갑작스러운 대규모의 진화적 변화를 생산할 만한 메커니즘을 아직 발견하지 못한 까닭에 대부분의 생물학자들은 고전적 다윈주의를 뒷문으로 슬쩍 끌어들인다. 전형적인 전술은, 다윈주의 진화가 아주 빨리 그리고 아주 작은 개체군에서 일어나기 때문에 화석에 기록이 남지 않는다고 말하는 것이다. 요컨대, 그 메커니즘은 여전히 다윈적 변이로 자연선택이 추가된 것이고, 다만 그 과정에 속력이 붙어 더 이상 보이지 않게 되었을 뿐이다. 이 경우 단속평형설은 동일한 오랜 주제를 각색한 것에 불과하므로, 고전적 다윈주의와 똑같은 문제점을 안고 있는 것이다.[41]

새와 박쥐와 벌

그러면 자연선택이 이 땅의 엄청나게 다양한 생물을 창조할 능력을 갖고 있다는 증거가 어디에 있는가? 어디에서 그런 창조적인 능력이 발휘되고 있다고 볼 수 있는가? 전형적인 과학 교과서가 인용하는 관례적인 사례에서 볼 수 있는 것은 분명 아니다.

    여기에서 우리는 무언가 다른 것이 작동하고 있다는 실마리를 발견하게 된다. 즉 사람들을 설득하는 것은 증거가 아니라는 것이다. 사람들이 그처럼 역전 가능한 조그마한 변화에 설득당하는 이유는, 이미 다른 근거-철학적 근거-에 의존해 자연만이 생명의 모든 형태를 창조할 역량을 갖고 있을 수밖에 없다는 신념에 설득당했기 때문이다. 달리 말하면, 사람들은 이미 철학적 자연주의에 설득당한 셈이다. 자연이 존재하는 전부라고 믿거나, 과학이 다룰 것은 자연의 힘밖에 없다고 생각하는 것이다. 일단 사람들이 그런 철학적 입장을 수용하게 되면 비교적 작은 증거로도 쉽게 설득당하게 된다.[42]

    그렇다면 우리가 초점을 맞출 대상은 과학적인 세부사항이 아니라 자연주의 철학이다. 과학은 그 탐구 대상을 자연적 원인들에만 국한시켜야 하는가? 아니면 그것이 가리키는 것이 자연적 원인이든 지성적 원인이든 막론하고 증거가 이끄는 곳이면 어디든지 자유로이 따라가야 하는가?

    보통 사람들은 과학에 대해 이상적인 이미지를 갖고 있다. 과학이 엄격히 증거에 주목하는 공평하고 편견이 없는 경험론적 연구라고 생각한다. 이것이 전형적인 과학 교과서에 나오는 공식적인 정의인데, **관찰**과 **실험** 같이 객관적 뉘앙스를 풍기는 용어들로 가득 차 있다. 그런데 문제는, 과학이 실제로는 철학적 자연주의자들의 진영에 흡수되어 흔히 응용된 자연주의 이상의 역할을 하지 못한다는 점이다.

어떻게 우리가 그것을 알 수 있을까? 오직 자연주의적 이론만이 용납할 만하다고 간주되기 때문이다. 과학을 대중화한 기수로 유명한 리처드 도킨스의 말을 생각해 보자. "다윈의 이론을 지지하는 **실제적인 증거가 없다 하더라도**...... 우리가 다른 모든 경쟁 이론들보다 그것을 선호하는 것은 여전히 정당화되어야 한다."[43] 왜? 그것이 자연주의적이기 때문이다.

이는 뒤집어도 같은 논점이 된다. 캔자스 주립대학의 한 교수가 권위 있는 저널인 「네이처」(*Nature*)지에 편지를 기고한 적이 있는데, 거기에 이런 대목이 있다. "**모든 자료가 지적 설계자를 가리킨다 하더라도**, 그런 가설은 자연주의적이지 않기 때문에 과학에서 제외된다."[44] 잠시 멈추어서 이 점에 대해 곰곰이 생각해 보자. 다윈주의를 지지하는 증거가 **하나도 없다** 하더라도, 그리고 **모든** 증거가 지적 설계를 선호한다 하더라도, 우리가 그것을 과학의 테두리 내에서 고려하는 것은 허용되지 않는다는 것이다. 그렇다면 이 사안은, 증거의 여부가 아니라 그보다 우선하는 철학적 헌신의 문제임이 분명하다.

몇 가지 예를 들면 논점이 더욱 선명하게 드러날 것이다. 오하이오 논쟁이 진행되는 동안, 논란이 많았던 주(州) 지침을 작성한

한 사람이 「오늘날의 물리학」(*Physics Today*)이란 잡지에 편지를 썼다. 고려의 대상이 되려면 "어떤 과학 이론이든 **첫번째 평가 기준**인 자연주의적 성격을 띠어야 한다"고 주장한 내용이었다.[45] 달리 말하면, 어떤 이론이든 자연주의적이지 않으면, 그 가치 여부를 고려하기에 앞서 아예 배제된다는 뜻이다. 이어서 「사이언티픽 아메리칸」(*Scientific American*)지의 편집장도 그 싸움에 끼어들어, "근대과학의 중심교리는 방법론적 자연주의다. 따라서 그것은 우주를 순전히 관찰하거나 실험 가능한 자연적 메커니즘에 의거해 설명하려고 노력한다"고 말했다.[46] 그런데 우리에게 자연주의를 과학의 "중심교리"로 수용해야 한다고 말하는 이들은 누구인가? 내가 아는 어느 교수는 "누가 그 규칙을 만들었는가? 나는 그것과 관련해 투표한 기억이 없다"고 반박했다.

달리 표현하면, 철학적 자연주의자들이 과학의 정의 자체를 좌지우지하는 것을 왜 우리가 묵인해야 하느냐는 것이다. 굳이 과학을 **방법론적** 자연주의에 국한시킬 이유가 있다면, 그것은 우리가 처음부터 **철학적** 자연주의가 진리라고―자연은 인과법칙에 좌우되는 닫힌 체계라고―가정하는 경우에 한한다. 하지만 그렇지 않다면, 과학을 자연주의적 이론들에 국한시키는 것은 진리에 도달하는 좋은 전략이 아니다.[47]

오늘날 과학에 대한 자연주의적 정의는, 공적인 교육체계 전반에 걸쳐 의문의 여지가 없는 정설로 가르쳐지고 있다. 그것에 도전할 역량이 부족한 어린 학생들에게도 그런 식으로 가르친다. 고등학교 교과서에 흔히 나오는 다음 인용문을 읽어 보자. "많은 사람들이 초자연적 세력이나 신성이 생명을 창조했다고 믿는다. 그런 설명은 과학의 범주에 들지 않는다."[48] 여기서 창조가 사실에 의거해 거짓으로 증명되거나 그 신빙성을 잃었다고 말하지 않고, 다만 과학에 대한 특정한 정의에서 벗어난다고 말하는 것에 주목하라. 그것은 정의 자체에 의해서 배제된 것이다.

또 다른 고등학교 교과서는 이렇게 말하고 있다. "다윈은 생명의 다양성을 초자연적 창조가 아니라 자연적 원인에 귀속시킴으로써 생물학에 건실한 과학적 기반을 제공했다."[49] 여기서 "건실한" 과학을 철학적 자연주의와 동일시하고 있는 데 주목하라.

이번에는 대학 수준에서 또 하나의 예를 찾아보자. "겉으로 보기에 설계된 것 같은 현상을 포함한 [모든] 생물학적 현상들은 신의 창조가 아니라 순전히 물질적 원인들로 설명될 수 있다."[50] 유물론의 이런 공격적인 주장은 대학교재에 실어도 되는 것으로 간주된다. 그러나 설계를 주장하는 대목이라면 결코 실리지 않을 것이다.

철학이 사실보다 우위를 차지하고 있음이 분명하다. 많은 과학자들이 묻는 첫째 질문은, 그 이론의 진실 여부가 아니고 그것이 자연주의적인가 아닌가다. 과연 생명이 자연의 힘에 의해 진화되었는지 **여부**를 묻는 것은 더 이상 적절하지 않다고 여기면서, 다만 **어떤** 자연적 과정이 작용했는지만 묻는다. 일단 과학을 자연주의에 입각해서 정의내리면, 다윈주의에 아주 가까운 어떤 것이 진실이 될 수밖에 없는 것이다.[51]

자연주의나 유물론을 믿는 자라면 누구나 "논리적 필연에 의해서 진화도 믿을 수밖에 없다"고 톰 베델(Tom Bethell)이 쓰고 있다. "화석을 발견하려고 땅을 파는 것, 실험용 튜브나 현미경, 추가 실험 등 아무것도 필요 없다." 이어서 그는 이렇게 설명한다.

> 왜냐하면 새와 박쥐와 벌이 실제로 존재하기 때문이다. 그들은 아무튼 존재하게 되었다. 철저한 유물론자들은 다른 선택의 여지 없이 분자들의 소용돌이 운동이 수많은 세월에 걸쳐 일어나서 더욱 복잡한 집적체가 나왔는데, 어떤 것은 박쥐, 어떤 것은 새, 어떤 것은 벌이라고 불린다고 말할 수밖에 없을 것이다. 그는 그것이 진실인 것을 "아는데" 유전자나 실험실이나 화석에서 그것을 보기 때문이 아니라, 그것이 자신의 철학 속에 깊이 박혀 있기 때문에 아는 것이다.[52]

정곡을 찌른 말이다. 진화는 논쟁에서 부전승을 거두는 셈이다. 그 과정이 어떻게 발생하는지에 대한 정확한 이론을 정립하는 것은 부차적인 일이다.

놀랍게도, 다윈 자신은 진화에 관한 대안적 이론들에 대해 호의적인 태도를 보였다. 단, 그것들이 자연주의적인 성격을 띠고 있는 한에서 말이다. 그는 자연선택론을 진화의 유일한 메커니즘으로 고집하지 않았으며, 신적 창조의 개념을 배척하는 것이라면 어떤 메커니즘도 수용할 수 있다고 생각했다. 그는 자연선택의 힘을 과장하면서 "설령 내가 틀렸다 해도, 적어도 개별적으로 창조되었다는 교리를 뒤집어엎는 면에서 좋은 봉사를 했다고 생각한다"고 썼다. 그리고 당대에 제시된 다른 이론들 몇 가지를 열거한 다음 이렇게 덧붙였다. "자연주의자가〔이런 입장의 필자들〕혹은 내가 제시한 견해를 믿는지의 여부는, 종(種)이 불변의 모습으로 창조되지 않았고 다른 종으로부터 내려왔다고 시인하는 것에 비하면 지극히 하찮은 문제다."[53] 다윈의 경우, 진화는 특정한 이론의 문제라기보다 하나의 철학적 입장이었음이 확실하다. 즉 **자연주의적 성격을 띠고 있다면 어떤 메커니즘도 수용할 수 있다는** 입장이다. 다윈의 진화론은 경험론적 발견이기보다는 자연주의적 세계관에서 추론된 것이다.

신의 발을 문 안에

하버드의 생물학자 리처드 르원틴(Richard Lewontin)은 몇 년 전 『뉴욕 리뷰 오브 북스』(*New York Review of Books*)지에 실린 아주 적나라한 글에서 그 의도를 분명히 드러냈다. 그는 먼저 과학의 어두운 측면을 시인하면서 글을 시작했다(아주 터무니없는 주장을 한다, 환경문제를 일으킨다는 등). 그런 다음, 그래도 우리는 어떤 형태의 초자연주의보다 과학을 선호해야 한다고 재빨리 덧붙인다. 왜 그런가? 그것은 "우리가 우선적인 헌신, 곧 유물론에 헌신을 했기" 때문이다.

결국 사안을 좌우하는 것은, 사실이 아니라 철학이라는 것을 시인한 놀라운 대목이다. (르원틴이 대상으로 삼고 있는 **우리**는 누구인가? 그것은 분명 "사전에 유물론에 헌신한" 엘리트들을 가리킬 것이다.)

이 세상에 대한 "물질적 설명을 수용하도록 강권하는 것은 과학의 방법이나 제도가 아니다. 오히려, 우리는 물질적 원인들에 대한 **선험적** 집착에 의해 그렇게 될 수밖에 없는데, 이는 조사의 기제와 일련의 개념들을 만들어 내고 거기에서 물질적 설명이 만들어지는 것이다"라고 그는 말한다. 이를 해석하면, 우리는 먼저 하나의 철학으로서 유물론을 수용하고, 이어서 과학을 하나의 기계로 개조하여 엄밀한 유물론적 이론들을 생산해 낸다는 말이다.

마지막으로, 그는 이 유물론은 "절대적이므로 신의 발을 문 안에 들여놓는 것을 허용할 수 없다"고 경고한다.[54] 이 마지막 말은 진화 논쟁에 있어서 진정 무엇이 문제인지를 잘 가리키고 있다. 왜 르원틴은 우리에게 과학을 응용된 유물론으로 정의하도록 부추기는가? 그렇게 하지 않으면 "신의 발을 문 안에" 들여놓을 여지가 있기 때문이다. 그럴 경우, 어떤 일이 일어날지는 우리 모두가 알고 있다. 일단 판매원이 문 안으로 발을 들여놓으면, 얼마 안 있어 온갖 상품이 거실에 즐비할 것이다. 만일 "신의 발"이 과학의 문 안으로 들어오게 되면, 기독교 세계관―신학과 성경적 도덕을 동반하여―의 터를 마련하게 될 것이다. 그것이야말로 많은 세속주의자들의 등골을 오싹하게 만드는 것이다.

DNA의 이중나선 구조를 발견한 것으로 유명한 프랜시스 크릭(Francis Crick)과 제임스 왓슨(James Watson)은 반종교적 동기에 이끌려 그들의 과학작업을 추진했다는 점을 순순히 시인한다. "내가 과학 분야에 발을 들여놓은 것은 이런 종교적 이유 때문이었고, 그 점은 추호도 의심할 필요가 없다." 크릭이 최근 인터뷰에서 한 말이다. "나는 나 자신에게, 도무지 설명이 불가능해 보이는 동시에 종교적 신념을 지지하는 두 가지가 무엇이었는지 물어 보았다."

종교를 지지하는 그 두 가지는 "생명이 있는 것과 생명이 없는 것 사이의 차이점과 의식의 현상"이었다고 결론을 내렸다.[55] 그리고 구체적으로 이 둘에 대한 자연주의적 견해를 증명하는 것을 연구의 목적으로 삼았다고 말했다.

종교는 "과거로부터 내려온 허다한 신화들"에 불과하다고 왓슨도 그 인터뷰에서 동조했다. 이중나선의 발견은 "전통적으로 신들에게만 속한 소유물로 여겨졌던 권세들이 언젠가 우리의 것이 될 수도 있다는 생각을 뒷받침해 준다"고 그는 말했다.[56]

스티븐 와인버그는 '종교로부터의 자유 재단'에서 강연할 때 이보다 더 공격적으로 반종교적인 자세를 취했다. "나는 개인적으로 근대과학의 가르침이 종교적 신념을 좀먹는다고 생각하는데, 나는 그것을 전심으로 지지하는 바다!" 이어서 과학이 사람들을 종교로부터 해방시키리라는 희망이 "사실상 내 생애에서 원동력의 역할을 한 것들 중 하나"라고 덧붙였다. 만일 과학이 종교의 종말을 초래하도록 돕는다면, "과학이 할 수 있는 가장 중요한 기여가 될 것"이라고 결론을 내렸다.[57] 종교가 과학만큼이나 많은 진화론자들에게 동기를 부여하는 것이 분명하다.

종교가 되어 버린 진화론

다윈주의 자체가 대안적 종교의 역할을 할 때가 종종 있다고 말할 수도 있을 것이다. 사실, 과학철학자 마이클 루즈(Michael Ruse)가 바로 그렇다고 말한다. 루즈는 호전적이고 공격적인 진화론자로,

1982년에 아칸소 주의 창조론 법령에 반대해 법정에서 증언했던 인물이다. 거기서 그는 유명한 창조론자인 듀안 기쉬(Duane Gish)와 대화를 나누다가 말문이 막혀 버렸다. "진화론자인 당신네들의 문제점은 공평하게 경기를 하지 않는 것"이라고 기쉬가 그에게 말했다. 당신들은 우리가 종교적인 견해를 가르친다고 비난하지만 "진화론자인 당신들도 나름대로 똑같이 종교적이다. 기독교는 우리가 어디서 왔는지, 어디로 가고 있는지, 그 도중에 무엇을 해야 하는지를 일러 준다. 당신에게 도전하건대, 이 점에서 진화론도 마찬가지라고 생각하는데 차이점이 있다면 한번 제시해 보라. 진화론도 당신들이 어디서 왔는지, 어디로 가고 있는지, 그 도중에 무엇을 해야 하는지를 일러 준다."[58] 요컨대, 진화론 자체도 하나의 종교로서 기능하고 있는 셈이다.

이 논평이 루즈의 마음을 찔렀고 그도 그 점을 외면할 수 없었다. 마침내 그는 기쉬가 옳다고 결론을 내렸다. 즉 진화는 정말 "단순한 과학 이상의 것"이라고 최근의 글에서 시인했다. "진화는 일종의 세속적 이데올로기요 기독교에 대한 노골적인 대안으로 생겨난 것이다." 오늘날에도 그것은 "하나의 이데올로기요 세속적 종교로 전파되고 있으며, 그 나름의 의미와 도덕을 동반한 채 기독교에 대한 완전한 대안으로 제시되고 있다."

루즈는 자기가 여전히 "열렬한 진화론자요 한때 그리스도인이었던 적이 있음"을 독자들에게 서둘러 확신시킨다. 그러나 "이 한 가지 불평과 관련하여…… [성경적] 문자주의자들이 절대적으로 옳다고 시인하지 않을 수 없다. 진화는 하나의 종교다. 이는 처음에도 그러했고, 오늘날에도 마찬가지다."[59]

루즈는 미국과학진흥협회(AAAS)의 1993년 연례대회에서 자신의 새로운 통찰을 발표했는데, 청중은 너무나 놀라 침묵으로 반응했다. 진화를 옹호하는 한 그룹은 그 대회에 관한 보고서에서 "과연 마이클 루즈가 가게를 넘겨주었는가?"라면서 무척 의아해 했다.[60]

그러나 루즈가 엉뚱한 주장을 편 것은 아니었다. 그는 탄탄한 사례들로 자신의 주장을 뒷받침했는데, 언젠가 진화가 "인간의 정신을 해방시킨다"고 주장했던 스티븐 제이 굴드 같은 인물을 인용했다. 굴드는 흥분에 휩싸여 진화는 "인간의 기원에 관한 어떤 신화보다 광년(光年)이나 앞선다"고 덧붙였다. 진화의 역사는, 완전히 문자적인 의미에서, 전적으로 불확정적이기 때문에 "추리력을 가진 큰 포유동물로서의 우리 존재는 행운의 별들 덕분에 생긴 것이다."[61]

"만일 이것이 전통적인 유대-기독교적 가르침에 대한 경쟁자가 아니라면 무엇인지 나로서는 도무지 모르겠다"고 빈정대듯 논평한다.[62]

루즈의 분석은 교실에서 진화를 가르치는 문제를 둘러싼 논쟁에 분명히 새로운 빛을 던진다. 비판가들은 흔히 지적 설계 지지자들이 교실에 종교를 주입하려 한다고 비난한다. 예를 들어, 오하이오 논쟁이 진행되는 동안 콜럼버스 지역신문에 실린 어느 사설은 "문제는 지적 설계를 옹호하는 자들이 종교를 과학수업에 끌어들이고 싶어한다는 것인데, 거기는 종교가 있을 자리가 아니다"라고 했다.[63]

이에 대한 올바른 반응은 종교가 **이미** 교실 내에 존재하고 있다는 것인데, 자연주의적 진화 자체가 하나의 종교 또는 세계관이기 때문이다. "소위 과학과 종교 간의 전쟁은 사실상 두 가지 철학, 어쩌면 두 가지 믿음 사이의 전쟁으로 보아야 한다"고 역사학자 자크 바준이 썼다. 진화를 둘러싼 싸움은 "의식을 믿는 신자들과 기계적 행동을 믿는 신자들 간의, 곧 목적을 믿는 신자들과 순전히 우연을 믿는 신자들 사이의 분쟁에 속한" 하나의 사건에 불과하다.[64] 공립학교 체계에서 공적 비용을 들여 한 가지 신앙은 증진하는 한편 다른 한 가지를 금하는 것은 관점에 대한 차별을 보여주는 사례인데, 이는 대법원이 아주 다양한 판례에서 위헌이라고 선언해 왔던 것이다.[65]

구출 작전에 나선 버클리

만일 진화 논쟁이 참으로 "두 철학 사이의 전쟁"이라면, 그 다음 질문은 그리스도인들이 싸울 준비가 되어 있는가 하는 것이다. 우리가 1부에서 보았듯이, 미국의 복음주의자들은 역사적으로 탄탄한 지적 전통을 갖고 있지 못하다. 1977년에 내가 과학과 세계관에 관해 처음 글을 쓰기 시작했을 때만 해도, 기독교 세계는 그 문제를 놓고 서로 분열되어 있었다. 논쟁에 참여한 대다수는 전문 과학자들이었고 진화론에 대한 비판적 분석을 전개하는 면에서 훌륭한 작업을 하고 있었으나(지금도 계속하고 있다) 싸움에서 지고 있었다. 왜 그랬을까? 저변에 깔린 세계관에 입각해서 생각하지 않았기 때문이다.

그 결과, 그리스도인들은 패권을 쥔 자연주의적 세계관에 대항해서 함께 싸우기보다 오히려 자기들끼리 싸우곤 했다. 가장 격렬한 논쟁이 무신론적 진화론자와의 관계에서 벌어지는 것이 아니라, 신자들 사이에 서로 상충된 과학적 견해를 둘러싸고 일어난 것이다. 젊은 지구를 주장하는 창조론자, 늙은 지구를 주장하는 창조론자, 홍수 지질학자, 진보적 창조론자, "간격" 이론가, 유신론적 진화론자 등. 창조시 "하루"의 길이와 창세기의 홍수의 범위 같은 신학적 문제를 둘러싼 논쟁이 끝없이 이어졌다.

한편 세속주의자들은 즐거워하며 그 불길에 부채질했다. 필립 존슨이 언젠가 표현했듯이, "그들은 '당신들이 싸우는 동안 우리가 겉옷을 맡아 주겠소'라고 말하다시피 했다."[66] 그리스도인들이 끝없이 분열만 거듭한다면 세속주의자들이 승리할 것은 불 보듯 뻔한 일이다.

논쟁의 초점을 새롭게 하고 이처럼 서로 싸우던 진영들을 묶어 지적 설계 운동의 우산 아래 집결시킨 장본인은 바로 존슨이었다.[67] 존슨은 30대 후반에 기독교로 회심했는데, 당시는 버클리 소재 캘리포니아 대학의 법학교수로 화려한 경력의 절정에 도달한 시점이었다. 그는 너무 쉽게 그리고 너무 빨리 성공한 이들에게 닥치는 병을 앓고 있었던 것 같다. 그 나이에 이미 중년기의 의문을 던지고 있었기 때문이다. '이것이 인생의 전부란 말인가?' 그런데다가 아내가 70년대에 유행하던 페미니즘에 빠져 남편과 자녀들을 버린 채 집을 나가고 말았다. 자신의 전문직과 사생활에 환멸을 느낀 존슨은 지금까지 자기 생각을 지배해 왔던 실용적 성공윤리를 넘어서는 그 무엇을 찾기 시작했고, 기독교의 변증에 대해 깊이 생각하기 시작했다.

그것은 곧 다윈주의와 대결하는 것을 의미했다. 만일 기독교 세계관이 "사실인지 공상인지 알고 싶다면 다윈주의에서 시작하는 것이 논리적이다. 왜냐하면 다윈주의가 옳다면 기독교적 형이상학은 공상이기 때문이다." 최근의 인터뷰에서 존슨이 한 말이다. 다른 어떤 요인보다도 다윈주의야말로 학문세계에서 기독교를 변두리로 몰아내고 무시하는 주범이다.[68]

존슨이 「심판대에 선 다윈」(*Darwin on Trial*)과 「위기에 처한 이성」(*Reason in the Balance*) 같은 책에서 다룬 진화론 비판은[69] 굉장한 영향을 미쳤다. 존슨은 자기 생애의 상당 부분을 냉소적인 세속주의자로 지냈기 때문에 최신의 지적 유행을 꿰뚫고 있었고 세속 학문세계의 언어로 말하는 법을 알고 있었다. 그에 못지않게 중요한 것은 존슨이 새로운 전략을 정립한 점이다. 그것은 사람들로 하여금 지적 설계의 개념에 귀 기울이게 만드는 데 놀랄 정도로 효과적인 전략임이 입증되었다. 존슨의 전략이 그처럼 효과적이었던 이유는, 그가 또 다른 변호의 입장으로 싸움에 뛰어든 것이 아니었기 때문이다. 그 대신 그는 패러다임의 전환을 소개했다. 즉 그리스도인들에게 **서로** 싸우는 짓을 그만두고 함께 힘을 모아 **세속세계와의** 대결에서 가장 중요한 배후를 공략하자고 촉구한 것이다. 이른바 자연주의적 철학을 공격 대상으로 삼은 것이다.

언젠가 루터가 이렇게 말한 적이 있다. "만일 우리가 현재 공격당하고 있는 한 지점을 제외한 채 모든 전선에서 싸우고 있다면, 실은 전투를 하고 있지 않은 셈이다." 그렇다면 오늘날 공격을 당하고 있는 지점은 무엇인가? 주류 진화론자들은 정확한 메커니즘과 진화의 시기(자연선택이 다른 메커니즘들에 의해 보충될 필요가 있는지 여부)를 둘러싸고 서로 의견이 다를 수 있지만, 그것이 맹목적이고 자율적인 자연적 원인들에 의해 발생했다는 점에는 모두 동의한다. 다른 진영인 기독교를 보면, 그리스도인들은 **언제** 하나님이 우주를 창조했는지(우주가 젊은지, 늙었는지 여부)와 같은 부차적인 의문을 둘러싸고 서로 논쟁할 수는 있지만, 우주가 인격적인 하나님의 작품이라는 점에는 모두 동의한다. 그러므로 이 싸움의 핵심은 우주가 지적 행위(Intelligent Agency)의 결과인지 맹목적이고 비인지적인 힘의 결과인지 여부에 있다. 따라서 거기에 우리의 에너지를 사용해야 하는 것이다. 그리스도인들은 주변적인 문제들은 접어 놓고 우주에 지적 설계를 지지하는 증거가 있는지 여부에 초점을 맞출 필요가 있다.[70]

닫힌 체계, 꽉 막힌 지성

이 싸움을 정리하는 존슨의 방법은 많은 면에서 프란시스 쉐퍼가 문화적 변증을 위해 개발한 접근법과 유사하다. 1960년대와 70년대에 턱수염을 기른 장발의 젊은이들이 인생의 문제를 들고 알프스의 산장에 몰려들기 시작했을 때, 쉐퍼는 가장 기본적인 선택안들이 무엇인지를 뚜렷하게 그려 주었다. 제1원리의 문제에 이르면,

사실상 대안이 많지 않음을 지적하곤 했다. 실은 단 두 가지밖에 없었다. 우주는 원인과 결과의 닫힌 체계이거나 인격적 행위자(Personal Agent)의 산물인 열린 체계다. 그에 따른 모든 것은 이 근본적인 선택에서 나오는 것이다.

나는 라브리에서 공부하는 동안 가장 잘 알려진 쉐퍼의 강의 테이프 하나를 들은 적이 있다. "기본적인 철학적 의문들에 대한 적절한 답변"[71]이란 제목이었다. 진리에 대한 탐구를 너무나 말끔하고 단순하게 정리해 주었기 때문에 나는 그것을 여러 번 반복해서 들었다. 모든 세계관은 어디든 그 출발점이 있기 마련이라고 말하면서, 쉐퍼는 우리가 "시간에다 우연을 더하고 다시 비인격성을 더한 것"에서 출발하든지, 아니면 생각하고 바라고 행동하는 인격적인 존재로부터 시작할 수 있다고 했다. 우리가 일단 이 기본적인 두 가지 범주와 그 함의를 파악하게 되면, 세계관 분석은 아주 간단하게 정리될 수 있다. 비인격적인 출발점이 이 세계를 제대로 설명할 수 없음을 보여줌으로써 그 범주에 속한 아주 다양한 철학적 체계들―유물론·결정론·행동주의·마르크스주의·공리주의―을 배제할 수 있는데, 굳이 그것들을 구별하는 수많은 세부사항을 조사할 필요가 없는 것이다.

이와 비슷하게, 지적 설계의 논점은 기원을 둘러싼 논쟁도 아주 훌륭하게 정리한다. 매우 다양한 입장의 상충된 주장들을 반으로 쪼개어 두 가지 기본 범주로 나누어 놓는다. 자연은 닫힌 체계이며, 과학은 맹목적이고 물질적인 힘만을 고려 대상으로 삼는다는 입장이 하나다. 자연은 열린 체계이며 자연의 힘과 나란히 지성도

무시할 수 없는 실재라는 입장이 다른 하나다. 다윈주의는 우주가 닫힌 체계라는 첫째 견해를 과학적으로 뒷받침하는 역할을 한다. 그래서 문화적 지배층이 그 견해가 진지하게 의문시되는 것을 허용하지 않는 것이다.

인피델스(Infidels)라는 인터넷 웹사이트에 들어가 보면 사람들이 자신의 신념을 아주 솔직하게 진술한 것을 발견할 수 있다. "우리의 목표는 비(非)유신론적 세계관을 증진하는 것인데, 이는 자연 세계가 존재하는 전부이고 초자연적 설명이 필요 없는 닫힌 체계이며 그 자체로 충분하다는 입장이다."[72] 이는 문제의 핵심을 있는 그대로 표현한 것이다. 근본적인 질문은 우주가 닫힌 체계인지 열린 체계인지 여부에 있으며, 이 기본적인 대립에 초점을 맞추면 루터의 금언처럼 공격받고 있는 지점에 우리의 힘을 집중할 수 있게 될 것이다.

공적 담론의 장에서 발언권을 얻다

핵심 문제가 자연주의적 철학이라면, 우리가 이 장 앞부분에서 살펴본 것처럼 자연주의의 주요 **열매**는 지식에 대한 새로운 견해다. 역사적으로 말하면, 기독교를 객관적 진리로 고려할 여지를 철저하게 막은 장본인은 바로 다윈주의였다. 그것은 진리에 대한 이층적 구분을 고착시켜, 종교를 **가치** 중심의 상층부로 밀어내고 반동적인 하위문화의 비이성적 신념으로 규정했다.

한 역사가의 설명처럼, 다윈주의는 "**지식으로서의** 종교를 **신념**

으로서의 종교로" 전환시킨 것이다. 하나님은 이 세상에서 수행할 역할이 더 이상 없기 때문에 "그는 기껏해야 개인적인 필요에서 비롯된 불필요한 철학적 개념일 뿐이었다." 그래도 당신이 하나님을 믿고 싶어한다면 믿어도 상관없지만, 단 당신의 신념이 "사적이고 주관적이며 인위적인" 것임을 알아야 한다.[73]

이 전환을 이해하지 못하면 우리 주변에서 진행되는 논쟁을 제대로 파악할 수 없다. 이를테면, 2001년에 아칸소 과학교사협회(ASTA)에서 내놓은 입장 선언문에 나오는 다음의 글에서 이층적 구분을 간파할 수 있는지 시험해 보라. "과학은 우주의 본질을 설명하려고 애쓰는 반면 종교는 우주와 그 속의 생명에 목적을 부여하려고 한다."[74] 이 정의에 따르면, 종교는 우주에 관한 실제적인 **지식**을 전혀 제공하지 않고 단지 "목적"의 문제만 다룬다고 한다. 더구나 우주의 목적을 **밝히는** 것이 아니라 목적을 "부여한다"고 표현함으로써, 목적이 객관적인 실재가 아니라 우리가 물질세계에 부과한 인간적인 산물에 불과함을 시사한다.

당연한 논리적 결론으로서 이 선언문은 종교에 기초한 견해들은 상대주의적이고, 따라서 "가정이나 종교기관의 테두리 내에" 있는 사적 영역에 국한돼야 한다고 끝을 맺었다. 이와 반대로, 자연주의적 진화는 보편적인 사실이므로 공립학교에서 모두에게 가르쳐야 한다고 했다. "과학의 목표는 보편적으로 수용되는 자연적 설명을 발견하고 조사하는 것이다. 자연현상에 대한 이러한 발견과 서술의 과정은 공립학교에서 가르쳐야 한다."[75]

따라서 그리스도인이 넘어야 할 첫째 장애물은 종교가 참된 지식일 수 있다는 개념을 다시 도입하는 일이다. 줄리안 헉슬리(Julian Huxely)는 한때 "다윈주의는 창조주로서의 하나님 개념을 이성적 토론의 영역에서 완전히 제거해 버렸다"고 말했다.[76] 우리는 이제 하나님을 이성적 토론의 영역에 다시 불러들이는 법을 배워야 한다. 즉 공적 담론의 장에서 의석을 확보해야 한다는 말이다. 기독교를 우리의 개인적 가치관이 아니라 객관적 지식으로 이야기하는 법을 발견해야 한다. 우리의 인식의 영토에 말뚝을 박고 그것을 방어할 준비를 갖추어야 한다.

모든 학생이 알고 있는 것

우리 그리스도인들이 우리의 믿음을 언급할 때 **가치관**이란 용어를 사용하는 것조차 현명한 일이 아니다. 많은 복음주의자들이 오늘날 공적인 영역에서 활발하게 움직이면서 "기독교적 가치관"을 지켜야 한다고 외치고 있다. 일부 집단은 그 이름에다 가치관이란 용어를 붙이고 있는데, 미국 의회의 가치관 실천팀(Values Action Team)이 그런 예다. 이런 단체들이 종종 훌륭한 일을 하고 있지만, **가치관**이란 딱지를 채택함으로써 자기도 모르게 결국 스스로 노고를 깎아내리는 어리석음을 범하고 있다. 한 역사학자의 설명처럼, "현대인이 생각하기에 가치관이란 개인적·사회적 차원에서 주관적인 선호를 의미하는데, 이것은 과학적 지식이 제공하는 객관적 실재와 대비되는 것이다."[77] 「미국 지성의 종말」(*The Closing of the American Mind*)의 저자 앨런 블룸(Allan Bloom)은 이를 보다 간명하게 표현한다. "모든 학생이 가치관은 상대적이며" 객관적인 타당성이 없다고 알고 있다.[78] 이 단어의 의미가 세속세계에서 "모든 학생"에게 그처럼 뻔하다면, 어떻게 해서 그리스도인들은 그것을 미처 포착하지 못했을까?

가치관이란 용어를 사용할 때, 우리는 세속세계에 다음과 같은 메시지를 공표하고 있는 셈이다. 우리는 우리 집단 특유의 개성에 대해 이야기하고 있을 뿐이므로, 그것이 어떤 중요한 공적 의제를 망치지 않는 한 나머지 사회는 관용해야 할 것이다. 누구나 어떤 민족의 하위문화에는 종종 비이성적 신념과 이상한 관습이 있다는 것을 알고 있고, 아무도 그런 것을 진짜 믿지 않는다는 점을 우리 모두가 이해하는 한 적당히 수용해 줄 수 있다. 마치 늙은 괴짜 아줌마의 비위를 맞춰 주듯이 말이다.

일부 그리스도인들은 그런 용어를 사용하는 데 그치지 않고 실제로 사실/가치의 이분법에 완전히 항복하고 말았다. 델러웨어 주에서는 고등학교에서 진화를 가르치는 아주 공격적인 프로그램을 도입했다고 최근 뉴스에 보도되었다. 한 기자가 15세 된 그리스도인 학생에게 그 과목이 종교적 믿음에 어떤 영향을 주었는지 물었다. 사실 **전혀** 영향이 없었다고 학생이 응답했다. 왜 없었을까? "종교는 **신앙** 때문에 믿는 것입니다"라고 그 학생은 이유를 설명했다. "과학의 경우에는 **증거**가 필요하고 그것을 뒷받침할 필요가 있습니다."[79] 여기서 종교는 증거나 이성과 아무 관련이 없다고 가정하고 있음에 주목하라.

최근 예를 또 하나 들면, PBS 방송 '진화' 시리즈의 웹사이트에는 보수적인 기독교 대학에 다니는 과학 전공 학생 두 명의 진술이 포함돼 있다. "과학은 유전자와 세포 같은 물질세계를 다루고, 종교는 가치와 의미 같은 영적 세계를 다룬다."[80] 학생들이 사실/가치의 이분법을 어떻게 흡수했는지 보이는가? 과학은 사실에 관한 것이고, 종교는 가치에 관한 것이다. 이것 역시 정확한 사실이 아니다. 기독교는 물질세계에 관해 많은 주장을 하고 있다. 우주의 기원, 인간 본성의 특징, 특히 부활과 같은 역사상의 사건 등에 관해서. 그런데 학생들은 자기 신앙이 가진 인지적 내용을 자진해서 부인한 채 그것을 "가치와 의미"에 관한 주관적 문제로 축소시키고 있다.

그리스도인들이 종교를 진리나 증거의 문제와는 관계없는 비인지적 범주로 축소시키려 할 때, 우리는 이미 싸움에서 진 것이나 다름없다. 우리는 만연한 사실/가치의 이분법을 피해 통일된 진리를 갈망하는 이들을 전도할 수 있는 기회를 던져 버리는 것이다.

다윈주의가 기독교를 객관적 진리의 영역에서 몰아내고자 광범위한 영향력을 행사했다면, 지적 설계 운동의 보다 큰 의미는 기독교를 다시 불러들이는 것일 터이다. 이 운동은 자연 속에 나타난 하나님 활동의 증거를 제공함으로써 기독교를 참된 지식의 지위로 회복시키고 공적 담론의 장에서 의석을 되찾게 해준다. 그러면 그리스도인들은 지금까지 종교와 도덕을 비이성적·주관적 체험으로 축소시켜 그것들을 변두리로 밀어낸 장본인인 사실/가치의 이분법에 도전할 수 있게 될 것이다.

하지만 그런 목표를 달성하려면 자연주의적 진화에 대한 소극적 비판을 넘어서서 설계를 지지하는 적극적 증거를 내놓고 가능한 연구조사 프로그램을 제시해야 한다. 이제 아주 흥미롭고 새로운 길로 방향을 틀어, 그리스도인들이 공적 영역에서 지적 설계를 적극적으로 세워 나가는 노력을 살펴보도록 하자.

6_ 상식에 기초한 과학

내가 처음 공부를 시작할 때는
입자들로 구성되어 있는 세계를 보았다.
더 깊이 들여다보고는 파동을 발견했다.
일생 동안 연구한 지금에는
모든 존재가 정보의 표현인 듯 보인다.
_ 존 휠러(John Wheeler)[1]

한번은 토론토에 있는 공립도서관에서 최근 우크라이나에서 이민 온 보그단과 함께, 내가 쓰고 있는 진화에 관한 글에 대해 이야기를 나누고 있었다. 갑자기 그는 누군가가 엿들을까 걱정이 되었는지 주위를 슬쩍 둘러보더니 목소리를 낮추고는 "당신은 다윈주의를 믿습니까?" 하고 물었다.

나는 놀라서 그가 마르크스주의 유물론자일 것으로 추정하고는 개연성 있는 메커니즘의 부족에 관해 두서없이 이야기하기 시작했는데…… 그는 나의 말을 끊더니 더욱 가까이 다가와서 보다 절박한 어조로 "그런데 당신은 다원주의를 **믿습니까**?" 하고 물었다. 나는 잠시 멈추고 고개를 저으면서 "아, 아닙니다" 하고 대답했다. 보그단은 살짝 미소를 짓더니 주위를 다시 둘러본 다음 공모하듯이 "나도 믿지 않습니다"라고 말했다.

때는 1986년이라 베를린 장벽이 무너지기 전이었는데, 그는 캐나다로 이민 오기 전에는 소련의 비밀경찰인 KGB의 간부였다. 보그단은 어린 나이에 발탁되어 모스크바의 마르크스-레닌 대학에서 교육을 받았으며, 무신론적 공산주의를 신봉하는 신자가 되기에 이르렀다. 그는 캐나다 여행을 계기로 바뀌기 시작했는데, 그 여행은 표면상으로는 친척을 만나기 위한 것이었으나 사실은 KGB의 임무를 띠고 온 것이었다. 평생 마르크스주의 선전에 푹 젖어 있다가 서양을 직접 목격하고 나서, 이전 그의 정신적 범주들이 온통 무너져 내렸으며 모스크바로 돌아간 직후 이민을 신청했다. 아내는 즉시 이혼을 요구했고 그 자신은 밑바닥 자리로 좌천되고 말았다. 당시는 마침 스탈린 이후 시대여서(그 시대였다면 바로 처형당했을 것이다), 몇 년이 지난 다음 드디어 이민이 허락되었다.

나는 보그단을 알게 되면서 그가 평생 동안 자신의 사고를 온통 지배했던 무신론적 이데올로기를 해체하는 고통스런 과정을 거치고 있음을 알게 되었다. 그 모든 것들의 중요한 토대는 바로 진화였다. 수십 년 동안 공산주의 당국은 다윈의 진화를 무신론적·유물론적 세계관을 지지하는 으뜸 패로 떠받들었다.

보그단은 사려 깊은 자세로 반복해서 말했다. "나는 그것을 믿지 않습니다." 그리고 이 세계가 지닌 자명한 설계의 모습과 그 복잡성에 관해 이야기하기 시작했다. 어디까지나 직관적으로 설계를 감지한 만큼 거기에 담긴 모든 함의를 파악한 것은 아니었다. 단지 마음을 열고 하늘과 땅에 마르크스가 꿈꾼 것 이상의 존재가 있을 가능성을 생각하기 시작한 시점이었다. 그러나 한 가지만은 확신하고 있었다. 다윈주의는, 그것이 지지하는 무신론적 유물론의 모든 체계와 더불어, 한마디로 거짓이라는 점이었다.

우주가 설계되었다고 느끼는 의식은 하나의 직관적 인식으로, 태초부터 거의 모든 문화에서 발견되는 것이다. 무신론을 공식적 국가정책으로 삼은 소련에서조차 그것을 완전히 없앨 수 없었다. 1998년도 미국의 회의론자협회(Skeptic's Society)가 실시한 조사 결과에 따르면, 고등교육을 받은 미국인이 하나님을 믿는 첫째 이유는 이 세계에서 "훌륭한 설계"와 "복잡성"을 보기 때문이라고 한다. 응답자 가운데 거의 1/3인 29%가 설계를 언급한 반면에, 종교가 위안과 위로를 주기 때문에 하나님을 믿는다고 말한 사람은 10%에 불과했다. 이런 결과는 특히 그 조사를 실시한 회의주의자들을 무척 놀라게 했는데, 그것은 종교를 감정적 또는 심리적 버팀목에 불과하다고 보는 고정관념을 여지없이 무너뜨렸기 때문이었다. 그와 달리 대다수의 신자들에게 신앙의 근거가 되는 것은 본질적으로 이성적 직관이다. 우주가 고도로 질서 정연하여 어떤 사고력이 있는 지성 또는 창조주의 손을 시사하고 있기 때문에 하나님이 존재한다고 확신하는 것이다.[2]

그 확신은 과학혁명의 개척자들 — 코페르니쿠스·케플러·뉴턴·갈릴레이 등 — 도 분명히 공명했을 것이다. 그들의 과학적 발견에 영감을 준 것은 자신이 신적 장인(Divine Artisan)의 복잡한 계획을 밝히 드러내고 있다는 확신이었기 때문이다.³ 설계에 대한 직관이 그처럼 보편적이고 거부할 수 없는 것이라면, 그것을 엄밀한 과학용어로 표현하는 것이 가능할까? 과학연구 프로그램으로 공식화할 수 있을까? 이것이 바로 지적 설계 운동의 목표다.

작은 녹색 인간들

설계론의 핵심은 설계를 경험적으로 간파할 수 있다는 주장이다. 이에 대해 생각해 보면, 그것은 다름 아니라 우리가 일상생활을 영위하면서 늘 하는 그 무엇이다. 우리는 자연의 산물과 지성의 산물을 쉽게 구별한다. 우리는 해변을 걸으면서 모래톱을 가로질러 새겨진 멋진 물결 모양에 감탄하지만, 그것은 바람과 파도의 산물임을 알고 있다. 그러나 벽과 탑과 울타리가 있는 모래성을 마주치게 되면, 그것도 바람과 파도의 작품이라고 생각할까? 물론 그렇지 않다. 모래성의 물질적 성분은 그 주변의 물결 모양과 마찬가지로 모래와 진흙과 물에 불과하다. 하지만 우리가 직관적으로 인식하는 바는 그런 물질들에게 다른 종류의 질서가 부과되었다는 사실이다. 설계론은 이와 같은 일상적 직관을 공식화한 것이다. 이는 모든 과학이 대체로 공식화된 상식인 것과 마찬가지다.⁴

설계론자들이 흔히 사용하는 실례는 러시모어 산이다. 사우스다코타 주의 산악지대를 따라 차를 타고 가다 보면 갑자기 암벽에 새겨진 네 명의 유명한 대통령의 얼굴이 나타나는데, 아무도 그것을 바람과 비의 침식작용으로 생긴 것이라고 생각하지 않을 것이다. 순간적으로 어떤 예술가의 작품임을 알아차릴 것이다.

내 친구 하나가 배를 타고 캐나다의 서부해안으로 올라간 적이 있는데, 거기에 도착하자 다채로운 꽃들이 "빅토리아에 오신 것을 환영합니다"라는 문장으로 반겨 주었다고 한다. 그것은 바람이 임의로 불어 씨앗을 글자 모양으로 떨어뜨린 것이 아님이 분명하다.[5]

비판자들은 설계의 개념이 과학에 속하지 않는다고 한다. 그것은 과학적 조사를 멈추게 하는 "과학의 방해물"(science-stopper)이라고 주장한다. 진화를 변호하는 한 단체의 대표는 최근 CNN 방송에서, 설계론은 "썩 훌륭한 과학이 아니다. 그것은 포기하는 듯한 투로 '우리는 이것을 설명할 수 없다. 그러므로 하나님이 하신 것이다'라고 말하기 때문"이라고 했다.[6]

그런데 그런 비난은 오해에서 비롯된 것이다. 설계를 간파하는 과정은 철저히 경험적이다. 사실, 그것은 이미 과학의 여러 분야에서 중요한 요소로 자리잡고 있다. 오래전 1967년에 한 신문에서 천문학자들이 외계에서 오는 라디오 메시지를 발견한 것 같다고 대서특필한 것을 읽고 놀란 적이 있다. 그들은 "LGM"이란 신호를 만들었는데, '작은 녹색 인간들'(Little Green Men)을 의미했다. 그러나 나중에 알게 된 것은, 그 라디오 파동이 어떤 메시지가 담긴 철자의 연속처럼 불규칙적인 패턴이 아니라 등대의 불빛처럼 규칙적이고 반복적인 패턴이라는 점이었다. 그것은 외계인의 것이 아니라 자전하는 별들의 파동으로 밝혀졌다.

오늘날 '외계 지성의 탐색 작업'(SETI)에 관여하는 천문학자들은, 라디오 신호가 기호화된 메시지일 경우와 파동과 같은 자연적 현상일 경우를 분별하는 데 필요한 폭넓은 판단 기준을 만들었다. 달리 말하면, 설계의 산물과 자연적 원인의 산물을 구별하는 판단 기준을 마련한 것이다.

이와 동일한 구별작업이 다른 여러 분야에서도 이루어지고 있다.

- 수사관은 살인(설계)을 자연적 원인으로 인한 죽음과 구별하는 훈련을 받는다.
- 고고학자는 돌에 원시의 도구로 깎인 흔적이 있는 경우(설계)와 풍화와 침식에 의해 모양이 생긴 경우를 구별하는 판단 기준을 갖고 있다.
- 보험회사는 방화범이 저지른 화재(설계)인지 사고로 인한 것인지를 판단하는 절차를 갖고 있다.
- 암호 해독 전문가는 일련의 기호가 비밀 메시지(설계)인지 임의의 나열인지 판단하는 절차를 만들어 냈다.

과학 분야 전체에 걸쳐, 연구자들은 실험이 조작된 경우와 누군가 그 결과에 손을 댄 경우를 증거 흔적을 통해 분별하는 법을 알고 있어야 한다. 심지어 미국에는 '정직한 연구를 위한 연구 윤리국'(U.S. Office of Research Intergrity)이 있는데, 자료의 날조 여부를 발견하려고 과학의 연구조사를 샅샅이 검토하는 일을 한다. 그래프가 너무 매끈한 경우, 완전히 임의로 작성되지 않은 임의의 숫자들, 너무 비슷하게 보이는 단백질 얼룩들을 비롯한 여러 가지가 그 조사

대상이다.[7]

　2001년, 워싱턴 주의 어느 주립학교에서 설계를 간파하기 위한 목적으로 표준화된 실험을 실시한 기괴한 일이 있었다. 학생들에게 네 도시 간의 거리를 기초로 버스 운행 노선을 파악하도록 요구했다. 정답은 다음과 같은 순서였다. 메이리, 클레이, 리, 투르노. 지각이 뛰어난 한 10학년생이 그 순서가 메리 케이 리투르노라는 이름과 비슷하게 들린다는 의심을 품었는데, 그것은 어린이 성희롱으로 유죄판결을 받은 여교사의 이름이었다. 당국이 그 실험을 만든 회사를 조사해 보았더니 과연 의도적인 행위였고 범인을 색출했다고 확증했다.[8] 그 패턴을 포착한 학생은 설계 추정을 하고 있었던 것이다. 그리고 그것은 정확한 것으로 판명되었다.

　이런 사례에서 사용된 사고과정을 공식화하는 것이 가능해야 할 터인데, 그것이 바로 설계론의 역할이다. 이 이론의 핵심 원리는 설계의 특징적 흔적이 경험적으로 간파될 수 있다는 것이다. 「지성의 징표」(Signs of Intelligence)[9]란 책의 제목이 시사하듯이, 자연에서 우리는 그 흔적들을 찾아낼 수 있다.

눈먼 시계공?

어떤 의미에서는 자연에 나타난 설계의 개념은 전혀 논란의 여지가 없는 것이다. 설계에 대한 증거는 실험실에서 늘 나타난다. 생물학자들은 세포 안에서 작동하는 다양한 분자의 기능을 끌어내는 최선의 길이 "역설계"(reverse engineering)의 방법임을 알게 되었다. 마치 어떤 기계장치의 제작 과정을 알고자 할 때 거꾸로 추론하는 것과 마찬가지다. 생물학자는 실험실에서 세포 안에 있는 복잡한 "분자 기계들"을 분해한 다음, 그것들을 설계한 "청사진"을 재구성하려고 애쓴다.[10]

텔레비전에 나오는 자연 관련 프로그램을 주의 깊게 들어 보면, 설계나 생물공학과 연관된 언어를 종종 들을 수 있을 것이다. "거의 2-3분마다 해설자가 '자연의 설계'와 '생명의 청사진'에 관해 이야기했다." 내 친구가 PBS 방송의 자연 관련 프로그램을 시청한 다음에 한 말이다. "과학자들은 설계의 언어를 사용하지 않을 수 없는 모양이다."

놀랍게도 다윈 자신은 설계에 대한 증거를 부인한 적이 없었다. 그러나 그의 목표는 그 동일한 증거를 순전히 자연의 힘으로 설명할 수 있음을 증명하는 데 있었다. 달리 말하면, 생물들이 다만 겉으로 **보기에는** 설계된 것 같으나 실은 비인지적 힘의 산물임을 입증하고자 한 것이다. 자연선택은 지성이 낳은 결과를 **모방**할 수 있는 자동적·기계적 과정으로 제시되었다. 한 역사학자가 언급한 것처럼, 다윈은 "지성의 작용이란 점이 너무도 분명한 목적 지향적 설계를, 맹목적이고 점진적인 적응과정이 어떻게 **흉내**낼 수 있는지" 보여주고자 한 것이었다.[11]

사실상 설계는 생물체의 명백한 특성이기 때문에 생물학자 리처드 도킨스도 그의 저서 중 하나를 다음과 같은 놀랄 만한 문장으로 시작하고 있다. "생물학은 **어떤 목적을 위해 설계된 것처럼 보이**는 아주 복잡한 것들에 관한 연구다."[12] 진화론자인 그는 책의 나머지 부분에서 이처럼 명백히 설계로 "보이는" 것이 사실은 허구이고 그릇된 것임을 증명하려고 애쓴다.

「눈먼 시계공」(The Blind Watchmaker)이란 도킨스의 책 제목은 2백 년 전 윌리엄 페일리(William Paley)란 성직자가 만들어 낸 유명한 은유를 엉뚱하게 이용한 것이다. 페일리는 이렇게 말했다. 만일 당신이 땅 위에 시계와 같은 기계장치가 놓여 있는 것을 보면, 그것이 인간 제작자 곧 시계공이 만든 것이라고 판단하는 데 아무런 어려움이 없을 것이다. 시계는 설계의 모든 특징을 지니고 있기 때문이다. 그것은 어떤 목적(시간을 알려 주는 것)을 지향하는, 서로 연결되고 배열된 일련의 부품들이다. 생물체에서도 우리는 이처럼 통합된 목적 지향적 구조를 발견한다. 눈의 목적은 보는 것이고, 귀는 듣는 것이며, 지느러미는 헤엄을 치기 위한 것이다. 그러므로 그것들도 어떤 지적인 행위자의 산물임이 분명하다고 페일리는 주장했다. 도킨스의 주장은, 페일리의 지적인 행위자(intelligent agent)가 맹목적이고 무의식적인 과정(process)으로 대치될 수 있다는 것이다. 이것이 자체적으로는 어떤 목적이나 의도를 갖고 있지 않으나 목적 지향적 구조들을 생산한다는 것이다. 자연선택이 바로 "눈먼 시계공"이다.

조지 게일로드 심슨(George Gaylord Simpson)도 대단히 명확한 언어로 이와 동일한 주장을 펼쳤는데, 실재의 목적이 아니라 "외견상"의 목적을 언급한 것만 제외하면 마치 페일리의 말을 듣는 것 같다. 심슨은 유기체들이 분명히 어떤 목적을 위해 설계된 것 같아 보인다고 시인했다. "물고기는 물에서 숨을 쉬도록 아가미가 있고,

새는 날 수 있도록 날개가 있고, 사람은 생각할 수 있도록 두뇌가 있는 것이다." 페일리의 말을 되풀이하듯이, 심슨은 생물체가 우리에게 기계를 강하게 연상시킨다고 시인했다.

> 망원경이나 전화 혹은 타자기는 각각 특정한 기능을 수행하는 복잡한 메커니즘이다. 분명히 그 제작자는 어떤 목적을 염두에 두고 있었고, 그 기계는 그 목적을 수행하기 위해 설계되고 제작된 것이다. 눈이나 귀 혹은 손도 각각 특정한 기능을 수행하는 복잡한 메커니즘이다. 그것들도 어떤 목적을 위해 만들어진 것처럼 보인다. 이런 **목적 지향적 양상**은 자연 곳곳에 널려 있다.

이와 같은 "명백한 목적 지향성"의 원인을 밝히는 것이 생물학의 중심 문제라고 심슨은 말한다. 하지만 다윈이 이미 그 문제를 해결했기 때문에 염려할 것이 없다고 그는 서둘러 결론을 내린다. 자연선택은 "목적한 자의 개입 **없이도** 목적의 측면을 달성하고, 계획자의 행위 **없이도** 광대한 계획을 만들어 냈다."[13]

달리 말해, 진화 논쟁의 양편 모두가, 액면 그대로 본다면 생물체들이 설계된 것처럼 보인다는 점에 동의하는 셈이다. 진화의 개념을 지켜 내려는 진화 옹호론자들은 이처럼 자명한 설계가 실재하는 것이 아니라 자연선택으로 말미암은 기반적인 환상임을 증명해야 한다. 다른 한편, 설계론자들은 명백히 설계가 존재하는 것 같아서 나름대로 이점을 갖고 있지만, 그들이 할 일은 지적인 행위를 증명하는 믿을 만한 경험적 흔적을 찾아내는 것이다.

설계의 흔적들

설계에 대한 흥미롭고 새로운 증거가 밝혀지고 있는 주요 영역은 모두 세 군데다. 첫째, 세포의 세계(생화학). 둘째, 우주의 기원(우주론). 셋째, DNA 구조(생물학적 정보). 이제 각 영역에서 개발되고 있는 주요 논증을 살펴보기로 하자.

세포 안에 있는 롤러코스터
다윈은 젊은 시절에 페일리의 시계공 논증에 큰 감명을 받았다. 그래서 자신의 이론을 세울 때 페일리의 논증을 노골적으로 반박하는 방향으로 정립할 정도였다. 그러므로 먼저 페일리의 주장을 좀더 자세히 검토해 보자. 우리가 시계를 자세히 살펴볼 때 "그 여러 부품이 하나의 목적을 위해 고안되고 조립되었음"을 인식할 수 있다고 그는 썼다. 그 목적이란 물론 시간을 알려 주는 것이다. 부품들의 정교한 상호작용은 그 목적을 떠나서는 아무런 의미가 없다. 따라서 페일리의 결론은 이렇다. "우리는 다음과 같이 추론할 수밖에 없다. 시계는 제작자가 있음이 분명하다는 것과…… 그가 그 구조를 이해하고 그 용도를 설계했다는 것이다."

페일리는 생명체도 이와 마찬가지로 어떤 목적을 위해 배열되고 상호 연결된 부분들로 구성되어 있다고 말했다. 그러므로 그것들도 어떤 제작자에 의해 설계되었다고 결론짓는 것이 타당하다고 했다. 그의 말대로, "설계의 흔적들이 너무 뚜렷하기 때문에 그것을 도무지 부정할 수 없다."[14]

페일리는 많은 예를 들었으나 그 가운데 일부는 그의 주장을 잘 뒷받침해 주지 않는 것이어서 결국 신빙성을 잃고 말았다. 하지만 그의 추론의 핵심은 여전히 상당한 타당성을 지니고 있다. 페일리의 핵심 논증은 "사실상 한번도 반박된 적이 없다"고 마이클 베히(Michael Behe)는 영향력 있는 책 「다윈의 블랙박스」(*Darwin's Black Box*)에서 말한다.[15] 베히는 설계 논증을 정교하게 다듬고 최신 정보로 갱신하기 위해 생화학 분야에서 새로운 발견을 한 인물이다.

베히는 키가 작고 수수한 모습의 단정한 남자로서, 거의 언제나 청바지에 격자 무늬 셔츠를 입고 있다. 로마 가톨릭 신자인 그는 어린 시절 교구 학교에서 진화론을 배웠기 때문에 그것을 배격할 종교적 동기가 없었다. 그가 다윈의 정통설에 의문을 제기하게 된 것은 생화학 연구작업을 통해서였다. 살아 있는 세포의 아주 작은 공간 속에 도무지 생각하기 어려울 정도의 복잡성이 압축되어 있는 것을 밝힌 것이 계기가 되었다.

백여 년 전에 다윈은 살아 있는 세포가 지극히 단순해서 그저 젤리 모양의 거품(원형질)이라고 생각했다. 그런데 최근 몇 십 년 동안 전자현미경과 같은 새로운 기술이 발달하면서 분자생물학에 일대 혁명이 일어났다. 우리가 알게 된 것은 세포가 고도의 분자 기계장치들로 가득 차 있으며, 그것들은 인간이 고안한 어떤 것보다도 훨씬 더 복잡하다는 사실이다. 각 세포는 공업도시의 축소판과 비슷해서 발전소와 자동화공장과 재활용센터 등이 활발하게 움직이고 있다. 그 핵심에는 청사진과 계획들을 보관하는 세포 도서관이 자리잡고 있으며, 그것들은 복사과정을 거쳐 공장들로 수송되는데, 각 공장은 전산화된 모터처럼 움직이는 분자 기계들로 가득 차 있다. 이것들은 세포 내에서 필요한 엄청나게 다양한 생산품을 제작하고 그 모든 과정은 효소로 규제되는데, 효소는 모든 것이 완벽한 시간대에 작동하게 하는 스톱워치의 역할을 한다.[16]

"그러므로 세포는 빠르고 조직화된 화학작용이 활발히 일어나는 작은 공장이다." DNA 연구로 유명한 프랜시스 크릭(Francis Crick)의 말이다. "자연은 헨리 포드보다 수십억 년 전에 이미 조립라인을 고안해 낸 것이다."[17] 세포의 바깥 표면은 감지기·문·펌프·신분 확인 표지 등이 산재해 있어서 들어오고 나가는 교통을 규제하고 있다. 오늘날 생물학자들은 기계와 공학에 관련된 언어를 사용하지 않고 세포를 묘사하기란 불가능할 정도다.

베히는 사례 위에 사례를 쌓아 올리지만 한 가지만 깊이 숙고해 보자. 각 세포는 자동화된 "빠른 운송 시스템"을 갖고 있는데, 어떤 분자들은 작은 모노레일 기차처럼 선로를 따라 세포의 한 부분에서 다른 부분으로 짐을 나르는 역할을 한다. 다른 분자들은 짐을 싣는 기계처럼 열차에 짐을 채우고 주소 딱지를 붙인다. 기차가 세포의 다른 부분에 위치한 정확한 "주소"에 도착하면, 다른 분자들이 나타나서 도킹 기계처럼 그것을 열고 화물을 옮긴다. 세포의 그림을 머릿속에 그리려면 크고 복잡한 기차 설계도를 상상하면 되는데, 곳곳에서 선로가 교차하고 스위치와 신호들이 완벽한 시간대로 맞추어져 있어서 기차가 충돌하는 일은 없으며 화물이 꼭 필요할 때 목적지에 도달하게 되어 있는 그림이다.[18]

컴퓨터 게임에 익숙한 아이들은 최고 레벨의 롤러코스터 타이쿤(어린이용 비디오 게임 - 편집자)을 상상하면 된다. 다윈은 이런 차원의 복잡성을 꿈에도 생각한 적이 없었기 때문에 당연히 그의 이론은 그런 현상을 전혀 설명하지 못한다. 왜 그런가? 이렇게 부품들이 서로 맞물려서 조화롭게 움직이는 시스템은 모든 조각이 제자리에 있은 **다음에야** 비로소 작동할 수 있기 때문이다. 즉 조각이 하나씩 점차적으로 나타나는 게 아니라 모두가 동시에 출현해야 한다는 의미다. 베히는 **환원불가능한 복잡성**(irreducible complexity)이란 용어를 새로 만들었는데, 이는 그처럼 빈틈없이 통합된 시스템이 작동하려면 반드시 필요한 최소한의 복잡성을 가리킨다.

베히가 자주 드는 예는 쥐덫이다. 먼저 쥐덫의 나무판으로 쥐를 몇 마리 잡고……그 다음에 나중에 스프링을 덧붙여 또 몇 마리를 더 잡고……망치를 덧붙여 더 많은 쥐를 잡는다는 구상은 있을 수 없다. 모든 부품이 단번에 조립되어야지, 그렇지 않을 경우 한 마리도 잡을 수 없다. 즉 한번에 한 조각씩 붙여서 그 기능을 서서히 향상시킬 수 없다는 말이다. 그것이 조금이라도 기능을 발휘하려면 전체 시스템이 처음부터 적합한 상태에 있어야 하는 것이다.

누구나 알다시피, 자연선택은 사소한 무작위적 기능상의 진보에 기초해 작동한다고 알려져 있다. 선택의 여지가 있는 **어느 정도**의 기능이 존재하기 전에는 작동하지 않는다는 말이다. 그러나 환원불가능한 복잡성을 지닌 시스템은 최소한의 부품들이 제자리에 있기 전에는 기능을 **전혀** 발휘하지 못한다. 그런 부품들 자체는 자연선택의 산물일 수 없다는 말이다. 우리는 지금 자연선택이 작동

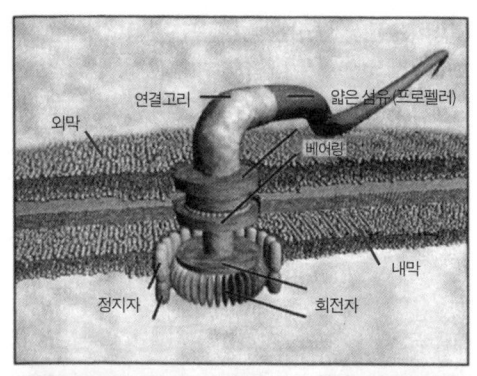

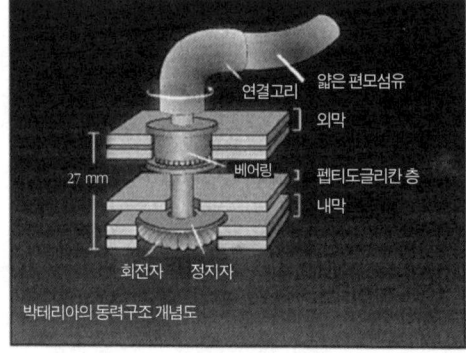

그림 6.1_ **분자 기계들.** 세포 속의 여러 구조는 사람이 제작한 기계장치와 너무나 닮았다.

을 시작하기 전에 반드시 있어야 할 최소한의 상호작용적 조각들에 관해 이야기하고 있는 것이다.

예를 들어, 아주 가는 줄처럼 생긴 편모가 일부 박테리아에 꼬리처럼 붙어 있는 것을 생각해 보자. 박테리아가 이리저리 헤엄을 칠 때 그 편모를 프로펠러처럼 휘젓고 다니는데, 그림에서 보듯이 마치 모종의 작은 모터 달린 기계를 보는 것 같다(그림 6.1을 보라). 그것은 뱃전에 설치된 초소형의 회전 모터로서 연결고리, 구동 축,

O자형 링, 고정자, 산(酸, acid)의 힘으로 1분에 10만 번까지 회전할 수 있는 양방향의 모터 등이 갖추어져 있다. 이와 같은 구조는 정확하게 맞춘, 정교한 상호작용을 하는 부품들을 상당수 필요로 하는데, 이것은 점차적인 과정에 의해서 생길 수 없는 것이다. 분자 기계가 조금이라도 기능을 발휘하려면, 그 부품들이 정확한 패턴에 따라 서로 결합되고 조화된 채 모두 동시에 출현해야 한다.

생물학자 데이비드 드로시어(David DeRosier)는 "다른 모터들에 비해서 편모는 인간이 설계한 기계와 더욱 비슷하다"고 한다.[19] 이는 세포 속에 있는 작은 분자 기계들이 지성적인 행위자에 의해 설계되었음을 시사한다.

베히와 블랙박스

다윈의 시대에는 과학자들이 생화학에 대해 전혀 몰랐다. 생물체는 "블랙박스"였고, 그 내부의 작동현상은 하나의 신비로 여겨졌다. 그래서 베히의 책에 그런 제목이 붙은 것이다. 아무도 팔다리와 기관들이 내부에서 어떻게 작동하는지 몰랐기 때문에, 대규모의 시나리오—지느러미가 서서히 다리로, 다리가 날개로 변한다는 등—를 생각해 낼 수 있었던 것이다. 그것은 마치 우리가 스테레오 시스템이 어떻게 만들어지는지 물을 때 이렇게 대답하는 것과 같다. 앰프에 스피커 세트를 꽂고 CD 플레이어와 라디오 수신기와 테이프 덱을 덧붙이면 된다고 말이다.[20] 우리가 정말 알고 싶은 것은 스피커와 CD 플레이어 같은 것이 어떻게 조립되었는가 하는 것이다. 저 플라스틱 상자 속에는 무엇이 있는가?

오늘날에는 전자현미경을 통해 세포의 "블랙박스"가 열렸고, 생물학자들은 그 내부의 작동에 대해 아주 잘 알고 있다. 지느러미가 다리로 변한다는 식의 추측은 더 이상 없다. 지금은 생명의 기원에 관한 어떤 이론이든 분자 시스템을 설명할 수 있어야 한다.

다윈은 환원불가능한 복잡성(그가 이 용어를 사용한 것은 아니지만)의 존재가 자기 이론을 반박할 수 있을 것이라고 시인한 적이 있다. 심지어는 그것을 시험 수단으로 제시하기도 했다. "만일 연속적이고 미미한 수많은 변형을 통해 형성되지 않았을 가능성이 있는 어떤 복잡한 기관이 존재한다는 것을 증명할 수 있다면, 나의 이론은 완전히 무너지고 말 것이다."[21] 분자생물학에서 지식의 폭발현상이 일어나면서 사실상 다윈의 이론이 무너진 것처럼 보였다.

한편 이를 비판하는 자들은 환원불가능한 복잡성이란 "개인적인 회의"에서 나오는 주장일 뿐이라고 치부한다. 그들이 보기에, 베히와 같은 사람들은 단순히 '**우리는 이런 고도의 복잡성을 설명할 만한 자연주의적 방법을 상상할 수 없으므로 그런 것은 아예 존재하지 않는다**'고 말한다는 것이다. 만일 그것이 정말 베히가 말하고자 하는 전부라면, 그의 논증은 상상력의 빈곤을 드러낼 뿐이다. 과거를 돌아보면 아무도 하늘을 나는 것이 가능하다고 생각하지 않던 시대가 있지 않았던가?

그러나 그 비판자들은 핵심을 벗어나고 말았다. 환원불가능한 복잡성에 근거한 논증은 심리적으로 어떤 것을 상상할 수 있는지에 관한 진술이 아니다. 오히려 그것은 전체(whole)가 어떻게 부분들로써 구성되는지에 관한 **논리적** 주장이다. 모래더미와 같은 **집합적** 구조는 한번에 한 조각씩, 즉 모래알을 하나하나 더해 가면서 서서히 쌓아올릴 수 있다. 그와 반대로, 컴퓨터의 내부와 같이 유기적인 구조는 사전의 청사진, 계획 또는 설계에 따라 조립된다. 서로 맞물려 있는 각 조각은 전체의 기능에 기여하도록 짜여져 있으며, 전체의 기능은 최소한의 조각들이 제자리에 놓인 다음에야 발휘될 수 있다.

이에 따른 당연한 의문은 생물의 구조가 집합체인가 아니면 유기적인 전체인가 하는 점이다. 대답은 아주 분명하다. 전체 조직의 수준뿐 아니라 아주 작은 세포의 내부에서도 생물의 구조는 믿을 수 없을 정도로 복잡한 유기적인 전체다. 그렇다면 가장 개연성 높은 이론은 그 조각들이 사전의 청사진에 따라 조립되었다고 보는 것이다.[22]

우리를 위해 만들어진 우주

최근까지 진화를 둘러싼 논쟁은 생물학에서 설계를 중심으로 진행되어 왔다. 하지만 오늘날 설계의 증거는 물리학과 우주론에서도 밝혀지고 있다. 우주 자체만 보더라도 생명이 살 수 있도록 정교하고 미세하게 조율되어 있다.

우주론자들은 우주의 근본적 힘들이 마치 칼날 위에서처럼 복잡한 균형을 이루고 있음을 발견했다. 중력의 법칙을 예로 들어 보자. 그 법칙이 아주 조금만 더 강해도 별들이 모두 적색왜성이 되어 생명이 살기에 너무 추울 것이다. 반면에 조금만 더 약해도 별들이 모두 청색거성이 되어 생명이 발달하기에는 너무 순식간에 타 버릴 것이다. (우주의 팽창률에서 오차한계는 10^{60}의 1이다.) 우주론자는

"우주 질서의 우연한 발생"(cosmic coincidences)에 관해 이야기하는데, 그 의미는 우주의 근본적인 힘들이 생명이 존재하는 데 필요한 정확한 수적 가치를 **우연히** 갖게 되었다는 뜻이다.[23]

이것은 때로 골디락스 딜레마(Goldilocks dilemma, 너무 빠르지도 느리지도 않은 적당한 상태-편집자)라고 불린다. 어떻게 해서 그 수가 너무 높지도 너무 낮지도 않고 아주 정확하게 맞추어졌을까?

이 의문을 더욱 어렵게 만드는 것은 이런 가치들이 생명을 유지하도록 미세하게 조율된 이유를 설명할 만한 물리적 원인이 없다는 점이다. "물리학의 그 무엇도 물리학의 근본 원리들이 왜 생명의 요건에 정확하게 맞추어 순응하는지를 설명하지 못한다." 천문학자 조지 그린스타인(George Greenstein)의 말이다.[24] 이처럼 **물리적** 원인을 찾을 수 없으므로 그것들이 **의도**(intension)의 산물이 아닌지 의심하게 된다. 누군가 그런 식으로 설계하지 않았나 하고 말이다. "왜 자연은 그토록 교묘할 정도로, 아니 의심스러울 정도로 생명에 우호적인가?" 하고 천체물리학자 폴 데이비스(Paul Davies)는 묻는다. "마치 위대한 설계자가 그 모든 것을 궁리한 것처럼 보인다."[25]

논리를 더 분명하게 하기 위해, 당신이 거대한 우주 창조 기계를 발견했다고 한번 상상해 보자. 거기에는 수천 개의 다이얼이 있어서 일정한 중력·강핵력·약핵력·전자기력·양성자와 전자의 질량의 비율, 그 밖의 많은 것들을 표시할 것이다. 각 다이얼은 수백 가지로 맞출 수 있고 당신이 마음대로 그것을 돌릴 수 있다. 어떤 특정한 가치로 그것들을 미리 맞추어 놓는 것은 전혀 없다. 당신이 발견한 것은, 수천 개의 다이얼 하나하나가 모두 정확하게 생명이 존재할 수 있는 가치로 **우연히** 설정되어 있다는 사실이다. 우주의 손잡이들 가운데 어느 하나를 아주 살짝만 비틀어도 생명이 존재하기에 불가능한 우주를 만들게 될 것이다. 한 과학담당 기자는 이렇게 말한다. "그것들은 하나님의 제어장치에 있는 손잡이들과 같고, 거의 기적적으로 생명을 허용하도록 조율된 것처럼 보인다."[26]

그 "손잡이들"은 어떤 자연법칙에 의해 구속되지 않으므로 설계 또는 의도의 산물이 지닌 특징을 모두 갖고 있다. "나는 종교적인 사람이 아니지만, 이 우주는 생명이 존재하도록 **아주 잘 설계되었다**고 말할 수 있다." 천문학자 하인츠 오버훔머(Heinz Oberhummer)의 말이다. "우주에 있는 기본적인 힘들은…… 탄소에 기초한 생명을 생산하도록 정확하게 맞추어져 있다."[27]

노벨상을 받은 아르노 펜지아스(Arno Penzias)는 유대인 출신이라 종교적인 함의를 금방 알아차린다. "천문학은 우리를 하나의 특유한 사건, 곧 하나의 우주로 이끌어 주는데, 그 우주란 무로부터 창조된 것이요, 아주 정교한 균형을 이루어 생명의 존재에 필요한 조건을 정확하게 제공하는 것이요, 근원적인('초자연적'이라고 말할 수도 있을 것이다) 하나의 계획을 가진 것이다."[28] 실로 그는 이렇게 말했다. "현재 우리가 갖고 있는 최상의 자료는, 나에게 모세오경·시편·성경 전체를 제외하고 아무것도 없었을 경우 내가 예측했을 법한 것과 정확하게 일치한다."[29]

우주 질서의 우연한 발생

비판가들도 미세하게 조율된 우주가 설계를 시사한다고 시인하지만, 그와 달리 설명하려고 애쓰고 있다. 천문학자 프레드 호일(Fred Hoyle)은 "사실에 대한 상식적 해석은 초지성(superintellect)이 물리학을 갖고 놀았음을 시사한다"는 말을 한 것으로 자주 인용된다.[30] 그런데 그 "초지성"은 누구인가? 호일은 기독교의 창조론에 강력히 반대하는 인물이었으므로 그것은 다른 우주에서 온 외계의 지성이라고 제안했다.[31]

다른 이들은 우주 자체가 고유한 지성을 가진 지적 존재라는 유사 범신론적 개념을 제안했다. 이를테면, 그린스타인(George Greenstein)은 기독교에 동의하는 것처럼 논의를 시작한다. "우리가 모든 증거를 조사해 보면서 어떤 초자연적 행위(agency)—아니, 위대한 행위(Agency)—가 관여했음에 틀림없다는 생각이 끊임없이 떠오른다. 우리가 전혀 의도하지 않았는데 갑자기 지극히 높은 존재에 대한 과학적 증거를 우연히 발견하는 것이 가능할까? 우리의 유익을 위해 섭리에 따라 우주를 그렇게 만든 장본인이 바로 하나님이었는가?"

그러나 그런 생각이 아무리 "끊임없이" 떠올라도 그린스타인은 그것을 꽉 눌러 버린다. 그는 인격적 하나님을 불러들일 생각이 없다. 그 대신 양자역학에서 엉뚱하게 추론한 끝에, 인간이 출현하여 우주를 관찰하기까지는 우주가 완전히 존재할 수 없었다고 말한다. 그러므로 우주가 완전한 실재가 되기 위해서 인간의 의식을 진화시키기로 정했다는 것이다. "우주는 관찰되지 않는 한 존재하지 않기 때문에, 우주가 존재하기 위해 생명을 낳았다"고 그는 쓰고 있다.[32]

이런 개연성 없는 생각이 놀랍게도 아주 대중화되었다. 노벨상을 수상한 생물학자 조지 월드(George Wald)는 지적인 생명이 진화한 이유는 "우주가 알려지고 싶기 때문"33이라고 말함으로써 동양의 신비주의자를 연상시켰다. 물리학자 프리먼 다이슨(Freeman Dyson)은 "물리학과 천문학의 수많은 우연한 사건들이 우리의 유익을 위해 합력했다"고 하면서 다음과 같이 등골이 오싹한 말을 했다. "어떤 의미에서는 우주가 이미 우리가 오고 있다는 것을 알고 있었던 것처럼 보인다."34 설계의 개념을 비과학적이라고 따돌리는 과학자들이, 돌아서서는 우주가 의식이 있다거나 거의 신비주의에 가까운 이상한 개념―우리가 오고 있음을 "알고 있었다"는 식―을 포용하는 것은 참으로 아이러니가 아닐 수 없다.

이보다 덜 신비적인 천문학자들은 "우주 질서의 우연한 발생"을 다른 방법으로 설명하는데, 여러 가지 가능성을 과장함으로써 낮은 확률의 문제를 극복하려 한다. 그들은 우리 우주 외에도 많은 우주들이 있다고 시사하면서 문제를 비켜간다('다중 우주론' 가설). 그 대부분은 캄캄하고 생명이 없는 곳이겠지만, 소수의 우주는 생명에 적합한 환경을 가지고 있을 가능성이 있다는 것이다. 그리고 우리의 우주는 그저 그 가운데 하나일 뿐이라고 한다. 이것은 순전히 마음대로 억측한 것에 지나지 않는데, 다른 우주들이 실제로 존재하는지를 아는 것이 불가능하기 때문이다. "다중 우주론은 종교만큼이나 불신을 멈추지 않고서는 믿을 수 없다"고 그렉 이스터브룩(Greg Easterbrook)은 평하면서 이렇게 꼬집는다. "5백억 개의 은하만큼 광범위한 비가시적 물체들의 존재를 믿는 교회에 가입하라!"35 그처럼 억지스러운 제안을 한 유일한 이유는, 우리의 우주가 약간이라도 이상하거나 사실이 아닌 존재로 보이는 것을 피하기 위함이었다.

물리학자 하인츠 파겔스(Heinz Pagels)는 이런 괴상한 억측들을 모두 조사하고 나서, 과학자들은 증거에 입각한 가장 정직한 추론을 끌어내기를 달가워하지 않는 것 같다고 말한다. "우주가 우리의 존재를 위해 맞춤 제작된 것처럼 보이는 이유는 **실제로** 맞춤 제작되었기 때문이다."[36] 설계 추론이 그 증거에 대한 가장 단순하고 직접적인 해석이다. 그런데 일부 과학자들이 그런 추론을 피하려고 제시하는 이상한 이론들을 보면 놀라울 따름이다. 카블리 이론물리학 연구소의 소장 데이비드 그로스(David Gross)는 자신이 미세 조율(fine-tuning)의 개념을 반대하는 것은 "완전히 감정적인" 것임을 최근에 시인했다. "그것은 종교와 지적 설계의 냄새를 풍기기" 때문에 위험한 개념이라고 말했다.[37] 의식 있는 우주라든가 셀 수 없이 많은 미지의 우주들을 언급하는 복잡한 이론들은 설계의 자명한 증거를 피하기 위한 필사적인 노력에 지나지 않는다.

누가 유전자 코드를 작성했는가?

내가 보기에 설계의 가장 강력한 증거는 DNA 코드다. 당신도 기억하다시피 몇 년 전에 과학자들이 인간 게놈의 암호 해독에 성공했다고 발표해서 굉장한 센세이션을 불러일으켰다. 백악관 기자회견에서는, 그 업적을 축하하는 말이 모두 DNA와 문자 언어 사이의 유사성을 강조하는 내용이었다. 복음주의 그리스도인인 국립 인간 게놈 연구소의 소장 프랜시스 콜린스(Francis Collins) 박사는 이렇게 말했다. "우리는, 과거에는 하나님만 알고 있던 우리의 사용 설명서를 처음으로 흘끗 보게 되었다." 이에 뒤질세라 당시 대통령 클린턴도 하나님을 거론했다. "오늘 우리는 하나님이 생명을 창조할 때 사용한 그 언어를 배우고 있다."[38]

이런 유추는 참으로 매우 적절한 것이다. DNA 분자는 화학적 "철자"의 기능을 하는 네 개의 염기—아데닌(A)·티민(T)·시토신(C)·구아닌(G)—로 구성되어 있으며, 그것들이 여러 순서로 결합하여 하나의 메시지를 형성한다. 이 화학 코드를 발견함으로써 우리는 이제 정보이론의 범주를 DNA에 적용할 수 있게 되었다. "유전학이 이제 정보 기술의 한 분과가 된 것"이라고 도킨스는 썼다. "유전자 코드는 참으로 디지털 방식인데, 컴퓨터 코드와 정확하게 동일한 의미에서 그러하다. 이는 모호한 유추가 아니고 문자 그대로 진실이다."[39]

그 결과, 생명의 기원은 이제 생물학적 정보의 기원으로 개정되기에 이르렀다. 문제는 우리가 고도로 세분화되고 복잡한 생물학적 정보를 어떻게 입수할 것인가 하는 것이다.

일상생활에서는, 우리가 어떤 메시지를 발견할 때 그것이 어디서 왔는지 의심하지 않는다. 우리는 자연적 원인들이 메시지를 만들어 내지 않는다는 것을 알고 있다. 언젠가 막내아들을 공원에 데리고 가서 크고 오래된 너도밤나무 아래 앉았던 적이 있는데, 그 나무껍질에는 "조지는 웬디를 사랑한다", "95년도 동창"이란 글귀가 하트 모양과 함께 새겨져 있었다. 그것은 그 갈겨쓴 글자들이 자연적 힘의 산물이 아님을 보여주는 분명한 표지였다. 이집트의 상형

문자가 발견되었을 때 1400년 동안이나 아무도 그것을 해독하는 법을 몰랐다(1799년에 로제타 석이 발견되기까지). 하지만 그 상형문자들이 지적인 행위자에 의해 만들어진 것이지 자연적으로 발생한 산(酸)에 의해 바위에 새겨진 문양이 아니라는 점은 누구도 의심하지 않았다.

9·11 사태 직후에 플로리다 팜 비치에서 재미있는 사건이 있었다. 그 지역 주민들이 농약 살포 비행기가 머리 위로 지나가면서 하늘에다 "하나님은 위대하시다"(God is great)는 글자를 쓴 것을 보고 자그마한 소동이 일어난 것이다. 그 비행사가 알라신을 찬양하는 테러리스트가 아닐까 두려워서 여러 사람들이 경찰에 연락했다. 그런데 알고 보니 그는 그리스도인이었고 하늘에 글자 쓰는 기술을 이용해서 가끔씩 영감 어린 메시지를 보내곤 했던 것이다. 열광적인 반응에 그는 오히려 즐거워했다.[40]

내가 말하고자 하는 요점은, 당신이 어떤 메시지, 어떤 언어를 볼 때 즉각적으로 그것이 자연적 원인의 산물이 아니라고 결론짓는다는 것이다. 팜 비치의 주민들이 하늘에서 글자처럼 생긴 보풀보풀한 하얀 모양을 보았을 때, 수분이 응축되어 재미있는 문양이 생겼다는 식으로 의논하지 않았다. 그것은 어떤 지적 행위자의 산물임을 정확하게 추론했다. 물론 그 행위자가 **누구**인지에 대해서는 약간 우려했지만 말이다!

이런 유의 추론은 직관적인 것이며, 인간의 정신이 자연스럽게 수행하는 일이다. 그러면 우리가 어떻게 그것을 논리적·과학적으로 엄밀하게 만들 수 있을까? 설계의 경험적 표지들은 무엇인가?

어떤 조건 아래서 우리는 설계 추론을 끌어내게 되는가? 그리고 이와 동일한 추론을 자연에 적용할 수 있을까?

설명을 찾아내는 여과기

먼저 세 가지 유형의 사건을 구별하면서 시작해 보자. 우연에 의한 사건, 법칙에 의한 사건, 설계에 의한 사건으로 나눌 수 있다. 1970년에 프랑스 유전학자 자크 모노(Jacques Monod)가 「우연과 필연」(Chance and Necessity)이란 책을 썼는데,[41] 그는 당시 대학생들 사이에서 숭배의 대상이 되기까지 했다. (나도 그 시절에 구입해서 이제는 낡은 그 책을 아직도 가지고 있다.) 모노는 표준적인 다윈 이론을 제시하되 놀랄 정도로 간단하게 그것을 해냈다. 그것을 우연(무작위)과 필연(법칙) 사이의 상호작용으로 착안한 것이다. 지적 설계론도 그처럼 단순화된 도식을 사용하지만 세번째 범주인 설계를 덧붙인다.

그러므로 첫째, 어떤 것들은 우연에 의해 일어나는 무작위적 과정의 결과다. 둘째, 다른 어떤 것들은 규칙적이고 예측 가능한 과정의 결과이므로 자연법칙으로 공식화될 수 있다. 셋째, 또 다른 것들은 설계의 결과다. 집, 자동차, 컴퓨터, 책 등과 같이.

이 가운데 어느 범주가 생명의 기원을 가장 잘 설명하는가? 윌리엄 뎀스키(William Dembski)는 우리가 여러 경우를 각 범주로 분류할 때 사용하는 추론에 관한 엄밀한 수학적 분석을 공식으로 만들었는데, 그것을 그의 책 「설계 추론」(The Design Inference)에서 '설명을 찾아 내는 여과기'(Explanatory Filter)라고 부른다.[42] 케임브리지 대학 출판부에서 출간한 책답게 저자의 설명이 대단히 복잡하다. 하지만 나는 단어 만들기 게임의 철자들을 유추해 아주 쉽게 설명해 볼 생각이다. 만일 DNA가 언어처럼 화학적 "철자들"로 구성되어 있다면, 생물학적 기능을 가능하게 만드는 것은 그 철자들의 순서다. 이것은 마치 이 페이지에 나오는 철자들의 순서가 그 메시지를 이해할 수 있게 만드는 것과 같다. 그러면 DNA 내부의 복잡하게 명기된 순서들의 기원을 어떻게 하면 가장 잘 설명할 수 있을까? 우연으로, 법칙으로, 혹은 설계로?

우연을 넘어서

만일 타자기 앞에 무수한 원숭이들이 앉아 있고 또한 무한한 시간이 주어진다면, 언젠가는 그들이 셰익스피어의 작품들을 타자할 수 있을 것이다. 적어도 이론적으로는 그렇다. 그런데 최근에 영국에서 그 이론을 실제로 시험해 보았다. 원숭이 여섯 마리를 컴퓨터와 함께 가두어 놓고 무슨 일이 일어나는지 보았다. 원숭이들이 주로 한 행동은 돌로 컴퓨터를 때리는 것이었다. 무슨 이유에서인지 여러 마리가 그것을 화장실로 여기는 것도 발견되었다. 몇 마리가 둘러서서 키를 누르기도 했는데, S를 많이 쳤고 다른 네 개 정도의 철자가 나왔다. 한 달이 지나도록 원숭이들은 인간의 언어에 속한 단어 비슷한 것도 쳐 내지 못했다. 셰익스피어? 전혀 가능성이 없었다.[43]

물론 그 실험은 어느 정도는 장난삼아 한 것이지만, 생명이 순전히 우연에 의해 발생했다고 보는 표준화된 가정에 대해 약간의 회의를 시사하는 면이 있다. 다윈은 생명의 기원에 관해 많이 쓰지 않았지만(그의 주관심은 종의 기원에 있었다), 어느 사적인 편지에서

"따스한 작은 연못"에서 화학적 상호작용이 무작위로 일어나 생명이 발생하는 것에 대해 격의 없이 언급한 적이 있었다. 여기에 과학자들이 엄청난 세부사항을 덧붙였고, 그것이 최근까지 가장 지배적인 견해가 되었던 것이다. 보통 사람들에게 진화론이 무엇인지 물어보면, 한결같이 생명이 순전히 우연으로 발생했다는 이론이라고 응답할 것이다. 그러나 전문 과학자들 사이에서는 우연에 기초한 이론들은 거의 완전히 배격되었다.

우연이론의 전성기는 1950년대 초반이었는데, 당시는 과학자들이 몇 개의 단순한 유기적 복합체(단백질을 구성하는 벽돌인 아미노산과 같은)를 실험실에서 생산할 수 있다는 것을 발견했을 때였다. 하지만 그런 시절은 지나갔다. 초기의 성공은 점차 희미해져 갔고, 흥분은 가라앉고 말았다. 연구자들이 몇 가지 단순한 벽돌들을 창조한 다음, 생명의 필수 요소인 더 큰 분자들(단백질과 DNA 같은 거대 분자들)은 훨씬 더 창조하기가 어렵다는 것을 알게 되었다.[44] 플라스크에 화학물질을 섞고 전기로 스파크를 일으킨다고 해서 생물학적으로 중요한 결과가 산출되지 않는다는 사실이 명백해진 것이다.[45]

만일 생명의 핵심이 생물학적 정보라면, 당연히 그런 결과가 나올 것으로 예상해야 한다. 왜 그런가? 우연의 과정은 복잡한 정보를 생산하지 않기 때문이다. 단어 만들기의 유추를 생각해 보라. 우리가 눈을 수건으로 가리고 나서, 단어 만들기 게임 철자들을 임의로 끄집어냈다고 상상해 보라. 그렇게 해서 이해 가능한 문장을 엮을 수 있을까? 물론 만들 수 없다. 'it'이나 'can'같이 짧은 단어가 몇 개 나올지는 모르나 그런 무작위적 과정이 셰익스피어의 「햄릿」을 산출할 수는 없다. 한마디로 우연이 복잡하고 세분화된 정보를 만들어 낼 수 없다는 말이다. 신학자 노먼 가이슬러(Norman Geisler)가 용감하게 든 한 가지 예가 있다. "만일 당신이 부엌에 들어가서 알파벳 시리얼이 식탁 위에 쏟아져 있는 것을 보았는데 당신의 이름과 주소가 쓰여 있었다면, 고양이가 그 시리얼 상자를 넘어뜨렸다고 생각하겠는가?"[46]

사실상, 우연의 사건들은 정보를 **창조**하기는커녕 오히려 정보를 아무렇게나 **섞어** 버리는 경향이 있다. 텍스트 한 페이지 전체에 인쇄용 철자들이 임의로 뿌려져 있는 모습을 생각해 보라. 그것들은 더 나은 의미를 만드는 것이 아니라 무의미한 것이 될 확률이 훨씬 높다. 이를 생명의 기원에 관한 이론들에 적용해 보자. 설사 짧은 분자고리들이 그 "따스한 작은 연못"에서 우연의 과정에 의해 실제로 생겼다 하더라도, 그것들은 금세 다시 와해되고 말 것이다. 왜냐하면 그와 동일한 우연의 과정들이 계속해서 "활자들"을 화학적 "텍스트"에 끼워 넣을 것이기 때문이다. 그것은 마치 당신의 단어 만들기 게임 철자들이 'it'이나 'can'을 만들 때마다 어떤 못된 꼬마가 와서 철자 몇 개를 집어 내고 임의로 다른 철자로 채워 넣는 것과 같다. 결론적으로 말하면, 화학물질의 우연한 상호작용으로는 생물학적으로 중요한 합성물을 의미 있는 만큼 농축할 수 없다는 것이다. 원시의 연못이 오늘날의 대서양보다 그 농도가 더 짙었을 리가 없다.[47]

이것은 확률에 기초한 논증이 아니다. 왜냐하면 문제는 우연에 의한 생명의 발생이 확률적으로 희박하다는 데 그치지 않고, 원칙적으로 우연의 사건들이 복잡한 정보를 창조하지 않는다는 데 있다. 결과적으로, 오늘날 생명의 기원과 관련된 모든 연구자들은 우연에 기초한 이론들을 포기한 실정이다.

법칙을 거슬러서

두번째 가능성은 생명의 기원이 자연법칙에 의해 설명될 수 있는 경우다. 이는 오늘날 과학자들 사이에서 가장 보편적인 견해로서, 물질 자체의 구성 성분 안에 있는 자연적 힘에 의해 생명이 발생했다는 것이다. 알맞은 전제 조건이 존재할 때는 언제나 생명이 자동으로 그리고 불가피하게 발생할 것이라고 한다. 이 견해를 설명하는 대학원 교재 가운데 가장 널리 사용되는 책의 제목이「생화학적 예정설」(*Biochemical Predestination*)[48]인 것은 결코 우연이 아니다. 하나님이 아니라 물질 자체 속에 있는 어떤 힘이 화학적 합성물을 "예정해서" 생명을 구성하는 벽돌들을 창조하도록 올바른 순서에 따라 정렬시켰다는 것이다.

이 이론은 화학적 합성물이 다른 물질에 비해 특정한 물질에 더 쉽게 반응한다는 사실에 근거하고 있으며, 이런 화학적 선호성이 단백질과 DNA 내부의 고도로 세분화된 순서를 형성했다고 주장한다. 그런데 이 예정론자들은 신학자들보다 더 나은 생물학자들로 판명되었다. 그 교재의 저자인 딘 케년(Dean Kenyon)과 게리 스타인맨(Gary Steinman)이 생화학적 예정설을 확증하기 위해 실험을 했을 때, 화학물질들이 자율적인 의지를 가진 아르메니아 사람처럼 그 본성을 드러냈다. 그들은 생물학적으로 중요한 결과를 형성하려고 올바른 순서로 줄 서는 것을 고집스럽게 거부한 것이다. 내가 1989년에 케년과 인터뷰를 했을 때, 그는 이렇게 말했다. "지구의 초기 환경을 추측하려고 고안된 최근의 실험들을 조사해 보면 한 가지 사실이 눈에 띄는데, 그것은 곧 아미노산들의 질서 정연한 순서를 얻지 못한다는 점입니다. 한마디로 말하면, 어떤 실험을 하든 그런 결과가 나타나지 않는다는 것입니다." 그러고는 빈정대듯이 이렇게 덧붙였다. "만일 우리가 자발적인 정돈 상태를 많이 발견할 것으로 생각했다면, 우리 이론에 문제가 있었던 게 틀림없습니다."[49]

실험에 실패하자 케년은 그 함의를 정직하게 대면했다. 마침내 그는 자신의 이론을 철회하고 지적 설계의 옹호자가 된 것이다.[50]

다시 한번 말하건대, 생명이 정보로 구성되어 있다면 케년의 실험 실패는 우리가 당연히 예상할 수 있는 것이다. 왜냐하면, 원칙적으로 자연법칙은 정보를 발생시키지 않기 때문이다. 그 이유는? 법칙은 규칙적이고 반복 가능하며 예측할 수 있는 사건들을 묘사하기 때문이다. 우리가 연필을 떨어뜨리면 아래로 떨어질 것이다. 불길에 종이를 가져다 대면 탈 것이다. 물에 소금을 섞으면 용해될 것이다. 그래서 과학적 방법은 실험이 반복 가능해야 한다고 주장하는 것이다. 동일한 조건을 재생할 때마다 동일한 결과를 얻어야 하는데, 만약 그렇지 않다면 당신의 실험은 무언가 잘못된 것이다. 과학의 목표는 이런 규칙적 패턴을 수학공식으로 환원하는 것이다. 이와 반대로, 어떤 메시지 안에 있는 철자들의 순서는 불규칙적이고 반복되지 않는 것인데, 이는 그것이 어떤 법칙과 같은 과정의 결과일 수 없음을 의미한다.

「햄릿」을 만들어 주는 규칙은 없다

요점을 더 분명히 예증하기 위해서 단어 만들기 게임을 다시 한번 상상해 보자. 그런데 이번에는 철자들을 정돈할 때 어떤 공식이나 규칙(자연법칙에 대한 유추)에 따라 하기로 하자. 예를 들어, 당신이 D를 갖게 되면 언제나 그 뒤에 E를 붙인다고 공식을 정하자. E를 갖게 되면 그 뒤에 S를, 그리고 I를, 다음에는 G를, 또 N을 붙인다고 정하라. 그러면 당신이 D로 시작할 때마다 DESIGN, DESIGN, DESIGN을 계속 반복해서 얻게 될 것이다. 만일 진짜 알파벳에서 철자들이 이런 규칙을 따른다면, 몇 가지 단어밖에 얻지 못할 테고 많은 정보를 전달하기란 불가능할 것이다. 진짜 알파벳이 너무나 잘 작동하는 이유는 바로 철자들이 규칙이나 공식 혹은 법칙을 따르지 **않기** 때문이다. 어떤 단어가 T로 시작되는 것을 당신이 안다 할지라도 그 다음 철자가 무엇일지는 예측할 수 없다. 물론 소수의 예외는 있지만(영어에서 Q 뒤에는 항상 U가 따른다는 것 등), 철자들은 너무나 다양한 배열방식으로 합쳐지고 또 다시 합쳐져서 온갖 단어와 문장을 만들 수 있다.

내가 어렸을 때는 컴퓨터가 아직 생소한 시절이어서 아버지는 직장에서 거대한 고성능 컴퓨터를 사용해 온통 "축 생일"이라는 글씨로 가득 찬 포장지를 만들곤 했다. 오늘날에는 매크로 기능을 이용해서 개인용 컴퓨터로도 그것을 쉽게 만들 수 있지만 당시에는 그것이 최첨단이었다. 이는 컴퓨터로 하여금 "축 생일"을 쓰도록 프로그램해서 그것을 반복하도록 하면 되는 것이다. 그 결과로 하나의 질서 있는 패턴이 나오지만 전달하는 정보는 지극히 적다. 한 페이지 전체에 담긴 정보는 그 첫 두 단어만큼의 정보에 불과하다. 또 컴퓨터가 셰익스피어의 「햄릿」을 쓰게 만들고 싶을 경우, 당신이 컴퓨터 속에 프로그램할 수 있는 규칙이나 공식이란 존재하지 않는다. 그 대신, 각 철자를 하나하나 지정해 주지 않으면 안된다.

DNA 코드의 경우도 마찬가지다. 만약 DNA 안에 있는 화학적 "철자들"이 어떤 법칙이나 공식을 따른다면, 자동적으로 몇 개의 반복적인 패턴으로 정렬하게 될 것이고, 따라서 지극히 적은 생물학적 정보만 저장하게 될 것이다. 그런데 사실은, 당신의 몸에 있는 각 세포는 「브리태니커 백과사전」 전질 30권보다 더 많은 정보를 간직하고 있다. 어떻게 해서 이것이 가능한가? 물론 약간의 예외는 있지만, DNA 안에 있는 "철자들"에 어떤 특정한 패턴으로 정렬하게 하는 화학적 친화성과 반발성을 지배하는 법칙이 없기 때문이다. 당신이 DNA의 한 부분을 해독한다 하더라도 그 다음에 무엇이 올지를 정하는 규칙이나 공식은 존재하지 않는다. 화학적 "철자들"은 굉장히 다양한 순서로 자유로이 합쳐지고 또 다시 합쳐지는 것이다.[51]

DNA 분자를 하나로 묶어 주는 것은 등뼈와 같은 기능을 하는 당-인산 사슬이다. 물론 "철자들"(염기들)이 그 등뼈에 붙어 있게 만드는 화학적 접착제도 존재한다. 그러나 특정한 순서를 형성하도록 한 철자와 그 다음 철자를 연결해 주는 화학적 접착제는 존재하지 않는다. "DNA는 아이들이 냉장고에 붙이는 자석 달린 철자들과 같다"고 스티브 마이어(Steve Meyer)는 말한다. "자석의 힘은 그 철자들이 어떻게 냉장고에 붙어 있는지는 설명하지만, 그 철자들이 어떻게 해서 '나는 아빠를 사랑해요'라는 순서로 쓰여 있는지는 설명하지 못한다."[52]

그러므로 과학자들이 생명의 기원을 설명하기 위해 물질 내부의 자연법칙이나 힘을 찾으려고 계속 애쓰는 것은 참으로 헛된 일이다. 시험관에서 생명을 창조하려는 실험이 이제까지 실패했을 뿐 아니라, 원칙적으로 법칙 같은 과정들이 고도의 정보 내용을 창출할 수 없기 때문이다.

그렇다고 요즈음 유행하고 있는, 복잡성에 관한 새로운 이론들이 문제를 해결할 수 있는 것도 아니다. 산타페 연구소의 스튜어트 카우프만(Stuart Kauffman)은 복잡성이론(complexity theory)이 결국에는 생명을 불가피하게 만드는 법칙들을 밝혀 낼 것이라는 희망을 견지하고 있다. 카우프만과 그의 동료들은 컴퓨터 화면에서 서리와 양치식물과 눈송이를 닮은 복잡한 구조들을 만들 수 있음을 알게 되었다. 이런 발견이 생명의 복잡성은 물질 안에 있는 자율적인 조직력의 결과일 가능성이 있다는 증거로 선전되었다.[53]

그런데 문제는, 이런 구조들이 생일선물 포장지와 같은 유의 질서를 표출하고 있다는 점이다. 그것들은 간단한 지시로 인한 산물이며, 그런 지시는 계속해서 되풀이되는 성격을 갖고 있다. 카우프만의 말을 직접 인용하면, 그것들은 몇 개의 "놀랄 만큼 간단한 규칙들"을 계속 반복해서 적용한 결과로 만들어진 것이다.[54] 컴퓨터 화면에 나타난 패턴들은 인상적으로 보일지 모르지만, 거기에는 고도의 정보 내용이 들어 있지 않다.

매체는 메시지가 아니다

우연도 법칙도 복잡한 생물학적 정보를 설명하지 못한다면, 마지막 대안은 설계다. 설계의 두드러진 특징은 이미 규정된 패턴에 맞는 불규칙한 순서다. 이는 단어 만들기 게임, 책, 잡지, 라디오 대본 등에서 발견되는 유의 질서다. 현재 당신이 읽고 있는 철자와 단어의 순서는 정보를 전달하고 있는데, 그 이유는 그것이 언어의 규정된 패턴에 맞기 때문이다.

이에 대한 가장 일반적인 유추는 컴퓨터 프로그램이다. DNA는 세포를 작동하게 만드는 "소프트웨어"이고 그 염기들의 순서는 정보를 운반하는데, 이는 컴퓨터 코드에서 0과 1의 순서가 정보를 운반하는 것과 마찬가지다. "유전자의 기계 코드는 컴퓨터와 너무나 닮았다"고 도킨스는 쓰고 있다. "용어상의 차이를 제외하면, 분자생물학 저널의 내용은 컴퓨터공학 저널의 내용과 상호 교환될 수도 있을 것이다."[55]

그래서 우리는 이제 정보이론을 생물학에도 적용할 수 있는데, 이는 생명의 기원에 대해 전혀 새로운 전망을 열어 주는 것이다.[56] 정보이론이 우리에게 일러 주는 바에 따르면, 메시지는 그것을 운반하는 데 사용되는 물질적 매체로부터 독립되어 있다는 것이다. 당신이 지금 읽고 있는 단어들은 종이 위에서 잉크로 인쇄됐으나, 그것들은 크레용이나 페인트 혹은 분필로 쓰여질 수도 있으며, 심지어는 모래에다 막대기로 긁적여 쓸 수도 있다. 당신이 메시지를 저장하거나 전달하는 데 무슨 물질을 사용하든지 간에 그 메시지 자체는 변함이 없는 것이다.

만일 정보가 물질적 매체로부터 독립되어 있다면, 그것은 그 매체 내부의 힘에 의해 창조된 것이 아니다. 이 페이지에 있는 단어들은 잉크와 종이 속에 있는 화학적 힘에 의해 창조된 것이 아니다. 당신이 "오늘은 수학시험이 있음"이란 글이 칠판 위에 쓰여 있는 것을 볼 때, 그 메시지를 탄산칼슘염의 화학적 성질의 산물이라고 생각하지 않는다. 이 원리를 생명의 기원 문제에 적용하면, DNA 안에 기호화된 메시지는 분자 자체 속에 있는 화학적 힘으로 창조된 것이 아닌 셈이다.

이제 우리는 시험관 속에서 생명을 창조하려던 모든 실험이 실패한 이유를 설명할 수 있다. 그들은 DNA 분자를 만들기 위해 적합한 물질을 조립하는 방식으로, 거꾸로 생명을 만들려고 애썼기 때문이다. 그런데 생명은 물질에 관한 문제가 아니라 정보에 관한 것이다. "진화 생물학자들은 자신들이 다소간 공통분모가 없는 두 가지 영역을 붙들고 일하고 있다는 사실을 깨닫지 못했다. 즉 정보의 영역과 물질의 영역이 그것이다." 조지 윌리엄스(그 자신도 진화 생물학자다)의 말이다. "DNA 분자는 매체이지 메시지가 아니다."[57] 그리고 정보이론에 의하면 매체는 메시지를 쓰지 않는다.

이 점은 우리가 그 유추를 따라 한 걸음 더 나아가면 더욱 분명해진다. DNA는 유전 코드를 사용하여 정보를 전달하는 "유전자 정보은행"이라고 폴 데이비스는 말한다. 그래서 이런 결론에 도달한다.

> 시험관에서 화학물질을 섞어서 생명을 만들려는 시도는 스위치와 전선을 용접해서 윈도우 98을 만들려는 것과 같다. **그것은 전혀 효과가 없는데, 잘못된 개념적 차원에서 그 문제를 다루기 때문이다.**[58]

이것은 오늘날 널리 수용되는 생명의 기원에 관한 여러 시나리오에 대한 치명적인 비판이다. 물질이 생명을 낳는다고 주장하는 것은 오류일 뿐 아니라 "잘못된 개념적 차원에서" 그 문제를 다루는 것이다.

정보이론에 기초한 논증은 작고한 와일더-스미스(A. E. Wilder-Smith)가 개발한 것인데, 그는 여러 박사학위를 가진 뛰어난 영국계 스위스인 과학자였다.[59] 나는 그가 터키 앙카라에서 가르칠 때 그를 직접 만난 적이 있는데, 당시는 내가 고등학교를 막 졸업한 때였다. (나의 아버지가 당시 앙카라에 있는 중동 기술대학에서 교수로 일하고 있었다.) 나는 여전히 반항기를 통과하고 있었기에 그리스도와 관계를 맺고 싶지 않은 상태였다. 그런데 놀랍게도 바로 그 점 때문에 와일더-스미스는 나와 이야기하는 것을 무척 흥미로워 했다. 넓고 온화한 얼굴을 한 그는 철테안경 너머로 두 눈을 반짝이며 골똘히 생각하는 인물이었다. 그리고 내가 알던 대다수의 그리스도인들과는 달리 나에게 믿음이 없다고 비난하지 않았고 나의 의문과 반대에 진정한 관심을 보여주었다. 그가 일부러 시간을 내어 반항적인 십대 소녀에게 DNA와 정보이론 같은 것에 관해 이야기해 주는 데 무척 감명을 받았다.

그런 연유로 나는 그리스도인이 된 다음 즉시 그의 저서들을 찾아 열심히 공부했다. 그 결과 그야말로 나중에 정립된 설계론의 핵심을 미리 개척한 개척자임을 알게 되었다. 그 핵심은, 정보가 물질 내부의 자연적 힘으로부터 발생하지 않는다는 것과, 정보가 지적 행위자에 의해 외부로부터 물질 **위에** 부과되어야 한다는 것이다.

적극적인 증거

하지만 물질이 메시지를 작성하지 않는다는 소극적 증거만으로는 논쟁을 마무리하기에 불충분하다. 지적 행위자에 대한 적극적 증거도 필요하다. 이와 관련하여 다시 한번 정보이론이 그 열쇠를 제공한다. 설계를 가리키는 표지는 정보이론이 **지정된 복잡성**(specified complexity)이라 부르는 것이다.[60]

이 용어를 쉬운 말로 바꾸면, 세 부분으로 된 '설명을 찾아내는 여과기'를 다시 한번 사용하여 우연과 법칙과 설계를 비교할 수 있다. 첫째, 우연만이 단순한 질서를 설명할 수 있을 것이지만(단어 만들기 게임에서의 'it'과 'can' 같은 짧은 단어들), 설계의 산물은 복잡하다. 둘째, 법칙들은 규칙적 패턴을 묘사하지만("DESIGN, DESIGN, DESIGN"), 설계의 산물은 불규칙적 패턴을 보여준다. 셋째, 그 패턴은 미리 선정된, 또는 사전에 **지정된** 것이다. 그러므로 설계의 독특한 표지는 **지정된 복잡성**에 있다.

언어를 예로 들어 보자. G-I-F-T와 같은 소리의 연속을 예로 들면, 우선 그 의미를 정해 주는 자연법칙이란 존재하지 않는다. 영어에서는 그것이 **선물**을 의미하고, 독일어에서는 독(毒)을, 노르웨이 말에서는 **기혼**(旣婚)을 뜻한다. G-I-F-T와 같이 언어마다 어떻게 보면 자의적인 소리의 연속을 취해서 언어적 관습에 따라 의미를 부여하는 셈이다. 그런 관습은 사전과 문법의 규칙 등에서 공식화된다. 각 언어는 가능한 모든 소리의 결합 가운데서 단 몇 개만 선택해 의미를 부여한다.

DNA 코드도 이와 아주 비슷하다. 화학적 "철자들"의 연속은 화학적으로 자의적 성격을 띠고 있다. 특정한 배합과 관련하여 어떤 의미를 정해 주는 자연적 힘이란 존재하지 않는다. 가능한 모든 화학적 "철자들"의 배합 가운데 불과 소수만이 의미를 지닌다. 그런데 세포의 언어적 관습은 어디에서 유래하는가?

한 가지 분명한 점은, 언어적 관습과 문법의 규칙이 화학적 반응에서 나오는 것이 아니라는 사실이다. 그것들은 정보와 지성이 속한 정신 영역에서 오는 것이다.

지정된 복잡성의 개념이 처음으로 기원 논쟁에 적용된 것은 「생명 기원의 신비」(*The Mystery of Life's Origin*)라는 획기적인 책에서였는데,[61] 저자는 찰스 택스턴(Charles Thaxton)을 비롯한 월터 브래들리(Walter Bradley), 로저 올슨(Roger Olsen) 등이었다. 그 책이 출판되기 오래전 택스턴이 라브리 간사로 있을 때, 나는 그의 입장을 들을 기회가 있었다. 당시 나는 아직 불가지론자였다. 창문 너머 눈 덮인 알프스가 눈부시게 다가오는 나무 판넬로 된 채플에서, 택스턴은 아미노산·단백질·DNA 분자들의 기호로 칠판을 가득 채웠고 나는 정신없이 노트에 그것을 기록했다. 그때 나는, 내가 기독교에 대한 다른 어떤 반대를 들고 나오더라도 기독교가 과학에 의해 반증되었다고 더 이상 주장할 수 없다는 것을 알았다.

택스턴이 설계 운동에서 혁신적인 위치를 차지하게 된 것은 진화를 반대하는 **소극적** 입장을 정립하는 데 그치기를 거부했기 때문이다. 다윈의 시대 이래, 아주 다양한 사람들이(창조론자들뿐 아니라) 진화를 거부했지만 아무도 지적 설계를 옹호하는 **적극적** 입장을 정립하지 않았다. 그런데 택스턴의 주장은 **자연적** 원인의 부적합성을 보여주는 것으로 불충분하고 **지성적** 원인의 개연성을 증명하는 데까지 나아가야 한다는 것이었다. 그리고 지성의 증거는 바로 우리가 방금 논의한 지정된 복잡성이라는 포착하기 어려운 속성이다. DNA의 구조는 언어 및 컴퓨터 프로그램의 구조와 아주 정확하게 일치한다. 그러면 DNA 속에 있는 지정된 복잡성도 어떤 지적 행위자의 산물임을 추론할 수 있을까? 우리가 처음부터 과학을 자연주의 철학의 견지에서 정의하지 않는 한 그 대답은 긍정적일 수밖에 없다.

설명을 찾아내는 여과기를 활용하라

먼저 설계 추론이 무지에서 나오는 논증이 아님을 유의하라. 즉 어떤 현상의 원인을 **우리가** 몰라서 두 손을 들고 기적에 호소하는 것이 아니라는 말이다. 그 대신, 이 논증은 우연·법칙·설계가 산출하는 각각의 구조에 관해 우리가 확실히 **알고 있는** 것에 기초하고 있다.[62] 어떤 현상을 접하든지 과학자는 그것을 '설명을 찾아내는 여과기'에 통과시킬 수 있다. 그것은 무작위적 사건인가? 그러면 우리가 호소할 곳은 우연밖에 없다. 그것은 규칙적이고 반복된 패턴으로 발생하는가? 그러면 그것은 어떤 자연법칙으로 인한 것이다.

그것은 복잡하고 지정된 패턴인가? 그러면 설계를 보여주는 것이며 지성에 의해 산출된 것이다.

'설명을 찾아내는 여과기'는, 서로 경쟁적인 이론들이 주장하는 것이 진정 무엇인지를 알기 위해 그 표면적인 세부사항을 뚫고 들어가는 데도 유용하다. 다윈의 이론을 예로 들어 보자. 그 이론의 세부적인 것을 벗겨 내면, 그 중심에는 과학이 첫 두 가지 설명의 범주—우연과 법칙—에 국한되어야 한다는 핵심 주장이 있음을 알게 된다. 실제로 그 이론의 목표는 바로 과학 영역에서 설계를 허용가능한 범주에서 제거하는 것이다. 어떻게 그럴 수 있는가? 우연과 법칙이 합력하면 설계를 대체할 수 있음을 입증함으로써 가능하다. 임의의 돌연변이들(우연)이 자연선택(법칙)의 체를 통과하게 되면 시간의 경과에 따라 유기체들이 더욱 잘 적응하게 되고 결국 설계된 것처럼 **보이게 된다**는 것이 다윈주의의 주장이다. 이런 식으로, 순전히 자연주의적 과정이 지적 설계의 효과를 모방할 수 있다고 주장하는 것이다. 이는 설계를 하나의 독립된 범주로 삼을 필요가 없다는 것을 의미한다. 한 철학자가 표현하듯이, 다윈은 "지성의 도움 없이 카오스에서 설계를 창조하는 책략"을 제시하고 있었던 것이다.[63]

그렇기 때문에 다윈은 유신론적 진화 또는 하나님이 지도하는 진화를 도무지 참지 못했던 것이다. 그의 이론에서는, 자연선택이 해로운 변이는 모두 걸러내고 유익한 변이만 통과시키도록 되어 있다. 그런데 만일 하나님이 그 과정을 지도한다면, 그는 처음부터 좋은 변이만 창조할 것이므로 자연선택의 걸러내는 작업이 불필요해질 것이다. 다윈의 말을 인용하면, "각 변이가 섭리에 의해 조정되었다는 견해는 내가 보기에 자연선택을 완전히 불필요하게 만드는 것 같고, 사실상 새로운 종의 출현 사례 전체를 과학의 범위에서 벗어나게 한다."⁶⁴

여기서 다윈이 설계에 대해 두 가지 반대를 제기하고 있음을 주목하라. 첫째, 그것이 자연선택을 "완전히 불필요하게" 만든다는 것이다. 다시 말하면, 만일 당신이 자연선택에다가 설계를 **덧붙여** 제시하면, 둘 중 하나는 여분의 것이요 불필요한 것이 되고 만다. 다윈의 의도는 여분의 것으로 배격되어야 할 것이 바로 설계임을 분명히 하는 것이었다. 그리하여 널리 사용되는 한 대학교재는 이렇게 말한다. "다윈은 지도되지 않고 목적이 없는 변이[우연]를 맹목적이고 무심한 자연선택의 과정[법칙]에 접목시킴으로써 생명의 과정에 관한 신학적 또는 영적 설명을 불필요하게 만들었다."⁶⁵

둘째, 이보다 더 중요한 것으로, 다윈이 과학 자체의 정의를 바꾸고 싶어했다는 점이 그의 진술에서 드러난다. 그는 종의 기원을 섭리적 목적의 탓으로 돌리면 그것이 "과학의 범위에서 벗어날" 것이기 때문에 반대한 것이다. 여기에 함축된 의미는 과학이 어떤 형태로든 지적인 원인 제공을 묵인할 수 없다는 것이다. 다윈의 생각에는 유신론적 진화 또는 신이 정한 진화가 원칙상 직접 창조와 다를 바가 없으므로, 어느 것도 과학에 허용될 수 없었다. 앞에서 든 세 가지 범주로 말하자면, 우연과 법칙은 과학에서 허용되나 설계는 허용될 수 없는 것이다. 한 과학철학자가 설명하듯이, "다윈은 전체적으로 일관된 자연주의적 이야기를 들려주든지 아예 이야기

를 하지 말든지 하라고 주장했다."⁶⁶

하지만 오늘날에 이르러 그 자연주의적 이야기가 성공하지 못했다는 것이 분명해졌다. 우연과 법칙은 설계를 모방하지 않는다. 생명의 기원 문제에 '설명을 찾아내는 여과기'를 적용해 보면, DNA 안에 있는 순서가 무작위(우연)도 아니고 규칙적(법칙)이지도 않다는 것을 알게 된다. 오히려 그것은 설계의 특징인 지정된 복잡성을 보이고 있다. 우연과 법칙이 우주의 역사에서 다른 많은 사건들을 설명해 줄 수 있을지 모른다. 그러나 생명의 기원을 설명하려면 과학자의 도구상자에 또 하나의 도구를 넣을 필요가 있다.⁶⁷

유기적 세계를 해석하는 열쇠가 자연선택이 아니라 정보인 것처럼 보이기 시작하는 시대가 되었다. 과학 분야에서 우리는 "태초에 말씀(로고스)이 계시니라"는 요한복음 1:1의 말씀이 울려퍼지는 소리를 듣고 있다. 헬라어 단어 '로고스'(*Logos*)는 지성·지혜·합리성 혹은 정보를 의미한다. 현대의 유전학은 생명을 신적 말씀이 들려주는 거대한 이야기라고 우리에게 일러 주는 것 같다. 즉 생명의 텍스트를 쓴 한 저자(Author)가 있다고 말이다.

상대주의를 수용한 그리스도인

만일 다윈의 목표가 설계를 제거하려는 것이었다면, 그의 동기는 엄밀히 과학적인 것이 아니라 종교적인 것이었음이 분명하다. 우리는 잘못된 이분법, 곧 진화는 과학적이고 설계는 종교적이라는 식의 표현을 피해야 한다. 다윈주의와 설계론은 서로 다른 주제—과학 대 종교—에 관한 것이 아니다. 오히려 **동일한** 의문, 곧 우주에서 생명이 어떻게 발생했는가에 대한 경쟁적인 답변들이다. 양자 모두 과학적 자료에 호소하는 한편, 동시에 더 넓은 철학적·종교적 함의를 갖고 있다.

이 문제와 관련해 우리 그리스도인들이 설득력 있는 입장을 제시하려면, 먼저 우리의 사고 속에 있는 과학/종교의 이분법에 도전해야만 가능하다. 창조에 관한 성경의 가르침이 종교의 문제—개인적·주관적 가치관이라는 근대적 의미에서—에 불과한 것이 아니라 객관적인 **진실**임을 우리는 확신해야 한다. 성경의 첫 대목에 나오는 주장을 생각해 보자. "태초에 하나님이 천지를 창조하시니라." 이것은 진실인가 거짓인가? 많은 이들이 이런 질문을 던지는 것조차 범주의 오류를 저지르는 것이라고 생각한다.[68] 창세기는 종교이므로 참과 거짓의 문제가 아니라고 그들은 말할 것이다. 종교는 개인적 헌신이요, 삶의 방식이며, 궁극적 의미의 근원이다. 물론 기독교는 이 모든 것을 포괄한다. 그러나 우리는 기독교가 **진리**라고 말할 준비 또한 되어 있는가?

많은 그리스도인들이 종교를 진리의 문제이기보다 체험의 문제라고 생각하게 되었다. 나의 경우 라브리에서 미국으로 돌아간 뒤, 곧 회심 직후에 이 사실을 발견했다. 나는 뉴멕시코 주에 살면서, 앨버키키에 있는 기독교 무료 숙박소(각 가정이 사람들을 집안에 하룻밤 재워 주는 사역)에 대한 이야기를 들었다. 나는 즉시 자동차를 얻어타고 앨버키키로 가서 여름 내내 그 가정에서 묵게 되었다. 그 집에서 살거나 정기적으로 모이는 이들은 모두 히피 출신이었는데, "예수에 미친 자들"(Jesus Freaks)이라고 불렸다. 나는 라브리에서 공부한 경험이 있어서 나의 회심에 관해 이야기할 때 기독교가 **진리**임을 확신하게 된 경위를 나누었다. 즉 가장 기본적인 철학적 의문에 대해 기독교가 다른 어떤 사고체계보다 더 나은 대답을 제공한다고 했다.

긴 머리에 특이한 옷차림을 한 그 친구들은 어리둥절한 표정을 지었다. 그들은 종종 공원에 가서 마약을 하는 십대들에게 전도를 했는데, 다음과 같이 말했다. "우리는 사람들에게 '예수 믿는 것이 나에게 참 좋더라. 너도 한번 믿어보지 않을래?' 하고 접근하는데, 그걸로 충분하지 않습니까?"[69]

물론 그것으로 충분하지 **않다**. 기독교를 "실용적인" 수준으로 축소하는 것이 문제라고 생각하게 된 계기는 친구들을 따라 전도여행을 갔을 때였다. 어느 날 밤, 회심에 관심이 있는 십대 소년과 오랫동안 깊은 대화를 나누었다. 내가 그에게 기독교가 진리라고 확신하는지 묻자, 그는 얼굴을 찡그리며 "글쎄, 그건 진리지요. 그것을 믿는다면, 당신에게 진리죠"라고 내뱉었다.

이 경우, 전도의 메시지가 상대주의적 틀에 걸러진 것이 분명한데, 그 틀은 모든 진리 주장을 "당신에게 진리인 것"으로 축소시켰다. 그리스도인들이 그런 상대주의적 틀을 깨는 데 실패하는 이유 중 하나는, 우리 자신도 일종의 종교적 상대주의를 수용했기 때문이다. 믿음의 차원에서는 아니더라도 실제적인 면에서 그렇다. 우리 가운데 많은 이들이 사실/가치의 이분법을 받아들임으로써 종교와 도덕을 상층부에 속한 사적 체험으로 생각하게 된 것이다.

요정 이야기

만일 우리가 신앙을 사적인 것으로 축소시키면 철학적 자연주의자들의 손에 놀아나게 되는데, 그들은 종교를 상층부로 밀어내고 만다. 철학적 자연주의자들은 대놓고 종교를 거짓이라고 공격하기보다(그럴 경우 공공연한 반대를 불러일으킬 소지가 있으므로) 교묘하게 그것을 "가치"의 영역으로 내쫓는다. 그러면 참과 거짓의 문제가 아예 토론장에서 배제되기 때문이다. 존슨이 말하는 것처럼, 종교는 "사적인 영역에 할당되는데, 거기는 실체가 없는 신념이라도 '당신에게 좋다면' 수용되는 곳이다."[70]

이런 태도에 대해 그리스도인들이 정면으로 다루지 않는 한, 우리의 메시지는 계속해서 기존의 틀―그것을 심리적 필요의 표출로 환원시키는―을 통해 걸러질 것이다. 몇 년 전 베일러 대학에서 열린 과학 관련 학회에서 기막힌 실례를 목격한 적이 있다. 강사 중 한 사람은 노벨상을 받은 물리학자 스티븐 와인버그였는데, 그는 강연을 시작하면서 자신은 모든 영적 존재들―부처나 예수 혹은 누구든지―을 단 하나의 이름으로 묶어 버리겠다고 하면서 그들을 "요정"이라고 불렀다. 그리고 나서 자신이 과학자로서 왜 "요정"을 믿지 않는지 설명하는 것이었다. 거북한 웃음소리가 청중들 사이에 퍼져 나갔고, 그 가운데 많은 이들이 그리스도인이었다. 우리의 믿음이 요정 이야기에 불과한 것으로 묘사되는 상황에서 그 믿음을 변호하기란 무척 어려운 일임에 틀림없다.

와인버그는 종교를 비인지적 경험으로 재정의할 때 따르는 논리적 결과를 투박하게 진술했을 뿐이다. 실은 많은 그리스도인들이 사실/가치의 이분법을 수용할 때 적어도 암묵적으로 그와 똑같은 입장에 서게 되는 셈이다.

자연주의자의 의자에서 일어서라

일부 그리스도인들은 노골적으로 그런 입장을 표명한다. 유신론적 진화론자들을 생각해 보라. 그들은 자연을 존재하는 모든 것이라고 보는 무신론자들(형이상학적 자연주의)과는 결코 동의하지 않겠지만, 과학이 자연적 원인에 한정되어야 한다는 주장(방법론적 자연주의)에는 동의한다. 풀러 신학교의 철학자 낸시 머피는 이렇게 말한다. "그리스도인들과 무신론자들은 다같이 창조주를 들먹이지 않고 우리 시대에 과학적 의문을 탐구해야 한다." 왜 그런가? 글쎄, 무신론자들이 그렇게 정했기 때문이다. "좋든 나쁘든, 우리는 **방법론적 무신론**에 입각한 과학관을 물려받았다."[71]

그런데 우리도 무신론자들이 정한 규칙에 따라 경기해야 한다고 말하는 이는 누구인가? 만일 기독교가 진리라면, 무신론이 진리라는 반대 가정에 입각한 과학적 활동이라야 타당하다는 논리는 결코 명백한 것이 아니다. 유신론적 진화론자들은 보통 무신론자나 자연주의자들과 똑같이 과학이론들을 있는 그대로 받아들인다. 그들이 묻는 유일한 질문은, 그 모든 것 배후에 있는 신학적 의미를 제안하도록 허용하는가 하는 것이다. 여기서 신학적 의미란 과학적 수단으로는 간파할 수 없고 신앙으로만 알 수 있는 것이다. 본질적으로, 그들은 무신론자들이 과학적 지식을 규정하도록 허용한다. 과학이 어떤 결과를 낳든 거기다가 신학이 종교적 색채를 가하는 것을 허용한다는 조건만 붙일 뿐이다.

그런 경우 이 신학적 의미라는 것이 어떤 가치가 있을까? 그것은 자연주의적 과학이 들려주는 이야기에 붙은 주관적인 주석 정도에 불과하다. 하나님의 행위를 알아낼 길이 없다면 하나님의 존재는 과학적으로 아무런 영향을 주지 못한다. 그 결과, 신학은 더 이상 독자적인 지식의 근원으로 간주되지 않고, 다만 가치중립적인 사실에 **가치**를 살짝 씌우는 덮개에 불과하다.

"진리에 대한 과학적 개념이 근대성을 지배하게 되면서 신학자들은 종교적 주장을 신화와 의미의 영역에 귀속시키게 되었다." 신학자 엘렌 차리(Ellen Charry)의 말이다. "신학은 참된 진리와 지식으로서의 지위를 잃어버렸고, 반면 신학적 주장들은 삶에 의미를 부여하는 상징적 표현으로 존재하도록 조그마한 공간이 마련되었다."[72] 상징적일 뿐인 종교는 유물론적 과학의 지배체제를 위협하지 않기 때문에 기존의 과학계는 보통 그것을 기꺼이 용인한다. 그런 종교는 그와 같은 버팀목이 필요한 자들을 위한 무해한 망상 정도로 여겨지는데, 단 그들이 그것을 일요일 예배에만 제한하고 **참으로** 중요한 토론이 오가는 과학교실에 들고 들어오지 않는다는 조건 아래 용인되는 것이다. 이런 태도는 멘켄(H. L. Mencken)의 경구에 잘 요약되어 있다. "우리는 동료들의 종교를 존중해야 한다. 단 그의 아내가 아름답고 그의 자식들이 똑똑하다는 그의 이론을 존중한다는 의미에서 그리고 그 정도까지만 그렇게 대해야 한다."

유신론적 진화론자들은 이 같은 타협에 만족하는 것 같은데, 사실 세속주의자들은 그것이 오래 지탱하기 어려운 어중간한 입장임을 너무나 잘 알고 있다. 「네이처」지의 편집자 출신이자 자칭 무신론자인 존 매독스(John Maddox)는, 자유주의 성직자가 쓴 책을 비평하면서 그 문제를 투박하게 표현했다. "이 세계에 대한 종교적 설명은 독자적인 것이 아니라 선택적으로 덧붙여지는 것이다." 달리 말하면, 종교는 독자적인 지식의 근원이 아니라 우리가 이미 과학으로부터 알게 된 내용에 선택적으로 정서적 덮개를 씌운 것에 불과하다는 뜻이다. 이는 마치 사진에다 색깔을 덧입히는 것과 같다.[73]

프란시스 쉐퍼는 철학적 자연주의에 타협하려는 시도를 두 의자의 비유로 잘 묘사했다. 자연주의자의 "의자"에 앉는 이들은 그들의 시야를 자연세계에 국한시키는 렌즈를 통해 여과된 세계를 본다고 그는 말했다. 그러나 초자연주의자의 "의자"에 앉는 이들은 보이는 영역과 더불어 존재하되 보이지 않는 영역을 인식할 수 있게 하는 훨씬 더 큰 렌즈를 통해 세상을 본다. 그리스도인은 과학적 활동을 포함한 삶의 전 영역에 걸쳐 초자연주의자의 의자의 관점으로 실재를 포괄적으로 인식하며 살도록 부름받았다.[74] 이것이 바로 날마다 보이지 않는 실재의 차원을 의식하면서 "믿음으로 행하고 보는 것으로 하지 아니"(고후 5:7)한다는 말씀의 의미다.

하지만 안타깝게도 성실한 신자마저 자연주의자의 의자로 계속 넘어간다. 그들의 경우, 머리로는 성경의 교리를 포용하고 행위로는 성경의 윤리를 따를지 몰라도, 날마다 이어지는 직업인의 삶은 자연주의적 세계관에 기초해서 영위하고 있다. 의자의 비유로 표현하면, 자신의 믿음을 고백하는 면에서는 초자연주의자의 "의자"에 앉지만 전문적인 일을 수행하는 면에서는 자연주의자의 "의자"로 옮겨 앉는다고 할 수 있다. 그리스도인들이 과학 분야에서 방법론적 자연주의를 받아들일 경우 바로 이런 현상이 일어나는 것이다.

이와 대조적으로, 설계론은 그리스도인들이 포괄적인 성경적 세계관의 렌즈를 통해 우주를 바라보는 것이 가능하고 직업인의 삶에 있어서도 초자연주의자의 "의자"에 앉을 수 있음을 입증한다. 지적 설계는 과감하게 과학의 영역에 발을 들여놓고 경험적 자료에 기초한 하나의 입장을 정립하고 있다. 또한 기독교를 영향력이 미약한 **가치**의 영역에서 끌어내고 객관적 진리의 영역에 말뚝을 박아 인지적 주장을 하게 한다. 지적 설계는 기독교로 하여금 참 지식의 지위를 회복하게 하고, 우리가 공적 부문에서 기독교를 변호하도록 준비시켜 준다.

마지막으로, 지적 설계는 과학 분야에서 자연주의에 도전함으로써 신학·도덕·정치 그리고 다른 모든 분야에서 자연주의에 도전할 수 있는 근거를 제공해 준다. 자연주의가 과학의 둑을 넘쳐흘러서 문화의 나머지 분야에 깊이 침입하고 있기 때문에 지금이야말로 지적 설계가 절실한 때다. 다음 장에서는 자연주의적 진화가 어떻게 인간의 삶과 사회의 모든 측면을 공격적으로 점령하는 보편적 세계관으로 변모하고 있는지 살펴볼 것이다.

7_ 다윈주의의 보편화 현상
오늘은 생물학, 내일은 세계

우리의 유전자에게 득이 되는 것은
"올바르게", 도덕적으로 올바르게 보이는 것이다.
_ 로버트 라이트(Robert Wright)[1]

어느 날 초등학교 1학년인 아들이 학교에서 돌아오더니 물었다. "엄마, 누가 거짓말쟁이야? 엄마야 아니면 우리 선생님이야?" 알고 보니, 그날 수업시간에 선생님이 인간과 원숭이가 공동의 조상에서 내려온 후손이라고 가르쳤던 것이다. 어린 리키는 그 가르침이 엄마가 성경으로부터 자기에게 가르쳐 준 것과 맞지 않는다고 생각할 만큼 총명했기에, 둘 중 하나가 이야기를 꾸며낸 것이 틀림없다고 생각한 것이다. 그런데 그 장본인이 선생님일 리는 없었다. 어린아이의 눈에도 그는 전문가로 보였기 때문이다. 아들이 의심하기로 작정한 인물은 자기 엄마였다. 그래서 슬픔을 머금고 그 엄마는 대안교육의 기나긴 과정을 시작하는 것이 좋겠다고 생각했던 것이다.

바로 이런 사건이 교실에서 반복되는 탓에 진화교육을 둘러싼 논쟁이 사라지지 않고 있다. 2002년에 오하이오 주에서 이 문제로 논쟁이 벌어졌을 때, 교육부는 이전의 어떤 사안보다 더 많이 공적인 반응을 접수했다. 대중은 현재 문제가 되는 것이 과학을 넘어서는 것임을 직관적으로 감지했다. 자연주의적 진화를 과학수업에서 가르치게 되면 그것이 윤리와 종교에 대한 자연주의적 견해로 이어질 것이고, 더 나아가 역사·사회·가정 과목 등 모든 교과과정으로 번져나갈 것임을 안 것이다. 오하이오 논쟁의 주도자 한 명이 이를 잘 표현했다. "**과학**에 대한 자연주의적 정의는 학생들에게 자연주의적 **세계관**을 주입시키는 결과를 낳는다."[2]

대중이 그처럼 신경을 쓰는 것은 바람직한 일이다. 이어지는 두 장에서 그 이유를 보여줄 것이다.[3] 다윈주의는 전반적인 자연주의적 세계관을 위한 과학적 후원자의 역할을 하는데, 이는 현재 과학의 테두리를 훨씬 넘어서서 공세적으로 홍보되고 있다. 어떤 이들은 우리가 지금 "보편적인 다윈주의"의 시대로 접어들고 있다고 하면서, 그 시대에는 그것이 더 이상 과학적 이론에 불과한 것이 아니라 하나의 포괄적인 세계관이 될 것이라고 한다. 그리스도인이 우리 문화에 구속(救贖)의 영향을 미치려면 다윈의 진화를 과학으로뿐 아니라 하나의 세계관으로 다룰 필요가 있다.

보편적인 다윈주의

먼저 프란시스 쉐퍼의 책에서 빌려 온 문장에서 시작하고자 한다. 그리스도인들이 공적인 영역에서 더 많은 영향력을 발휘하지 못한 주된 이유는 우리가 사물을 볼 때 "이것저것을 조금씩" 보는 경향이 있기 때문이라고 그는 말한다. 우리는 가정의 붕괴, 학교에서의 폭력, 비도덕적 오락, 낙태, 생명윤리 등 폭넓은 **개별적인** 이슈들에 대해 우려한다. 하지만 그 점들을 모두 잇는 큰 그림은 보지 못한다.

그 큰 그림이란 무엇일까? 쉐퍼는 이렇게 쓰고 있다. 이 같은 문화적 분해현상은 "세계관의 전환으로 인해 초래되었다.…… 궁극적인 실재는 비인격적 물질 혹은 에너지로서 비인격적 우연에 의해 현재의 형태로 빚어졌다는 사상과 그에 기초한 세계관으로 전환된" 것이다.[4] 달리 말하면, 지적 설계 운동이 일어나기 오래전에, 쉐퍼는 모든 것이 기원에 대한 견해에 달려 있음을 이미 통찰한 것이다. 만일 당신이 우연에 의해 작동하는 비인격적 힘—달리 말해, 자연주의적 진화—에서 시작하면 시간이 흐르면서 (비록 여러 세대가 걸린다 해도) 도덕적·사회적·정치적 철학 등의 분야도 결국 자연주의로 결말이 날 것이다.

오늘날 많은 진화론자들이 이것에 동의하리라 본다. 사실, 요즈음 가장 빨리 성장하는 분야 중 하나는 다윈주의를 사회적·문화적 이슈에 적용하는 것이다. 그것은 진화심리학(사회생물학의 최신판)이라 불리는데, 그 전제가 되는 것은 만일 자연선택이 인간의 몸을 산출했다면 그것이 인간의 믿음 및 행위의 모든 측면도 설명해야 한다는 것이다. 진화심리학은 거의 모든 분야로 빠르게 퍼져가고 있으며, 새로운 책들이 너무 많이 쏟아져 나와 따라잡기조차 힘든 지경이다. 이 주제에 관한 최근 동향을 맛보기 위해 수박 겉핥기 식으로나마 최근의 책들을 살펴보자.

가장 자주 다뤄지는 주제 가운데 하나가 도덕이다. 만일 인간의 행위가 궁극적으로 "이기적 유전자"에 의해 좌우되도록 짜여져 있다면(도킨스가 「이기적 유전자」(The Selfish Gene)에서 주장하듯), 비이기적 또는 이타적 행위를 설명하기란 여간 어려운 일이 아니다. 그래서 「도덕적 동물」과 「도덕의 진화론적 기원」(Evolutionary Origins of Morality) 같은 책들이 대량으로 출판되는 것이다. 모두 도덕이 자연선택의 산물임을 설명하려는 시도다. 그 주제는, 우리가 친절하고 유익한 존재가 되려고 하는 이유는 그것이 우리의 생존을 돕고 더 많은 자손을 생산하는 데 유익하기 때문이라는 것이다.[5]

"윤리의 기초는 하나님의 뜻에 있는 것이 아니다"라고 윌슨(E. O. Wilson)과 마이클 루즈는 말한다. 윤리는 "우리의 유전자가 우리를 교묘하게 속여서 서로 협력하게 만든 하나의 환상이다." 그 이유를 설명할 수는 없지만, "인간은 자신의 유전자에 속아서 모두가 순종해야 할 공평한 객관적 도덕에 묶여 있다고 생각할 때 기능을 더 잘 발휘하게 된다."[6] 달리 말하면, 진화가 인간으로 하여금 서로에게 친절하도록 일종의 악의 없는 속임수를 사용한다는 뜻이다.

우리가 선한 이유가 자연선택에 있다면, 우리가 악한 이유도 거기에서 말미암는다. 새로 나온 책 「마귀 같은 남성: 인간 폭력성의 근원을 찾아서」(*Demonic Males: Apes and the Origins of Human Violence*)가 그렇게 말하고 있다. 저자들은 성경에서 가르치는 "원죄"를 겨냥하고 있는데, 9·11사태조차도 도덕적 "악"과는 상관이 없고 폭력의 성향이 "DNA의 분자 화학에 쓰여져 있음"을 보여줄 뿐이라고 한다. 유전자가 그런 짓을 하도록 시켰다는 것이다.[7]

종교도 자주 등장하는 주제인데, 최근에 나온 「우리는 신들을 믿는다」(*In Gods We Trust*)와 「종교 해설: 종교사상의 진화론적 기원」(*Religion Explained: The Evolutionary Origins of Religious Thought*) 등이 그 예다. 기본적인 논지는, 신경체계가 어느 정도의 복잡한 수준까지 진화했을 때 뇌가 빠지기 쉬운 기능불량 상태가 종교라는 것이다.[8]

만인을 위한 진화

당신이 정치에 관심이 있다면, 「다윈주의 정치학: 자유의 진화론적 기원」(*Darwinian Politics: The Evolutionary Origin of Freedom*) 같은 책이 있다. 경제학도를 위해서는 「진화론적 과학으로서의 경제학」(*Economics as an Evoultionary Science*)이란 책이 있다. 법률가는 「진화론적 법리학 또는 법, 생물학, 문화: 법의 진화」(*Evoultionary Jurisprudence or Law, Biology and Culture: The Evolution of Law*)를 참고할 수 있을 것이다.[9]

교육가를 위해서는 「천재의 기원: 창의성에 대한 다윈주의의 관점」(*Origin of Genius: Darwinian Perspectives on Creativity*)이란

책이 있다. 이 책은 지성(intelligence)을 다윈주의적 과정의 하나로 정의하는데, 이는 먼저 다양한 아이디어들을 창출한 다음 "가장 적절한" 것[적자]만 선택하는 과정을 가리킨다. 「진화와 문학이론」(*Evolution and Literary Theory*)과 같이 영어교사를 구체적으로 겨냥한 책들도 있다.[10]

의료 분야에 종사하고 있다면, 「진화 의학」(*Evolutionary Medicine*)과 「우리는 왜 병에 걸리는가: 다윈주의 의학이라는 새로운 과학」(*Why We Get Sick: The New Science of Darwinian Medicine*)을 비롯한 많은 신간들을 참조할 수 있다. 심리치료사는 「다윈주의 정신의학」(*Darwinian Psychiatry*)이나 「심리치료실의 유전자: 진화심리학 탐구」(*Genes on the Couch: Explorations in Evolutionary Psychology*)를 택할 수 있다.[11]

여성이라면 「나뉘어진 노동: 근로여성에 대한 진화론의 견해」(*Divided Labours: An Evolutionary View of Women at Work*)가 있다. 부모를 위해서는 「신데렐라에 관한 진실: 부모의 사랑에 관한 다윈주의의 견해」(*The Truth About Cinderella: A Darwinian View of Parental Love*)가 있다. 사업가라면 「최고 경영인의 본능: 정보화 시대에 인간 동물 관리하기」(*Executive Instinct: Managing the Human Animal in the Information Age*)라는 책이 있음을 유념하라. 저자는, 석기시대에 두뇌가 장치된 이들을 어떻게 관리할 것인지 묻고 있다.[12]

잘 팔리는 책을 내자면 당연히 도발적인 주제를 다뤄야 하며, 과학자들도 스스럼없이 그렇게 하고 있다. 최근에 나온 책의 제목을 예로 들자면, 「욕망의 진화: 인간의 짝짓기 전략」(*The Evolution of Desire: Strategies of Human Mating*)과 「아담과 하와: 인간의 성의 진화」(*Adam and Eve: The Evolution of Human Sexuality*)가 있다.[13] 과학은 이제 일일연속극 수준으로 높이를 낮추고 있는 것 같다.

PBS 방송의 '진화' 시리즈는 제프리 밀러(Geoffrey Miller)라는 진화심리학자를 특집으로 다룬 적이 있는데, 그는 「메이팅 마인드: 섹스는 어떻게 인간 본성을 만들었는가?」(*The Mating Mind: How Sexual Choice Shaped the Evolution of Human Nature*)라는 책의 저자다.[14] 그 프로그램에서 밀러는 인간 두뇌의 기원은 "하나님이 아니라 우리의 조상이었고……성적 배우자를 선택했다"고 시청자에게 말했다. 그가 말하고 있는 동안 그 배경에 헨델의 '메시아' 선율이 흐르는 것을 들을 수 있었는데, 다른 한편으로 예술적 표현마저도 일종의 성적인 과시로 시작되었다는 설명이 이어지고 있었다.

9·11 사태 이후 진화심리학자들은 현실세계에서 자신의 이론을 적용할 수 있는 기회를 갑자기 얻게 되었다. 온갖 전문가들이 나름대로 그 끔찍한 비극을 설명하려 달려들었고, 「뉴욕 타임스」의 과학담당 부서까지 이에 동원되었다. 그 기사는 구조대원들의 영웅심리가 진화의 산물이라고 주장했으며, 그것은 개미와 벌의 협조 본능과 비슷하다고 했다.

이타적 행위는 "친족 선택"의 산물이라고 그 기사는 말했는데, 그 배후에는 당신의 유전자가 친자식에게뿐 아니라 가까운 친척들에게도 전해진다는 생각이 깔려 있다. 따라서 유전적으로 친척에 해당하는 더 넓은 사람들을 돌봄으로써 당신의 자손을 퍼뜨릴 기회를 증진시킬 수 있다는 것이다.¹⁵ 지도적인 진화론자인 홀데인(J. B. S. Haldane)은 친족 선택을 산술적으로 설명한 적이 있는데, 사람은 두 명의 형제를 위해서, 혹은 어쩌면 여덟 명의 조카를 위해서도 생명을 희생할 준비가 되어 있다고 했다.¹⁶

이타적 행위에 대한 그 밖의 이론 가운데 게임이론에 기초한 것도 있다. 그것은 협조 전략―"맞대응하기"―이 우리가 원하는 것을 얻게 하는 최상의 방법임을 보여준다. 물론, 이런 설명 중 어떤 것도 일반적인 의미의 이타주의를 설명해 주지는 않는다. 그것들은 단지 자기이익이 확장된 형태일 뿐이다. 그 이론들에 따르면, 겉으로 희생적 행위처럼 **보이는** 행동―이를테면, 자식을 위한 어머니의 행위―이 **실제로는** 자기 유전자를 물려주려는 전략에 불과하다는 것이다.

우리는 한 걸음 더 나아가 참된 이타주의야말로 기독교에 대한 강력한 변증을 제공한다고 주장할 수 있다. 9·11사태에서 우리가 목격한 영웅적인 자기희생은 인간의 본성에 대한 기독교적 이해―하나님의 형상으로 만들어진 도덕적 존재―로만 설명될 수 있는 것이다.¹⁷

강간에 대한 다원적 근본주의의 입장

진화심리학의 주장에 대해 회의를 품는 이는 그리스도인들만이 아니다. 그에 대해 많은 주류 과학자들 역시 비판적 자세를 취하고 있다. 결국 어떤 행위를 놓고 그것이 특정한 환경 아래서 적응하기 위한 것일 **가능성이 있다**고 상정한 다음, 이어서 그것이 확실히 적응의 성격을 **띠고 있다**고 단정하기란 쉬운 일이다. 실제적인 증거가 하나도 없을 경우에도 말이다. 진화심리학의 문헌을 살펴보면, 유전학이나 신경학에 근거한 실제적인 자료가 전혀 없이 "칵테일 파티"식의 추측만 무성한 경우가 비일비재하다. 일부 비판가들은 이를 "다윈적 근본주의"라고 배격했는데, 이것은 다윈주의 자체가 하나의 경직된 정통교리가 되었음을 함축하는 도발적인 문구다.[18]

"참으로 난처한 사실은 인간 안에 있는 도덕이 자연선택에 의해 진화된 것인지, 진화된 것이 아닌지를 보여주는 증거가 조금도 없다는 점이다." 유전학자 알렌 오르(H. Allen Orr)의 말이다. 진화심리학자들은 '**만일 우리에게 낯선 사람에게 친절하라고 말하는 유전자가 있다면 무슨 일이 일어날까?**'라는 질문을 놓고 수많은 가설적 시나리오를 만들었다. "그러나 결국 생각 속의 실험은 실험이 아니다." 오르는 신랄하게 말한다. 진실을 말하자면, "우리에게는 아무런 자료가 없다."[19]

하지만 일단 진화론적 전제를 받아들인 후에는 증거의 여부가 별로 문제되지 않는다는 것을 알아야 한다. 다윈주의적 설명을 인간 행위에 적용하는 것은 그저 논리의 문제에 속한다. 결국 진화가 옳다면, 정신이라는 것이 진화 이외의 어떤 방법으로 나타났겠는가? 인간의 행위도 환경에의 적응이 아닌 다른 어떤 경로로 발생했겠는가?

이 점은 몇 년 전 성폭행에 대한 진화론적 설명을 담은 책이 출판되었을 때 분명해졌다. 그 책의 제목은 「강간의 자연사: 성적 강제 행위의 생물학적 기초」(*The Natural History of Rape: Biological Bases of Sexual Coercion*)였는데, 저자인 두 명의 대학교수는 생물학적으로 말하면 강간이 병리현상이 아니라는 무척 선동적인 주장을 일삼았다. 그것은 생식의 성공을 극대화하려는 진화론적 적응현상이라는 것이다. 달리 말해, 사탕과 꽃이 효과가 없을 경우, 어떤 남자들은 생식의 의무를 달성하기 위해 강제 행위에 의존할 수 있다는 뜻이다. 그 책은 강간을 "표범의 점과 기린의 기다란 목"과 비슷한, "인간의 진화적 유산의 산물인 자연적·생물학적 현상"이라고 불렀다.[20]

많은 과학자들이 사회로부터 얼마나 단절되어 있는지를 입증하듯이, 그 저자들은 그 책으로 말미암은 온갖 논란을 보고 정말 놀라는 반응을 보였다. 다윈주의자는 단순한 논리를 갖고 있는데, 그것은 어떤 행위든지 오늘까지 살아남은 것은 진화론적 이점을 갖고 있음에 틀림없다는 것이다. 그렇지 않으면 자연선택에 의해 제거되었을 것이라고 한다. 그래서 저자들은 심지어 강간의 범죄에서조차 어떤 유익을 발견하지 않으면 안되었던 것이다.[21]

공저자인 랜디 손힐(Randy Thornhill)이 국영공립 라디오에 출연했다가 수없이 걸려오는 분노의 전화에 압도당했는데, 마침내 진화의 논리가 불가피하다는 주장을 내세웠다. 만일 진화가 옳다면, "인간을 포함한 모든 생물의 모든 특징의 저변에는 진화의 배경이 깔려 있다. **이는 논쟁할 문제가 아니다.**"[22] 이 프로그램이 진행되는 동안 그는 동일한 표현을 세 번이나 반복했다. 그것은 "논쟁할 문제가 아니다."

진화심리학을 반대하는 자들이 그 이론의 급성장을 막지 못한 이유가 바로 여기에 있다. 많은 이들이 동일한 진화론적 전제를 수용하고 있기 때문인데, 이는 궁극적으로 그 이론이 인간의 행위에 적용되는 것을 반대할 방어기제가 그들에게 없다는 것을 의미한다. 예를 들어, 강간의 논제를 비판하는 사람들은 논점을 전개할 때 구체적인 사항에 집중하는 경향이 있었다. 강간의 피해자 중 많은 이들이 아기를 갖기에 너무 어리다든지 너무 늙었다는 점을 지적했는데―그리고 어떤 경우에는 남자가 피해자다(감옥에서의 강간처럼)―이는 강간이 종족 보존을 위한 생물학적 명령에 의해 추동되었다는 생각을 분명히 무너뜨린다. 「네이처」지는 이 이론 전체가 "통계적인 책략"에 달려 있다고 했다.[23]

그런데 비판가들을 무력하게 만든 것은 그들 대부분이 그 책에 나오는 진화론적 가정을 똑같이 수용하고 있었다는 사실이다. 그들로서는 원칙적으로 그에 따른 결론에 반대할 수단이 없는 셈이다. 톰 베텔의 멋진 표현을 빌리자면, "비판가들은 그들이 공유한 세계관에 의해 무장해제를 당했던 것이다."[24]

상기한 방송 프로그램과 관련하여 재미있는 에피소드가 있는데, 손힐이 당시 페미니즘 운동의 지도자 가운데 하나였던 수잔 브라운밀러(Susan Brownmiller)와 대면했을 때 있었던 일이다. 수잔은 수년 전에 강간문제를 다룬 「우리의 의지에 반하여」(*Against Our Wills*)라는 영향력 있는 책을 저술한 인물이다. 당연히 그녀는 강간 논제에 강력하게 반대했고, 손힐은 자기가 생각해 낼 수 있는 최악의 모욕을 퍼부으면서 반격했다. 그는 그녀가 마치 "극단적인 종교적 우파"와 같은 소리를 하기 시작했다고 한 것이다.

그녀가 모욕을 느낀 것은 물론이거니와 그 저변에 깔린 논점은 무척 심각한 문제였다. 손힐의 주장은 **진화**와 **진화론적 윤리**가 일괄 거래의 성격을 갖고 있다는 것이다. 당신이 그 전제를 받아들이면 그 결론도 수용해야 한다. 그리고 만일 그게 싫다면, "종교적 우파"에 가담해서 진화 자체에 도전해도 좋다. 이는 쉐퍼가 말한 것과 아주 일치한다. 그 모든 점들이 기원에 대한 당신의 견해와 연결된다는 주장이다.

진화와 유아 살해

몇 년 전, 스티븐 핑커는 진화심리학을 또 다른 쟁점인 유아 살해 문제에 적용하는 글을 「뉴욕 타임스」에 기고했다. 그 시점은, 한 십대 소녀가 학교 무도회에서 아기를 낳아 쓰레기통에 버린 사건을 뉴스 매체가 방영한 직후였다. 거의 비슷한 시기에 미혼의 십대 커플이 신생아를 죽인 사건이 발생했다. 대중은 온통 충격에 휩싸였고, 그로 인해 핑커는 과학의 지혜를 내세워 그들을 안심시키려고 나선 것이다.

우리는 자신의 신생아를 죽이는 십대들을 "이해해야" 하는데, 유아 살해는 "역사상 줄곧 대부분의 문화에서 행해져 왔고 수용되어 왔기" 때문이라고 그는 서두를 열었다. 그것이 도처에 편재되어 있었다는 사실이 함축하는 것은, 그것이 자연선택에 의해 보존되었음이 **틀림없다**는 것이다. 거꾸로 말하면, 이는 적응의 기능을 갖고 있음이 틀림없다는 것을 의미한다. 핑커는 고양이에게나 어울릴 만한 용어로 인간 어머니들을 묘사하면서 "신생아가 병들었거나 그 생존이 불확실할 경우에는 손실을 감수하고 가장 건강한 놈들을 선호하거나 나중에 다시 시도할 수 있다"고 말했다. 그러므로 "어미들의 감정적 회로"가 특정한 상황에서 유아 살해를 감행하도록 진화했다고 한다. 자연선택으로 인해, "신생아 살해의 역량이 우리 부모의 감정을 고안한 생물학적 설계에 내장되어 있는 것이다."[25]

1982년에 '자연의 아기 살해범들'이란 놀라운 제목으로「뉴스위크」에 실린 기사를 기억하는 자라면 아무도 핑커의 해석에 놀라지 않았을 것이다. 그 기사는 동물들 사이에 일어나는 유아 살해를 연구한 최초의 주요 심포지엄에 관한 것으로서, 그런 연구가 인간의 행위를 설명하는 데 도움이 되리라는 희망에서 개최된 것이다. 그 집회에 참가한 많은 과학자들이 "유아 살해는 더 이상 '비정상적'이라고 불릴 수 없다"는 점에 합의했다. 오히려 그것은 자녀 양육의 본능·성욕·자기 방어만큼이나 '정상적'이며, 심지어는 유익한 진화적 적응일지도 모른다는 것이다.[26]

그런데 이 모든 것이 사실의 왜곡에 다름 아니다. 우선 신생아 살해가 진화에 의해 선택된 것이라는 증거는커녕 유전적 특질이라는 증거도 없다. "그런 주장을 뒷받침하는 쌍둥이 연구와 염색체의 위치와 DNA의 순서가 어디에 있는가?" 하고 오르는 묻는다. "대답은 전혀 없다는 것이다. 우리가 갖고 있는 것은 하나의 이야기뿐이다. 특정한 환경에서 일어나는 신생아 살해의 저변에 다윈주의 논리가 있음은 부인할 수 없다는 이야기 말이다." 그리고 어떤 사실적 증거보다 바로 이 논리가 그 이론을 끌고 간다. 즉 진화론의 이야기는 설득력 있어 보인다. 진화에는 유전자가 필요하다, 그러므로 행위는 유전적이라는 것이다. "이런 논리의 흐름이 너무나 순조롭고 매혹적이기 때문에 진화심리학자들은 때로 엄연한 사실을 잊어버린다. 다윈의 이야기는 멘델의 법칙상의 증거가 아니라 어디까지나 하나의 이야기라는 사실 말이다."[27]

"다윈주의 논리"(Darwinian logic)는 너무나 설득력이 강해서 다윈 자신도 거기에 넘어갈 정도였다. 「인간의 후손」(*The Descent of Man*)에서 그는 "영아 살해는 전세계에 걸쳐 가장 큰 규모로 만연되어 있었고, 아무런 비난도 받은 적이 없다"고 주장했다. 사실, "특히 여자아기의 살해는 종족에게 유익한 것으로 생각되어 왔다."[28] 한 세기 이전에, 다윈은 자기 이론의 논리가 어디로 향하고 있는지를 이미 알고 있었던 셈이다.

궁극적으로, 진화심리학의 치명적 약점은 너무나 신축성이 뛰어나서 무엇이든 설명할 수 있다는 점이다. 진화는 어머니들이 자신의 신생아를 죽이는 행위를 설명할 수 있다고 한다. 그런데 왜 대다수의 어머니가 자기 아기를 죽이지 않는지를 물어보면, 그것도 진화가 설명할 수 있다고 한다. 어떤 현상과 더불어 그 반대현상도 설명하는 이론은 사실상 아무것도 설명하지 않는 셈이다. 너무 융통성이 많아서 그 옹호자들이 무슨 말을 해도 통하게 되어 있기 때문이다.

피터 싱어의 파격적인 주장

과거에는 그리스도인들이, 다윈의 진화가 도덕을 단지 생존에 필요한 행위 패턴으로 환원시킴으로써 마침내 도덕을 파괴할 것이라고 경고했었다. 당시만 해도, 진화론자들은 하나님을 없앤다고 도덕이 위태롭게 되지는 않을 것이라고 달래듯이 안심시키곤 했었다. "하나님 없이도 우리는 선할 수 있다"고 하면서. 그런데 최근에 와서는, 진화론자들이 나서서 진화론이 도덕의 기초를 무너뜨린다고 선언하기 시작했다.

예를 들어, 코넬 대학교의 생물학자 윌리엄 프로빈(William Provine)은 순회강연을 다니면서 대학생들에게 말하기를, 다윈의 혁명이 아직 완성되지 않았는데 그것은 우리가 아직 그 도덕적·종교적 함의를 모두 포용하지 못했기 때문이라고 했다. 그 함의라는 것이 무엇일까? 프로빈은 이렇게 말한다. "윤리의 궁극적 기초도 삶의 궁극적 의미도 없고, 자유의지도 존재하지 않는다."[29] 그러므로 진화심리학자들은 다윈의 혁명에 담긴 완전한 함의를 끌어냄으로써 그 혁명을 완성하고 있는 것이다. 그들은 일관된 다윈주의가 도덕과 관련하여 무엇을 의미하는지를 보여줌으로써 서로 떨어져 있는 점들을 연결시키고 있는 셈이다.

그 결과는 아주 혐오스러운 것일 수 있다. 몇 년 전, 전국의 보수적인 평론가들이 다같이 기가 막힌 반응을 보인 적이 있는데, 그 계기는 프린스턴 대학의 한 교수가—무엇보다도—인간과 동물의 성관계를 지지하는 글을 기고한 사건이었다. 그 교수는 피터 싱어

(Peter Singer)였다. 그는 이미 동물의 권리를 지지하는 인물로 악명이 높았다. (확실히 우리는 그가 어떤 종류의 권리를 가리키는지 몰랐던 것이다.)

그 글의 제목은 '진한 애무'였는데, 싱어는 그 글에서 자신의 진짜 공격대상은 성경의 도덕이라고 분명히 밝혔다. 우리 서구에는 "유대-기독교 전통"이 있는데, 그것은 "인간만이 하나님의 형상으로 만들어졌다"고 가르친다고 그는 쓰고 있다. "창세기에서, 하나님은 인간에게 동물 위에 군림할 권리를 주신다." 그러나 진화가 성경의 이야기를 철저하게 반박했다고 싱어는 주장한다. 진화는 우리에게 "우리는 동물"이라고 가르치고 있으며, 따라서 "종의 장벽을 넘어 섹스를 하는 것〔이것은 과학적 냄새를 풍기는 완곡 어법이 아닌가?〕은 인간으로서의 지위와 존엄성을 침해하는 행위가 아니다."[30]

이런 정서는 상아탑 안에 조심스레 갇혀 있지 않고 대중문화로 조금씩 흘러 내려온다. 그래서 일반 대중에게 큰 영향을 미치게 되는 것이다. 2002년에 브로드웨이에서 '염소, 또는 누가 실비아인가?'(*The Goat, or, Who Is Silvia?*)라는 연극이 공연되어 굉장한 반응을 일으켰는데, 성공한 건축가인 주인공은 아내에게 자신이 다른 누군가와 사랑에 빠졌다고 고백한다. 그 애정의 대상은 실비아라는 이름의 염소인 것으로 드러난다.[31] 극작가들이 더 이상 일상적인 사건에서 극적인 긴장을 끌어낼 수 없다고 느끼는 것이 분명하다. 그야말로 드라마를 만들려면 수간(獸姦)이란 주제를 탐구해야 한다고 생각한 것이다.

문화는 일종의 논리에 의해 움직인다. 문화는 결국 지배적인 세계관에 따른 논리적 결과를 표현하게끔 되어 있다. 만일 진화가 옳다면-정말 인간과 동물 간에 단절 없는 연속성이 존재한다면-싱어가 "종의 장벽을 넘은 섹스"에 관해 말하는 것이 절대적으로 옳다.

다시 한번, 모든 점들이 기원에 관한 당신의 견해로 연결되는 것이다.

또 다른 예는 몇 년 전 빌보드차트 상위 200곡 중 17위로 뛰어오른 블러드하운드 갱이라는 그룹의 노래다. 그 노래는 다음과 같은 단속적인 후렴구를 계속해서 반복하고 있었다. "애야, 너와 나는 단지 포유동물일 뿐이야. 그러니 디스커버리 채널의 걔네들처럼 우리도 하자." 그 비디오는 밴드 멤버들이 원숭이처럼 옷을 입고 괴상한 섹스의 자세를 취하는 모습을 보여주었다.[32]

1940년대로 돌아가면, 헌신된 다윈주의자였던 알프레드 킨지는 인간의 성적 규범의 유일한 근원은 다른 포유동물들이 하는 행위라고 말했다. 무슨 행위든 "정상적인 포유동물의 그림" 안에 들어맞는 것이면 무방하다는 것이다.[33] 반세기 전에 킨지가 학문적인 용어로 말한 것이 이제는 십대를 위한 노래에 나타나고 있는 셈이다.

그리고 십대에만 국한되는 것이 아니다. 한 친구가 내게 말하기를, 어린 소년 두 명이 공원에서 놀면서 큰 소리로 노래를 부르기에 가까이 가서 들어 보니 바로 그 노래였다고 했다. "애야, 너와 나는 단지 포유동물일 뿐이야." 그 아이들은 여덟 살밖에 안되어 보였다고 한다.

다원화되는 문화

과거에는 대부분의 사회과학자들이 진화의 함의를 제한하고자 생물학과 문화 사이에 담을 쌓아 올렸다. 진화가 인간의 몸을 창조했으나 그 후 인간이 문화를 창조했고, 문화는 생물학에서 독립된 것이라고 그들은 말했다.[34] 이런 확신이 생물학적 결정론에 저항하는 주요 방파제 역할을 했다. 오늘날에는 진화심리학이 뜨면서 그 벽이 무너지고 있다. 과학자들은 자신들이 더 이상 진화의 논리에 어떤 자의적 한계도 설정할 수 없음을 알고 있다. 일관성을 유지하자면 그 논리를 전반적인 영역―종교·도덕·정치 등 모든 분야―에 적용해야 한다.

관점의 변화를 보여주는 아주 흥미로운 사례로서, 싱어가 사회생물학 진영에 가담하게 된 극적인 전환점을 생각해 보자. 사회생물학 이론이 처음 등장했을 때만 해도 싱어는 격렬한 반대 입장에 서 있었다. 나중에 그가 설명한 것처럼, 사회생물학이 분노를 불러일으킨 이유는 그것이 "비열한 우익의 생물학적 결정론"을 동반한 사회적 다윈주의의 부활로 간주되었기 때문이다. 오랜 세월에 걸쳐 사회적 다윈주의는 적자생존의 개념을 통하여 무자비한 자기이익의 추구를 부추겼었다. 사회생물학은 단지 이기적 개인을 이기적 유전자로 대치한 것에 불과한 것처럼 보였다.[35]

그런데 싱어는 「다윈주의 좌파」(*A Darwinian Left*)라는 최근의 책에서 놀랍게도 자신의 입장을 뒤집으면서, 자유주의자와 좌파에게 사회생물학의 분파인 진화심리학을 받아들이라고 촉구했다. 그는 이렇게 주장했다. "좌파는 우리가 진화된 동물이라는 사실과, 그 유산의 증거가 우리의 인체와 DNA뿐 아니라 우리의 행위에도 드러나고 있다는 사실을 직시해야 한다."[36]

싱어는 다윈의 진화에 함축된 의미를 제한하는 것이 불가능하다는 것을 인식한 것 같다. 정치나 도덕 혹은 당신의 최고 관심사가 무엇이든 그 둘레에 선을 그어 놓고, **이 영역**은 진화의 영향에서 벗어난 구역이라고 말할 수는 없는 것이다. 일단 당신이 다윈주의의 전제를 수용하고 나면, 일관성을 유지하라는 압력을 받게 되며 문화의 전 영역에 적용하지 않을 수 없게 된다. 오늘날 진화심리학자들은 「문화의 진화」(The Evolution of Culture)와 「문화의 다원화 현상」(Darwinizing Culture) 같은 그야말로 광범위한 책들을 내놓고 있는데, 그 논점은 문화가 더 이상 생물학에서 분리될 수 없으며 문화 자체가 진화의 힘의 산물이라는 것이다.[37]

달리 말하면, 다윈주의자들은 모든 점을 서로 연결시켜, 모든 것을 기원의 문제로 거슬러 올라가고 있다. 따라서 우리 그리스도인도 그 점들을 연결하는 작업을 해야 한다. 그들이 "보편적 다윈주의"를 내놓으면, **우리**는 "보편적 설계"를 내놓아야 하고, 설계론이 포괄적인 기독교 세계관을 과학적으로 뒷받침한다는 것을 보여주어야 한다.

자가당착의 논리

우리가 살펴본 것처럼, 진화심리학이 종종 도덕적으로 얼토당토않은 결론을 낳는데도, 어떻게 해서 그처럼 빠른 속도로 수용되는 것일까? 그 이유는 진화심리학이 종교의 신화가 아니라 과학의 탄탄한 기반에 바탕을 둔 도덕을 제공한다고 약속하기 때문이다. 약 20년 전, 사회학자 하워드 케이(Howard Kaye)는 나중에 사회생물학에 대한 고전적 비판서가 된 책을 썼는데, 그는 사회생물학이 세속화된 자연신학과 다름없다고 했다. 자연을 이용하여 세속적 세계관을 정당화하려는 시도라는 것이다. 진화심리학은 두 가지 과정을 거친다. 먼저 전통적 도덕을 유전자의 자기이익("우리의 유전자가 우리를 교묘하게 속여서 만든 환상")으로 환원시켜 그 오류를 입증하고, 이어서 과학의 권위에 힘입어 새로운 도덕을 정립하고자 한다. 또한 다윈주의 원리를 몸에서 행위로 연장시켜, 적응을 잘하는 행위는 살아남고 못하는 행위는 자연선택에 의해 제거된다고 주장한다.[38]

그러나 우리가 살펴본 사례들이 분명히 보여주듯이, 오늘날 관행적으로 실천되는 **어떤** 행위라도 생존의 가치를 지니고 있다는 식으로 말하는 것이 가능하다. 어쨌든 그 행위가 우리 시대에까지 살**아남았으니** 말이다. 따라서 진화는 도덕적 안내자의 역할을 할 수 없는데, 현존하는 관행을 판단할 수 있는 표준을 제공하지 못하기 때문이다.

더구나, 그 이론 자체가 갖고 있는 논리적 결함이 스스로를 무너뜨린다. 만일 우리의 생각이 모두 진화의 산물이라면, 진화심리학이란 생각 자체도 진화의 산물이다. 인간의 정신이 만든 다른 모든 것과 마찬가지로, 그것도 진리가 아니라 생존하는 데 유용할 따름이다. 다니엘 데닛은 다윈주의를 전통적 종교와 윤리를 용해시키는 "보편적인 산(酸)"이라고 부른다(이에 대해서는 앞 장에서 살펴보았다). 그런데 그의 생각이 희망적 사고로 가득 차 있음을 볼 수 있는데, 그 산이 **다른** 사람들의 견해만 용해시키고 자신의 견해는 고스란히 남을 것이라고 추정하고 있기 때문이다.[39] 일단 객관적 진리가 존재할 가능성 자체가 손상되었기 때문에, 다윈의 진화 역시 객관적으로 진리일 수 없다.

언젠가 내가 기독교 대학에서 이런 내용으로 강연을 한 적이 있는데, 한 남자가 손을 들더니 다음과 같이 물었다. "질문이 하나 있는데요. 그자들이 우리의 생각과 신념이 모두 진화되었다고 생각한다면…… **그들 자신의** 생각도 진화되었다고 생각하나요?" 청중들이 모두 폭소를 터뜨렸는데, 그 사람이 한마디 강력한 질문으로 문제의 핵심을 찔렀기 때문이었다. 만일 모든 생각이 진화의 산물이며 진리가 아니라 유용성만 있을 뿐이라면, 진화 **자체도** 진리가 아닌 셈이다. 그렇다면 우리가 거기에 신경을 쓸 필요가 있겠는가?

철학적 용어를 사용하자면, 스스로를 무너뜨리는 진술은 자기 파괴적이거나 자가당착의 어불성설이다. 다른 예를 들면, 논리적 논증을 사용하여 논리의 타당성을 반박하는 것, (영어로) 나는 영어를 할 줄 모른다고 말하는 것, 도덕적 절대명제가 절대 없다고 주장하는 것, "내 동생이 우리 부모님의 유일한 자식이다"라고 말하는 것 등이 있다. 어떤 철학이 자가당착의 어불성설임을 발견한다는 것은 그 철학이 치명적 결함을 갖고 있다는 확실한 표시다.

유전자에게 호수에 뛰어들라고 말하다

어떤 이론을 평가하는 또 다른 방법은 실제적인 시험을 해보는 것이다. 우리가 그 이론에 기대어 살 수 있는지, 그것은 우리가 경험하는 인간 본성에 걸맞는지를 확인해 보는 것이다. 진화심리학의 옹호자 가운데 그 이론이 혐오스러운 함의를 지닌 어두운 학설임을 시인하는 이들이 많다. 만일 인간이 "유전자 기계"나 "로봇"에 불과해서 자연선택에 의해 일정한 방식으로 행동하도록 장치되어 있다면, 도덕적 자유와 인간의 존엄성은 어떻게 되는가? 아이러니한 사실은, 진화심리학자들이 그 지점에 이르면 갑자기 방향을 바꾸어 자신이 방금 이야기한 내용을 반박한다는 점이다. 즉 사랑과 이타주의 같은 전통적인 도덕적 이상을 포용함으로써 우리의 유전적 프로그램을 거슬러 행동하도록 촉구한다.

우리가 앞에서 논의한 진리에 대한 이층적 견해를 상기하면, 여기서 일어나고 있는 현상을 이해하기란 어렵지 않다. 삶의 영역들이 점점 더 다윈주의적 결정론이 속한 하층부로 흡수됨에 따라, 도덕적 자유의 개념을 변호할 수 있는 유일한 길은 상층부로 도약하는 것뿐이다. 그 결과 아무리 자기모순적이고 비합리적인 이론을 낳게 되더라도 말이다.

하나의 뚜렷한 예가 「도덕적 동물」(The Moral Animal)인데, 그 책에서 로버트 라이트가 출발하는 전제는 "우리의 유전자가 우리를 좌우한다", "우리 모두는 [물리적] 힘에 의해 밀고 당겨지는 기계"라는 것이다. 가장 고상한 우리의 신념마저도 자연선택의 산물이라고 한다. "우리는 도덕, 개인의 가치, 심지어 객관적 진리 같은 것을 믿는데, 이는 행위를 낳고 행위는 우리의 유전자를 다음 세대로 이어 준다." 여기에 함축된 의미는 분명하지만, 또한 그만큼 문제의 소지도 안고 있다. "자유의지는 하나의 환상이요 유용한 허구이며 구시대의 세계관의 일부다." 다윈주의는 "**진리**라는 단어의 의미조차" 의문시한다. 모든 진리 주장은 "다윈주의의 빛에 비추어 보면 적나라한 권력 투쟁이다." 라이트는 다윈주의가 철저한 "냉소주의"를 낳는다고 스스럼없이 결론짓는다.[40]

그리고는 자신이 방금 말한 것을 모두 무시한 채 거대한 신앙의 도약을 감행한다. 우리에게 "자연선택에 의해 우리에게 내장된 도덕적 편견들을 바로잡고" 이상적인 "형제 사랑"을 실천하도록 촉구하는 것이다.[41] 그런데 우리가 정말 자연선택에 의해 창조된 "기계"라면, 어떻게 우리를 창조한 그 힘을 "바로잡는" 것이 가능할까?

도킨스도 「이기적 유전자」에서 이와 비슷한 모순을 노출하고 있다. 그는 반복해서 주장하기를, 유전자들이 "우리의 몸과 정신을 창조했고" 우리는 그들의 "생존 기계"로서 유전자들이 스스로를 영속시키기 위해 만든 복잡한 "로봇"에 불과하다고 한다. 그리고는 놀랍게도 방향을 바꾸어 우리의 유전적 주인들로부터 독립을 선언한다. "우리는 출생시 받은 이기적 유전자들에 반항할 힘을 갖고 있다"고 수사학적 냄새를 풍기며 말한다. 비록 "우리가 유전자 기계로 만들어졌으나…… 우리의 창조자들에게 등을 돌릴 힘을 갖고 있다. 지구에서 우리만이 이기적 복제자의 횡포에 반역할 수

있다."⁴²

그런데 이런 반역의 힘은 어디서 오는가? 어떻게 기계가 자신의 창조자를 대항해서 일어설 수 있는가? 우리 모두처럼, 도킨스도 실제 경험으로부터 우리가 참으로 선택을 내리는 존재임을 알고 있다. 그러나 진화심리학에는 이런 선택의 힘을 설명해 주는 것이 없다. 그래서 그는 신앙의 도약을 감행하여 자신의 철학이 전혀 옹호하지 않는 결론에 이르게 된다.

이런 사례들이 우리에게 보여주는 것은 진화심리학이 실제적인 시험을 통과하지 못한다는 점이다. 즉 아무도 그 이론에 기대어 살 수 없다는 말이다. 인류의 보편적 경험이 도덕적 선택의 실재를 확증하고 있으므로, 진화심리학자들은 그들의 결정론적 이론에 기초해서 살아갈 수 없는 것이다. 그들이 그렇게 살아 보려고 시도할 수는 있으나, 이론과 삶 사이의 모순이 너무 커지면 그들은 갑자기 그 이론을 버리고 유전자 세력으로부터의 자율성을 선포한다. 스티븐 핑커는 자신의 선택이 유전적 명령과 상충된다는 것을 알고 나서 이렇게 말했다. "만일 내 유전자가 내 선택을 맘에 들어하지 않는다면, 내 유전자에게 호수에 뛰어들라고 말하겠다."⁴³

좀 우스운 예를 들자면, 미국의 전 대통령 빌 클린턴이 여러 가지 일탈 행위로 곤경에 처했을 때, 그의 행위를 "우두머리 수컷"이란 용어로 표현함으로써 진화론적 설명을 내놓는 것이 유행이 되었다. 도킨스도 그런 시류에 편승하여, 우리의 진화적 조상은 (캐나다 거위처럼) 일부일처제를 따른 것이 아니라 (물개와 해마처럼) 다혼제(多婚制)를 따랐는데, 권력과 부를 독점한 수컷은 암컷들도 독점하여 자기 유전자의 생존을 확보했다고 설명했다. 그러므로, 클린턴의 행위는 우리의 유전적 과거에서 내려오는 화석화된 자취일 따름이라는 것이다.

이 지점에서 도킨스는 부도덕에 대해 유전적 변명을 내놓는 것이 불편하게 느껴졌던 모양이다. 그래서 독자들에게 털어놓기를, 자기는 "다윈주의적이지 않은(un-Darwinian) 개인적 결정"을 내려 "의도적으로 일부일처제"를 따르기로 했다고 털어놨다.⁴⁴ 그런데 잠시 생각해 보라. 만일 우리가 정말 다윈주의적 선택으로 말미암아 우리의 유전자들로 프로그램되어 있다면, 어느 누구든 "다윈주의적이지 않은" 결정을 내리는 것이 **가능**할까? 아니, 누구든지 자유로운 도덕적 결정을 내린다는 것 자체가 가능할까? 우리가 다윈주의적이지 않은 방식으로 자유로이 행한다는 개념은 다윈주의 세계관에서는 완전히 비합리적인 것이다.

사람들이 비합리적 도약을 취하지 않으면 안되는 이유는, 그들이 무엇을 믿든지 간에 여전히 하나님의 형상으로 지음받은 존재이기 때문이다. 그들이 성경의 증언을 배척할 때조차도 그들의 인간 본성에서 나오는 증거를 줄곧 직면하게 된다. 어느 지점에 이르면, 가장 강경한 과학적 유물론자도 자신의 인간성이 다윈주의 세계관의 결정론적 함의에 저항하는 것을 알게 된다. 인간의 본성은 기계론적 철학의 속박(하층부) 아래 감금되는 것을 완강히 거부하기 때문이다. 그런 일이 벌어지면, 그들은 이기적 유전자들의 세력으로부터의 독립을 선포하고 도덕적 자유와 책임이라는 전통적인 개념(상층부)으로 믿음의 도약을 하는데, 비록 그것이 그들의 세계관에

서는 전혀 옹호될 수 없는 것임에도 그렇게 한다.[45]

아이러니하게도, 비판가들은 종종 기독교를 비합리적이라고 배격하지만, 기독교는 비합리적이고 자기모순적인 신앙의 도약을 요구하지 않는다. 왜냐하면 기독교는 인격적 하나님에서 시작하고 일관성 있는 통일된 세계관을 제공하며, 이는 자연의 영역과 도덕적·영적 영역 모두에 걸쳐 타당한 진리이기 때문이다. 하나님의 형상에 관한 성경의 교리는 인간의 존엄성과 도덕적 자유를 뒷받침하는 탄탄한 기반을 제공하며, 이는 인간의 경험이 증언하는 바와 양립할 수 있는 것이다. 진화심리학자와는 달리, 그리스도인은 기독교 세계관에 기초해서 일관성 있게 살아갈 수 있는데, 그 세계관이 현실세계와 부합하기 때문이다.

마음의 지도

믿음의 도약이 현대인의 사고방식을 특징짓고 있으므로 이제 마지막 한 가지 사례를 아주 자세히 분석해 보기로 하자. 싱어의 책 「다윈주의 좌파」의 논제는, 다양한 정치적 입장을 가진 이들이 모두 이제는 인간 본성에 대한 다원주의의 설명을 수용해야 한다는 것이다. 하지만 그 책의 끝 부분에서 싱어는 자신이 방금 말한 모든 것을 부정하면서, 도덕은 다원주의 세력을 **초월하는** 힘에 기초해야 한다고 선언한다. 그것은 무슨 힘일까? 인간의 이성이다. 설명하기는 어렵지만, 자연선택이 우리를 "이성적으로 사유하는 존재"로 만들었고, 그것이 역설적으로 자연선택으로 인한 충동을 초월하게 해

준다. 이성을 통해 우리가 진화심리학의 유사 이타주의(친족 선택의 계몽된 자기이익 혹은 맞대응하기)가 아니라 참된 이타주의를 개발할 것이라고 그는 약속한다. 그는 곰곰이 숙고하는 모습으로 이렇게 쓰고 있다. "사회가 촉진할 수 있는 이타주의에 있어, 이성적 사유의 역량이 전통적인 다윈주의의 속박을 넘어 우리를 어느 정도에까지 이르게 할 수 있을지 모르겠다."[46]

싱어는 "다윈주의의 속박"에서 우리를 자유롭게 하는 이 고상한 역량에 대해서는 설명하지 않는다. 그저 마술을 부리듯 꺼내 놓을 뿐이다. 그는 결국에는 이성이 "진화된 우리 본성 속에 있는 다른 요소들이 끌어당기는 힘까지 압도할 수도 있다"고 희망하면서, 그 목표를 "우리의 동료 인간 모두에게 공평한 관심을 나눠 주는 것"으로 삼았다. 그때가 이르기까지, 우리는 "의도적으로 사심 없는 순수한 이타주의를 배양하고 양육하라는 재촉을 받고 있다. 그런 이타심은 자연 속에 있는 것도 아니고 세계 역사상 과거에 한번도 존재한 적이 없는 것이다."[47]

바로 **이것**이 신앙의 도약이 아니고 무엇이란 말인가? 이성은 무엇인가 새로운 것, 과거에 한번도 존재한 적이 없는 어떤 것을 창조하는 역량을 가진 신비한 능력으로 제시되고 있다. 어쩌면 무로부터라고 말할 수도 있을 것이다. 신과 같은 이 힘은 우리로 하여금 진화적 기원을 초월하도록 만들어 준다. 여기서 이성은 공리적인 도구를 훨씬 넘어서는 것으로 취급된다. 그것은 자유―형이상학적 및 도덕적 자유―를 성취하는 도구에 다름 아니다. "우리가 아주 어렴풋이 내다볼 수 있는 보다 먼 장래에, 과학적 지식이 새로운 종

류의 자유를 위한 선결 요건으로 판명될지도 모른다"고 싱어는 쓰고 있다.[48]

이를 해설하면 이렇다. 싱어는 하층부에 속한 다윈주의 세계관 안에서는 도덕과 이타주의에 대한 기초를 발견하지 못한다. 그래서 "진화된 우리 본성"의 속박을 훨씬 뛰어넘는 가설적인 상층부로 도약한다. 웬일인지 진화의 과정이 우리를 그 도킨스에서 해방시키는 하나의 힘을 생산해 냈다. 싱어는 인간성을 생물학적 토대에서 완전히 잘라 내어 자유로이 하늘 높이 솟아오르게 했다. 그러나 그의 철학은 모순을 가득 안은 채 절망적인 상태로 뒤에 남아 있다.

신앙의 도약을 한다는 것은, 그 사람의 철학이 **스스로 실존적으로 경험하는 그대로의** 인간 본성을 제대로 설명하지 못한다는 확실한 표시다. 자신의 세계관은 이쪽 방향을 가리키는데 실제적인 경험이 다른 방향을 가리킬 경우, 자기가 공언한 세계관에 기초해서 일관성 있게 살아가는 것은 불가능하다.

이것은 거꾸로 세계관 자체에 결함이 있음을 보여주는 믿을 만한 표시다. 세계관이란 **세계**에 대한 마음의 지도이므로, 그것이 정확하다면 현실을 제대로 항해하도록 도와줄 것이다. 예를 들어, 우리에게는 자기 집 안방에 대한 마음의 지도가 있어서 한밤중에 일어나 캄캄한 중에도 물건에 부딪히지 않고 걸어다닐 수 있다. 그러나 낯선 곳에서 하룻밤을 잘 경우에는 가구에 정강이가 부딪히거나 문틀에 코가 납작해질 위험이 있다. 새로운 장소에 대한 마음의 지도가 아직 정확하지 않은 것이다. 현실에 맞지 않는 것이다. 그래서 우리는 고통스럽게도 현실에 자꾸 부딪히게 된다.

이와 마찬가지로, 우리의 세계관이 우리가 설명하려는 보다 큰 실재에 들어맞지 않을 경우, 어느 지점에 이르면 더 이상 그것을 따를 수 없음을 알게 된다. 그런 세계관은 세계를 항해하는 데 유용한 안내자가 아니기 때문이다. C. S. 루이스의 글을 인용해 보자. "그리스도인과 유물론자는 각각 우주에 대한 다른 신념을 품고 있다. 둘 다 옳을 수는 없다. 잘못된 편이 실제 우주에 적합하지 않는 방식으로 행동할 것이다."[49] 그렇기 때문에 진화심리학의 옹호자들을 향해서 당신들의 이론에 기초해서는 일관성 있게 살 수 없다고 지적하는 것은 그 이론에 대한 강력한 비판이 아닐 수 없다. 어느 지점에 이르면 그들은 "실제 우주에 맞지" 않는 방식으로 행동하기 때문에 현실에 부딪히게 된다. 그리고 그 결과가 너무 고통스러우면 자기 유전자들에게 호수에 뛰어들라고 한다. 그리고는 주관적으로나마 인간의 가치관이 아직도 인정되는 상층부로 도약을 감행한다.

세계관의 충돌

진화심리학의 출현은 다윈주의를 둘러싼 논쟁이 그저 과학적 사실을 놓고 싸우는 것이 아니라 서로 상충되는 세계관을 둘러싼 싸움임을 분명히 보여준다. 세계를 항해할 때 우리가 사용하는 마음의 지도를 둘러싼 논쟁이다. 동물학자 에른스트 마이어(Ernst Mayr)는 이렇게 썼다. "다윈주의 혁명은 한 과학적 이론을 다른 이론으로 대치하는 문제이기보다 세계관의 대치를 의미했다. 초자연적인 것이 정상적이고 적실한 설명의 원리로 받아들여지던 것이, 초자연적 세력이 들어설 여지가 없는 **새로운 세계관**으로 대치된 것이다."[50] 세계관의 충돌은 너무나 중요한 문제라서 과학자들에게 판결을 맡길 수 없다. 우리 모두가 다윈의 진화를 둘러싼 논쟁을 이해해야 하고, 우리의 가족과 이웃 그리고 공적인 광장에서 그것을 논의할 준비를 갖출 필요가 있다. 그것은 우리가 개인적인 삶과 공동체의 삶을 어떻게 꾸려가야 할지를 둘러싼 논쟁이다. 그에 따른 위험부담은 엄청나게 크다.

만일 다윈주의가 옳다면, 종교와 도덕은 **사실**의 영역이 아니라 **가치**의 영역에 속한 상층부의 비합리적 신념에 불과한 셈이다. 우리는 **가치**의 영역은 주관적이어서 이성적 검사에서 면제되기 때문에 때로 이것을 괜찮게 여기고 안심한다. 과학적 자연주의자들의 판매전략이 무척 유혹적인 것이 사실이다. 그들은 과학이 설명할 수 없는 도덕적·종교적 정서가 존재한다는 점을 인정하겠다고 한다. 단 신학이 과학의 탐구 영역을 침범하지 않을 경우에 한해서 그렇게 하겠다는 것이다. 달리 말해, 그리스도인들이 기독교가 객관적 진리라는 주장을 포기하면, 그들의 신념이 비판을 면할 수 있는 안전한 장소를 허락하겠다는 것이다.

그런데 이런 식의 거래가 보장하는 안전이 거짓이라는 것이 아주 분명해졌다. 자연주의적 진화라는 지적 제국주의가 너무 거대해서 **가치**의 영역마저 가만히 두지 않을 것이다. 진화심리학은 무모할 정도로 **가치**의 영토를 침략하고 있으며 한때 과학의 범위 밖에 있던 영역을 자기의 것으로 주장하고 있다. 도덕적 행위·인간 관계·문화적 관습을 설명하려고 할 뿐 아니라 심지어는 종교마저도 자연선택의 산물로 규정한다. 도킨스의 최근 책은 종교를 정신의 바이러스로 비난하면서, 컴퓨터 바이러스처럼 정신을 침범하는 "악성 감염"이라고 했다.[51] 사실의 영역이 계속해서 **가치**의 영역을 포위해 가고 있음이 분명하다.

그렇기 때문에 기독교를 **가치**의 영역에 국한시키는 인지적 거래에 관여하는 것은 위험하다. 인간의 정신은 통일성과 일관성을 향한 자연스런 추진력을 갖고 있다. 다윈주의자의 경우 그것은, 모든 것을 하층부로 끌어내려서 진화만이 통일된 총체적인 체계가 되도록 하는 것을 의미한다. 그런 체계를 반격하는 유일한 길은 기독교에 그와 똑같은 총체성이 있음을 보여주는 것이다. 이는 비합리적인 상층부로의 도약이 아니라, 전반적이고 일관된 세계관을 향한 인간의 갈망을 채워주는 포괄적인 세계관을 뜻한다. 우리가 그리스도인으로서 분명히 할 것은, 우리가 제시하는 믿음이 이성적 검사에서 면제된 주관적이고 사적인 신앙이 아니라는 점이다. 우리는 공적인 영역에서 변호될 수 있는, 객관적 지식에 대한 인지적 주장을 하고 있는 것이다.

레오 스트라우스의 딜레마

역사적 기독교의 도덕 개념은 인간 본성에 관한 인지적 주장에 기초하고 있다. 그에 따르면, 인간은 어떤 목적을 위해 설계되었다. 그 목적은 거룩함과 완전함이라는 영적 이상을 따름으로써 하나님 및 동료 피조물과 사랑의 관계를 맺으며 사는 것이다. 도덕적 규율은 그런 이상을 성취하는 법, 그 목표에 도달하는 법, 그 같은 신적 목적에 따라 사는 법을 일러 주는 교훈일 따름이다. 타락으로 말미암아 우리는 정도에서 벗어났으나, 구원을 통해 하나님은 우리를 본 궤도로 되돌려놓으시며, 우리로 하여금 그 길을 다시 걸어가며 완전한 인간성을 개발하고 그분이 원래 의도하신 백성이 될 능력을 주신다. 전문용어를 사용하면, 기독교 도덕은 **목적론적**(teleological)이라 할 수 있는데, 우리가 설계된 그 목적 또는 이상(*telos*)을 향해 나아가는 진보의 개념에 기초하고 있는 것이다.

하지만 다윈주의 체제 아래서는 목적이나 목적론이라는 개념 자체가 공격을 받게 되었다. 만일 세계 자체가 설계된 것이 아니라면, 인간의 삶에 대한 설계나 목적도 있을 수 없기 때문이다. 도덕은 생물학의 산물로 환원되었고, 자연선택에 의해 우리 안에 프로그램된 주관적 욕망과 충동의 표현으로 간주되었다. 그래서 정치철학자 레오 스트라우스(Leo Strauss)는 이렇게 말했다. 오늘날 공적인 삶을 위한 도덕적 기초를 놓을 때 부딪히는 "근본적 딜레마는 근대 자연과학의 승리로 인해 생긴 것이다. 왜냐하면 우주에 대한 목적론적 견해가—인간에 대한 목적론적 견해가 그 일부인데—근대 자연과학에 의해 파괴된 것처럼 보이기 때문이다."

과연 그렇다. 아무런 목적이 없는 세계를 그리고 있는 진화가 옳다면, 전통적인 목적론적 도덕 개념은 유지될 수 없다. (이 주제에 대해 더 알고 싶다면 부록 3을 보라.) 스트라우스는 다윈의 진화를 반박할 수 없는 사실로 받아들이면서, 그것을 중심으로 도덕의 근거를 플라톤적 이데아의 영역에 두려고 애쓰고 있다. 그러나 그것이

"문제에 대한 적절한 해결책"이 아니라는 것을 인식했는데, 그런 입장에는 지식에 대한 이층적 견해가 내포되어 있기 때문이다. 곧 (상층부에 속한) "인간에 관한 목적론적 과학"과 더불어 (하층부에 속한) "비목적론적 자연과학이 지닌 근본적이며 근대의 전형적인 이원론"이 공존하고 있는 것이다.[52]

설계론에 담긴 해방의 메시지는, 우리가 다윈의 진화를 반박할 여지가 없는 사실로 받아들일 필요가 없으며 "근대의 전형적인 이원론"에 기댈 필요도 없다는 것이다. 우리가 앞 장에서 본 것처럼, 설계와 목적이 다시 한번 자연을 설명하는 핵심 개념이 되었다. 여기에는 유기적 세계(세포와 DNA)와 물리적 세계(미세 조율된 우주)가 모두 포함된다. 그러므로 설계론은 총체적이고 목적론적인 세계관을 회복하기 위한 과학적 기반을 제공하고 있는 것이다. 그것은 근대의 이원론에서 우리를 풀어 주며, 다시 한번 도덕을 객관적 지식의 한 형태로 논의하는 것을 타당하게 만들어 준다.

거듭난 다윈주의자들

종교와 도덕에 미친 다윈주의 세계관의 파괴적 영향이 너무 흔해진 나머지 이제는 더 이상 뉴스거리도 되지 않는다. 예를 들어, 무신론자와 동성애자를 배제하는 보이 스카우트의 정책에 이의를 제기하는 글이 내 책상에 전달되었을 때, 나는 거의 읽지 않고 제쳐 두었다. 그런데 작은 항목 하나가 내 시선을 끌었다. 이글 스카우트 단원 한 명이 무신론자라는 이유로 쫓겨날 위기에 처했다고 했다. 그것은 스카우트 서약에 위배되는 것이었는데, 다음과 같은 의미 있는 문구가 실려 있었다. 그 젊은이는 19세였는데, "9학년 때 진화를 공부한 이래 무신론자가 되었다."[53] 아이들이 과학수업에서 진화론을 접할 때 종교적 신념을 잃어버리는 것이 아주 정상적이고 일상적인 것처럼 그 사실을 보도했던 것이다.

이런 양상은 유감스럽게도 매우 흔하다. "고등학교 상급생 때 나는 예수를 나의 구원자로 영접하고 거듭난 그리스도인이 되었다"고 어느 작가는 말한다. "나는 단 하나의 참된 종교를 발견했으며, 나의 의무는―사실 그것은 나의 기쁨이었는데―나의 부모, 형제, 자매, 친구, 전혀 낯선 자도 포함한 다른 이들에게 그에 대해 이야기하는 것이었다."[54] 그러나 이 젊은이의 신앙적 확신은 진화론과 대면하면서 살아남지 못했다. 그는 "6년 후 대학원에서 진화생물학을 공부할 때 탈(脫)회심의 과정"을 거쳤다.[55] 이 작가는 누구인가? 바로 회의주의자 협회의 회장이자 잡지 「회의주의자」(Skeptics)의 발행인 마이클 셔머(Michael Sherma)다. 셔머는 현재 설계론자들에 대항하여 다윈주의를 변호하는 동시에 기독교의 오류를 밝혀 내는 가내수공업적 작업을 추진하고 있다.

또 한 명의 유명한 무신론자도 비슷한 이야기를 전한다. "나는 거듭난 그리스도인이었다. 15세 때 근본주의 종교에 굉장한 열정과 흥미를 품고 남침례교회에 가입했다." 하지만 다시 한번, 그런 종교적 열정이 진화와의 대면에서 살아남지 못했다. "나는 17세 때 [교회를] 떠나 앨라배마 주립대학에 들어가서 진화론에 대해 들었다."[56] 그 만남은 "신의 현현"에 버금가는 사건이었다. "나의 마음은 온통 사로잡혔고, 모든 것과 관련해 진화가 지닌 함의에 대한 생각을 멈출 수 없었다."[57] 이 사람은 누구인가? 바로 사회생물학의 창시자인 하버드 대학교의 교수 윌슨(E. O. Wilson)이다. 그가 말하기를, 기독교 신앙을 잃어버린 다음에는 과학이 종교적 갈망의 대상이 되었으며, 종교의 힘을 유물론을 섬기는 방향으로 돌리려고 애썼다고 했다. 종교 자체가 "아래로부터 위로, 원자에서 유전자를 거쳐 인간의 영에 이르기까지 하나의 물질적 과정으로 설명되어야 했다. 종교는 단 하나의 거대한 자연주의적 인간상(像)에 포함되어야 했던 것이다."[58]

식탁을 교실로

이것이 사회생물학을 움직인 형이상학적 동인(動因)이고, 그것이 지금은 그 분파인 진화심리학—"단 하나의 거대한 자연주의적 인간상"을 빚어내려는 열망—을 움직이고 있다. 그와 같은 포괄적인 자연주의 세계관에 대항하는 유일한 길은 "그와 똑같이 포괄적이고 원대한 힘을 가진" 기독교 세계관을 정립하는 것이라고 아브라함 카이퍼(Abraham kuyper)는 말했다.[59] 젊은이들이 대학에 가려고 집을 떠나기 **전에** 그들에게 기독교가 종교적 진리일 뿐 아니라 모든 실재에 관한 진리임을 가르쳐서 미리 준비시키는 일이 중요하다. 기독교는 총체적 진리다.

내가 만난 사람들 가운데 가장 훌륭한 모델 하나는 나의 할아버지 오스왈드 오번이다. 그는 나이 차이가 별로 없고 다루기도 힘든 다섯 자녀를 키우면서 그들이 집을 떠나기 전에 자기 신앙을 변호할 수 있도록 교육하기로 결심했다. 그래서 저녁식탁을 교실로 바꾸어서 진지한 가르침과 토론의 장소가 되게 했다. "내 아버지는 저녁식탁에 책과 기사들을 갖고 와서 읽어 주시고 우리와 토론하셨단다" 하고 빌 오번 삼촌은 회상한다. "네 할아버지는 우리에게 라틴어와 물리학과 수학을 가르쳤지. 그리고 신조들과 루터교의 교리문답, 성경구절도 암기하게 했단다." 사실 그렇게 해서 다섯 자녀가 모두 읽는 법을 배웠다. "우리는 돌아가면서 한 단락씩 읽었는데, 가장 나이 많은 아이부터 가장 어린아이까지 모두 읽도록 했단다."

할아버지는 일대일로 토론할 기회도 마련했다. "아버지는 시내에 갈 때면 우리 중 한 명을 데리고 가서 언제나 어떤 주제에 관해 자세히 설명하곤 하셨다"고 삼촌은 말한다. "시내에 가려면 약 5킬로미터를 걸어야 했는데, 할아버지는 시간을 최대한 활용하셨단다." 할아버지는 물리학자였기에 특히 과학에 초점을 맞추어 최근의 과학 소식을 오려낸 기사를 식탁에 갖고 오셨다. 그가 자녀들에게 진화의 증거를 반박하는 법을 가르친 결과, 자기 아버지의 발자취를 따라 물리학을 공부하러 대학에 갈 즈음에 삼촌은 탄탄한 변증의 기반을 갖게 되었고 기독교 신앙이 지적으로 변호할 수 있다는 것을 뼛속 깊이 알고 있었다.[60]

우리가 자녀들에게 그 정도의 확신을 심어 주지 못한다면 그들은 세속세계에서 직면할 인지적 전쟁에서 살아남지 못할 것이다. 진화심리학자들은 다윈주의를 눈앞에서 노골적으로 적용하는 그야말로 진화의 기동타격대라 할 수 있다. 그런데 이보다 더 암시적인 다윈주의의 영향도 있는데, 그것은 잘 드러나지 않는 방식으로 현대사상에 영향을 주기 때문에 더 폭넓고 더 위험하다. 다음 장에서는 무대 뒤로 당신을 데려가 어떻게 다윈주의가 더 깊은 차원에서 오늘날의 정신에 침투했는지를 보여줄 것이다. 미국의 사회·교육·법 제도를 개조할 정도로 영향을 미치고 있는 모습을 보게 될 것이다. 그리스도인들이 현대문화에 실질적인 영향을 끼치려면, 이런 생각들이 과학의 테두리를 넘어 폭넓게 퍼져 나간 경위를 알아야 할 것이다.

8_ 철학적 다원주의

그들이 우리에게 말하려는 것은
모든 것이 맹목적으로 굴러가다가
우연히 생각에 떠올랐다는 것이다……
_ 로버트 프로스트(Robert Frost)[1]

다윈이 세계관에 끼친 영향을 내가 아주 절감하게 된 계기는 어느 날 아들과 자택학습(homeschooling)을 하는 가운데 있었던 사건이었다. 자녀를 직접 가르치는 기쁨 중 하나는, 내가 자랄 때 읽지 못한 좋은 책들을 모두 읽을 수 있다는 점이다. 아들 디터가 중학교 과정을 집에서 공부할 무렵, 우리는 청소년용으로 편집된 유명한 인물들의 전기를 여러 권 함께 읽고 있었다. 거기에는 스탈린(Joseph Stalin) 전기도 포함되어 있었다. 내 눈에 띈 대목은 젊은 스탈린이 러시아 정교회의 신부가 되고자 신학교에서 공부할 때 나눈 대화였다. 그의 친구의 이야기처럼, 그들은 종교에 관해 토론중이었다.

조셉은 내 말을 다 듣고는 잠시 침묵하다가 이렇게 말했다. "있잖아, 그들이 우리를 가지고 놀고 있어, 하나님은 없단 말이야······."

나는 그 말을 듣고 깜짝 놀랐다. 그런 소리는 처음 들어본 이야기였기 때문이다.

"어떻게 너는 그런 말을 할 수 있니?" 내가 소리쳤다.

"내가 너한테 책을 한 권 빌려 줄게. 그 책이 이 세계와 모든 생물이 네가 상상하는 것과 아주 다르다는 것과, 하나님에 관한 이 모든 논의가 순전히 난센스라는 것을 알려 줄 거야." 조셉이 말했다.

"그게 무슨 책인데?" 내가 물었다.

"다윈이야. 네가 꼭 읽어야 해." 조셉은 강조하며 답했다."[2]

그 후에 무슨 일이 일어났는지는 우리 모두가 알고 있다. 스탈린은 무신론자가 되어 공식적인 무신론 국가를 만들기 위해 자기 국민을 문자 그대로 수백만이나 살해했다.

서구에서는 다윈주의의 영향이 좀더 은밀한 양상을 띠지만 우리가 생각하는 것보다 훨씬 더 깊이 침투해 있다. 1950년대에 일단의 학자들이 「미국에서의 진화사상」(*Evolutionary Thought in America*)이라는 두꺼운 책을 출간했는데, 그 내용은 진화사상이 교과과정 전반에 끼친 영향을 조사한 것이다. 그 책은 사회학·심리학·경제학·정치사상·도덕론·신학·문학 등에 나타난 진화의 영향을 다루는 데 각 장을 할애하고 있다.[3] 목차만 보아도 진화의 영향이 거의 모든 분야에서 드러날 만큼 광범위하다는 것을 금방 알 수 있다. 따라서 진화론적 사고의 함의를 파악하지 않고 20세기 미국을 이해하기란 불가능하다.

사실, 19세기 말에 다윈주의가 대서양을 넘어 미국 연안에 도착할 때 다윈주의는 일단의 학자들로부터 환영을 받았고, 그들은 그 사상에 기초해서 철학 학파를 세웠다. 철학적 실용주의(philosophical pragmatism)라 불리는 이 학파의 핵심 가정은, 만일 생명이 진화한 것이라면 인간의 정신도 진화했을 것이고 그렇다면 모든 인문과학—심리학·교육학·법학·신학—이 거기에 기초해서 다시 세워져야 한다는 것이었다.[4] 실용주의는 미국의 유일한 "자생적" 철학인데(다른 대부분의 철학은 유럽에서 수입한 것이다), 바로 그런 이유로 굉장한 영향력을 발휘해 왔다. 철학적 실용주의를 자세히 고찰해 나가면, 다윈주의가 미국인의 사고방식뿐 아니라 미국 사회제도의 구조까지 바꾸게 된 경위를 파악할 수 있을 것이다.

홈즈, 신앙을 잃다

철학적 실용주의를 개발한 주요 인물은 존 듀이(John Dewey), 윌리엄 제임스(William James), 찰스 샌더스 퍼스(Charles Sanders Peirce), 올리버 웬델 홈즈 2세(Oliver Wendell Holmes, Jr.) 등이다. 그들의 목표는 다윈의 자연주의를 완전한 세계관으로 진전시켜 전통적 종교에 대항하는 것이었다. 한 역사학자가 설명하듯이, 실용주의자들은 "이전 종교의 핵심 가치들을 일부 보존하는 길을 모색했는데", 그 종교의 실제적인 **내용**을 조금이라도 존속시키는 방법이 아니라 "그 내용을 대체할 수 있는 풍부하고 훌륭한 자연주의적 변형"을 찾는 길을 택했다. 말하자면, 다윈의 자연주의 자체를 하나의 포괄적인 철학으로 만들어 사람들에게 삶의 의미를 부여할 수 있도록 하려는 것이었다.[5]

실용주의자의 주요 신념은 올리버 웬델 홈즈 2세가 겪은 삶의 여정에서 매우 극적으로 드러난다. 남북전쟁 이전의 하버드 학생일 때만 해도 홈즈는 전통적인 종교적 견해를 갖고 있었다. 그는 기독학생회에 가입했고 "사람과 하나님의 관계", 자의적인 인간의 생각이 아니라 "창조주의 마음속" 생각에 도덕의 기초를 두어야 하는 이유 같은 주제로 과제 리포트를 썼다.[6] 나중에는 노예제도 폐지운동에 깊이 관여했고, 전쟁이 터지자 졸업을 코앞에 둔 시점에 자퇴해 매사추세츠 주 민병대에 자원입대했다.

그러나 피와 혼란, 곳곳에 널린 시체와 부상자 등 전쟁의 참상은 홈즈가 감당하기 힘들 정도로 끔찍했다. 그는 많은 친구들이 죽어가는 모습을 목격했고 그 자신도 세 번이나 부상을 당했다. 세번째 부상에서 발에 총을 맞았는데, 차라리 발을 절단하고 속히 제대하기를 간절히 바랐다. 이것이 그가 전쟁을 무척 혐오하게 된 사연이다.

그 과정에서 언제부터인가 기독교 신앙을 잃기 시작했는데, 처음으로 부상을 입었을 때 위기에 달했다. 출혈이 너무 심해서 죽을지도 모른다는 이야기를 병원 직원에게 들었던 것이다. 임시 야전병원의 병상에 누워 있는 동안, 주변에서 죽어가는 군인들의 모습을 보면서 그는 자신의 신념들을 다시 검토하기 시작했다. 오히려, 이 시점에 이르러서는 신념의 결여를 검토했다고 하는 편이 맞을 것이다. 그가 나중에 썼듯이 "문명화된 세계가 다수결로 선언한 바에 따르면, 나는 이런 견해를 품고 지옥으로 가는 길에 서 있다"는 생각에 큰 충격을 받았고 두려움에 떨었다. 죽음을 앞둔 시점에 회심을 감행해야 할까? 여러 대안들을 검토한 끝에 그는 그렇게 하지 않기로 결심했다. 그런 상황에서 회심하는 것은 "두려움에 굴복하는 겁쟁이 짓"이라고 생각했기 때문이다. 그 대신 "어떻게 되든지 그것이 최상"이라는 무척 단순한 신조를 택하기로 결심했다. 그러고는 속삭이는 목소리로 "하나님, 제가 잘못 생각했다면 용서해 주십시오" 하고 기도한 다음 잠이 들었다.[7]

홈즈는 자신의 도덕적 신념(노예제도 반대) 때문에 싸우러 나왔지만 도덕적 회의론자가 되어 집으로 돌아왔다. "전쟁은 그에게 그런 신념들을 버리게 한 것 이상의 영향을 미쳤다"고 한 역사가는 말한다. "전쟁은 그로 하여금 신념(beliefs)에 대한 그의 믿음(belief)을 잃게 만들었다."[8] 말하자면, 그는 전쟁의 경험으로부터 견고한 신념은 갈등과 폭력을 낳을 뿐이라는 것을 분명히 확신하게 되었다. 세번째 부상을 당하고 회복하는 동안, 사회적 다윈주의를 대중화시킨 인물로 굉장히 유명해진 허버트 스펜서(Herbert Spencer)의 책을 읽기 시작했고 이내 확신에 찬 다윈주의자가 되었다. 그 이후로 그는 진화가 물리적 유기체뿐 아니라 신념과 믿음의 영역에도 적용된다고 주장하기 시작했다. 여러 문명을 이룩한 위대한 원리들은 초월적 진리가 아니라 "서로 경쟁하는 사상들 가운데 생존경쟁"에서 이긴 것들이라고 그는 기록했다.[9] 이런 것들이 철학적 실용주의의 핵심 가르침이 되었다.

다윈의 새로운 논리

실용주의의 중심에는 지식에 대한 다윈주의의 견해(인식론)가 있다. 실용주의자들은, 다윈의 자연주의가 인간의 정신(지성, mind)에 대해 무엇을 말하는지 물었다. 그러고는 정신은 자연의 일부에 불과하다는 답을 냈다. 그들은 인간의 정신이 물질을 **초월한** 것이라는 과거의 견해를 배격하고, 물질에 의해 **만들어진** 것이라는 다윈의 견해에 찬동했다.

이런 가정은 단번에 전통적 유신론과 자유주의적 유신론 모두를 뒤엎었다. 어떻게 그럴 수 있었을까? 두 유신론 모두 정신이 물질에 우선하는 것으로 보기 때문이다. 전통적 신학에서는, 초월적 하나님이 자신의 설계와 목적에 따라 세계를 창조한다. 다른 한편, 자유주의 신학에서는 내재적 신성이 세계 역사의 발전을 통해 스스로 그 목적을 외면화한다. 어느 편이든, 정신이 물질에 우선하며 물질세계의 발전을 추진하고 지도한다.

다윈은 이 질서를 뒤집었다. 그의 이론에서 정신은 순전히 자연의 힘의 산물이며 진화의 역사에서 매우 늦게 출현한다. 정신은 우주에서 근본적이고 창조적인 힘이 아니라 진화의 부산물에 불과하다. 요컨대, 다윈은 정신을 "자연으로 귀화시킨"(naturalized) 것이다.[10]

실용주의자들에게 정신의 자연귀화는 다윈이론의 가장 혁명적인 결과였다. 정신적 기능이란 어떤 환경 속에서 부딪히는 문제를 풀기 위한 적응에 불과하다고 보았다. 생각이란, 다윈이 말한 바

자연에서 일어나는 우연한 변이와 같은 의미의 우연한 돌연변이가 뇌에서 일어나는 데서 발생한다. 그리고 견고한 신념의 재료가 되는 생각은 우리로 하여금 환경에 적응하도록 돕는, 일종의 정신적 자연선택인 셈이다. 개념과 확신도 생존을 돕는 도구일 뿐, 사자의 이빨이나 독수리의 발톱과 다를 바 없다.

존 듀이는 '다윈이 철학에 끼친 영향'이라는 유명한 글을 써서 다윈주의는 "정신과 도덕과 삶에 적용할 수 있는 새로운 논리"를 제공해 준다고 했다.[11] 이 새로운 진화의 논리에서, 생각이란 일을 해내기 위한 정신적 도구에 불과하다. 우리가 어떤 도구를 평가할 때 어떤 초월적이고 영원한 이상에 비추어 그것이 좋은 것인지 판단하지 않는다. 오히려 일을 완수하는 데 얼마나 도움이 되는지, 주어진 환경에 얼마나 잘 대처하는지를 보고 그 성능을 시험한다. 포크가 유용하다면, 사용하면 그만이라고 듀이는 말했다. 하지만 국을 먹는데 포크가 유용하지 않다면, 포크의 본질적인 "성격"에 관해 장황한 철학논문을 쓸 필요가 없다. 대신에 숟가락을 가져오면 된다.[12]

생각의 현금 가치

실용주의자들은, 다윈주의를 정신에 적용하려는 프로젝트에 관여하고 있던 당시의 실험 심리학자들의 영향을 많이 받았다. 19세기 전반에 걸쳐 심리학은 영혼의 과학으로 이해되었고 내적 성찰―의식의 점검―을 그 방법으로 삼았다. 그러나 새롭게 등장한 실험적 접근법은 행동주의에 기울었다. 즉 정신은 관찰과 측정이 가능한 몸의 외적 행동을 통해서만 알 수 있다고 주장했다. 이런 생각은 실용주의자의 견해, 곧 정신은 독특한 영적 실체가 아니라 자연의 일부에 불과하다는 생각을 강화시켰다.

예를 들어, 윌리엄 제임스는 에드워드 손다이크라는 학생의 실험실 연구에 큰 감명을 받았는데, 그 학생은 상자에 병아리와 길들인 다른 동물들을 넣고 그것들이 지레를 눌러 문을 열고 먹이를 구하는 법을 배우는 데 얼마나 시간이 걸리는지 측정했다. 당신도 심리학 기초과정에서 이것을 배웠을 것이다. 물론 시간이 흐름에 따라 병아리들은 상자에 넣자마자 지레를 누르는 습관을 들였다. 그 패턴이 머리에 새겨진 것이다. 제임스는 생각이 인간의 정신에 새겨지는 것도 그와 마찬가지라고 보았다. 만일 무언가를 믿어서 실질적인 결과를 얻게 되면—우리가 원하는 "먹이"를 얻는 것—시간이 흐름에 따라 그 신념이 우리의 정신 속에 새겨진다. 그의 유명한 표현을 빌자면, 진리는 어떤 생각의 "현금 가치"다. 즉 어떤 생각이 보상을 제공할 경우, 우리는 그것을 진리라고 부른다는 것이다.[13]

요컨대, 신념은 실재의 반영이 아니라 행동규칙이다.[14] 퍼스는 신념을 일종의 예측—내기 또는 도박—이라고 즐겨 말한다. 우리가 어떤 것이 참되다고 말할 경우, 그것은 우리가 특정한 행위를 하면 특정한 반응을 얻게 될 것임을 예측하는 것에 불과하다. 이런 식의 정의는 과학 지식에서 온 것이다. 수정이 단단하다고 말하는 것은, 그것을 나무나 코르크 혹은 플라스틱으로 문질러도 긁히지 않는다는 것을 의미한다. 단단하다는 단어의 의미가 주어질 경우, 우리는 수정 덩어리에 가해진 다양한 작업의 결과를 예측할 수 있는

것이다. 퍼스가 보기에, 성공적인 신념이란 내기에 이기는 것에 다름 아니다.[15]

이것이 얼마나 혁명적인 발상인지 이해하려면, 그때까지 지식에 관한 지배적인 이론이 하나님의 형상이라는 성경적 교리에 기초하고 있었다는 것을 알아야 한다. 인간의 이성이 하나님의 이성을 반영하기 때문에 인간의 지식은 보통 믿을 만한 것으로 신뢰할 수 있었다. 하나님은 우리가 그 안에 살 수 있게 우주를 지으셨고, 그 우주에 "맞게" 우리의 정신을 창조하셨다. 우리의 인지적 기능이 제대로 작동한다면, 우리는 참된 지식을 얻을 수 있도록 설계되어 있다. 전통적인 기독교 신학에서 멀어진 사상가일지라도 인간의 정신이 인간 지식의 보증이며 더 높은 정신, 절대정신과 비슷하다는 철학적 가정을 아직 유지하고 있었다.[16]

그러나 실용주의자들은 진화의 함의를 정직하게 직면했다. 만일 맹목적이고 방향 없는 자연적 힘들이 정신을 만들어 냈다면, 우리의 생각이 실재를 반영하는지 여부를 묻는 것은 무의미하다는 것이다. 생각이란 정신적인 생존전략일 뿐이며, 다른 방법에 의한 생존투쟁과 연속선상에 있다. "우리의 사고방식에서 '참된 것'이란 곧 편리한 것이다. 이는 우리의 행동양식에서 '옳은 것'이 편리한 것을 뜻하는 것과 같다."[17] 제임스의 말이다.

종교는 당신에게 무슨 가치가 있는가

제임스는 적어도 다른 몇몇 실용주의자들에 비해 종교적 신념에 대해서도 관용적이었다. 그의 아버지는 제2차 대각성운동 때 기독교로 회심한 이후 스웨덴의 종교적 신비주의자 스베덴보리(Emanuel Swedenborg)의 열렬한 추종자가 되었는데, 그 결과 제임스는 평생 동안 영적 영역에 대한 인식을 떨쳐버릴 수 없었다. 그의 견해는, 어떤 종교가 행복이나 의미를 느끼게 해준다면, 그것은 "참되다"는 것이었다. 그의 말을 인용하면, "만일 하나님 가설이 가장 넓은 의미에서 만족스럽게 작동한다면 이는 참된 것이다."[18]

적어도 그것을 믿는 개인에게는 참되다. 제임스는 아마 실용주의자들 가운데 가장 친근한 인상을 풍기는 인물일 것이다. 그는 매력적이고 창의적이며 감정표현을 잘하는 사람인 동시에, 극단적인 개인주의로 인해 동료들을 화나게 만드는 사람이기도 했다. 다른 실용주의자들은 지식이 사회적 구성물이라는 것과 개인이 아닌 집단이 지식을 창조한다는 점을 견지했다. 이와 반대로, 제임스는 각 개인이 자기에게 "만족스럽게 작동하는" 것을 정하고 그렇게 믿는 것을 기꺼이 인정했다.

어느 글에서인가 제임스는, 어떤 과학적·종교적 사고체계든 본인의 필요를 채워 주는 한 "참된" 것이라고 말하는 듯했다. 복잡한 세계와 대면하면서 인간은 그 세계의 궁극적 본질이 무엇인지 궁금해 하기 마련이라고 썼다. "과학은 분자를 말하고, 종교는 하나님을 말한다." 어느 쪽이 참된지 어떻게 확정할 수 있을까? 글쎄, 한편으로, "과학은 우리에게 특정한 것을 해줄 수 있다"고 제임스는 대답한다. (과학적 추론이 사건을 "연역하고 설명하게" 해준다는 의미다.) 다른 한편으로, "하나님은 우리에게 다른 것을 해줄 수 있다."(종교는 우리에게 "영감과 위로"를 줄 수 있다.) 그러므로 각 개인이 던져야 할 질문은 "**어느 것이** 가장 가치 있는가"이다.[19] 무엇을 정하든 간에 그것은 당신의 진리다.

제임스는 지금 우리가 포스트모던하다고 부를 만한 생각을 갖고 있었는데, 그로 인해 영국 철학자 버트런드 러셀(Bertrand Russell)로부터 신랄한 비난을 받았다. 제임스의 실용주의적 종교 변호—"만일 그(하나님)가 유용한 가설이라면, 그것으로 충분하다"—는 "하나님이 정말 하늘에 계신지 여부를 하찮게 여겨 따지지 않는다"고 러셀은 반박했다. 이 얼마나 우습고 편협한 준거 틀인지 모르겠다며 열을 올렸다. 실용주의자들은, 마치 생각이 "이 작은 유성에 사는 피조물에" 끼치는 영향만 중요한 것인 양 행동한다고 비판했다.[20] 어떤 신념은 유용하면서도 거짓된 것일 수 있다고 러셀은 명백히 지적했다. 그러므로 어떤 종교에 관해 논할 때 그것이 참된 종교인지 여부가 정말 중요한 문제이지, 그것이 우리의 기분을 어떻게 만드느냐는 중요한 게 아니라고 했다.

물론 실용주의에도 일말의 진리가 있는 것이 사실이다. 우리가 앞 장에서 주장한 것처럼, 어떤 신념체계가 참되다면 당연히 실제 세계에서 제대로 작동해야 한다. 어떤 진리 주장을 검사하는 한 가지 방법은 실제적인 시험을 해보는 것이다. 그러나 실용주의적 검증을 통과했다고 해서 그것이 어떤 주장을 진리로 **만들어** 주지는 못한다. 모든 "주의"가 그렇듯이, 실용주의도 실재의 한 가지 측면을 붙들고 그것을 하나의 체계로 격상시키는데, 그 체계에서는 다른 모든 것이 단 하나의 차원으로 환원된다.

딱딱한 마음, 부드러운 마음

어떤 철학이든 제대로 이해하려면 사람들이 어떤 질문에 매달려 있는지를 반드시 물어야 한다. 실용주의자들이 풀려고 했던 문제는 서구사상을 수세기 동안 괴롭혀 온 지식의 분할현상이었다. 그들은 사실과 가치의 간격을 매우고―하층부와 상층부를 병합―지식의 재통합을 이루려고 했다.

3장에서 대충 살펴본 내용을 상기해 보자. 이층적 이분법이 세속화된 결과, 하층부는 계몽주의가, 상층부는 낭만주의가 차지했다. 이러한 구분이 19세기 후반에 와서는 무엇을 뜻했을까? 하층부에서는 계몽주의가 영국의 경험주의와 공리주의를 낳았다. 사회는 순전히 선택에 의해 함께 있게 된 개개인의 집합으로 격하되었다(원자론). 그리고 개개인은 복잡한 기계장치로 격하되었다.

다른 한편, 상층부는 낭만적 관념론이 점령했다. 그 대표적 인물인 헤겔은, 물질세계는 절대정신이나 하나님의 작업 결과라고 가르쳤다. 낭만주의는 계몽주의와 상극이었는데, 공리주의와는 반대로 도덕적 관념론을 지지했다. 또한 원자론이 아니라 전체론을 견지했다. 아울러 물리적 환원주의 대신 영의 실재를 인정했다.

이런 이원론은 대학의 교과과정에도 반영되어 과학과 인문학이 나뉘어졌다. 과학은 철학적 자연주의가 점령하는 한편, 인문학은 철학적 관념론과 역사주의(절대정신이 역사적 과정을 통해 스스로를 외면화한다는)를 채택했다.[21]

이층적 진리관은 대학의 교과과정을 분할해 버렸다

예술 및 인문학 분야
철학적 관념론

과학 분야
철학적 자연주의

19세기 후반에 이르면 이 두 흐름 사이에 긴장이 심화된다. 그것은 단지 학문의 문제가 아니었다. 실재에 대한 두 가지 상반된 그림이 사려 깊은 이들에게 내면적 분열을 불러일으켰고, 그 고통스런 긴장을 해소할 필요가 절박해졌다.[22] 이것이 바로 듀이와 제임스 같은 실용주의자들을 낳은 실존적 딜레마였다.

한 철학자는 "이원론에 대한 비판은 듀이 철학의 주요 특징이었다"고 한다. "그는 거의 모든 글에서 그것을 강력하게 공격했다."[23] 듀이는 이분법의 뿌리를 고대 헬라의 형상/질료의 이원론에서 찾았다(우리가 2장에서 살핀 것과 같다). 그러고는 자연주의에 빠진 하층부와 관념론에 빠진 상층부의 대치상황을 불러온 이분법을 극복할 "매개체"로 실용주의를 제시했다.[24]

윌리엄 제임스는 내면의 갈등을 더욱 심하게 느낀 인물이었다.[25] 그는 특히 하층부에서 과학이 군림하는 과학 제국주의에 민감한 반응을 보였다. 그는 정당한 과학은 존중했지만, 공격적인 자연주의 철학이 과학의 가면을 쓰고 "결정론, 무신론, 냉소주의"를 낳은 것을 멸시했다. 그로 인해 가치가 지닌 객관적 지위가 무너지고 학생들은 불가지론의 절망에 빠져들었다(여기서 제임스는 자신의 뼈저린 경험을 말했다).[26] 그는 갈등에 사로잡힌 채 깊은 우울에 빠져들었고, 결국 자신이 "붕괴"라고 묘사한 상태로 곤두박질했다.

제임스는 훗날 자신의 영적 위기를 (과학과 사실에만 신경 쓰는) 딱딱한 마음(mind)과 (의미와 가치를 갈망하는) 부드러운 마음 사이의 긴장으로 묘사했다.[27] 실용주의자들은 그들의 철학이 그 간격을 메워 줄 것이라 희망했고, 제임스는 이렇게 썼다. "당신은 그 둘을 묶어 줄 체계를 원한다. 사실을 대하는 과학적 엄밀함과…… 인간적 가치에 대한 오랜 확신을 함께 묶어 줄 체계를." 이어서 그 둘이 "절망적으로 서로 분리되어 버렸다"고 말한다. 하지만 "나는 실용주의라는 이상한 이름을 가진 철학이 그 두 가지 요구를 충족시켜 줄 수 있다고 제시한다"고 했다.[28]

다윈의 제자들

그러면 실용주의자들은 지식의 재통일을 어떻게 이룩하려고 했을까? 서로 상반되는 두 사상의 흐름에서 각각 조금씩 취해서 서로 합치는 방법을 사용했다. 낭만적 관념론(상층부)에서는 역사주의를 취했는데, 이는 관념을 진화하는 관습의 산물로 규정한다. 실재가 절대정신의 자기표출이라면, 모든 것이 계속해서 변화하고 진화하는 과정에 있으며 여기에는 생물뿐 아니라 문화와 관습과 개념도 포함된다.

영국의 경험주의(하층부)에서는 도구주의를 취했는데, 이는 관넘을 사회적 목표를 이루는 도구로 규정한다. 이 두 가지 접근법을 합침으로써, 실용주의자들은 헤겔의 역사주의를 **영적** 과정에서 **자연주의적** 과정으로 완전히 변형시켜 버렸다.

그 결과, **사실**과 **가치**를 결합하는 데 성공한 것이 아니라 자연주의에 새로운 향을 더하게 되었다. 그들의 전략 모델은 다윈이었는데, 다윈도 생물학 내에서 두 종류의 철학 전통을 하나로 묶은 인물이었다. 다윈의 진화론은 부분적으로 낭만적 역사주의가 생물학에 적용되어 산출된 결과였다(안정된 실체라는 것은 없고, 모든 것이 끊임없이 변화하는 중에 있다). 하지만 그는 충실한 영국인 경험주의자였기 때문에 진화의 과정에 순전히 유물론적인 메커니즘을 투입했다. 달리 말하면, 역사주의와 자연주의를 합친 것이다. 한 역사가가 말하듯이, "다윈은 헤겔에게 훌륭한 과학성을 부여했다."[29] 이것이 바로 실용주의자들이 생물학을 **넘어** 다른 영역에서 하려고 하는 작업이다. 즉 헤겔의 문화 진화주의를 취하되 그것을 순전히 자연주의적으로 만들어 훌륭한 과학성을 부여하려고 한다.

실용주의자들만이 헤겔의 역사주의를 자연주의화하려 했던 것은 아니다. 초기의 인류학자들 다수와 19세기의 사회과학자들도 동일한 시도를 했는데, 그 가운데 가장 유명한 인물이 칼 마르크스(Karl Marx)다. (그래서 마르크스가 헤겔을 거꾸로 뒤집었다고들 말하는 것이다.) 차이점이 있다면 이 초기 사상가들은 결정론적 성향을 띠었다는 점이다. 즉 전세계의 모든 사회가 사회적 진화의 불변하는 "법칙들"에 의해 동일한 문화적 진화의 단계를 거쳐야 한다고 선언했다. (마르크스의 경우, 그 단계들이 경제 관계에 기초해 있었다.)

실용주의자의 독특성은 결정론을 철저히 배격하고 역사를 완전히 불확정적인—자발적이고 예측 불가능하며 전혀 새로운 방향으로 향할 수 있는—것으로 보았다는 점이다.

그러면 왜 실용주의자들은 결정론적 사고의 틀을 깬 것일까? 그것도 역시 다윈의 영향 때문이었다. 6장에서 우리가 본 것처럼, 다윈의 이론은 우연과 법칙이란 두 요소로 구성되어 있다. 실용주의자들은 우연의 역할을 붙잡아 그것을 불확정과 자유와 혁신의 철학의 기초로 삼았다. 그들의 해석에 따르면, 세계의 "개방성"은 그 복잡성의 낮은 차원에서 **우연**의 형태를 띠고, 인간적 차원에서는 **선택**의 형태를 띤다.[30] 불완전하고 불확정적인 세계는 인간들이 자유로운 선택에 의해 실재를 창조할 수 있는 여지를 남겨둔 것이다.

미국을 변화시킨 사상

이런 사상들이 우리가 살고 있는 현 세계에 어떤 영향을 줄까? 미국의 사회기관들을 철저히 개조시켰다고 답할 수 있다. 신학, 법학, 교육학, 철학 등 네 가지 주요 영역에 주목해 보자.

하나님도 진화시키자

신학의 경우, 실용주의자들은 '어떤 유의 하나님이기에 진화와 양립할 수 있는가'를 물었다. 그들의 대답은, **만일** 당신에게 하나님 개념이 남아 있다면, 그것은 내재적 하나님이어야 한다는 것이었다. 즉 이 세계 안에서 그리고 이 세계와 더불어 진화하는 유한한 신을 말한다. "진화가 출현하면서, 과학을 진지하게 받아들인 자들이 하나님을 이 세계의 진행과정에 내재된 존재로 생각하는 경향이 커졌다"고 한 철학자가 말한다.[31]

실용주의자들 가운데 이와 관련하여 가장 영향력 있는 인물은 찰스 샌더스 퍼스(Charles Sanders Peirce)였다. 그는 아주 변덕스러운데다 까다롭고 교만한 성품을 갖고 있어서 일자리를 유지하기가 어려웠다. 그는 이혼을 하고 이어서 두번째 아내와 결혼도 하기 전에 동거하는 등 당시의 도덕적 감수성에 반하는 행동을 했다. 그 시절만 해도 이런 스캔들이 따르면 대학에서 교수직을 얻지 못할 충분한 사유가 되었고, 퍼스는 친구들의 도움에 기대어 겨우 살아가야 할 경우가 많았다. 하지만 그는 탁월한 이론가였고 논리학과 확률이론에 중대한 기여를 했다.

퍼스는 종교성이 강했지만 전통적이고 정통적인 종교를 멸시했다. 그 대신 일종의 범심론(凡心論, panpsychism, 우주에 있는 모든 것이 정신이나 의식을 갖고 있다는 사상)을 주장했다. 그는 온 우주가 정신(Mind)이나 절대(the Absolute) 또는 하나님을 향해 진화하고 있다고 생각했는데, 이를 "진화적 사랑"이라는 목적론적 과정으로 그렸다.[32]

이런 생각을 오늘날에는 어디에서 들을 수 있을까? 바로 과정신학에서다. 어떤 이들은 과정신학이 오늘날 주류 신학교에서 가장 빨리 성장하는 운동이라고 한다. 창설자인 찰스 하트숀(Charles Hartshorne)은, 퍼스가 자기에게 가장 큰 영향을 끼친 몇 사람 중 하

나라고 말했다.[33]

과정신학은 하나님과 세계가 끊임없는 변화와 진화의 과정을 거치고 있다고 가르친다. 하나님은 세계 안에서 그리고 세계와 더불어 진화하는 신적인 영이자 세계의 영혼이며 진화하는 우주적 생명(우리의 생명도 그 일부가 되는)이다. 엄밀하게 말해서, 이는 범신론(pantheism, 모든 것이 하나님이라는 사상)이 아니라 범재신론(panentheism, 모든 것이 하나님 안에 있다는 사상)이다. 이는 물리적 세계를 하나님의 본체에서 나오는 구체적인 방출이라고 본다.[34] 과정신학에 따르면, 우리가 우리의 삶과 경험을 형성하는 선택을 내릴 때 우리는 하나님과 그분의 경험까지도 형성하게 되는데, 그것은 우리의 삶이 신의 삶에 구체적인 형태를 부여하기 때문이라고 한다. 요컨대, 우리는 하나님과 **함께** 창조하는 공동 창조자(co-creators)일 뿐 아니라 하나님을 창조하는 공동 창조자이기도 하다. 우리가 죽을 때 개개인으로서 우리의 존재는 끝나지만, 우리가 살았던 인생은 계속되는 하나님의 삶의 과거 단계가 된다. 죽음 이후의 내세란 없다.

과정신학은 하나님을 진화의 맥락 속에 둠으로써 전통적 유신론에서 완전히 벗어난다. 그 신학은 하나님을 제한적 존재로 여긴다. 그분은 장차 무슨 일이 일어날지를 모르며(전지하지 않은 존재), 악이 발생하는 것을 막을 힘도 없다(전능하지 않은 존재). 다만 역사의 흐름에 따라 이 세계와 함께 진화하는 존재일 뿐이다.

놀랄 만한 사실은, 이런 논지의 일부가 복음주의 진영에도 흘러들어와서 클라크 피녹(Clark Pinnock)을 비롯한 여러 학자들이 열린 유신론(Open Theism)을 주장하게 되었다는 점이다. 그들은 진화하는 우주를 "열린" 우주라고 묘사하는데, 이런 용어 자체가 실용주의자의 언어를 반영한다. 이 세계는 새로움, 혁신, 출현, 예측할 수 없는 가능성을 특징으로 하며 하나님조차 미리 알 수 없는 세계다.[35]

우리가 진화론적 **과학**에 도전해야 할 한 가지 분명한 이유는, 그렇게 하지 않을 경우 우리의 교회와 신학교가 진화론적 **신학**을 가르치게 될 것이기 때문이다.[36]

왜 판사들이 법을 만드는가?

올리버 웬델 홈즈 2세는 20세기의 법 사상에 누구보다도 영향을 많이 준 인물이다. 그는 철학적 실용주의를 법에 적용하여 하나의 운동을 일으켰는데, 이를 법적 실용주의라 한다. 우리가 이 장의 앞부분에서 보았듯이, 홈즈는 허버트 스펜서의 영향을 크게 받았고 그의 저술마다 사회적 다윈주의의 개념들이 관통하고 있는데, 법이란 서로 경쟁하는 이익 집단들 간의 "적자생존"의 산물이라고 했다.[37] 그런데 홈즈는 다윈의 은유를 사용하는 것 이상의 작업을 했다. 앞에서 우리는 실용주의가 다윈의 모델을 좇아서 독일의 관념론과 영국의 경험주의를 함께 엮은 경위를 살펴보았다. 홈즈 역시 법학 분야에서 이와 동일한 전략을 따랐다. (독일의 관념론에서 나온) 역사주의 법학파를 취해서 (영국의 경험주의에서 나온) 분석주의 법학파와 함께 엮은 것이다.[38]

홈즈는 역사주의 학파로부터 법의 근원이 진화 중에 있는 관습에 불과하다는 생각을 도입했다. 전통적인 서양 법철학은 법의 기초를 불변하는 근원(궁극적으로 신의 법에서 유래하는 자연법)에 두었던 데 반해, 홈즈는 법을 문화와 전통의 산물이며 특정한 시대와 문화와 완전히 상관관계에 있는 것으로 취급했다. 역사적 연구를 하는 이유는, 장래의 개혁가들에 대항하여 전통적 법 개념을 변호하는 것이 아니라 오히려 그와 정반대라고 말했다. 즉 역사의 경로를 따라 법에 대한 생각을 추적함으로써 그 생각들이 어떤 불변하는 보편적 도덕 질서에 기초하지 않고, 언제나 특정한 지역문화와 그 특유한 역사의 산물임을 우리 스스로 알 수 있다는 것이다. 홈즈가 말하기를, 일단 우리가 이 점을 파악하게 되면, 판사들은 과거로부터 해방되어 가장 잘 작동할 만한 사회정책을 반영하는 방향으로 법을 자유로이 바꿀 수 있을 것이라고 했다. 그가 표현하듯이, 오랜 법 규율이 아직도 어떤 목적을 이루는 데 유용한지 여부와 관련하여 "역사는 우리를 자유롭게 해주며 냉정하게 마음을 정할 수 있도록 해준다."[39]

그러면 오랜 규율들이 아직도 어떤 목적에 유용한지 여부를 어떻게 결정할 수 있을까? 그 규율이 낳는 실제적 결과에 의거해서 정할 수 있다. 다른 한편으로 홈즈는, 분석주의 법학파로부터는 법의 평가기준이 사회과학에 의해 측정된 사회적 효용이라는 생각을 취했다. 그의 말에 따르면, 법은 "정확하게 측정된 사회적 욕구들에 기초해서" 확립되어야 한다.[40] 이것이 홈즈의 유명한 격언-"미래의 사람은 통계학의 대가이자 경제학의 대가다"[41]-이 나오게 된 밑바탕이다. 달리 말하면, 법은 실제적인 유용성에 의해 판단되어야 하고, 그 유용성은 사회과학자들의 경험적 연구로 결정되어야 한다. 법이 사회공학을 위한 도구로 환원된 것이다. 홈즈는 이렇게 썼다. 기존의 법의 정당성은 그것이 정의와 같은 "영원한 원칙을 대변하는가에 있지 않고 그것이 우리가 바라는 사회적 목적을 이루는 데 유익한가에 있다."[42]

실제적으로 이것은 **판사가** 바라는 사회적 목적을 의미한다. 홈즈는 판사들이 법을 해석할 뿐더러 법을 만든다고 스스럼없이 인정했다.

오늘날 이런 생각이 실제로 작동하는 것을 어디서 보았는가? 법이란 본질적으로 사회적 정책을 제정하는 문제라는 생각 말이다. 판사들이 법을 해석하는 데 그치지 않고 법을 만든다는 것을 보여주는 사례는 무엇인가?[43] 가장 의미심장한 예가, 1973년의 **로 대 웨이드** 판결(Roe vs. Wade abortion decision, 여성에게 낙태를 선택할 권리가 있음을 실질적으로 인정한 판결. 이후 여러 주에서 낙태를 합법화하는 입법이 잇따랐다—편집자)이다. 그 판결을 지지한 사람들도 법원이 실질적으로 입법을 했다는 점에 동의한다. 판사 해리 블랙먼은 낙태는 "인구 증가, 오염, 가난, 인종 등"의 문제들과 관련해서 고려해야 한다는 다수의 의견을 기록했다. 달리 말하면, 법정이 판결을 내릴 때 **법이** 말하는 내용이 아니라 법정이 선호하는 사회적 결과에 근거해 판결했던 것이다.[44]

이것이 바로 법적 실용주의의 유산이다. 만약 우리가 그 저변에 있는 다원주의 세계관에 도전하지 않는다면, 장차 수많은 새로운 생명윤리학적 사안들에 대해 법정은 이런 식으로 결정을 내릴 것이다.

듀이의 딜레마

존 듀이는 교육의 방법론 분야에서 20세기의 누구보다도 더 큰 영향을 준 인물이다. 다윈이 「종의 기원」을 출간한 1859년에 태어난 그는, 복음주의 전통의 가정(회중교회)에서 자랐고 독실한 어머니로부터 많은 영향을 받았다. 20대 초에 회심—그가 "신비로운 체험"이라고 부른—을 경험한 다음 교회에 정규적으로 출석했고 성경공부반을 가르치기도 했다.[45]

그러나 듀이는 서서히 신앙을 잃기 시작했는데, 그 과정이 너무나 천천히 일어나 정신적 충격을 전혀 느끼지 않을 정도였다. 그것은 부분적으로 그의 타고난 기질 때문이기도 한데, 그는 침착하고 특징 없는 점액질의 성격이었다. 어쨌든, 듀이는 대학에서 독일 관념론의 영향을 받은 자유주의 신학을 접하면서 영적으로 내리막길을 걷기 시작했다. 나중에 그는 헤겔이 "자신의 사고 속에 영구적인 침전물을 남겨 놓았다"고 말했다. 그의 초기 저술은 몸속에 영혼이 있듯이, 물질 속에 구현된 내재적 하나님을 제안함으로써 헤겔과 다윈을 합치려고 했다. 이는 과정신학과 비슷한 것이었다. 훗날 듀이는 구원을 사회적 진보로 재정의한 사회 복음을 받아들였다. 하나님은 개개인에게 은혜를 주는 것이 아니라 문화 속에 내재하고 있다고 주장했다. 만일 문화가 기독교적 가치관을 포용한다면, [거기에 속한] 개인도 구속될 수 있을 것이다.[46]

30대에 이르러 듀이는, 이처럼 희미한 형태의 기독교마저 내다버리고 일관된 자연주의 철학을 채택했다. 그는 교회와 학생 신앙모임에서 하던 활동을 그만두었고, 그의 자녀들도 주일학교에 가지 않게 되었다.⁴⁷ 자연주의가 이제 그의 종교가 된 것이다. 그는 스스로 "구속적 형태를 지닌 인본주의와 자연주의를 전하는 조용한 전도자로" 헌신했다고 한 역사가는 전한다.⁴⁸ 듀이는 「공동의 신앙」(*A Common Faith*)이란 책에서, 이처럼 "구속의 성격"(redeeming)을 지닌 자연주의를 제시하면서 추종자들에게 이 같은 사회적 이상에 "종교적으로" 헌신할 것을 종용했다. 이것은 인간이란 과학적 탐구를 통해 환경을 통제하려는 생물학적 유기체에 불과하다는 그의 신념과 일치하는 일종의 종교였던 것이다.

그리고 이런 생각은 듀이의 교육철학의 기초가 되었다. 그는 지적인 탐구를 정신적 진화의 한 형태로 재조명했으며, 그것은 생물학적 진화와 똑같은 패턴으로 진행되어야 한다고 말했다. 즉 먼저 문제를 제시하고 그 다음에 학생들로 하여금 가장 효과가 있는 것에 기초해 스스로 답을 세우도록 하는 것인데, 이는 환경에 대한 일종의 정신적 적응을 뜻한다. 선생은 가르치는 자가 아니라 "촉진시키는" 역할을 할 뿐인데, 학생들이 다양한 실용적 전략을 시도해서 자신에게 가장 효과가 있는 것을 발견하도록 지도할 뿐이다.⁴⁹ 물론 이것은 본래 상대주의적 성격을 갖고 있다. 나에게 효과가 있는 것이 당신에게는 없을 수도 있다. (아니, 나에게도 항상 맞는 것이 아닐 수도 있다.) 그러므로 실용주의는 신념의 다원주의를 낳을 수밖에 없다. 모든 신념이 한시적이며, 어느 것도 영원하거나 보편적으로 참되지는 않다는 말이다.

무척 귀에 익은 소리 아닌가? 오늘날 도덕 교육의 상당 부분이 듀이에게 빚지고 있는데, 그에 따르면 모든 가치들을 균등하게 타당한 것으로 취급해야 하며 학생들은 자기가 개인적으로 가장 가치 있다고 여기는 것을 분명히 하면 된다. 교사는 어떤 면으로든 지도적 역할을 해서는 안되며, 오직 학생들이 스스로 대안들을 견주어 보고 스스로 결정하도록 옆에서 코치 역할만 하라고 엄격히 지시받는다. 학생들이 선택한 가치는 무엇이든 용납할 만한 것으로 여겨지는데, 그것이 일반적인 도덕기준과 부합하는지에 상관없이 미리 규정된 단계를 거쳤다면 얼마든지 수용된다. 어떻게 이런 일이 가능할까? 어느 교과서에 쓰여 있듯이, "우리 가운데 누구도 우리의 가치관이 다른 이들에게도 옳다고 확신할 수 없기 때문이다."[50] 각 개인이 자율적인 결정자가 되어 스스로 자기 나름의 가치를 정해야 한다.

이러한 접근의 저변에 깔린 가정은 철학적 자연주의다. 윤리에 대한 자연주의적 접근은 어떤 초월적 표준도 인정하지 않는다. 그 결과, 찾을 수 있는 유일한 표준이라고는 사실 개인이 가치 있게 여기는 것밖에 없다. 듀이가 주장했듯이, 우리 모두는 좋거나 나쁜 것, 유쾌하거나 고통스러운 것, 유익하거나 해로운 것을 경험한다. 그리고 과학은 경험에 기초하도록 되어 있으므로, 도덕적 탐구는 우리의 경험을 분석하는 데서 시작해야 한다. 먼저 우리는 우리가 가치 있게 여기는 것을 분명히 하고, 이어서 다양한 행동의 경로 가운데 어느 것이 우리의 가치관에 가장 걸맞는 결과를 초래할지 견줘 봐야 한다.

첫째 단계—우리가 가치 있게 여기는 것을 분명히 하는 일—는 쉬운 듯 하지만 실제로는 그렇게 단순하지 않다고 듀이는 말했다. 왜냐하면 종교적·도덕적 도그마가, 우리가 무엇을 원하고 무엇을 해야 하는지를 지시하기 때문에 우리의 경험은 왜곡되기 십상이다. 그래서 우리가 정말 원하는 것을 분명히 하려면 이전의 도덕적 도그마에서 우리의 생각과 정서를 해방시키는 것이 필수적이다. 그렇기 때문에 도덕 교육 프로그램은 학생들에게 어려운 도덕적 딜레마를 제시하면서 시작하는 것이다. 이것은 가정과 교회 혹은 그 밖의 곳에서 흡수한 이전의 도덕 틀에서 학생들을 끌어내어, 그들로 하여금 옳고 그른 것에 대한 자신의 감정들을 있는 그대로 탐구하도록 고안되었다.

예를 들어, 한 어머니가 자기 딸의 수업에 사용된 한 가지 딜레마에 관해 들려주었는데, 그 수업은 학생들에게 자기의 가장 친한 친구를 살해하는 계획을 짜는 상상을 하도록 했다. 그 목표를 달성하기 위해 학생들은 어떤 대안들을 생각할 수 있을까? 일부 학생은 질겁을 하면서 살인은 그른 것이기 때문에 자기는 **아무런** 방법도 택하지 않겠다고 단호히 반대했다. 그러나 그런 대답은 용납되지 않았다. 교사는 학생들에게, 그들이 그르다고 생각했던 행동을 정신적으로 연습해 봄으로써 이전의 도덕적 확신을 내버리라고 요구했다. 그런 활동의 목표는 학생들이 외부로부터 흡수한 도덕적 가르침에서 벗어나 자기 나름의 진정한 개인적 가치관에 이르도록 하는 것이다.

무력해진 교사들

그러나 탐구적 접근법에 따라 학생들을 가정과 교회에서 배운 도덕적 표준에서 "해방시키고" 나면 남는 것이라고는 그들의 주관적 선호밖에 없다. 아니, 그보다도 못한 것은 또래 집단의 압력이다. 교육학교수인 토마스 리코나(Thomas Lickona)가 한 선생이 겪은 이야기를 들려주었는데, 그 교사는 8학년 열등반을 대상으로 가치관 명료화 전략을 사용했다고 한다. 모든 단계를 거치고 나서 학생들이 가장 가치 있다고 결론 내린 활동을 들어 보니, "섹스·마약·음주·결석"이었다. 그 교사는 무력감에 빠졌다. 학생들은 스스로의 가치관을 분명하게 했으나, 그 방법론을 사용하는 한 그녀로서는 그런 가치관이 도덕적으로 잘못되었다고 학생들을 설득할 도리가 없었다.[51] 이처럼 오늘날의 도덕 교육은, 학생들에게 과거 모든 문명에 영감을 불어넣었던 위대한 도덕적 이상을 가르치는 게 아니라, 학생들이 자기 나름의 주관적인 감정과 가치관을 탐구하도록 훈련시키는 것을 뜻한다.

이 같은 비판에도 불구하고, 탐구적 접근은 여전히 교육자들 사이에서 굉장한 인기를 누리고 있다. 전국을 다니면서 교사와 학부모 그룹에게 강연을 하는 윌리엄 킬패트릭이라는 교육학교수는 종종 이런 질문을 던진다. 당신은 학교가 어떤 접근법을 채택하기를 바라는가? A모델: 학생들 스스로 자기 가치관을 개발하도록 격려한다. 정답이나 오답은 없다. B모델: 문학과 역사에 나오는 감동적인 예화를 동원하여 학생들에게 용기·정의·정직 같은 구체적인 미덕을 키우도록 격려한다. **부모들 대다수는** B모델을 택했다고 킬패트릭은 전한다. 반면에, 교사들 거의 대부분은 A모델을 선호했고, 그중 많은 이들이 "어떤 상황에서도 두번째 접근법은 사용하지 않겠다"고 말했다고 한다![52] 도덕 교육이란 예민한 사안과 관련하여 교육기관과 일반인 사이에 커다란 괴리가 있는 것이 분명하다.

이 이야기는 킬패트릭의 책 「왜 존은 옳고 그른 것을 분별하지 못하는가」(*Why Johnny Can't Tell Right from Wrong*)에 나오는 이야기인데, 참으로 적절한 제목이 아닐 수 없다. 미국의 많은 교육자들이 듀이의 사상에 지나치게 심취한 나머지, 자신의 경험상 그런 방법이 실효성이 없다는 것을 알면서도 공식적 입장을 그대로 따르고 있는 실정이다.

당신 스스로 실재를 창안하라

이와 똑같은 교수법이 다른 과목에도 그대로 적용되고 있다. 요즈음 가장 유행하는 구성주의 교육(constructivist education)이라 불리는 것이 있다. 듀이의 말처럼, 지식이 사회적 구성물이라면 교육의 목표는 학생들에게 자기 나름의 **지식**을 **구성**하는 법을 가르치는 것이다. 이 방법을 옹호하는 다음의 글을 읽어 보자.

> 구성주의는 외부에 객관적 실재가 있어 배우는 자에게 알려진다고 보지 않고, 오히려 배우는 자가 자기 나름의 실재를 능동적으로 구성한다고 가정한다.[53]

이는 상당히 거창한 주문이다. 어린이가 길을 건널 만큼 크기도 전에 "자기 나름의 실재를 구성하는" 법을 배워야 한다는 말이다. 교사는 학생들에게 그들의 관념이 옳은지 그른지를 이야기해 주면 안 되며, 다만 학생들이 "나름대로 이해한 것을 분명히 하고 그것을 표현하도록" 격려하는 역할만 할 뿐이다. 가치관 명료화 작업의 경우처럼 교사에게는 학생들이 제시하는 대답들을 서로 비교 판단할 만한 기제가 없기 때문이다. 30명의 학생이 30개의 서로 다른 대답을 낸다 해도 그 모두가 그럴듯한 대답으로 간주되어야 한다. 세계를 구성하는 방법은 많고 다양할 수밖에 없으므로, 구성주의는 개인적 경험이 담긴 어떤 그럴듯한 이론도 배제할 수 없는 것이다.[54]

그 결과 오늘날 수업시간에 학생들은 자기 나름의 철자 체계("창안된 철자"), 나름의 구두법과 문법, 나름의 수학 해법 등을 구성하고 있다. 어떤 주(州)의 역사 교육 지침에 따르면, 고등학생이 되면 "뚜렷한 인식을 가지고 역사를 재구성할 수 있어야 한다"고 되어 있다.[55] 이는 조지 오웰의 표현이 아닌가?

1982년에 내가 어떤 주의 시민단체를 위해 교육문제에 관해 글을 쓰기 시작했을 때, 나는 교육학 박사학위가 있는 내 어머니께 내가 쓴 글들을 보내 주었다. 내 글을 읽어 본 어머니는 "그런데 얘야, 그런 것들이 대학에서 교사들이 최신의 교수법으로 배우고 있는 것이란다" 하고 말씀해 주셨다. 즉 실제 교실 경험에서 영감을 얻은 교수법이라는 말씀이었다. 그러나 사실은 대다수의 교육이론이 실제 학생들을 가르치는 경험에서 나온 것이 **아니다**. 오히려 어떤 철학이 적용된 결과인데, 구성주의 역시 예외가 아니다. 구성주의는 듀이의 진화론적 인식론이 직접 적용된 결과다.[56] 한 저명한 구성주의자는 이렇게 쓰고 있다. "생물학자에게 있어, 어떤 살아 있는 유기체가 자신이 처한 환경에서 생존하는 한 그것은 유효한 것이다. 구성주의자에게 있어, 어떤 개념과 모델과 이론 등은 그것들이 창안된 맥락에서 적합하다고 판명된다면 그것들은 유효한 것이다."⁵⁷ 여기서 어떤 생각들이 **옳다**(true)고 하지 않고 **유효하다**(viable)고 말하는 것에 주목하라. 구성주의는 우리를 환경에 적응하는 유기체로 가정하기 때문에, 어떤 생각을 시험하는 유일한 기준은 그 실효성 여부에 있는 것이다.

놀라운 사실은 기독 교사들 중에도 그 철학적 뿌리를 전혀 모르면서도 구성주의를 수용한 이들이 있다는 점이다. 어느 교육 관련 집회에서 이 주제에 관해 강연한 적이 있다. 강연이 끝난 뒤 어느 기독교 학교 교장 한 분이 내게 다가오더니 "우리 학교 교사들은 전부 구성주의 교육을 따릅니다. 하나도 빠짐없이"라고 말해 주었다.

"그런데 교사들은 그것이 자기 신앙과 관련해서 무엇을 의미하는지 모르나요?" 나는 놀라서 물었다. "만일 지식이 사회적 구성물이라고 한다면, 같은 논리가 기독교에도 그대로 적용됩니다. 기독교 역시 사회적 힘들의 산물일 뿐이라는 이야기가 되죠."

"알아요, 알고 있어요." 교장선생이 답했다. "하지만 구성주의는 교사들이 '전문가들'의 지지를 받으며 대학에서 배운 내용입니다. 따라서 거기에 대해 의문을 갖지는 않을 것입니다. 종교적 신념은 전공학문과는 구별되는 별도의 정신적 공간에 두면 되는 것이죠." 이같이 구획화를 수용한 결과, 교사들은 자기도 모르는 사이에 모든 진리 주장을 사회적 구성물로 환원해 버리는 급진적인 포스트모더니즘을 포용한 셈이다.⁵⁸

다윈과 "믿음을 함께한다"는 것

내 이야기가 교실에서 벌어지고 있는 포스트모더니즘 현상으로 들린다면, 맞다. 오늘날 미국에서 가장 영향력 있는 철학자 중 하나는 포스트모더니스트인 리처드 로티(Richard Rorty)다. 흥미로운 사실은, 그가 스스로를 신(新)실용주의자로 자처한다는 점이다. 만일 당신이 듀이의 실용주의의 논리적 결과를 따라간다면, 결국 자크 데리다(Jacques Darrida), 마르틴 하이데거(Martin Heidegger), 미셸 푸코(Michel Foucault)의 사상과 매우 흡사한 포스트모더니즘으로 귀결된다고 그는 말한다.[59]

로티가 보기에 포스트모더니즘의 핵심은, "진리는 발견되는 것이 아니라 만들어지는 것"이라는 구호 속에 담겨 있다. 달리 말하면, 진리란 "저기서" 발견되기를 기다리고 있는 객관적인 어떤 것이 아니라는 뜻이다. 신념이란 현대기술로 만들어진 여러 장치들처럼 인간의 구성물에 불과하다. 그리고 그것은 시장에 진열된 상품과 똑같은 방식으로 기능한다. "현금 가치"라는 제임스의 경제적 은유를 반영하듯이, 로티는 어떤 생각이 "보상을 제공할 때", 곧 우리에게 "유익할" 때에야 비로소 우리는 그 생각을 수용한다고 말한다.[60]

로티도 듀이와 같이 자기 철학의 궁극적 기반을 다윈의 진화에 두고 있다. 그는 언젠가 이렇게 쓴 적이 있다. "다윈과 믿음을 함께한다는 것"(이 표현 자체가 무척 시사적이다)은 우리의 모든 신념과 확신이 "지각의 표층이나 돌연변이한 바이러스만큼이나 우연의 산물임"을 아는 것을 뜻한다.[61] 자연 속에서 일어나는 다윈의 임의의 변이와 같이, 생각 역시 뇌 속 임의의 변이로 인해 생겨나는 것이다.

그리하여 로티는 서구문화를 이룩한 위대한 사상을 모두 진화론적 우연으로 환원시킨다. 마치 "우주의 광선이 DNA 분자 속에 있는 원자들을 뒤섞어" 돌연변이를 만드는 것처럼, 아리스토텔레스나 바울이나 뉴턴의 위대한 작업도 "우주의 광선이 그들 뇌 속에 있는 중요한 중성자들의 정교한 구조를 뒤섞은 결과" 생긴 것일 수 있다.[62] 이런 생각들이 상당한 힘을 발휘하며 존속하는 까닭은, 그것이 실재를 반영하기 때문이 아니라, 사람들로 하여금 자신의 경험을 조직화하고 생존투쟁에서 앞서갈 수 있도록 도와주기 때문이다. 그러므로 인간 종(種)은 "진리(대문자 T를 사용한 Truth임을 주목하라)를 향하게" 되어 있는 것이 아니라 "스스로의 번영"을 지향하고 있다. 이 〔절대〕 진리(Truth)라는 개념은 솔직히 말해 "비(非)다원주의적"이라고 그는 말한다.[63]

톰 울프와 다윈의 의심

이것이 의미하는 바는, 포스트모더니즘이 객관성이란 개념을 배격하면서도 역설적으로 한 가지 생각만은 틀림없는 진리로 받아들이고 있다는 것이다. 그것은 곧 다원주의다. 다원주의에서 진화는 인간의 구성물이 아니라 하나의 객관적 사실로 취급된다. 만약 그렇지 않다면 포스트모더니즘을 받아들일 이유가 없기 때문이다. 만일 정신이 다윈의 진화의 산물이라면, 생각과 언어도 타인을 포함한 환경을 통제하는 수단에 불과하다. 언어가 진화한 이유는 "〔사람들의〕 장래 행위를 예측하고 통제하는 데 유용한 전술적 도구이기 때문"이라고 로티는 말한다.[64]

한번은 유명한 작가인 톰 울프(Tom Wolfe)와 함께한 오찬에 참석한 적이 있었다. 그는 로티의 사상을 아주 잘 알고 있던 인물이었다. 그가 말하기를, 포스트모더니즘에 따르면 "언어란 한 짐승이 다른 짐승 위에 군림하기 위해 사용하는 도구에 불과하다"는 것이었다.

정곡을 찌른 말이다.

이 같은 과격한 환원주의에 대항해서 우리가 제기할 수 있는 가장 치명적인 논점은, 그것이 자멸하는 관념임을 지적하는 것이다. 만일 생각과 신념들이 참된 것이 아니고 환경을 통제하는 데 유용할 뿐이라면, 포스트모더니즘이란 사상 역시 마찬가지다. 만일 포스트모더니즘이 **진리**가 아니라면, 우리가 그 사상을 신임할 필요가 있을까?

흥미로운 것은 다윈도 이와 똑같은 문제로 씨름했다는 사실이다. 그것도 한 번이 아니라 여러 번에 걸쳐 그러했다. 스스로 그것을 "지긋지긋한 의심"이라고 불렀다. 예를 하나 들면, "인간 정신의 확신이란 결국 열등한 동물의 정신에서 발전된 것인데, 그렇다면 과연 거기에 어떤 가치나 신뢰할 만한 것이 있는지 언제나 지긋지긋한 의심이 따른다"고 그는 썼다.[65] 물론 다윈 자신의 이론도 "인간 정신의 확신" 중 하나이므로, 그는 자기가 앉은 나뭇가지를 스스로 잘라 내고 있던 셈이다.

요컨대, 다윈의 진화는 스스로를 반박하고 있는 것이다. "진화가 보증하는 것은, (기껏해야) 우리가 어떤 방식으로, 곧 생존을 부추기는 방식으로 **행동한다**는 것이다"라고 알빈 플란팅가는 설명한다. 그러나 "그것은 참된 신념이나 진리처럼 보이는 신념은 거의 보증하지 않는다."[66] 영국인 철학자 로저 트리그(Roger Trigg)도 이에 동의한다. 진화의 경우, "유전적 관점에서 유용하기만 하다면, 어떤 신념이 참된 것인지 그릇된 것인지는 중요하지 않다."[67]

따라서 로티 같은 포스트모더니스트들은 지식에 대한 일관성 있는 자연주의적 견해가 결국 어디로 도달하게 되는지를 우리에게 보여주고 있다.[68] 다시 한번 우리는 하층부과 상층부 간의 공생관계를 보게 된다. 즉 다윈의 자연주의가 하층부에 자리잡고 있기 때문에 포스트모더니즘(혹은 신실용주의)이 상층부를 차지하게 된 것이다.

하층부와 상층부 공생관계

신(新)실용주의
진리란 실용성이 있는 것이다

자연주의
정신은 자연선택을 거쳐 진화되었다

포스트모더니즘과 그에 수반되는 과격한 함의가, 캠퍼스 과격분자들의 별난 생각일 뿐이라고 제쳐 놓고 심각하게 받아들이지 않는 이들도 있다. 하지만 우리 눈에 일상에서 벗어난 이상한 사고방식으로 보이는 것도 지극히 평범한 세계관에 뿌리를 두고 있을 수 있다. 사람들은 주변의 문화와 교육에서 얻은 생각에 담긴 함의를 충분히 모르는 경우가 종종 있다.

이런 까닭에 효과적인 변증은, 이 같은 생각의 전제가 마침내 도달하게 되는 논리적 결론을 정직하게 직면하도록 하는 데 도움이 된다. 프란시스 쉐퍼는 이런 전략을 "지붕 벗겨 내기"라 불렀다. 이는 사람들이 자신의 견해에 담긴 위험하고 불안정한 함의로부터 스스로를 보호하려고 세워 놓은 부인(否認)의 보호막―이것이 없으면 걷잡을 수 없는 폭풍에 휘말릴까봐―을 제거하는 것을 말한다.[69] 불신자와 대화할 때 우리는 그들로 하여금 자연주의의 논리적 결론을 인식할 수 있도록 촉구할 필요가 있다. 만일 그들에게 일관성이 있다면, 자연주의적 전제를 견지하는 이들은 과학과 도덕을 비롯한 다른 모든 분야의 지식에서 포스트모던적 회의주의를 품는 것으로 귀결되고 말 것이다. 그럼에도 대다수의 사람들이 포스트모던적 회의주의자가 아니라는 사실은, 자신의 전제에 따른 결과에 동의하지 **않는**다는 것을 뜻한다. 따라서 그들에게는 뒤로 물러나 자신의 전제들을 재고하는 작업이 필요한 것이다. (다원주의와 실용주의에 관해 더 읽고 싶으면 부록 3을 참조하라.)

총에서 나오는 진리

"철학자들 사이에 널리 퍼진 오래된 농담 하나가 있다. 실용주의의 문제점은 바로 실용성이 없다는 것이다." 필립 존슨의 말이다. "도대체 어느 누가, 유일한 진리는 우리가 원하는 것이 무엇이든 그것을 얻는 데 가장 효과적인 수단을 사용하는 것이라고 생각하는 사람을 신뢰하고 싶겠는가?"[70] 실용주의가 어떤 생각을 평가하는 유일한 기준은 실용성 곧 그것이 사회적 욕구와 목표를 달성하는지의 여부다. 그러나 그런 목표 자체가 좋은 것인지 나쁜 것인지, 옳은 것인지 잘못된 것인지는 어떻게 알 수 있을까?

결과적으로, 실용주의는 특정 사회가 지지하는 가치관을 무조건 재가하기 쉽다.[71] 흉하게 말하자면, 권력 있는 자가 원하는 것은 무엇이든 찬동하기 쉽다.

실용주의자 가운데 가장 냉소적인 인물인 홈즈는 이런 함의를 분명히 보았고 이를 지지했다. 그는 권력 있는 자들을 지지하는 것이 사회적으로 파괴적인 결과를 가져올지라도 기꺼이 그렇게 하겠다고 했다. "어떤 법이 우리를 지옥으로 데려간다 할지라도 그것이 공동체 지배 세력의 의지를 반영하고 있다면 좋은 법이라고 불러야 한다는 데 나는 흔쾌히 동의한다." 그리고 "지혜롭든 그렇지 않든, 좋은 정부를 시험하는 기준은 지배 권력이 그 뜻대로 하고 있는가 하는 것이다."[72] 그는 또한 이 원리를 국제관계에 적용해서, 진리를 "다른 모두를 때려눕힐 수 있는 당사국 다수파의 결정"으로 정의한 것으로 유명하다.[73]

요컨대, 실용주의자들의 이른바 "사회적 욕구"에 기초한 지배는 결국 맨 꼭대기에 자리잡은 최고 권력자의 지배로 판명된다. 버트런드 러셀이 음울하게 경고하기를, 만일 실용주의가 군림한다면 "철 장갑과 기관총이 형이상학적 진리를 결정하는 궁극적 권위자임에 틀림없다"고 했다.[74]

거기 계시며 말씀하시는 하나님

놀랍게도 로티는 대문자 T를 사용하는 〔절대〕 진리(Truth)라는 개념은 기독교적 세계관의 맥락 안에서만 정합성을 지닌다고 시인했다. "진리가…… 저기에 있다는 주장(즉, 객관적이고 보편적이라는)은 한 시대의 유산인데, 그 시대는 세계를 어떤 존재의 창조물이라 여겼고, 그 존재는 인간의 언어가 아닌 자기 나름의 언어를 갖고 있으며, 그것을 우주 속에 써넣은 존재다."[75] 로티의 말이다. 여기서 로티는 그리스도인이 교부시대 이래로 계속 사용해 온 하나의 표상에 주목하고 있다. 그것은 두 권의 책, 곧 하나님의 말씀에 관한 책(성경)과 하나님의 세계에 관한 책(자연)에 대한 생각을 말한다. 그의 요점은, 객관적 진리는 세계 자체가 하나의 책 곧 하나님의 말씀(로고스)에 의해 창조된 책일 경우에만 가능하다는 것이다. 그래야만 우주 내에 하나의 객관적 메시지와 의미가 있을 수 있기 때문이다.

물론 이것은 바로 과학이 입증하는 바인데, 이에 대해서는 6장에서 이미 살펴보았다. DNA의 발견, 모든 생물체의 세포마다 들어 있는 코드화된 지침 등이 의미하는 바는, 생명의 핵심에 언어·메시지·정보가 자리잡고 있다는 것이다. 달리 말하면, 유기적 세계는 복잡한 생물학적 정보를 가득 담고 있는 하나의 책이라는 뜻이다. 그리고 정보는 유기적 세계뿐 아니라 물리적 세계를 해석하는 데에도 열쇠 역할을 한다. 근본적인 힘들의 미세 조율 현상은 그것을 설계한 지성을 증거하고 있다.

"누구에게든지 물리적 세계가 무엇으로 구성되어 있는지 물어 보라. 그러면 보통 '물질과 에너지'라는 답을 들을 것이다"라고 「사이언티픽 아메리카」지에 실린 어느 기사는 전한다. "그러나 우리가 공학, 생물학, 물리학에서 배운 것이 있다면 정보 역시 그만큼이나 필수 요소라는 사실이다." 사실 물리학자들 중에는 "물리적 세계는 정보로 구성되어 있으며, 에너지와 물질은 부수적 요소로 보는" 이들이 있다.[76]

그러면 정보는 어디서 오는 것일까? 인간의 모든 경험을 들여다보면, 정보는 맹목적인 물질의 힘이 아니라 지성이 있는 행위자에 의해 창출된다. 물질 영역 안에 있는 로고스의 실재는 물질 너머에 존재하는 로고스의 실재를 분명히 나타내고 있다. 즉 그 모든 질서와 합리성의 근원인 위대한 지적 행위자(Intelligent Agent)를 가리키고 있다는 것이다.

로티는 객관적 진리와 도덕에 대한 생각이 로고스를 기초할 때에야 가능하다는 점에 동의한다. 그의 말을 인용하면, 인간의 주관성을 넘어서 진리가 있다는 생각은 "이 세상을 신의 창조로 보는, 곧 무엇인가를 염두에 두고 **자신의 계획을 친히 모종의 언어로 말한 존재의 작품**이라고 보는 생각의 잔여물이다."[77] 달리 말해, 객관적 진리라는 것은 우리에게 말씀하시는—우리에게 신적 계시를 주는—어떤 창조자가 있을 때에만 비로소 가능하다는 것이다. 쉐퍼의 책 제목이 시사하듯이 「거기 계시며 말씀하시는 하나님」(*He Is There and He Is Not Silent*)[78]이 있을 때에만 가능하다. 포스트모던적 회의주의에서 벗어나는 길은 하나님이 자신의 관점에 대해 우리에게 무엇인가를 계시했을 경우에만 가능하다. 거기에는 영적인 문

철학적 다원주의 461

제와 비인지적인 감정적 체험뿐 아니라 우리가 몸담은 우주에 관한 객관적 진리의 계시도 포함된다.

요컨대, 성경의 계시 교리가 사실과 가치, 상층부와 하층부 간의 간격을 메우는 유일한 길이다. 실용주의자들이 그 둘을 함께 묶어 보려 했으나 결국 실패하고 말았다. 다윈의 진화를 하층부에 배치하자, 생각은 생존 가치에만 의거해 선택된 정신적 돌연변이로 축소되고 말았다. 실용주의는 이 두 층을 결합한 게 아니라 자연주의의 그물을 상층부에 던져 그것을 하층부로 끌어내렸고, 그 결과 상층부에는 포스트모던적 비합리주의와 회의주의만 남게 된 것이다.

로티는 선택 가능한 대안을 너무나 명료하게 기술하고 있다. 우리가 "다윈과 믿음을 함께해" 포스트모더니즘을 포용하든지, 아니면 침묵하지 않는 인격적 하나님과 믿음을 함께하는 수밖에 없다는 것이다. 후자의 로고스가 바로 보편적이고 통일된 진리(Truth)의 근원이다.

인지적 전쟁

요즈음 미국인들이 서로 상충된 도덕기준을 둘러싼 문화전쟁에 빠졌다고 한다. 그러나 우리는 도덕이 언제나 파생적인 것이라는 사실에 유념해야 한다. 도덕은 저변에 깔린 세계관에서 나오는 것이다. 그리스도인이 이 문화전쟁에 효과적으로 참여하고 싶다면, 기원의 문제를 둘러싼 인지적 전쟁에 기꺼이 참여할 준비가 되어 있어야 한다. 다윈주의가 전환점이 되어, 하층부에 자연주의적 세계관이 확고히 자리잡고 종교와 도덕은 비인지적 범주인 상층부로 밀려나도록 봉인해 버렸기 때문이다.

그러므로 통일된 진리 개념을 회복하는 열쇠는 창조의 개념을 분명하게 회복하는 것이다. 기독교의 한결같은 가르침에 따르면 "단 하나의 실재"가 존재할 뿐인데, 그것은 단 한분의 전지전능한 하나님이 창조했기 때문이라고 어느 역사가가 설명한다. "이 창조 이야기를 전제로 할 때 지식 또한 당연히 단 하나의 전체를 이룬다"고 했다.[79] 진리의 통일성에 대한 확신을 뒷받침한 것이 바로 창조의 교리였던 것이다.

우리의 신앙에 내포된 위대한 주장에 충실하려면, 기독교가 가치의 영역으로 밀려나는 것을 더 이상 묵과해서는 안된다. 우리는 형이상학적 겁쟁이의 옷을 벗어 버리고 승리를 확신하면서 공세적 자세를 취해야 한다. 또한 기도와 영적 능력으로 무장하고 오늘날 전투가 벌어지는 현장을 보게 해달라고 하나님께 요청해야 한다. 그리스도의 주되심과 리더십 아래 발벗고 나서야 한다.

어떻게 해서 복음주의자들은 그토록 쉽게 형이상학적인 겁쟁이가 되는 것일까? 왜 강하고 탄탄한 지적 전통이 없는 것일까? 앞으로 전진하기 위해서는 먼저 뒤로 돌아가서 우리가 어디서 잘못 나갔는지 지나간 발걸음을 추적할 필요가 있다. 그래야만 부정적 패턴을 발견하고 그것을 보다 긍정적인 것으로 대치할 수 있기 때문이다. 3부에서는 미국 복음주의의 역사를 깊이 파헤치면서 지적인 측면에서 무엇이 잘못되었는지 살펴보고자 한다. 왜 그리스도인들이 강력한 세계관적 전통을 갖지 못하게 되었는지 물어보고, 지금 우리가 할 수 있는 일이 무엇인지 찾아 볼 예정이다. 우리가 어디서 왔는지를 이해하게 된다면 나침반을 조정하고 더 나은 방향을 정립할 수 있을 것이며, 담대히 나아가 이 세상을 변화시키는 일을 할 수 있게 될 것이다.

제3부_ 복음주의는 어떻게 지성을 잃어버렸는가

9_ 복음주의는 무엇이 좋은가
제1차 대각성운동

기독교는 느낄 수 있는 것일까?
내가 회심했다면 가슴으로 느끼고 머리로 알 수 있을까?
_ 제임스 맥그레디(James McGready)[1]

십대 시절 덴젤은 동정을 잃게 해달라고 뜨겁게 기도했다. 도심의 한 고등학교의 농구스타였던 그는 동료들에게 거짓으로 성생활을 자랑하는 것이 무척 지겨웠다. "내 친구들이 모두 나보다 성에 대한 체험이 훨씬 많았고, 나는 여자아이들에게 인기가 없는 것처럼 보이고 싶지 않았던 거였죠." 그가 내게 한 말이다. "나는 하나님이 내가 행복해지기 바라신다고 생각했습니다. 그래서 동정을 잃게 해달라고 계속 기도했던 것입니다."[2]

덴젤은 자라는 과정에서 어머니와 형을 따라 이따금 교회에 다녔을 뿐이다. (아버지는 마약 거래를 했는데, 덴젤이 아주 어렸을 때 신용조합을 털다가 감옥에 갇힌 적이 있었다.) "나는 교회가 아주 멋지고 거룩한 장소라고 생각했습니다. 주일에 입는 특별한 옷, 성가대, 예배의식, 세례식 등이 그런 생각을 품게 했죠. 그러나 하나님에 대해서는 아무것도 몰랐습니다." 하기야 하나님이 음란해지고 싶다는 기도에 응답하리라고 생각한 것을 보면 무지했던 것이 분명하다.

마침내 덴젤은 개인적으로 회심의 체험을 한 후에야 하나님을 좀 제대로 알게 되었다. 그는 기독교에 대해 지적으로 반대하는 어떤 생각도 품지 않았다. 그는 교회를 고상하게 여겼고 거기서 배운 기본적인 원리들, 곧 성경은 하나님의 말씀이며 그리스도가 죽은 자 가운데서 살아나셨고 우리는 구원받아야 한다는 것을 받아들였다. 그가 회심하게 된 것은 죄와 회개에 관한 간단한 메시지를 듣고 마음으로 반응했기 때문이다. 여러 면에서 덴젤의 이야기는 구식 복음주의 메시지가 가진 강점과 약점을 잘 보여주고 있으며, 복음주의의 역사와 유산을 이해하는 데 좋은 길잡이가 된다.

고등학교 상급생 시절 덴젤이 계속 간구해 온 여자친구를 드디어 찾았을 무렵으로 돌아가 이야기를 시작해 보자. 당시만 해도 그는 술을 많이 마셨다. ("친구들은 저를 알코올 중독자로 생각했었죠.") 고등학교를 졸업하고 대학에 들어갔으나 첫 학기를 마치고 자퇴했다. 일을 시작했으나 6개월 만에 쫓겨났다. 그때 여자친구가 임신을 했다.

그 소리에 덴젤은 상당한 충격을 받았다. 충격이 너무 커서 난생 처음으로 자신의 행동에 대해 곰곰이 생각해 보게 되었다. "나는 열일곱 살이었는데, **아이를 키우는 것은 불가능하다**고 생각했습니다. 가장 중요한 문제는 그 소식이 어머니의 마음을 상하게 할 것이라는 점이었죠. 그것만은 피하고 싶었답니다."

그의 어머니는 여러 남자를 거쳤는데, 모두가 나중에 마약 중독자나 알코올 중독자로 밝혀졌다. 덴젤은 어떻게 해서든 어머니를 보호하고 싶었다. 그녀도 두 아들을 보호하는 데 필사적이었다. 수년 동안 그녀는 입에 풀칠을 하고 몸둘 곳을 마련하느라고 불량수표를 쓰고, 재정 상태를 거짓으로 꾸미고, 친척의 이름으로 새로운 계좌를 여는 등 비윤리적인 행위를 일삼았었다. 이삼 년에 한 번씩 그 사실이 들통나서 가족 모두가 다시금 쫓겨나곤 했다. 결국, 자영업을 시작했으나 그것마저 제대로 되지 않았다. 덴젤이 개인적으로 최대의 위기를 맞고 있던 바로 그 시점에 그의 어머니도 재정을 부실 관리해 고소를 당했다. 그녀는 유죄판결을 받아 감옥에 갇히게 될 판이었다.

어머니가 떠나고 나면 완전히 홀로 남게 되리라는 생각에 덴젤은 미칠 것 같았다. 위기에 위기가 이어지면서 그는 다시 기도하기 시작했는데, 이번에는 고뇌에 찬 진지한 기도를 드렸다. "수많은 밤을 나는 화장실에 숨어서 몇 시간씩 울었답니다. 어떻게 기도해야 할지 몰라서 시편을 기도 삼아 읽었습니다."

재판 날짜가 다가오자 그의 어머니는 근본적인 대책을 마련해야겠다고 결심했다. 가족 모두가 교회에 가자고 선언한 것이다. 덴젤은 즉시 동의했다. "옷을 입으면서 그곳은 내가 하나님을 만날 장소라는 생각이 아주 생생하게 다가왔습니다. 내가 밤마다 그 앞에서 기도하려고 애쓰던 바로 그 하나님을 만나리라는 생각. 저의 마음은 흥분과 두려움으로 떨리다시피 했답니다." 어머니와 함께 조용히 예배당으로 들어가 앉자 그는 눈물을 주체할 수 없었다. "저는 예배시간 내내 울었습니다. 강단에서 설교한 말씀은 한 마디도 기억나지 않습니다."

그의 어머니는 6개월 금고형을 선고받았고 형은 일을 하고 있었기에, 덴젤은 슬픔과 절망에 빠진 채 하루 종일 홀로 집에 있어야 했다. 하나님께 손을 내미는 심정으로 날마다 성경을 몇 시간씩 읽었다. "어느 날 요한계시록을 읽는데, 새 하늘과 새 땅의 아름다운 모습이 강렬하게 마음에 와 닿았답니다. 하지만 동시에 내가 그곳을 향해 가고 있지 않다는 사실에 충격을 받았지요. 아무도 나한테 말하지 않았지만, 성적인 음란이 잘못되었고 내가 술을 너무 많이 마시며 내가 하나님을 위해 살고 있지 않다는 것을 알게 되었습니다. 죄책감이 강하게 들었지요. 무릎을 꿇고는 '**하나님, 저를 용서해 주세요, 저를 용서해 주세요!**' 하고 부르짖었습니다."

그때 문득 덴젤의 머릿속에 오래전 아버지가 남겨 놓은 책 상자가 생각나서 어두운 다락 구석을 찾아 들어갔다. 거기서 상자를 꺼내어 샅샅이 뒤진 끝에 기독교 서적과 소책자 몇 권을 찾아낼 수 있었다. 소책자 하나가 눈에 들어왔는데, 거기에는 죄책감과 용서에 관한 간단한 메시지와 기도문이 실려 있었다. "그 소책자를 읽고 기도문에 따라 기도하자 즉시 저는 하나님의 용서를 느낄 수 있었습니다. 나는 기쁨에 압도되었고, 이제 천국에 갈 수 있다는 것을 알았습니다." 그 순간 이후 덴젤은 새로 발견한 신앙에 철저히 헌신하게 되었다.

덴젤의 회심은 죄와 회개를 중심으로 한 고전적인 복음주의 이야기다. 그는 실증주의나 포스트모더니즘의 문제와 씨름한 것이 아니다. 그저 자신이 죄인이라는 사실을 알았을 뿐이다. 스스로에게 하나님이 존재한다는 사실을 납득시키기 위해 복잡한 변증이 필요했던 것도 아니다. 다만 죄 용서의 확신을 갖고 싶어했을 뿐이다. 또한 교단을 갈라놓는 신학적 차이를 파헤칠 능력이 있는 것도 아니었다. 그저 자기가 천국에 갈 것임을 알고 싶었을 뿐이다. 그의 회심은 영적이며 감정적인 차원의 사건이었다. 그리스도의 속죄가 그에게 개인적으로 적용된 깊은 체험이었던 것이다. 그런 의미에서, 그의 회심은 위대한 복음전도자 존 웨슬리의 회심과 다르지 않았다. 웨슬리는 이렇게 썼다. "나는 이상하게 가슴이 따스해지는 것을 느꼈다.…… 그리고는 확신이 다가왔는데, 〔그리스도께서〕 **나의 죄를, 아니 나 같은 자의 죄까지 씻어 주셨고 나를** 죄와 죽음의 법에서 구원하셨다는 확신이었다."[3] 이와 마찬가지로, 덴젤의 회심은 하나님의 용서가 자신의 죄를 사하기 위해 임했다고 개인적으로 체험한 것이다. (그날 그는 여자친구를 만나서 신학적으로 이야기하지 않고 뜨거운 열정으로 "하나님이 나에게 무엇인가 굉장한 것을 해주셨어!" 하고 일러 주었다.)

역사적으로 보면, 복음주의는 별개의 교단으로서가 아니라 교회 내부의 갱신운동으로 시작되었다. 그래서 처음에 독자적인 지적 전통을 개발하지 않았던 것이다. 그럴 필요가 없었다. 그 운동의 배경이 된 교단들의 기존 신학구조와 교회구조를 당연시했다. 이전 세대의 경건주의자처럼, 복음주의자는 죄와 속죄 같은 신학적 가르침을 개인적으로 전유(專有)하는데 초점을 두었다. 그들의 목표는 **객관적** 진리를 **주관적**으로 체험하는 것이었다.[4] 그 결과, 복음주의가 여러 그룹 내에서 우세한 세력이 되었을 때—또는 복음주의 집단이 기존의 교단에서 떨어져 나와 독립하게 되자—특정한 신학적 약점으로 인해 어려움을 겪었다. 복음주의 그룹은 개인의 경건과 도덕적 삶과 사회개혁 같은 실제적인 적용을 선호한 나머지 신학의 역할을 경시하는 경향을 띠었다.

채워질 수 없었던 덴젤의 지적 욕구

덴젤은 회심한 다음 여러 교회를 다녀 보았으나 얼마 지나지 않아 교회마다 지적인 요소가 결여되어 있다는 점을 알게 되었다. 자기 영혼으로는 하나님을 느낄 수 있었으나 이제는 그 하나님이 누구인지 더 배우고 싶은 마음이 간절했다. 그로부터 2년이 흐른 뒤 내가 덴젤을 만났을 때, 영적인 지식을 향한 그의 목마름은 채우기 힘들 정도로 깊어져 있었고 그는 일요일마다 교회 세 곳을 전전하며 예배를 세 번이나 드리고 있었다. 교단에 따라 가르치는 내용이 어떻게 다른지 알고 싶어서였다. (그의 여자친구는 목사의 딸이었는데도 그의 신앙에 전혀 무관심했다. 헤어지면서 그녀는 임신했다는 말이 거짓이라고 밝혔다.)

안타깝게도, 신학적 지식을 향한 덴젤의 목마름은 제대로 채워지지 않았다. "세례를 받을 때, 어느 집사에게 삼위일체에 관해 물었습니다. 그녀는 예수를 하나님으로 믿기만 하면 되지 그 자세한 내용에 대해서는 신경 쓸 필요가 없다고 일러 주었습니다." 그는 교회 복도에서 만나는 사람마다—목사, 전도사, 주일학교 교사 등—붙들고 질문 공세를 폈으나 제대로 대답해 주는 사람이 거의 없었다.

직장을 구한 뒤 덴젤은 그 의문들을 풀어야겠다는 압박감을 더욱 심하게 느꼈다. 직장 동료 가운데 많은 이들이 이슬람교도이거나 여호와의 증인이었는데 모두들 자신의 신앙에 대해 공공연하게 이야기했기 때문이다. "직장에서는 누구나 자신의 영적인 신념을 변호할 만한 능력이 있는 것 같았는데, 오직 그리스도인들만 그렇지 못했습니다. 그들만이 대답할 말이 없는 것처럼 보였습니다." 오늘날과 같은 다원주의 사회에서 그리스도인이 공적 영역에서 신앙을 변호하려면 변증에 통달해야 한다는 것을 그는 분명히 깨닫게 되었다.

마침내 진지한 영성서적을 읽으려면 기독교 서점에서 일하는 편이 좋겠다는 생각이 떠올랐다. 덴젤은 거기서 나의 아들 디터와 만나 친구가 되었는데, 디터도 덴젤보다 몇 개월 앞서 영적 각성을 경험했고 그와 같은 목적으로 서점 직원이 된 터였다! 두 젊은이는 신학과 변증 분야의 저자들을 찾아 책의 세계에 푹 빠져 지내며 깊은 지적 갈증이 해갈되는 경험을 했다. 프란시스 쉐퍼, C. S. 루이스, R. C. 스프라울, 제임스 보이스, J. I. 패커 등을 읽었고, 웹 사이트를 통해 아우구스티누스, 아퀴나스, 루터, 칼뱅, 스펄전 등의 고전적인 작품들도 파헤칠 수 있었다.

죄와 구원을 줄거리로 삼는 덴젤의 이야기는 미국 복음주의의 강점과 약점 모두를 잘 보여주고 있다. 그는 먼지 쌓이고 낡아빠진 소책자에서 간략한 복음의 메시지를 읽고 즉시 무거운 죄책감에서 해방되는 느낌을 맛보았다. 구원의 확신이 생수의 물줄기처럼 그의 영혼을 온통 뒤덮었다. 교회는 그를 환영했고, 세례도 주었으며, 예배할 처소를 마련해 주었다. 하지만 보다 단단한 지적인 양식-신학적 가르침과 변증-을 찾아 자신의 굶주림을 채우고자 했을 때에는 상당히 오래도록 고된 노력을 기울이지 않으면 안되었다. 아직까지도 그는 지성을 포함한 전인(全人)을 대상으로 사역하는 교회를 찾고자 애쓰고 있다.

 왜 복음주의 교회는 변증과 세계관에 있어 그토록 약한 것일까? 이 질문에 답하려면 옛 자료에서 복음주의 운동의 역사를 살펴볼 필요가 있다. 우리는 본서의 1부에서 기독교 세계관을 정립해야 하는 중요성을 논의하면서, 진리의 이층적 구분을 특징으로 하는 "이 세대를 본받지 말"아야(롬 12:2) 한다는 것을 강조했다. 2부에서는 다윈의 자연주의야말로 사실/가치의 이층적 분할을 유지하는 데 핵심적인 역할을 하고 있음을 살펴보았다. 그 결과 종교와 도덕은 지성이 없는 자연적 과정의 무의미한 산물로 전락했던 것이다. 이제 3부에서는 미국 복음주의의 역사를 깊이 추적하면서 복음주의가 왜 이층적 진리관에 묵종하게 되었는지를 살펴볼 예정이다. 어떻게 해서 복음주의는, 기독교를 개인적 경험의 영역인 상층부에 가두어 놓는 성/속 이원론을 받아들였던 것일까? 우리가 기독교를 모든 실재에 관한 진리 곧 총체적 진리로 보는 온전한 관념을 잃어버린 경위는 무엇일까? 우리를 여기까지 이끌어 온 그 길을 돌이켜 추적할 때에만 장차 미래를 향해 더 나은 길을 개척할 수 있을 것이다.

과거로 돌아가서

내 마음속에 복음주의의 역사에 관한 의문이 더욱 심화된 것은 「어떻게 살 것인가」에서 내가 맡은 부분을 끝내고 난 뒤였다. 나는 그 책을 쓰면서 기독교 세계관이란 주제에 깊이 빠져 있었는데, 마지막에 떠오른 중요한 의문은 **왜** 이 메시지를 전달하는 것이 이토록 어려운가 하는 점이었다. 세계관적 사고를 하지 못하게 막는 정신적 장애물은 무엇일까? 왜 복음주의자는 대체로 사유화된 신앙을 수용한 것일까? 이것은 학문적인 질문일 뿐더러 개인적인 질문이기도 했는데, 당시에 내가 만나는 실제 사람들에게 그 책의 주제를 전달할 방법을 찾고자 애쓰고 있었기 때문이다.

나는 복음주의 관련 서적을 섭렵하기 시작했다. 과거로부터 발견한 여러 다양한 패러다임들은 모든 조각이 잘 맞아 들어갔다. 오늘날 우리가 접하는 시대 흐름의 상당 부분이 복음주의 운동의 초창기부터 있던 특징이었다. 식민지시대에서부터 그것을 추적해 내려온다면 그런 특징이 과거 어느 때보다도 더욱 생생하게 드러난다. 우리가 품은 생각조차 외부의 관점에서 조망하지 않으면 그 모양새를 알아차리지 못할 때가 많다. 이는 마치 물고기가 물이 무엇인지 말할 수 없는 것과 마찬가지인데, 물은 물고기가 지금까지 알고 있었던 전부이기 때문이다. 역사적 관점을 취하는 것은 공중에 높이 올라가서 사진을 찍는 것과 같다. 시간의 범위를 통해 내려다보면 여러 흐름이 서서히 펼쳐지는 것을 간파할 수 있고 우리 시대를 들여다보는 통찰력도 생기게 된다. 결국 우리는 2백 년이 넘는 미국 역사의 상속자이며, 이렇게 상속된 사고의 습관들이 오늘에도 우리의 생각과 관습을 형성하고 있는 것이다.

나는 포괄적인 역사 서술을 하려는 것이 아니라, 다만 오늘날 교회의 지적 취약성을 진단하는 데 필요한 단서를 찾으려 할 뿐이다. 우리의 목표는 오늘날의 교회가 처한 상황에 빛을 비추어 줄 만한 패턴들을 집어내는 것이다. 알리스터 맥그래스가 쓴 책에 '복음주의의 어두운 면'이란 제목이 붙은 장이 있는데,[5] 어떤 의미에서는 그것이 우리가 여기서 다루려는 주제다. 복음주의 내에는 칭찬할 만하고 선한 것이 많지만, 우리의 초점은 역사와 유산 가운데서 기독교 세계관에 따른 사고를 계속 방해하는 요소들에 맞춰질 것이다.

역사적으로, 복음주의 운동은 크게 두 진영으로 나뉘어져 왔다. 첫째는 대중적 진영이라 부를 수 있는 것으로, 교리를 소홀히 하는 부흥운동 스타일이며 보통 사람들에게 호소력이 있다. 이 흐름은 남부의 여러 주에서 가장 강하며, 대부분의 침례교인과 감리교인과 회복운동(그리스도의 교회, 그리스도의 제자들, "그리스도인" 교회)이 포함된다. 둘째 진영은 합리주의와 학문적 성향의 흐름이었다. 거기에는 회중교회, 장로교회, 성공회 내의 복음주의자들이 포함되며, 이들은 그 교단들이 전통적으로 강조해 온 신학과 학문에 복음주의적 열정을 합쳤다.[6]

우리는 이 장과 다음 장에서 오늘날 교회 내의 숫자와 영향력 양쪽에서 주류를 이루게 된 대중적 흐름을 검토할 것이다. 활기가 넘치는 전도집회와 열정적인 부흥사들의 다채로운 일화를 통해 이 전통을 생생하게 접하게 될 것이다. 이어지는 11장에서는 학문적인 흐름으로 눈을 돌려서 미국의 사상사에서 가장 흥미롭고 훌륭한 인물 몇 명을 만나게 될 것이다. 마지막으로, 12장에서는 미국의 종교가 사회적·경제적 삶의 변화에 따라 어떻게 새로운 형태를 갖게 되었는지 살펴볼 것이다. 사실, 종교는 추상적인 관념에 불과한 것이 아니다. 종교는 구체적인 현실의 일부다. 따라서 종교에 대한 새로운 생각은 가정, 교회, 일, 심지어 남녀관계 등에 관한 새로운 생각과 서로 얽혀 있었다.

정체성 확인

복음주의란 무엇을 의미하는가? 아마 많은 이들이 성경을 믿고 헌신된 믿음을 가진 모든 그리스도인을 일컫는 말로 생각할 것이다. 나도 수년 동안 이처럼 넓은 의미로 그 용어를 사용했다. 그래서 내가 이 주제에 관해 연구조사를 시작했을 때, 어느 보수적인 루터교 목사(나는 루터교회에서 자랐다)가 루터교회는 분명히 복음주의가 **아니라고** 주장하면서, 복음주의가 루터교회에 침투하고 있는 현상을 경고하는 문헌을 접하고는 무척 의아해했다.

그렇다면 이 용어가 의미하는 바는 무엇일까? 미국의 역사가들은 보다 전문적인 의미로 이 용어를 사용하는데, 보통 부흥회 스타일의 설교와 개인적 회심("중생")의 강조를 특징으로 하는 제1차·2차 대각성운동에서 비롯된 운동을 지칭한다.[7] 그것은 교회 내에서 일어난 갱신운동이었기 때문에 그 목표는 불신자를 회심시키는 것이기보다는 명목상의 신자의 믿음에 활기를 불어넣는 것이었다. 즉 개개인으로 하여금 복음의 진리를 주관적으로 체험하도록 하는 것이었다.

종교개혁에 뿌리를 둔 고전적 개신교는 그리스도인의 삶을 대체로 교회의 공동예배와 전례에 참여하는 것으로 규정했다. 교회는 성직의 권위로 유지되는 신조와 신앙고백을 통해 그 정체성을 표현했다. 하지만 부흥운동은 그것의 상당 부분을 옆으로 제쳐 놓았다. 오히려 교회와 별개로 개인이 하나님께 직접 접근할 수 있다는 것을 강조함으로써, 그리스도인의 삶을 일차적으로 개인의 경건과 거룩함에 입각해서 규정했다. 그리하여 부흥의 언어는 반(反)권위주의적이고 반(反)전통적인 성향을 띠게 되었고, 전례와 예배의식을 공허한 외적 의식주의라고 비판했다. 오늘날까지 한 역사가가 다음과 같이 말할 정도다. "이 핵심사항을 놓쳐서는 안되는데, 그것은 말하자면 기독교의 공식적·교회적 특징보다 주관적·윤리적 측면을 강조하는 개신교인은 누구나 복음주의자라는 점이다."[8]

부흥운동과 상관없이 초연한 입장을 취한 몇몇 그룹이 있는데, 가톨릭교회, 루터교회, 독일 개혁교회, 화란 개혁교회, 구파(舊派) 장로교회 등이 그들이다. 이들은 때로 고백교회라 불린다. 하지만 뚜렷한 선을 긋기란 어려운데, 고백교회 내에도 부흥운동에 보다 호의적인 집단이 있었기 때문이다.[9] 더구나, 오늘날 루터교회 같은 집단이 자기 영역을 지키고자 경계를 늦추지 않고 있다는 사실 자체가 복음주의적 영성이 얼마나 널리 퍼졌는지를 보여주는 증거다. 좋든 나쁘든, 2백 년이 넘는 미국 역사에서 대중적 복음주의가 고백교회를 누르고 승리한 것이 사실이다.

역사가 마크 놀(Mark Noll)은 "복음주의자가 현재 북미에서 가장 큰 비중을 차지하며 가장 활발한 종교활동을 하고 있다"고 말한다.[10] 그리고 북미뿐 아니라 전세계에 걸쳐 그렇다. 「다음 세대의 기독교 세계」(*The Next Christendom*)에서, 필립 젠킨스(Philip Jenkins)는 아프리카와 아시아와 남미에서 가장 빠르게 성장하는 기독교 집단 역시 대중적 복음주의의 특징(체험적이며, 신학적으로 보수적이고, 개인의 회심과 초자연적 표적과 기사를 강조)을 나타내고 있음을 보여준다.[11] 그렇기 때문에 우리가 세계관의 메시지를 주변 사람들에게 전하고 싶다면, 우리의 교단적 배경이 무엇이든 대중적 복음주의를 파악할 필요가 있는 것이다.

승자는 누구?

복음주의가 끼친 영향을 평가해 보면 좋은 소식과 나쁜 소식이 섞여 있음을 알 수 있다. 좋은 소식이란 복음주의 운동이 놀랄 만큼 효과적으로 미국 사회를 "기독교화"했다는 것이다. 표 9.1을 보면, 식민지시대로부터 지금까지 미국의 교인 동향을 알 수 있다. 이 그래프는 로저 핑크와 로드니 스탁(Roger Finke & Rodney Stark)이 쓴 「미국의 교회 상황」(*The Churching of America*)에서 인용한 것인데,[12] 놀랍게도 식민지시대 이래로 종교가 있는 사람이 실제로 상당히 **증가했음**을 보여주고 있다. 식민지시대에는 모든 사람이 교회에 다녔다는 고정관념은 잘못된 것으로 드러났다.[13] 아울러 현대세

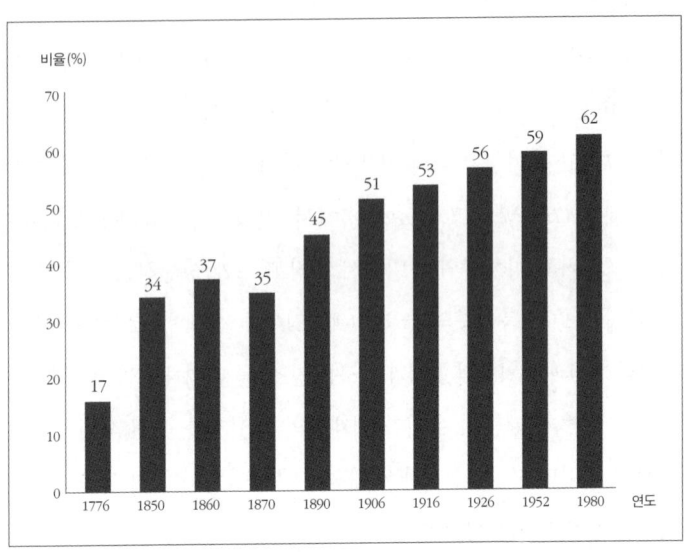

표 9.1_ 종교가 있는 사람들의 비율, 1776년-1980년. 이 숫자들은 사회가 근대화되면서 필연적으로 종교에서 멀어지고 세속화된다는 사회학자들의 가정이 오류임을 보여준다.

계에서 종교가 점점 힘을 잃고 있다는 고정관념도 잘못된 것이다. 신자의 수로 보면, 오늘날 교회는 아주 잘 하고 있다고 할 수 있다.

물론 숫자의 증가가 모든 것을 말해 주는 것은 아니다. 표 9.2를 보면, 1776년과 1850년 사이에(미국 독립전쟁에서 제2차 대각성 운동의 절정에 이르기까지) 여러 교단의 규모를 알 수 있다.[14] 그 기간에 얼마나 극적인 역전이 이루어졌는지를 주목하라. 독립전쟁 당시에는 종교가 있는 미국인의 반 이상(55%)이 회중교회, 성공회, 또는 장로교회에 속해 있었다. 당시만 해도 그 교단들이 우세한 지위를 계속 유지할 것으로 생각했을 것이다. 그러나 1850년에 이르면, 회중교회는 사실상 무너진 것이나 다름없다. 성공회도 크게 고전했

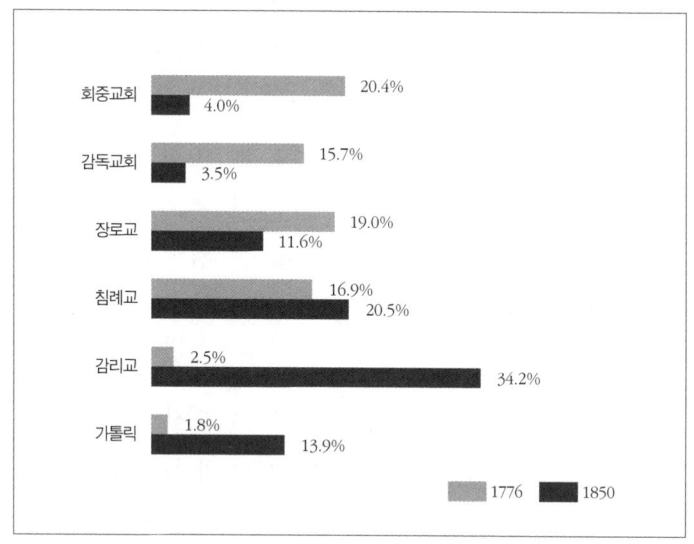

표 9.2_ 교단별로 본 신자의 비율(전체 신자 수에 대비한 비율), 1776년과 1850년 비교.
왜 일부 교단은 하락하고 다른 일부 교단은 빠르게 성장했을까?

다(그 부분적인 이유는 전쟁 중에 그들이 영국을 지지했기 때문이었고, 고국으로 돌아간 이들도 많았다). 장로교인은 어느 정도 성장했으나, 그래프에 나타난 것을 보면 인구 증가율 정도에 그친 것을 알 수 있다. 사실 "점유율"(전체 신앙인 가운데 차지하는 비율)로 보면 오히려 하락했음을 확인할 수 있다. 가톨릭교인 역시 늘어났지만 회심이 아니라 이민으로 인한 증가였다.

가장 괄목할 만한 성장을 이룬 교단은 침례교와 감리교다. 독립전쟁이 진행되는 동안, 대다수의 감리교 설교자들이 존 웨슬리의 지시에 따라 영국으로 돌아가서 새로운 출발을 했음에도 눈에 띄는 성공을 거두었다. 1850년에 이르러 감리교는 가장 규모가 큰 개신교 교단이 되었고 미국 전체 신자의 34%를 차지했다. 19세기를 "감리교의 시대"라고 부르는 역사가가 있을 정도다. 1906년에는 침례교에 추월을 당했으나 성장 속도는 꾸준히 유지했다.

미국에서 종교의 "성장"을 이야기할 때, 그 성장이 획일적인 모습이 아니었음을 염두에 둬야 한다. 미국이 독립을 얻은 다음, 일부 교단은 쇠퇴한 반면 다른 교단은 들불처럼 삽시간에 성장했다. 특히 침례교와 감리교, 그리고 (도표에는 없지만) 그리스도의 교회가 그러했다.

이런 양상을 어떻게 설명할 수 있을까? 왜 어떤 교회들은 내리막길을 걷고 다른 교회들은 급성장했을까? 한마디로 답하면, 승자는 제1차·2차 대각성운동에 참여한 복음주의 집단이었고, 패자는 그 신생 독립국에서 일어난 자유 종교 시장에서 경쟁하는 데 실패한 기존 교회들이었다.

정부가 상처입은 자들을 도와줄 때

독립전쟁 이전의 미국에서는 법적 제도에 의존한 교회들이 지배적인 위치에 있었다는 사실을 우리는 종종 잊는다. 뉴잉글랜드 주의 회중교회, 뉴욕·버지니아·메릴랜드·남북 캐롤라이나·조지아 주의 성공회가 그랬다. 여기서 법적 제도란 무엇을 뜻하는 것이었을까? 오늘날 우리의 현실과는 너무 동떨어져서, 당시 정부가 교회를 관리하는 데 얼마나 강력한 역할을 했는지 이해하기란 쉽지 않다. 흔히 주정부가 십일조를 거뒀다(모든 시민은 기존의 제도화된 교회에 다니든 안 다니든 십일조를 반드시 내도록 법률로 규정되어 있었다). 주정부는 교구의 경계선을 정하는 일, 새로운 교회의 건축을 보조하는 일, 교구의 재산을 관리하는 일, 성직자의 봉급을 지불하는 일, 성직자를 고용하고 면직하는 일, 반대자를 억압하는 조치를 취하는 일 등을 도맡아 했다. (예를 들면, 침례교 설교자들은 때로 투옥되고 매를 맞았다. 그런 일이 정말로 미국에서 벌어졌다!) 마지막으로, 여러 주에서 정부 관직은 교회를 다니는 정식 교인에게만 허락되었고, 관직을 위한 종교 시험까지 있었다.[15]

기존의 교회가 정부를 끼고 있었으니 상당히 유리한 위치에 있었다고 볼 수 있는데, 어느 정도 사실이었다. 그러나 궁극적으로는 그로 인해 오히려 교회는 약화되었다. 사업이든 학교든 교회든, 독점은 게으름을 낳기 마련이다. 성직자들은 흔히 특권층(일은 하지 않고 투자수익과 임대수입으로 사는 계급)처럼 사는 경우가 많았고 여가활동에 많은 시간을 들였다. 예를 들어, 스코틀랜드의 국가교회인 장로교의 경우 목사가 예배를 주관한 다음에는 "아무런 방해 없이 5일 동안 여가를 즐길 수도 있었다"고 토마스 찰머스(Thomas Chalmers)는 진술했다.[16]

이와 대조적으로, 복음주의 목사들은 복음을 전하는 데 쉴새없이 헌신한 열정적인 활동가들이었다. 그들은 예배의 횟수를 늘리고, 주일학교를 시작했으며, 성경공부반을 지도하고, 심방을 가고, 자선단체를 세우고, 선교회를 설립했다. 찰머스도 나중에 복음주의자가 되었는데, 한 해 동안 글라스고우 교구에 속한 11,000개의 가정을 심방한 것으로 유명하다! 복음주의자가 된다는 것은 목회

방식에 있어 상당한 변화를 뜻했던 것이다.

당시의 사람들은 그런 차이점을 민감하게 인식하고 있었다. 미국의 국가교회 제도가 폐지된 이후인 1837년에 쓰여진 한 문서는 미국의 자유교회와 영국의 제도교회를 생생하게 대비하고 있다. 양쪽 교회를 직접 경험한 필자는, 법적 제도가 성직자를 "빈둥대고 나태하게" 만드는 것을 보았다. 그것은 이미 수입이 보장되어 있는 사람은 "살기 위해 전력을 다해야 하는 사람만큼 열심히 일하려" 하지 않기 때문이다. 그 결과, 미국인들은 삼중적인 이득을 얻었다고 필자는 결론을 내렸다. "그들에게는 **더 많은** 설교자가 있다. 더 **활동적인** 설교자가 있고, 유럽의 어느 곳보다 더 **값싼** 설교자가 있다."[17]

신앙의 독점은 성직자뿐 아니라 교인들 사이에서도 종교적 무관심을 낳는다. 이것이 바로 식민지시대에 종교에 가입한 비율이, 우리가 흔히 생각하는 것보다 더 낮은 이유 중 하나다. 오늘날 비슷한 사례를 찾자면, 스웨덴 같은 사회는 누구나 루터교인이고, 이탈리아는 모두가 로마 가톨릭교인이라고 추정하는 것과 비슷하다. 이런 나라에서 종교활동에 참여하는 수준은 미국과 비교할 때 놀라울 정도로 낮다.[18]

마지막으로, 제도화된 교회가 가장 먼저 신학적 자유주의로 빠지는 경향이 있었다. 교회가 부유할수록 성직자가 사회적 지위를 누리고 공식적인 학문훈련을 받을 확률이 높다. 따라서 당시 유럽 대학에서 등장하고 있던 자유주의를 수용할 가능성도 높았다. 미국의 독립전쟁이 일어나기 전에, 하버드와 예일 대학의 앞서가는 학자들은 이미 유니테리언교도(Unitarian, 그리스도의 신성을 부정하고 성부의 신성만 인정하여 삼위일체 교리에 반대하는 교파로, 에머슨 등 미국 지식인 사회에서 유행했다―편집자)가 되었다. 그들은 회중들에게 회개하고 구원을 받으라고 권하는 대신, 초자연적인 요소를 하나둘 벗겨낸 "이치에 맞는 종교"에 관한 고상한 강의를 했다. 제1차·2차 대각성운동이 일어나자 자유주의 성직자들은 그에 대해 반대 입장을 확고히 했고, 자신들은 부흥사들의 "가슴의 종교"에 반하여 "이성"의 편에 선다고 선언했다.

그것은 확실히 실패로 가는 길이었다. 교회가 살아남으려면 그 시대에 순응해야 한다는 것이 일반적인 생각이다. 그러나 실상 그 반대가 참이다. 어느 역사를 보아도, 신자들이 주변문화와 거북한 관계를 맺는 종교집단이 가장 빠르게 성장했다. 즉 어느 집단이 주류사회와 긴장관계가 강화될수록 성장률이 더 높다는 것이 일반적인 원리다.

"종교기관은 그 구성원들에게 희생과 성흔(聖痕, stigma)과 같이 상당한 대가를 요구하는 만큼 견고해지기 마련이다"라고 핑크와 스탁은 쓰고 있다. 왜 그런가? 많이 요구하는 종교는 또한 많이 주기 때문이다. 노골적으로 초자연적인 종교는 "이치에 맞는 종교"나 사회적 행동주의로 묶어진 복음보다 그 추종자들에게 더 많은 것을 요구할 것이다. 그러나 요청한 다음에는 교리적 내용, 강렬한 영적 체험, 하나님께 직접적인 접근의식과 같은 훨씬 더 많은 보상을 준다. 핑크와 스탁의 냉정한 논평처럼, 사람들은 "사회적 봉사를 하기 위해서가 아니라 구원을 찾아서 교회에 가는 것이다."[19]

서부 변경의 종교

이러한 원리는 어느 사회에서든 타당하지만 특히 미국 역사에 잘 적용된다. 미국 역사의 대부분 기간 동안 거대한 서부 개척지가 있었기 때문이다. 표 9.3의 지도는 1850년, 곧 제2차 대각성운동의 절정기(앞의 도표에 나온 마지막 연도와 같다)에 종교가 있는 사람들의 비율을 보여준다. 당시만 해도 전 영토의 절반 정도에만 미국인이 살고 있었음을 유의하라! 그 연대를 좀더 피부에 와 닿게 느끼고자 나는 내가 1950년대에 태어났음을 상기해 보는데, 그렇다면 이 지도는 내가 태어나기 불과 백 년 전의 상황을 보여주고 있는 것이다. 그리고 서부 개척지에 위치한 주가 어디인지 살펴보라. 미시간, 미주리, 텍사스 주였다. 즉 미국 역사의 **대부분**은 변경이 서쪽으로 점차 이동하는 모습으로 지도에 옮길 수 있다는 말이다. 거의 3백 년이 걸린 변경 서진(西進)의 역사였다. 그같이 역동적인 개척의 삶이 20세기가 동틀 무렵까지 줄곧 미국문화의 많은 부분을 특징지웠던 것이다.

그러면 그 개척지의 상황은 어떠했을까? 첫째, 서부 개척지는 거칠고 위험한 곳이었다. 이렇게 생각해 보자. 사람들이 서부로 이동하는 속도가 너무 빨라 사회제도가 따라잡을 수 없는 정도였다. 학교나 교회, 지방정부가 없는 경우가 많았고 심지어 가족조차 없는 경우도 있었다(다수의 독신 남자들이 서부로 갔다).[20] 서부로 떠난 이들 중 많은 수가 과거를 등지고 도망한 범법자와 떠돌이였다. 미국문화를 통찰력 있게 관찰한 프랑스 귀족 알렉시스 드 토크빌

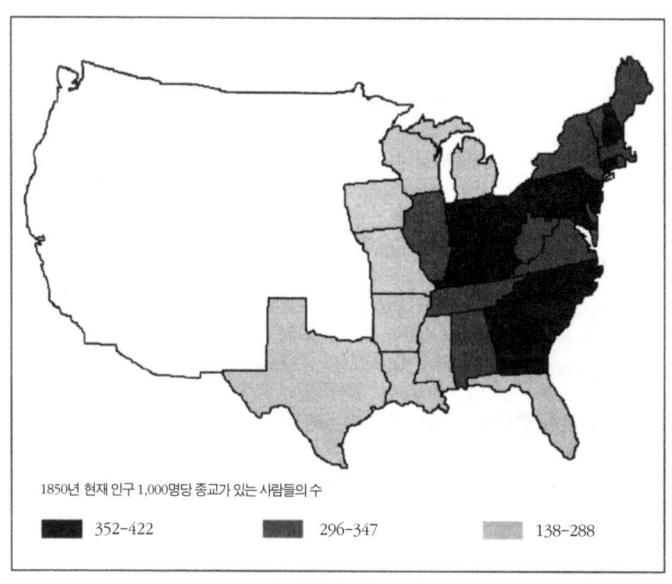

표 9.3_ 미국 역사의 대부분 기간 동안 복음을 전할 개척지가 존재했다.

(Alexis de Tocqueville)이 1840년에 직접 기술한 내용을 들어 보자. 서부로 갔던 자들은 "어떤 멍에든 참지 못했던 모험가요, 부에 눈먼 욕심쟁이요, 자신이 태어난 주에서 추방된 자들이었다. 그들은 서로를 모른 채 황야 깊숙한 곳에 도착했다. 그들을 제어할 만한 전통, 가족의 유대감, 본보기가 전혀 없었다."[21]

당시의 개척지 상황을 떠올리려면 핑크와 스탁이 썼듯이 이러한 그림을 그려 보면 된다. "떠돌이 사내들, 도박꾼, 신용 사기꾼, 창녀, 술집 주인이 우글대고 교회나 학교, 품위 있는 여자란 **없는** 그런 마을 말이다."[22]

당시에 교회가 직면한 문제는, 그처럼 교양이 없고 무지막지한 사람들에게 어떻게 효과적으로 신앙을 전할 것인가 하는 것이었다. 그처럼 사기와 속임수가 판치는 마을에 당신이라면 어떻게 신앙을 소개하겠는가? 해답은 바로 부흥운동 당시 감리교인과 침례교인들이 했던 활동이었다. 사람들의 멱살을 잡고서 초자연적인 능력이 임하는 뜨거운 감정적 체험을 하도록 설득하는 일이다. 그리고 술을 끊고, 총질도 멈추고, 똑바로 살라고 충고하는 것이다.

바로 이처럼 강렬한 감정이 수반된 회심의 체험이 제1차·2차 대각성운동의 전도집회가 목표로 삼았던 것이다. 어떤 깊이 있는 가르침이나, 복잡한 교회 의식, 난해한 신학이나 엄숙한 찬송가도 없었다. 부흥사들은 단순하고 통속적인 언어와 부르기 쉬운 민요의 곡조를 활용했고, 사람들의 주목을 끌고 그들의 감정을 움직이기 위해 극적인 기교를 동원하여 메시지를 전했다. 복음주의 전도자들은 과거로부터 내려오던 가르침 중심의 설교양식을 깨고, 청중을 위기의 순간까지 몰고 가서 회심을 체험하도록 유도하는 설교를 하기 시작했다. 그들은 교회에 다니면서 서서히 자라는 신앙을 말하지 않았다. 그리스도인이 되려면 한 번의 회심사건으로 충분하고, 그것만이 유일한 근거가 된다고 설파하기 시작했다.[23]

폭풍을 뚫고 다니는 사람들

서부 개척지에서 성공하는 데 필요한 또 하나의 열쇠는 당신이 몸소 거기에 **있어야** 한다는 것이다. 즉 거친 삶을 사는 거친 사람들 가운데서 사역하려면 안정된 도시의 안락한 생활을 희생할 수 있어야

표 9.4_ 감리교의 전도집회 (1819년 3월 1일).
죄와 은혜에 관한 부흥사의 메시지를 듣고자 인근의 사람들이 몰려왔다.

한다. 일반적으로 자리를 잡은 성직자는 그럴 의향이 없었다. 주정부가 후원하는 교회에서(그리고 보통 부유한 교회에서도) 목회자의 훈련은 길고 값비싼 과정이었기에 성직자가 늘 부족했고, 그 결과 그들은 봉급과 목회지를 협상할 때 상당히 유리한 위치를 점할 수 있었다. 그래서 많은 이들이 미처 개척되지 않은 변경으로 가기를 거부했다.

이와 대조적으로, 감리교의 순회전도자들은 개척지에서 전설적 인물이 되었다. 그들은 거의 말안장에서 살다시피 하면서 계속 이리저리 돌아다녔다. 변경의 자그마한 거류지에도 기꺼이 가서 전도할 준비가 되어 있었고, 심지어는 각 가정까지도 찾아갔다. 이들 대부분이 독신이었고(너무 자주 여행길에 올랐기에 가정을 꾸릴 수 없었다), 거의 사례 없이 일했으며, 고생이 너무 심해 문자 그대로 젊어서 죽었다. 한 사역자는 그들에게 변경에 적합한 "날렵한 포병대"라는 별칭을 붙여 주었다. 그들이 끔찍한 여건과 나쁜 날씨를 무릅쓰고 용감히 다니는 것이 널리 알려지면서, 아주 극심한 폭풍이 몰아치면 "오늘밤에는 까마귀와 감리교 전도자들 외에는 아무도 나다니는 자가 없을 것"이라고 사람들이 이야기할 정도였다.[24]

이와 비슷하게, 침례교 전도자들 대부분이 농부였고 이들은 자기 이웃에게 사역했다. 많은 이들이 최소한의 신학교육만 받았고, 그들은 자신들이 접근하려는 사람들과 같은 수준의 언어로 전했다. 부흥집회에서 회심한 사람이 곧 이어 다른 집회의 준비를 돕다가 시간과 돈이 되면 신학교육을 조금씩 받는 경우가 적지 않았다.[25]

이것은 전혀 새로운 현상이었다. 기독교가 4세기에 로마제국의 국교가 된 이래, 교회가 줄곧 지배계급과 연관되어 왔다는 사실을 우리는 종종 잊는다. 미국이 독립국가가 될 무렵, 유럽의 대다수 나라는 여전히 국가교회 체제였기에 교회가 상당한 정치권력을 행사했고 정부의 관직을 차지하고 있는 경우도 잦았다. 예를 들어, 영국에서는 성공회 주교들이 하원에 자리잡고 있었다(지금도 그렇다). 식민지 미국에서도 성직과 관직이 서로 얽혀 있었고, 그래서 십일조와 주일예배 참석이 법적인 강제성을 띠었다. 어느 지역에서나 가장 많이 교육받은 자는 목사였고, 그들이 곧 존경받는 지도자이기도 했다.

부흥사들은 이런 엘리트주의를 무척 혐오했다. 그들은 종교를 "대중화"하고자 나섰다. 보통 사람들에 대한 뜨거운 관심이 있었던 그들은, 교육받지 못한 이들에게 스스로 신앙을 탐구할 권리가 있다고 선언했다. 쉬운 표현과 즉석 설교를 통해 그들이 전한 복음은 누구나 가까이 할 수 있었다. 사전 준비 없이 감정에 호소하는 그들의 설교는 보통 성직자가 미리 준비한 원고를 읽어 내려가던 당시의 관습에 비추어 전혀 새로운 모습이었다. 존 웨슬리의 말에 따르면, 부흥사들은 "평범한 사람들에게 평범한 진리"를 전하고 싶었을 뿐이다.[26] 과거의 계층적 모델 아래에서 수동적 수용자로 간주되던 일반 신자들이 이제 능동적 참여자가 되었다.

부흥사들의 관심은 가난한 자와 추방된 자를 넘어 노예에게까지 미쳤다. 독립전쟁 때만 해도 노예와 자유인을 막론하고 흑인 그리스도인은 극소수에 불과했다. "19세기에 들어서도 성공회와 장로교회는 그들 소유의 노예들조차 복음화시키지 못해 비통해 하고 있었다"고 역사가 네이선 해치(Nathan Hatch)는 말한다.[27] 하지만 그 후 30년에 걸쳐 수천 명의 아프리카계 미국인들이 복음으로 돌아섰다. 무엇이 그들을 끌어들였던 것일까? 부흥사들이 사용한 쉬운 구어체의 설교방식이었다. "다른 교단의 설교는 너무 수준이 높아서 도무지 그 교리를 이해할 수 없었다"고 아프리카계 감리교 감독교회(African Methodist Episcopal Church)의 창립자인 리처드 앨런(Richard Allen)의 말이다.[28] 반면에 감리교와 침례교의 설교방식은 쉽고 직접적이며 극적이었다. 엄숙하고 절제된 예배형식을 강요하지 않았으며, 아프리카계 미국인의 민속적 유산인 풍부한 표현을 긍정하면서 즉흥적인 찬송과 영창과 환호를 부추겼다.

미국에서 신앙인의 수가 증가한 현상을 고찰해 볼 때 가장 현저한 사실은, 그것이 기존의 제도화된 교회가 **아니라** 당시 "갑자기 등장한" 집단이라고 불리던 복음주의 집단 가운데서 일어났다는 것이다. 이것이 복음주의와 관련된 좋은 소식이다. 이처럼 변경에서 갈고 닦은 부흥운동의 기술은 나중에 찰스 피니(Charles Finney) 같은 인물에 의해 도시 스타일로 변형되었다. 그는 전도집회 방식을 취하되 거기에 양복을 입히고 도시의 언어로 격상시켰으며, 전문가층(법조인과 사업가)에 맞는 어조로 설교했다.[29]

그동안 기존 교회에는 무슨 일이 있었는가? 기존 교회는 느리면서도 꾸준한 하향세를 밟았고 그 추세가 지금까지도 계속되고 있다. 한동안 그런 하향세를 감출 수 있었다. 왜냐하면 미국의 인구가 급격하게 증가하였기에 교인의 수가 실제 인구 증가율에 못 미치더라도 절대적인 수치로 보면 계속 증가했기 때문이었다. 하지만 1960년대에 이르면, 주류 교회들은 그 절대적 수치마저 떨어지고 있다는 사실을 더 이상 숨길 수 없게 되었다. 1972년에 신학적 자유주의 진영인 교회협의회(National Council of Churches)의 임원 딘 켈리(Dean Kelley)가 「왜 보수적인 교회가 성장하는가」(Why Conservative Churches Are Growing)라는 책을 써서,[30] 처음으로 주류 자유주의 교회가 죽어가고 있음을 솔직하게 진술했다. 그의 동료들은 유쾌하지 못한 진실을 공공연하게 떠벌린다고 그를 통렬하게 비난했으나, 오늘날에는 자유주의자들마저도 복음주의 교단이 모든 예측을 깨고 현대세계에서 죽지 않았을 뿐 아니라 오히려 계속해서 번창하고 있음을 인정한다.[31]

전반적으로 볼 때, 산업화된 국가들 가운데 미국이 가장 종교적인 나라로 이제까지 유지된 것은 대체로 대각성운동 덕분이다.

복음주의는 기독교를 대중화함으로써 사회의 모든 계층에 스며들었다. "1790년만 해도 미국인의 10%만이 교회에 정식 등록한 교인이었으나, 남북전쟁이 일어날 즈음에는(1861년) 그 비율이 여러 배 늘었다"고 마크 놀은 말한다. 이런 극적인 증가의 주요 원인은 바로 "부흥사들의 열성적인 수고"였다.[32]

변경지방의 복음화

이제까지의 이야기가 대중적 복음주의 진영에 관한 좋은 소식이라면, 나쁜 소식은 무엇일까? 그 과정에서 복음주의적 지성에 무슨 일이 일어났을까? 왜 복음주의 운동이 대체로 반지성적이 되었고, 주류문화와 소통하는 법을 잃어버렸을까? 아이러니하게도, 그 운동을 성공으로 이끈 몇 가지 요인에 그 답이 있다. 이제 그 몇 가지 주요 요인을 살펴보고, 이 장과 다음 장에 걸쳐 일련의 짧은 이야기들을 통해 그 요인들이 어떻게 극적으로 펼쳐졌는지 고찰해 보자.

첫째, 강렬한 회심의 체험에 초점을 맞추는 것은 사람들을 신앙으로 인도하는 데 있어 매우 효과적이었다. 그러나 그것은 동시에 종교를 감정의 견지에서 재정의함으로써 신학과 교리, 믿음의 인지적 요소 일체를 무시하는 방향으로 나아갔다. 이런 성향은 기독교가 비인지적인 상층부의 경험이라는 개념을 강화시킴으로써 엄청난 손상을 가져왔다.

둘째, 통속적인 언어와 쉬운 민요의 사용은 일반 대중에게 다가서는 데 있어 매우 효과적이었다. 하지만 부흥사들은 그보다 훨씬 더 나아가서 신학교육을 영적인 죽음과 동일시하는 우매한 모습을 숨기지 않고 드러냈다. 그들이 즐겨 한 농담 중 하나는 "저기 동편의〔유럽의〕" 교육받은 성직자를 놀리는 것이었다.

셋째, 가정이나 교회로부터 떨어져 있는 개개인에게 복음을 전하는 것은 신앙의 극적 상황으로 몰고 가는 데 있어 매우 효과적이었다. 그러나 동시에 교회에 대한 철저한 개인주의적 견해를 낳았고, 그 결과 교회사의 위대한 지성들이 수세기에 걸쳐 발전시킨 풍부한 지적 유산을 배격하게 했다. 여기에는 신조와 신앙고백같이 믿음에 관한 공동선언 속에 담겨 있는 교리도 포함된다. 많은 복음주의자들이 미국의 정치 분야에 유행하기 시작한 개인주의를 무비판적으로 받아들여 그대로 교회에 옮겨 놓았다. 원자론적이고 비의존적인 교회론은 성경의 가르침을 반영한 것이 아니라 당대의 정치철학에서 나온 것이다.

마지막으로, 부흥운동은 새로운 리더십 모델을 낳았다. 목사는 더 이상 언약 공동체를 가르치는 교사가 아니라 수많은 청중을 감동시키는 능력을 지닌 유명인사였다.

물론 이런 흐름이 모든 복음주의 집단의 특징은 아니며, 이러한 모습이 처음부터 완전히 드러난 것도 아니었다. 이제 살펴보겠지만, 그 같은 새로운 태도의 씨앗은 제1차 대각성운동 때 심겨졌고(이 장의 남은 부분에서 볼 것이다) 제2차 대각성운동에 가서 만개했다(다음 장에서 다룰 것이다). 이제 내가 역사적 풍경을 스케치하는 동안, 그 가운데 특징적인 주제 몇 가지를 찾아보기 바란다.

미국을 휩쓴 횟필드

제1차 대각성운동은 조지 횟필드(George Whitefield)라는 젊은 영국인 복음전도자가 식민지 미국에서 선풍적인 인기를 불러일으키고 등장하면서 시작되었다. 그는 노천, 들판, 길거리 등 듣는 사람이 있는 곳이면 어디에서든 복음을 전했다. 한때 배우였던 그에게는 연극적 재능이 있었고, 이제 그는 그 열정을 하나님 나라를 세우는 데 사용했다. 한 전기작가는 「하나님의 극작가」(The Divine Dramatist)라고 제목을 붙이면서 횟필드가 새로운 설교방식을 개척했다고 말한다. 즉 그는 "학자형 설교자에 반대되는 배우형 설교자"였다는 것이다.[33] 그는 두 손을 들고, 발로 구르고, 성경의 이야기를 몸으로 연출하고, 큰소리로 우는 등 온몸으로 설교했다.

이러한 방식이 전혀 새로운 것이었음을 인식하려면, 당시의 설교 스타일이 얼마나 절제되고 가라앉은 분위기였는지를 알아야 한다. 내가 유럽에서 살 때 한번은 스웨덴 농촌에 있는 7백 년 된 루터교회를 방문하고서 옛적의 설교방식을 맛본 적이 있다. 목사가 한 시간 내내 교인은 거의 쳐다보지도 않은 채 단조로운 어조로 설교 원고를 읽고 있었다. 반면에 즉석 설교를 시도하고 감정적 반응과 심령의 변화를 일으키려고 한 이들이 바로 부흥사들이었다. 횟필드의 설교가 너무나 성공적이어서 심지어는 그가 "메소포타미아"라는 단어를 발음하는 것만으로도 청중을 울릴 수 있다는 농담까지 생겼다.

횟필드는 당시 상업계의 마케팅 기법을 빌려다가 전도여행을 선전하는 데 활용한 개척자이기도 하다. 과거에 나는 횟필드의 전도집회에 모여든 거대한 군중이 모두 자발적으로 온 줄로 생각했는데, 대부분의 경우 신중하게 미리 짜놓은 계획에 따라 운영된 것이었다. 그가 어떤 도시를 방문할 계획을 세우면 먼저 일꾼들을 보내어—최대 2년 전에—전단을 배포하고 시설을 확보하게 했다. 또한 언론과 신문 광고, 인쇄된 설교문을 통해 지속적으로 사전 광고를 했다. "그는 당시에 종교 진영에서는 들어본 적이 없는 자기선전과 홍보 전략을 따랐다"고 한 역사가는 말한다. 그는 "언론의 주목을 더 끌기 위해 숫자를 과장하거나, 군중과 신문 홍보를 끌어내기 위해 집회를 다시 개최하기까지" 했다고 한다.[34] 말하자면, 그의 집회는 식민지 미국에서 가장 잘 홍보된 행사로 꼽힐 정도였던 것이다.

역사가 해리 스타우트(Harry Stout)는 휫필드를 미국 "최초의 근대적 유명인사"라 부름으로써 그의 새로움을 한마디로 요약한다. 어떤 의미에서 새로웠던 것일까? 그의 영향력이 어떤 제도적인 인준, 곧 교회나 교단이 개인에게 수여하는 학위와 안수 같은 것에 근거하지 않았다는 점에서 그렇다. 그 대신 그의 신빙성은 그의 인물됨과 인기, 곧 군중을 움직일 수 있는 능력에 근거했다. 지역교회의 목사와는 달리, 휫필드와 같은 부흥사들은 개인적으로 알고 있는 회중을 대상으로 설교한 것이 아니다. 그들의 집회에는 개인적으로 그들을 전혀 모르는 낯선 이들로 이루어진 대규모 청중이 모여들었고, 따라서 이들은 선전과 광고를 통해서만 그곳을 찾아올 수 있었다.[35]

여기서 우리가 다루려는 몇 가지 주제가 등장하고 있는 것이 보이는가? 감정적 반응에 집중, 유명인사 같은 지도자, 정교하게 짜여진 홍보, 지역교회의 회중과 동떨어진 개인. 다시 말하건대, 내 목적은 완전한 역사적 설명을 제시하는 것이 아니라, 오늘날 기독교 지성을 상실한 이유를 설명하는 데 도움이 되는 주요 패턴을 부각시키려는 것이다. 두 차례에 걸친 대각성운동을 통해 하나님이 이 땅에서 권능의 역사를 일으키셨다는 사실은 의심할 여지가 없다. 굉장히 많은 사람들이 자신의 죄를 깨닫고 나서 용서와 은혜의 기쁨을 발견했다. 휫필드와 다른 부흥사들이 직접 기록한 이야기를 읽어 보면, 하나님을 향한 그들의 뜨거운 사랑과 사람들을 하나님 나라로 불러들이려는 간절한 열망에 감동을 받지 않을 수 없다. 하지만 우리가 오늘날의 반지성주의를 단호하게 진단하려 한다면, 중요한 씨앗이 이미 뿌려지고 있었음을 인식하지 않으면 안된다.

가슴 대(對) 머리

오늘날의 그리스도인들은 대각성운동을 긍정적으로 보기 때문에 그것이 당시에 왜 그처럼 격렬한 논쟁을 불러일으켰는지 이해하기란 어렵다. 제1차 대각성운동 때 장로교를 비롯한 일부 교회가 실질적으로 부흥회파와 신앙고백파로 분열되었고, 동시에 어떤 집단들은 완전히 떨어져 나가 독립 교단이 되기도 했다(침례교회가 종종 그랬다). 그 두 진영을 갈라놓은 것은 회심시 감정이나 체험의 역할을 둘러싼 의견대립이었다.

대각성운동에 반대한 사람들은 그리스도인의 삶이란 신앙과 거룩함이 점진적으로 성장하는 것이며, 이는 교회의 전례와 가르침에 참여하는 이른바 "기독교적 양육과정"을 통해 이루어진다고 보았다. 그것은 지식이 증가하는, 전적으로 합리적인 것이라고 주장했다. 한 비판가가 표현하듯이, "회심에 있어서 영혼의 행위는 가장 합리적인 행위다."[36] 이것은 인간을 뛰어난 이성적 피조물로 보는 계몽주의의 견해(고전적인 헬라문화에서 재생된)를 반영하는 것이었다. "열정"은 이성을 방해하는 세력으로 불신을 받았다. 비판가들은 부흥사들이 무지한 서민들의 열정을 자극하여 사회질서를 전복시키고 있다고 비난했다.

이와 대조적으로, 대각성운동의 지지자들은 신학적 명제에 대한 지적인 동의만으로는 불충분하다고 주장했다. 정말 필요한 것은 "마음의 변화" 또는 "새로운 탄생"이라고 했다. 이러한 주제는 유럽의 경건주의에서 온 것으로, 이성에 초점을 둔 계몽주의를 배격하고 감정을 중시한 낭만주의를 포용한 사조였다. "우리에게 필요한 것은 머리를 채우는 것이 아니라 가슴이 감동을 받는 것이다"라고, 제1차 대각성운동의 탁월한 이론가였던 조나단 에드워즈(Jonathan Edwards)가 1743년에 썼다.[37] 그를 따랐던 이들 가운데 한 사람은, 최고의 설교자란 "그 가슴이 신성한 것들의 영광으로 온통 사로잡힌 자"라고 묘사했다.[38]

식민지시대의 대다수 사람들이 명목상으로나마 그리스도인이었고 대각성운동의 일차적 목표가 영적인 냉담함과 무관심을 배격하는 것이었다면, 감정을 강조한 것은 어쩌면 불가피한 조처였다. 공공연한 무신론자가 거의 없는 상황이었기에, 부흥사들은 사람들을 기독교로 회심시키려 하기보다 이른바 "체험적인 종교"를 추구했다. 즉 종교적 진리는 믿기만 해서는 안되며 실제로 체험해야 한다고 생각했다.

제2차 대각성운동의 초기에 있었던 전형적인 회심 이야기를 들어 보자. 제임스 맥그레디는 장로교 목사가 되려고 공부하고 있었는데, 그 계기는 자신이 정통신학을 견지하고 있고 도덕적인 실천에서도 흠잡을 데가 없었지만 그것으로 충분하지 않다는 생각이 불현듯 들었기 때문이었다. "그가 **자신의 감정**을 점검하면서 '성령의 충만을 받으라, 기쁨이 충만하여, 성령의 충만함을 입어, 성령의 기쁨으로……' 같은 성경구절에 자기 감정을 견주어 보았을 때, 그는 그러한 것을 체험으로 알고 있지 않은 것 같았다"고 초기의 한 역사가는 기록했다.[39] 맥그레디는 안수를 받고 나서 자기의 설교 목표는 사람들로 하여금 "기독교를 가슴으로 **느끼고** 있는가? 내가 회심했다면 그것을 **느끼며** 알고 있는가?"라고 자문하게 하는 것이라고 했다.[40]

기독교를 "가슴으로 느끼게" 하는 것을 강조했다고 해서 복음주의자가 명백한 반지성주의자였다는 말은 아니다. 적어도 초기 단계에는 그렇지 않았다. 그들이 반대한 것은 지적인 지식으로만 하나님을 아는 것이었다. 많은 이들이 경건과 합리주의 사이에서 균형을 잘 잡고 있었고, 에드워즈가 아주 탁월한 사례다. 에드워즈는 고등교육을 받은 자로서 신학 지식과 영적 열정을 모두 갖춘 훌륭한 인물이었다. 일반 역사가들조차 그를 미국 역사에서 가장 위대한 지성의 하나로 꼽는다. 부흥운동의 지지자들은 프린스턴·러트거스·브라운·다트머스 등 여러 대학을 설립하기도 했다.

그럼에도, 새로운 탄생은 항상 "갑작스러운 열광적인 기쁨"과

"다함이 없는 환희"를 낳는다는 식의 정서적인 용어로 표현되었다. 당시의 한 회심자는 그것을 가장 확실한 "행복으로 가는 길"이라 불렀다. 어느 역사가는 약간 비꼬는 투로 평하기를, 새로운 탄생을 통해 끝없이 감정적 환희를 추구한 것은 "행복을 추구하는 복음주의의 모습을 보여주었다"고 했다.[41] 따라서 개신교가 두 층으로 나누어지고 있었다고 말할 수 있다. 부흥사들은 정서적 회심(상층부)을 추구했고, 부흥운동을 반대한 이들은 합리적인 종교(하층부)를 변호했다.[42]

도전적인 개인주의

한걸음 더 나아가, 제1차 대각성운동의 부흥사들은 교회의 권위를 공격하기도 했는데, 이는 결국 지식과 학문의 자연스런 권위조차 깎아내리는 방향으로 나아갔다. 부흥사들 가운데 상당수가 좋은 가문에 교육도 많이 받았지만 아이러니하게도 스스로를 사회의 주변인이라고 생각했다. 기회가 있을 때마다 그들은 반대자들을 교회의 "고귀하고 힘 있는" 장로로 묘사한 반면, 스스로는 가난한 자나 "보통 사람들"과 동일시했다.[43]

언약 공동체를 대상으로 사역하는 지역교회 목회자와는 달리, 부흥사는 여러 회중과 교단에서 모여든 다양한 군중을 상대로 설교할 때가 잦았다. 이것이 중요한 변화인 것은, 거기에 모인 개개인은 어느 교회에 속한 교인이 아니라 **한 명의 개인으로** 설교를 들었기 때문이다. 사실, 부흥사들은 여기서 더 나아가 사람들에게 자신의 지역교회를 떠나 참으로 회심한 목사를 찾으라고 공공연하게 권유하기도 했다. 이는 청교도의 언약신학에 비추어 볼 때 충격적인 발상이었다.

이런 메시지가 왜 그처럼 큰 동요를 불러일으켰는지 이해하려면, 17세기의 사회질서에 대한 입장이 매우 공동체적이며 유기적이었음을 알아야 한다. 당시는 아무도 가정과 교회와 지역 공동체에서 분리된 자기 존재에 대해 생각할 수 없던 시대였다. 목사가 어떤 지역 교구로 청빙받을 경우 그것은 결혼 제안과 비슷한 것이었다. 즉 목사는 그 교구의 회중들과 영구적인 관계를 맺고 평생 거기에 머물 것으로 기대되었다.[44] 이와 마찬가지로, 교인들도 그 지역 교구에 언약으로 묶여 있었다.

그러므로 부흥사가 개개인을 겨냥하여 메시지를 전하고 그들에게 종교와 관련하여 독자적인 결정을 하도록, 그리고 보다 넓은 사회에 미칠 영향과 상관없이 그 결정에 따라 행동하도록 권유한 것은 일종의 과격한 일탈이었다. "경건은 더 이상 지역 공동체 및 공동의 영성과 뒤얽혀 있는 그 무엇이 아니었다"고 스타우트는 설명한다. "강조점이 보다 개인주의적이고 주관적인 경건의식으로 옮겨졌으며, 이는 '새로운 탄생'이라는 내면적이고 고도로 개인적인 체험 안에서 그 본질이 표출되었다."[45]

부흥사들은 완강한 전통적 속박에서 개개인을 해방시키기 위해 종종 논쟁적이고 도전적인 말투를 사용했다. 예를 들면, 나중에 뉴저지 대학(프린스턴)의 학장이 된 새뮤얼 핀리(Samuel Finley)는 청중에게 당장 자신의 교구목사의 편에 설지 반대편에 설지를 결정하라고 촉구했다. "여러분 육신의 신중함에서 떠나십시오! 그리고 하나님이나 바알 중 하나를 따르십시오. 우리와 함께하지 않는 자는 우리를 반대하는 자입니다." 그리고는 그들에게 결심한 대로 살라고 촉구했다. 설령 그로 인해 "교회가 분열되고 회중과 가정이 나뉘고 사람들 사이에 불화가 생긴다" 하더라도, "여러분의 이웃이 여러분에게 화를 내고 여러분을 꾸짖는다 하더라도" 그렇게 하라고 했다.[46] 어느 역사가는 "대각성운동의 가장 과격한 모습 중 하나는 도전적인 개인주의라는 새로운 정신"이라고 했는데,[47] 핀리의 말이야말로 적절한 사례라 할 수 있다.

부흥운동 진영은 또한 지역교회 성직자를 향해 신랄한 비난의 포문을 열고서 그들을 영적으로 죽은 자요 육신적인 자라고 선언했다. 제1차 대각성운동 당시 가장 유명한 설교 중 하나는 뉴 사이드 장로교회의 지도자였던 길버트 테넌트(Gilbert Tennent)가 '회심하지 않은 목회사역의 위험'이란 제목으로 한 불타는 설교였는데, 그는 사람들에게 그리스도인의 자유를 행사하여 교구목사를 버리고 "새로운 탄생"을 거쳐 진정으로 회심한 경험이 있는 목사를 택하라고 촉구했다. 그와 같은 종교적 독립선언이 특히 젊은이들 사이에 인기가 있었음은 놀랄 일이 아니다. 종교적 권위를 조롱하는 풍조가 대학 캠퍼스에 너무 만연하여, 1741년에 예일 대학의 이사회는 학생들이 교직원을 "육신적"이라거나 "회심하지 않은" 자라고 부르는 것을 금하는 법을 통과시키지 않으면 안되었다.[48]

그러한 행동으로 인한 충격과 분노는 어느 대각성운동의 반대자가 쓴 고뇌 어린 글에 잘 나타나 있다. "여러분은 이 교회들의 성찬을 버릴 자유도 권리도 없습니다.…… 언약을 깨지 않고서는……

그리고 교회 분열의 끔찍한 죄를 초래하지 않고는 그렇게 할 수 없습니다."[49] 당시에 회심에 관한 새로운 신학이 출현하고 있었다. 신자가 교회 공동체 **안에서**(학습과 교리문답을 통해) 지성을 아우르는 전인(全人)으로 양육된다는 과거의 견해는 물러가고, 개개인이 교회 **밖에서** 일어나는 한 번의 감정적 결단을 겪는다는 새로운 견해가 부상하고 있었던 것이다.

개인의 선택과 체험에 초점을 맞추는 풍조는, 결국 기독교적 신념이 상층부에 속한 비인지적인 현상이라는 관념을 초래하게 된다. 제1차 대각성운동이 낳은 긍정적인 유산에도 불구하고, 당시에 반지성주의의 씨앗이 뿌려지고 있었다는 결론을 부인할 수 없다. 하지만 그것이 만개하게 된 것은 제2차 대각성운동에 이르러서였다.[50] 두 차례에 걸친 대각성운동은 역사적으로 독립전쟁을 기점으로 앞뒤로 나뉜다. 우리도 여기서 한 단락을 끝내고 다음 장에서 제2차 대각성운동 이야기로 이어가 보자.

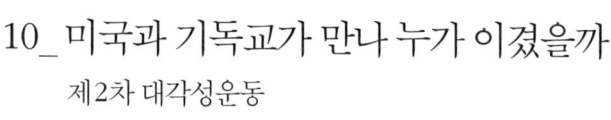

10_ 미국과 기독교가 만나 누가 이겼을까
제2차 대각성운동

이 세상을 다시 시작할 수 있는 힘이 우리 수중에 있다.
_ 토마스 페인(Thomas Paine)[1]

몇 년 전 새로운 동네로 이사한 우리 가족은 다닐 교회를 찾다가 집에서 멀지 않은 곳에 있는 한 교회를 방문하게 되었다. 그 교회 목사는 설교 중간에 반지성주의적 표현을 거침없이 드러냈는데 그것은 내가 그때껏 들어 본 가장 심한 내용이었다. 그는 말했다. "대학에서 나는 철학과목을 하나 들은 적이 있습니다. 교재를 읽던 중 그 내용이 순전히 난센스임을 알게 되었습니다. 알아듣기 힘든 말 투성이었지요."

그는 자기의 발견에 자부심을 느끼듯 회중을 둘러보며 미소를 머금었다. "그때 이후로 나는 그리스도인은 철학책이든 뭐든, 지적인 것이면 무엇이든 읽을 필요가 없다는 것을 알게 되었습니다. 철학자들은 자기가 무슨 말을 하고 있는지도 모르고 있습니다."

남편과 나는 너무 놀란 표정의 눈길을 주고받았다. 그런데 우리가 목격하고 있던 그런 태도—지성에 관련된 것을 경멸하는—는 이미 제1차 대각성운동에서 뿌리를 내리기 시작했음을 앞 장에서 살펴보았다. 그리고 제2차 대각성운동에서 그 목소리가 더욱 커질 터였다. 이번 장에서는 그 이야기로 다시 돌아가 그것이 남긴 유산을 추적할 예정이다. 여기서 우리의 목적은 완전하거나 포괄적인 역사를 제시하는 게 아니라, 오늘날 기독교 세계가 전반적으로 진리에 관해 이층적 견해에 빠지게 된 이유를 이해하는 데 도움이 되는 반복적인 형태에 집중하는 것이다.

제2차 대각성운동이 진행되면서 야외 전도집회가 거대한 행사로 떠올랐다. 멀리서도 사람들이 찾아와서 한번에 며칠씩 혹은 몇 주씩 텐트를 치고 지냈다. 당시의 그림을 보면 뾰족한 하얀 텐트들이 겹겹이 숲속 개간지를 메우고 있는 가운데, 강사용 연단이 중간에 세워져 있고 주변에는 나무 의자들이 둘러싸고 있다. 어떤 경우에는 야영지 곳곳에 여러 개의 강단이 세워져 있어서 언제든지 **누군가의** 설교를 들을 수 있도록 했다.[2]

제2차 대각성운동은 여러 면에서 제1차 운동의 주제들을 더욱 진전시켰다. 따라서 이제 2차 대각성운동에 관한 몇 가지 이야기를 들을 때 앞 장에서 이미 열거한 다음의 주요 특징들을 염두에 두기 바란다. 강렬한 감정이 수반된 회심의 체험 강조, 유명인사와 같은 지도자, 신조와 신앙고백으로 구체화된 신학 지식에 대한 짙은 회

표 10.1_ **제2차 대각성운동**. 제2차 대각성운동에서는 전도집회가 거대한 모임으로 떠올랐다.

의, 대부분 당대의 정치철학에서 가져온 개인주의적 교회관의 확산. 특별히 제2차 대각성운동을 특징짓는 한 가지 요소가 있다면, 그것은 놀랍게도 미국 독립의 정치적 이데올로기에 대해 비판적 자세를 취하지 않았다는 점이다. 이로부터 두 차례의 대각성운동을 구별해 주는 특징을 간단히 말할 수 있다. 미국 독립전쟁을 두고 1차는 그 **이전**에, 제2차는 그 **이후**에 있었는데 독립전쟁 이후의 시기는 미국인이 '독립'을 기조로 삼아 삶의 모든 영역에 대해 생각하기 시작한 때였다. 따라서 2차 대각성운동의 지도자들이 독립의 수사학을 정치적 영역에서 종교적 영역으로 무비판적으로 전환시키는 것이 일반적이었다.

이를테면, 제1차 대각성운동 때 부흥사들이 공격했던 것은 교회구조나 학문 자체가 아니라 성직자를 특권계급으로 만들어 버린 악습이었다. 이와 대조적으로, 제2차 대각성운동에서는 교회라는 권위 자체가 "횡포"라고 비난받았다. 신조와 전례는 "천주쟁이나 하는 짓"이고 "성직자의 정략"에 불과하다고 보았다. (찰스 피니는 웨스트민스터 신앙고백이 "종이 교황"이라고 비난했다.) 많은 이들이 미국의 독립이 아직 완결되지 않았다고 주장하기 시작했다. **시민적 횡포**는 떨쳐버렸으니 이제는 **교회의 횡포**를 떨쳐버려야 한다고 말했다. 만인 제사장직은 대중에 의한, 대중을 위한, 대중의 종교를 뜻하는 것으로 간주되었다.

권위와 학식에 대한 이러한 공격이 전반적인 "진리의 민주화 과정"의 일부였다고 역사가 고든 우드(Gordon Wood)는 말한다. "양도할 수 없는 권리"라는 개념이 정치 영역에서 관념의 영역으로 옮겨졌는데, 이는 보통 사람들이 가문 좋고 고등교육을 받은 자들에게 판단을 맡기지 않고 자기 마음대로 생각할 수 있는 권리가 있음을 의미했다. 그 결과, "공화제 초기의 미국인들은 그들의 역사상 어느 때보다 심한 **인식론적 위기를 겪었다**"고 우드는 쓰고 있다. 진리 자체가 산산조각 난 것처럼 보였고, 모든 것이 개인—투표자, 구매자, 신자—에게 맡겨져서 철저히 스스로 결정을 내리게 되었던 것이다.[3]

안타깝게도, 복음주의자들도 대부분 이와 동일한 "인식론적 위기"에 빠져들었다. 그들은 미국의 정신을 그대로 흡수했고, 어떤 면에서는 반권위주의적·반역사적·개인주의적 관점을 주도하기까지 했다. 곧 살펴보겠지만, 이는 기독교 지성에 파괴적인 결과를 초래하고 말았다.

교회로 들어온 민주주의

이러한 주제를 생생하게 다루려면 이야기를 들려주는 것이 좋다. 네이선 해치의 「미국 기독교의 민주화」(*The Democratization of American Christianity*)가 아주 훌륭한 사례가 된다. 이 책을 중심으로 제2차 대각성운동의 주요 인물 몇을 살펴보기로 하자.

성직자가 있어야 할 곳에 정치인이 있다

로렌조 다우(Lorenzo Dow)는 감리교의 성장에 중요한 역할을 한 인물이다. 그는 당대의 어느 전도자보다도 더 많이 여행했고, 더 많은 이들에게 설교했으며, 더 많은 군중을 전도집회로 끌어들였다. 세례 요한의 모습을 닮은 그는 길고 흐트러진 머리칼에 너저분한 옷차림을 하고 햇볕에 그을린 얼굴이었다. 연극적인 재능이 탁월했던 그는, 청중을 완전히 사로잡아 생생한 이야기로 그들을 울리거나 웃게 했다. 그는 통속적인 설교 스타일의 대가였고 방방 뜨는 유머감각을 갖고 있었으며, 고등교육을 받은 점잖은 성직자를 놀리는 데 그 감각을 사용했다.

하지만 다우와 관련된 가장 두드러진 특징은 그의 종교적 견해가 정치적 견해와 철저히 얽혀 있었다는 점이다. 그는 급진적인 제퍼슨파로서 토마스 페인을 인용하며 설교를 시작할 정도였다. 그는 "전제정치와 성직자의 정략이란 굴레"를 비난하면서 정치적 억압과 교회의 권위를 나란히 놓았다. 그가 쓴 한 소책자에서 그는 다음과 같이 말했다. "만일 모든 인간이 **평등하게 태어났고** 창조주에게서 양도할 수 없는 **권리**를 부여받았다면…… 종교문제에 있어서 스스로 생각하고 판단하고 행동할 수 없다거나, 그렇게 해서는 안 된다고 말할 정당한 사유는 없다."[4] 여기서 그가 독립선언서의 용어를 어떻게 교회에 적용하고 있는지 주목하라. 그 소책자의 제목은 「인간의 권리」(Rights of Man)인데, 참으로 계몽주의 냄새를 풍기는 문구가 아닐 수 없다. 많은 복음주의자들이 당시의 정치문화에 대해 독특한 성경적 관점을 제시하기보다는 정치적 자유와 영적인 자유를 동일시했다.[5]

여기에 우리가 다루고 있는 주제가 등장하는 것을 감지할 수 있는가? 감정에 호소, 지식에 대한 불신, 당대의 일반 철학과 비판적 거리를 유지하지 못한 것. 사실, 정치적 표어를 빌어오는 것은 당시 부흥사들 가운데 너무 흔한 일이었기 때문에 토크빌은 미국을 방문하여 다음과 같은 기록을 남겼다. "성직자를 발견하리라고 기대했던 곳에서 당신은 정치인을 만나게" 될 것이다.[6]

우리 자녀를 위한 족쇄?
제2차 대각성운동의 또 다른 주요 인물인 존 릴랜드(John Leland)는 19세기 초에 가장 유명하고 논란의 대상이 되었던 침례교인이었다. 릴랜드도 열렬한 제퍼슨파였는데, **정치**에서 자치의 개념을 가져다가 **종교**에서 개인적 자율성을 의미하는 것으로 차용했다. "우리는 자유롭게 될 것이고, 스스로를 다스리게 될 것이다"라고 그는 썼다. 그의 비석에 새겨진 글이 그를 시민의 권리와 종교적 권리 모두를 수호한 인물로 칭송하는 것은 적절하다. (비문은 다음과 같다. "존 릴랜드 장로는 경건을 수호하고 사람들의 시민적·종교적 권리를 옹호하는 데 수고를 아끼지 않았다.")

릴랜드는 종교적 자율성의 개념을 지나치게 밀어붙여서, 부모가 자녀를 가르치는 것까지 반대했다. 그는 "자기 자녀의 양심을 구속하는 것은 아주 사악한 일"이라고 경고했다. 그리고 어른이 된 자녀만을 지칭하는 것이 아니라는 점을 보여주기 위해 "아이들이 태어나기도 전에 속박하는 것은 너무나 잔인하다"라고 했다.[7] 이것은 과격한 개인주의적 개념으로 신의 경륜을 본 것이었다. 그는 사람들에게 모든 자연적 권위 곧 교회, 국가, 교사, 심지어 가정으로부터 스스로를 자유롭게 하기 위해 의도적으로 노력하라고 촉구했다.

릴랜드는 종교적 권위를 배척하는 데서 더 나아가, 단순하고 무지한 자가 학식 있는 성직자보다 성경을 읽고 이해하는 면에서 더 유능하다고 주장했다. "자연과 이성을 공부 소재로 삼는 단순한 사람이 유능하게 만사를 분별하지 않겠는가?"[8] 여기서 우리는 **영혼의 능력**(soul competency)이란 개념의 초기 형태를 보게 된다.

여기에서 문제는 기독교가 문화에 영향을 주는 것이 아니라 문화가 기독교를 좌우하고 있었다는 점이다. 고전적인 개신교 교회 ─ 루터교회, 개혁교회, 성공회 ─ 에서는, 신조와 신앙고백과 공식적인 전례 같은 공동의 신앙 진술이 공동체적 정체성을 표현하고 공동예배의 틀을 형성하는 데 필요한 수단으로 간주되었다. 그런데 이제 공식화된 신학적 진술들이 모두 사람들을 "전제적인 교권의 손아귀 아래" 눌러 놓기 위한 인위적인 고안물로 비난받게 된 것이다.[9] 자유주의적 개인주의가 정치 영역에 뿌리를 내리면서 그것이 무비판적으로 교회에 적용되어 고도의 개인주의적이고 민주적인 교회론을 낳았다. 자율성과 국민주권 같은 근대적 가치들이 복음주의 교회에서 당연시되기에 이르렀던 것이다.

반쪽 혁명?

그리스도의 제자들, 그리스도의 교회, "그리스도인" 교회 등이 합쳐져서 미국 최초의 토착 교단을 형성하게 되는데, 그 과정에서 가장 매력적인 인물 하나가 엘리아스 스미스(Elias Smith)였다. 그는 침례교 목사로 출발했다가 한 급진적인 제퍼슨파 정치 저술가에게 매료되어 국민주권의 개념을 정치 분야에서 종교 분야로 옮기는 작업에 착수했다. 그는 자유를 선언하며 교회에서 사임한 다음 공식적인 종교 일체를 비난하기 시작했다.

스미스는 한 소책자에 이렇게 썼다. "많은 이들이 **정치체제**에 관해서는 **공화주의자**이나 실은 반쪽 공화주의자에 불과한데, 종교의 문제에 있어 여전히 교리문답, 신조, 언약, 또는 미신적인 성직자에게 묶여 있기 때문이다." 달리 말하면, 미국 독립이 반쪽만 해결한 조치에 불과했다는 것이다. 정치적 전제체제는 뒤집었으니, 이제는 교회의 전제체제를 뒤집어야 한다는 것이다. (스미스가 사용하는 **공화주의자**란 단어는 우리가 **민주주의자**라고 부르는 것과 본질적으로 같은 의미다.) 그리고는 다음과 같이 자극적인 도전으로 끝맺는다. "당신이 몸담고 있는 정부를 존경하는 자들처럼, 종교적인 것에 있어서 과감하게 독립적이 되라."[10]

다시금 이 패러다임도 정치에서 빌려 온 것임을 유의하라. ('그리스도의 제자들'의 창립자) 바톤 스톤(Barton Stone)도 이와 비슷하다. 자신이 목사로 있던 장로교회에서 떨어져 나올 때, 그는 그것을 "우리의 독립선언"이라고 부르지 않을 수 없었다.[11] 그리하여 미국의 독립전쟁은 모든 종류의 권위와 엘리트주의를 거꾸러뜨리는 전례로 간주되었다. 한 "기독교" 신문에 실린 편지 한 통이 그 점을 분명하게 명시했는데, 성경을 "신조와 신앙고백"에서 해방시키려는 싸움은 "더할 나위 없이 영국과 미국 사이의 독립전쟁에 비길 수 있다"고 했다.[12] 민주주의와 성경의 주제들이 서로 너무 깊숙이 얽히는 바람에 어떤 실질적인 정치 분석도 이루어지기 힘들었다.

즉석 구원

공정하게 말하자면, 개념을 빌려 오는 작업이 일방적으로만 이루어진 것은 아니다. "양도할 수 없는 권리" 같은 핵심용어는 사실 종교적 반대자들이 처음으로 개발한 것이었다. 용법상의 차이는 이러했다. 독립 이전에는, 권리와 자율성을 말하는 표어들이 주로 강압적인 국가교회를 반대하는 반항적인 **집단**들에 의해 사용되었다. 독립 이후에는, 동일한 표어들이 자기 교회를 반대하는 반항적인 **개인**들에 의해 사용된 것이다.[13] 많은 이들이 역사적 교회와 고대의 신조와 신학 지식을 거부하고 성경이 가르치는 바를 각 사람이 스스로 판단할 권리를 선포하기 시작했다. 예를 들어, 엘리아스 스미스는 "성경이 어디로 인도하든" 그것을 따를 "양도할 수 없는 권리"가 그리스도인 개개인에게 있으며, 설령 그것이 "D. D. 목사가 정통이라고 하는 것과 상충되는" 입장으로 귀결되더라도 괜찮다고 주장

했다.[14]

　당시 대중적 복음주의 진영에서 개인주의적·원자론적 교회관이 새롭게 형성되고 있었던 것이다. 이러한 변화는 회심에 관한 새로운 신학에 잘 드러난다. 초기 뉴잉글랜드 지방에서 교회의 정식 교인이 되려면 성경과 여러 신조, 주기도문, 십계명, 교리문답 등을 배우는 오랜 과정을 거쳐야 했다. 그런 다음에 후보자는 교회 장로들과 목회자가 주관하는 기초시험을 치러야 했다. 그러고는 전체 회중 앞에서 자신의 회심 체험에 대해 믿을 만한 이야기를 들려주어야 했다. 이어서 후보자의 삶과 윤리에 관한 조사가 이루어졌다. 동네 사람들에게 그의 성품과 평판에 관해 물어보았던 것이다. 이런 식으로 계속 이어졌다. 후보자가 다양한 시험에 합격해야만 언약 속으로 영입될 수 있었다. 이 모든 과정이 "일종의 공동체적 의식"이었다.[15]

　회심의 체험 하나만 해도, 한 사람이 용서받아 선택받은 무리 중에 포함되었다는 확신을 성령의 내적 증거로 감지하기까지 수년 동안의 분투가 필요한 것으로 여겨졌다. 당시의 회고록을 보면, 많은 사람이 구원의 확신을 얻기까지 상당한 세월 동안 끊임없는 의심과 염려로 고통받았음을 알 수 있다.[16]

　이와 대조적으로, 부흥사들은 즉석에서 구원의 확신을 주었다. 기나긴 과정을 거치는 대신, 개인이 결심만 하면 바로 구원을 받은 것이었다.[17] 이제 회심자는 교회의 가르침과 시험을 받는 것이 아니라 자기가 체험한 것을 다른 이들에게 공포하면 충분했다.

　물론 결국에는 교인의 자격을 확증하는 절차를 다시 만들어야 했지만, 미국의 지성이 바뀐 것은 사실이었다. 만일 구원에서 중요한 것이 회심의 결정뿐이라면, 교리문답이나 전례 또는 성례와 같은 것이 무슨 필요가 있겠는가? 이제 교회는 더 이상 신자를 영입하는 유기적 공동체가 아니며, 모두가 순종해야 하는 영적 권위도 분명 아니었다. 오히려 교회는 동등하고 자율적인 개개인이 스스로 선택해서 함께 모이는 집합체였다.

자연 상태의 미국

당신이 본서의 4장을 읽었다면, 위 단락의 마지막 문장이 머릿속에 맴돌 것이다. 대중적 복음주의자들은, 사회구조란 "자연 상태"에 사는 자율적 개개인의 합의로 만들어진 순전한 선택의 산물이라고 본 초기의 사회계약 이론가들—홉스, 로크, 루소—의 목소리를 반영하고 있었다.(더 자세한 내용은 부록 1을 보라.) 독립 이후 사회계약론은 미국인들 사이에서 대단히 타당하다고 인정되었는데, 그 이론은 미국인이 실제 체험하고 있는 것을 잘 묘사해 주는 듯 보였기 때문이다. 그리스도인들조차 교회를 말할 때 그와 비슷한 이야기를 하게 되었다.

과거 사회계약론이 처음 제안되었을 때만 해도, 자연 상태란 순전히 가상의 시나리오, 곧 희미한 과거에 사회가 그런 식으로 발생했을 것이라는 신화적 이야기에 불과했다. 결국, 자연 상태를 실제로 체험한 자는 아무도 없었다. 우리 모두는 이미 존재하고 있던 가정, 교회, 혈족, 마을, 나라 가운데 태어났기 때문이다. 그런데 신세계의 정착은 그런 규범을 깨뜨렸으며, 실제로 그 가상의 패러다임에 잘 들어맞는 것 같았다. 미국에서는 진정한 자연 상태가 실제로 존재했었다고 이야기하는 사람들이 생기기 시작했다. 그런 상태에 있다가 독립적인 농부와 기업가들이 함께 모여 심사숙고하고 선택을 내린 끝에 국가를 세우게 되었다는 것이다. 사회계약론이 규정한 그대로 되었다. 사람들이 스스로 정부의 구조를 만들었고 자신들이 원하는 대로 권력을 나누어 주었다.[18]

요컨대, 미국에서는 자연 상태가 역사적으로 실재한 듯 보였다. 그곳에는 독립된 개개인들 사이에 진정한 자연적 평등이 있었다. 그곳에서 마침내 인류는 처음부터 다시 시작해 바닥에서부터 시민사회를 건설할 기회를 얻었다. 많은 미국인들이 미국 독립의 의미를 왕을 제거한 것뿐 아니라, 무(無)의 상태에서 신세계를 시작한 데서 찾았다. "이 세상을 다시 시작할 수 있는 힘이 우리 수중에 있다"고 토마스 페인은 기뻐 외쳤다. "현 상황과 비슷한 경우는 노아의 시대 이래로 이제까지 없었다."[19] 마치 그 신세계에서 온 땅이 깨끗하게 청소되어 인간의 문명이 다시 시작될 수 있다는 듯 비교하다니 그야말로 놀라운 발상이었다.

달리 말하면, 처음으로 사회계약론이 단지 하나의 가설이 아니라 사람들의 실제 경험에 들어맞는 듯 보였던 것이다. 그 결과 자유주의가 지배적인 정치철학이 되었다. 우드가 설명하듯, 결국 많은 미국인이 채택한 원자론적 시민사회의 이미지는, 원래 "모든 정치 체제 바깥에"(말하자면, 자연 상태에) 존재하는 "고립된 적대적인 개개인"이 함께 모여 자신들의 선택으로 권력을 창출하게 된다는 생각에 기초한 것이었다.

이것은 새롭고 흥미로운 사회관이었다. 식민지시대의 지배적인 정치철학은 고전적이고 기독교적인 공화제로서, 매우 공동체적 성격을 띠었다. 그 철학은 개개인에게 창조주가 제정하고 인가한, 선재하는 규범적 사회구조―가정·교회·국가―에 순종할 것을 요구했다. 덕이란 바로 사회적 유기체 안에서 본인에게 주어진 역할에 따른 책임을 수용하고 공동선을 위해 자기를 희생하는 것이었다. 그러나 새로운 자유주의에 따르면, 사회구조는 하나님이 제정한 게 아니라 개개인이 자기이익을 보호하기 위해 만들어 낸 것에 불과했다. 자기희생의 윤리는 자기주장과 자기이익의 윤리로 대체되었다.[20]

1800년의 시간을 뛰어넘어

이것은 중대한 지적 혁명이었으며, 그 관념은 곧 교회를 포함한 사회의 전 영역에 스며들기 시작했다. 복음주의자 대다수가 그 새로운 관념을 성경적 관점에서 분석하기보다는 비판 없이 수용해 버렸다. 일반 사람들이 자신의 국가를 형성할 수 있다면, 교회 또한 그렇게 하지 말란 법이 있을까? 민주주의의 발생이야말로 과거 2천 년에 걸쳐 가장 의미 있는 역사적 사건―노부스 오르도 세클로룸(*novus ordo seclorum*, '시대의 새로운 질서'란 뜻. 미국 화폐의 뒷면에 새겨진 문구다)―이라는 확신이 널리 퍼져 있었다. 정치적으로 "새로운 질서"를 수립하고 있다고 느낀 것처럼, 많은 미국인들이 새로운 교회를 시작할 수 있기를 희망했다. 그들은 오랜 세월 동안 쌓인 돌무더기를 바닥부터 쓸어버리고 처음부터 다시 시작하여 신약시대의 교회를 재창조하려 했다.

기독교가 사도시대 이후 언제부터인가 절망적일 정도로 타락했고, 이제 1800년의 시간을 뛰어넘어 원시교회 본연의 순수성을 되찾아야 할 위대한 과업을 앞두고 있다는 신념이 일어났다. 종종 "타락한" 교회 가정(假定)이라 불리는 이 같은 신념은, 가시적인 교회가 과도하게 타락했음을 뜻한다. 집단에 따라 역사 가운데 타락의 시점을 달리 추정했다. 일부는 국가와 교회가 하나가 된 콘스탄티누스 황제 시대로 잡았고, 어떤 이들은 교황제가 확립된 시점으로 보는 등 여러 견해가 있었다. 하지만 주제는 같았는데, 오랫동안 개발되어 온 교회 내부의 형식과 관행이 규범과 가치를 결여하고 있다는 것이었다. 원시 기독교의 순수성을 상실한 채 부패와 타락의 과정만을 보여줄 뿐이라는 것이었다.[21] 인간의 고안품에 불과한 신조와 의례 같은 것들이 배 밑창의 따개비처럼 복음을 뒤덮고 있기 때문에, 진정한 신약의 예배를 회복하려면 그것들을 벗겨 버려야 하는 것이었다.

이러한 입장을 원시주의(primitivism)라 한다. 이와 확연하게 반대 입장을 취하는 가톨릭, 정교회, 성공회는 사도시대부터 오늘날까지 역사적 연속성에 단절이 없으며 그것이 곧 진정성의 표지라고 서로 앞다투어 주장한다. 이 새로운 주제, 곧 과거는 타락의 아수라장이며 참된 교회는 역사적으로 수세기를 건너뛰어 초기의 보다 순수한 모범을 회복할 때에만 가능하다는 생각을 처음 도입한 것은 종교개혁이었다. 하지만 대중적 복음주의자들의 눈에는 종교개혁자들의 작업도 부적절해 보였다. 결국 개혁자들도 신조와 전례 같은 교회의 부속물을 여전히 보유하고 있었기 때문이었다. 복음주의자는 더 나아가길 원했다. 그들은 신조, 신앙고백, 의례, 교회구조가 그리스도인의 자유를 침해하는 것이며, 교회에서 떼어 버려야 하는 것이라고 맹렬히 비난했다.

"신세계에서의 새로운 출발은, 길 잃은 기독교회의 역사 가운데 선택된 한 시점에서 처음부터 다시 시작할 수 있는 섭리가 깃든 기회로 여겨졌다"고 역사가 시드니 미드는 기록하고 있다.[22] 이것이 현실의 반영이기보다는 수사적 성격을 띠는 것은, 사실은 대다수의 복음주의 진영이 사도신경과 니케아 신조 등에 표현된 기독교의 정통교리를 그대로 간직하고 있었기 때문이다. 그럼에도 미국의 독립이 세상을 다시 시작한 것처럼, 복음주의자에게도 교회를 다시 시작하려는 들뜬 의식이 있었던 게 사실이다. 오직 신약성경에 바탕을 두고 하나하나 다시 건설하려고 했던 것이다.

한편으로, 이러한 유의 원시주의가 사람들에게 해방감을 줄 수는 있었다. 즉 개개인에게 더 이상 교회의 가르침이면 무엇이든 수동적으로 수용해서는 안되며 독자적으로 성경을 공부해야 한다는 점을 일깨워 주었다. 또한 초대교회에 초점을 맞춤으로써 신약성경 본래의 언어적·문화적 맥락을 직접 연구하도록 고무했다. 다른 한편으로는, 과거를 배척하는 거만한 태도로 오랜 세월 동안 축적되어 온 신학적 성찰, 성경 묵상, 영적 체험 등 풍부한 자원을 교회에서 빼앗은 결과를 가져왔다. 그것은 과거의 위대한 지성들의 사상―아우구스티누스, 테르툴리아누스, 클래르보의 베르나르, 토마스 아퀴나스, 마르틴 루터, 장 칼뱅 등―을 붙들고 씨름해도 얻을 게 없다는 태도를 심어 주었다. 애초에 반지성주의와 피상적인 신학으로 떨어질 운명을 지니고 있었다.

여기서 나는 전통에 종교적 권위를 부여해야 하는지에 대한 신학적 입장을 표명하려는 것이 아니라, 반(反)역사적 태도가 지성의 삶에 어떤 영향을 미쳤는지 역사적 논점을 개진하고 있는 것이다. "미국의 복음주의 기독교를 둘러싸고 있는 최대의 위험은 반지성주의다"라고 찰스 말릭은 휘튼 대학의 빌리 그레이엄 센터 봉헌식에서 경고했다. 복음주의자들은 복음을 전하는 데는 서두르지만, "과거의 가장 위대한 지성들과 대화를 나눔으로써, 사고의 능력을 무르익게 하고 날카롭게 하고 확대하는 데 수년간을 여유롭게 투자하는 일의 무한한 가치는 알지 못한다"고 말릭은 말했다.[23] 이와 같이 과거를 배척하는 거만한 태도는 대각성운동에 뿌리를 두고 있었다. 복음주의자들은 기독교의 유산으로부터 스스로를 열심히 "해방시키고" 있었던 셈인데, 그로 인해 얼마나 빈곤하게 될지 전혀 모르고 있었다.

제퍼슨을 지지하는 그리스도인들

왜 이러한 생각들이 그처럼 대중화되었을까? 어떻게 해서 원자론적·반역사적 교회관이 들불처럼 퍼져나갔던 것일까? 여러 면에서, 복음주의자들은 주변의 문화에서 일어나고 있던 거대한 변화에 휩

쏠렸다. 사람들의 경험에 부합할수록 설득력이 강한데, 당시 미국에서 가장 일반적인 경험은 정치와 경제 영역에서의 민주주의 확장이었다.

우선, 정치 영역을 보자. 앞서 언급한 것처럼, 독립 이전에는 대다수의 식민지 주민이 고전적인 공화주의 사회관을 갖고 있었다. 가정·교회·국가와 같은 사회제도는 유기적인 전체로서, 거기에 소속된 회원 각자의 이익을 초월하는 공동선이 각 제도 안에 있다고 보았다. 이러한 맥락에서, 오늘날 우리가 이해하는 방식과 전혀 다른 의미를 지닌 특정 단어들이 있었다. 예를 들어, 덕이란 일차적으로 공적인 것이지 사적인 것이 아니었다. 그것은 사회집단 내에서 개인에게 주어진 역할—남편과 아내, 부모와 자녀, 목회자와 평신도, 행정관리와 시민—을 이행함으로써 주어진 책임을 완수하는 것을 의미했다. (바울이 신약의 여러 편지에서 각 집단에게 교훈을 주면서 서신을 마무리하는 것을 상기해 보라.) 자유도 공적인 용어로, 각 사회제도가 스스로를 다스릴 수 있는 권리로 규정되었다. 리더십은 신의 재가를 받은 "직분"이었다. 그리고 직분을 받은 사람은 "사심 없이" 그 집단의 공동선을 보호하고 증진시키기 위해 개인적 이익과 이기적 야망을 희생하도록 요청받았다.

우리 모두가 잘 알다시피, 그러한 희생과 이타심은 전형적인 인간 본성은 아니다. 그래서 고전적 공화주의는 계층적이고 엘리트적이었다. 출생과 양육과 성에 의해 자격을 부여받은 특정 계급의 사람들만이 그렇게 사심 없는 리더십의 이상을 실천할 수 있었던 것이다.[24] 절대 다수의 대중은 어쩔 수 없이 이기적이고 까다롭고 자치할 능력이 없는 존재로 간주되었다. 이것은 사람이 죄에 빠지기 쉽다는 성경의 가르침과, 그래서 시민 질서를 유지하기란 어렵다는 것과 일치하는 듯 보였다. 그 결과, 일종의 기독교적 공화주의가 식민지 미국에서 세력이 우세했던 칼뱅주의자들 가운데 널리 퍼져 있었다. 우드는 그것을 청교도주의의 "세속화된 형태"라 부른다.[25]

그러나 독립 이후에는 많은 미국인이 (정치적으로는 연방주의자가 대표했던) 고전적 공화주의를 배격하고 (제퍼슨파가 대표한) 근대적 자유주의로 대치하기 시작했다. 사회계약론에 기초한 자유주의는 시민사회를 개개인의 자발적 모임으로 간주했다. 그 모임을 구성하는 개개인을 넘어서는 유기적 "전체"란 없었다. 그 결과, 공동선 또한 없었고 구성원 각자의 각기 다른 목적을 넘어서는 집단의 목적이나 가치관이란 것도 없었다. 따라서 공동선을 **보호할** 책임이 있는 지도층도 필요 없었다. 이런 논리를 따라 자유주의자는 고전적 공화주의의 엘리트주의를 거부했다.

그들은 죄에 관한 성경의 교리도 공격하기 시작했는데, 그 교리는 사람들에게 자치할 수 있는 능력이 없다는 생각을 떠올리며 그것이 엘리트주의와 가부장적 정부의 이론적 근거가 된다고 보았기 때문이다.[26] 엘리트주의가 과거로 물러선 자리에, 자유주의자들은 보통 사람들도 자유가 주어지기만 한다면 자신을 위해 합리적이고 건설적인 선택을 내릴 능력이 충분히 있다는 확신을 진작시켰다. 자유주의는 정부가 공적인 덕을 수행하는 중심으로서 공의를 실천하라고 부름받았다는 생각을 부정했다. 그 대신, 국가를 개인적 선택의 산물로 보았다. 다시 말해, 개인의 행복과 번영의 추구를 얼마나 효과적으로 촉진시키는지에 따라 순전히 기능적인 면에서 그 가치를 평가할 수 있는 것으로 보았다.27

물론 이처럼 새로운 생각은 서서히 자리를 잡아 갔고, 그 과정에서 공화주의와 자유주의의 생각이 여러 모양으로 합쳐지기도 했다. 이러한 배경을 염두에 둘 때, 대중적 복음주의가 그처럼 신속하게 퍼져나간 이유를 보다 쉽게 이해할 수 있다. 부흥운동을 **반대하던 이**들 대부분은 정통 칼뱅주의자나 유니테리언을 막론하고 정치철학 면에서는 연방주의의 성향을 띠었고 고전적 공화주의를 견지했다. 이와 대조적으로, 부흥운동의 **지지자**들, 특히 감리교인과 침례교인과 그리스도의 제자들은 대체로 제퍼슨파였고 엘리트주의를 무척 혐오하며 일반 백성을 신뢰하는 입장을 취했다. 그들은 제퍼슨이 이신론자(deist, 신이 세계를 창조한 뒤로는 세계에 직접 간섭하지 않는다고 보는 계몽주의적 견해—편집자)이며, 그가 신약성경에서 초자연적인 요소를 모두 잘라 버리고 예수의 도덕적 가르침만 남겨 놓은 인물임을 알고 있었다. 그럼에도 그들은 1800년 제퍼슨의 대통령 출마를 지지했다. 새뮤얼 밀러라는 복음주의 장로교인이 그들의 태도를 잘 요약해 보여준다. 그는 "귀족적인 그리스도인보다 제퍼슨 씨가 미국 대통령이 되는 편이 훨씬 낫다"고 선언했다. 뉴잉글랜드 지방의 침례교 지도자였던 아이작 배커스(Issac Backus)는 제퍼슨의 당선이 향후 천년의 선구적 전조라고 보았다.28

이 같은 맥락에서 보면, 대중적 복음주의가 (고전적 공화주의를 반영하는) 과거의 유기적·계층적 교회관을 버리고 (자유주의를 반영하는) 원자론적 평등주의 교회관을 선호한 이유를 이해할 만하다. 이것은 때로 신자 중심 또는 독립교회 교회론이라 불리는데, 이는 사회제도란 단순히 구성원의 집합일 뿐 전체를 아우르는 유기적 "전체"는 없다는 자유주의적 개념을 함께한다. 마크 놀은 "스스로의 선택으로 존재하게 된 구성원들의 합으로 정의되는, 신자 중심 교회의 승리"에 관해 이야기한다.[29] 교회의 권위는 더 이상 직분을 통해 하나님이 부여하는 영적 은사가 아니라, 동등한 사람들 사이의 기능적 차이로 여겨졌다.

교통경찰은 필요 없다

정치철학에서 일어난 평등주의 혁명은 같은 시기에 일어난 **경제적** 혁명의 지원을 받았다. 인류 역사의 대부분 기간 동안, 대다수의 사회는 인구의 90%가 노동한 대가로 겨우 생계를 유지하는 정도로 살았다. 이로 인해 개인의 자유보다는 전체의 생존에 초점을 두는 유기적 사회관이 생겨난 것이다. 열악한 날씨와 빈약한 수확을 막을 대책이 거의 없었기에 "전체의 생존이 각 구성원의 부지런함에 직결되어 있었다"고 어느 역사가는 말한다. 그리고 "그 많은 생명이 언제나 위험한 지경에 있었으므로 공공선에 대한 관심이 지배적일 수밖에 없었다." 생명의 불확실함이 경제 관계에 대한 권위주의적 통제를 정당화했다.[30]

하지만 자본주의의 발생 및 산업혁명과 더불어 처음으로 많은 사람들이 결핍과 굶주림의 공포에서 벗어났다. 참으로 역사적으로 신기원을 이룬 변화였다. 더 나아가, 전국을 가로지르는 새로운 경제망이 평범한 남자와 여자들, 곧 농부·기능공·기술자·상인·가게 주인·가축상들에 의해 형성되고 있었다. 인간 본성에 관한 과거의 칼뱅주의적 비관론과는 반대로, 보통 사람들도 자기이익을 증진시키기 위해 합리적인 선택을 내릴 능력이 있는 것처럼 보이기 시작했다. 그리고 그렇게 했을 때, 어디서든 부를 창출해 낼 수 있었다. 아담 스미스(Adam Smith)의 『국부론』(The Wealth of Nations)은 당시까지 누구나 "발견한" 것을 가장 명료하게 표현한 것일 뿐이다. 즉 보통 사람들도 자유로이 자율적으로 행할 수 있다면 무척 유능하고 실력 있는 존재라는 사실을 발견한 것이다.

놀랍게도, 18세기 중반에 이르러 식민지 미국에서 규모가 큰 몇몇 주의 1인당 부(富)의 양이 전세계 다른 어떤 나라보다 훨씬 더 많았다.[31] 더 이상 권위주의적 정부가 제한된 자원을 관리하는 교통경찰이 될 필요가 없었다. 사실상, 정부의 감독 역량보다 기업에게 주어진 기회가 훨씬 빠른 속도로 증가하고 있었다. "이처럼 쉴 새 없이 기업이 번창하는 거대한 나라를 아무도 통제할 방법이 없다는 사실이 갈수록 더 분명해졌다"고 우드는 기록하고 있다. 그리고 개개인이 자기이익을 추구하는 가운데 자연스럽게 질서가 잡히는 것 같았다. "그러한 무질서에서 조화가 이루어지는 것을 보면 놀랍기 그지없었다. 연사마다 필자마다 그것에 대해 논평했다."[32] 이와 같은 경제적 분위기 속에서, 개인의 자유를 다루는 급진적인 이론들이 갑자기 타당성을 얻게 된 것이다. 그 이론들은 사람들이 살아가면서 실제로 경험하는 여러 정황들을 이해하는 데 도움이 되는 듯 보였다.

이런 배경 아래서, 우리는 기독교가 "그리스도를 위해 결단"을 내리는 문제가 되어 버린 이유를 더 잘 이해할 수 있다. 이제 초점은 물려받은 전통에 끼워 맞추는 것이 아니라 개별적인 선택에 있었다. 대중적 복음주의가 정치적으로는 토마스 제퍼슨의 시대에, 경제적으로는 아담 스미스의 시대에 번창한 것은 결코 우연이 아니다.[33] 정치와 경제 영역에서의 경험으로 말미암아 사람들은 엘리트주의와 권위를 배격하는 종교 메시지에 더욱 마음을 열게 되었고, 보통 사람이 자기 의견을 주장하고 스스로 결정을 내릴 권리를 옹호하게 되었다. 대중적 복음주의자들은 당시에 등장한 근대적인 문화에 비판적 자세로 도전하기보다는 기독교를 근대적 경험의 범주에 맞추려고 개조하고 있었던 것이다.

자력으로 사는 사람들

사회학자 게리 토마스(Gary Thomas)가 묘사한 내용을 따라가며 좀 더 구체적으로 살펴보자. 토머스의 말에 따르면, 독립 이후의 미국에서 칼뱅주의를 따르는 목회자는 주일아침 강단에 서서 회중들에게 그들이 태어나면서부터 타락하여 죄의 노예가 되었다는 것, 그들에게는 구원을 선택할 능력이 없다는 것, 하나님이 일부는 선택하고 나머지는 버리셨다는 것, 그러한 현실에 대해 그들이 할 수 있는 것이 아무것도 없다는 내용을 설교했다. 이러한 칼뱅주의적 메시지가 회중들의 실제 경험과 맞지 않았다는 데 문제가 있었다. 그들이 태어난 사회는 더 이상 정적인 사회, 곧 자신의 지위를 선택할 여지가 없으며 자신의 고정된 신분에 따른 의무에 입각해 덕이 규정되는 사회가 아니었다. 그들은 유동적인 사회, 곧 스스로의 힘으로 선택하여 만들어 가는 사회의 능동적 참여자였던 것이다. 대체로 자신의 선택과 욕구와 야망에 따라 성공이 좌우될 수 있는, 경제적으로 부흥하는 사회에서 자력으로 사는 사람들이었다. 칼뱅주의적 메시지는 "개개인이 시장 및 정치 영역에서 매일 경험하는 자결권과 정면으로 배치되었고" 그 결과 설교는 타당성이 없어 보였다고 토머스는 말한다. 현실에 걸맞는 의미를 지니지 못했던 것이다.

한편, 감리교의 순회부흥사가 그날 밤 말을 타고 그 동네에 들어와 야외 부흥집회를 열고 동일한 사람들에게 설교했다고 가정해 보자. 부흥사는 하나님을 선택할 능력이 그들에게 있다는 것, 구원이 그들 자신의 결심에 달려 있다는 것, 누구든지 주를 부르는 자에게 구원의 문이 활짝 열려 있다는 것을 선포했다. 일상의 경험에 비추어볼 때 이러한 메시지가 더욱 설득력이 있었을 것이다. 아르미니우스적인(Arminian) 메시지와 독립교회의 교회론이, 민주적 정체와 팽창하는 자본주의적 경제 상황에서 독립적이고 자율적인 행위자로 활동하는 그들의 경험에 잘 들어맞았다.[34]

역사가들이 종종 복음주의가 본질상 근대적 종교라고 설명한 까닭이 여기 있다. 언뜻 보기에 이런 주장은 타당성이 없어 보이며, 서구사회에서 보수적이고 심지어는 반동적이기까지 한 세력의 전형이 기독교라는 고정관념과도 배치되는 듯 보인다. 그러나 다음 사실을 곰곰이 생각해 보자. 대중적 복음주의가 옛날부터 내려오던 죄와 구원의 메시지를 전파했지만, 동시에 그 영성과 교회론은 철저히 근대적 성격―반역사적·반권위주의적·개인주의적·자발적(개인의 결심에 따라 좌우되는)―을 띠고 있었다. 그래서 신앙 부흥 운동은 "성직의 통일성에 도전하고 공동체적 교회를 깨뜨리고 고대의 종교적 결속에서 사람들을 분리시킴으로써 전통적 권위에 대한 대중적 반항운동"이 되었다고 우드는 쓰고 있다.[35] 이와 비슷한 논조로, 마이클 고브로(Michael Gauvreau)는 복음주의가 "옛 질서라는 사회적 속박으로부터 독립된 개인"을 주장하도록 실제적으로 도운 한편, "동등하고 자율적인 개개인의 자유로운 회합에 기초한 새로운 형태의 공동체 비전"을 널리 알렸다고 한다.[36] 요컨대, 복음주의는 정치와 경제 분야에서 전개되던 새로운 발전 양상에 대해 비판적 입장을 내놓기보다는 오히려 여러 면에서 근대화를 촉진하는 강력한 힘이 되었던 것이다.[37]

설교자, 공연가, 이야기꾼

새로운 공동체 모델은 새로운 리더십 모델을 요청했다. 리처드 홉스타터(Richard Hofstadter)가 퓰리처상을 받은 저서 「미국에서의 반지성주의」(*Anti-Intellectualism in American Life*)를 쓸 때, 대표적인 사례로 누구를 들었다고 생각하는가? 바로 복음주의자들이었다. 우리가 이제까지 살펴본 것처럼, 홉스타터도 부흥운동의 역사를 추적한 다음 그것이 낳은 가장 중요한 결과 가운데 하나가 새로운 리더십 스타일이었다고 결론지었다. 대중적 복음주의 운동 진영은, 지도자를 거룩한 인물로 보던 과거의 모델을 제쳐두고 기업가형 지도자, 곧 사람들을 회심시키는 데 유용하다면 무엇이든 사용하려는 실용적 영업자 타입의 지도자를 양산한 것이다. 복음전도자 무디(Dwight L. Moody)가 한번은 "한 사람을 하나님께로 인도할 수만 있다면 어떤 방법을 쓰든 상관없다"고 말했음을 인용했다. 그리고 회중주의 신학자 워싱턴 글래이든(Washington Gladden)은 말하기를, 그의 신학은 "강단에서 날마다 사용할 수 있도록 열심히 갈고 닦아 만들어진 것이며, '효과가 있는가'라는 실용적인 기준만 적용해 볼 수 있다"고 했다.[38] 실용주의가 미국의 철학으로 활짝 꽃 피기(8장을 보라) 한참 전에, 복음주의 지도자들은 이미 그것을 공식화하여 실행했던 것이다.

부흥운동은 신학교도 변화시켰다. "사역자를 지적이며 가르치는 지도자로 보던 청교도적 이상은 서서히 약화되고, 대중적 운동가요 설득자로 보는 복음주의적 목회자상이 자리잡았다"고 홉스타터는 쓰고 있다.[39] 신학교육은 실제적인 기술에 더욱 초점을 맞추고 지적인 훈련을 점차 소홀히 하기 시작했다.

설교의 방식도 변형되었다. 성경본문에 대한 강해가 교인의 절실한 필요를 다루는 주제설교에 밀려났다. "앞선 시절에 사람들은 사역자가 포괄적인 지적[신학적] 체계를 회중들에게 제공하리라 기대했었다"고 역사가 도널드 스코트(Donald Scott)는 설명한다. 전통적 설교는 본질적으로 한 편의 공식적 논증과 같았다. 논리적 순서에 따라 논점을 하나씩 개진하여 특정 교리가 성경에 근거하고 있음을 입증한 다음 적용으로 끝내는 것이었다. 그러나 이제 회중들은 더 이상 목회자에게 신학을 배우고 싶은 마음이 없었다. 회중들은 사역자가 그들에게 정서적인 감동을 주고 매일의 삶에 유익한 실제적 지침을 주기를 원했다. 더 이상 목회자에게 "삶의 모든 측면을 제대로 이해할 수 있는 전반적인 지적 구조를 정연하게 제시해 줄 것을 기대하지" 않았다. 그 대신, "목회자의 역할은 오직 경건생활과 신앙고백과 관련된 것으로 국한되었다."[40]

스코트는 유명한 회중주의 설교자 헨리 워드 비처(Henry Ward Beecher)의 유명한 설교 '그리스도인이 되는 법'에서 두드러진 사례를 찾아 제시한다. 비처는 회심을 교리에 대한 지식이나 동의가 전혀 필요 없는 하나의 간단한 단계로 묘사했다. 설교 내용은 예수께서 배고픈 자들을 잔치에 초청하는 모습을 생생하게 확대시킨 것이었다. "누군가가 그것을 설명해 주기를 기다리지" 말라고 비처는 청중에게 권고했다. "오늘 당장 당신 스스로 한번 해보라." 그 설교에는 신학적 내용이 거의 없었고, 단순히 "한번 해보라"는 식의 실용적 호소에 초점을 맞추고 있었다.[41]

대중적 설교자는 갈수록 자신의 삶에서 경험한 이러저러한 이야기와 일화를 묶어 제시하는 공연가와 같은 모습이 되었다. 이런 방법은 청중의 정서를 끌어들였고, 강사의 사역과 영적 체험을 부각시킴으로써 부지불식간에 강사의 이미지를 격상시켰다.

유명인사 스타일

이 모든 것은 결국 인물 숭배, 곧 작금의 복음주의 속에 깊숙이 뿌리내린 유명인사 위주의 체제를 초래했다. 전통적 성직자는 오랜 훈련과 검증과정을 거쳐 권위를 얻었고, 공인된 종교조직의 안수를 받아 그 조직을 대변했었다. 그러나 대중적 복음주의 운동의 지도자들은 교단 구조를 에둘러 피하고 순전히 인물에 기초한 운동, 곧 사람들의 마음을 움직이고 그들의 확신을 얻을 수 있는 능력에 기초한 운동을 세워 나갔다. 앞서 보았듯이, 휫필드를 시작으로 그들은 유명인사가 되었다. 그들의 권위는 인정받을 만한 교육이나 훈련의 기준을 충족시키는 것이 아니라 대규모의 추종자를 모을 수 있는 매력과 능력에 기인했다. 어느 기록물의 표현처럼, 부흥사들은 "성령의 임재와 카리스마" 외에는 어떤 것도 의존하지 않은 채 "거룩한 소명감과 사람들을 움직일 수 있는 은사로 무장하고" 앞으로 나아갔다.[42] 그런 면에서, 홉스태터가 "스타 시스템이 극장에 도달하기에 앞서 종교 영역에서 성행했다"고 말할 만도 했다.[43]

이처럼 지도자로 자임한 자들은 빈틈없는 기업가요 재능 있는 연예인에 가까웠고, 사람들의 감정을 자극하는(혹은 조종하는) 데 명수였다. 그들은 설교할 때 지방 특유의 표현과 구어체를 구사하여 그것을 효과적인 "인원 동원의 방책"으로 활용했다.[44] 또한 당시에 발전하고 있던 인쇄와 신문잡지 기술을 활용하여 엄청난 양의 신문과 책과 소책자를 펴냈고, 그 결과 한 지역의 회중을 넘어 멀리까지 유명해진 이들이 많아졌다.

전통적 의미의 성직자는 한 지역에 뿌리박고 있어서 그의 책임감을 어느 정도는 측정할 길이 있었다. 매주 만나는 회중들과 장기적으로 꾸준히 접촉하면서 그의 성품은 드러나고 점검되었던 것이다. 반면, 복음전도자는 낯선 이들이 모인 대규모 청중을 상대했기에 전도자의 성품을 인격적으로 알기란 불가능했다. 전도자는 순전히 이미지 만들기와 과대광고 수법을 통해 청중들의 눈을 현혹시킬 수 있었다. 많은 복음주의 지도자들이 "세속적인 조작의 기교에 능숙한, 성공적이고 세련된 정치인"이 되었다고 홉스타터는 말한다.[45]

우리는 홍보를 믿는다

일부 복음주의자들은 올바른 기법을 적용한다면 거의 기계적인 방식으로도 부흥을 만들어 낼 수 있을 것처럼 말하기 시작했다. 제1차 대각성운동 때와 제2차 대각성운동 초기만 해도, 대다수가 부흥이란 성령의 역사이므로 예측하거나 통제할 수 없다고 생각했고, 그 결과 아무도 부흥을 촉발하기 위해 특별한 기법을 사용할 생각조차 한 적이 없었다. 많은 설교자들이 수년간 강단에서 땀을 흘려 수고하던 중 갑자기 부흥이 터지면 다른 누구 못지않게 스스로 놀라곤 했다. 조나단 에드워즈가 대각성을 "하나님의 놀라게 하시는 역사"라 말한 것은 사실 많은 이들의 생각을 대변한 것이었다.[46]

    그러나 제2차 대각성운동이 진행되면서 설교자들은 사람들로 하여금 결정을 내리도록 압박을 가하는 수단을 도입하기 시작했다. 여기에 가장 적극적인 인물은 찰스 피니였다. 그는 법률가였다가 복음전도자가 된 인물로서, 부흥사 스타일을 약화시키고 합리적인 설득을 첨가하여 교육받은 중산층의 입맛에 맞추었다. 그는 또한 강한 압박을 가하는 여러 방책을 도입한 개척자이기도 했는데, 이는 나중에 상당한 논란의 불씨가 되었다. 피니에게는 "강단에서 연기를 연출하는 재주가 있었다"고 홉스타터는 평한다. "하지만 그의 최대 자산은 강렬하고 응시하는 듯하며 짜릿한 느낌을 주는 미친 듯한 예언자의 눈이었고",[47] 이는 부흥집회에서 죄인들의 이름을 부르며 그들을 도전하는 면에서 굉장한 효과를 발휘했다. 그것은 그가 지닌 특별한 기술 가운데 하나였다. 군중들 맨 앞에 자리를 만든 "불안석"은 또 다른 기술이었다. 자기 죄를 깨달은 자는 앞으로 나와 그 자리에 앉으라고 종용받았는데, 이는 모든 사람의 주의를 그 사람에게 집중하게 하여 결단을 이르도록 압력을 가하는 기법이었다(이는 오늘날 '결단의 시간'의 초기 형태로서, 비슷한 시기에 시작된 혁신적 방안이었다).

앞으로 나오는 회심자들은 자연히 눈에 띄었고, 그 결과 최초로 회심자의 수를 셀 수 있는 계기가 마련되었다. 회심자의 수를 세는 관행이 결과 중심의 심성을 부추긴 것은 놀랄 일이 아니다. 1817년에 이미 어느 비평가는 부흥사들을 비판하면서 "그들은 믿음, 경건, 공의, 자선의 정도가 아니라 자기네 깃발 아래 몰려드는 사람들의 숫자로 종교의 진보를 측정한다"고 쓸 정도였다.[48]

피니는 부흥이란 조심스럽게 사전에 계획해야 하는 것이라고 주장했다. 그는 "부흥은 기적이 아니다"라고 잘라 말하면서 "적절한 수단을 바르게 사용한 결과"일 뿐이라고 했다. 마치 농부가 과학적 방법을 사용할 때 "밀의 수확을 높일 수" 있는 것처럼, 바른 방법을 사용한다면 부흥을 확실히 만들어 낼 수 있다고 했다. 대규모의 회심을 유도하기 위해 그가 추천한 기법에는 "장기"집회(여러 주 동안 계속되는 야간집회), 원활한 통풍장치, 효과적인 음악 사용 등이 포함된다. 피니가 남긴 유명한 말 가운데 "종교는 사람의 일"이 있는데, 아울러 그는 종교의 **부흥**도 사람의 일로 간주했음이 분명하다.[49]

피니의 지지자들은 하나님이 정해 준 수단을 부흥집회에 사용해야 한다는 사실을 피니가 지적한 것뿐이라고 했다. 그리고 하나님이 그의 노력을 축복하셨음이 분명하다고 했다. 피니는 사회개혁 운동을 고무했을 뿐 아니라 수천 명을 회심시키는 일에 도구로 사용되었다. 하지만 그의 이른바 "새로운 수단들"은 상당한 반대를 불러일으켰고, 결국에는 그의 동료 장로교인들을 비롯한 많은 부흥사들에 의해 거부되었다. 비판에 직면하여 그의 변호는 대체로 실용적이었다. "결과가 나의 수단을 정당화한다."[50] 이와 똑같은 실용적 태도가 오늘날에도 엄연히 살아 있다. 사실 기독교 단체들이 최신의 세속적 마케팅과 홍보 기법에 지나치게 의존하여 내부에 커다란 홍보기구를 세우고 있다. 당시나 지금이나 이 같은 기계적 의식 구조의 자연스런 결과는, 복음에 대한 신실한 태도와 사역자 개인의 덕이 아니라 숫자와 영향력으로 성공을 측정하려는 경향이다.

민중 선동가?

인물 숭배의 위험 중 하나는 선동으로 빠지기 쉽다는 것이다. 부흥사들 가운데는 완고한 지도자가 흔했고, 결국 자기들이 비난하던 전통 교단의 목회자들보다 더 독단적이고 강력한 통제권을 휘두르게 되는 아이러니한 일이 적지 않았다. 당시에 대각성운동의 비판자였던 개혁주의 신학자 존 네빈(John Nevin)은, 부흥사들이 해방과 자유로운 탐구 같은 "거창한 표어"를 걸어 놓았지만, 그것은 새로운 형태의 군림을 가리기 위한 가면에 불과했다고 주장했다. 비록 그들이 큰 소리로 "해방"을 외쳤지만 대다수의 복음주의 집단은 구성원 모두에게 압박을 가해서 그들로 하여금 "그 집단의 특별한 관념에 따라 생각하고, 편을 가르는 표어를 외치고, 종교적 춤을 추고, 그 집단의 신학적 안경을 통해서만 성경을 읽도록" 했다고 말했다. 네빈은 이런 구속이 "마침내 사람들을 소수 지도자의 손안으로 인도하여 그 지도자들로 하여금 자기 수중에 들어온 모든 이들을 지배하는 압제적 교권을 휘두르게 하는" 철조망이라고 비유했다.[51] 그리하여 아이러니하게도, 사람들에게 전통신학의 구조에서 벗어나라고 격려했던 매력적인 지도자들이 결국에는 그 그룹 내에서 권위주의적 리더가 되고 마는 경우가 많았고 때로는 선동가에 버금가는 존재가 되기도 했다.

하지만 이것은 기독교 지도자의 역할을 개조한 결과 초래된 불가피한 열매였다. 전통적으로 사역자는 자기 직분이라는 제도적 권위에 의존하여 양떼에게 영향을 미쳤다. 그러나 제도적 권위를 배격한 부흥사들이 의존할 수 있었던 것은 개인적인 카리스마와 능력밖에 없었다. 그래서 헨리 워드 비처는 언젠가 설교의 목표가 지식을 전달하는 것이 아니라 "사람의 생각과 마음에 영향을 주는 직접적인 힘"을 가하는 것이어야 한다고 주장했다. 한 역사가가 기록하

듯, 사역자는 영적 교사이기보다는 "힘을 행사하는 인물"이 되었던 것이다.[52]

범죄자의 회랑이 아니다

우리가 이제까지 추적해 온 패턴이 오늘날의 복음주의를 이해하는 데 어떤 빛을 비추어 줄까? 오래전 나는, 워싱턴에 이사 온 젊은이를 만난 적이 있다. 그는 유명한 복음전도자의 주관으로 2년 후에 열릴 복음전도 집회를 준비하는 선발대의 일원으로 온 것이었다. 2년? 내가 잘못 들은 것이 틀림없다고 생각했다. 그는 맞다고 확인해 주었고, 그 강사가 사역하는 조직이 행사를 준비할 유급의 전임 간사들을 2년 앞서 보냈다고 했다. 내 머릿속에는, 초기의 부흥사들은 1-2년 앞서 어떻게 행사를 기획했을까 하는 생각이 들었다. 사실 이런 패턴은 시작부터 그렇게 설정되어 있었다. 역사적으로 그 발생과정을 추적해 갈 때, 오늘날의 관행을 이해하기가 한결 쉬운 법이다.

대중적 복음주의의 영향이 오래도록 지속되는 현상을 어떻게 평가해야 할 것인가? 한편으로, 쉬운 언어와 정서적 호소를 통해 부흥사들은 광범위한 계층을 기독교인으로 만드는 데 상당한 성과를 거두었다. 그들은 평신도에게 존엄성과 독립심을 부여했다. "이 시대를 통틀어 대중설교에서 강력한 영향력을 발휘했던 주제는, 모든 사람이 노예적 편견을 벗어 버리고 스스로 진실을 입증하는 법을 배워야 한다는 제퍼슨의 사상이었다"고 해치는 기록하고 있다.[53]

가난한 자와 억눌린 자들에 대한 부흥사들의 깊은 관심은 그들의 사역에 관해 알고 있던 모든 이들의 마음속에 끊임없는 존경심을 불러일으켰다.

비판적인 이들마저 입장을 바꿀 정도였다. 가톨릭 저자인 로널드 녹스(Ronald Knox)는 「열정」(*Enthusiasm*, 이는 부흥운동을 욕할 때 쓰던 용어였다)이란 제목으로 책을 쓰려고 연구를 시작할 때만 해도 부흥운동에 대해 매우 비판적이었다. 애초의 집필 의도는 괴벽스럽고 미친 듯한 눈매에 흐트러진 옷차림을 한 "불한당들의 회랑"을 보여주고 그것을 "맹렬히 비난하는 나팔소리"로 삼으려는 것이었다. 그러나 놀랍게도, 연구주제에 대해-웨슬리와 휫필드 같은 위대한 인물들을-알아 갈수록 그들의 성실함과 일편단심, 진리에 대한 헌신, 순박한 사람들에 대한 관심을 존경하지 않을 수 없었다. 마침내 녹스가 「열정」의 집필을 끝낼 즈음에는, 초기 복음주의자들에 대해 대단히 긍정적인 그림이 그려져 있었다.[54] 후에 녹스는 가톨릭 신자들에게 좀더 "열정"을 불어넣기를 희망하며 가톨릭 성경을 보다 쉬운 현대어로 옮기는 작업을 하기도 했다!

다른 한편으로 미국이 정착민과 농부와 소도시 위주의 국가 단계를 넘어서게 되자, "마음의 종교"로는 19세기에 부상한 지적인 도전들-특히 다윈주의와 고등비평-에 제대로 대응할 수 없었다. 나중에 드와이트 무디와 빌리 선데이(Billy Sunday) 같은 복음주의자들은 순전히 부흥운동의 열정으로 그 새로운 사상에 대처하려고 애썼다. 하지만 열정은 깨지기 쉬운 방어적 자세를 취하기 시작했다. 그리고 그리스도인이 뜨거운 감정에서 신앙의 버팀목을 찾으려

할수록, 신앙은 사적인 경험이 자리한 상층부에 속하는 비이성적 신념으로 더욱 비치게 되었다.

당대의 거대한 지적 의문에 답할 수 없었던 많은 보수적 그리스도인들은 주류문화에 등을 돌리고 요새와 같이 수세적인 의식구조를 개발했다. 이로 인해 20세기 초반 근본주의의 시대가 도래했다. 분리주의가 적극적인 전략으로 채택되었고, 기독교는 독특한 하위문화 집단의 용어로 전락했다. "그 결과, 과거 어느 때보다도 유대-기독교적 유신론의 지적 토대가 의심을 받던 상황에서, [기독교는] 학문세계에서 거의 아무런 목소리도 내지 못할 지경에 이르렀다"고 역사가 조엘 카펜터(Joel Carpenter)는 쓰고 있다. "근본주의 지도자들은 자연의 역사[다윈주의]나 성경연구[고등비평] 어느 쪽이든 과학적 자연주의의 비판에 발목을 잡혔으나 응답할 준비가 되어 있지 않았다."[55]

이러한 이야기가 근본주의 운동의 엄청난 생명력과 대단한 성과를 간과하려는 것은 아니다. 근본주의 운동은 역사적 기독교의 정통 가르침을 보호하기 위해 수많은 학교와 신학교, 라디오 프로그램, 청소년 단체, 성경연구 모임, 선교회 등을 세웠다. 하지만 근본주의의 특징은 주류문화에 대해 계속 반항적이고 방어적인 자세를 취하는 경향에 있었다.

오늘날의 복음주의는 여전히 근본주의 시대에서 벗어나고 있는 중이다. 삶과 문화의 모든 영역에 걸친 그리스도의 주되심에 대해 보다 통전적인 이해를 되찾고자 노력하고 있다.[56] 최근 수십 년간 복음주의자들의 사회적·경제적 수준이 향상되었다. 이전보다 교육도 잘 받고 소득도 늘었다. 그러나 교회와 기독교 단체(parachurch)의 사역을 보면, 여전히 과거의 기본적인 패턴이 그대로 남아 있는 것을 발견하게 된다. 주로 감정적 견지에서 신앙을 정의하려는 성향, 과거의 풍부한 신학적 유산을 무시하는 반신조적·반역사적 태도, 개인의 선택이 믿음의 결정적 요소라는 주장, 우연히 같은 것을 믿게 된 개인들의 집합을 교회로 보는 원자론적 견해, 지적인 성찰보다 사회적 행동을 선호하는 것 등이 그렇다. 무엇보다도, 복음주의는 유명인사 중심의 리더십 모델을 여전히 양산하는 것 같다. 기업가 타입의 실용적인 인물, 일부러 청중의 감정을 조종하는 인물, 자화자찬 격의 일화를 늘어놓으면서 자기 이미지를 은근히 높이는 인물, 오만하고 군림하는 리더십을 가진 인물, 성과에 입각해서 성공을 측정하는 인물, 숫자를 늘리기 위해 최첨단의 세속적 기법을 얼마든지 사용하는 인물 등이 거기에 속한다.[57]

역사라는 렌즈를 통해 보면 이러한 모양새가 더욱 분명히 드러나게 되고, 그 양상이 우리 교회와 기독교단체 안에서 어떻게 유지되고 있는지 파악할 수 있다. 최근에 어느 대학생이 내게 한 말이다. "오늘날 우리는 기독교 내의 유명인사 중심의 구조가 할리우드 문화에서 유입된 것으로 생각하며 맹렬히 비난합니다. 그러나 역사를 살펴볼 때, 스타 위주의 시스템은 기독교 진영에서 시작되었다는 것을 발견할 수 있습니다." 정확한 표현이다. 우리 주변의 다양한 흐름들의 근원을 제대로 인식할 때에야 비로소 그것을 바로잡을 도구를 마련할 수 있다. 과거의 역사적 패턴들이 오늘날 교회와 기독교 사역의 운영방식에 어떤 영향을 계속해서 주고 있는지 진단할 필요가 있다는 말이다. 역사는 오늘날 우리가 생각하고 행동하는 방식을 비춰 주는 거울과 같다.

자아가 다스리는 시대가 열리다

우리 시대 북미 복음주의 진영에서 가장 지배적인 형태는 대중적 복음주의다. 1997년 카펜터는 다음과 같이 기록했다. "지금 우리는 복음주의 역사의 새로운 장에 진입하고 있다. 곧 오순절 은사주의 운동이 급속도로 근본주의 보수 진영을 밀어내고 오늘날 가장 영향력 있는 복음주의 세력이 되고 있다." 여기서 **오순절 은사주의 운동**이란 대중적이고 반신조적이며 체험 중심의 운동을 의미한다.[58] 특히 일부 대형교회와 구도자 중심의 교회에서, 예배방식은 갈수록 교리적 성격이 약화되고 체험적 성향이 짙어지면서 현대인의 취향에 맞게 변화되고 있다.

이와 같은 예배방식은 종교의 경계마저 뛰어넘고 있다. 사회학자 앨런 울프(Alan Wolfe)는 자신의 도발적인 신간에서 "이제 우리 모두가 복음주의자다"라고 말한다. 이는 미국의 모든 종교에서 복음주의적 패턴이 주류가 되고 있다는 말이다. "개인화와 개인주의는 강화되고, 교리와 경건은 약화된" 패턴을 일컫는다. 복음주의는 "정합성(整合性, coherence)을 잃을 정도로 신학적 범위가 넓어지고 있다"고 그는 덧붙인다. 어쩌면 우리는 "점차적으로 교리가 사라지는 현상"을 목격하고 있는지도 모른다.[59]

이러한 스타일은 기독교의 특징이라기보다는 오히려 미국 특유의 방식이라 할 수 있는데, 이것은 기독교의 개인주의와 체험주의가 근대 미국의 정신과 긴밀히 제휴하고 있기 때문이라고 울프는 전한다.[60] 많은 교회에서, "나 홀로 성경과 함께"가 그리스도인의 삶의 핵심으로 여겨지고 있다. 사회학자 웨이드 클락 루프(Wade Clark Roof)가 1990년대 중반에 실시한 여론조사에 따르면, 복음주의 그리스도인의 54%가 "홀로 묵상하는 것"이 "타인과 함께 예배하는 것"보다 중요하다고 말했다. 아울러 반 이상이 "교회당과 회당이 신앙에서 진정한 영적 역할을 상실했다"는 데에 동의했다. "지난 반세기 동안 미국인들의 종교생활에 일어난 일은 바로 **새로운 자아가 최고의 권좌에 오른 것**으로, 자아가 신성의 의미를 규정하고 제한하는 역할을 한다"고 루프는 결론지었다.[61] 달리 말하면, 복음주의가 자율적 자아라는 근대 자유주의의 개념에 도전하기는커녕 오히려 같은 개념을 종교적 언어로 반영하고 있다는 것이다.

울프가 말하듯, "종교생활의 모든 면에서 미국의 신앙과 미국의 문화가 만났고, 미국문화가 승리를 거뒀다."[62] 대개의 경우 복음주의는, 종교란 거의 또는 전혀 인지적 내용이 없는 개인의 체험문제로 전락시키는 이층적 구분에 굴복해 버렸다.

만일 우리가 복음주의의 유산 가운데 최상의 것을 보존하기 원한다면, 냉정하게 그 약점까지 검토하고 개혁을 일으킬 지혜와 힘을 달라고 기도해야 할 것이다. 그리고 도움을 얻을 수 있는 최상의 자리는 바로 복음주의 내부에 있는 다른 자원, 곧 복음주의의 보다 학문적인 분파다. 다음 장에서 우리는 복음주의 역사에 등장하는 지적인 지도자 몇 사람을 만날 것이다. 그들은 대학과 신학교에 몸담고 있으면서 나라 전체의 사상에 영향을 주고자 애썼던 교수와 교사들이다. 이제 복음주의 지성에 무슨 일이 일어났는지 진단하기 위해, 복음주의 지성의 개발에 가장 노력한 이들을 가까이서 살펴보자. 그들은 진리의 이층적 구분을 깨는 데 성공했는가? 그들이 개발한 자원 가운데 오늘날 우리가 기독교 세계관을 개발하는 데 도움이 되는 것은 무엇일까?

11_ 이층적 진리를 받아들인 복음주의

종교 세력은 노동의 분업을 받아들였다.
그리고 거기에 갇히고 말았다.
_마틴 마티[1]

수년 전, 복음주의를 제대로 정의하는 문제를 놓고 「크리스천 스칼러스 리뷰」(*Christian Scholar's Review*)에서 활발한 논쟁이 벌어진 적이 있다. 어느 집단이 거기에 포함되는가? 누구에게 그 호칭을 사용하도록 허용할 것인가?

    두 명의 역사가가 서로 얼굴을 맞대고 싸우는 동안 다른 이들은 옆에서 응원했다. 한 편을 대표하는 도널드 데이턴(Donald Dayton)은 복음주의를 "감리교" 계열로 추적했다. 이 계열은 종교개혁에서 시작하여 유럽의 경건주의, 영국의 존 웨슬리, 미국의 대각성운동을 거쳐 무디와 빌리 그레이엄으로 이어졌으며, 개인의 회심과 신앙의 주관적 체험에 초점이 맞추어져 있다. 이제 이 패턴은 우리에게 익숙하다. 데이턴은 복음주의를 앞의 두 장에서 묘사된 대중적 분파와 동일시했던 것이다.

이 논쟁에서 다른 편을 대표한 인물은 조지 마스덴(George Marsden)이었는데, 그는 복음주의를 "장로교" 계열로 추적했다. 이 계열은 종교개혁에서 시작하여 정통 개신교를 거쳐 프린스턴의 찰스 하지(Charles Hodge)와 워필드(B. B. Warfield)를 중심으로 한 장로교 구학파, 그리고 웨스트민스터 신학교의 그레샴 메이첸(Gresham Machen)으로 이어졌다. 이 계열의 초점은 신학적 정통교리와 성경의 권위에 맞추어져 왔다.[2]

어느 정의가 복음주의에 적합한 것일까? 둘 다이다. 처음에 우리가 언급했듯이 복음주의 운동에는 역사적으로 양 날개가 있었는데, 하나는 대중적 분파였고 다른 하나는 학문적 분파였다. 우리 시대에 복음주의적 지성을 되살릴 효과적인 전략을 수립하려면 우리는 양자 모두를 잘 알아야 한다. 대중적 분파를 조사해 보면 오랫동안 내려온 반지성주의의 뿌리를 알 수 있다. 학문적 분파를 조사해 보면 이성적 접근마저 세속적 학문세계의 도전에 만족할 만큼 성공적으로 대처하지 못한 이유를 알 수 있다. 그렇지만 우리가 물려받은 유산 안에 오늘날 기독교 세계관을 되살릴 수 있는 중요한 자원 또한 있음도 알게 될 것이다.

복음주의의 학문적 분파에는 사실 마스덴이 추적한 "장로교" 계열보다 더 많은 것이 포함된다. 세월이 흐르면서 대중적 복음주의는 종교적 권위라면 모조리 거부하던 사춘기 단계를 벗어나 그 안에서 학자를 양성하기 시작했다. 불같은 복음전도자와 더불어, 신학교와 대학에서 가르치는 뛰어난 교수들이 등장했다. 장로교 구학파의 충성된 자들과 함께, 그들은 도덕철학과 정치철학을 개발하고, 이신론자와 유니테리언교도와 비기독교도들에 대항하여 변증론을 정립하고, 최신의 과학이론에 대응하고, 복음주의 신앙을 당대의 지적인 사조에 관련시키고자 많은 노력을 기울였다.

대체로 그 같은 노력이 성공을 거두었다고 할 수 있다. 복음주의의 학문적 분파는 19세기 미국문화에서 "가장 강력한 영향력을 발휘하는 집단"이 되었다고 한 역사가는 말한다.[3] 장로교만 해도 남북전쟁 이전에 49개 대학을 설립하여—이는 다른 어떤 교단보다도 많은 숫자다—미국의 교육을 지배하다시피 했다. 숫자로만 치자면 금방 대중적 분파에게 추월당했지만, 미국의 공공생활에 끼친 영향으로 보면 그들의 영향력이 훨씬 컸다. "보수적 장로교인들은 이 시기에 만연한 반지성주의에 반대하는 열정적인 운동가들이었다"고 한 역사가는 말한다. 그들은 "스스로를 미국의 지성계에 파송된 선교사라고 생각했다."[4]

"지성계에 파송된 선교사들"을 공부함으로써 오늘날 우리는 무엇을 배울 수 있을까? 각 시대마다 그리스도인들은 시대를 초월하는 성경의 진리를 당대의 언어로 "번역해 냄으로써" 그 시대의 문제들을 다루어 보려고 애썼다. 주위의 동시대인들이 이해할 수 있는 용어를 사용해 옛 신앙을 널리 권했던 것이다. 그 과정에서 복음을 타협하지 **않으면서도** 효과적으로 그것을 전달할 수 있는 언어를 찾는 것이 비결이었다. 19세기 복음주의자들은 얼마나 성공적으로 이 작업을 수행했을까? 어떤 철학용어를 차용했고, 그로 인해 그들의 영적인 메시지가 타협되었을까? 그들은 오늘날 우리에게 어떤 유산을 남겼을까?

상식적 실재론

18세기와 19세기의 복음주의자 대부분은 신앙을 철학적으로 표현하기 위해 스코틀랜드에서 수입한 상식적 실재론(Common Sense realism)을 활용했는데, 이는 당시 미국의 지성계 전반에 굉장한 영향을 끼친 철학이었다. 대각성운동의 지지자와 비판자 모두가 그 철학을 포용했다. 유니테리언교도를 비롯해 다른 신학적 자유주의자들도 수용했다. 심지어는 토마스 제퍼슨처럼 (성경에 나오는 초자연적 요소를 모두 부인하는) 이신론자들조차 받아들였다. "스코틀랜드의 계몽사상은 미국 계몽사상의 흐름에서 가장 영향력 있었던 단 하나의 전통이었을 것이다"라는 결론도 있다.[5] 상식적 실재론은 "19세기 미국의 공식 철학"으로 불려 왔다.[6]

미국 역사의 이러한 측면을 알고 있는 사람이 얼마나 될까? 내가 대학에서 철학을 공부할 때는 데카르트, 칸트, 헤겔 같은 위대한 유럽의 사상가들에 관해 읽었다. 그러나 미국을 한 세기 이상 지배했던 그 철학에 대해서는 읽은 적이 없다.[7] 이는 놀랄 만한 실책이며, 미국 역사를 이해하고자 한다면 반드시 메워야 할 간극이다.

상식적 실재론을 미국에 수입한 인물은 존 위더스푼(John Witherspoon)이다. 그는 1768년 스코틀랜드를 떠나 프린스턴 대학(당시에는 뉴저지 대학이라 불렸다)의 학장이 되었다. 프린스턴에서부터 상식적 실재론은 당대의 학문세계 전반에 퍼져나갔다. "그것은 **복음주의적 세계관**이 되어 모든 교실에 침투했고, 마침내 수백 명의 목회자와 수많은 학교장, 상당수의 실무 과학자와 의사들에게 영향을 주었다"고 한 역사가는 말한다. 그것은 "실질적으로 복음주의적 관점과 동일시되었다."[8]

그것이 그처럼 오랫동안 "복음주의적 세계관"으로 통용되었다면, 우리는 이에 대해 더 알아야 할 필요가 있다. 이 철학은 어떤 것이었고, 왜 그토록 인기가 있었던 것일까?

상식적 실재론은 스코틀랜드 철학자 토마스 리드(Thomas Reid)가 (3장에서 간략하게 묘사한) 스코틀랜드인 동료 데이비드 흄(David Hume)의 급진적 회의주의에 대응하여 만든 철학이었다. 사실, 흄의 회의주의는 너무 급진적이며, 임마누엘 칸트는 자기를 "독단적인 잠"에서 깨어나게 한 것이 그 회의주의였다고 말할 정도였다. 그것이 리드도 일깨운 것 같은데, 리드가 자기 철학의 목표를 흄을 반박하고 지식에 대한 새로운 토대를 정립하는 것으로 삼았던 것을 보면 알 수 있다. 리드의 제안에 따르면, 회의주의를 피하려면 어떤 지식이 "자명한"(self-evident)지 인식하는 것, 다시 말해 인간 본성의 조건으로 인해 우리에게 어쩔 수 없이 부과된 것이 무엇인지 아는 것이 필요하다. 그렇게 발견한 지식은 아무도 의심하거나 부정하지 않는다. 부정할 수 없는 즉각적인 경험의 일부이기 때문이다.

예를 들어, 아무도 자기가 존재하고 있다는 것을 의심하지 않는다(적어도 실제로는 그렇다). 아무도 물질세계가 실재하고 있음을 의심하지 않는다(우리 모두는 길을 건널 때 길 양편을 살핀다). 우리는 또한 기억이나 고통 같은 내적 경험을 의심하지 않는다(내가 머리가 아프다고 말하면, 당신은 "어떻게 아픈지 아느냐"고 묻지 않는다). 누구든 이런 기본적인 사실들을 부정하면, 우리는 그가 미쳤다고 하거나 철학자라고 부른다. 철학자들조차도 그런 것을 이론적으로만 부정할 뿐이다. 흄의 말에 따르면, 그는 자기 서재에서 홀로 급진적 회의주의를 따라 추론한 뒤에는 친구들과 주사위 놀이를 하면서 머리를 말끔히 정리한다고 했다.[9]

실생활에서는 누구나 상당히 많은 명제들을 당연시하지 않으면 안된다. 리드의 표현대로 "정치가는 꾸준히 노력하고, 군인은 끊임없이 싸우고, 상인은 계속해서 수입과 수출을 하지만, 그들이 진지하게 수행하는 그런 일들이 실제로 존재하지 않는다고 누군가 증명해 내더라도 조금도 흔들리지 않을 것이다."[10]

상식적 실재론의 핵심 주장은, 이처럼 부인할 수 없거나 자명한 경험적 진리들을 확고한 토대로 삼아 지식의 체계를 세울 수 있다는 것이었다. 마치 집의 기초를 쌓듯이 말이다. (리드가 말하는 "상식"은 오늘날 우리가 사용하듯이 실용성이나 생활 상식을 의미하는 것이 아니라 보편적인 인간 경험으로 알게 된, 곧 모든 인류에게 **공통된 진리**를 뜻한다.) 19세기의 사상가 대부분은 자명한 진리에 하나님의 존재, 그분의 선함, 그분의 세계 창조 등과 같은 기독교의 기본 가르침을 상당수 포함시켰다. 이러한 것들이 이성이 있는 사람들에게 자명한 것으로 받아들여졌던 것이다.

그러면 자명한 진리들로 기초를 쌓은 뒤 상식적 실재론은 그 위에 어떻게 집을 짓는가? 이 작업과 관련해서, 리드는 과학적 귀납법을 정립한 19세기의 사상가 프란시스 베이컨(Francis Bacon)의 작업을 추천했다.[11] 베이컨은, 이전 세대가 과학을 완전히 오해한 이유는 형이상학적 사변에서 자연에 대한 관념을 연역했기 때문이라고 했다. 참된 과학은 철학이 아니라 사실에서 시작해야 하고, 이어서 귀납에 의해 엄밀하게 추론해야 한다. 리드의 글을 인용하면, "베이컨 경에게 배움으로써" 사람들은 마침내 중세의 "연역주의"에서 해방되었고 "자연의 활동에 관한 지식에 이르는 길"로 접어든 것이다.[12]

수많은 미국인들에게, 상식적 실재론과 베이컨의 귀납법의 연계는 흄과 다른 급진적 계몽철학자들의 회의주의에 대항하는 탁월한 단짝으로 비쳤다. 그리고 이내 실질적으로 과학, 정치철학, 도덕론, 심지어 성경해석(해석학)에까지 거의 모든 사상계에 적용되었다. 그 핵심 개념이 독립선언문에도 포함될 정도였다. "우리는 이런 진리들을 자명한 것으로 여긴다." 여기서 자명한 진리들이란 개념은 어디서 온 것일까? 바로 상식적 실재론에서 온 것이다.[13]

이러한 사상들을 평가하기 위해 먼저 베이컨의 방법론이 성경연구와 다른 여러 학문에 어떻게 적용되었는지를 살펴보자. 그리고 나서 상식적 실재론 전체에 대한 보다 넓은 관점을 개괄적으로 다루면서, 특히 오늘에 이르기까지 그리스도인들이 그것을 어떻게 지속적으로 개발시켜 왔는지에 초점을 맞출 것이다. 하지만 이러한 사상이나 그것을 제안한 인물들에 대해 포괄적인 설명을 하려는 것은 아니다. 여기서 우리의 목표는 복음주의 지성의 쇠퇴에 기여한 주요 패턴을 끌어내는 것이며, 그 결과 우리 시대에 어떻게 지적 영역에서 부흥을 일으킬 것인지 더 알아보려는 것이다.

성경이라는 과학

베이컨주의가 성경해석에 적용된 결과는 무엇이었을까? 과학혁명의 여명기에 등장한 베이컨의 주적(主敵)은 아리스토텔레스의 철학이었다. 그래서 그는 과학이 먼저 갑판을 치우는 일부터 시작해야 한다고, 형이상학적 사변과 전수된 진리 개념과 여러 세대에 걸쳐 축적된 미신 일체로부터 정신을 해방시키는 데서 시작해야 한다고 했다. "의견을 씻어 낸 말끔한 정신으로" "어린아이처럼" 사실들 앞에 앉아 그 사실들이 스스로 말하도록 해야 한다. 그러고 나서 그 말들을 귀납적으로 엮어 하나의 체계로 만들라.[14]

사실들이 "스스로 말한다"는 개념을 현대철학자들이 듣는다면 금방 **패러다임 전환**과 **개념적 틀**에 관해 온갖 이야기를 할 것이다. 하지만 이처럼 지식에 실증주의적으로 접근하는 태도가 모든 계몽주의 사상가들 사이에 강력한 이상으로 자리잡았다. 베이컨의 방법론이 성경해석에 적용되었을 때, 그 첫 단계는 역사적 신학 공식(칼뱅주의, 루터파, 성공회 또는 무엇이든) 일체에서 우리 지성을 해방시키는 것이었다. 인간적 사변을 씻어 낸 말끔한 정신일 때에야, 우리는 성경본문을 "사실들"의 집합으로 대하게 되고 그 사실들은 스스로 말하게 되는 것이다. 그런 연후에 개별적인 절들을 귀납적으로 묶어 하나의 신학체계를 만들 수 있다. 성경의 진술들은 자연의 사실들과 유사하게 다뤄졌으며 정확히 똑같은 방식을 통해 알 수 있다고 했다.

베이컨의 방법론을 수용한 이들 가운데 가장 영향력 있던 진영은 프린스턴 대학의 장로교 구학파였다. 예를 들어, 제임스 알렉산더(James Alexander)는 이렇게 말했다. "신학자는 화학자나 식물학자가 조사를 진행하는 방법과 똑같이 해야 한다." 그것이 "베이컨의 이름으로 표방되는 바로 그 방법이다."[15] 심지어 찰스 하지는 성경의 명제들을 지리학에서 연구하는 "대양, 대륙, 군도, 산맥, 강"과 비교하기도 했다. 그래서 "성경과 신학자의 관계는 자연과 과학자의 관계에 상응한다. 성경은 신학자에게 있어 사실들을 모아둔 창고다."[16]

당시만 해도 **과학**이라는 용어가 오늘날처럼 전문화된 좁은 의미로 사용되지 않았다는 점을 아는 것이 중요하다. 오히려, 모든 형태의 체계화된 지식을 뜻했기에(지식을 뜻하는 라틴어는 'scientia'이다) 정치, 도덕, 신학("지식의 여왕") 같은 과목에도 그 용어가 적용되었다. 그래서 당시의 매우 많은 성직자들이 베이컨의 방법론과 같은 과학적 방법론이 신학에 적용될 수 있다고 생각한 것이다. 일부 비판가들이 주장하듯이 신학을 과학주의에 팔아넘기는 것은 아니었다.

하지만 신학도 동일한 귀납적 방법을 따른다고 주장함으로써 부분적으로 근대과학의 도전에 대처하려고 했던 것은 사실이다. 달리 말하자면, 계몽주의를 영입하려 했던 것이다. 미국 독립 이후에는 전통적으로 물려받은 모든 권위가 "전제"와 "억압"으로 여겨져 신빙성을 잃게 되었다. 신빙성을 호소할 수 있는 유일한 공적 권위는 과학이었는데, 적어도 이상적으로는 과학이 민주적이었기 때문이다. 과학적 방법을 따르는 자는 누구나 기존의 권위에 머리를 숙여서는 안되는 법이었다. 각자가 증거를 검토하고 스스로 결정을 내릴 수 있었기 때문이다. 베이컨의 방법론이 신학에 적용되면서 성경은 그 속에 담긴 "사실들"을 관찰하려는 자는 누구나 접근할 수 있는 것이 되었다. 막 태어난 민주적인 문화에 호소력 있는 사상이었다.[17]

캠벨의 이성주의적 접근

이 주제들을 좀더 구체적으로 살펴보자. 베이컨의 해석학을 가장 열렬하게 영접한 집단은 회복운동(Restoration movement)에 속한 그룹들(그리스도의 제자들, 그리스도의 교회, "그리스도인의" 교회)이었다. 사실, 이 전통에 속한 신학자들은 오늘날에도 그 방법의 장점에 대해 계속 토론을 하고 있다. 몇 년 전 나는 "베이컨주의자"와 "해석학"에 관해 인터넷 자료조사를 해보았는데, 여섯 편의 소논문이 「계간 회복」(*Restoration Quarterly*)지에서 나왔다. 그러니 우리는 지금도 생생한 사안에 관해 이야기하고 있는 셈이다.

회복운동의 창시자 가운데 하나는 알렉산더 캠벨(Alexander Campbell)이다. 아일랜드에서 태어난 캠벨은 젊은 시절에 강렬한 회심을 체험했다. 여러 주에 걸쳐 홀로 기도하며 들판을 떠돈 끝에

"마침내 많은 괴로움이 지나고, 구원자를 신뢰할 수 있게 되었고, 내가 그분을 죄인들의 유일한 구세주로 의지하고 있음을 느끼게 되었다"고 쓰고 있다.[18] 여러 해가 지난 뒤, 그는 미국으로 떠났고 거기서 복음을 전하기 시작했다.

여러 면에서 캠벨은 우리가 논의한 부흥사들과 전혀 다름없는 복음주의적 인물이었다. 부흥사들과 마찬가지로, 캠벨 역시 미국 독립을 교회의 새로운 시대를 여는 하나의 패러다임으로 보았고, 미국의 "정치적 중생"이 "교회의 혁신"을 이끌어 낼 책임 또한 부여했다고 주장했다. 철저히 교권반대자요 대중주의자였던 그는 "모든 평신도가 스스로 성스러운 문서를 연구할 수 있는 양도할 수 없는 권리"를 요청했다. 심지어 성직자와 평신도의 전통적 구별마저 폐기하는 편에 손을 들어 주며 이렇게 말했다. "자유란 오직 사람들의 손에 있을 때에만 안전한 법이다."[19]

하지만 캠벨은 부흥운동의 감정주의에 대해서는 비판적이었고, 그 결과 신학에 대해 고도의 이성주의적 접근을 한 인물로 알려지게 되었다. 물론 베이컨의 해석학을 적용한 데 근거한 것이었다. "우리는 과학과 철학 영역에서 베이컨주의자다"라고 그는 자랑스럽게 선언했다. "우리는 이론과 사변이 아니라 성경의 사실들과 문헌을 토대로 세운다."[20] 당대의 다른 여러 사람들과 마찬가지로, 캠벨은 성경이 "명백한 사실들"을 담은 책이라고 묘사하면서 "그 지식과 교리는 학생들 각자가 자기 힘으로 귀납적으로 추론한 것을 모아 정리한……사실들의 의미일 따름"이라고 정의했다.[21]

캠벨이 베이컨의 방법론에 끌린 주된 이유는, 그것이 그리스도인의 하나됨을 이룩해 준다는 약속 때문이었다. 회복운동의 우선적인 목표는 교단 분열을 돌이켜 하나의 교회 안에서 교단들을 다시 하나로 만드는 것이었다. 그리고 그가 염두에 둔 하나됨의 모델은 과학이었다. 그는 "과학 분야 대부분이 특정한 분석과 종합의 규칙을 도입한 결과 이견 없는 만장일치라는 놀라운 성과를 이루게 되었다"고 썼다. "같은 **규칙**에 의거하여 일하는 자는 누구나 같은 결론에 도달하게 된다."[22] 캠벨은 교회 분열의 주요 원인이 각자 특정한 신학체계에 입각해서 성경을 읽는 데 있다고 확신했다. 그것은 마치 "색안경"을 끼고 읽는 것과 같아서 우리의 지각을 왜곡시킨다고 했다. 만일 안경을 말끔히 씻어 낸다면(우리의 지성을 말끔히 한다면), 모두가 성경의 사실들을 바르게 관찰할 테고 같은 해석에 도달할 것이다. 캠벨은 자기 자신을 좋은 본보기로 들면서, "나는 마치 나보다 앞서 성경을 읽은 자가 없는 것처럼 성경을 읽으려고 애썼다"고 기록했다.[23] 과학에 있어 자연의 명료성을 믿는 베이컨주의가 신학에 있어 성경의 명료성을 믿는 개신교 교리를 뒷받침하는 듯 보였다.[24]

현대인을 위한 옛날 책들

복음주의자가 베이컨의 해석학을 수용한 결과 현재까지 이어지는 영향은 무엇일까? 베이컨의 해석학에는 몇 가지 심각한 단점이 있는데, 그것이 오늘날 우리가 성경을 읽는 방식에 어떤 영향을 주고 있는지 잘 파악할 필요가 있다.[25] 첫째, 그리스도인에게 "과학적"

성경주석이 필요하다는 생각 자체가 그 시대의 문화에 어느 정도 타협한 결과 생겨난 것이다. 복음주의자는 가장 유행하는 당대의 과학이론을 포용하고, 심지어는 그것을 신학에까지 적용함으로써 각 시대마다 그리스도인들에게 요청되는 비판적 거리를 거의 상실해 버린 셈이다.

더구나, 신학이 "사실들"의 집합이라고 주장한 경험주의의 입장은 성경해석에 있어 일차원적이고 단면적인 해석을 낳았다. 은유적·신비적·상징적 의미들은 본문의 "명백한" 의미에 밀려 평가절하되었다. 그리고 그 방법론은 성경구절들을 각각의 고립된 "사실들"로 취급했기 때문에 대개 본문 교정의 수준을 넘지 못했는데, 개별적인 구절들을 끌어내어 같은 주제 아래에 나열하는 식이었고 문학적·역사적 맥락이나 성경 전체를 아우르는 보다 큰 주제들을 거의 고려하지 않았다.[26]

하지만 가장 심각한 문제점은 베이컨주의가 역사를 적대시한 것이었다. 수세기에 걸쳐 교회가 고심하여 만들어 낸 신조와 신앙고백들 모두가 배격되었다. 캠벨이 신자들에게 "색안경"을 벗고 "아무도 앞서 성경을 읽은 적이 없는 것처럼" 성경을 읽으라고 권고했던 것은, 각 개인이 성경이 가르치는 바를 파악하기 위해 무(無)의 상태에서 처음부터 시작해야 한다는 뜻이었다. 그런데 그 의미를 생각해 보자. 이는 교회가 교회사에 등장한 빛나는 지성들 —아우구스티누스, 아퀴나스, 루터, 칼뱅 —의 지혜를 버린다는 뜻이다. 미국의 많은 복음주의자들이 베이컨의 방법론을 채택함으로써 2천 년에 걸친 신학적 성찰이 담긴 풍요로운 지적 유산을 잃어버리게 되었다. 앞 장에서 살펴보았듯이, 한 세대가 기독교 역사 전체를 몽땅 버리고 처음부터 다시 시작할 수 있다는 생각은 피상적인 신학으로 끝날 수밖에 없는 운명을 면치 못한다. 오늘날 널리 사용하는 **삼위일체**나 **칭의** 같은 용어와 개념들은 여러 세기에 걸친 논쟁 및 이단과의 싸움을 거치며 정의되고 개발된 것이기에, 그 역사를 알지 못하고는 우리가 지금 사용하는 그런 용어들의 의미도 제대로 알 수 없는 것이다.

더군다나 지식의 역사적 맥락에 대해 한결 예리한 감각을 지닌 우리 시대에, 우리는 사람들이 백지 상태처럼 깨끗하게 씻겨진 지성으로 성경에 접근할 수 있다고 생각하는 것 자체가 비현실적임을 알고 있다. 과거를 가져다 버리려는 이들은 자기가 현재 품고 있는 편견과 선입견을 의심의 여지 없는 진리로 용인하기 쉽다. 자신의 생각을 여러 문화와 다양한 역사적 시기에 등장했던 그리스도인 학자들의 사상에 견주어 점검함으로써 얻을 수 있는 비판적 거리를 잃게 되는 것이다. 따라서 거인들의 어깨에 올라서서 멀리 내다보지 못하고, 역사의 한순간에 제한된 자신의 좁은 안목으로 볼 수 있는 것밖에 볼 수 없게 된다.

그렇기 때문에 C. S. 루이스가 그리스도인들에게 오늘날의 책뿐 아니라 "옛날 책"도 읽으라고 권했던 것이다. 그는, 우리가 옛날 책들이 제공하는 다른 관점에 접근할 수 없다면 우리 시대의 편견에 빠지지 않기란 무척 어렵다고 썼다.[27] 교회사의 위대한 인물들은 주님 안에서 우리의 형제자매이며 모든 시대에 걸친 그리스도의 몸의 지체들이므로, 그들이 씨름한 문제와 그들이 제공한 해결

책을 가지고 우리의 지성을 갈고 닦는다면 많은 것을 배울 수 있을 것이다.[28]

오직 성경?

언뜻 생각하기에는, 19세기의 복음주의자들이 오직 성경(sola Scriptura)이라는 종교개혁의 원칙을 따른 것으로 보일지도 모른다. 그러나 그렇지 않았다. 그들의 반역사적 개인주의는 종교개혁 당시 이 문구가 의미했던 것과는 매우 다른 것이었다. 종교개혁자들은 성경이 누구에게나 명백한 것이라고 주장했음에도 불구하고, 교회사의 첫 5세기 동안 만들어진 공교회의 신조와 공의회(사도신경, 니케아 신조, 아타나시우스 신조, 칼케돈 공의회, 오렌지 공의회, 콘스탄티노플 공의회 등)에 충실한 입장을 견지했다(거기서 삼위일체와 그리스도의 신성 같은 기본적인 교리들이 심의되고 정의되었다). 더욱이, 종교개혁자들과 그 추종자들은 로마와 결별한 후 자신들의 신앙고백과 교리문답을 쓰는 작업에 바로 착수했다(여기에는 아우크스부르크 신앙고백, 웨스트민스터 신앙고백, 벨기에 신앙고백, 루터교 교리문답, 하이델베르크 교리문답 등이 포함된다).[29] 종교개혁자들에게 있어 "오직 성경"은 성경이 최종 권위라는 의미였지, 신앙의 역사나 신앙의 공동체적 고백을 전부 배격한다는 의미는 분명 아니었다.

또한 종교개혁자들은 신학연구의 중요성이나 학문과 지식의 자연스런 권위를 부정하지도 않았다. 당대의 급진적 평등주의자들을 상대하며 루터는 성경으로 무엇이든 증명할 수 있다고 비꼬듯 다음과 같이 응답했다. "내가 알게 된 것은 그 의미야 어찌되든 수많은 성경구절을 되는대로 내놓기만 하면 충분하다는 것이다. 만일 이러한 것이 바른 방법이라면, 나는 라스트룸 맥주가 말름시의 포도주보다 낫다는 것을 성경으로 증명할 수 있다." 비슷하게 장 칼뱅도 한 사람의 사적인 성경해석이 다른 이의 해석과 똑같이 타당하다는 생각에 반대했다. "나는 성경이 모든 지혜가 담긴 가장 풍성하고 마르지 않는 샘물임을 인정한다. 그러나 그 풍부함이 아무나 자기 좋을 대로 부여하는 다양한 의미에 있다는 주장은 인정하지 않는다."[30]

요컨대, 종교개혁자들에게 있어서 성경이 최종 권위라는 원칙이 다른 형태의 종교적 권위를 부인하는 것은 아니었다. 따라서 19세기 복음주의자들이 보통 사람들에게 신조와 신앙고백과 신학체계 같은 풍부한 유산을 버리라고 촉구한 것은 사실 종교개혁의 유산에서 과격하게 이탈하는 것이었다. 복음주의자들이 공유했던 가장 독특한 원칙은 "신조가 아니라 성경"이었는데,[31] 이는 확실히 종교개혁의 입장을 훨씬 넘어서는 것이었다.

허공에 바탕을 둔 시각

아이러니하게도, 베이컨의 방법론을 철저하게 수용한 19세기의 복음주의자들은 이후 과학자들이 그 방법론을 내버리기 시작하는 것을 보고는 경악했다. 과학혁명의 여명기에 프란시스 베이컨이 경험론적으로 지식에 접근할 것을 처음 제안했을 때만 해도 그것은 사람들의 주의를 이론적 사색에서 자연의 사실들로 돌리는 데 상당히 기여했던 것 같다. 하지만 거기에는 완전한 과학철학이라 하기에는 심각한 결점이 있었다. 일례로, 순전히 귀납─사실들을 모으고 체계화하는 일─으로만 과학이 진척되는 것은 아니다. 과학은 가설을 세우고 검증하는 과정(가설연역적 방법)을 통해 진척되며, 이론으로 받아들여지려면 단순성에서부터 그 이론이 기존 지식과 얼마나 잘 부합하는지 여부에 이르기까지 다양한 요인들에 기초해야만 한다.[32]

더 근본적인 문제는, 베이컨이 표현한 것처럼 우리의 "의견을 말끔히 씻어 낸" 지성이란 생각 자체가 계몽주의의 환상에 불과한 것으로 결국 거부되었다는 점이다. 베이컨의 방법론에는, 모든 형이상학적 신념을 벗고 우리가 속한 제한된 역사와 문화 바깥 편에 서서 어떤 철학적 틀에서도 자유로운 순수한 "사실들"을 관찰할 수 있다는 가정이 깔려 있다. 이 같은 가상의 입장은 때로 "하나님의 관점" 또는 "허공에 바탕을 둔 관점"이라고 불리는데, 이는 마치 개개인이 시공간상의 자기 위치를 초월해서 우주적 관점에서 실재를 볼 수 있다고 전제하는 것과 같다. 이와 같은 신적 객관성은 인간의 이성만으로는 도달할 수 없다. 생각을 하려면, 적어도 몇 가지 가정을 먼저 세우지 않으면 안된다. 과학적인 조사도 언제나 통제신념(control beliefs)─어떤 생각이 추구할 만한 가치가 있는지 가리켜 주고, 드러난 결과를 해석하는 데 필요한 틀을 제공해 주는 일련의 전제─의 지도 아래 진행되게 되어 있다.

더구나, 객관성을 추구하는 베이컨의 이상은 모든 전제를 버려야 한다고 강조한 결과 오히려 사람들로 하여금 자신이 붙들고 있는 전제를 보지 못하게 만들었다. 그리하여 19세기의 종교집단들 가운데 **다른 모든 사람들은** 인간이 구성한 기존의 해석틀을 성경에 들이민다고 비난하면서도 **자신들은** 그렇지 않다고, 본문의 자명한 의미를 받아들일 뿐이라고 했다. 한 역사가가 설명하듯이, 그들은 "베이컨주의에 의존하기 때문에 역사와 문화와 전통의 제약에서 벗어나 기독교의 첫 세대인 사도들과 나란히 서 있다고 확신했고", 사도들이 애초에 의도한 대로 성경본문을 이해한다고 생각한 것이다.[33]

역설적인 사실은, 우리가 인간의 사고체계에서 자유로울 수 있다는 개념 자체가 하나의 인간적 사고체계의 산물, 곧 프란시스 베이컨에게서 물려받은 것이었다는 점이다. "인간의 모든 전통과 해석의 틀을 뒤집어엎는다고 주장하면서 계몽사상 초기의 경험론적 신학 방법론에 집착하는 것은 아이러니"라고 역사가들은 지적해왔다. 예를 들어, 캠벨과 그 동료들은 "자신들이 그리스도의 제자인 동시에 또한 베이컨의 경험론의 제자가 되었다는 점을 결코 인식하지 못했다."[34]

그런 면에서, 베이컨주의가 남긴 유산은 성경해석에 있어 반역사적이고 어느 정도 실증적인 입장이었다. 다시 말해, 오랜 세월에 걸쳐 축적된 교회의 유산에 내재된 지혜를 무시해도 괜찮다는 생각, 성경본문은 각각 개별적인 것으로 보고 읽는 것이 성경을 읽는 최상의 방법이라는 접근법이다. 하나님께 개인적으로 다가갈 때 경험하는 놀랍고 아름다운 일은, 우리가 단순하게 성경을 읽고 겸손과 열린 마음으로 그분께 나아갈 때 그분께서 종종 우리 각자에게 친히 말씀하신다는 것이다. 성령께서는 우리의 마음을 밝혀 성경의 진리를 개인의 삶에 적용할 수 있도록 은혜를 베푸신다. 그러나 성경의 진리가 일차적으로 무엇인지 확정하는 공식적인 방법으로서 베이컨주의는 비현실적이고 자기 기만적이었다. 또한 대중적 복음주의에서 두드러지게 드러난 역사에 대한 멸시와 원시주의를 오히려 강화하는 결과를 낳았다.

19세기의 미국 기독교를 말해 주는 특징은 의식 깊숙이 뿌리박힌 "몰역사성"(historylessness)이었다고 한 역사가는 말한다.[35] 예술가들은 이런 태도를 포착해서 당대의 문학에 그려 냈다. 안소니 트롤로프(Anthony Trollope)의 소설 「바체스터 탑」(*Barchester Towers*)을 보면, 어느 복음주의 목사가 이제는 "과거 세대의 쓸모없는 쓰레기를 갖다 버릴" 시대가 도래했다고 거듭 선언하는 장면이 나온다.[36] 옛날 책을 읽으라는 루이스의 충고를 거부하는 모습에서 복음주의의 특징을 찾을 수 있다고 말할 수도 있을 것이다.

두 마음을 품은 복음주의

베이컨주의는 다른 분야에 적용되면서 더욱 해로운 결과를 낳았다. 일차적인 결과는 하층부에서 방법론적 자연주의를 부추김으로써 진리의 이층적 구분을 더욱 강화시킨 것이었다. 베이컨주의는, 어떠한 종교적·철학적 틀도 거치지 않은 경험적 사실에 기초한 지식이 가능하다고 약속함으로써, 그리스도인 고유의 종교적 틀을 제쳐 놓으라고 설득했다. 동시에, "객관성"과 "자유로운 탐구"의 깃발 아래 자연주의와 경험론 같은 생경한 철학적 틀을 도입했다. 과학은 아무런 철학적 틀이 없이 작동한다고 주장함으로써, 복음주의자들의 눈을 가려 이 새로운 반기독교적 틀을 보지 못하게 했고, 그 결과 베이컨주의는 복음주의자들을 무장해제시킨 셈이었다. 그리고 복음주의는 뒤늦게 그 사실을 깨닫게 되었다.

이 과정을 달리 묘사하면, 베이컨주의가 기독교적 관점을 (과학과 역사 같은 과목을 다루는) 하층부에서 상층부로 몰아냈다고 할 수 있다. 지식은 종교적으로 중립적인 것이라는 베이컨의 이상 때문에, 신앙을 가지고 교실이나 실험실에 들어가는 것은 부적절하다고 느끼게 되었다. 그것은 곧 편견을 갖는 것이라 여겨진 것이다. 객관적이고 편견 없는 입장에 서고자 한다면, 이 세계가 엄격한 경험적 방법을 통해서만 알 수 있는 자연주의적 체계인 것처럼 대해야 한다. 결과적으로, 종교는 상층부로 한정되고 방법론적 자연주의가 하층부를 자유로이 다스리게 되었던 것이다.

의무의 과학

몇 가지 예를 들어 좀더 구체적으로 살펴보자. 우선 도덕철학에서 시작하자. 19세기 중반은 복음주의의 영향력이 최고 전성기였고, 복음주의는 전국적으로 많은 대학을 그 영향권 아래 두고 있었다. 당시만 해도 대학에서 가장 중시되던 과목은 도덕철학이었다(그때는 "도덕 과학"이라 불렸다). 대개 대학총장이 가르친 고학년 과목으로, 학생들이 그때껏 배운 모든 것을 통합해서 인생에 대한 도덕적 비전을 정립하도록 돕기 위한 것이었다.

그러나 도덕의 정의가 바뀌어 버렸기에 **과학**이라는 딱지는 불필요한 것이 되어 버렸다. 아리스토텔레스의 윤리(당시까지 기독교 스콜라철학이 가르쳐 왔던)를 배격하고 과학적인 접근을 선호하는, 도덕철학에 대한 새로운 접근법이 부상했다. 그것이 베이컨주의적 접근이었다. "프란시스 베이컨이 과학 활동을 정의한 것에 따라 윤리학을 정립하려는" 노력이 기울여졌다고 마크 놀은 말한다.[37] 옳고 그름을 분별하는 우리의 의식이 출발점이 되는 자료였다. 도덕을 판별하는 의식을 검토하여 자료를 모아 일반법칙을 만들면 곧 하나의 과학이 성립되는 것이다. 그래서 1859년에 한 감리교 계통 대학의 총장이 기록하기를, 도덕철학이란 합리적 방법을 통해 "도덕법칙"을 조사하는 "의무의 과학"이라고 했다.[38]

도덕을 과학으로 바꾸려면 뉴턴의 물리학에 적용되는 인과법칙이 윤리에서도 똑같이 작동한다는 가정, 곧 덕은 건강과 행복을, 악은 괴로움을 초래한다는 가정이 필요했다. 그래서 위더스푼은 "뉴턴과 그의 계승자들이 자연〔철학〕을 대했던 것처럼 도덕철학을 대함으로써" 진보를 이룩할 수 있다고 주장했던 것이다.[39] 그리고 브라운 대학의 총장이 된 침례교 목사 프랜시스 웨이랜드(Francis Wayland)는, 도덕법칙은 "우리의 창조주가 연결해 놓은 〔행위에 따라 상이나 벌이 주어지는〕 인과적 연쇄"로 구성되는데, 이는 "물리학의 인과법칙만큼이나 불변하는 것"이라고 가르쳤다.[40]

윤리에 **과학**의 딱지를 붙인 것이 긍정적 홍보효과가 있었던 것은, 전통적·역사적 권위들이 무시되던 시대에 기독교 성직자에게 신빙성을 더해 주었기 때문이다. 성직도 과학적인 분야에 속한다고 주장함으로써 "지나치게 기독교적으로 비치지 않으면서도 기독교적 도덕 질서를 제시할 수 있는 위치"에 서게 되었다고 한 역사가는 비꼬듯 논평한다.[41] 그들은 성경이나 계시에 호소하지 않았고, 경험에서 귀납 추론한 것 위에 윤리의 기초를 세우고자 했다. 예를 들어, 위더스푼은 자기의 도덕철학을 "계시와는 구별되는 것으로, 이성에서" 유래한 것이라고 묘사했다.[42]

하지만 그 결과로 복음주의 학자들이 세상에 제시한 것은 **기독교 세계관에 확연한 기반을 두지 않은 윤리**였다. "웨이랜드의 교재를 비롯하여 성직자들이 쓴 비슷한 유의 다른 교재들 역시 기독교 윤리를 구체적으로 강해한 것이 아니었다"고 어떤 이는 논평한다. "그들은 윤리의 기초를…… 계시된 하나님의 뜻이 아니라 자연 질서와 이성적인 피조물의 경험에서 찾았다."[43]

물론 이것은 어떤 면에서 전혀 새로운 접근이 아니었다. 옛적부터 내려온 자연법의 개념에 "과학적" 장식을 살짝 덧입혔을 뿐이었다. 고대로부터 그리스도인들은 모든 인간이 하나님의 형상으로 창조되었기 때문에 옳고 그름에 대해 기본적인 의식을 갖고 있음을 인정해 왔다. 객관적인 도덕 질서가 존재하며 그 질서에 개인의 삶을 맞추는 것이 지혜라는 확신이 거의 모든 문화에서 발견되는데, C. S. 루이스는 이것을 일컬어 도(道)라고 했다.[44]

하지만 도덕적 의식이 온전한 도덕철학의 근거가 되기는 불충분하다. 옳고 그름에 대한 우리의 의식은 경험적 자료에 불과하여, 전체를 아우르는 세계관의 설명과 해설이 필요하다. 그리고 만일 기독교 세계관이 설명의 틀로 인정되지 않고 배제된다면, 반기독교적 세계관이 밀려와 그 공백을 즉시 메우게 될 것이다.

역사를 살펴보니 그러한 일이 실제로 있었다. 베이컨의 지식관으로 인해 19세기의 복음주의자들은 종교적으로 자율적인 도덕과학을 세우고자 했다. 경험적이고 이성적인 근거에만 기초를 두는 하층부의 과학을 정립하려고 했던 것이다. 한 철학 교과서가 표현하듯이, 그것은 "**인간의 본성에 대한 순전히 자연주의적인 견해**"에 기초한 접근이었다.[45] 물론, 복음주의 학자들은 도덕과학의 발견이 성경의 가르침과 같은 길을 가는 것으로 드러나게 될 뿐 아니라 기독교를 확증해 주리라고 추정했다. 그러나 내부적 실천에 있어서는 방법론적 자연주의의 형태를 취했다.

하지만 그렇게 함으로써, 그들은 완전한 (자연이 존재하는 전부라고 보는) **철학적 자연주의**로 가는 문을 열어 주었다. 그리고 얼마 지나지 않아 그 철학을 포용한 학자들이 자신들을 위해 열려진 그 문을 통과해 지나갔다. 그들은 도덕철학에 관련된 과목들을 폐지했고, 자연주의적 인간관의 함의를 충분히 설명해 주는 실험심리학과 사회학에 관련된 경험론 중심의 과목들로 대치했다. 미국의 대학은 세속화의 길을 걷고 있었던 것이다.

천상의 수학자

동일한 세속화 과정이 자연과학에서도 빠르게 진행되고 있었다. 아이작 뉴턴이 고전물리학을 확립한 이래로, 과학은 우주의 이미지를 거대한 시계, 처음에 태엽을 감은 이후 계속해서 기계적 힘에 의해 돌아가는 시계의 이미지로 그려 낸 듯했다. 그것 때문에 하나님을 천상의 수학자로 묘사하는 기계론적 우주 모델과, 섭리 가운데 사건마다 사랑하는 마음에서 직접 감독하는 인격적 하나님을 믿는 믿음 사이에 긴장이 발생한 것은 불가피한 일이었다. 모든 물리적 현상이 자연법으로 설명된다면, 신적 행위가 들어설 여지가 있겠는가? 따라서 자연세계는 과학이라 알려진 내재된 자연법칙에 의해 자율적으로 작동하는 반면(하층부), 초자연적 세계는 종교로만 알 수 있는 비가시적인 영적 영역(상층부)에 국한되는 것으로 보이기 시작했다.

그 결과는 한 역사가의 표현처럼 "정신분열적인 하나님 개념"이었다. 한편으로 "지적인 확신은 기술자인 신에게서 왔고", 다른 한편으로 "개인적인 종교 체험은 하늘에 계신 아버지를 상정했다." 하지만 양자의 관계가 전혀 동등하지 않았던 것은, 과학이 참 지식의 유일한 근원으로 규정된 반면에 종교는 주관적 느낌으로 전락했기 때문이었다. 그리하여 과학이 진보함에 따라 결과적으로 "인격적 하나님은 실체가 없는 영적 세계로 물러가게 되었다."[46]

요컨대, 신자들의 정신에 분열이 시작되었던 것이다. 많은 사람들이, 결국에는 하층부과 상층부가 상호 보완적 관계인 것이 드러나고, 과학 지식이 성경의 가르침과 조화를 이룰 것이라고 주장하면서 두 영역을 계속 연결시키려고 씨름했다. 이 시기에는 설계 논증이 아주 유행했는데, 특히 우주는 정교하게 만들어진 시계와 같기 때문에 시계공이 있기 마련이라는 윌리엄 페일리의 비유가 널리 알려졌다. 그럼에도 기독교가 마침내 과학의 성과에 의례적인 축사를 발하는 종교 정도로 전락하는 것을 막아 내지 못했다. 연구를 마친 과학자는 과장된 몸짓으로 하나님의 지혜롭고 호의적인 설계를 찬양하는 말로 연구실을 나섰다. 그러나 성경적 가정(假定)이 처음부터 과학을 가능하게 하는 토대가 된다거나 그의 과학 연구를 지도하는 통제신념으로 작용한다고는 인정하지 않았다.

"18세기가 끝날 무렵 거의 모든 부류의 미국 개신교는 이러한 이층적 세계관을 받아들였다. 하층부에는 자연법칙과 함께 경험론적 인식론이 터를 잡고, 상층부에는 초자연적 신념이 자리하는 것을 지지하는 구조"였다고 조지 마스덴은 쓰고 있다.[47] 그리스도인은 신학 이외의 분야는 본질적으로 자율적인 학문으로, 곧 "가치중립적" 과학의 방법론이 작동하는 영역으로 취급했다. 대학의 교과과정이 세분화되면서 이 점이 더욱 선명히 드러났고, 그 결과 1852년 성 앤드류 대학의 총장 취임연설에서 아가일 공작(Duke of Argyll)은 신학이 더 이상 지식을 아우르는 통일성을 제공하지 못하고 있음을 경고하기에 이르렀다. "과학과 종교 간의 분리가 확실히 선언되었다. 즉 신학자와 [과학자는] 각자 자기 영역에서 상대의 방해를 받지 않도록 자유롭게 내버려 두어야 한다는 일종의 묵시적 합의에 도달했던 것이다." 그는 이것이 위험한 양상이라고 경고했는데, 만일 자연과 역사의 참된 의미가 인식되지 않는다면 "거짓된 의미가 만들어질 것"이기 때문이라는 것이었다.[48]

과연 그렇다. 만일 기독교 철학이 과학에 통제신념을 제공하지 못한다면, 거짓된 철학—자연주의와 유물론—이 그 공백을 메울 것이다. 과학이 아무런 철학적 전제 없이 작동할 수 있다는 계몽주의 사상은 마침내 기독교적 전제를 버리고 자연주의적 전제를 몰래 들여오기 위한 구실이었음이 드러났다. 마스덴이 말하듯이, "자유로운 탐구"의 이상은 전통적 종교를 폐기하고 과학 자체를 "새로운 정통교리"로 격상시키기 위한 전술이 되어 버렸다.[49]

베이컨에 눈먼 복음주의자

안타깝게도, 또 다시 베이컨의 과학관으로 인해 많은 그리스도인들이 당시에 일어나고 있던 현상을 제대로 인식하지 못했다. 예를 하나 들면, 1859년에 진화론이 등장했을 때 일부 그리스도인들이 보여준 반응이다. 다윈의 진화가 그처럼 혁명적이었던 이유는, 자연선택이란 개념 때문이 아니라 지식을 정의하는 문제 곧 인식론 때문이었다. 열린 우주를 가정한 과거의 인식론에서는 설계와 목적(목적론) 같은 개념이 타당성을 지녔고 전적으로 합리적인 것으로 간주되었다. 그러나 6장에서 살펴본 것처럼, 다윈은 원인과 결과의 닫힌 체계를 가정하는 자연주의적 인식론을 정립하고자 했다. 설계와 목적을 경계 밖으로 배제시키려 했다. 그래서 두 개의 상호 경쟁적인 인식론을 둘러싸고 갈등이 빚어졌다. 지식에 대한 어느 편의 정의가 과학에서 통용될 것인가 하는 문제였다.[50]

비극적인 사실은, 복음주의자들이 그 도전에 제대로 대처하지 못한 것에만 있지 않았다. 대부분의 영역에서 그들은 문제를 인식조차 못했다. 충실한 베이컨주의자였던 복음주의자들은 과학 분야에서 작동하는 철학적 가정의 역할을 부정했다. 그리하여 새로운 가정들이 지식의 지평선상에 떠올랐을 때 그들에게는 그것을 비판하고 대항할 만한 능력이 전혀 없었다. 그들 대다수가 우주를 열린 체계로 보는 과거의 자연철학 속에 다윈이 새로운 가정을 삽입했다는 **사실만** 받아들였을 뿐, **바로 그 과거의 철학이 공격을 받고 있다는** 점은 인식하지 못했다. 역사가 에드워드 퍼셀(Edward Purcell)은, 19세기 말 대다수의 사상가들이 진화론에 "전적으로 자연주의적인 세계관"이 담겨 있다는 점을 인식하지 못했다고 설명한다. 그들은 진화론을 종교적이고 섭리적인 틀 속에 끼워 넣었고, "자연은 포괄적인 신적 질서의 일부이며 과학은 도덕적 지향성을 지닌 보다 큰 자연철학의 일부라는 믿음" 속에 어떻게든 그 이론을 맞추어 보려고 애썼던 것이다.[51]

프린스턴 대학의 신학자 B. B. 워필드가 그 한 사례다. 그는 젊은 시절에 아버지의 목장에서 소를 돌보면서, 야생소들이 주변 환경과 상호작용하며 독특한 특성을 개발하는 모습을 알게 되었다. 요컨대, 자연선택을 목격했던 것이다. 그래서 진화의 개념을 접하자마자 곧 그것을 수용했고 자신을 "가장 순수한 다윈주의자"로 묘사했던 것이다. 하지만 그는 자신이 **이해한** 진화의 의미를 설명하면서, "간헐적인 초자연적 개입"으로 중단되는, 신의 섭리에 의한 지속적인 감독을 이야기했다.[52] 오늘날 이런 견해를 표명하는 사람이 있다면 열정적인 창조론자로 분류될 것이다.

프린스턴 대학의 총장 제임스 맥코쉬(James McCosh)도 다윈주의자임을 자칭했다. 하지만 그는 몇 가지 주요 사건들이 자연적 원인만으로는 설명될 수 없다고 생각했다. 생명의 기원, 지성, 도덕에는 하나님의 "즉각적인 절대 명령"이 역사했다고 여겼다.[53] 마지막으로, 19세기에 가장 큰 영향을 미쳤던 유신론적 진화론자 가운데 아사 그레이(Asa Gray)가 있다. 그 역시 신의 감독과 설계에 대해 열려 있는 과거의 유신론적 우주론에다 다윈의 자연선택이란 개념을 끼워 넣었다. 다윈의 의도가, 그런 우주론을 자연주의적 우주론으로 대치하려는 것임을 이해하지 못한 것이 분명했다.[54]

철학적으로 무엇이 문제인지를 인식한 극소수의 인물 가운데 한 사람이 찰스 하지였다. 그는, 다윈주의가 지닌 "독특한 요소"는 자연선택이 아니라 설계와 목적을 부인하는 것이라고 썼다. "자연에서 설계를 부인하는 것은 사실상 하나님을 부인하는 것과 다름없다."[55]

이 같은 하지의 주장에도 불구하고, 철학적 차원에서 이 논쟁이 본격화된 것은 세월이 흘러 우리 세대에 지적 설계 운동이 일어나면서였다. 내가 과학과 세계관에 관해 글을 쓰기 시작한 1970년대만 해도 오로지 과학적인 세부사항(화석, 돌연변이, 지질학적 지층)의 층위에서만 논쟁이 진행되고 있었다. 지적 설계 운동이 그처럼 강력한 영향을 미칠 수 있었던 이유 가운데 하나는, 필립 존슨이 논쟁의 핵심을 다윈의 자연주의적 과학관으로 옮기는 데 성공했기 때문이다. "그리스도인들은 논쟁의 주제가 주로 과학적 사실에 관한 것이라고 흔히 생각하기 때문에, 진화 이야기를 창출하는 근본적 가정들에 집중하기보다 과학적 세부사항을 논증하는 데 빠지곤 한다." 최근의 저서에서 존슨이 한 말이다.[56] 지적 설계 운동의 발흥은 그리스도인이 마침내 베이컨의 과학관을 넘어섰으며, 철학적 가정이 참된 지식을 규정하는 데 중요한 역할을 한다는 점을 인식하게 되었음을 보여준다. 우리가 2부에서 살펴본 것처럼, 사실적 증거도 중요하지만 동시에 과학을 지배하고 있는 자연주의적 인식론에 도전하지 않는다면 사실적 증거마저도 설득력을 잃을 것이다.

과외활동으로 전락한 종교

19세기가 진전되면서 베이컨의 이층구조는 추상적 관념의 영역에서 내려와 대학의 구조 가운데 제도적으로 드러나기 시작했다. 기독교 학교로 설립된 하버드, 프린스턴, 예일 대학 등은 신학을 별개의 학과로 밀어냄으로써 더 이상 신학이 교과과정 전반에 스며드는 것을 허용하지 않았다. 종교는 학생들이 사적으로 시간을 내어 하는 과외활동, 곧 대학 교회에 가거나 기독학생 모임에 참여하는 것이 되어 버렸다. 공/사의 분리는 제도적 구조의 일부가 되어 가고 있었다. 종교는 공적 지식을 가르치는 교과과정에서 제거되어 주관적 경험과 연관된 사적 영역으로 전락한 것이다.

    교과과정에 있어서 인문학이 종교를 대치했다. 인문학은 의미, 도덕, 영적 생활과 같은 고차원의 문제를 다룸으로써 종교의 빈 자리를 메우게 되었다. 하지만 인문학은 상층부에만 머물러 있었고 하층부는 과학에게 넘겨 주었다. 1906년에 존스 홉킨스 대학의 초대 총장 다니엘 길맨(Daniel Coit Gilman)은 "과학과 인문학 사이의 오랜 경계선은 적도처럼 눈에 보이지 않을지 모르나 엄연히 실존하고 있다"고 썼다. 인문학이 "우리의 미학적 취향과 우리의 지적 전통과 우리의 종교적 신념"에 좌우되는 데 비해, 과학은 "모든 곳에서 어느 때든지 타당하다"는 점에 그 둘의 차이가 있다고 썼다.[57] 이

시기에 이르러 사실/가치의 분리가 당연시되었음을 주목하라. 과학은 보편적으로 참되지만 인문학은 취향, 전통, 신앙의 문제라고 가정한 것이다.

이층적 진리 구분은 개인적인 차원에서도 내면화되기 시작했다. 지식의 세계가 세속화되고 영적 체험에서 떨어져 나가자, 그리스도인들은 **머리**와 **가슴**의 분열에 대해 이야기하기 시작했다. 1817년에 어느 독일인은 교육 수준이 높은 다수의 청중에게 "나는 이성으로는 이교도이고 마음으로는 그리스도인이다"라고 말했다.[58]

비극적인 사실은, 그리스도인들이 과학의 종교적 중립성을 주장한 베이컨의 견해를 받아들였고 그 결과 종교가 사유화되는 데에 그리스도인들에게도 부분적인 책임이 있다는 것이다. 복음주의가 "신앙의 핵심인 감정적인 회심 체험"(상층부)과 "이 세계를 다루는 좁고 기술적인 공리적 이성"(하층부) 사이의 분열을 더욱 촉진시켰다고 역사가 더글라스 슬로안(Douglas Sloan)은 말한다.[59] 달리 말하면, 이 세계에 속한 것에 대해서는 **방법론적** 자연주의를 택했는데, 그것이 결국 **형이상학적** 자연주의로 가는 문을 열어 주었던 것이다. 만일 당신이 하나님과 관계없이 세계를 아주 잘 해석할 수 있다면, 하나님의 존재는 불필요한 가설이 될 테고 지적으로 정직하고 용기 있는 자들은 그 가설을 내던지고 말 것이다. 역사적으로 이런 일이 실제로 일어났다. "자연주의적 과학관은 하나의 **방법론**에서 지배적인 학문적 **세계관**으로 변모했다"고 마스덴은 쓰고 있다.[60]

기독교적 지성을 회복하고자 한다면, 지적 설계 운동을 좇아 모든 분야에서 자율적·중립적 지식을 내세우는 베이컨주의 모델에 도전해야 할 것이다. 기독교적 신앙을 붙잡는 것은 "편견"으로 치부되는 반면에 철학적 자연주의는 "공정하고" "합리적인" 입장으로 무사통과되는 관행을 거부해야 한다. 무엇보다도, 기독교를 상층부의 사적인 경험으로 축소시키는 이층적 구분으로부터 기독교를 해방시켜야 하며, 기독교 본연의 객관적 진리로서의 지위로 복권시키는 법을 배워야 한다.

상식적으로 이해하기

이러한 과제를 수행하기 위해 19세기의 다른 사조로부터 자원을 얻는 것도 가능하다. 베이컨의 방법론은 상식적 실재론의 한 줄기에 불과했기에, 우리가 더 높은 차원으로 눈을 든다면 귀중한 통찰뿐 아니라 오늘을 위한 전략을 제시해 주는 새로운 지적 영역 또한 찾을 수 있을 것이다.

앞서 살펴본 것처럼, 19세기 미국에서는 스코틀랜드의 실재론이 굉장한 인기를 누렸다. 사실상 대학의 교과과정 전 분야에 적용되어 당대의 공통어가 되었다. 그러면 실재론이 구체적으로 가르친 내용은 무엇이었을까? 토마스 리드는, 모든 지식은 우리가 믿을 수밖에 없는 것에서 시작하는데 인간의 지성이 본래 그렇게 구성되어 있기 때문(자명한 진리들)이라고 했다. 고통과 쾌락에 대한 내적 인식, 옳고 그름에 대한 도덕의식, 물리적 세계의 실재에 대한 본능적 믿음 같은 것들은 철학적 정당화가 필요 없다. 그런 것들은 하나님의 창조세계에서 작동하도록 우리의 본성과 체질에 강제로 부과된

것이나 다름없기 때문이다.[61]

상식적 실재론은 철학의 원재료를 이루는 경험적 지식을 기술하는 것이기에 철학이라기보다 반(反)철학이라고 할 수도 있을 것이다.[62] 리드는 식물의 이미지를 사용하여 말하기를, 철학의 "뿌리는 오직 상식의 원칙이며, 거기서 자라나고 거기서 양분을 공급받는다"고 했다.[63] 상식은 철학, 과학, 도덕 등의 분야에서 **이론**을 만드는 데 필요한 원재료를 공급하는 **선**(先)**이론적 경험**이다. 철학의 역할은, 우리가 이미 경험으로 알고 있는 것을 아는 것이 **어떻게** 가능한지를 설명하는 것이다.

이 경험적 지식은 또한 오류를 밝히는 시금석 역할을 한다. 철학자들이 상식의 자명한 진리에 어긋나는 추상적 체계를 꾸밀 경우, 우리는 무언가 잘못되었다는 것을 분명히 알 수 있다. 결국 철학의 목적은 우리가 직접 경험으로 알고 있는 것을 **설명**하는 것이지, 그것을 부인하거나 반박하는 것이 아니기 때문이다. "어떤 사람이 상식의 원칙에서 벗어난 형이상학적 논리에 의해 고통받고 있다면, 우리는 이것을 형이상학적 광기라고 불러도 된다"고 리드는 말했다.[64] 말하자면, 경험으로 아는 진리를 부정하는 철학을 포용하는 것은 순전히 미친 짓이라는 뜻이다.

스코틀랜드의 실재론이 특히 그리스도인들의 구미에 맞았던 것은, 그것이 신의 창조를 가정하는 유신론적 철학이었기 때문이다. 온건한 장로교 성직자였던 리드는, 우리의 지성과 감각을 신뢰할 수 있는 이유는, 하나님이 그것들로 하여금 그분의 창조세계에서 믿을 만하게 작동하도록 설계하셨기 때문이라고 주장했다. 장로교 구학파의 일원인 제임스 손웰(James Thornwell)은 하나님이 "눈으로 보고, 귀로 듣고, 가슴으로 느끼도록" 만드신 것처럼 지성으로는 진리를 알도록 창조하셨다고 설명했다.[65]

리드와 로마서 1장

스코틀랜드의 실재론이 우리 시대에 남긴 유산은 무엇일까? 비판가들은 그것이 신중한 이론적 성찰을 우회함으로써 19세기 복음주의자들 사이에 지적인 태만함을 부추겼다고 비판한다. 당시 복음주의자들은 자신의 주요 신념을 변호하기 위해 힘겨운 작업을 할 필요가 없었던 것으로 보이는데, 결국 자신들의 신념이 어쨌든 부인할 수 없는 자명한 것이었기 때문이다. "미국 역사의 상당한 기간 동안 복음주의자들은 자신들에게 철학이 **있다**는 것을 부인했다. 그들은 단지 상식을 좇고 있었기 때문"이라고 마크 놀은 쓰고 있다.[66] 더 큰 문제는 그들이 그 범주 안에 상당히 많은 신학적 명제들을 포함시켰는데, 그것들은 후대에 가서 전혀 자명해 보이지 않았고 이제 새롭고 보다 적대적인 지적 환경에서 상당한 변호가 필요한 신념이 되었다는 점이다.

하지만 상식철학은 계속해서 현저한 생명력을 유지했고, 우리 시대에 들어서는 특히 개혁주의 사상가들 사이에서 어느 정도 부활하기까지 했다. 19세기 말 이래로 개혁주의 사상에는 핵심적인 두 주류가 있어 왔다. 상식적 실재론은 **스코틀랜드의** 개혁주의 전통이었다. 여기에서 신자와 불신자 모두 다 알 수 있는 진리를 강조하고 기타 경쟁적 세계관들을 평가하는 잣대로 작용하는 증거주의 변증론이 나왔다. 이보다 나중에 나타난 흐름은 아브라함 카이퍼와 헤르만 도예베르트의 신칼뱅주의를 담고 있는 **화란의 개혁주의 전통**이다. 여기서 세계관의 구성적 영향력과 세계관을 통합된 전체로서 평가할 필요성을 강조하는—제1원리에서 출발하여 그것의 논리적 결론을 추적해야 한다는—전제주의 변증론이 나왔다. "오늘날 거의 모든 분야에서 복음주의 학자들은 크게 두 진영으로 나뉘며, 그 중간에 위치한 학자가 약간 있을 뿐이다"라고 마스덴은 말한다.[67]

그 중간에 속한 인물 가운데 하나가 프란시스 쉐퍼였다. 그는 실제 복음전도에서 증거주의와 전제주의가 어떻게 어깨를 같이할 수 있는지 보여주었다.[68] 그의 방법론은 한 세대 내내 젊은이들에게 굉장히 효과적이었음이 증명되었다. 오래전 내가 불신자로 라브리에 방문했을 때, 나는 그의 방법론이 얼마나 설득력 있는지 직접 경험했다. 그리고 내가 공적인 자리에서 간증할 때마다, 쉐퍼의 사역과 글이 자신을 회심으로 이끌었을 뿐 아니라 신앙의 위기를 극복하는 데 도움을 주었다는 이야기를 들려주는 대여섯 사람을 꼭 만나게 된다. 먼저 그의 혼합형 모델을 자세히 분석한 다음, 오늘날에도 적실하며 효과 있는 변증법을 그가 어떻게 만들었는지 살펴보자.

한편으로, 쉐퍼는 누구나 직접 경험에서 오는 즉각적이고 선이론적인 지식을 갖고 있다는 상식적 실재론에 동의했다. 우리는 모두 하나님의 형상을 따라 지어졌고, 하나님이 만드신 우주에 살며, 하나님의 일반은총으로 삶을 유지하고 있다. 그러므로 어떤 보편적 경험, 통찰, 사고방식을 공유하고 있다. 그 가운데 가장 기본적인 것이 상식의 진리일 것이다. 개인적 정체성, 옳고 그름, 논리의 법칙 등에 대한 기본적인 의식이 거기에 속한다.

하지만 이런 진리들 자체가 스스로 해석되는 것은 아니다. 그것들은 포괄적인 형이상학적 체계를 가지고 설명하고 해설해 내야 하는 자료에 불과하다. 다른 한편으로, 쉐퍼는 우리의 기본 신념조차 기독교적 틀 안에서 해석되어야 한다는 신칼뱅주의에 동의했다. 불신자와 대화할 때 우리의 목표는, 기독교야말로 우리가 **선이론적인** 경험으로 알고 있는 진리들을 설명해 줄 수 있는 유일한 **이론적 체계**임을 그들에게 보여주는 것이다. 오래전에 교부들이 말했듯이, 어디에서 발견되든 모든 진리는 하나님의 진리다. 하지만 그런 진리들은 기독교 세계관 안에서만 의미를 지닌다.

이러한 접근법은 로마서 1:19-20에 기초한다. 이 단락은 모든 사람이 하나님 만드신 세계를 통해 하나님에 대한 참 지식을 갖고 있다는 주장으로 시작한다. "하나님을 알 만한 일이 사람에게 환히 드러나 있습니다. 하나님께서 그것을 환히 드러내 주셨습니다. 이 세상 창조 때로부터 하나님의 보이지 않는 속성, 곧 그분의 영원하신 능력과 신성은, 사람이 그 지으신 만물을 보고서 깨닫게 되어 있습니다. 그러므로 사람들은 핑계를 댈 수가 없습니다." 달리 말하면, 가장 보편적이고 불가피한 경험—우리의 인간 본성의 경험과 질서 정연하고 아름다운 우주의 경험—이 하나님을 믿을 만한 충분한 이유를 제공한다는 것이다. 어떻게 그럴 수 있을까? 오직 그분의 계시만이 그런 경험을 설명해 주기 때문이다.

불신자는 이 세계에 대한 온갖 다른 설명을 꾸며 내 하나님을 아는 지식을 "억누르려" 한다고 로마서는 계속해서 말한다. 그러나 이런 설명 중 어느 것도 적절하지 않다. 그렇기 때문에 어느 지점에 이르면 세계에 대한 불신자의 설명은 자신이 살면서 경험하는 것과 충돌하기 마련이다. 그런 모순이 그에게 필시 무언가 말해 줄 것이다. "핑계를 댈 수 없다"(20절)고 번역된 표현은 문자적으로 "변증이 없다"는 뜻이다. 복음전도는 불신자로 하여금 자신의 신념과 실제 경험 사이에 존재하는 비일관성을 정직하게 직면하도록 돕는 데서 시작한다. 철학자 로이 클라우저가 설명하듯이, 세계관을 시험하는 한 가지 방법은 "그 세계관의 입장에서 특정한 자료에 대한 **타당성 있는 설명**을 줄 수 있는지 여부를 살피는 것"이다.[69] 우선 불신자의 세계관이 경험 자료에 대해 "타당성 있는 설명"을 제공할 수 없음을 보인 연후에야, 기독교가 일관되고 논리적인 답을 주는 유일한 세계관임을 제시할 수 있을 것이다.

또는 논쟁의 방향을 역전시켜서, 사람들에게 자신의 세계관이 상식적 경험과 모순된다면 결코 진리일 수 없다는 점을 보게 도와줄 수도 있을 것이다. 도예베르트의 표현대로, 경험은 "선이론적 자료"인데 "이 자료를 만족스럽게 설명하지 못하는 인간 경험에 관한 철학이론은 오류가 있음에 틀림없다."[70] 리드의 화려한 표현을 빌자면, 그것은 형이상학적 광기인 것이다.

색깔과 모양

이런 논증방식을 변증에서 어떻게 실제적으로 활용할 수 있을까? 상식적 실재론은 아무도 감각의 증언을 실제로 부인할 수 없음을 지적한다. 이 세계에서 활동하려면 우리가 보고 듣는 것을 기본적으로 신뢰하지 않으면 안된다. 과학작업 전체가 감각의 자료에 대한 신뢰에 기초하고 있기에, 우리의 감각작용이 실재에 대한 믿을 만한 그림을 제공한다는 확신이 없다면 모조리 붕괴하고 말 것이다. 그런데 우리의 감각에서 나오는 이미지나 인상이 실재 세계와 일치한다는 것을 어떻게 알 수 있는가? 모든 경험론적 철학의 치명적 결함은, 우리가 우리의 감각 **바깥으로** 나가 독립된 위치에 서서 감각의 자료를 외부세계에 대비시켜 시험할 수 있는 가능성이 전혀 없다는 점이다. 그러면 우리 감각의 신빙성을 어떻게 설명할 수 있을까?

우리가 신뢰할 수 있는 유일하고 적합한 근거는 성경의 가르침, 곧 창조주가 있어 그분의 창조세계에서 우리의 정신적 역량이 믿을 만하게 작동하도록 설계하셨다는 것이다. 창조교리는 우리 인간 기능의 체질 자체가 물리적 세계의 구조와 잘 부합한다는 것을 증거하는 인식론적 차원의 보증이다. 알빈 플란팅가가 쓰고 있듯이, 우리 감각의 인식작용을 신뢰하는 것은 "인간 설계 계획"의 일부다. 우리의 인식 기능이 제대로 작동하고, 그 기능이 설계된 의도와 부합하는 환경에서 작동할 경우, 우리는 우리가 인식하는 색깔과 모양이 실재 세계에 있는 실재 대상을 재현하고 있다고 자연스레 믿게 된다.[71]

(쉐퍼의 사위인) 우도 미들맨(Udo Middlemann)은 그리스도인들이 인식론적 확신을 가질 수 있는 이유를 다음과 같이 멋지게 표현한다. 하나님이 우리를 그분의 형상대로 창조하셨고 그분의 세계

에서 작동하도록 하셨기 때문에, 하나님의 지성과 우리의 지성과 이 세계의 구조 사이에는 "범주상의 연속성"이 존재한다.[72]

　19세기의 신자들은 과학이 어떤 독특한 기독교적 전제가 없이도 굴러갈 수 있다고 생각했는데, 그들은 창조 또는 설계라는 중요한 가정을 간과했던 것이다. 창조나 설계의 교리를 떠나서는 내 머릿속의 생각이 바깥 세계와 상호 연관이 있음을 신뢰할 만한 근거가 없다. 만일 인간의 정신이 우연한 사건들의 산물이고 자연선택에 의해 보존되는 것이라면, 우리의 어떤 생각도 신뢰할 만한 근거는 없게 된다. 만일 인간의 정신이 진화의 산물이라면 과연 그것을 신뢰할 수 있을지 의아해 했던 다윈의 "지긋지긋한 회의"를 상기해 보라(8장). 연구조사를 하는 비그리스도인은 다른 모든 이들과 마찬가지로 선택의 여지 없이 자신의 감각을 신뢰할 수밖에 없다. 그러나 그에게는 그러한 선택을 뒷받침해 주는 철학적 근거가 없다. 그는 지금 자신의 세계관과 모순된 상태에 있는 것이다.

습관에 불과하다?
다른 예를 들어 보자. 원인과 결과라는 정규적 패턴을 가정하지 않고는 누구도 일상생활을 영위할 수 없다. 우리의 모든 행동은, 만일 우리가 이런 행위를 하면 저런 결과를 낳으리라는 확신에 근거하고 있다. 우리가 음식을 난로 위에 올려 놓을 때, 우리는 그 음식이 익을 것을 기대한다. 차에 연료를 넣으면 차가 작동할 것을 기대한다. 이처럼 과학도 자연 속에 있는 일관된 질서에 의존한다. "자연법칙의 절대성에 대한 믿음은 과학문화 깊숙이 자리한 한 부분이다"라고 어느 천체물리학자는 말한다. "과학을 하려면, 어떤 것은 신성 불가침의 전적으로 믿을 만한 것이라는 신앙이 있어야 한다."[73]

그런데 회의주의자들은 인과를 신뢰하는 우리의 믿음이 머릿속에 새겨진 감각적 인상에서 생겨난 습성일 뿐이라고 주장해 왔다. 사건 A에 이어 사건 B가 일어난다는 것을 인지할 때, 우리는 이후 그런 패턴이 계속될 것을 기대하게 된다. 하지만 그런 기대를 뒷받침해 주는 실제적인 근거는 없다. 자연 가운데 우리의 생각을 정당화해 줄 계획이나 질서가 있는지 우리로서는 알 도리가 없기 때문이다. 만일 우주가 우연의 산물이라면, 내일도 태양이 떠오르리라는 보증도 없고 오늘 우리가 목격한 **어떤** 규칙적인 현상이 내일도 계속되리라고 확신할 수도 없다.

흄은 이 문제를 다음과 같은 유명한 문구로 표현한다. "내가 전에 먹었던 빵이 나에게 영양분을 공급했다.…… 그러나 그렇다고 다른 빵도 다른 때에 나에게 영양분을 반드시 공급한다고 할 수 있을까?"[74] 달리 말하면, 과거에 우리가 늘 경험한 순전한 사실들이, 곧 빵이 영양분을 공급한다든가 해가 뜬다든가 불이 붙는다든가 하는 것이 미래에도 동일한 모습으로 일어나리라고 예상할 근거가 되지 못한다는 것이다. 귀납적으로 사고하는 경향은 순전히 "관습"과 "습관"에만 기초한 것이라고 흄은 말한다. 합리적으로 정당화할 수 없다는 말이다.

과학은 자연에서의 인과관계를 표현하기 위해 수학공식을 제시하지만, 그것은 그 딜레마를 더 심화시킬 뿐이다. 만일 우주가 임의로 작동하는 맹목적·물질적 힘에 의해 진화했다면, 그것이 우리가 머리로 만들어 낸 수학공식에 그처럼 말끔하게 들어맞을 이유가 있을까? 요컨대, 수학이 효용성을 지닌 이유가 무엇인가? "자연과학에 있어서 수학의 터무니없는 효용성"이라는 유명한 에세이에서, 유진 위그너(Eugene Wigner)는 수학이 세계를 훌륭하게 그려낸다는 사실은 "거의 신비에 근접한 그 무엇"이라고 했다. 사실, "이성적으로 설명할 길이 없다."[75]

과학적 유물론 안에는 설명할 길이 없다는 뜻이다. 그러나 기독교 세계관 안에서는 완벽한 이성적 설명이 가능하다. 즉 이성적인 하나님이 세계를 질서정연하게 움직이도록 창조하셨다는 것이다. 이런 확신이 근대 초기의 과학자들에게 동기를 부여했다고 역사가 모리스 클라인(Morris Kline)은 말한다. "초기 수학자들은 자연현상의 바탕에 수학법칙이 있다고 확신하고 그것을 찾으려고 끈질기게 노력했다. 하나님이 우주를 만드실 때 그것을 함께 짜 넣었다고 선험적으로 확신했기 때문이었다."[76]

이와 마찬가지로, 인간에게 자연 질서를 발견할 능력을 부여한 분도 하나님이었다. 우리에게 과거에 기초하여 미래를 예측하려는 본능적 성향이 있는 것도 인간 "설계 계획"의 일부다.[77] 불신자의 경우, 이 세계에서 활동하려면 귀납적으로 추론할 수밖에 없다. 그러나 그 세계관은 원인과 결과의 규칙성을 믿는 데 필요한 **근거**를 제공하지 못한다. 현실세계에서 살아가려면 그는 자신의 모순된 세계관을 감수해야 하는 것이다.

당신은 아무것도 아닌 존재인가?

같은 논리가 우리 개인의 정체성이나 자아의식에도 적용될 수 있다. "나는 지금 내가 의식하고 기억하는 모든 생각이, **나 자신** 혹은 내 **정신**이라 부르는 동일한 사고 주체의 생각이라는 것을 당연하게 여긴다." 리드가 쓴 문장이다. "모든 사람에게는 현재의 자기 존재뿐 아니라 자신이 기억할 수 있는 가장 먼 과거의 존재와 정체성에까지 이어지는 즉각적이고 저항할 수 없는 확신이 있다."[78]

너무 뻔한 말로 들리겠지만, 리드가 이것을 문제 삼은 이유는 회의주의자들의 반론 때문이었다. 그의 대적이었던 흄은, 엄격한 경험론적 전제에 따르면 통일된 자아의 존재를 믿는 것조차 정당화될 수 없다고 지적했다. 우리의 의식을 자세히 검사해 보면, 끊임없이 연결되는 지각과 인상의 흐름에 불과하다는 것을 감지할 수 있다. "내가 **나 자신**(myself)이라 부르는 것 속으로 가장 깊숙이 들어갈 때 언제나 특정한 지각과 맞부딪히게 된다. 열이나 냉기, 빛이나 그늘, 사랑이나 미움, 고통이나 쾌락에 대한 지각이 그것이다"라고 흄은 썼다. "나는 어느 한순간도 지각이 없는 **나 자신**을 발견할 수 없으며, 지각 이외에 어떤 것도 관찰할 수 없다."[79] 3장에서 본 것처럼, 오늘날 인지과학자들 가운데는 흄의 편에 서서 단 하나의 통일된 자아의 실재를 부정하는 이들이 있다.

그러나 세계관의 목적은 경험의 자료를 **설명**하려는 것이지 그것을 **부인**하려는 것이 아니다. 우리 개인의 자아감에 대해 타당한 설명을 제공하지 못하는 철학체계는 부적절한 것으로 거부되어야 마땅하다. 여기에는 (비인격적인 **영적** 세력에 입각해 실재를 정의하는) 동양사상과 뉴에이지 사상뿐 아니라 (비인격적인 **자연** 세력에 입각해 실재를 정의하는) 과학적 유물론도 포함된다.[80] 비인격적 세력에서 시작하는 체계는 어떤 것이든, 결국 무의식적인 존재라는 순열의 구성요소로 인격을 축소시키기 때문이다.

기독교는 인격적인 창조주에 대한 가르침을 통해 축소될 수 없는 인격에 대한 우리의 경험을 형이상학적으로 적절하게 설명해 준다. 기독교가 유일하게 경험의 원재료를 포괄적인 세계관으로 묶어 제대로 설명해 낸다. 인간이 기계 부품으로 취급되는 비인격적인 대규모 제도가 있는 현대세계에서, 기독교의 메시지는 참으로 좋은 소식이 아닐 수 없다. 궁극적 실재는 기계가 아니다. 한 사람 한 사람을 인격적인 방식으로 사랑하고 그에게 이야기하는 인격적 존재(personal Being)다.

단순한 화학작용?

인간 본성의 중심적인 특징 가운데 하나는 사랑과 자기희생의 관계를 맺을 수 있는 능력이다. 사랑을 받지 못한 어린아이들은 제대로 자라지 못한다. 그런데 환원주의자들은 "사랑"의 감정이 뇌 속의 화학작용의 결과에 불과하다고 한다. 또한 인지과학은 신경계의 활동으로 인한 환상이라고 한다.

(7장에서 본 것처럼) 진화 심리학자들은 이타적인 행위란 타인을 돕되 답례로 도움받을 것을 기대하는 계산된 전략에 불과하다고 한다. 주고받는 관계라는 것이다. 그것은 우리가 더 잘 살고 생존할 수 있도록 자연선택에 의해 우리 유전자에 프로그램된 "상호 교환

적 이타주의" 전략이다. 차라리 (다니엘 데넷처럼) "유사 이타주의"라 하는 것이 보다 솔직한 표현일 것인데,[81] 개개인의 협력과 절제의 행위는 더 큰 이익을 확보할 수 있을 때에 한한다고 가정하기 때문이다. 모든 선한 행위가 궁극적으로 이기적이라는 것이다.

이런 과학자들이 실험용 가운을 벗고 집으로 돌아가 가족을 대할 때는 어떻게 할까? 배우자와 자녀들을 사랑할 때도 실험실에서와 똑같이 회의적인 자세로 할까? 그들에게 보통 사람의 감정이 있다면, 전문가로서 자신이 수용한 철학과 모순되게 살지 않을 수 없는 것이다.

인간의 가장 고상한 열망을 지지하는 유일한 세계관은 기독교다. 기독교는 사랑이 참되고 실재하다고 믿을 만한 근거를 제시하는데, 바로 우리가 사랑이신 하나님에 의해 창조되었기 때문이다. 성경은 삼위일체의 각 지체 간에 영원 전부터 사랑과 교제가 있어 왔다고 가르친다. 사랑은 우리의 진화적 생존을 증진시키기 위해 유전자가 만들어 낸 환상이 아니라, 궁극적 실재의 근본적인 구조를 반영하는 인간 본성의 한 측면이다. 더구나, 우리는 하나님의 구원계획에 순응하여 그분의 자녀가 됨으로써 그 영원한 사랑에 참여할 놀라운 가능성을 얻게 된다.

그릇된 정보를 전하는 장관

이러한 사례들을 관통하는 원리는, 상식적 실재론이 부인할 수 없는 보편적 인간 경험을 주장한다는 면에서는 옳다는 것이다. 인간 본성의 체질을 살펴볼 때 우리 몸의 기능은, 우리의 감각이 믿을 만하고 인과관계가 실제로 존재하며 우리에게 인격적 자아가 있다는 것 등을 불가불 받아들이게 한다. 신자와 불신자 모두 하나님의 형상대로 창조되어 하나님이 만드신 세상에 살며 하나님의 일반은총으로 삶을 유지하고 있기에, 모두가 어떤 근본적인 경험들을 공유하고 있는 것이다. 의로운 자와 불의한 자에게 똑같이 비가 내리는 것이다.

그러나 경험 진리들이 자명한 것은 아니다. 그것들은 자료에 불과하며 반드시 어떤 포괄적인 세계관의 틀로 설명되어야 한다. **어떻게** 우리가 몸이라고 부르는 약간의 물질에 의식이 있고, 거기에 세계를 움직일 능력이 있는 것일까? **어떻게** 우리에게 어느 정도 정의와 긍휼을 지닌 사회를 건설할 능력이 있는 것일까? 내가 이 책을 쓰는 동안, 미 우주항공국에서 방금 화성의 표면을 찍은 사진을 새로이 공개했다. 어떻게 인간이 행성의 궤도를 계산해서 다른 유성에 우주선을 착륙시키는 것이 가능할까? 이처럼 굉장한 성취를 이룰 수 있는 이 세상은 도대체 어떤 세계인가? 우리가 그리스도인으로서 주장하는 바는, 오직 성경에 기초한 세계관만이 우리에게 어떻게 과학적·도덕적·수학적 진리를 알 수 있는 능력이 있는지를 일관되고 온전하게 설명해 준다는 것이다. 기독교는 우주의 자물쇠를 푸는 열쇠다.

기독교 이외의 다른 세계관은 맞지 않는 열쇠이므로, 불신자와 이야기할 때 우리는 그들의 세계관이 그들의 아는 것을 **설명해 주지 못한다**는 것을 확신할 수 있다. 뒤집어 말하면, 불신자들은 그들의 세계관에 기초해서 일관성 있게 살아갈 수 없다는 것을 확신할 수 있다. 그들의 형이상학적 신념이 하나님이 창조하신 세계에 맞지 않기 때문에, 그들의 삶은 다소간 자신의 신념과 불일치할 수밖에 없을 것이다. 이 현실세계를 지지하지 않는 그들의 세계관을 가지고는 현실세계를 살아낼 수 없기 때문이다.

그로 인해 인지적 부조화의 상태가 초래되고, 이처럼 긴장이 고조된 지점에 복음의 문이 열릴 수 있다. 복음을 전할 때 우리는, 사람들이 경험으로 **아는** 것과 신념으로 **고백하는** 것 사이의 갈등에 주의를 기울이도록 할 수 있다. 이 갈등이야말로 그들의 신념에 무엇인가 오류가 있음을 보여주는 확실한 징표이기 때문이다.[82]

그로 인한 긴장의 정도는 본인이 논리적으로 얼마나 일관된지에 달려 있다. 이라크가 침공당하는 동안, 이라크 당국의 정보장관은 연일 마이크에 대고 "바그다드에 이교도 미국인은 하나도 없다! 전혀 없다!"고 수없이 반복했다. 불과 몇 블록 떨어진 곳에서 미군이 정부 건물을 점령하고 있는 순간에도 말이다. 그 장관이 거짓말을 하는 것이 아니라고 한다면, 그는 정반대의 증거를 앞에 두고도 전적으로 흔들림 없는 일관성을 유지하고 있었다고 할 수 있다.

하지만 대다수의 사람들에게 그 정도의 일관성은 없다. 철학적 유물론이나 다윈의 자연주의를 견지하고 있을지 모르나, 실제로는 그런 세계관에 모순된 삶을 산다. 도대체 누가 진정으로 자신의 신념이 자연선택의 산물, 곧 진정 참된 것이 아니라 그저 생존에 유용한 것일 뿐이라고 하겠는가? 자기희생적 사랑이 "유사 이타주의"에 불과하다고 진정으로 믿는다면 정서적으로 살아남을 사람이 누가 있겠는가? 불신자도 하나님의 형상으로 창조되었기 때문에, 그들의 인간 본성 자체가 그들이 표방하는 세계관에 모순된 방식으로 살아가지 않을 수 없게 만든다. 복음전도에서 우리의 목표는 그런 인지적 부조화를 부각시키는 것, 불신자의 세계관이 현실과 어긋나는 지점을 찾아내는 것이다. 그런 다음에 기독교만이 우리가 경험적으로 알고 있는 진리와 완전히 일치한다는 점을 보여줄 수 있다. (이에 대해 좀더 알고 싶으면 부록 4를 보라.)

철학적 "속임수"

사람들은 흔히 자신의 신념이 논리적으로 어떤 결론에 도달하는지를 충분히 인식하지 못한다. 그런 경우 우리는 그들에게 끝까지 따라가 보라고 밀어붙여야 한다. 다만 애초의 전제들이 합리적으로 지지하지 않는 결론으로 슬그머니 접어드는 "속임수"에 빠지지 않도록 주의할 필요가 있다. 라브리 채플에서 매주 토요일 저녁이면 열리던 토론이 떠오른다. 거기서 쉐퍼는 커다란 석제 벽난로를 등지고 앉아 학생들, 방문객들과 대화를 주고받았다. 그들 중 다수가 구도자이거나 불신자였다. 종종 그들은 자유나 도덕 같은 주제에 대해 철저히 세속적인 기초를 변호하려고 애썼다. 그럴 때면 그는 가차없이 그들에게 애초의 전제로 돌아가도록 밀어붙였다. 그는 "만일 어떤 것이 실재한다고 주장하고 싶다면, 그것이 무엇인지 그리고 그것이 어디에서 왔는지 말해야 한다"고 토론에서 말했다. 자연주의적 인과율을 중심으로 하는 닫힌 체계는 도덕적 자유나 인간의 존엄성 같은 것에 대한 근거를 제공하지 못한다. 스키너는 자신의 책제목 「자유와 존엄성을 넘어서」(Beyond Freedom and Dignity)에서 이 점을 강력하게 시사했다. 사실 불신자들이 전적으로 일관성이 있다면, 모두가 도덕과 무관한 회의주의자가 될 것이다.

하지만 실제 서구사회에서 전적으로 무도덕주의자거나 회의주의자인 사람은 극소수에 불과하다. 왜 그런가? 그들이 기독교의 유산에서 관념을 "몰래" 빌려 오기 때문이다.

최근의 예로 데닛의 신간 「자유는 진화한다」(Freedom Evolves)가 있다. 이 책에서 그는 도덕적 자유에 대한 믿음과 다윈주의를 화해시킬 방안을 모색하고 있다. 영국의 철학자 존 그레이는 데닛이 자신이 고백하는 자연주의 철학과 모순된 방향으로 나아간다고 비평했다. "인간이 다른 동물과는 다른 면으로 자유로운 존재라는 개념은 과학에서 나오지 않는다. 그 기원은 종교이며 무엇보다도 기독교다"라고 그레이는 설명했다. 그는 데닛이 "서구 종교에서 기원한 인간관을 건져내려 애쓰고" 있다고 비판했다.[83]

이 책의 용어로 표현하자면, 데닛은 자신의 자연주의적 체계 내에서는 근거를 발견할 수 없는 개념들을 기독교의 유산에서 차용해 오는 "속임수"를 쓰고 있는 셈이다.

이런 사례는 우리가 흔히 생각하는 것보다 훨씬 더 많다. 그레이는 서구의 자유주의 전체가 사실은 기독교에 기생하고 있다고 주장한다. 인간의 인격을 높이 사는 자유주의의 견해가 기독교에서 직접 유래한 것이라고 이야기한다. "자유주의적 인본주의는 기독교의 핵심적인 신념 여러 가지를 물려받았다. 무엇보다 인간이 다른 모든 동물과 절대적 차별성이 있다는 믿음이 그렇다." 다른 어느 종교도 인간에게 독특한 존엄성이 있다는 신념을 주지 못했다.

이렇게 생각해 보자. 만일 다윈이 진화론을 인도나 중국이나 일본에서 발표했다면 거의 아무런 동요가 없었을 것이다. "만일 당신이—수백만의 힌두교인, 불교인과 더불어—인간에게 불멸의 영혼이 있다는 점에서 인간이 자연세계에 있는 다른 모든 것과 다르다고 믿어 본 적이 없다면, 어떤 이론이 우리가 다른 동물과 얼마나 공통점이 많은지를 보여준다고 해서 흥분하지는 않을 것이다." 서구의 인간 존엄성과 인권에 대한 높은 견해는 기독교에서 직접 가져온 것이다. "세속적 세계관은, 하나님을 제외시킨 세계를 기독교적으로 모사한 것"이라고 그레이는 결론을 내린다. "인본주의는 종교적 신념의 대안이 아니라 종교적 신념이 부지중에 변질된 변형이다."[84]

우리 자신은 이 점을 믿고 있는가? 도덕적 자유와 인간의 존엄성 같은 개념이 기독교 밖에서는 근거를 찾을 수 없다는 것을 확신하는가? 우리는 사람들이 "속임수"를 멈추고 자신의 신념체계가 파산 상태에 있음을 정직하게 직면하도록 밀어붙여야 한다. 포스트모던한 사람들에게는, 이것이 성령께서 그들로 하여금 자신의 필요를 자각하게 하는 방법이 될 수도 있다. 그리하여 성경의 대답에 마음을 열게 하는 것이다. "형이상학적 상실감"을 인식하는 것이 하나님께서 그들을 구원하시는 수단이 될 수도 있다.

지성적 삶의 표지들

방금 묘사한 프란시스 쉐퍼의 전도방법은 스위스에 있는 그의 산장을 방문한 구도자들에게 대단히 효과적이었다. 하지만 상식적 실재론을 적용하는 것만이 그가 취한 유일한 방법론은 아니었다. 1장에서 우리는 최근에 알빈 플란팅가가 유신론적 철학을 부흥시켜 학문적 존경을 되찾도록 했다는 놀라운 성공담을 이야기했다. 그러나 거기서 언급하지 않은 것이 있는데, 그가 그처럼 훌륭하게 설명해 낸 철학이 바로 토마스 리드의 실재론을 최신식으로 각색해 낸 것이라는 사실이다. "인간은 특정한 설계 계획에 따라 조성된다"고 플란팅가는 주장한다. 여기에는 물론 우리의 인지 기능이 포함된다. 우리는 상식에 속한 기본적인 신념들을 변호하기 위해 복잡한 철학을 정립할 필요가 없다. 그런 신념들은 우리의 인지 기능이 원래 설계의 의도에 맞는 환경에서 제대로 작동하기만 하면 당연히 보장되는 것이다.[85] 이와 같은 상식철학의 부흥에 다른 개혁주의 사상가들(윌리엄 앨스턴과 니콜라스 월터스토프)도 동참하고 있으며, 그들의 접근방법은 개혁주의 인식론이라 부른다.

쉐퍼와 플란팅가 그리고 기타 많은 이들의 작업은, 스코틀랜드의 상식적 실재론과 화란의 신칼뱅주의 모두가 오늘날 복음주의 사상가들 가운데서 실행 가능한 철학 전통으로 여전히 자리잡고 있다는 것과 실질적인 철학적 작업이 가능하다는 사실을 입증한다. 심지어 외부 사람들마저 가만히 서서 주목하기 시작했다. 몇 년 전에 「커몬윌」(*Commonweal*)지에 실린 '복음주의 지성이 깨어나다'라는 기사는,[86] 주류 학문세계에서 인정받는 복음주의 학자 대부분이 신칼뱅주의와 연계되어 있음을 주목했다. 기사에 언급된 세 명의 역사학자들—조지 마스덴, 마크 놀, 네이션 해치—의 왕성한 학문활동으로 인해, 예일 대학의 어느 교수는 "복음주의적 논제"가 미국 역사에 관한 연구를 점령할지도 모른다고 경고했을 정도다![87]

일반 신자들도 영적 고전에 친숙해져서 보다 풍성한 유산을 되찾고 싶다는 갈망을 표현하고 있다. 우리 집 근처에 있는 작은 기독교서점에 들러 보니, 서점 주인은 서가에서 가장 빨리 빠지는 부분이 고전—아우구스티누스에서 십자가의 성 요한에 이르는—을 모아놓은 칸이라고 했다. 이는 우리의 가슴뿐 아니라 지성으로도 하나님을 예배하려는 새로운 관심이 일어나고 있다는 고무적인 표지다.

상자에 갇힌 신자들

이제, 앞의 세 장에 걸쳐 배운 미국 복음주의의 역사를 요약해 보자. 우선, 전반적으로 긍정적인 영향력을 인정하지 않을 수 없다. 복음주의가 기독교에 대한 강렬한 개인적 헌신을 북돋운 까닭에, 미국이 오늘날 산업화된 세계에서 가장 종교적인 나라로 남아 있는 것이다. 그러나 복음주의가 예부터 내려온 지식에 대한 이층적 구분을 극복하지 못했고 오히려 그 분열을 심화시켰음을 인식할 필요도 있다. 복음주의의 대중적 분파는 종교가 사적인 감정 체험(상층부)이라는 관념을 형성한 반면, 학문적 분파는 공적인 지식이 종교적으로 중립성과 자율성을 지녀야 한다(하층부)는 생각을 강화했다. 그 결과, 종교는 공적 분야에서 제거되어 사적 영역에 한정되고 말았다. 거기서는 번창해도 괜찮다는 뜻이었고, 실제로 그렇게 되었다. 그러나 거기에 갇힌 채 나오지 못하게 된 것이다. 그 과정에서 세속적 이데올로기가 그 공백을 치고 들어와 재빨리 공적 영역을 차지했다.

역사가 마틴 마티는 19세기에 미국의 종교가 "노동분업을 수용했다"고 설명한다. 한편으로, "종교는 삶의 개인·가정·여가의 영역[사적인 차원]에 한해서 관여하라는 직무할당에 묵묵히 동의했다" 다른 한편으로, "공적 차원―정치·사회·경제·문화―은 자율적이 될 수밖에 없었으며" 마침내 비기독교적 이데올로기에 점령당했다.[88]

이 노동분업은 그야말로 "중대한 양보"였다고 마티는 말한다. 오늘날 미국인들은 이 분업에 익숙해진 나머지 그것이 전혀 새로운 양상이었음을 더 이상 인식하지 못하고 있다. 마티는 그것을 "근대의 분열"(Modern Schism)이라 칭하면서, 그것이 "서구문화에 전혀 새로운 현상"이었다고 한다. 물론 기독교 사상도 수세기 동안 이층적 이분법의 특징을 보여 왔다는 점은 이미 살펴본 바와 같다. 그러나 19세기에 들어 그 같은 이분법은 사회제도 가운데 표면적으로 드러나기 시작했다. 사회는 "포괄적 외부문화"와 "격리된 교회의 종교적 내부문화"로 양분되었다.[89] 신자 개개인은 이 두 세계에 살면서 근대의 분열을 넘어 양편을 오가는 삶을 살기 시작했다.

종교지도자는 더 이상 과거처럼 사회의 공적 대변인의 역할을 하지 못했다. 그 대신, 그들은 더 넓은 문화에 영감을 주고 그것을 정당화하는 제한된 역할을 수행할 때에만 공개적으로 등장하는 것이 허용되었다. 기원과 축도―국회의 개회기도 같은―는 할 수 있었으나, 그들이 입법과 관련된 문제에 대해 논평하는 것은 달갑지 않게 여겨졌다. 그것은 정치에 "간섭하는" 행위였기 때문이다. 다른 나라에서 온 방문객들은 성직자가 미국에서 상자에 갇혀 있는 모습에 무척 놀랐다. 토크빌은 항구적인 관찰자로서 논평하기를 "미국에서 종교는 구별된 영역이다. 그 안에서는 사제가 최고의 자리를 차지하지만 그 바깥으로는 결코 나가려고 하지 않는다"고 했다.[90]

복음주의 역사의 전반적인 패턴을 리처드 홉스타터가 한 문장으로 멋지게 요약했다. 대체적으로, "교회는 세속세계와의 지적 대면에서 뒤로 **물러섰고**, 종교가 지적인 경험을 포함한 삶의 일부라는 생각을 **포기했고**, 이성적 연구는 과학의 영역이라는 가정 아래 종종 **단념해 버렸다**."[91] 복음주의 지성에게 일어난 모든 이야기가 이 문장에 요약되어 있으니 몇 대목으로 나누어 정리해 보자. 홉스타터가 세 개의 요인을 언급하고 있음에 주목하자. 첫째, 교회와 신학교가 그리스도인의 실제적인 삶에 관심을 국한시킴으로써 세속세계와의 지적 대면에서 뒤로 **물러섰다**. 둘째, 그들은 기독교가 삶과 학문 전 영역을 해석하는 포괄적 틀을 제공한다는 생각을 **포기했고**, 기독교가 상층부에 가둬지는 것을 허용했다. 셋째, 그 과정에서 그들은 지적 탐구의 전 영역을 하층부로 **단념해 버렸다**. 그들은 학문 분야가 종교적·철학적으로 자율적이어야 한다는 요구에 굴복했는데, 그것이 실증주의와 자연주의 같은 **새로운** 철학을 도입하기 위한 위장전술임을 알지 못한 것이다.

하지만 이것이 전부가 아니다. 생각은 추상적인 영역에만 머물지 않고, 사람들이 사회와 제도를 세우는 구체적인 방식에 영향을 준다. 근대의 분열은 단지 종교에 관한 일련의 생각에 불과한 것이 아니라, 사람들이 삶을 영위하고 조직하는 방식에 심대한 변화를 초래했다. 그것은 일터, 가정, 남녀관계 등 여러 구조에 영향을 주는 사회 개편 과정의 일부였다. 이제 다음 장에서는 미국인의 삶에서 공/사의 분리로 인해 야기된 개인적·사회적 결과를 살펴볼 것이다. 거기에는 종교도 포함되지만 그보다 훨씬 더 많은 것이 포함된다.

12_ 여성은 어떻게
문화전쟁을 시작했는가

근대화는 사회생활에 새로운 이분화를 불러온다.
그 이분법은 공적 영역에 있는 거대하고도 굉장히 강력한 제도와
사적 영역 사이의 분리다.
_ 피터 버거[1]

규모가 큰 어느 대학에서 내가 패널로 막 발표를 끝냈을 때 한 여성이 일어나 말했다. "저는 페미니스트가 아니지만……." 그녀가 페미니즘의 입장에서 무언가를 말하려는 것을 예상할 수 있었다.

"어떻게 이 프로그램에는 여성에 대한 언급이 전혀 없는 거죠? 발표자 가운데 누구도 여성이 쓴 책을 인용하지 않았습니다. 왜 인류의 반쪽을 무시하나요?" 그 여성은 주위를 둘러보더니 "굳이 대답하지 않아도 됩니다" 하고 덧붙였다. 그러고는 강당을 빠져나가는 그녀의 발걸음에 극적인 효과가 있었다.

나는 마이크를 붙들고 말했다. "가지 마세요." 그날 밤 나는 서

구사상 전체를 가로지르는 진리 개념의 분열현상에 관해 이야기했었다. "사실/가치의 분리는 학문 차원에 그치지 않습니다." 나는 말했다. "그것은 근대의 사회제도 가운데 공적인 삶과 사적인 삶의 분열로 구체화되었는데, 이것이 지금 남자와 여자의 관계에까지 영향을 미치는 것입니다."

나의 발언이 그녀의 주의를 끌었고 강당 안은 잠잠해졌다. 나는 지식에 관한 이층적 개념이 대학의 교과과정뿐 아니라 가정과 교회와 일터까지 개조했다고 설명했다. 이것은 진리의 이분화로 일어난 중요한 결과인데, 그것이 관념의 문제일뿐 아니라 우리의 생활방식을 재형성하는 강력한 힘이기 때문이다.

여성과 대각성운동

이제 제2차 대각성운동의 중간기로 돌아가 보자. 1838년에 평신도들에게 종교문제와 관련하여 "스스로 생각하도록" 촉구하는 논쟁적인 논설이 발표되었다.[2] 평상시에는 그런 메시지가 아무런 동요를 일으키지 않았을 것이다. 이미 살펴본 것처럼, 보통 사람들에게 성경을 스스로 읽고 해석하라는 요청은 당시 복음주의 운동의 중심 주제였다. 하지만 이 글이 그처럼 논란을 일으킨 이유는 필자가 여성이었기 때문이다. 그녀가 여성들에게 성경을 스스로 읽으라고 요구했던 것이다. "나는 성령의 도움과 함께 성경을 스스로 연구하고, 어떤 남자나 일단의 남성들의 견해에 지배당하지 않는 것이 각 개인의 엄숙한 의무라고 믿는다."[3]

복음주의 운동이 일단 영적인 대중주의를 포용한 이상 평등의 논리를 백인남성에게만 국한하기가 어려웠다. 수적인 면에서는 대각성운동이 미친 대상이 남성보다 여성이 더 많았으며, 특히 젊은 여성이 상당 부분을 차지했다. 부흥사들은 또한 여성에게 기도와 공개적인 강연을 하게 했으며 심지어 "권고인"(조교)이 되도록 허용했는데, 이는 비판가들을 분개시켰다. 더구나, 부흥사들이 종교의 감정적 측면을 강조했기 때문에 그들의 메시지가 특히 여성들에게 호소력이 컸던 것 같다. 그들은 여성이 남성보다 선천적으로 더 종교적이라고 하면서, 아내들에게 자기보다 더 세상적인 남편을 회심시키는 도구가 되라고 촉구했다.

앞에서 우리가 추적해 본 다른 흐름들과 마찬가지로, 이 경향도 오늘날까지 계속 이어지고 있다. 미국의 교회는 여전히 남성보다 여성을 더 많이 끌고 있으며, 종교는 여성과 어린이를 위한 것이라는 고정관념을 낳았다. 이런 패턴이 너무나 널리 퍼져서 어떤 이들은 교회의 "여성화 현상"을 거론할 정도다. 한 연구는 "남성이 여전히 대다수의 교회를 **운영**하고 있으나, 교인 **좌석**을 보면 서구문명에 속한 모든 나라에서 여성이 남성을 앞지르고 있다"고 결론을 내렸다.[4]

흥미로운 사실은, 다른 종교들은 그렇지 않다는 점이다. 동방정교에서는 남녀의 비율이 대체로 비슷하고, 유대교와 이슬람교에서는 남성이 우세하다.[5] 그러므로 이 패턴은 남성이 선천적으로 여성보다 덜 종교적이기 때문이라는 식으로 설명할 수 없는 문제다. 서구 기독교가 이 점에서 예외적이라고 볼 수 있다. 그 이유는 무엇일까?

이에 대한 답변은 기독교를 상층부로 던져 버린 이른바 공/사, 사실/가치 사이의 분열에서 찾을 수 있다. 이것은 단지 종교에 대한 생각의 변화만을 뜻하지 않는다. 물질세계에서의 변화도 수반했고, 사회의 제도적 구조에도 변화를 일으켰다는 말이다. 우리가 일단 이 과정을 잘 파악한다면, 오늘날의 복음주의가 처한 상태뿐 아니라 사회에서 교회의 역할과 가정에서 남녀의 역할과 같은 문제를 해명하는 데 도움을 얻을 수 있을 것이다.[6]

가정이 곧 일터였던 시대

역사적으로 말하면, 산업혁명은 획기적인 전환점이었다. 그것을 계기로 마침내 가정과 신앙이라는 사적 영역과 사업과 산업이라는 공적 영역이 분리되었다. 이 변화를 좀더 분명하게 파악하기 위해 먼저 산업혁명 **이전**의 삶의 모습을 그려 보기로 하자.

식민지시대의 가정생활은 대체로 전통사회에서 수천 년 동안 살아오던 방식대로 영위되었다. 거의 대다수가 농장이나 농촌에서 살았다. 생산적인 작업은 가정이나 그에 딸린 부속건물에서 수행되었다.[7] 그리고 개개인이 홀로 일한 것이 아니라 가족이나 집안이 집단으로 일했다. 한 집안은 비교적 자율적인 경제 단위였으며, 종종 대가족의 구성원, 견습생, 하인, 고용인 등이 거기에 포함되었다. 가게, 사무실, 작업실은 앞방에 있었고, 거처는 윗층이나 뒤쪽에 위치했다.[8] 이는 가정과 세상 사이의 경계선을 쉽게 넘나들 수 있었음을 의미한다. "세상"이 고객, 동업자, 단골, 견습생의 형태로 줄곧 들어왔던 것이다.

이처럼 생활과 일이 통합된 모습은 현대사회에서도 여기저기 조금씩 남아 있다. 내가 열두 살이었을 때, 우리 가족은 독일의 하이델베르크 외곽에 위치한 조그마한 마을에서 1년간 살았다. 장보러 갈 때면 커다란 바구니를 들고 걸어서 빵집과 정육점과 야채가게를 차례로 돌았다. 가게는 모두 그 집의 앞방에 위치해 있었으며 가족의 거처는 윗층이나 뒷방에 있었다. 남편과 아내가 하루 종일 함께 일했으며, 학교가 정오에 끝났기 때문에(고등학교까지 포함해서) 아이들이 집에 오면 선반에 물건을 갖다 놓고 계산대에서 일하는 등 모두가 도왔다. 장사는 그야말로 가족회사였던 것이다.

어느 날 저녁, 나는 길 아래편에 있는 작은 선물가게를 들른 적이 있는데, 한 여성이 아기를 허리춤에 차고 뒷방에서 나왔다. 그녀는 한 팔로 아기를 붙들고서 나에게 물건을 판 다음 인사하고는 저녁식사를 준비하러 다시 들어갔다. 독일 마을의 경우, 적어도 1960년대까지는 산업화 이전에 있었던 가족 중심 회사의 모습을 볼 수 있었던 것이다.

그러면 일과 삶이 통합되었던 [미국의] 식민지시대에 가족간의 관계는 어떠했을까? 우선 남편과 아내가 날마다 나란히 함께 일했으며 동일한 경제적 기업을 공유하고 있었다. 한 역사가는, 식민지시대 여성의 경우 결혼은 "남편 옆에서 동역자가 되어…… 도살, 은세공 작업, 인쇄, 의자의 천 갈이 등 남편의 일에 필요한 기술이면 무엇이든 배우는 것을 의미했다"고 말한다.[9] 한 사회의 여성에 대한 대우를 측정하는 좋은 방법은 과부의 지위를 관찰하는 것이다. 역사적인 기록에 의하면, 식민지 시기에는 과부들이 남편이 죽은 후에 가업을 계속 꾸려 가는 것이 드물지 않았다고 한다. 그것은 곧 그들이 그 사업을 홀로 운영할 만한 기술을 이미 배워서 알고 있었다는 뜻이다.[10]

물론 여성은 또한 다양한 기술을 필요로 하는 많은 집안일을 책임지고 있었다. 양모와 면사를 잣는 일, 그것을 천으로 짜는 일, 가족의 옷을 재봉하고 만드는 일, 음식물 보존과 정원일, 가공처리 되지 않은 재료로 음식을 만드는 일, 비누·단추·초·의약품을 만드는 일 등이다. 당시에 사회에서 사용되던 많은 물품을 여성이 손수 만들었다. 그래서 도로시 세이어즈가 그들은 "손으로뿐 아니라 머리로도 일했다"고 썼던 것이다.[11]

이 모든 일이 집에서 수행되었다는 사실은 어머니에게 자녀 양육과 더불어 경제적으로 생산적인 일을 감당할 능력이 있었음을 의미한다. 이는 또한 아버지도 오늘날보다 자녀 양육에 훨씬 더 관여했음을 뜻한다. 사실, 우리가 여성의 역할 변화를 생각할 때 남성의 역할 변화도 동시에 고려하지 않고는 제대로 이해할 수 없다.

공동체적 남성다움

식민지시대에는 남편과 아버지가 집안의 머리로 간주되었는데, 여기서 머리됨의 의미도 매우 구체적으로 정의되었다. 즉 그것은 자기 개인의 이익이 아니라 집안 전체의 이익을 대표하는 의무를 부여하는, 신적으로 재가된 직분으로서 정의되었다. 이것은 10장에서 논의한 고전적인 공화주의 정치이론의 연장선상에 있다. 그것에 따르면, 사회제도(가정, 교회, 또는 국가)는 모두가 공동선에 동참하는 유기적 통일체였다. 개개인을 위한 "선"이 존재하는 동시에 전체를 위한 "선"도 존재했는데, 이것은 그 부분들의 합 이상의 것이었으며 이를 도모하는 것이 권위를 가진 자의 책임이었다. 그는 전체의 이익을 대표하기 위해 자신의 이익을 희생하도록—사심이 없도록—요구받았다.[12] 남편과 아버지는 개인적 야망이나 자기이익에 좌우되어서는 안되고 온 집안의 공동선을 위해 책임을 감당해야 했다.

따라서 당시에 널리 인정된 남성됨에 대한 문화적 정의는, 안소니 로툰도(Anthony Rotundo)가 「미국에서의 남성다움」(*American Manhood*)에서 창안한 "공동체적 남성다움"(communal manhood)이라 부를 수 있을 것이다. 그 내용은 남자에게 개인적 야망보다 의무를 우선시하도록 기대했다는 것이다. 당시에 흔히 사용된 표현을 빌자면, 그는 경제적 성공보다도 "공적인 유용성"을 통해 자아를 성취하도록 되어 있었던 것이다.[13]

일상생활에서 아버지는 어머니와 마찬가지로 일과 자녀 양육의 책임이 통합된 삶을 누릴 수 있었다. 가정을 중심으로 생산적인 일이 수행되고 아버지가 자녀들에게 일하는 법을 훈련했기 때문에, 그는 "하루하루, 해마다 눈에 보이는 존재"였다. 아버지의 역할은 직장에서 일과를 마치고 집에 돌아와서 시작되는 별개의 활동이 아니라, 하루 일과에 속한 불가결한 일부였다.[14] 역사 기록을 보면, 자녀 양육에 관한 식민지시대의 문헌—설교와 자녀 양육 지침서 같은—이 요즈음과는 달리 어머니들을 대상으로 삼지 않았음을 알 수 있다. 오히려 주로 **아버지**를 대상으로 했다. 아버지가 일차적인 부모로 간주되었으며, 자녀의 종교적·지적 훈련과 관련하여 특히 중요한 역할을 담당하는 것으로 여겨졌다.[15]

각 가정은 공통의 이해관계를 가진 작은 사회였으며, 그 머리는 가장이었다. 역사가 존 길리스(John Gillis)에 의하면, 19세기 중반에는 "장인과 농부뿐 아니라 사업가와 전문인도 집에서 아내와 자녀의 도움을 받아가며 많은 일을 할 수 있었다." 그 결과, "〔가장의〕 시간대와 그의 아내와 자녀와 하인들의 시간대 사이에 아무런 차이가 없었다. 그들은 모두 다함께 먹고 다같이 기도했다. 똑같은 일정에 따라 아침에 일어나고 잠자리에 들었던 것이다." 현대인은 다음과 같은 사실에 놀라움을 금치 못할 것이다. "남자들은…… 부엌에서 일하는 것을 여성만큼이나 편하게 느꼈는데, 집안에 필요한 것을 공급하고 살림살이를 꾸릴 책임이 그들에게 있었기 때문이다. 19세기까지만 해도 요리와 가사에 관한 책들이 일차적으로 남자들을 대상으로 삼았으며, 그들은 손대접에 신경 쓰는 만큼이나 실내장식에도 열심이었다."[16]

아버지가 늘 가정에 있었다는 면에서 보면, 19세기의 미국은 우리 시대보다 마르틴 루터의 세계에 더 가까웠다고 할 수 있다. "아버지가 기저귀를 빨고 자녀를 위해 다른 하잘것없는 일을 하는 것을 보고 어떤 이는 여자 같은 바보라고 비웃는데", 그는 "하나님이 모든 천사들과 피조물과 더불어 미소를 머금고 계신다"는 것을 유념해야 할 것이다. 이는 루터의 글에서 인용한 것이다.[17]

그렇다고 식민지시대의 삶을 이상적으로 그리려는 것은 아니다. 사실 당시는 허리가 부러질 정도로 고된 노동을 해야 했던 때였다. 그러나 가족간의 관계와 관련해서는, 파편화된 우리 시대에는 거의 볼 수 없는 삶과 노동이 통합된 생활방식으로 인해 가정이 상당한 유익을 얻었음을 부인할 수 없다.

피난처로서의 가정

이 모든 것이 산업혁명과 함께 바뀌었다. 산업혁명은 우선 일을 집 밖으로 끌어내는 결과를 낳았다. 이는 언뜻 보기에는 단순한 변화―일의 물리적 위치와 관련된―같지만, 그것을 계기로 가정에 부여되었던 사회적 중요성이 급격히 낮아지고 남자와 여자의 역할이 근본적으로 바뀌는 등 여러 변화가 초래되었다.

산업화가 미국에서는 대략 1780년과 1830년 사이에 위험할 정도로 빨리 진행되었다. 초기 단계에서는, 온 가족이 함께 공장에 가서 일하거나 집에서 삯일을 했다. 다같이 한 단위로 일하는 것에 익숙했기 때문이었다. 그러나 산업과 관련된 일이 예전의 가족 중심의 일 문화와 확연하게 다르다는 것이 곧 분명해졌다.

우리는 성장과정에서 이미 산업화된 일터에 익숙해져 있기 때문에, 그 차이점을 이해하려면 역사적 상상력을 동원할 필요가 있다. 과거의 패턴은 농부와 그 아들들과 하인들 사이, 혹은 장인과 견습공들 사이의 **인격적** 관계에 기초하고 있었다. 이런 형태는 산업혁명을 거치며 임금에 기초한 **비인격적** 관계로 대치되었다. 달리 말하면, 예전의 수공업 전통에서는 한 명의 장인이 어떤 과제를 계획하고 설계한 다음 그것을 수행했다. 그러나 자본주의 체제 아래에서는 경영자와 관리인 계층이 점차 커져서 창의적인 계획과 의사결정을 모두 도맡아 했고, 노동자들은 조립 라인과 같이 단순하고 반복적인 성격의 기계적인 업무만 수행했다. 전통적인 농경사회에서는, 농사와 수공업이 "과업 지향적"이었으며 인간의 필요와 계절에 따른 요구를 중심으로 짜여져 있었다. 하지만 산업사회에서는, 공장의 일이 "시간 지향적"이었으며 시계와 정규적인 기계의 작동을 중심으로 구조화되었다.

새로운 작업장은 원자론적 개인주의 경제철학을 조성하게 되었다. 노동자들은 생산과정 속에 끼워넣은 교환 가능한 단위로 취급되고 각기 타인을 누르고 승진하려고 애쓰는 상황이 되었기 때문이었다. 많은 이들에게 산업세계는 각자가 모두를 상대로 싸우는 사회진화론적 전쟁터처럼 보였다. (어떤 이들은 다윈의 생존투쟁 개념이 초기 산업주의의 경쟁적 풍조를 생물학에 이식한 것에 불과하다고 주장할 정도였다.)[18]

얼마 지나지 않아 이처럼 생경하고 새로운 업무방식에 항의하는 사회적 목소리가 크게 높아졌고, 한편으로는 그 탈(脫)인간적인 영향을 억제하려는 대규모의 노력이 기울여졌다. 일차적인 전략은 "예전의" 인격적·윤리적 가치관을 보호하고 유지할 수 있는 하나의 전초기지, 곧 가정을 적절히 그려 내는 것이었다. 그래서 가정은 사람들이 근대성에 직면해 절실하게 유지하기 원했던 영구적인 가치들과 이상들을 표상하기에 이르렀다. 사랑, 도덕, 종교, 이타주의, 자기희생과 같은 것들이 거기에 속했다.

　이처럼 위험에 처한 가치들을 보호하기 위해서 여성과 어린이들이 공장에서 일하는 것을 제한하는 법률이 통과되었다. 그 후 1820년대를 기점으로 역사학자들이 소위 말하는 영역 분리론을 설명하는 책과 소책자, 지침서와 설교집이 쏟아져 나왔다. 사업과 재정의 공적 영역은 가정과 가족의 사적 영역에서 차단되어, 가정이 혹독하고 경쟁적인 바깥 세상을 피하는 피난처요 위로와 영적 갱신의 장소가 되도록 해야 한다는 것이었다.[19]

남자들은 왜 가정을 떠났을까

이러한 변화들이 남자와 여자에게는 어떤 영향을 끼쳤을까? 가장 자명한 변화는 남자들이 거의 선택의 여지없이 가정과 들판을 떠나 일을 좇아 공장과 사무실로 가야 했다는 점이다. 그 결과, 집안에 늘 있던 남자들이 급속히 사라져 버렸다. 일차 부모 노릇을 하는 것도 어렵게 되었다. 아버지들은 더 이상 예전처럼 자녀를 교육하고 생활훈육을 시키거나 어른에게 필요한 기술과 생업상의 기술을 가르치는 데 시간을 들일 수 없었다.

　그 결과, 19세기 중반에 출간된 자녀 양육 지침서에는 아버지에 대한 언급이 사라지는 놀라운 현상이 일어났다. 자녀 양육에 관한 설교와 소책자가 처음으로 아버지나 양친 부모가 아니라 순전히 어머니만을 대상으로 했던 것이다.[20] 이제 남자는 일차적으로 아내를 통해서 자녀들과 연결된다고 느꼈다. 빅토리아 시대에 열여섯 자녀를 둔 한 아버지가 교구 성탄파티에서 자기 딸을 알아보지 못한 다음의 이야기가 전해진다. "그런데 너는 누구의 딸이니?" 하고 그가 물었다. 그 말을 듣고 참담해진 아이가 "저는 아빠의 딸이잖아요" 하고 응답했다. 이 일화는 물론 예외적인 경우겠지만, 중산층 아버지들이 이차 부모가 되고 있었음은 분명한 사실이다.[21]

여성에게 끼친 영향은 이보다 더 극적인 성격을 띠고 있다. 산업혁명 이후, 가정은 마침내 생산지가 아니라 소비의 현장이 되었다. 그것은 가정에 있는 여성들이 서서히 생산자에서 소비자로 바뀌었음을 뜻한다. 서로 간에 서비스를 주고받던 가내수공업이 공장과 임금노동으로 대치되었다. 여성의 일은 과거처럼 다양한 기술들 — 잣기, 짜기, 깁기, 바느질, 보존, 양조, 빵 굽기, 초 만들기 — 을 개발하는 게 아니라 점차적으로 기본적인 집안일과 아이들 돌보기로 축소되어 버렸다. 여성은 경제적으로 필수 불가결한 존재라는 의식을 누리기보다 남편의 임금으로 먹고사는 의존적 존재로 전락해 버렸다. 남편과 공동의 경제적 기업에 동참하기보다 사적인 "은거"의 세계에 갇혀 버렸다. 하루가 다 가도록 다른 성인들 — 하인, 견습생, 고객, 단골, 대가족의 구성원 — 과 함께 일하기보다 온 종일 어린 자녀들과 함께 있어야 했기에 사회적으로 고립되어 버렸다.[22]

자녀 양육에 있어서 어머니의 역할은 과거에 집안의 다른 어른들 — 조부모, 독신인 친척, 나이 많은 형제, 하인, 특히 아버지 — 과 함께 그 과업을 나누던 때보다 더욱 두드러진 양상을 지니게 되었다. 이런 어른들이 집을 떠나 일터로 가게 되자, 자녀를 양육하는 일이 순전히 어머니의 책임이 되어 버린 것이다.

한마디로, 여성은 가정에서 할 수 있는 일의 범위가 급격히 **감소**하는 것을 경험한 한편, 동시에 여전히 남아 있는 소수의 일에 대한 책임은 극적으로 **증가**하는 것을 경험했다. 역사 기록은 이런 극적인 변화를 증거하고 있다. 여성은 "상당히 많은 직업으로부터 얼마간 완전히 자취를 감추었으며, 공적인 기록에 인쇄공, 대장장이, 무기 제조인, 혹은 작은 사업의 소유주로서 등장하는 빈도가 줄어들었다."[23] 앞서 언급한 것처럼, 식민지시대의 과부들은 종종 남편이 죽은 후 그 사업을 이어받았으나, 이제는 더 이상 그렇지 않았다. "19세기 초에 이르면, 과부들은 일반적으로 스스로를 부양할 작업기술이 없는 불쌍한 구제 대상으로 여겨졌다."[24]

정열적인 남성

남성과 여성의 특징에 대한 사회적 묘사도 달라졌다. 과거에 "공동체적 남성다움"을 이상으로 삼던 시절에는 핵심단어가 **의무** 곧 상관과 하나님에 대한 의무였다. 남자다운 미덕은 자신의 "정열"을 이성에 굴복시키는 것으로 정의되었다(여기서 **정열**은 주로 자기이익과 개인적 야망으로 정의된다). 선한 남자는 공동선을 위해 자기억제와 자기희생을 발휘하는 자였다.

그러나 새로 등장한 산업 자본주의 세계는 덕에 대한 새로운 정의를 보급시켰다. 자본주의 세계는 각 사람이 개인 대 개인으로서 다른 이들과 경쟁할 것을 요구하는 듯 보였다. 이런 새로운 상황에서는 자기이익과 개인적 야망에 이끌려 행동하는 것이 적절하고,

심지어는 필요한 것으로 여겨졌다. 자기이익을 물리학에서의 중력과 같이 보편적이고 자연스런 힘으로 취급하는 경제이론도 나타났다. 아담 스미스의「국부론」이 그 예다.

동시에, 정치이론도 사회의 기본단위를 가정에서 개인으로 전환하고 있었다. 고전적인 공화주의 정치철학—모든 것을 하나로 묶어 주는 포괄적인 공동선에 대한 유기체적 견해를 가진—은 사회를 자기이익에 이끌려 서로 다투는 개인들의 집합으로 보는 원자론적 견해에 밀려나게 되었다. 따라서 기존의 사회적 구속에서 자유롭고 과거에 묶인 연줄에서 자유로우며, 공개 경쟁을 통해 사회적 지위를 자유로이 찾는 존재로서 개인을 보는 새로운 관점이 생겨났다.[25]

이러한 경향에 대해 복음주의와 관련해서는 앞서 논의했지만, 그러한 경향은 가정에도 어마어마한 영향을 주었다. 결국에는 식민지 시기의 가치관이 완전히 거꾸로 뒤집어졌다. 청교도들은 "정열"을 사회질서를 위협하는 것이므로 공공선을 위해 통제하고 억제해야 할 것으로 보았다. 그런데 19세기 말에 이르면, 남자의 "정열"과 자기이익을 긍정적으로 보게 되었고 평등과 경제적 번영의 근원으로 간주하게 되었다.

사실, **경쟁적**(competitive)이라는 단어가 처음으로 영어어휘에 포함되었다. 그때까지만 해도 영어에는, '경쟁하자'는 도전을 받을 때 그것을 좋아하는 자를 묘사하는 단어가 없었다. 그러나 19세기 말에 이르면, 경쟁이 미국 남자들 사이에 하나의 강박관념이 되어 버렸다. 자유로운 경쟁이야말로 번영과 정치적 삶의 원동력이라는 믿음이 확고하게 자리잡았다.[26] "놀라운 역전현상이 일어났다." 사람들은 "탐욕을 자연법칙이자 진보의 원동력으로 간주하게 되었고 자연 및 자연 속 하나님의 뜻이 그것을 통해 성취된다"고 생각하기 시작했다고 레슬리 뉴비긴은 말한다.[27] 남자들이 험하고 경쟁적인 상업과 정치의 세계에 싸우러 나가게 되면서, 남성다운 성격 자체도 도덕적인 둔감, 경쟁심, 공격성, 자기이익 추구 등을 중심으로 재정의되었다.

남자 길들이기

다른 한편, 여성의 경우에는 영역 분리론이 전혀 다른 것을 의미했다. 그들은 가정을 먹고 먹히는 경쟁적인 경제와 정치로부터 완전히 차단된 영역으로 유지하라는 요청을 받았다. 여성에게는 보다 부드러운 덕—공동체성·도덕·종교·자기희생·애정—을 함양할 책임이 주어졌다. 그들은 가정을 남자가 새 힘을 얻고 개선되고 정화될 수 있는 장소로 만드는, 가정의 도덕적 수호자로 행동하라는 주문을 받았다. 즉 경쟁적이고 무도덕한 바깥 세계에서 동떨어진 "은거"의 처소로 만들라는 말이다. 프랜시스 파크스(Francis Parkes)가 1829년에 썼듯이, "세상은 타락하되 가정은 깨끗이 정화돼야 한다."[28]

그리하여 공/사의 분리는 남녀 간의 뚜렷한 대비로 나타나기도 했던 것이다. MIT 대학의 케네스 케니스턴(Kenneth Keniston)은 이렇게 쓰고 있다. "가정은 특별히 보호된 장소요, 부드럽고 순수하며 관대한 정서(어머니 안에 구현된)의 저장소이며, 노골적이고 경쟁적이며 공격적이고 이기적인 상업의 세계(아버지로 구현된)를 막는 요새요 보루가 되었다."[29]

이것은 놀라운 역전이었다. 식민지시대에는 남편과 아버지가 가정의 도덕적·영적 지도자 역할을 하도록 권유받았다. 그러나 이제 남성은 선천적으로 거칠고 잔인하며 아내에게서 덕을 배울 필요가 있다고 한다. 많은 남자가 이런 새로운 풍조에 암묵적으로 동의했다. 예를 들어, 남북전쟁 기간에 윌리엄 펜더 장군(General William Pender)은 아내에게 이렇게 썼다. "나의 생각이 나쁘고 죄스런 생각으로 방황할 때마다 나는 내 선하고 순결한 아내를 생각하려고 애쓴다오. 그러면 그런 생각은 이내 사라지고…… 그대는 진실로 나의 선한 천사요."[30] 여성은 도덕의 수호자가 되어 남성을 덕스럽게 만들라는 요청을 받았던 것이다.

이것이 이중 잣대의 기원인데, 겉으로는 여성에게 능력을 부여하는 것처럼 보일지 모른다. 어쨌든 그들에게 덕의 집행자의 지위를 부여한 것은 사실이다. 하지만 그 저변에 깔린 역학은 심각한 문제점을 안고 있었다. 로툰도가 설명하듯이, 본질적으로 미국은 남성을 덕스러운 존재가 되어야 할 의무에서 풀어 주었던 셈이다. 처음으로 도덕적·영적 지도력을 더 이상 남성적 특질로 보지 않았다. 그것은 여성의 일이 되어 버렸다. "여성이 공동체적 덕의 수호자로서 남성의 자리를 차지했으며, 그리하여 그들은 남성을 자기이익을 추구하도록 풀어 주었던 것이다"라고 로툰도는 쓰고 있다.[31] 달리 말하면, 남자들이 책임에서 벗어나고 있었다고 할 수 있다.

이제 곧 살펴보겠지만, 길게 보면 이처럼 남자의 성품을 "탈

(脫)도덕화"시키는 것이 여성에게 최고의 유익을 안겨다 주지는 못했다. 또한 남성에게도 유익하지 못했는데, 사실 그들로서는 남성다움을 거칠고 경쟁적이며 실용적인 모습에서 찾는 편협한 정의에 만족하게 되고 그로 인해 그들의 도덕적·영적 열망이 부정되었기 때문이다.

교회의 여성화 현상

이러한 모든 과정에서 교회는 어디에 있었을까? 남자의 성품이 "탈도덕화"되는 것을 확실히 반대했을까? 안타깝게도 그렇지 않았다. 그 대신 미국 교회는 대체로 남성다움이 재정의되는 것을 묵인하는 입장을 취했다. 수세기 동안 남편과 아버지가 가정의 머리된 직분으로 신적 소명을 받았다고 가르쳐 온 교회가, 이제는 대상을 바꾸어 주로 여성에게 초점을 맞추기 시작했다. 성직자들이 여성에게 신앙과 도덕에 관련된 특별한 은사가 있다고 말하기 시작했다. 전도집회의 광경을 그린 모습을 유심히 살펴보면, 여자들이 앞줄을 차지하고서 기절하고 졸도하는 장면을 종종 볼 수 있다(표 12.1을 보라). 많은 복음주의 교회에서 여성이 남성보다 많아지기 시작했는데, 2대 1의 비율인 경우도 많았다. 영국의 소설가 프랜시스 트롤로프(Francis Trollope)가 1832년에 미국을 방문했을 때 "종교가 여성을 그처럼 꽉 잡고 있는, 또는 남성을 그처럼 느슨하게 잡고 있는" 나라를 본 적이 없다고 논평했다.[32]

표 12.1 기독교의 "여성화" 현상. 대각성운동은 남자보다 여자를 더 많이 끌어들였다.

심지어는 종교에 관한 말투마저 여성화되었다. 이 주제에 관한 고전인 『미국문화의 여성화』(*The Feminization of American Culture*)에서 앤 더글라스(Ann Douglas)는, "목회사역이 우리 사회가 당시에나 그 이후 '남성다움'과 동일시했던 강인성과 엄격성과 지적 엄밀성을 잃어버리고, 대신에 보살핌·양육·감상주의 같은 '여성적' 자질을 입게 되었으며, 공적 영역의 거칠고 경쟁적인 풍조를 피해 뒤로 물러났다"고 언급한다.[33] 이런 추세는 특히 자유주의 교회에서 흔히 볼 수 있었다. "씩씩한 남성적 의미의 종교는 사라졌고 가냘픈 유니테리언적 감수성으로 대치되었다"고 유명한 소설가인 헨리 제임스(Henry James) 경의 아버지가 탄식했다.[34] 한 회중주의 교회의 목회자는 "칼날 같은 영의 날카로움이 무디어지고 꽃과 리본으로 장식되었다"고 불평했다.[35]

그 밑에 깔린 역학은 교회가 문화에 대해 전반적으로 방어적 전략을 채택하고 있었다는 사실이었다. 많은 성직자가 공적 영역에서 변호될 수 있다는, 종교에 대한 인지적 주장을 펴는 데서 후퇴하고 말았다. 그 대신, 그들은 신앙을 경험과 감정이 속한 사적 영역으로 옮겼으며, 따라서 그것은 여성의 관할구역 아래로 들어갔다. 1820년에 유니테리언파의 목사 조셉 벅민스터(Joseph Buckminster)는 이렇게 썼다.

> 만일 기독교가 위대한 사람들의 저택, 철학자의 학회, 입법자의 전당, 혹은 바쁜 남자들의 모임에서 도망치라고 강요당한다면, 벽난로 주변에 모여든 여자들과 함께 있는 것을 가장 순전한 최후의 피난처로 삼을 것이라고 나는 믿는다. 그래서 기독교의 최후의 제단은 여성의 품이 될 것이다.[36]

여기서 핵심단어는 "도망치다"라는 말이다. 종교가 완고한 남성이 속한 공적 영역에서 도망하여 부드러운 가슴의 여성이 속한 사적 영역으로 물러가고 있는 것으로 추정되었던 것이다.

요컨대, 교회는 남자들 사이에 퍼져 가던 세속주의 풍조에 도전하기보다 대체로 그것을 묵과하고 여성을 향해 돌아섰던 것이다. 성직자들은 종교가 여전히 지배력을 발휘하고 있는 영역이 하나라도 남은 것에 안심하는 것 같았다. 가정이 바로 그런 영역이었다. 한 역사가에 따르면, 전통적인 교회의 가르침은 아버지가 자녀교육에 책임이 있다고 주장했던 데 비해, 1800년대 초 "뉴잉글랜드 목사들은 '어린이의 취향과 정서와 습관'을 형성하는 데 어머니가 아버지보다 더 중요하다는 것이 자신들의 일치된 의견이라고 열렬히 되풀이했다"고 한다.[37] 그 결과 "어머니들이 예전에는 아버지들의 일이었던 가정기도 인도를 점차 떠맡게 되었다."[38]

다시 한번 우리는 문제의 소지가 많은 역학관계를 간파할 수 있다. 즉 교회가, 종교적 지도자가 되어야 하는 책임에서 남자들을 풀어 주고 있었던 것이다. 교회는 종교와 도덕을 여성의 관할 영역으로 바꾸었다. 긴장과 부담을 동반한 그 무엇이 아니라 부드럽고 격려가 담긴 어떤 것으로 변모시키면서 말이다. 하버드 대학의 찰스 엘리엇 노튼(Charles Eliot Norton)은 당시 종교의 지적 허약성-그것을 "남자답지 못한 성격"이라 부르면서-에 대해 불평했는데,[39] 이는 많은 이들의 의견을 대변한 것이었다.

도덕과 자비

사회개혁의 분야에서도 이와 비슷한 변화가 일어나고 있었다. 여성이 가정의 도덕적 수호자라면, 사회의 수호자도 되어야 한다는 논리가 성립되었다. 결국 많은 여성들이 사적인 삶을 공적 생활로부터 완전히 차단하는 것이 불가능하다고 주장하기 시작했다. 술 취함과 윤락행위 같은 공적인 악은 사적인 결과를 낳게 마련이다. 그래서 기독교 여성 금주회의 지도자는 여자들이 "온 세상을 가정과 같이 만들고자" 애써야 한다고 했다.[40]

이처럼 19세기라는 진보적인 시대에 개혁운동에 폭넓게 연료를 주입한 주체는 대체로 여성이었다. 먼저 교회를 통해 일하면서 기독교적 자선행위를 베풀어 공적인 영역을 개혁하려고 나섰다. 그들은 가난한 자를 먹이고 입히기 위해 자선단체에 가입하거나 그러한 단체를 시작했다. 또한 주일학교 운동과 해외선교 단체를 후원했다. 노예제 폐지, 윤락행위와 낙태의 불법화, 공공장소에서의 음주와 도박의 금지 등을 도모하는 조직을 창설하거나 거기에 가입했다. 보육원과 도시의 독신여성을 돕는 YWCA 같은 단체들을 후원했다. 또한 아동의 노동을 폐지시키고, 청소년 법원을 세우며, 식품과 약물 관련 법률을 강화시키는 운동들을 주도하기도 했다.

이처럼 긴밀하게 연결된 개혁운동 단체들의 조직을 "자선의 제국"이라 불렀으며, 당시에 유명했던 한 개혁가는 그 제국의 건설을 대체로 여성들의 공으로 돌렸다. "거의 예외 없이, 가정과 어린이를 보호하기 위해⋯⋯ 모든 선진적인 입법을 확보한 주체는⋯⋯ 여성 클럽의 회원들이었다."[41]

나중에 논의하겠지만, 세속적 페미니즘 운동이 탄생한 시기도 바로 그 진보적인 시대였다. 하지만 초기의 운동가들은 대부분 결코 페미니스트들이 **아니었다**. 그들은 집 바깥에서 일할 권리의 근거를, 남자와 여자 사이에 중요한 차이점이 없다고 주장하는 페미니즘의 논리에 두지 않았다. 오히려 그와 정반대였다. 그들은 여성이 보다 더 자애롭고 민감하고 경건하다는 교리를 수용하면서, **바로 이런 특성**으로 인해 여성이 가정의 테두리를 넘어 자선활동을 하기에 적합하다고 주장했다. 당시의 한 여성이 표현한 것처럼, 정부와 산업 분야의 일이 "너무나 오랫동안 투박하고 호전적이며 소유욕이 많고 완고하며 무도덕한 남성적 성향에 지배당해 왔는데", 이제는 "여성의 동정심과 영성과 도덕적 민감성으로 그것을 완화시킬 필요가 있었던" 것이다.[42]

이 같은 개혁활동이 교회를 중심으로 전개된 경우가 많았으며, 여성의 타고난 경건함이 사회를 개혁하는 데 필수적이라고 선언해 준 성직자들의 열렬한 지지를 받았다. 조셉 벅민스터가 그것을 멋지게 표현하고 있다.

> 여인들이여, 우리는 그대들이 우리〔남성〕의 성적 특성의 표준을 높여 주기를 기대합니다. 뻔뻔스러움과 방종을 막아 주는 저 장벽, 아직 사회에 남아 있는 그 장벽을 지키고 강화해 주기를 기대합니다. 가정의 순결이 지속되고, 가정의 신앙이 부흥하고, 우리의 자선활동이 증가하고, 우리의 사적 습관과 공적 기관 안에 남아 있는 경건한 요소가 증진하도록 해주기를 기대합니다.[43]

그런데 앞서 우리가 주목한 것과 똑같이, 위험한 역학이 여기에 작동하고 있음을 유의하라. "여인들"이 남자가 지닌 "성적 특성의 표준을 높이는" 책임을 떠맡을 경우, 남자들의 책임감은 적어도 무방하게 된다. 책임에서 면제되는 셈이다. "과거에는 남에게 의지해 사는 이들을 돌보는 일이 그 도시의 원로들과 가난한 주인들의 사회적 의무였다"고 한 역사가는 쓰고 있다. 그러나 19세기에는 그것이 "자선행위로 간주되었으며…… 여성이 관할하는 영역이 되었다."[44]

여성적 표준과 남성의 분노

마침내 이런 이중적 잣대가 남자와 여자 사이에 긴장을 초래했다. 어쨌든 이 모든 개혁운동의 대상은 누구인가? 여성들이 손으로 붙잡고 인도해야 할 방탕한 망나니는 누구인가? 그들은 다름아닌······ 남자들이었다. 금주운동은 아내들과 어머니들을 동원하여 술에 찌든 남편들과 아버지들을 술집에서 몰아내어 가정의 품으로 돌아가게 했다. 여성노예제 폐지론자의 수사(修辭)는 여성노예를 성적으로 착취하는 남성 노예소유주에게 초점을 맞추었다.[45] 윤락행위와 낙태를 불법화시키려는 운동은 여성을 피해자로, 남성을 잔인한 유혹자로 그렸다. 역사가 메리 라이언(Mary Ryan)은 개혁운동의 성적 측면을 이렇게 요약한다. "거의 모든 여성 개혁 단체들이 남성에 대한 암묵적 비난이었다. 노예 소유주, 술집 주인, 술고래, 유혹자의 성이 무엇인지는 의심의 여지가 없었기 때문이다."[46]

영역 분리론이 주는 메시지는 "여성이 도덕적으로 남성을 통제해야 한다"는 것이었다고 역사가 칼 데글러(Carl Degler)는 설명한다. 여성은 "남성의 음란한 성향을 통제하기 위해 다함께 힘쓰라"는 촉구를 받았다. 만일 어머니가 "가정에서 도덕적 중재인"이라면, 그 역할이 "여성에게 남성의 성적 행위를 규제할 수 있는 권리—아니, 의무—도 부여했기" 때문이다.[47]

로툰도 영역 분리의 이데올로기가 "남성의 정열을 여성이 다스리는 계획"에 다름 아니라는 점에 동의한다. 하지만 그것이 역설적 결과를 초래했다고 덧붙인다. "이는 남자들에게 공격성·탐욕·야망·경쟁·자기이익을 추구할 자유를 주었고, 이어서 여자들에는 이런 행위를 억제할 의무를 부여했다."[48]

이런 주제들은 당시의 문학에도 반영되었다. 19세기 초 미국에서 발간된 소설의 1/3이 여성의 작품이었다(그래서 나다니엘 호손은 미국이 "마구잡이로 글을 쓰는 여성 패거리"에게 점령당했다는 유명한 이야기를 했던 것이다.)[49] 그런 소설에 나타난 가장 흔한 주제 중 하나는 여성이 사악한 남성을 이기고 승리하는 모습이다. "거듭 반복되는 이야기는, 선량한 여성이 남성의 은밀하고 노골적인 억압과 잔인함에 대항해서 싸우는 줄거리로 되어 있다"고 한 영어교수는 말한다.[50] 거기에 담긴 메시지는, 남자야말로 본래 추잡하고 비도덕적인 존재라는 것과 여성의 자질인 덕이 굉장한 진통을 통해서만 남성에게 부과될 수 있다는 것이었다. 용기와 사심 없는 공적인 의무같이, 한때 주로 남성적 자질로 이해되던 덕의 개념이 이제는 주로 성적 순결을 중심으로 한 여성적 자질로 바뀌어 버린 것이다.[51]

남자다운 남성

하지만 궁극적으로, 여성을 남성의 도덕적 개혁자로 만들려는 시도는 자기 파괴적인 것이었다. 왜 그런가? 그 이유는, 덕이라는 것이 **인간의** 자질이 아니라 **여성의** 자질로 정의될 경우, 남자에게 덕스럽게 되라는 것은 결국 여성적 표준을 강요하는 셈이며 그런 표준은 남자의 본성에 낯선 것이기 때문이다. 덕스럽다는 것은 남자답게 되는 것이 아니라 여성적으로 되는 것을 의미했다. 유니테리언

목사였던 윌리엄 엘러리 채닝은 언젠가 한 친구로부터 "거의 여성적"이라는 칭찬과 더불어 그의 "여자 같은 기질"을 동경한다는 말을 들은 적이 있었다.[52]

19세기 말과 20세기 초에 이르러, 이에 대한 반발현상이 일어나 남자들이 자신들을 개선하려는 여성의 노력에 반항하기 시작한다. 새로운 단어도 생겨났는데, **지나치게 교화된**(overcivilized)이란 어휘다. 남성은 소년들이 오직 어머니와 여교사의 후견 아래서만 자라난 나머지 점점 부드러워지고 여자같이 된다고 우려하기 시작했다.[53]

그에 대한 반작용으로, 길들이지 않은 야성적인 남성성을 강조하는 새로운 경향이 생겨났다. 당시는 데이비 크로켓과 다니엘 분의 생애처럼 잃어버린 변경의 전설이 유행한 시기였다. 시어도어 루스벨트는 서부로 가서 야외활동을 좋아하는 이들의 "불굴의 삶"을 찬양하기 시작했다. 어니스트 토마스 세턴(Ernest Thomas Seton)은 인디언 복장을 입고 미국의 보이스카웃을 창설했다. 보이스카웃의 1914년 지침서에 이런 새로운 철학이 생생하게 표현되어 있다.

> 서부 개척의 시대는 가고, [독립전쟁 당시의] 군인도 가고, 얼굴을 색칠한 인디언은 대분수계[로키산맥] 너머로 떠나고, 진정한 남자다움을 낳았던 결핍과 시련에 시달리던 개척자의 삶은 이제 하나의 전설에 불과하므로, 우리는 보이스카웃 운동에 의지하여 미래의 **남성**을 빚어내야만 한다.[54]

문학 작품도 덕에 대한 여성적 표준에 대항하는 남성들의 저항을 반영하기 시작했다. 세기가 바뀔 무렵, "오웬 위스터(Owen Wister, 최초의 서부극 작가)와 잭 런던(Jack London) 같은 작가들의 카우보이 소설과 모험소설이 새로운 장르로 등장했다." 이는 "가정의 경계에서 벗어난 남자를 칭송하는" 책이었다고 한 역사가는 말한다.[55] 이른바 "불량소년"을 다룬 책들이 유행을 타게 되었는데, 「톰 소여의 모험」과 「허클베리 핀」이 그 가운데 가장 잘 알려졌다. 허크가 미지의 땅을 향해 떠나는 장면으로 끝나는 「허클베리 핀」은 그 이유를 "샐리 아줌마가 나를 입양해서 교화시키려 하는데 나는 그것을 참을 수 없기 때문"이라고 했다. 여기서 "교화시키는 일"이 늙은 아줌마의 몫임을 주목하라. 트웨인의 책들은 "가정과 여성적 표준에 대한 경외와 분노를 모두" 포괄하는 날카로운 양면성을 지니고 있다.[56]

일부 작가들은 남성을 "동물적 본능"과 "동물의 정력"을 지닌 원시적이고 야만적인 존재로 칭송하기 시작했다. 원숭이가 기른 야생 남자를 주인공으로 하는 타잔 책들이 굉장한 인기를 끌었다. 남성적 덕에 대한 새로운 정의는 부분적으로 다윈의 진화론의 영향을 받은 것이었다. 만일 인간이 동물의 세계에서 진화했다면, 동물적 본성이 우리 존재의 핵심이라는 것을 함축한다. 이는 전혀 새로운 개념이었다. 고대로부터, 덕이란 이성적 정신과 도덕적 의지라는 "고상한" 기능으로 "저급한" 정열을 억제하는 것으로 정의되어 왔다. 그러나 이제는 놀랍게도 그것이 역전되어, 동물적 정열이 진정한 자아로 추켜 올려졌다. "남자를 하나의 동물로, 세상의 우두머리 동물로 보는 것이 새로운 선풍적 인기를 불러왔다"고 존 버로우즈(John Burroughs, 「타잔」을 쓴 작가의 아들)가 썼다.[57] 사회적 다윈주의의 발흥으로 "원시적 투쟁에서 남자가 남자를 이기고 승리하는 것"이 높이 칭송되었다.[58]

교회도 문제의식을 느끼고 종교를 보다 남성적 어조로 표현하기 시작했다. 너무 오랫동안 종교가 여성의 영역에 머물러 감상적 신앙으로 물들여졌다는 것이었다. 1858년에 「애틀랜틱 먼슬리」(Atlantic Monthly)지는 부모들을 꾸짖는 글을 실었는데, 내용인즉 아들이 "창백하고 허약하며 앉기를 좋아하고 생기가 없으며 기쁨이 없는" 타입이면 목회사역을 하라고 지도하는 반면, "혈색이 좋고 용감하며 강인하면" 세속의 직업을 가지라고 지도한다는 것이었다.[59] 해결책은 무엇이었을까? "근육질의 기독교"에 있었다. 그것은 남자다운 신체와 기독교적 봉사의 이상을 함께 결합한 개념이었다.

근육질의 기독교를 옹호한 대표적인 인물은 복음전도자 빌리 선데이였다. 그는 예수를 "핏기 없는 얼굴에 알랑대는 타입"이 아니라 "역사상 가장 논쟁을 좋아한 인물"이었다고 선포했다. 선데이는 추종자들에게 "패기 없고 유약하며 겁 많은 신앙"이 아니라 "곡괭이질 하는 단단한 근육질의 종교"를 제시했다.[60] 또한 「그리스도의 남자다움」「남자다운 그리스도」「그리스도의 남성적 권능」과 같은 제목을 단 책들이 출판되었다. '남성과 종교 증진 운동'이라 불리는 교회 중심의 운동이 등장해서 1950년대까지 계속되었는데, 성공한 사업가나 세일즈맨 모습으로 예수를 부각시킨 운동이었다.

이 운동을 주도한 이들은 스포츠신문의 자동차와 위스키 광고 옆에 광고를 실었고, 여성이 "충분히 오랜 기간 교회사역을 주관해 왔다"고 선언했다. 그들은 힘과 사회적 책임을 강조하는 남성적 종교를 홍보했다.[61]

놀이방 아빠

이같이 남성의 힘을 강조하는 것은 환영할 만한 것이었으나, 진정한 남성다움을 성취하는 길을 줄곧 "여성적" 표준을 거부하는 데서만 찾음으로써 오점을 남기고 말았다. 1926년에 출간되어 많은 영향을 끼친 「연한 자주빛의 십 년」(*The Mauve Decade*)이란 책은, "타이탄 여신"―공적 취향과 도덕의 중재인 역할을 하는 미국 여성을 지칭하는 필자의 용어―에 대한 야만적인 공격으로 시작한다. 필자는 여자가 지배하는 가정과 학교에서 자라나는 소년들의 남성성에 대해 우려했다.[62]

    1940년대에는 필립 와일리(Philip Wylie)가 「독사들의 세대」(*A Generation of Vipers*)라는 책을 써서 베스트셀러가 되었다. 그 책에서 그는 여성들의 "여성가장주의", 곧 여성들이 아들들을 숨막히게 하고 통제하고 조종했다고 비난했다.[63] 나는 사춘기 시절에 어느 여성잡지에서 "여성가장주의"의 위험을 다룬 글을 본 기억이 지금도 생생하다. 1950년대에 등장한 「플레이보이」지는, 여성은 경제적 기생자이며 결혼은 "모험적이고 자유를 사랑하는 남자의 정신을 말살"시키는 함정이라고 경고했다.[64] 그 잡지의 초창기 어느 호에서, 서로 웃고 있는 신랑과 신부의 사진을 한 면 전체에 실었다. 그러나 다음 면에, 신부의 코와 턱이 길게 늘어지고 면사포는 대못처럼 뾰족이 솟아나서 그 가련한 남자가 마침내 자기가 심술궂은 여자와 결혼한 것을 알게 되는 장면을 그렸다. 요점은 가정생활과 가치관이 여자에 의해 강요되고 있으며 남자들을 억압하고 있다는 것이었다.

처음으로 아버지들이 가정에 관여하지 않는 것이 사회적으로 용인되기에 이르렀다. 1920년대와 30년대가 되어, 도시에 사는 아버지는 "부차적인 활동"—취미, 스포츠, 동물원 구경 등—을 담당하는 부모로 전락해 버렸다. 한 역사가가 묘사하듯이, 아버지들은 아이들을 즐겁게 하는 연예인 같은 존재—놀이방 아빠—가 되어 버린 것이다.[65]

그래서 현재 우리에게 익숙한 아버지의 이미지가 형성되었다. 그는 참을성 많은 아내와 영리한 아이들에게서 보호의 손길을 기다리는, 가정에서 실수가 많고 무능한 모습이었다. 오늘날에는 만화 속 대그우드 범스테드나 "아이들과 결혼하다"의 앨 번디, 혹은 베렌스타인 곰 그림책 시리즈에 나오는 아빠곰 같은 인물로 널리 알려진 모습이다. 엄마곰이 모든 식구에게 건강에 해로운 인스턴트 음식을 금지한다고 결정하자, 몰래 자기가 좋아하는 간식을 꺼내 먹는 이가 바로 아빠곰이다. 엄마곰이 가족들에게 텔레비전을 그만 보기로 한다고 결정하자, 몰래 밤에 아래층에 내려가 TV를 보는 이도 아빠곰이다. 이 시리즈가 보여주는 천편일률적인 모습은 어머니가 규율을 정하고 철없는 아버지가 그것을 깨뜨리는 모습이다.

자녀들마저 규율을 위반한 아빠곰을 꾸짖는다. 이런 모습은 물론 모두 웃기기 위한 것이다. 이런 기회에 자녀들로 하여금 무능한 아버지보다 더 우월감을 느끼게 하자는 것이다.

내가 신학교에 다닐 때, 한 교수가 강의를 시작하면서 자기가 어느 토요일 아침 아내가 쇼핑을 나간 사이 어린 두 아들과 함께 집에 홀로―홀로!―남겨졌던 이야기를 한 적이 있었다. 그는 아이들의 행동을 도무지 통제할 수 없었다. 마침내 한 아이를 소파 한 쪽 끝에 앉히고 다른 아이는 다른 쪽 끝에 앉힌 다음, 자기가 둘 사이에 버티고 앉아서는 아내가 돌아와서 자기를 구출해 줄 때까지 움직이거나 말도 하지 못하도록 했다고 이야기했다. 강의실에 있던 (남자) 학생들이 모두 웃었다. 나는 궁금했다. 그리스도인 남자가 아버지로서 무능하다는 사실을 시인하는 것이 언제부터 사회적으로 용인되었던가?

아버지의 직분이 위신을 잃게 되면서, 좋은 아버지가 되는 데 필요한 투자도 줄어들었다는 사실은 놀랄 일이 아니다. 1960년과 1980년 사이에, 어린 자녀가 있는 가정에서 남자가 보내는 시간의 양이 43%나 줄었다.[67] 오늘날 많은 여성이 직면한 개인적 차원의 문제는 남성의 지배현상이 아니라 남성의 포기현상이다.

페미니스트의 격분

앞서 살펴본 것처럼, 페미니즘 운동은 여성들이 자선의 제국을 확장하던 무렵에 시작되었다. 이제 그것이 문화적 패턴의 어느 지점에 들어맞는지 보도록 하자. 시작부터 페미니즘은 상당히 많은 분노와 시기심을 특징으로 하고 있었다. 그것은 남자 개개인에 대해서라기보다는 공적 영역에서 남자가 누리는 많은 기회를 향한 것이었다. 1912년에 한 페미니스트는 이렇게 썼다.

> 내가 나 나름대로 생각하기 시작한 이래, 내 마음이 가장 끌리는 분야가 어디인지 조금도 회의한 적이 없었다. 일반적인 여성의 의무와 즐거움은 지겹고 짜증나는 것이다. 일반적인 남성의 의무와 즐거움은 흥미롭고 매력적인 것이다.[68]

페미니스트가 보기에 문제의 발단은 가정에서 일을 빼앗기면서부터였다. 따라서 해결책도 자명했다. 여성이 일을 좇아 공적 영역으로 들어가야 한다는 것이었다. 남자들이 그렇게 했는데 여자라고 못할 이유가 있는가? 과학도 가정에서 나올 것을 지지했다. 당대의 사회진화론자들은 남자가 여자보다 우월한(이는 그들이 의문시하지 않았던 전제다) 이유가, 그들이 경쟁과 자연선택의 법칙이 지배하는 세계에서 생존하려고 처음부터 싸워 왔기 때문이라고 했다. 그런 과정을 거치면서 약자와 열등한 자가 제거되었다는 것이다. 그와 반대로, 여성은 집에서 아이들을 키우느라 자연선택의 테두리에서 벗어나 있었고, 결과적으로 보다 천천히 진화했다는 것이다.[69]

아이러니한 사실은, 여성의 생물학적 열등성을 주장하는 사회진화론에 반해 여성을 변호한 이들조차 가정을 헐뜯는 가운데 그렇게 했다는 점이다. 사회학자 레스터 프랭크 워드(Lester Frank

Ward)는 여성이 **선천적으로** 열등한 게 아니라, 가정에 갇혀 있는 탓에 기능이 덜 발달해서 그러할 뿐이라고 주장했다. 가정에서는 중요한 일이 전혀 발생하지 않으므로, 거기서 시간을 보내는 이들은 하잘것없는 일밖에 머리 쓸 일이 없기 때문에 발달이 더딘 것은 놀랄 일이 아니라는 것이다.[70]

워드의 제자인 샬롯 퍼킨스 길맨(Chalotte Perkins Gilman) 같은 페미니스트들은, 여성이 과학의 손이 미치지 않는 가정이란 환경에 고립되어 있는 한 진화론적 진보의 길은 결코 걸을 수 없을 것이라고 결론지었다. 길맨은 가정에 남은 모든 기능들이 과학을 지향하는 전문가들의 보살핌 아래로 옮겨져야 한다고 주장했다. 아마추어인 가정주부의 손에서 벗어날 때에만 요리나 청소나 아이 돌보는 일에 진보가 있을 수 있다고 그녀는 말했다.[71] 이런 이야기가 당시에는 과격하게 들렸을지 모르나, 우리 시대에는 많은 여성이 본질적으로 길맨의 추천을 따르고 있다. 다수가 미리 포장된 음식이나 패스트푸드에 의존해 식탁을 차리고, 청소부를 고용해 집안을 청소하고, 자녀들이 유아원 보모들의 손에서 자라게 한다.

여성이 잃어버린 것은 무엇인가?

이러한 역사적 관점은 오늘날 우리가 "여성문제"를 이해하는 데 어떤 도움을 줄까? 결혼과 가정에 대한 보다 성경적인 견해를 정립하는 데 필요한 어떤 원리를 끌어낼 수 있을까?

첫째, 여성의 역할과 환경의 변화를 이해하려면 그와 병행하는 남성의 역할 변화와 관련지어야 한다는 점이 분명해졌다. 이 둘은 역동적인 상호작용을 주고받는 가운데 깊이 얽혀져 있다. 산업혁명은 남자의 일과 여자의 일을 모두 제한하고 더욱 전문화시켰다. 양성의 일이 모두 범위가 좁아지고 다양성이 줄어들었으며 지나치게 협소해졌다. 남자들은 집안과 가정의 삶에 깊이 관여하던 전통적 역할을 잃어버렸다(남자를 위한 요리책은 더 이상 찾아볼 수 없었다!). 과거처럼 하루 종일 자녀들과 함께 있으면서 누리던 친밀한 관계를 상실했고, 따라서 더 이상 일차적인 부모요 선생으로서의 역할을 할 수 없게 되었다.

다른 한편, 여성은 예전처럼 가정에서 경제적 생산활동에 참여할 기회와 그에 따른 다양한 기술활동을 잃어버리게 되었다. 전통적인 생산자로서의 역할을 상실함으로써 여성들은 경제적 의존 상태에 처하게 되었다. 산업화 이전의 가정은 남녀가 서로 봉사함으로 유지되었던 데 비해, 이제는 보상이 따르지 않는 여성의 봉사가 하나의 독특한 양상으로 두드러졌고, 여성은 이타적이고 희생적인 존재라는 고정관념을 낳기에 이르렀다. 이를 부정적으로 표현하자면 의존적이고 무력한 존재가 되었다는 말이다. 여성은 또한 더욱 고립된 존재가 되었다. 성인세계와의 접촉점이 사라졌고, 동시에 자녀 양육의 책임은 실제로 더 커졌다. 아버지와 다른 어른들이 더 이상 가정에서 그 일을 거들지 않았기 때문이었다.

그처럼 남성과 여성이 모두 산업화 이전의 가정이 누리던 삶과 노동의 통합을 잃어버렸다면, 왜 굳이 여성만 그에 대해 저항했던 것일까? (적어도 최근에 이르기까지) 어째서 남성운동은 없고 여성운동만 있어 온 것일까? 그것은 사적 영역에 제한된 여성들이 영역이 축소되는 현상을 견디기 더욱 어려웠기 때문이다. 다시 말해, 사적 영역의 **전반적인 평가절하**로 고통을 받았다는 뜻이다. 동시대의 교회가 그러했듯 가정은 "진정한" 사회적 일에서 단절되고, 지적·경제적·정치적 삶에서 고립되었다.[72] 종교가 사적 영역에 한정되어 있는 것이 좋지 않은 것처럼, 여성도 그렇게 되는 것이 좋지 않은 것이다.

도덕적 재무장

우리가 역사에서 끌어낼 수 있는 두번째 주제는, 자선의 제국이 벌인 개혁운동의 목표가 사적 영역—종교와 가정—의 가치들로 공적 영역을 "도덕으로 재무장시키는" 것이었다는 점이다. 이것은 오늘날 "문화전쟁"의 초기 단계였다고 할 수 있을 것이다. 정치·경제·학문세계가 모두 종교와 도덕의 오랜 통제로부터의 자율성을 선언하기 시작했고, 그에 대해 복음주의 그리스도인들이 반격을 가하는 현상이 벌어졌다.

그런데 이런 갈등에는 성적인 차원이 내포되어 있었다. 남성은 공적 영역에서 일하고 있었으므로 근대성의 풍조를 먼저 흡수한 데 비해, 사회적 개혁운동은 대체로 여성의 주도하에 (성직자의 후원을 받으면서) 이뤄졌다. 좀더 자세히 말하면, 공적 영역을 도덕으로 재무장시키고 남성을 전통적 가치관으로 되돌려 놓으려는 노력이 여성에 의해 시도되었다는 것이다.

세번째 주제는 무척 자명한 것인데, 이런 전략이 효과가 없어서 포기하지 않으면 안되었다는 사실이다. 남자들은 재도덕화의 시도를 "여성적" 가치관의 강요로 인식했으며, 그것에 저항하지 않을 수 없었기 때문이다. 그 결과 남성이 종교와 가정에 반항했고, 그로 인해 종교와 가정은 모두 평가절하되었다. 이러한 추세는 오늘까지 계속되고 있다.

이처럼 정반대의 결과가 초래되었음에도 일부 사회비평가들이 남성을 고분고분하게 "길들일" 책임이 여성에게 있다고 계속 주장하는 것은 무척 놀라운 일이다. 언론인 윌리엄 라스프베리(William Raspberry)는 '남성을 길들이는 여성'이란 글에서, 아프리카계 미국인 남성들 사이에 만연한 범죄와 마약문제는 아프리카계 여성들에게 그 잘못이 있다고 한다! "여자가 남자들의 이런 행위를 관용하는 한, 그러한 일은 계속될 것이다"라고 라스프베리는 쓰고 있다. 이에 덧붙여, "결혼을 창조하고" 남성을 "고분고분하게 길들이고" "사회를 교화시키는 자"가 바로 여성이라고 주장한다.[73]

그러나 미국의 역사 기록은 이런 접근이 실효가 없음을 보여준다. 오직 남성들 스스로 좋은 남편과 아버지가 되는 것이 남자다운 모습이라고 확신할 때에만 남성들이 가정생활로 돌아오게 되리라는 것이 사실이다. 즉 부모로서의 의무와 희생이 남성적인 가치라는 것, 부부 간의 사랑과 정절이 바깥에서 남성에게 강요된 여성적 표준이 아니라 남성적 성품의 불가결한 측면―하나님이 창조한 본래의 그 무엇―이라는 것을 자각할 때에만 가능하다는 말이다.

이중 잣대는 없다

마지막으로, 영역 분리 전략의 실패는 페미니즘 운동이 1960년대에 빠르게 성장한 이유를 조명해 준다. 그것은 많은 여성이 남성의 "도덕적 수호자"가 되거나 "남성의 성적 행위를 규제하는" 역할을 더 이상 원치 않았음을 의미한다. 요컨대, 그들은 이중 잣대를 견지하기를 거부했던 것이다. 또한 생산적이고 개인적 성취감을 주는 일이 아니라고 평가절하된 사적 영역에 고립되어 있는 것도 원하지 않았다. 페미니스트들은 여성에게 속 빈 강정과 같은 가정을 떠나 "진정한" 일이 이루어지고 존경을 다시 얻을 수 있는 공적 영역에서 자리를 잡을 것을 촉구했다.

물론, 작은 문제가 하나 있었다. 아니 실제로는 작은 문제가 여럿 있었다고 할 수 있다. 어린 자녀들의 문제였다. 누가 그 아이들을 돌볼 것인가? 피임과 낙태를 통해 생식을 통제하는 것과, 아이가 있을 경우 국가가 낮시간의 보육을 지원하도록 요구하는 것이 페미니스트들에게 그토록 중요했던 까닭이 여기 있었다. 이런 조처들은 남성들과 비교적 동등한 입장에서 공적 영역에 진출하는 데 필수적인 것으로 여겨졌다.

분명 이러한 "해결책들"은 복음주의 그리스도인 대다수가 도덕적으로 반대할 만한 것이 분명했다. 하지만 그 배후에 있는 역사적·경제적 추세에 대해 현실적인 대안을 내놓은 경우는 거의 없었다. 보수적 진영에서는 흔히 여성들에게 "그저 여성답게 가정으로 돌아가"라고 권유했는데, 그 가정에는 머리를 쓸 만한 일이란 모두

서서히 사라지고 없었다"고 도로시 세이어즈는 쓰고 있다.[74]

가정을 개조하는 것

이보다 더 나은 대안은, 가정에서 전통적 기능을 모두 제거하는 추세에 도전하는 일일 것이다. 개념적 차원에서 우리에게 필요한 것은, 그리스도인 경제학자가 현대 경제학을 그 토대로부터 재고하고 성경적인 경제철학을 창의적으로 정립하는 일이다. 가정과 경제 기관들의 고유한 기능은 무엇이며, 그것들이 주님 앞에서 각 영역의 고유한 소명을 방해하지 않고 오히려 서로를 지원하는 방향으로 어떻게 상호관계를 맺을 수 있을까?

그리스도인들은 또한 미국의 기업문화에 자리한 "이상적인 근로자"라는 표준에 도전할 필요가 있다. 그것은 고용인에게 사생활과 가정생활에 방해받지 말고─가정생활은 가정주부인 배우자에게 모두 넘겨주었으니─전임으로 (심지어는 근무시간을 초과하여) 일할 것을 요구한다.[75] 하지만 아내와 어머니들이 가정에 머물러서 아버지의 부재로 인한 공백을 메워 줄 때에도 이상적 근로자의 표준은 제대로 효과를 거둘 수 없었다. 1960년대에 반항적인 청년문화가 형성된 여러 원인 가운데는 "아버지에 대한 극심한 굶주림"도 포함되어 있었다. 이상적 근로자상은 또한 뿌리 없이 늘 유동하는 사회를 창출하는 데 기여했는데, 근로자들에게 언제나 어디로든 이사할 것을 요구하여 대가족 관계와 안정된 이웃 공동체를 찢어 놓았기 때문이다. 가정생활은 서로를 지지하던 전통적인 관계망이 사라지면서 더욱 빈약해지고 유지하기 어려워졌다.

기독교 단체들이 앞장서서 이상적 근로자의 표준이 가정에 해로운 것임을 폭로해야 마땅하다. 그들이 누구보다 먼저 가정에 대한 책임과 수입을 버는 노동을 재통합하기 위한 실제적인 대안들을 제시해야 한다. 집에서 할 수 있는 일, 근로 혜택을 제하지 않는 시간제 업무, 유동적 근무제, 자택 근무제, 온라인 원격 근무 등을 고려해 볼 수 있을 것이다.

버지니아 주에 본부를 둔 전국적 단체인 '엄마는 가정에'(Mothers At Home)에서 일하는 하이디 브레넌은, 전국에서 접수되는 질문 중 가장 빈도수가 높은 것은 '어떻게 하면 돈을 벌면서 가족과도 함께할 수 있을까'라고 말한다. 많은 여성들이 일과 가정을 결합하는 효과적인 방법 가운데 하나가 가정에 바탕을 둔 사업을 시작하는 것임을 깨달아 가고 있다. 오늘날 여성 소유의 소규모 사업은 급격한 속도로 증가하고 있다. 가정에 바탕을 둔 일이 지닌 또 하나의 유익은 자녀들도 일에 참여할 수 있는 기회를 제공하는 것인데, 그런 기회를 통해 산업화 이전의 가정에서처럼 부모가 자식에게 기본적인 기술과 가치관을 전수할 수 있다.[76]

이런 제안은 여성에게만 국한되지 않는다. 한 여론조사에 따르면, 어린 자녀를 둔 남자들(20세에서 39세까지)도 가족과 함께하는 시간을 갖는 것이 자기 직업과 관련해서 가장 중요한 문제라고 답했다고 한다. 82%가 가정을 배려하는 일정이 "매우 중요하다"고 응답한 반면, 보다 안정된 직업을 원하는 비율은 56%, 더 많은 봉급과 더 높은 지위를 언급한 비율은 각각 46%와 27%에 불과했다.[77]

홀어머니와 극빈가정처럼 일을 하지 않으면 안되는 경우는 어떻게 할까? 그들도 자녀를 탁아소에 맡기는 대신 일과 자녀 양육의 통합을 도모하는 대책에서 유익을 얻을 수 있다. 어떤 단체들은, 방글라데시 같은 나라의 극빈자들을 대상으로 처음 개발된 전략들이 미국의 도심지에도 똑같이 효과적이라는 사실을 발견했다. 예를 들어, 시카고의 여성 자영업 프로젝트는 가정을 중심으로 한 "미니 기업"의 창출을 지원하기 위해 가난한 여성들—홀어머니들이 대부분이다—과 함께 일하고 있는데, 본래 제3세계에서 개발된 대부 순환 시스템을 활용하고 있다. 저소득층 여성들을 대상으로 한 많은 직업훈련 프로그램이 그들을 호텔 청소, 자료 입력, 그밖에 창의성이나 책임감이 별로 필요 없는 일거리로 연결시켜 준다. 이와 대조적으로, 자영업은 여성의 독창성을 개발시켜 주고 삶에 대한 주인의식을 고취시켜 준다. 또한 가정에 대한 책임을 수행하면서 유동적으로 일할 수 있게 해주기도 한다.[78]

이와 동시에, 그리스도인들은 소득이 있는 일만이 여성에게 존엄성을 부여한다는 잘못된 생각에 빠져서는 안된다. 이는 일반 페미니스트들이 흔히 범하는 오류다. 그리스도인들은 오히려 이처럼 만연된 성공 이데올로기에 도전해야 한다. 자신의 일에 소명감을 느낄 때—수입이 있든 없든—가장 성취감과 보람을 얻을 수 있다고 주장할 필요가 있다. 우리 모두는 자기보다 더 큰 그 무엇, 더 커다란 선, 이 세상 속 하나님의 목적에 기여하고 있음을 간절히 느끼고 싶어한다.

사적이고 개인적인

우리가 이제까지 추적한 역사적 변화를 한마디로 요약하면, 19세기에 들어 진리에 대한 두 영역론이 사회적으로 심각한 분열을 초래했다는 것이다. 식민지시대에는 사회질서가 하나의 유기적 전체로 간주되었던 데 비해, 19세기 중반에 이르러 그것이 일련의 별개 영역들로 쪼개졌다. 도널드 스코트(Donald Scott)는 사회가 "성과 속, 가정과 경제, 남성과 여성, 공과 사 등의 영역으로" 나뉘어졌다고 한다.[79]

그런데 이 모든 것은 하나의 근본적인 분열의 여러 측면일 뿐이었다. "사회 내에 갈라진 틈이 양성(兩性)을 분열시켰다"고 뉴비긴은 설명한다. "남성은 공적인 사실을, 여성은 개인적 가치들을 다루었다"는 것이다. 이 문장을 다시 읽어 보면서 공과 사, 사실과 가치, 남성과 여성 사이의 분열을 얼마나 간명하게 잘 표현하고 있는지 느껴 보기 바란다.[80] 세속적 페미니즘은 여성이 이런 균열을 가로질러 공적 영역에 있는 남성과 함께하려 했던 시도라고 할 수 있다. 하지만 더 나은 길은, 남성과 여성 모두가 일과 예배의 통합을 어느 정도 회복하면서 간격 그 자체를 **좁히는** 길을 발견하는 것이리라.

물론, 우리는 성경이 남편과 아내의 관계, 교회에서 여성의 리더십 같은 문제를 어떻게 다루고 있는지 해석학적 문제를 제기할 수도 있다. 그런데 이런 질문은 이 책의 범위를 벗어나는 것이다. 나의 목표는 사회적·지적 맥락이 어떻게 그런 질문이 제기되는 방식을 좌우하는지 보여주려는 것이다. 우리가 19세기에 살고 있는 것은 아니지만, 공적 영역과 사적 영역 사이의 긴장은 계속해서 개인적 차원에서 특히 여성에게 심각한 영향을 미치고 있다. 오늘날 대다수의 여성은 공적 영역에서 살고 일하도록 남자처럼 훈련받고 있다. 그 결과, 여성들이 아이를 가질 때까지는 사적 영역과 접촉하는 것이 많지 않을 수도 있고, 따라서 자녀를 갖는 것이 참으로 힘겹고 충격적인 전환점이 될 수도 있다.

이 주제에 관심을 갖게 된 계기는, 내가 첫째 아이를 임신하면서 겪은 갈등 때문이었다. 당시 신학교 학생이던 나는 임신한 사실에 대해 매우 양면적인 태도를 취했다. 아이를 갖는 것이 나의 장래와 관련하여 어떤 의미가 있을까? 아이를 갖고도 동시에 전문가로서 성장하려면 어떻게 해야 할까? 내 가장 깊은 관심사를 추구하고 주님 앞에서 나의 소명을 이루는 길은, 학문 연구를 통해 사상의 세계에 몸담는 것밖에 없다고 생각했다. 그런데 아이를 갖는다는 것이 공부를 계속하는 데 커다란 장애물이 되는 듯 보였다. 마치 불확실성의 심연을 눈앞에 두고 있는 것처럼 느꼈다.

미리 말하지만, 나는 어머니가 되는 것이 아주 즐거웠고, 아들의 삶에 깊이 관여하고 싶어서 시작한 자택학습(homeschooling)도 그러했다. 나는 주로 시간제로 집안의 사무실에서 일해 왔는데, 이로 인해 일과 양육의 책임을 한데 묶을 수 있었다. 그러나 학생 시절에는 이 모든 것을 미리 내다볼 수 없었기 때문에 고통스런 딜레마에 시달려야 했다. 이런 경험으로 나는, 여성이 어머니가 될 때 겪는 압박에 대해 생각하기 시작했던 것이다.

이제 이 문제를 거꾸로 뒤집어 보자. 내 남편이 처음으로 아버지가 될 무렵, **그는** 인생의 상당 기간 동안 성취감이나 은사 활용을 포기해야 할지 모른다는 두려움과 씨름해야 할 필요가 없었다. 남자는 가정을 꾸릴 때 대부분 자기가 선택한 분야에서 계속 일할 수 있다(물론 그들도 흔히 가정과 승진 사이에서 어려운 선택의 기로에 서기도 한다). 고백하건대, 당시에 나는 여성들이 인생의 두 가지 주요 과제―소명을 추구하는 것과 다음 세대를 키우는 것―가운데 하나를 선택하지 않으면 안된다는 압박을 심하게 받는다는 사실에 충격을 받았고, 그것이 지극히 불공평하다고 느꼈다.

레이첼 커스크(Rachel Cusk)는 「일생의 일」(*A Life's Work*)에서 많은 여성들이 어머니가 되는 것을 하나의 "충격"으로 묘사한다고 말한다.[81] 아기의 끊임없는 요구로 인해 그들의 삶이 거꾸로 뒤집힌다. 동시에 새로 태어난 아기와 맺게 되는 강렬한 사랑의 결속에 매우 놀라게 된다. 마치 가정과 자녀 양육의 낯선 세계에 들어서는 외계인인 듯 느낀다.

어째서 이 모든 것이 그처럼 놀라움을 불러일으키는 것일까? 그 이유는, 청년 시절 내내 우리가 **공적인** 세계에 참여할 것을 겨냥한 교육은 미리 받아온 반면에, 아기와 가정이라는 **사적인** 세계와 접하는 기회는 점차 잃어버렸기 때문이다. 아마도 십대 시절 이래로 우리는 이웃의 아기를 돌보아 주는 일조차 하지 않았을 가능성이 높다. 우리의 정체성과 자기 가치의식은 일차적으로 공적으로 나타나는 얼굴, 특히 일과 관련된 업적에 기초해서 형성되어 왔다. 이와 반대로, 어머니가 된다는 것은 여전히 개인적이고 사적인 성격을 띠고 있다. 커스크가 말하듯이, "여성은 어머니가 되면서 자신의 **공적인** 중요성을 일정한 범위의 **사적인** 의미들과 교환하게 되는데", 거기에 대처할 준비가 미처 되어 있지 않다. 그녀는 현대의 자녀 양육 지침서들에 대해 이렇게 비평한다. "그것들은 일종의 묵시적 시나리오에서 시작한다. 그 시나리오에서는 우리가 아는 세계는 사라지고 새로 교육받아야 할 새로운 원칙을 가진 또 다른 세계로 대치된다."[82]

여기서 공적 영역과 사적 영역 사이의 커다란 간격이 개인적인 문제로 표출되는 것을 볼 수 있다. 여성들이 낯설 뿐 아니라 평가절하되는 새로운 세계로 강제로 끌려들어 가는 현상이 그것이다. 그들이 페미니스트라면, 내가 첫아이를 가졌을 때 그랬던 것처럼, 가정에서 "전통적인" 여성의 역할과 책임을 맡는 것에 대해 죄책감을 느낄 수도 있다.[83] 여자들이 바깥 세계로부터 심한 압력을 받게 되는데, 그중에는 예전의 동료들이 "진정한" 세계로, 전문직으로 돌아오라고 촉구하는 것도 포함된다. 내가 사는 워싱턴은 전문직 여성이 의외로 높은 비율을 차지하고 있기 때문에, 가정에 어린 자녀가 있어서 직장을 떠나거나 근무시간을 줄이려는 어머니들을 돕는 단체가 셋이나 된다. 전문직 여성의 경우 일터에 계속 남아서 오랜 시간을 가족과 떨어진 채 일하라는 압력을 끊임없이 받고 있기 때문에, 자녀와 더 많은 시간을 보내고 싶어하는 여성은 그런 사정을 이해하는 다른 이들로부터 지원을 받을 필요가 있는 것이다.

삶의 청사진

이 주제뿐 아니라 우리가 이제까지 논의한 모든 주제는 심대한 개인적인 함의를 갖고 있다. 이런 주제들은, 철학자와 역사가들이 상아탑 안에서 토론하기에 적절한 추상적인 지적 문제에 불과한 것이 아니다. 생각과 문화적 발전은 실제로 사람들에게 영향을 미쳐 그들의 사고방식과 생활양식을 형성한다. 그래서 우리가 기독교 세계관을 개발하는 것이 매우 중요한데, 그것은 일련의 정합된 생각일 뿐 아니라 삶의 청사진이기도 하기 때문이다. 신자에게는 온전하고 일관된 그리스도인의 삶을 위한 지도가 필요하다. 또한 우리는 현대사상을 어느 정도 이해할 필요가 있는데, 당대의 사상이 하나님의 뜻에 따라 사는 삶을 어떻게 방해하는지 분별할 수 있어야 한다. 지적인 걸림돌과 관련하여, 그리고 우리가 이번 장에서 살펴본 것처럼 성경적 원리에 따라 사는 것을 어렵게 하는 경제적·구조적 변화와 관련하여 현대사상을 이해할 필요가 있다. 특히 산업화된 현대사회에서는 아버지들이 성경의 소명대로—그리고 역사적으로 앞선 시대에 했던 것처럼—일차 부모의 역할을 하는 것이 지극히 어렵다. 마찬가지로, 어머니들도 아이를 잘 키우는 동시에 소명에 따라 다른 은사를 신실하게 갈고 닦는 것이 무척 어렵다. 가정과 일터, 공적 영역과 사적 영역 사이의 거리감 때문에, 적어도 우리는 생애의 상당한 기간 동안 어느 한 쪽을 택해서 자신의 전공으로 삼지 않으면 안되는 상황에 처했다.

    기독교 세계관을 삶으로 실천하는 개인적인 차원과 관련해서 대다수의 책이 아주 짧게 언급하고 마는데, 사실은 그것이 가장 중요한 문제다. 성경적 세계관이 단순히 새로운 사고방식 정도에 불과하다면, 그것을 개발하느라 시간과 노력을 들여 얻을 수 있는 궁극적인 유익이 무엇이겠는가? 정신적인 운동일까? 아주 그럴 듯한 논점일까? 새로운 생각이 우리의 실제 생활방식을 변화시키지 않는다면 그것은 제한된 가치밖에 없을 것이다. 날마다 우리가 내리는 결정, 다른 사람과 관계하는 방식, 우리가 소속된 기관을 운영하는 방식 등에 영향을 미쳐야 한다는 말이다. 기독교 세계관의 실제적 적용이 이처럼 중요하기 때문에 다음 장에서 이 문제를 다룰 예정이다. 결단하고 하나님 말씀 안에 있는 생명의 진리에 의거해 삶 전체를 재편하지 않는다면, 우리는 스스로를 속이고 있는 셈이다.

제4부_ 그러면 우리는 어떻게 살 것인가

13_ 참된 영성과 기독교 세계관

도덕적 성품은
무엇을 알고 있는가가 아니라
무엇을 사랑하는가로 평가할 수 있다.
_ 성 아우구스티누스[1]

토니가 풀어놓은 인생 이야기를 들으면서,[2] 나는 어떻게 그토록 엄청난 고통을 겪은 사람이 하나님을 믿게 되었는지 무척 궁금했다. 그가 견뎌야 했던 그 모든 고통을 가로지를 만큼 참되고 강력한 증언을 그는 과연 어디에서 만난 것일까?

    토니의 부모는 그리스도인이라고 자임했지만, 그 신앙이란 엄격한 교회에 출석하는 정도에 국한된 듯 보였다. 사실 그 가정의 분위기는 자녀들을 모두 무신론자로 만들기에 안성맞춤이었다. 그리고 실제로 그렇게 된 것과 다름없었다.

    토니의 아버지는 승진 욕구에 사로잡혀 집에 있는 시간이 거의 없는 일중독자였다. 집에 있을 때조차 일하지 않는 날이 없었다. 그는 집안의 허드렛일과 주택 설계에 줄곧 자녀들을 동원했다. 조용하고 생각하기를 좋아했던 토니는 성질 급한 아버지를 만족시킬 수 없었다. 그러면 아버지는 토니를 때리곤 했다. "나의 몸이 말을 잘 듣지 않고 뻣뻣해서 아버지의 기대에 못 미칠 때, 내가 받은 보상은 주먹이었습니다."

이어지는 토니 자신의 거듭되는 이야기가 그가 받은 모진 학대를 보여준다.

> 나는 자주 벌을 받았습니다. 아버지가 내게 원하는 것이 무엇인지를 내가 오해했다고 벌을 받았습니다. 내가 좀더 분명하게 알려고 질문을 했을 때도 벌을 받았습니다. 내가 일을 빨리 못한다고 벌을 받았습니다. 내가 서툴러 물건을 넘어뜨리거나 떨어뜨린다고 벌을 받았습니다. 진실을 말했을 때도 벌을 받았고, 벌을 더 받지 않으려고 거짓말을 했을 때도 벌을 받았습니다. 나는 벌을 받았습니다! 벌을 받았습니다!

이처럼 비극적인 후렴구가 이어지는 토니의 이야기는 대화가 끝난 뒤에도 오랫동안 나의 뇌리에서 떠나지 않았다. 그야말로 그는 아버지에 대한 공포에 하루하루를 떨면서 살았던 것이다. 그의 아버지는 때리는 것에 그치지 않았다. 신체적인 학대와 함께 욕설도 쉴 새 없이 퍼부었다. 분노로 일그러진 얼굴을 한 아버지는 벌벌 떨고 있는 아이를 압도하듯 버티고 서서, 주먹으로 계속해서 구타하면서

멍청하고 쓸데없는 바보라고 고함치곤 했다.

고등학교에 들어갈 무렵 토니는 자살하기로 결심했다. "나의 부모님은 내게 나쁜 놈이라고 했고, 만일 내가 좋은 그리스도인이라면 당연히 부모에게 순종할 것이라고 했습니다. 그러나 나는 부모님의 기대에 미칠 능력이 없었고 마침내 포기하고 말았습니다. 나의 삶은 처참하기 그지없었습니다. 아무 희망이 없었던 것이죠." 그의 자살을 막은 한 가지 걸림돌은 하나님이 정말 계실 수도 있다는 생각, 그리고 그분이 자살 때문에 자기를 지옥에 보낼 것이라는 두려움이었다. "그처럼 처참한 지경에서 벗어나는 유일한 길은 자살이었지만, 지옥에 갈 생각에 두려웠습니다. 그리고 그 두려움이 내 손을 붙들어 준 유일한 것이었죠."

그래서 토니는 하나님의 존재에 대해 품었던 의문을 탐색하기 시작했다. 구원을 바라서가 아니라 스스로 생명을 끊기 위한 사전 준비 단계로서 그랬던 것이다. "나는 과연 하나님이 계시는지 알아보아야 했습니다. 그분의 존재에 대한 어떤 증거를 보았기 때문이 아니라, 자살하면 더 이상 기회가 없을 것이기 때문이었죠. 그래서 자살하기 전에 [하나님의 존재 여부에 대해] 분명히 알아야 했습니다."

어느 일요일, 그날도 부모의 강요로 교회에 갔다가, 교회 입구에서 강한 외국 말투에 몹시 여윈 허름한 차림의 한 남자를 보았다. 토니가 그를 예배당 안으로 안내했는데, 이 키 큰 낯선 사람이 자기가 찾고 있던 해답의 열쇠를 쥐고 있으리라고는 전혀 생각하지 못했다. 그 사람이 그토록 초췌해 보인 데는 사연이 있었다. 그는 지구상의 지옥과 다름없는 루마니아의 공산주의 강제수용소에서 14년간 수감되어 있었기 때문이었다. 무슨 이유로? 루터교 목사라는 죄목 때문이었다. 그 목사의 목과 머리에는 그를 체포한 공산주의자들이 자행한 고문으로 남은 깊은 상처가 있었다.

그의 이름은 리처드 범브란트(Richard Wurmbrand)로서, 바로 얼마 전에 공산주의 국가인 루마니아에서 풀려난 인물이었다. 그가 공산주의의 박해에 관해 들려준 이야기는 미국인들에게 큰 충격을 주었다. 당시만 해도 미국인들은 철의 장막 배후의 실상에 대해 거의 모르고 있었기 때문이다(당시는 알렉산더 솔제니친이 소련의 대규모 강제수용소 체제를 기록한「수용소 군도」를 은밀히 가지고 나오기 훨씬 전이었다). 나중에 범브란트는 미국의 상원 하부위원회를 대상으로 매우 인상적인 증언을 했고, 그 내용을 언론 매체가 전국에 보도했다.[3]

토니는 범브란트가 철창 뒤에서 겪은 고난의 이야기를 들으면서 자기 속에 희미한 희망의 빛이 반짝이는 것을 보았다. 자기처럼 구타를 당했고, 실은 훨씬 더 심하게 더 이상 살고 싶지 않을 만큼 극도의 고통을 겪는다는 것이 무엇인지를 이해하는 사람이 거기 있었다. 그럼에도 그는, 우리를 사랑하는 선한 하나님을 믿는 깊은 믿음으로 그 지옥의 낭떠러지에서 살아 돌아온 것이다. "인간적으로 말한다면, 그는 자기를 그처럼 부당하게 대우한 이들에 대해 격분해야 마땅했습니다." 토니가 내게 말했다. "그건 나도 충분히 이해할 수 있었을 겁니다. 그러나 그는 오히려 사랑으로 반응했습니다."

여기에 토니의 경험과 전혀 다른 그 무엇이 있었다. "그것은 일요일 아침이면 반복되는 하나의 의례가 아니었습니다. 그것은 생명을 주는 권능 그 자체였습니다." 그것이야말로 망가진 자기 인생을 구출해 줄 유일한 능력임을 그는 금방 알아차렸다. "나는 부당한 고난에 대한 인간의 자연스런 반응이 어떤 것인지는 이미 알고 있었습니다. 그런데 여기에 무언가 새로운 것이 있었습니다. 내가 과거에 경험한 것과는 다른 새로운 것을 보여주는 그 무엇이었죠." 그 잊을 수 없는 일요일을 지낸 뒤 토니는 성경을 읽기 시작했고 얼마 후에는 자기도 지옥의 낭떠러지에서 돌아올 만한 정도의 신앙을 갖게 되었다. "한 사람의 삶에서 그리스도의 실재를 볼 수 있었던 그런 경험이 있은 다음, 나는 서서히 믿음 안에서 성장하기 시작했습니다."

범브란트의 자유

내가 토니의 이야기에 사로잡힌 이유 중 하나는, 나도 리처드 범브란트가 루마니아에서 풀려난 지 불과 두세 주도 시나기 전에 그를 보았기 때문이었다. 범브란트가 자유의 몸이 된 때는 1965년이었는데, 그것은 노르웨이의 루터교 선교회가 루마니아 정부에 1만 불을 주고 그의 자유를 산 결과였다. 풀려난 직후 그는 노르웨이로 갔고, 당시 우리 가족은 오슬로에 살고 있었다. 노르웨이에서 첫 일요일을 맞은 범브란트는 노르웨이 말을 몰랐기에 우리가 다니고 있던 미국 루터교회를 방문하기로 결심했던 것이다.

홀쭉한 뺨과 움푹 들어간 눈에 헌옷을 입은 범브란트와 그의 아내(그녀 역시 투옥되었었다)의 모습은, 교인의 대다수를 차지했던 부유한 서구 외교관들과 매우 뚜렷이 대조되었다. 하지만 그 부부에게서는 도무지 주목하지 않을 수 없게 만드는 강한 빛이 발하고 있었다. 그들은 사람들이 박해의 두려움 없이 자유로이 예배드리는 모습을 목격하자 그만 주체할 수 없는 울음을 터뜨리고 말았다.

이것을 계기로, 그 교회 목사는 범브란트 목사에게 마이크를 넘겨 말로 표현할 수 없는 박해의 이야기를 들려주도록 했다. 내 기억에 가장 생생하게 남아 있는 장면은, 그가 주일학교를 방문해 어린아이들이 공공연하게 하나님의 말씀을 배우는 것을 보고 눈물을 흘리던 모습이다. 공공연하게 예배할 수 있다니! 루마니아에서는 엄연히 불법 행위였다. 바로 그 순간에도 많은 신자들이 어린 세대에게 몰래 기독교를 가르치다가 잡혀서 감옥에 갇혀 있는 실정이었다.

당시 나는 열세 살에 불과했으나 범브란트가 들려준 끔찍한 이야기를 지금까지 도저히 잊을 수 없다. 죄수들을 시뻘겋게 단 다리미로 지지거나, 거꾸로 매달아 놓고 피멍이 들도록 다리를 때리거나, 벽에 쇠못을 박아 놓은 좁은 감방에 가두는 것과 같은 온갖 잔혹한 행위를 겪었다. 종교인 수감자에게는 특별한 고문이 가해졌다. 예를 들어, 목사들은 오줌과 똥으로 성만찬을 집행하도록 강요당했다. 범브란트 자신이 겪은 최악의 시련은, 지하 9미터에 위치한 감방에서 홀로 삼 년을 보내야 했던 것이다.

이런 기억을 더듬어 볼 때, 범브란트의 간증이 왜 그토록 토니의 마음에 강하게 와 닿았는지 이해할 수 있었다. 그 루마니아 목사의 메시지가 청중의 가슴에 진정으로 와 닿고 확신을 심어 준 것은, 그가 직접 고난을 당했고 그것을 통해 새로운 영을 덧입었기 때문이었다. 그의 성품은, 고난이야말로 신앙의 질을 시험하는 용광로라는 성경의 원리를 증언하고 있었다.

"우리가 그리스도와 함께 영광을 받으려고 그와 함께 고난을 받"는다고 바울은 기록하고 있다(롬 8:17). 서구의 그리스도인들은 이 구절의 전반부, 곧 우리가 그분의 영광에 동참할 것이라는 확신에 속히 이르고 싶어한다. 그러나 영적 성장은 그렇게 이루어지는 법이 없다. 진정한 성화는 고난과 더불어 그리스도와 함께 죽음으로 시작된다. "나는 그리스도와 함께 십자가에 못 박혔습니다. 이제 사는 것은 내가 아닙니다. 그리스도께서 내 안에서 사시는 것입니다"(갈 2:20). 순서를 다시 한번 유의하자. 우리가 너무나 가혹한 시련을 겪어 이 세상에 대해 영적으로 십자가에 못 박힐 때에만 비로소 그리스도께서 그 부활의 생명을 우리에게 줄 수 있는 것이다.

궁극적으로는, 이런 경험이 기독교 세계관을 개발하는 목표라고 할 수 있다. 여러 사상을 공부하고 그것에 관해 논쟁하기 위한 것이 아니라, 그리스도와 하나가 되어 죽고 다시 부활하기 위함이다. 이 같은 내면의 영적 실재가 없으면, 우리가 세계관과 관련하여 이제까지 말한 모든 것이 하나의 정신적 운동에 불과할 것이다. 기껏해야 지적인 수수께끼를 푸는 방법이거나, 더 나쁘게는 똑똑하고 아는 것 많은 것처럼 다른 이들에게 비치는 수단에 불과할 것이다. 교양 있고 세련된 이미지를 사람들에게 심기 위해 미사여구를 늘어놓고 특별한 언어를 구사하며, 몇 개의 인상적인 인용구를 반복하는 것은 사실 누구든지 배우기만 하면 할 수 있는 일이다. 그러므로 세계관 연구마저도 우리의 지성을 그리스도의 주되심에 복종시키는 과정이 아니라 자만심의 온상이 될 수 있다.

사실, 나는 이보다 더 나아가, 우리의 지성을 하나님의 진리에 복종시키는 첫 걸음이 우리의 허영심과 자만심, 그리고 동료와 대중으로부터 존경을 얻으려는 욕망에 대해 죽는 것이라고 말하고 싶다. 우리는 우리를 움직이는 세상적인 동기를 떨쳐 버리고, 순전히 우리의 지성을 하나님의 말씀에 종속시키려는 진정한 동기를 품게 해달라고 기도해야 한다. 또한 그 지식을 타인을 섬기는 데 사용하게 해달라고 간구해야 할 것이다.

우리가 비록 기독교가 총체적 진리임을 논증하는 데 성공한다 할지라도, 만일 그 진리를 행위를 통해 가시적으로 입증하지 못한다면 다른 이들을 설득하기 어려울 것이다. 외부인들이 우리의 일상생활에서, 우리가 기독교를 그저 사적인 은둔처로, 편안한 안식처로, 우리를 기분 좋게 하는 공상적인 신념 정도로 가볍게 취급하지 않는다는 것을 직접 볼 수 있어야 한다.

사람들이 어떤 새로운 사상을 수용하는 과정을 보면, 그것이 구체적인 삶과 행동으로 어떻게 나타나는지 살펴보지 않고 순전히 추상적 개념으로 그것을 받아들이는 경우는 거의 없다. 사회학자들은 이것을 "타당성 구조"(plausibility structure)라 부르는데, 이는 사상이 구체화되는 실질적인 맥락을 가리킨다. 교회가 바로 복음이 구현되는 "타당성 구조"인 셈이다. 사람들이 눈으로 그리스도인들이 살아가는 모습과 서로를 대하는 방식에서 사랑과 능력과 선과 같은 초자연적 차원을 목격할 경우에, 성경의 진리를 전하는 우리의 메시지가 비로소 타당성을 갖게 되는 것이다.

반면에, 사람들의 눈에 그리스도인들이 불의를 행하고 세상과 타협하는 모습이 비친다면 어떻게 될까? 그런 경우 우리가 전하는 메시지를 누가 믿을까? 언어로 제시되는 기독교 세계관의 메시지는, 우리의 삶으로 그 타당성을 입증하지 못할 경우 그 능력을 잃어버리고 만다.

쉐퍼의 위기

이 책의 집필을 위해 연구하는 과정에서, 나는 30여 년 전 회심한 직후에 나의 사상 형성에 기여했던 기독교 고전 여러 권을 다시 읽게 되었다. 그 가운데 프랜시스 쉐퍼의 「진정한 영성」(*True Spirituality*)이 있는데, 쉐퍼가 자신의 나머지 저서들의 토대로 생각했던 책이다. 왜 그러했을까? 그 책이 성경의 원리를 일상의 경험에 어떻게 적용해야 하는지를 설명하고 있기 때문이다. 개인적 차원에서 온전한 삶을 살지 않으면, 기독교 세계관이 일련의 죽은 관념이나 인지적 체계에 불과하게 될 것임을 그는 알았다. 물론 기독교가 세계를 설명하는 면에서 최상의 인지적 체계를 제공하는 것이 사실이지만, 결코 하나의 체계에 머물러 있는 것은 아니다. 진리를 **안다**는 것은, 그것을 첫 걸음으로 삼아 날마다 그 진리대로 **살아갈** 때 의미가 있는 것이다.

그러면 어떻게 우리의 신념을 일상적 경험으로 구현할 수 있을까? 그것은 하나님을 위해 살려는 목적을 가지고 우리 자신에 대해 죽을 때 가능하다. 예전에 「진정한 영성」을 읽었지만, 나는 그것이 고난이란 주제로 시작한다는 것을 기억하지 못했다. 리처드 범브란트와 같은 영적 거인들만이 고난을 통해 영적으로 성장하는 것은 아니다. 가장 심오한 영적 성장은 위기를 통해 온다는 것을 우리도 어느 순간엔가 깨닫게 된다. 우리는 타락한 세상에 사는 타락한 피조물이기에, 우리의 성품이 단련되는 과정에는 흔히 고통이 수반되기 마련이다.[4]

쉐퍼 자신도 십 년이 넘게 목회자와 선교사역자로 일한 다음에 신앙의 위기를 겪었다. 당시 그는 자기가 알고 있는 많은 그리스도인들—자신을 포함한—의 삶에 영적 실재가 없는 것을 보고 좌절감을 느꼈고, "어떻게 하면 우리가 신약성경에 묘사된 그런 그리스도인의 삶을 체험적으로 알 수 있을까"를 묻기 시작했다. 어떻게 하면 하나님이 약속하신 그런 사랑과 능력과 풍성한 삶을 붙잡을 수 있을까?

"나는 날이 맑을 때에는 산길을 걷고, 비가 올 때에는 우리가 살던 산장의 건초창고 안을 왔다갔다 했습니다."[5] 나중에 쉐퍼가 회상한 말이다. 천천히 걷기도 하고 기도도 하면서, 그의 생각은 먼 과거의 불가지론자였던 젊은 시절로 돌아가서는, 성경이 진리인가 아닌가 하는 기본적인 의문을 다시 숙고하게 되었다. 그는 성경이 진리라는 새로운 확신에 도달한 다음, 하나님께 그 구속의 메시지가 자기 삶에서 생생하게 드러나게 해달라고 요청했다.

시간이 흐르면서 그는 내면의 변화에 이르는 열쇠가, 그리스도의 십자가 사역을 오는 세상뿐 아니라 **현재**의 삶에도 적용하는 데 있음을 알게 되었다. 신학적으로 말하면, 그리스도의 죽음과 부활이 칭의(justification)뿐 아니라 성화(sanctification)의 근거도 된다는 점을 발견한 것이다. 성화란 **지금 여기서** 신자의 성품이 갈수록 거룩하게 성장하는 것을 말한다.

마음의 우상들

신약성경 전반에 깊이 배어 있는 주제는, 그리스도의 죽음과 부활이 역사상 발생한 객관적 사건임에 분명하지만 거기에 머무는 것이 아니라는 것이다. 우리는 그리스도의 죽음과 부활이라는 객관적 진실이 우리의 칭의의 근거가 된다는 확신을 절대로 포기하면 안 된다. 그 다음 단계는 그리스도를 계속해서 우리 삶의 모델로 삼는 것이다. 중세의 영성 저술가들이 표현했듯이, 우리는 "그리스도를 본받는 것"을 연습하도록 부름받은 것이다. 이는 특정한 윤리적 교훈들에 따라 행동하려고 노력하는 소위 도덕주의적인 의미에서가 아니라, 우리의 고난을 통해 그리스도의 고난에 참여하려는 이른바 신비로운 의미에서 그렇게 하라는 뜻이다. 그러므로 바울은 "우리의 옛 사람이 그리스도와 함께 십자가에 달려서 죽"었고(롬 6:6), "내 쪽에서 보면 세상이 죽었고, 세상 쪽에서 보면 내가 죽었"다고 썼던 것이다(갈 6:14).

오직 그리스도의 죽음에 **동참**한 후에야 그분의 부활의 능력에 동참할 약속이 주어지는 법이다. 다시금, 그 순서가 매우 중요하다.

그래서 바울은 이렇게 쓰고 있다. "그러므로 우리는 세례를 통하여 그의 죽으심과 연합함으로써 그와 함께 묻혔던 것입니다. 그것은, 그리스도께서 아버지의 영광으로 말미암아 죽은 사람들 가운데서 살아나신 것과 같이, 우리도 또한 새 생명 안에서 살아가기 위함입니다"(롬 6:4). 우리가 참으로 옛 사람을 포기하기 전에는 새로운 생명을 받는 것이 불가능하다. 그런 일은 물론 우리가 회심할 때 일어난다. 즉 재판장 되신 하나님이 우리의 죄를 용서한다고 선언하고 우리를 그분의 가족으로 입양하는 단 한번의 사건에서 이루어지는 것이다. 그러나 법적으로 의롭다고 선언되는 것은 시작에 불과하다. 그 후에 우리는 날마다 우리 속에 깊이 뿌리박힌 죄악된 방식에 대해 영적으로 죽음으로써, 죄로부터 해방되어 새로운 인격으로 자라나는 과정을 밟아야 한다.

매순간 우리는 죄와 세상적인 동기에 대해 "아니오"라고 말하는 법을 배울 필요가 있다. 모든 것이 개인적 선택에 달려 있다고 생각하는 도덕적 상대주의가 팽배한 오늘날, "아니오"라고 말하는 것 자체도 무척 어려운 교훈이다. 만일 그것이 어렵지 않게 보인다면, 우리도 모르는 사이에 세상과 타협하고 있을 가능성이 높다. 만일 우리가 "아니오"라고 말하지 않으며 그 결과 무릎을 꿇어 하나님의 능력을 구하지도 않는다면, 우리는 우리 본분을 따라 이 세상의 사악한 체계에 맞서고 있지 않을 확률이 높다.

세상적인 체제들에 대해 죽어야 한다는 원칙은 자명한 죄악에만 적용되는 것이 아니다. 오늘날과 같이 크기·성공·영향력에 입각해서 모든 것을 판단하는 문화에서는, 이런 세상적인 가치들에 대해서도 "아니오"라고 말해야 한다. 물질적 풍요를 최고로 받드는 문화에서는, 더 좋은 집, 더 멋진 차, 더 부유한 동네, 더 인상적인 사역 등을 향한 탐심에 대해 "아니오"라고 말해야 한다. 사람들을 평판과 업적으로 판단하는 문화에서는, 전문가로서의 인정과 승진을 겨냥해 살고 싶은 유혹에 저항해야 한다. 그러한 것들 자체가 잘못되었기 때문이 아니다. 다만 그것들이 우리 마음을 가득 채우고 우리의 동기가 될 경우, 하나님과의 관계에 걸림돌이 되기 때문이다. 다시 말해, 그것들이 우리에게 죄가 된다는 뜻이다. 바울의 말처럼 믿음으로 말미암지 않는 것은 무엇이든 죄인데, 그것은 하나님을 향한 일편단심의 신앙을 가로막고 우리가 거룩하게 성장하는 것을 방해하기 때문이다.

하나님은 그런 걸림돌을 "마음의 우상들"이라 부른다(겔 14:1-11). 여기에는 그 자체로 보면 완전히 옳고 바른, 진정한 필요들도 포함될 수 있다. 그런 필요들이 연관될 경우에는 이 원칙을 지키기가 정말 어렵다. 우리의 자연스런 필요가 분노와 비통함을 불러일으킬 때 혹은 타인을 억압하거나 공격하게 만들 때, 우리는 그것에 대해서도 "아니오"라고 말해야 마땅하다. 예를 들어, 결혼관계에서 친밀감과 존경심을 기대하는 것은 전적으로 타당하다. 하지만 사람은 죄인이므로, 때로는 그리스도인 배우자들조차 외로움을 느끼고 사랑을 못 받고 있다고 느낄 수 있다. 그럴 경우에 일어날 수 있는 일은 다음 둘 중 하나다. 화를 내면서 상대방을 배척하든지, 아니면 우리의 정당한 필요에 대해서까지 죽는 법을 배우고 하나님께서 불완전한 상황에서도 선하게 일하실 것을 신뢰하든지 하는 것이다.

그리고 하나님이 주신 재능을 충분히 발휘하면서 동료와 상관에게 존경을 받을 수 있는 직업을 갖고 싶어하는 것도 얼마든지 정당하다. 그러나 타락한 세상에서는 성취감을 충분히 느낄 수 없는 일을 수용해야만 하는 경우도 있다. 어쩌면 성공을 못할 수도 있다. 혹은 아랫사람들을 무시하고 착취를 일삼는 상관을 위해 일해야 할지도 모른다. 그럴 경우 어떻게 해야 할까? 하나님을 향해 주먹을 휘두르든지, 아니면 우리의 재능을 제단 위에 올려놓고 그것에 대해 죽고 하나님이 우리의 희생제물을 귀하게 받아주실 것을 신뢰하든지 할 것이다.

우리의 정당한 필요를 제단 위에 올려놓는다고 해서 사악한 상황에 대해 입을 다물고 눈을 감으라는 말이 아니다. 어떤 사람이 정말 잘못에 빠져 있다면, 우리가 보여야 할 사랑의 반응은 단념하는 것이 아니라 상대방과 맞대면하는 것이다. 어떤 이가 당신에게 죄를 짓고도 벌을 받지 않게 내버려 두는 것은 사랑의 행위가 아니다. 죄는 타인의 영혼 속에 있는 암이다. 참된 사랑은 그 죄를 빛 가운데 가져와서 진단받고 치료받을 수 있도록 할 만큼 강하고 담대해야 한다.

그런데 올바른 일을 잘못된 정신으로 하기가 너무나 쉽다. 우리가 하나님께 우리의 분노와 두려움과 통제 욕구를 내어 드릴 때에만, 하나님의 뜻에 합당한 정신을 개발하여 효과적으로 다른 사람과 맞대면을 할 수 있다. "그리스도께서는 여러분을 위하여 고난을 당하심으로써 여러분이 자기의 발자취를 따르게 하시려고 여러분에게 본을 남겨 놓으셨습니다." 베드로는 그 궁극적 목적이 "여러분을 하나님 앞으로 인도하시려는 것"이라고 했다(벧전 2:21, 3:18). 그러므로 우리가 심지어 부당하게 고난을 당하더라도 그 궁극적 목적은 다른 이들을 하나님 앞으로 인도하려고 우리를 구비시키기 위함이다. 우리가 타락한 세상에서 죄와 상처로 인해 고난을 당하는 순간마다, 하나님께 나아가 그런 시련을 통해 우리를 그리스도의 희생과 죽음에 연합시켜 달라고 구해야 한다. 그 결과 우리는, 다른 이들을 회개시키고 새롭게 하는 일에 사용될 수 있을 것이다.

십자가 신학

베드로는 그리스도의 십자가야말로 우리 자신의 영적 진보를 위한 본이라고 말한다. 실제로 복음서에서 예수 자신이 그렇게 말씀하신다. "인자가 반드시 많은 고난을 받고, 장로들과 대제사장들과 율법학자들에게 배척을 받아 죽임을 당하고서, 사흗날에 살아나야 한다." 그러고 나서 바로 "나를 따라오려는 사람은, 자기를 부인하고 날마다 자기 십자가를 지고 나를 따라오너라"고 덧붙이신다(눅 9:22, 23).

여기서 순서에 유의하라. 배척을 받고 죽임을 당하는 일이 먼저 있는 다음에 우리도 다시 살아날 수 있을 것이다.[6] 예수의 경우, 배척의 주체가 당시의 타락한 종교지도자들이었는데, 그들은 종교인의 옷과 경건한 소리 뒤에 세상적인 야망과 질투로 가득 찬 마음을 감추고 있었던 자들이다. 따라서 그들은 하나님을 반역하고 그분의 아들을 배척하는 세상 자체를 대변했던 셈이다. 우리도 세상으로부터 혹은 마음속에 세상적 동기를 품은 동료 신자들에게 배척을 받을 수 있다. 토니의 경우처럼 자식을 소홀히 하거나 학대하는 부모들, 무정하거나 신실치 못한 배우자, 기독교 가정에서 자라난 반항아, 방문객에게 냉담한 교회, 아랫사람을 깔보고 무시하는 상관, 당신을 배반한 가까운 친구 등이 여기에 속한다. 우리가 아직 죄가 지배하고 있는 세상에 살고 있는 이상, 각기 어떤 식으로든 배척을 당하고 상처를 받게 될 것이다.

마르틴 루터가 말하듯이, 그리스도인은 영광의 신학이 아니라 십자가 신학을 포용한다.[7] 우리의 신비로운 구원은 예수께서 영웅적인 정복자가 아니라 고난받는 종—조롱당하고, 매 맞고, 십자가에 달린 종—으로 이 땅에 오셨기 때문에 이루어진 것이다. 우리가 그리스도를 아는 참 지식에 도달하려면, 영광스러운 자리에 앉으려는 꿈을 기꺼이 포기하고 십자가에 달린 그분과 동일시되고자 기도하지 않으면 안된다. 아들 디터를 가정에서 가르치던 시절, 나는 피리 부는 법을 가르쳐 둘이서 이중주로 다음 찬송을 연주했다.

예수여, 십자가를 내가 지고
모든 것을 버리고 주를 따라 갑니다.
궁핍하고 멸시받고 버림받은 당신을
이제부터 나의 전부 삼으렵니다.[8] [찬송가 367장]

이런 관점을 내가 사는 워싱턴이나 그와 비슷한 다른 어느 곳에라도 한번 적용하려고 노력해 보자. 남보다 앞서야 하고, 멋진 인상을 풍겨야 하고, 제대로 연줄을 맺어야 하고, 자기 명분을 선전해야 한다는 압력을 끊임없이 받는 그런 곳에 말이다. 궁핍? 멸시? 하나님께서 패배와 절망의 길로 우리를 이끄셔서, 그분의 십자가 죽으심을 조금이라도 맛보도록 하시기 원하는 마음이 진정 우리에게 있을까?

하나님이 자신의 구원계획을 이루시기 위해 예수의 죽음을 사용하신 것처럼, 우리의 성화를 위해 이 "십자가들"을 사용하실 수 있는 분이기에 참으로 하나님은 선하신 분인 것이다. "형님들은 나를 해치려고 하였지만, 하나님은 오히려 그것을 선하게 바꾸셨습니다." 요셉이 형들에게 한 말이다(창 50:20). 그리스도인들은 자기가 당한 해를 부인하는 것이 경건한 태도라고 생각한다. 그것을 가리고 큰 상처가 아니라고 말하면서 공개적으로 미소를 짓는 경우가 없지 않다. 그러나 요셉은 서슴없이 자기 형들의 행위를 악하다고 불렀다. 우리도 그래야 한다. 이 세상에서 우리도 악한 동기를 품은 자들에게 배척을 당할 것이며, 진실을 밝히기 위해 그것을 있는 그대로 불러야 할 것이다. 하지만 우리는 그것을 선하게 바꿀 수도 있는데, 고난이야말로 예수께서 우리를 위해 걸어가신 여정 속으로 들어갈 수 있는 기회를 제공하기 때문이다. 그것이 우리의 영적 여정이 되어야 한다. 배척받고 (영적으로) 죽임을 당하고 나서 마침내 다시 살아나는 길을 걷게 되는 것이다.

배척받고, 죽임당하고, 살아나는 것

자연조차 조화를 잃어버린 타락한 세상에서, 어떤 이들에게는 가장 큰 고난이 신체적인 것일 수 있다. 정상적인 인생의 행로를 깨뜨리고 위협을 가하는 세력이 질병이나 부상일 수 있다. 지난 몇 년간 한 친구가 암으로 고통을 받아 왔는데, 여러 달 동안 생사의 기로에서 헤맨 적도 있다. 그녀는 영적으로 민감한 사람이었고, 나는 그녀에게 그처럼 처절한 체험에서 무엇을 배웠는지 물어보았다. "내가 기꺼이 죽고 싶어해야 한다는 것을 배웠어." 친구는 눈동자를 흐리며 답했다. "그동안 나는 생명과 내 가족을 결사적으로 붙들고 있었지. 그것들을 놓아 버리고 하나님이 내게서 모든 것을 취하시도록 기꺼이 내버려 두어야 했어."

하나님께서 우리 각자를 데리고 가야 할 지점이 바로 그곳이다. 그것이 신체적 고통이든 심리적 고통이든, 우리가 진정 무엇을 우리 인생의 토대로 삼고 있는지를 보게 하는 방법은, 그것을 빼앗아 가는 것이다. 우리가 건강이나 가족, 일이나 평판을 잃을 경우, 우리의 삶은 무너지고 극도의 상실감과 공허감을 느끼게 된다. 바로 그 순간에, 우리는 우리의 목적의식과 정체감이 얼마나 깊이 그런 것과 연관되어 있었는지 깨닫게 된다. 그러므로 우리는, 하나님이 그것들을 앗아가시도록 기꺼이 허용해야 하는 것이다. 우리가 "기꺼이 죽고 싶어해야" 한다는 말이다.

이 원리가 너무 부정적으로 들릴지도 모르겠다. 물론 기독교 내에는 거룩함이 마치 재미와 즐거움을 거부하는 데 있는 것처럼 생각하는 아주 엄격한 금욕주의의 흐름이 있다. 그러나 진정한 영적 죽음은 그와 같은 금욕주의와는 거리가 멀다. 세상으로부터 도피하는 수도원주의와도 아무런 상관이 없다. 그것은 삶의 전 영역에 걸쳐, 비록 고통이나 값비싼 대가가 따르더라도, 하나님의 명령에 순종하기로 결심하는 것이다. 배신이나 억압으로 우리의 마음이 찢어질 때 그분께 울부짖는 것이다. 우리가 가장 좋아하거나 원하는 것이 하나님을 향해 분노를 품게 하거나 혹은 타인을 공격하게 한다면, 꽉 움켜쥔 손을 펴서 내놓는 것이다. 불가항력의 악을 직면해서도 순전히 의지적으로 하나님의 선하심을 믿는 것이다. 그것은 우리가 하나님이 주신 본―배척받고, 죽임당하고, 살아나는 것―에 스스로를 굴복시킬 때, 그분께서 우리를 그리스도와 연합되게 하시리라고 속삭이는 조용한 기도다.

우리는 영적인 죽음의 의미를, 우리가 원하거나 탐하는 것들에 대해서 "아니오"라고 말하는 것으로 한정하는 경향이 있다. 이를테면, 죄책감이 따르는 쾌락과 이기적 야망 같은 것들이다. 그러나 사실은, 우리를 **사로잡고** 있는 것이면 무엇이든 그것에 대해 내적으로 죽는 것을 뜻한다. 정말 우리를 사로잡고 있는 것이, 우리가 원하는 그 무엇이 아니라 우리가 두려워하는 것일 수도 있다. 두려움은 욕망 못지않게 강력한 힘으로 우리 삶을 지배할 수 있다. 그것은 분노일 수도 있다. 혹은 자만심일지도 모른다. 또는 헛된 희망일 수도 있다. 실의에 빠진 사람은 현실이 달랐다면 얼마나 좋을까 하는 희망을 계속 품고서 그 부서진 소망과 깨어진 꿈을 내놓지 못하는 법이다. 우리를 사로잡는 것이 무엇이든, 바로 **그것**을 제단 위에 올려놓고 죽임을 당하게 해야 한다. 그럴 경우에만 우리는 내적인 강박감에서 풀려나, 그야말로 "그리스도의 사랑이 우리를 휘어잡"는 참 자유를 발견할 수 있을 것이다(고후 5:14).

생명을 낳는 기계

하지만 우리 마음의 우상들을 바치는 것은 긴 여정의 한 단계에 불과하다. 다음 단계는 영적 구원을 위해 기도하는 것이다. 오랜 세월에 걸쳐 우리 속에 깊이 뿌리박힌 반복되는 죄에 굴복할 때마다, 우리는 사탄이 거기에 발판을 마련하도록 허용하는 셈이며 영적으로 사탄의 노예 상태에 빠지게 된다. 바울이 말하듯이, 우리의 몸은 "불의의 연장"(롬 6:13)이 될 수도 있다. 정신이 번쩍 드는 소리다. 그리스도인들조차 사탄에게 좌지우지되어 그의 수종을 드는 것이 가능하다는 뜻이다. 하나님의 세력과 마귀의 세력 사이에 벌어지는 영적 전투에는 중립지대란 존재하지 않는다. 우리 삶의 어떤 영역이 하나님께 완전히 순종하지 않는다면, 사실 그곳은 사탄의 통제 아래 있는 셈이며 하나님께만 바쳐야 할 충성을 그에게 바치고 있는 것이다.

바울은 그리스도인들이 이 말씀을 받아들이기가 무척 어려울 것을 염두에 두고 이 원리에 대해 더욱 자세히 설명한다. "여러분이 아무에게나 자기를 종으로 내맡겨서 복종하게 하면, 여러분은, 여러분이 복종하는 그 사람의 종이 되는 것임을 알지 못합니까? 여러분은 죄의 종이 되어 죽음에 이르거나, 아니면 순종의 종이 되어 의에 이르거나 하는 것입니다"(롬 6:16). 그리스도에게 구원받은 자라도 일상의 말과 행위로써 생명을 낳든지, 아니면 죽음을 낳을 수 있다고 바울은 말하고 있는 것이다. 참으로 끔찍한 사실은, 우리가 교회에 정규적으로 참석하고 성경을 부지런히 읽고 심지어 기독교

사역에 종사할지라도, 쉐퍼가 "죽음을 낳는 기계"라고 말한 상태가 될 소지가 있다는 점이다. "우리 자신을 사탄에게 굴복시킨 채 우리 소명에 거슬러 삶으로써 이 가련한 세상에서 죽음을 낳는 기계"가 될 수 있는 것이다.[9]

그렇다면 우리가 생명이나 죽음 가운데 어느 것을 낳고 있는지 어떻게 알 수 있을까? 그것은 우리 삶이 하나님의 아름다운 성품을 드러내고 있는지 여부에 달려 있다. 사람들이 당신의 살아가는 모습을 보면서 하나님께 더 가까이 가게 되는가, 아니면 하나님에게서 더 멀어지는가? 당신이 타인을 대하는 모습을 볼 때, 그들의 눈에 복음의 신뢰도가 높아지는가, 아니면 낮아지는가? 이것이 우리의 행동을 측정하는 기준이 되어야 한다. 그리스도인은 행위와 성품을 통해 하나님의 존재를 입증하는, 이른바 "생명을 낳는 기계"가 되도록 부름받았다. 우리가 사랑의 하나님을 전파할 수 있고 사역과 교회 프로그램을 통해 수천 명에게 메시지를 전할 수도 있다. 그러나 불신자들이 사역과 교회와 기독교 기관 안에서 그런 가시적인 사랑을 보지 못할 경우에는, 결국 우리의 메시지는 신빙성을 잃어버리고 만다.

마셜 맥루한(Marshall McLuhan)의 유명한 말을 인용하면, "매체가 곧 메시지다." 그리스도인들에게 매체에 해당하는 것은 우리가 서로를 대하는 방식이다. "너희가 서로 사랑하면, 모든 사람이 그것으로써 너희가 내 제자인 줄을 알게 될 것"이라고 예수께서 말씀하셨다(요 13:35). 잃어버린 세상을 향해 하나님이 세우신 전략은 교회로 하여금 자신의 존재를 가시적으로 입증하게 하는 것이다.

하나님의 일, 하나님의 방법

그리스도인들이 세계관에 입각한 메시지를 개발하는 것이 중요하다고 말할 경우, 그것은 흔히 당대의 "주의들"(isms)에 맞서 설득력 있게 논증하는 법을 배우는 것을 의미한다. 하지만 기독교 세계관을 정립한다는 것은 단순히 지적인 질문에 응답하는 것에 머물지 않는다. 그것은 또한 개인적이고 실제적인 삶의 영역에서 성경적 원리에 따라 사는 것을 뜻한다. 그리스도인은 **믿음**뿐 아니라 **행동**에 있어서도 세속적 세계관에 전염될 소지가 있다.

예를 들어, 교회나 기독교 사역이 **메시지**는 성경적이지만 **방법**은 비성경적일 수 있다는 말이다. 중국에서 사역했던 위대한 선교사 허드슨 테일러는, 주님의 일을 주님의 방법으로 해야 주님의 복을 받을 수 있다고 했다. 우리는 우리가 전하는 **내용**뿐 아니라 전하는 **방식**에 있어서도 진리를 표현해야 하는 것이다. 기독교 단체가 주님의 일을 하면서도 세속적 홍보와 선전술을 사용하거나 간사와 동료들 사이에 가시적인 사랑 없이 인간적인 열정과 의지력으로 활동한다면, 그 결과는 인간적인 성취에 불과할 뿐 하나님의 나라에 기여하는 바는 별로 없을 것이다.

6장에서 논의한 두 의자의 비유를 떠올려 보자. 자연주의자의 의자에 앉아 있는 불신자에게는 자연적 원인들로 된 닫힌 체계가 존재하는 전부다. 지식의 정의 자체도 자연주의와 공리주의에 의해 제약을 받는다. 그러나 초자연주의자의 의자에 앉은 신자에게는 자연적 세계가 실재의 일부일 뿐이다. 실재의 보이는 측면과 보이지 않는 측면을 모두 포함해야 완전한 관점을 얻을 수 있다. 그리스도인의 소명은 양 측면이 모두 존재한다는 것을 지적으로 수긍하는 것에 그치지 않고, 그것을 바탕으로 해서 실제로 활동하는 것이다. 날마다 그들이 내리는 선택은, 보이는 세계만큼이나 보이지 않는 세계가 실재하지 않으면 이해할 수 없는 것이어야 한다.

두 의자의 비유를 극적으로 보여주는 성경 본문은 엘리사가 시리아 군대에게 포위당했을 때 한 말이다(왕하 6:15-17). "두려워하지 말아라! 그들의 편에 있는 사람보다는 우리의 편에 있는 사람이 더 많다"고 엘리사가 걱정하는 자기 종에게 말했다. 그런데 그 종은 아무것도 볼 수 없었다. 그러자 하나님이 종의 눈을 열어 주셔서 "온 언덕에는 불말과 불수레가 가득하여, 엘리사를 두루 에워싸고 있"는 모습을 보았다. 이와 동일한 개념이 신약성경에도 나온다. "여러분 안에 계신 분이 세상에 있는 자보다 크시기 때문입니다" (요일 4:4). 우리는 보이지 않는 세계가 보이는 세계에 강력한 영향을 미치면서 인류 역사에 활발한 역할을 하고 있음을 인식하고 모든 결정을 내리도록 부름받았다.

이는 실제적으로 무엇을 의미하는 것일까? 때로 우리의 행동이 자연주의자의 의자에 앉아 물리적 세계만을 보는 이들에게 비합리적으로 보일 수 있다는 뜻이다. 보이지 않는 영역에서 얻는 것이 세상적인 관점에서 잃어버리는 것보다 훨씬 크다는 것을 확신하기 때문에, 우리가 엄청난 대가를 지불하면서도 옳은 것을 행하고 있음을 뜻한다.

서글픈 현상은, 많은 그리스도인들이 마치 자연주의자가 옳은 것처럼 여기면서 살아가고 있다는 사실이다. 그들은 성경의 위대한 진리들에 대해 지적으로는 수긍하지만, 매순간 실제로 결정을 내릴 때는 눈에 보이는 것, 귀에 들리는 것, 측정하고 계산할 수 있는 것에만 기초하여 행동한다. 종교적 신념을 고백할 때는 초자연주의자의 의자에 앉는다. 그러나 일상을 살아갈 때는, 자연주의자의 의자로 옮겨 앉아 초자연적인 세계가 실제로는 존재하지 않는 것처럼 여김으로써, 자신의 에너지와 재능과 전략적 타산에 의존한다. 진심으로 주님의 일을 하고 싶어할지도 모른다. 그러나 세상의 방법으로 한다. 성공해서 박수갈채를 받으려고 세상적 욕망에 이끌려 세상적 수단을 동원한다.

성경은 이것을 성령 안에서가 아니라 "육체" 안에서 사는 것이라고 말씀한다. 바울이 갈라디아서에서 이 문제를 다루고 있다. "여러분은…… 성령으로 시작하였다가, 이제 와서는 육체로 끝마치려고 합니까"(갈 3:3). 많은 신자들이, 처음 그리스도인이 되는 것은 신앙의 문제지만 그 후에 그리스도인다운 존재가 되는 것은 자기의 욕구와 의지력의 문제인 것처럼 여기고 있다. 즉 "육체에 의해 완전하게" 되려고 애쓰고 있는 것이다.

육체 안에서 일하다 보면 가시적 세계에서 무척 인상적인 결과를 낳을 수도 있다. 교회와 선교단체의 사역에서 상당한 명성을 얻고, 화려한 수련회를 개최하고, 대규모 군중을 모으고, 엄청난 기부금을 모으고, 많은 책과 잡지를 발간하고, 워싱턴에서 정치적 영향력을 행사할 수 있다. 그러나 그런 일이 육체 안에서 이루어진다면, 아무리 성공한 것처럼 보여도 하나님 나라를 세우는 데는 기여하지 못한다. 주님의 일을 인간적 방법과 인간의 지혜로만 이루어 간다면, 그것은 더 이상 주님의 일이 아닌 것이다.[10]

    교회가 불신자들과 관련해서 진정한 신뢰를 구축할 수 있는 유일한 방법은, 그들이 설명할 수 없거나 자연적이고 실용적인 수단으로 복제할 수 없는 그 무엇을 그들에게 보여주는 것이다. 즉, 초자연적 차원을 개입시키지 않고서는 설명할 수 없는 그 무엇을 보여주는 것이다.

금과 은과 보석

만일 우리가 세상적인 무기를 들고 세상의 방법으로 주님의 일을 할 수 있을 것처럼 생각한다면, 근본적으로 이 전투의 성격을 과소평가한 것이다. 왜냐하면 진짜 전쟁은 보이는 세계만이 아니라 보이지 않는 세계에서 주로 벌어지기 때문이다. 이 싸움은 "인간을 적대자로 상대하는 것이 아니라"고 바울이 말하고 있다(엡 6:12). 우리가 육체 안에서 싸우려고 한다면 그것은 혼자서 허공을 치는 것에 불과할 것이다. 가시적 세계만을 유일한 실재로 인정하는 자연주의자들에게는 활동 중심의 행동주의가 무척 인상적으로 보이는 결과를 초래할지 모르나, 주님이 원하시는 길은 아닐 것이다.

    만일 그리스도인이 세상적인 방법으로 전쟁에서 이긴다면, 실은 **전쟁에 진 셈**이라고 말할 수 있다.[11] 가시적 결과는 우리의 눈을 속이기 쉽다. 가시적 세계에서 우리는 전문가로 인정을 받고, 우리의 운동에 사람들을 끌어들이고, 우리의 프로그램을 위해 돈을 모금하고, 수많은 문서를 보급하고, 중요한 법안을 통과시키는 등 굉장한 성공을 거둔 것처럼 보일 수 있다. 그러나 그것이 성령의 인도하심 없이 인본주의적인 기술적 방법에 의존해 이루어졌다면, 실은 비가시적 세계에서는 거의 가치 없는 성과를 거둔 셈이다.

반대로 말해도 마찬가지 사실이다. 그리스도인들이 하나님이 지정하신 무기를 사용한다면—우리의 재능을 그분의 발 앞에 내려놓고, 우리의 자만심과 야망에 대해 죽고, 성경의 도덕적 원칙에 순종하고, 성령의 능력을 힘입어 기독교 세계관의 관점을 따른다면—설령 외적인 표준으로는 우리가 패배한 듯이 보일지라도 **사실은 승리한 것이다.** 바깥에서 관찰하는 외부인은 우리가 실패했다고 결론을 내릴지도 모른다. 심지어는 그리스도인 친구와 지도자들까지도 고개를 흔들며 우리가 실패했다고 충고할 수도 있다. 그러나 우리가 진정으로 우리 삶을 하나님의 목적을 위해 드렸고 현재 그분의 인도를 받고 있다면, 우리는 보이지 않는 세계의 싸움에서 이긴 것이다.

영성에 관한 한 고전에 의하면, 그리스도인의 삶은 우리가 "너희는 나를 떠나서는 아무것도 할 수 없다"(요 15:5)는 말씀을 어렵게 체험적으로 깨달았을 때에야 비로소 시작된다고 한다. 이 구절은 우리가 익히 암송하는 것이요 금세 인용할 수 있는 말씀이다. 하지만 우리가 대단한 위기에 처하여 우리의 자원이 바닥나기 전에는 그 의미를 생생하게 절감하기 어렵다. 많은 자원을 가진 자들에게는 그 시점이 중년 혹은 그 이후가 될 수도 있다. 그러나 어느 지점에 이르면, 인생이 우리가 희망했던 그런 것이 아니라는 인식이 갑자기 몰려들고, 스스로 '이것이 전부란 말인가' 자문하게 된다. 타락한 세상에서는, 좋은 것이라도 우리의 속 깊은 굶주림을 완전히 충족시킬 수 없다. 우리가 사랑하는 것이며 이루려고 애썼던 모든 것이 모래처럼 변해 손가락 사이로 빠져나가는 것을 깨닫게 된다. 정직하게 말해, 우리의 인간관계가 상대방에 대한 순수한 이타적 사랑에 의해서가 아니라, 흔히 상대방에게서 얻고 싶은 것과 우리의 필요에 의해 맺어질 때가 많다는 것을 시인하지 않을 수 없다. 우리가 기독교 사역에 열심을 품을 때조차 그 동기가 하나님의 영보다는 개인적 열정과 야망에 의해 유발될 때가 적지 않다. 우리의 자연적 열정이 크면 클수록, 하나님은 우리를 벼랑 끝으로 데려가기 위해 더 큰 위기를 허락하실 수밖에 없다. 우리가 지금까지 소망의 근거로 여겼던 모든 것에 대해 죽은 다음에야 비로소, "너희가 나를 떠나서는 아무것도 할 수 없다"는 말씀이 참된 진리임을 진정으로 믿을 수 있게 된다. 그러한 경우에만 하나님께서 자신의 생명과 능력을 우리의 일에 쏟아 부으시는 것이 가능하다.

    인생이 끝나고 고린도전서 3장에 묘사된 것같이 신자의 심판대 앞에 섰을 때, 우리가 이룩한 가장 성공적이고 화려한 업적 일부가 나무와 풀과 짚에 불과한 것으로 증명되어 불에 타 버릴 수 있다. 반면에, 하나님의 진리에 순종하여 그분의 인도하심과 능력을 힘입어 행한 활동은 가시적인 결과를 낳았든 낳지 않았든 간에 금과 은과 보석으로 반짝일 것이다. 하나님께서 그것들을 우리의 하늘 면류관에 달 보석으로 삼으실 것이다.

보증된 결과

복음주의의 역사를 되돌아보면, 믿음과 실천을 분열시키려는―주님의 일을 세상적 방법으로 하려는―강한 유혹이 일어난 까닭을 제대로 이해할 수 있다. 11장에서 보았듯이, 19세기의 복음주의 학자들은 하층부에 속한 주제들을 다룰 때 그것들이 마치 종교적으로 중립적인 양―성경적 진리가 통합적으로 적용되지 않는 기술적인 주제에 불과한 듯―방법론적 자연주의를 채택했다. 그 결과 과학·공학·정치·사업·경영·마케팅 같은 영역에 대해 대체로 기능적이고 실리적으로 접근하는 것을 수용하는 경향이 짙어졌다.

19세기 말 복음주의자들은 여전히 고전을 가르치는 기독교 대학에 자녀를 보내는 것조차 그만두었다(이교도였던 헬라인들에 대해 의혹을 품었기 때문이다). 그 대신 새로 설립된 주립대학으로 자녀들을 무더기로 보냈는데, 계속해서 기술사회로 변해 가는 상황에서 성공하는 데 필요한 기술훈련을 받게 하기 위함이었다. 통계조사에 따르면, 교회와 관련된 대학들은 지속적으로 쇠퇴한 반면 주립대학들은 지원자가 급증한 것을 볼 수 있다. 그리고 주립대학에 다니는 학생들 가운데 복음주의자들―감리교인, 침례교인, 그리스도의 제자들, 장로교인―이 압도적으로 많았다.[12] 역사가 프랭클린 리텔(Franklin Littell)은 "아이러니하게도, 부흥운동파에 속한 개신교의 빗나간 신앙심이…… 처음으로 주립대학 및 종합대학을 부흥시키는 촉진제 역할을 했다"고 말한다.[13]

리텔이 "빗나갔다"고 말한 이유는, 바로 그것이 지식에 대한 이층적 구분에 영향을 받았기 때문이었다. 그리스도인 학생들은 주로 사상을 다루어야 할 철학과 문학과 고전학 같은 분야를 피하는 한편, 중립적이라고 생각한 기술 분야를 훨씬 선호했다. 그들은 기술 분야에서 통용되는 순전히 기술적이고 공리적인 지식 개념(하층부)을 기꺼이 수용하려 했다. 다만 전공에 덧붙여 영적인 삶을 고무하는 캠퍼스 종교활동을 하도록 허용하는 것(상층부)을 조건으로 삼았다.

그렇기 때문에 많은 교회와 기독교 사역이 오늘날에도 사업, 마케팅, 경영 등의 분야를 본질상 중립적인 것으로 취급하는 것이다. 그래서 그 분야에서 개발된 최신의 기법은 기독교 세계관의 관점에서 비판하지 않고 단순히 자신들의 프로그램에 적용해도 무방하다고 생각한다. 사업 모임은 반드시 기도로 시작하되, 일반 대학원에서 배운 최신 기법과 전략을 모두 사용하라. 더글라스 슬로안은 이것을 "복음주의의 내적 근대화"라고 부른다.[14] 말하자면, 우리가 **신학**에 있어서는 근대주의를 거부했으나 **실천**에 있어서는 전반적으로 근대주의를 받아들였다는 것이다. 우리는 결과를 계산하고 예측할 수 있는, 가장 최근의 기법과 계량적 방법을 사용하고 싶어한다.

예를 들어, 어느 기독교 사역단체가 방금 마케팅 분야에서 석사학위를 받은 젊은이를 기금마련 부서의 책임자로 임명한 적이 있었다. 그는 즉시 대학에서 배운 표준적인 기법을 실행에 옮기기 시작했는데, 기금마련을 위한 편지 발송을 대폭 늘린 것도 그 가운데 하나였다. 다른 간사들이 그 같은 새로운 전략, 곧 편지 발송을 늘리는 것이 과연 그 사역을 위해 희생적으로 바친 헌금을 선용하는 것인지 의문을 제기하자, 그는 **"그래도 이게 효과가 있다"**고 응답했다. 그러고는 그래프와 통계조사 결과를 내보이면서, "통계에 의하면 X만큼 편지를 보내면 Y비율만큼 보상이 따른다는 것이 보증되어 있다"고 했다.[15]

그러나 만일 어떤 기관이든 동일하게 "보증된" 방법을 사용해서 동일한 성과를 얻을 수 있다면, 하나님의 존재에 대한 증언은 어디서 찾을 수 있을까? 통계적으로 믿을 만한 방식에 의존할 경우, 우리를 주시하고 있는 세상을 향해 하나님이 역사하고 계시다고 어떻게 설득할 수 있을까?

주님의 일을 주님의 방법으로 한다는 것은, 한 기관을 운영하는 실무에서도 자연주의적인 전제에 기반한 기계적 공식에 의존하지 않고 성경적 관점을 적용하는 것을 의미한다. 자연주의를 하나의 철학으로 거부할 수는 있다. 그러나 우리가 하는 일이 세상에서 배운 합리화된 방법으로 추진된다면, 우리가 무엇을 믿는다고 주장하든 **실제로는** 자연주의자인 셈이다.

"우리 시대의 **중심** 과제는 자유주의나 근대주의가 아니다"라고 쉐퍼는 쓰고 있다. 심지어는 진화, 낙태, 급진적 페미니즘, 동성애 권리와 같은 뜨거운 사회적 쟁점도 아니라고 한다. 교회가 당면한 일차적 위협은 "주님의 일을 성령이 아닌 육체의 능력 안에서 하려는 경향"이다. 많은 교회 지도자들이 "거창한 이름"을 내걸고 싶어 못 견뎌 한다. 그들은 자기 제자들의 발을 씻었던 그 주인의 겸손을 본받기보다는 힘과 영향력과 평판을 얻기 위해 "다른 이들을 짓밟고 서 있다." 그들은 사람들로 하여금 돈을 더 내도록 유도하기 위해 그들의 감정을 조작하는 등 홍보와 마케팅 기법에 있어서 "세상을 흉내내고" 있다.[16] 따라서 바깥 사람들이 교회를 볼 때, 일반적인 사회학으로 설명되는 힘과 기업경영의 원칙으로 대부분 설명할 수 있다는 것이 놀랄 일이 아니다. 뿐만 아니라 그들의 눈에 우리의 메시지가 설득력이 없어 보이는 것도 놀랄 일이 아니다.

메시지를 마케팅하기

"세상을 흉내내는" 구체적인 사례로는 어떤 것이 있을까? 마케팅 전략에 있어서, 많은 기독교 기관들이 영리 위주의 기업에서 많은 것을 빌려 온다. 자기네 "상품"을 이상적인 모습으로 선전해서 사람들이 그것을 "사도록" 만든다. 낯익은 예로, 어디서나 볼 수 있는 기금마련용 편지를 생각해 보자. 그런 편지들이 모두 한 사람이 쓴 것처럼 보이는 것은 동일한 기법을 훈련받은 간사들이 대필했기 때문이다. 각 편지는 멜로드라마에나 나옴직한 일화, 화사하게 단장된 여백, 기계로 찍은 서명을 동원해 극적 효과를 만들어 낸다. 종종 경품이 담긴 작은 카드를 동봉하는 수법을 사용하기도 한다.

여기서 과연 진실성을 찾아볼 수 있을까? 사역단체의 지도자 이름이 편지의 하단에 보이기는 하지만, 그 사람이 보낸 진정한 메시지가 아닌 것은 분명하다. 그것은 어떤 반응을 끌어낼 목적으로 문안 작성가, 마케팅 담당자, 기금마련 전문가들이 신중하게 고안한 것이다. 감정적 호소력을 증대시키기 위해 위기상황이 반쯤 조작되고 거기에 등장하는 일화도 반쯤 꾸며낸 것일 경우가 많다. 존경받는 기독교 지도자의 수행원으로 일했던 어떤 젊은이는, 자기들의 경험이 나중에 기금마련용 일화로 엮어졌는데, 너무 많이 뜯어고친 탓에 "실제로 그 자리에 있던 어느 누구도 알아볼 수 없을" 정도였다고 내게 말한 적이 있다.

　이런 것을 악의 없는 기만으로 여기고 그냥 넘어가야 하는 것일까? 아니면 사역 전체를 오염시키는 심각한 도덕적 실패로 보아야 할까? 주님을 위한 효과적인 사역에 손상을 주지 않으면서 진리를 타협하는 것이 가능할까?

　몇 개월 전에 내 편지함에 도착한 기금마련용 편지는, 유명한 기독교 지도자 "○○○와 함께 아침 커피를 마시라"고 초청하는 내용이었다. 그 식탁에 둘러앉아 친밀하고 개인적인 담소를 주고받는 모습을 연상시키는, 그야말로 따스한 느낌을 불러일으키는 내용이었다. 그런데 알고 보니 그 사역은 매일의 읽을거리를 포함한 상품 하나를 소개하고 있었고, 그 문안의 이미지와는 전혀 다른 것이었다. 더군다나 그 읽을거리마저도 전문 필자들이 작성한 것이었다. 저자와 함께 커피를 마시는 이미지는 독자들의 감정을 원하는 대로 움직이려고 지어낸 것이었다.

　진실과 진정성을 향한 우리의 열정은 어디로 사라진 것일까? 독자를 감정 조작의 대상이 아니라 하나님의 형상으로 만들어진 인격으로 존중하는 모습은 어디에 있을까? 요컨대, 마케팅과 기금마련에 대한 기독교 세계관의 관점은 어디에 있을까? **이것은 우리 시대의 "주의들"을 보는 세계관의 관점을 정립하는 것만큼 중요한 문제다.**

하지만 그 중요성이 기독교 세계관의 논의에서 흔히 간과된다. 복음주의자는 역사적으로 하층부에서 방법론적 자연주의를 받아들였기 때문에, 마케팅과 경영 같은 분야에 독특한 기독교적 관점이 있다고 생각하지 않는다. 그 결과, 세속세계에서 개발된 방법과 기법을 무엇이든 무비판적으로 수용했고, 자기도 모르는 사이에 자신의 사고를 자연주의 안에서 허용되는 개념적 범주들에 국한시켜 버렸다. 그들은 리처드 니버(H. Richard Niebuhr)가 "탈인격적이고 탈신비적"이라고 부른 관점, 곧 인간이라는 인격적 존재를 적절하게 묘사할 수 있는 개념적 어휘조차 결여된 관점을 흡수했다. 이런 자연주의적 틀에서, 인격은 "시장과 정치 영역에서 객관적 조작이 가능한 대상"에 불과한 존재가 되어 버린다.[17] 그리스도인들은 자연주의를 철학으로 수용한 적은 없으나 많은 이들이 마케팅에 대해서는 자연주의적 관점을 영입한다. 판매 대상을 본질적으로 "상품"을 사도록 조종해야 할 수동적 "소비자"로 취급하는 기법을 차용한 것이다.

더 많은 돈, 더 많은 사역

한번은 명문 대학에서 철학·문학·정치이론 분야의 학위과정을 밟는 그리스도인 대학원생들을 대상으로 강연한 적이 있었다. 내가 사업과 마케팅 같은 실제적인 분야에 대한 기독교 세계관의 관점도 개발해야 한다고 말하자, 그들은 놀라는 반응을 보였다. 그들은 세계관 연구를 사상의 견지에서 규정하고 있었기 때문에 그것이 실제적인 영역과 관련이 있으리라고는 생각조차 한 적이 없었다. 그러나 실제적인 분야도 종교적으로 중립적이지 않다. 그런 영역도 삶의 다른 영역만큼이나 실재에 대한 근본적 가정에 의해 그 모양이 좌우된다.

수많은 기독교 사역의 지도자들이 이 사실을 간과한 결과, 사업과 성공에 대한 비성경적 견해를 무비판적으로 수용했다. "그들의 복음에는 미국의 자본주의 문화가 깊숙이 스며들어 있다"고 역사가 조엘 카펜터(Joel Carpenter)는 쓰고 있다. 그들의 무의식에 깔린 가정은 "하나님이 수치로 성공을 측정한다는 것, 더 많은 돈은 더 많은 사역 곧 하나님 나라를 위한 더 많은 성공을 뜻한다"는 것이다. 그러므로 "그들은 주님의 제자요 종으로서 성공 여부를 사역의 규모로 측정하는 경향이 있다."[18]

여기서 어떤 반복되는 패턴을 발견할 수 있는가? 우리는 사필귀정의 역사를 목격하고 있는 것이다. 부흥을 다룬 앞의 몇 장에서 그 씨앗이 뿌려지는 것을 보았다. 감정에 대한 호소, 효과만 있다면 무엇이든 이용하는 실용적 태도, 상업세계에서 마케팅 기법을 빌어오는 습관, 유명인사 중심의 리더십, 측정 가능한 성과 중심의 경향. 찰스 피니의 "종교는 사람의 일"이라는 말은, 인위적으로 올바른 조건만 갖추면 회심을 유도할 수 있다는 뜻이었다. 요즈음의 사역들도 이와 동일한 자연주의적 태도를 표출할 때가 너무 많은데, 한 가지 차이점이 있다면 훨씬 더 세련된 마케팅과 홍보 기법을 활용할 수 있다는 점이다.

"비영리 경제가, 영리를 추구하는 세계와 더욱 비슷하게 되었다"고 토마스 버그(Thomas Berg)는 쓰고 있다. 종교기관의 기금마련은 "극히 빠르고 세련된 양상을 띠면서 첨단 기술과 신중하게 고안된 직송우편 캠페인에 더욱 의존하고 있다."[19] 규모가 큰 종교기관들 다수가 잘 훈련된 자격 있는 마케팅 전문가들로 구성된 부서를 만들어서 기금마련 편지와 홍보 자료를 줄곧 만들어 내고 있다. 그들은 자신들의 "상품"을 좀더 잘 선보이기 위해 마케팅 조사도 실시한다. 또한 어디에 노력을 집중할 것인지 정하기 위해 포커스 그룹(테스트할 상품에 대해 토의하는 소비자 그룹-편집자)을 운영한다. 기독교 잡지에서 유용한 글과 인물을 수집하기도 한다. 대필자를 고용해 지도자의 이름으로 칼럼, 뉴스레터, 매일의 묵상자료, 웹사이트에 올릴 원고를 작성하게 한다. 이런 일을 하면서 제기하는 질문은 "이 같은 관행이 도덕적·영적으로 바른 것인가" 하는 것이 아니라 "이것이 잘 팔리겠는가"이다.

때로는 과대선전이 교묘한 속임수(미세한 기만)로 연결되기도 한다. 통계 수치가 과학적으로 신빙성이 있는지를 평가하는 통제 집단 없이 얻은 통계 자료를 인용한다. 성공은 눈에 띄게 부각하면서 실패는 적당히 은폐한다. 켄 블루(Ken Blue)는 자신이 시작한 어떤 사역에 관해 일러 주는데, 처음에는 사역 보고서에 가장 성공적인 이야기만 포함시켰다가 마침내 자신이 "왜곡된 이미지"를 만들고 있다는 것 때문에 죄책감을 느끼기 시작했다고 한다. 그래서 어떤 목회자에게 상담을 청했더니 그 목회자는 어리둥절해 하면서 "무엇이 문제인지 모르겠다"는 식으로 이렇게 되물었다고 한다. "사역에 종사하는 어느 누구도 진실을 있는 그대로 이야기하지 않는다. 우리는 거의 무의식적으로 과장된 사실을 이야기에 넣기 마련이다."

만일 이것이 사실이라면, "교회가 정규적으로 스스로에게 거짓말을 일삼고 홍보의 필요 때문에 사람들을 이용하는 것을 눈감아 주는 셈"이라고 블루는 말한다.[20]

이것이 육체 안에서 주님의 일을 할 때 따르는 궁극적인 위험이며, 이는 결국 노골적인 죄를 낳을 수도 있는 것이다. 우리는 사역의 목표에 너무 사로잡힌 나머지 비윤리적 방법을 사용할 정도로 무감각해진다. 깊이 생각하지도 않고 진실을 과장해서 이미지를 높이고 기부자의 관심을 끌려고 한다. 기독교 단체에서 임원으로 일했던 한 사람은 조직 내부의 "거짓의 문화"를 발견하고는 사임했다고 내게 말했다. 더 멋있게 보이고 더 많은 영향력을 끼치기 위해 진실을 가리고 비윤리적인 행위를 일삼는 관행 때문이었는데, 물론 그 모두가 사역을 위한다는 명목에서였다. 그것은 "주님의 이름을 팔아서 거짓말"을 할 수 있다는(슥 13:3) 사고의 현대적인 변형이다.

당신이 내일 아침에 일어났는데 어떤 마법에 의해 기도와 성령의 능력에 관한 성경의 가르침이 모두 사라져 버렸다고 상상해 보자고, 쉐퍼는 말한다. 역사에서 완전히 사라져 다시는 들을 수 없게 되었다고 가정해 보자. 그럴 경우, 우리가 교회와 단체를 운영하는 방식에 어떤 차이가 발생할까? 비극적인 사실은, 많은 기독교 기관의 관행에 **"어떤 차이도 없을 것"**이라는 점이라고 쉐퍼는 말한다. 우리는 초자연적인 것이 실재하지 않는 것처럼 자연주의자의 의자에 앉아 하루하루 활동하고 있다.[21]

기독교 기관의 운영방식

이와 똑같이 모순된 모습이 교회와 기독교 기관을 운영하는 방식─일터를 관리하는 방식, 고용인에 대한 대우, 리더십 스타일─에도 흔하게 나타난다. 많은 단체가 기독교 단체라 **고백**하지만, **운영방식**은 그렇지 않다.

예를 들어, 지나치게 오랜 시간 직원을 일터에 묶어두는 사역을 생각해 보자. 흔히 볼 수 있는 이러한 관행은 파괴적인 도미노 효과를 낳는다. 그것은 결혼관계를 깨뜨리고, 가정생활을 침해하며, 지역교회에 참여하는 일과 같이 일터 바깥에서 마음을 새롭게 할 수 있는 기회를 빼앗아 버린다. 고용인은 정서적 자원에서 외부의 자원과 단절된 채 일터의 관계에 지나치게 의존한 나머지, 통제와 조작의 대상이 되기도 한다.

미국 국회 사무실에서 8년간 일한 다음 기독교 기관의 임원으로 전직한 유능한 간사가 있었다. "모두가 유명한 정치인에게만 시선을 집중하는 전형적인 의회 사무실에서 벗어나고 싶었다"고 그녀가 내게 말했다. "직원들은 개인적인 삶과 가정과 전문가로서의 정체성을 모두 희생할 것을 요청받았죠." 그러고는 덧붙이기를, "실은 많은 직원들이 국회의원과 병적인 의존관계를 맺고 있었습니다. 자기 상관의 유명세와 공적인 신분을 먹고 살았던 것이죠."

그런데 그녀가 새로운 일을 시작하자마자, 기독교 기관에도 정확히 똑같은 역학이 작동하고 있음을 발견하고는 실망하게 되었다. "그 사역을 위해 살기를 기대했던 거죠. 장시간 근무하고 직장 밖생활은 포기하고 사회관계는 조직 내부로 한정하고……. 그곳 역시 유명한 이름과 병적인 의존관계를 맺는 것은 똑같았습니다." 정서적으로 건전하지 못한 양식이 너무 뚜렷했기 때문에, 그녀는 현명하게도 두 달만에 그 자리를 떠났다.

이런 패턴은 신체 건강에도 좋지 않다. 스트레스 관련 질병을 유발하며 장기적 결근과 생산성 저하를 초래한다. 현재 워싱턴에 있는 어느 두뇌집단의 한 임원은 과거 기독교 사역단체에서 일한 적이 있었는데, 당시 그 단체의 분위기가 너무 부정적이어서 자신에게 스트레스와 관련된 신체적 증상이 생겼다고 했다. 그래서 진단을 받으러 갔더니 의사가 "이런 질병을 가진 사람들이 모두 **같은 단체**에서 일하고 있는 현상을 어떻게 설명해야 할지 모르겠다"고 말했다 한다.

교회와 기독교 단체에 부정적인 경험이 얼마나 흔한지 「영적 학대의 교묘한 힘」과 「영적 학대 치유하기」 같은 자조론 책들이 하나의 장르로 시장에 등장할 정도가 되었다.[22] 이런 책들은 건전하지 못한 조직의 징표를 묘사하고 있다. 그 특징은 통제 중심의 군림형 지도자들이, 유명인사 이미지를 조성할 목적으로 아래 사람들을 몰고 가는 데 있다. 무급의 자원봉사든 유급직이든, 그런 조직에 몸담고 있는 신자는 자신이 일터에서 학대의 대상이 되고 있음을 종종 발견하게 된다.

좋은 단계에서 위대한 단계로

다행스럽게도, 이와 상반되는 긍정적인 사례도 많다. 2003년에 '최상의 기독교 직장 연구소'(BCWI) 조사에서 모범적인 사례들이 여럿 확인되었다.[23] 그 조사는 근로자의 만족도 면에서 최고의 점수를 받은 기관 40개를 발표했다. 발표 내용에 따르면, 가장 유능한 지도자는 일꾼들을 더 큰 목표를 위한 수단으로서가 아니라 조직 사명의 일부로 대우하는 사람이다. 그런 지도자는 '이 사람이 나의 사역을 위해 무엇을 할 수 있을까'를 생각하지 않는다. '이 사람이 영적으로, 전문가로 성장하는 데 내가 무엇을 도울 수 있을까'를 생각한다.

최상위에 속한 조직에서는 종업원들이 자기 지도자를 묘사할 때 한결같이 '겸손하다, 접근하기 쉽다, 잘 보살핀다, 경건하다' 등의 표현을 썼다고 그 조사는 밝혀 냈다. 피닉스 신학교의 대릴 델하우지(Darryl DelHousaye) 교장은 간사들에게 "제가 어떻게 당신을 도울 수 있을까요? 제가 어떻게 축복을 빌어 줄까요? 당신이 성공하도록 제가 어떻게 도울 수 있을까요?" 하고 물었다 한다.[24] 최상의 기관은 종업원들을 양육하는 것을 영적인 사명으로 여긴다.

최상위 그룹에 속한 다른 기관인 휫워스 대학의 빌 로빈슨(Bill Robinson) 학장은 "나는 '[그들] 가운데서' 이끌어 가려고 애쓴다"고 말한다. 이와 관련된 성경구절은 요한복음 1:14이다. "말씀이 육신이 되어 우리 가운데 사셨다…… 그 안에는 은혜와 진리가 충만하였다." 로빈슨은 아무 발표도 없이 종종 학교식당에 들어가 학생들 옆자리에 앉아서 그들이 학교에 대해 어떻게 생각하는지 듣는다. "사람들이 나에 대해 이야기할 때, 내가 사람들 가운데 있고 은혜를 가져오며 진리를 말하는 사람이었다고 이야기하기를 바라는 겁니다."[25]

이런 사례가 구체적으로 보여주는 것은, 섬기는 리더십이 추상적 이상이 아니라 완전히 실천 가능한 것이라는 점이다. 기독교 세계관을 품는다는 것은 성경적 원리들이 타당성을 지닐 뿐 아니라, 온갖 문제 투성이인 현실세계에서 더 실효성이 있음을 전적으로 확신하는 것을 의미한다.[26]

일반 기업들도 이런 원리를 인정하기 시작했다. 요즈음 기독교 경영 분야에서 인기를 누리고 있는 베스트셀러 「좋은 기업을 넘어 위대한 기업으로」(Good to Great)는, **좋은** 기업으로 시작해서 그 기업을 **위대한** 기업으로, 성공의 최고 단계까지 끌고 간 기업가들에 관한 연구에 기초하고 있다. 저자인 짐 콜린스(Jim Collins)는, 천편일률적인 예상과는 반대로 성공적인 지도자들은 "카리스마적이지도 않고 유명인사도 아니다"라고 한다. 그들은 종업원들이 성과를 내도록 채찍질해야 한다고 생각하는 "강하게 밀어붙이는" 유형이 아니다. 오히려 스태프들과 함께 정책을 결정하는, 겸손하고 소박하며 자기를 내세우지 않는 사람들이다.[27] 그는 최근 역사에서 가장 해로운 경향 가운데 하나는, 화려한 유명인사형 지도자를 선택하는 현상이라고 결론짓는다. 그런 전략은 흔히 미지근한 사업을 낳고 결국 내리막길을 걷게 마련이다.

성경의 원리가 단지 주일학교의 경건을 위한 것만은 아니다. 그 원리들은 현실세계에도 타당성이 있기 때문에, 사람들과 회사의 생산성을 높이는 면에서도 더 실효성이 있는 것이다.

아이디어와 글을 도용하는 것

직장에서 흔히 발견되는 또 다른 유형의 학대는, 타인의 일이나 아이디어를 자신의 것으로 도용하는 짓이다. 해리슨 포드, 멜라니 그리피스, 시고니 위버 등이 출연한 1988년도 영화 '워킹 걸'(*Working Girl*)에서, 테스라는 이름의 명석한 비서는 고객을 상대할 때 활용할 수 있는 창의적인 아이디어를 고안한다. 그런데 그녀의 상관은 그녀를 안심시킨 다음 그 아이디어를 훔쳐서 자기의 것으로 가로채려 한다. 물론 여기서 위기에 처한 것은 그 하나의 프로젝트뿐 아니라 테스의 경력 전체다. 고객들이 그녀의 재능을 알아보기만 한다면 크게 도약할 가능성이 그녀에게 있기 때문이다.

믿기 어려울지 모르지만, 그리스도인들도 때로 자기 일꾼들을 이런 식으로 착취하며 하나님이 그들에게 주신 재능을 인정하지 않는다. 이런 일은 동료들 사이에서도 일어난다. 동료에게 어떤 아이디어를 이야기했는데 그가 그 아이디어를 자기 것인 양 상관에게 제안한다. 또한 팀의 리더나 감독이 어떤 프로그램의 성공을 이야기하면서 팀원들의 창의적 작업을 언급하지 않고 모든 공로를 자신에게 돌리기도 한다. 혹은 상관이 자기가 데리고 있는 전문 필자가 쓴 작품을 자기 이름으로 내놓는 경우도 이에 해당한다. 이 모든 사례는, 본인이 다른 누군가의 영적 은사와 소명을 가로채 자기 것이라 주장하는 문제라고 볼 수 있다.

신문방송학 수업에서 강의한 적이 있는데, 한 학생이 무엇을 할지 몰라 몹시 고민하는 모습을 보았다. 그녀는 석사학위를 받고 곧바로 어떤 기독교 기관의 정책분석 담당자로 일하게 되었다. 자신에게 주어진 첫번째 큰 프로젝트를 위해 그녀는 몇 달 동안 자료를 분석한 끝에 뛰어난 보고서를 작성했다. 그런데 작업을 마무리하자, 자기 이름으로 보고서를 발표하겠다는 상관의 말을 듣고는 큰 충격에 빠졌다.

"이 메시지는 내 이름으로 나가야 더 멋지게 보일 거야." 그 상관이 말했다. "우리는 더 많은 주목을 받고, 더 많이 팔고, 더 큰 영향을 미칠 수 있을 거야." 그것은 대중을 속이는 것과 같다는 주장은 소용없었다. 실제 그 일을 해낸 여성이 대필자의 위치로 전락한다 해도 마찬가지였다. 더 큰 문제는, 부정직한 행위가 "사역을 증진하는" 최상의 방법인 것처럼 종교적 언어로 합리화되는 것이었다. 결국에는 그 상관이 "자비를 베풀어" 실제 필자인 그녀의 이름도 표지에 넣기로 동의했으나, 대중은 여전히 그 아이디어가 상관의 것이고 그녀는 전문 필자에 불과하다고 오인할 수밖에 없었다.

기독교 사역과 출판사들이 이런 형태의 기만에 대해 눈을 감는 것—특히 가장 잘 팔리는 저자의 이름과 관련될 때—은 수치스런 일이다. 얼마 전 어느 주요 기독교 출판사의 편집인이 내게 말하기를, 자기가 어느 유명인사에게 출간 예정인 신간의 서문을 써 달라고 부탁해서 허락을 받았다고 했다. 그리고는 대수롭지 않은 듯이 "물론 그 사람이 직접 쓴 것은 아닙니다" 하고 덧붙였다.

최근 나는 한때 저명한 기독교 지도자를 위해 일한 적이 있는 수련회 강사요 저술가인 사람을 만났다. 놀랍게도 그녀는 그 지도자의 이름으로 나가는 모든 것—책·기사·라디오 프로그램 등—을 간사들이 썼다는 사실을 나에게 털어놓았다. "간사들의 태도는, 이런 일로 그분을 성가시게 하지 말자, 우리가 그분 대신에 알아서 처리하자"는 것이었다. 그러는 동안 대중들은 자신들이 이 존경받는 지도자의 생각과 통찰을 얻고 있다고 속는 것이다.

그것으로 얼마나 많은 돈이 사역으로 흘러 들어오는지 모르지만, 대중을 기만하는 관행은 어떤 것이든 금지되어야 한다. "의롭게 살며 적게 버는 것이, 불의하게 살며 많이 버는 것보다 낫다"(잠 16:8). 당신이 할 수 없는 일을 시키기 위해 누군가를 고용하는 것은 전혀 부끄러운 일이 아니라고 저명한 저널리스트 데이비드 아이크만(David Aikman)은 말한다. 전문 필자를 고용하는 것은 납세신고를 하기 위해 회계사를 쓰는 것과 같다. 그러나 당신이 실제로 쓰지 않은 것을 당신이 쓴 것처럼 대중 앞에 가장하는 것은 확실히 도덕적으로 잘못되었다.[28] 기독교 기관이 어떤 결과를 얻기 위해 윤리 원칙을 위반한다면, 하나님께서 그 결과를 사용하시리라 기대할 수는 없다. 우리는 "사업하는 방법 속에 죄를 조립해 넣고서"(내 남편이 만들어 낸 표현이다) 하나님께서 그것을 축복해 주시기를 기대할 수는 없는 노릇이다.

작은 사람이란 없다

우리가 기억해야 할 원리는, 그리스도의 몸에 속한 각 지체에게 각기 독특한 은사가 주어졌으며, 각 지체를 인정하고 존중하며 꽃 피우도록 허용할 때 비로소 그 몸이 전체적으로 가장 잘 작동한다는 것이다. 기독교 기관은 근로자 각각의 은사 개발을 지향해야지, 은사를 질식시키거나 타인을 희생해서 지도자를 세우려 해서는 안된다. 쉐퍼의 표현처럼, "하나님께는 작은 사람이란 없다." 누구를 대하든 다른 목표를 이루기 위한 수단으로 취급해서는 안된다는 뜻이다.[29]

이름 있는 정치평론가가 기독출판사로부터 소설을 써 달라는 청탁을 받았다. 그는 "그런데 나는 칼럼니스트이지 소설가가 아닙니다" 하고 반대의사를 표명했다. "걱정할 것 없습니다" 하고 출판사 측이 답했다. "다른 사람을 시켜 대신 쓰게 할 테니까요."

그 칼럼니스트는 명예롭게도 그 제의를 거절했다. 하지만 이 일화를 통해 많은 출판사들이 명사의 이름을 책표지에 싣기 위해 얼마나 그릇된 방법으로 필자들을 하나의 수단으로 이용하려 하는지 엿볼 수 있다. 기독교 지도자란 자기 유익을 위해 "작은 사람들"을 유용하는 것이 아니라, 그들을 먹이고 세우도록 부름받은 사람임을 망각한 듯하다.[30]

만일 어느 기독교 지도자가 어떤 인물인지 알고 싶다면, 그의 동료나 이사회 임원 또는 그를 숭배하는 이들에게 물어서는 안된다. 그가 자기를 돕는 간사들을 어떻게 대하는지 그들에게 물어 보라. 바로 이것이 카비넌트 신학교 소재 프란시스 쉐퍼 연구소에서 봉직하는 제람 바즈(Jerram Barrs)가 신학생들에게 강조하는 교훈이다. "내가 언젠가 여러분의 교회를 방문할 때, 여러분이 얼마나 위대한 설교자이며 지도자인지 사람들에게 묻지 않을 것입니다." 그는 말했다. "오히려 나는 비서, 사무실 직원, 청소부에게 다가가서 여러분과 함께 일하는 것이 어떠냐고 물을 것입니다. 그들의 응답을 통해 나는, 여러분의 교회에서 어떤 사역이 일어나고 있는지, 또 여러분이 그리스도가 원하는 교회 지도자인지 여부를 더 잘 알 수 있을 것입니다."[31]

성경의 표현을 빌리면, 하나님은 목자들에게 양떼를 강탈할 것이 아니라 먹이라고(강단에서든 다른 형태의 리더십을 행사하든) 명령하신다. 그분은 고대 이스라엘 지도자들을 큰소리로 책망하셨다. "너희는 살진 양을 잡아 기름진 것을 먹고, 양털로 옷을 해 입기는 하면서도, 양떼를 먹이지는 않았다"(겔 34:3). 악한 목자는 양떼에게 좋은 것이 무엇인지 묻는 대신, 다른 이들의 은사와 재능을 착취해서 자기의 필요를 채우고 자신의 의제를 증진시키는 자다.

바울은 다른 사람이 이룩한 것을 자기 것으로 가로채지 않기로 철저히 결심했다. "우리는 주제넘게 다른 사람들이 수고한 일을 가지고 자랑하려는 것이 아닙니다"(고후 10:15). 그리스도의 몸 안에서, 눈은 귀가 아니며(고전 12:14이하) 귀가 하는 일이 자기 일인 양 주장해서도 안된다.

우리는 연설원고 작성자를 공적으로 인정하는 것이 이제 표준으로 자리잡은 정치 영역에서 교훈을 얻을 수 있다. 부시 대통령의 연설문 대부분을 마이클 거슨(Michael Gerson)이 작성한다는 것은 누구나 알고 있는데, 여러 잡지와 신문이 그를 소개해 왔기 때문이다. 아무도 그 사실을 숨기려 하지 않는다. 몇 년 전 나는 헤리티지 재단에서 열린 상원의원 릭 산토럼(Rick Santorum)의 강연을 들으러 간 적이 있었다. 그는 "시작하기에 앞서, 이 강연을 위해 연구조사를 하고 원고를 써 준 간사들, 마크 로저스와 시드니 리치 두 사람에게 감사를 표하고 싶다"고 말했다. 그런 후에 강연을 해나갔다.[32] 우리 주변의 사람들을 세워 줄 마음만 있다면 진실을 이야기할 방법은 얼마든지 있다.

이를 뒤집어 말하면, 그리스도의 몸에 속한 지체들이 자신의 일에 소유권을 주장하는 것은 전적으로 타당하다고 할 수 있다. 시편 95:5은 사유재산을 옹호하는 성경 내용을 담은 핵심구절이다. "바다도 그의 것이며, 그가 지으신 것이다. 마른땅도 그가 손으로 빚으신 것이다." 여기에 함축된 의미는 주께서 땅을 만드셨기 때문에 땅이 주님의 것이라는 뜻이다. 이와 똑같은 원리가 하나님의 형상으로 지음받은 인간에게도 적용된다. 우리가 창조한 것은 우리의 것이라는 말이다. 우리가 한 일에 대해 책임을 지는 것—공로와 비난, 이익과 손해를 모두 받아들이는 것—은 인간의 존엄성을 구성하는 중요한 요소다. 우리의 일은 우리 내면의 자아와 성품을 외적인 형태로 표현하는 가장 중요한 방법 가운데 하나다. 일이란 우리가 정말 어떤 인물인지를 다른 사람이 알 수 있는 주요 "열매"다. 그러므로 한 사람을 그 자신의 일의 "열매"로부터 떼어 놓는 것은 대단히 비인간적 행위인 셈이다. 거듭해서 성경에 드러나는 사실은, 하나님의 축복의 표시는 "너희가 수고하여 가꾼 열매를 먹게 될 것"인 반면에, 그분의 징계의 표시는 "다른 이들이 너희가 심은 것을 먹게 될 것"이라는 것이다(신 28:30, 미 6:15, 4:4, 시 128:2의 예를 보라). 신약성경에서 바울은 이렇게 충고한다. "각 사람은 자기 행실을 살펴보십시오. 그러면 자기에게는 자랑거리가 있더라도,

남에게까지 자랑할 것은 없을 것입니다"(갈 6:4).

　성경 전반에 흐르는 원칙은, 우리에게 하나님이 주신 은사를 청지기답게 사용할 책임이 있다는 것이다. 한번은 다윗 왕이 어느 농부의 밭에 제단을 쌓으려 하자, 그 농부는 그 밭과 더불어 소와 땔감을 제물로 그냥 주겠다고 제의했다. 그러나 다윗은 그 어느 것도 받기를 거절하면서 그 이유를 다음과 같이 뚜렷하게 밝혔다. "주님께 드릴 것인데, 내가 값을 내지도 않고 그대의 물건을 그냥 가져가는 일은 하지 않겠소. 또 거저 얻은 것으로 번제를 드리지도 않겠소"(대상 21:24). 이것을 오늘날에 적용하면, 우리가 다른 사람이 한 일을 "주님께 드리려고" 가져가는 짓을 해서는 안된다는 것이다. 또한 "거저 얻은 것"을 제물로 삼아서도 안된다. 실무를 담당한 사람이 프로젝트의 기획, 연구조사, 창의적인 분석, 그 밖의 여러 과정을 거치면서 값을 지불한 셈이기 때문이다. 그 작업에 착수하기까지 수년 동안 희생적으로 연구하고 준비한 것은 별개로 하더라도 말이다. 우리는 각기 자신의 은사를 개발할 책임이 있으며, 착취의 관행을 "주님을 위한 것"이라는 식으로 변명해서는 안된다.

　착취와 기만을 일삼는 관행은 동심원을 그리며 퍼져 나가는 파문처럼, 계속해서 넓은 원을 그리며 그 영향력을 확대하기 마련이다. 하나님께 중요한 메시지나 사역을 은사로 받은 "작은 사람들"이 많이 있다. 그들은 사역이 제대로 인정되고 알려지기만 한다면 보다 널리 유익을 끼칠 수 있는 사람들이다. 하지만 유명인사의 이름 아래 여러 명의 필자와 편집인, 홍보 전문가 등 온갖 자원을 갖춘 기관의 대표와 누가 경쟁할 수 있겠는가? 그들은 실재보다 큰 표준을 설정해 놓고 재정을 비롯한 여러 후원을—그들이 아니었다면 보다 가치 있는 일에 사용되었을—여러 재단과 기부자들에게서 끌어내고 있다. 결국 전체 교회는 작은 자들의 은사로 인한 유익을 얻지 못하게 된다. 정당한 공로를 인정하는 것은, 보다 효과적인 사역을 위해 그리스도의 몸 안에 있는 은사들을 드러내는 데 목적이 있다.

섬기는 지도자

커트 센스키는 불과 서른여섯 살 무렵, 한 회사의 경영을 떠맡게 되었다. 당시 그 회사는 적자를 거듭하는 상황이었지만, 그는 팀을 꾸리고 서로 협력한 끝에 불과 3년 만에 상황을 역전시켜 놓았다. 그들의 성공 열쇠는 무엇이었을까? "우리는 건실한 기독교적 리더십 전략을 따랐습니다. 아래로부터 섬기는 리더십(servant leadership)의 원칙을 실천하고 종업원들을 귀하게 여기는 건강한 문화를 창조했습니다."

섬기는 지도자란 무엇인가? 센스키의 말에 따르면, 사람들을 어떤 목적을 위한 수단으로 이용하지 않는 사람이다. 아울러 그는 언제나 "나는 사람들을 세워 주고 있는가, 아니면 나 자신을 세우면서 그들을 이용하고 있을 뿐인가?" 하고 스스로 자문한다. 섬기는 지도자는 "투명한" 분위기를 만들어 모든 적절한 정보가 자유로이 공유되고, 따라서 누구나 책임 있는 결정을 내릴 기회를 갖게 한다. 끝으로, 섬기는 지도자는 명령과 통제 중심의 방법을 버리고, 모든

사람이 지도자로 자라며 하나님이 주신 재능을 힘껏 활용할 수 있는 문화를 창조한다.[33]

이런 성경적 원리들 가운데 센스키에게 미사여구에 불과한 것은 하나도 없었다. 그는 그 원리들을 현실로 만들기 위해 여러 달에 걸쳐 땀 흘리고 기도했다. 잠을 못 이루는 밤도 많았다. 결국 그런 각고의 노력은 사업의 성공으로 보상을 받았다.

그리스도인이라면 성경적 원리가 단지 추상적 의미에서 참될 뿐 아니라, 우리의 일과 사업과 개인적인 삶의 현실에서도 타당한 것임을 똑같이 확신해야 한다. 만일 어떤 사역이나 사업이 성경의 원리에 위배된다고 느낄 때면, 우리는 그 일을 속히 멈추고 사람들에게 책임감을 일깨워 주는 작업을 시작해야 한다. 우리가 그에 따르는 대가를 지불해야 할지라도 말이다. 자기 입장을 분명히 표현한 종업원 하나가 궁극적으로는 아무것도 바꾸지 못할 수도 있다. 오히려 일자리를 잃을 위험도 있다. 그가 그런 위험을 홀로 감수하지 않도록 하는 것이 곧 교회의 책임이다. 레슬리 뉴비긴이 기록했듯이, 동료 그리스도인들은 권력을 향해 진실을 말하는 자들을 지원할 준비와, 그로 인한 대가를 지불할 준비를 하고 있어야 한다. 도덕적 용기 때문에 생계의 위협을 받는 사람들을 재정적으로 후원할 준비까지 해야 한다.[34]

비성경적 관행에 타협하며 사는 삶은 잘못일뿐더러 무정한 것임을 잊어서는 안된다. 불의한 상황을 묵인하는 것은, 사랑에서가 아니라 부정적인 영향을 두려워하는 데서 나온다. 우리가 타인에게 경건하고 거룩한 사랑을 베풀고 싶다면, 기꺼이 위험을 감수하면서 문제를 정면으로 돌파하는 사랑을 실천해야 한다.

안일한 대처에는 많은 위험이 따른다. 만일 당신과 내게 기독교 내부의 세상적이고 악한 관행을 정면으로 지적할 용기가 없다면, 강력한 권력을 가진 세속 지도자들과 맞설 용기는 어디서 얻을 수 있을까? 보병과 함께 달릴 수도 없으면서, 말과 함께 달릴 수 있으리라 상상하는 것은 스스로를 기만하는 일이다(렘 12:5). 우리가 초자연주의자의 의자에 앉을 때에야 비로소, 대가를 치르고서도 옳은 일을 할 용기를 품을 수 있을 것이다.

"잘못함"으로써 바로잡다

쉐퍼가 모든 것을 포기하고 라브리를 시작했을 때 보여준 용기가 바로 그런 것이었다. 라브리를 통해 그가 개발한 대안적인 사역모델은 지금까지도 우리에게 상당한 교훈을 준다. 이제 그가 쓴 글을 넘어, 삶과 사역을 통해 그가 이룩한 실제적인 모델에 대해 생각해 보자.

오늘날 많은 사역단체가 활용하고 있는 전략과 비교해 볼 때, **쉐퍼는 모든 면에서 잘못하고 있었다**고 말할 수 있을 것이다. 그는 유명인사의 행로를 피했으며, 아무도 들어본 적이 없는 대서양 건너편 산골짜기에서 사역을 펼쳤다. 많은 기독교 지도자들이 모금을 위해 홍보와 자기 과시와 이름값 높이기에 열을 올리고 있는 동안, 쉐퍼는 스위스 알프스에 숨어 대중의 눈에 전혀 띄지 않는 작은 사역을 시작했다. 우리의 타고난 야망에 대해 "죽을 것"에 대해 썼을 때, 그는 단순히 신학적 교리를 앵무새처럼 되풀이한 것이 아니었다. 어렵게 얻은 개인적 체험에서 나온 통찰이었다.

그는 자기 이름을 날리고 후원자를 확보하기 위해 대규모 마케팅 기법을 쓰지도 않았다. 그는 기금조성 부서를 만들어서 기금 마련 편지, 광고문안, 사은품 제공을 끝없이 찍어 내는 일도 하지 않았다. 그 대신 그는 소박한 기도 후원자 명단으로 시작했고, 그의 아내 이디스가 개인적인 편지들을 타이프로 쳐서 발송했을 뿐이다.[35]

이보다 더 주목할 것은, 그가 자기 자녀들의 친구들에게 말을 거는 것으로 사역을 시작하려 했다는 점이다. 그의 자녀들이 자라서 산 아래 로잔에서 대학을 다닐 무렵, 친구들이 영적인 질문을 제기할 때면 그들은 이렇게 말했다. "너, 우리 아빠를 꼭 만나봐야겠다." 산기슭에 자리한 그들의 집은 한번 가기가 쉽지 않았고, 때문에 일단 도착하면 하룻밤을 묵어야 했다. 이곳을 오간 학생들은 나중에 자기 친구들에게 알프스에 숨어 사는, 염소수염에 강력한 메시지를 겸비한, 진지한 작은 인물에 대해 이야기했다. 그 이야기를 전해 들은 학생들이 또 다른 친구들에게 이야기를 전했고, 얼마 후 쉐퍼는 찾아오는 학생들을 소파와 바닥과 복도 등 집안 곳곳에서 재워야 했다.

이것이 라브리가 가정에 근거한 사역으로 성장한 이야기다. 쉐퍼 일가가 실제적인 문제에 대해 실제 사람들과 이야기하는 가운데 만들어진, 철저히 유기적인 과정이었다. 5개년 마케팅 계획도, 목표와 목적을 나열한 도표도, 기부자에게서 많은 헌금을 거둬 내는 일도, 이미지를 높이기 위한 홍보 캠페인도 없었다. 하나님 자신이 선택한 사람들을 데려다 주시기를 쉐퍼 일가가 기도하는 가운데, 그 사역은 순전히 입소문만으로 자라났다.

과거에 쉐퍼를 알던 이들은, 그가 미국에서 대규모 청중을 상대로 강연하고 대규모 기관을 세울 기회를 포기한 것을 두고 미친 짓과 다름없다고 생각했다. 일부는 그가 자기 은사를 낭비했다고 비난하며 성을 내고 비판하기도 했다. 그저 사람들에게 **이야기하다** 니 그것이 대체 무슨 사역인가 하고 그들은 물었다. 나중에 쉐퍼는 어느 설교에서, 설령 우리가 수천 명에게 강연할 수 있다 하더라도 우리는 그 사실에 대해 죽고, 한번에 한두 사람에게 이야기하려 해야 한다고 했다. 확실히 그의 통찰은, 때로 악의에 찬 비난까지 감내하면서도 하나님의 인도하심을 따라가는 용기의 열매였다. 그것은 결코 추상적인 생각이 아니었던 것이다.

이 독특한 사역이 가능했던 것은, 어디까지나 라브리가 팀 사역을 했기 때문이다. 프란시스와 이디스는 협력해서 함께 일했고, 사람들을 집으로 초대해 그들을 위해 자신을 전적으로 내놓았던 것이다. 언제나 인자한 이디스는 하는 일마다 우아함과 아름다움의 손길을 더했고, 식탁에는 항상 초와 신선한 꽃을 준비해서 음식을 대접했다. 또 그녀는 남편과 함께 전도사역과 가르침과 상담에 열렬히 동참했고, 마약을 끊은 이들이나 인생의 의미에 대해 고뇌하는 이들의 손을 꼭 잡아 주기도 했다. 라브리에서 나와 가까이 지낸 한 친구는, 나와 함께 연주한 음악가였고(우리는 듀엣으로 같이 연주했다) 한때 마약을 하고 비술을 행하던 레즈비언이었다. 눈물과 기도가 가득한 시간을 거쳐 그녀를 주님께 인도한 이가 바로 이디스였다.

유명인사가 수련회에 와서 강연을 하고 가버리면, 청중은 그의 개인적인 성품이 그가 전한 메시지와 일치하는지 알 도리가 없다. 그러나 쉐퍼의 가족은 날마다 학생들과 함께 지내면서, 기독교 메시지가 현실의 어려운 압박 속에서도 진정 참된 것임을 보여주는 산 증인이 되었다. 그들의 사역이 한 세대 동안 젊은이들을 변화시키는 데 기여했던 이유가 여기에 있다. 떠날 때가 되어 그곳을 떠나는 학생들 다수가, 강의와 토론을 통해 얻은 지적인 답 못지않게 진정한 공동체를 경험한 것이 그들이 회심하는 데 도움이 되었다고 말했다.

수많은 사역단체가 계속해서 성장해야 한다는 압박에 끊임없이 시달린다. 매년 더 많은 숫자와 더 인상적인 성과로 후원자들을 감동시켜 그들로 하여금 후원금을 보내도록 해야 하기 때문이다. 이와는 대조적으로, 나는 쉐퍼가 어느 강연회에서 만일 언젠가 돈이 더 이상 들어오지 않으면 어떻게 되겠느냐는 질문에 답하는 것을 들은 적이 있다. 그는 간단하게 답했다. "글쎄요, 그러면 우리는 더 작아지겠지요." 강연장은 그처럼 자만하지 않는 참신한 반응에 온통 박수갈채를 보냈다. 하나님께서 라브리에 정한 때와 뜻이 있기에, 그 뜻이 이뤄지면 그것으로 끝이라는 것이 쉐퍼의 생각이었다.

오늘날 수많은 사역에 만연한, 정신없이 성공을 추구하는 태도와 얼마나 다른가! 그래서 쉐퍼가 떠나야 했을지 모른다고 철학자 존 반더 스텔트(John Vander Stelt)는 말한다. 그는 "서구문화의 요새에 침투하기 위해 스위스의 산골짜기로 '도망가야' 했던 것이다."³⁶ 쉐퍼는 메시지와 방법 모두에서, 당대보다 오늘날에 더 적실하고 강력한 모델을 남겼던 것이다.

참된 영성

최근에 한 여론조사 기관(Zogby/Forbes ASAP)은 응답자들에게 어떤 사람으로 알려지기를 원하는지 물어 보았다. 똑똑한 사람? 멋진 사람? 유머가 많은 사람? 응답자 가운데 절반이 예기치 않은 답에 표시했다. 그들은 "믿을 만한" 사람으로 알려지기를 바란다고 했다.³⁷ 거짓과 허풍이 판치는 세상에서, 포스트모던한 세대는 무엇인가 참되고 진실한 것을 절실히 찾고 있다. 우리 교회와 기독교 단체가 진정한 삶의 모습을 보여주지 않는다면, 또한 상호관계 및 생활 방식에서 하나님의 성품을 드러내는 참된 공동체가 되지 않는다면, 그들은 결코 그리스도인을 진지하게 대하지 않을 것이다.

　순전히 어떤 이미지만 전달하는 광고 기법이 돈은 끌어올지 몰라도, 그것이 진정으로 영적인 일을 이루는 수단은 될 수 없다. "교회가 진리를 말하는 방식은, 현대적인 선전 기법에 맞춰지는 것이 아니라 예수의 제자에 어울리는 소박함, 진지함, 현실성이어야 한다."³⁸ 레슬리 뉴비긴의 글에서 인용한 말이다. 교회는 참으로 사랑과 하나됨을 구체적으로 보여줌으로써 복음을 증거하도록 부름받았다.

　로마제국 치하의 초대 교회가 그 이웃에게 가장 감명을 주었던 것은, 신자들 사이에 목격할 수 있었던 사랑의 공동체였다. "보라, 저들이 얼마나 서로를 사랑하는지"라고 사람들이 말했던 것이다. 각 시대마다 복음에 대한 가장 강력한 증거는 말이나 논증이 아니라, 그리스도인이 말과 행위를 통해 서로서로 사랑함으로써 하나님의 성품을 생생하게 보여주는 것이었다. 복음은 "실체가 없는 메시지"가 되어서는 안된다고 뉴비긴은 쓰고 있다. 복음은 "그것을 믿고 그것으로 사는 남녀로 이루어진 회중" 안에서 구체적인 실체로 나타나도록 되어 있다. 즉 그들의 상호관계가 하나님의 아름다운 성품을 반영해야 한다는 말이다.[39]

어떤 의미에서는, 이번 장이 맨 처음 장이 되었어야 했을지 모르겠다. 이번 장의 메시지야말로 다른 모든 것으로 이어지는 길목과 같기 때문이다. 배척받고, 죽임당하고, 살아나는 기독교 영성은, 기독교적 지성을 개발하는 일을 포함한 그리스도인의 삶 전반에 걸쳐 핵심적 위치를 차지한다. 우리가 하나님과 협력하여 죄와 자아에 대해 죽을 때에야 비로소 "그리스도의 마음〔지성〕"(고전 2:16)을 받을 수 있다. 하나님께서 우리에게 은혜를 베푸셔서, 우리를 주목하는 세상 앞에 그분의 존재를 진정으로 증거하는 증인으로서, 나와 당신이 참된 삶과 공동체를 이루는 세계관 선교사들이 되도록 인도해 주시기를 간절히 바란다.

부록 1 _ 미국의 정치는 어떻게 세속화되었는가

오늘날 미국의 정치적 자유주의 핵심에는 여전히 사회계약론이 놓여 있다. 4장에서 우리는 루소의 사회계약 사상을 논의했고, 10장과 11장에서는 그 이론이 미국의 건국 직후에 얼마나 큰 영향을 끼쳤는지를 살펴보았다. 또한 원자론적 개인주의를 특징으로 하는 자유주의 사회관을 복음주의자들 다수가 어떻게 수용하게 되었는지 그 경위를 추적했으며, 12장에서는 그것이 미국 가정의 모습을 어떻게 변모시켰는지를 살펴보았다. 그러므로 이 철학 전통을 보다 깊이 이해하는 것은 무척 중요하다.

아울러 우리가 포착해야 할 가장 중요한 논점은, 애초에 그 사상이 발달하게 된 사유다. 사회계약론이 발흥하는 데 원동력이 된 것은 정치사상의 세속화였다.

중세를 통틀어서 교회와 국가, 교황과 황제 사이에 치열한 다툼이 계속되면서, 한 편이 일정 기간 우세해지면 그 다음에는 다른 편이 균형을 회복하는 형국이 반복되었다. 그러나 종교개혁 후에 중요한 전환점이 있었다. 중세교회의 분열은 기독교 세계의 종교적 통일을 이미 깨뜨린 상태였으나, 양 진영은 계속해서 영토에 따른 교회관을 견지하고 있었다. 즉 특정한 나라 혹은 지역에 살고 있는 자는 누구나 같은 신앙을 가져야 한다고 생각했다. 그 결과, 16세기 말에서 17세기에 걸친 1백 년이 넘는 기간 동안, 유럽 전체가 종교전쟁에 휩싸여 버렸던 것이다. 수많은 사람들이 핍박을 피해 자기 나라에서 다른 나라로 도망치는 종교적 난민이 되었다.[1]

이처럼 한 세기에 걸친 종교전쟁은 도덕과 정치를 바라보는 사람들의 태도에 어떤 영향을 주었을까? **종교적 이견을 두고 기꺼이 피를 흘리려는** 그리스도인들의 모습을 본 사람들은, [기독교 이외의] 다른 데서 사회질서를 위한 토대를 찾기 시작했다. 그들은 종교로부터 자율적인 세속적 담론의 장을 찾았다. 그것이 싸움에 빠진 종교 분파들 간에 평화를 가져올 "중립적" 영토의 역할을 하리라 기대했기 때문이다. 제프리 스타우트(Jeffrey Stout)가 설명하듯, 많은 이들이 "비종교적인 수단을 마련해서 공적으로 중요한 문제들을 논의하고 결정하는 것 외에는 신앙의 차이에 따른 폭력적 결과를 봉쇄할 길이 없다"고 생각하기에 이른 것이다.[2]

그때까지만 해도 국가는 제도적으로 교회로부터 독립해 있기는 했으나 하나의 도덕적이고 영적인 실체로 간주되고 있었다. 하나님의 뜻에 따라 제정된 국가의 의무는 정치 공동체의 "공동선"을 보호하는 것이었고, 공동선이란 절대적인 공평과 자비와 정의(이런 용어들은 신적 계시에 의거해 정의되었다) 같은 도덕적 견지에서 규정되었다. 통치자들은 스스로를 만국을 다스리는 하나님의 의로운 통치에 참여하거나 혹은 그것을 중재하는 존재로 생각했다. 거기에는 "참 종교"를 보호하고 교회를 지원하는 의무도 포함되어 있었다.

그러나 종교개혁 이후로 사람들은 **어느 교회인가**를 묻기 시작했다. 그리고 교회 간의 백년전쟁을 겪은 후에는, 국가가 어떤 교회도 지원해서는 안된다고 다수가 응답하기 시작했다. 심지어는 국가의 도덕적 기능까지 반대하기 시작했다. 도덕이란 종교에서 유래하기 때문에, "공동선"을 지지하는 종교적 개념은 그와 경쟁관계에 있는 종교에 의해 도전받을 수 있기 때문이라는 것이 그 이유였다. 그래서 순전히 세속적인 기초를 발견해야 한다고 생각했다.[3]

이런 도전에 응한 첫번째 인물이 토마스 홉스였다. 그는 죽음을 두려워하는 것이 정치질서의 궁극적 기초라고 주장했다. 홉스에 따르면, "자연 상태"는 적대적이고 폭력이 난무하는, 이른바 만인의 만인에 대한 투쟁 상태이다. 죽음의 위협이 모든 것 위에 드리워져 있고 (그의 유명한 표현을 빌자면) 인생은 "외롭고 가련하고 더럽고 잔인하며 짧은" 것이다. 각 개인은 자기 생명을 보존할 자연스런 "권리"를 갖고 있으며 그것을 위해서는 무슨 짓을 해도, 심지어는 도둑질이나 살인까지 해도 괜찮다. 개개인이 자기 방어권 같은 특정한 권리를 자발적으로 포기하고 그것을 시민 당국에 양도한다면 더 유쾌한 삶을 살 수 있으리라고 결정하는 시점에서 국가가 발생하는 것이다. 이 같은 권리의 양도를 계약이라 하며, 홉스에게는 이것이 모든 도덕적 의무의 기초가 된다.

여기서 중요한 점은, 사회적 의무라는 것이 더 이상 공의 같은 초월적 원칙에 의거하거나 시민사회를 위한 "공동선"에서 유래하지 않는다는 사실이다. 사회적 의무는, 사람들이 자신의 이해관계에 따라 권리 일부를 계약에 의해 양도하기로 결정할 때에 발생하는 순전히 개인적 선택의 산물일 뿐이다. 이는 시민사회의 기초가 보다 고상한 선이 아니라 개인의 자기보존을 위한 생물학적 충동에 있다고 보는, 다윈보다 앞선 자연주의의 한 형태인 것이다.

존 로크도 이와 비슷한 시나리오를 제시했다. 차이점은 사회질서의 궁극적 근원을 굶주림이라고 본 것이다. 가장 기본적인 권리는 먹을 권리이며, 죽음의 위협은 (홉스의 경우처럼) 타인으로부터 오는 것이 아니라 굶주림에서 온다. 개인들은 먹을 것을 찾거나 스스로 재배하기 위해 노동하다 보면 사유재산을 창출하게 되는데, 자기 재산을 보다 효과적으로 지키기 위해 다른 이들과 사회계약을 맺게 된다. 그런데 로크는 홉스나 루소에 비해 국가에 훨씬 제한된 역할을 부여했기 때문에, 정치적 보수주의자들이 선호하는 인물이 된 것이다. 하지만 그는 다른 사회계약론자들과 마찬가지로, 시민사회의 기초를 더 고상한 선에 두지 않았다. 오히려 자기이익에 눈 뜬 개개인이 만들어 낸 것으로 그 기초를 그렸다. 로크가 그려 낸 사회상(像)은 원자론적 모습을 띠었고, 거기서 궁극적으로 존재하는 것은 각 개인과 그들의 결핍과 필요가 전부였다.

루소는 (우리가 4장에서 살펴본 것처럼) 시민사회의 유래를 "자기애" 혹은 자기보존이라는 자연적인 본능에서 찾았다. 따라서 사회계약론자들 모두가 정치질서의 궁극적 기초를 순전히 세속적인 데 둔 셈이다. 그들은 종교에서 유래한 도덕적 이상이 아니라, 순전히 자기보존이라는 자연스런 생물학적 본능에서 시민사회의 토대를 찾았다. 정치적 정통성의 유일한 근원은 바로 각기 고립된 자율적인 개인들의 합의라는 것이다.

아이러니하게도, 사회계약론은 인간 본성에 대해 전혀 비현실적인 개념을 전제로 삼고 있다. 자연 상태라는 시나리오에 등장하는 원자론적 피조물은 독립적이고 충분히 성숙하며 자율적인 개인의 모습을 띠고 있다. "그 이론은 21세 성인 남성의 이미지에서 시작한다"고 기독인 정치이론가 폴 마샬(Paul Marshal)은 논평한다.[4] 물론 누구도 그런 모습으로 세상에 오지는 않는다. 우리 각자는 가정과 복잡한 사회적·종교적·시민적 질서 가운데 의존적이고 무력한 아기로 태어나 인생을 시작한다. 오직 타인이 베푸는 사랑과 교제를 통해, 우리는 성숙하고 독립된 피조물로 자라게 된다. 버트런드 드 주버날(Bertrand de Jouvenal)이 평한 것처럼, 사회계약론은 "자신의 어린 시절을 잊어 버린 것이 분명한, 자녀 없는 남자들의 견해다."[5] 생물학과 역사는 둘 다 인간이 태어나면서부터 사회적 존재임을 가르치고 있다.[6]

이처럼 비현실적인 전제에서 출발했음에도 불구하고, 사회계약론은 미국에서 가장 지배적인 정치이론이자 세속화를 부추기는 강력한 세력이 되었다. 우리가 이미 살펴본 것처럼, 다양한 형태의 사회계약론을 하나로 묶어 주는 연결고리는, 초월적인 도덕적 이상을 거부하고 생물학적 충동이라는 가장 낮은 수준의 공통분모를 정치질서의 토대로 삼은 것이었다. 종교적 관점은 주변으로 밀려난 반면에, 국가는 근대사회에서 핵심적인 위치를 이양받게 되었다.

최대의 비극은, 18세기와 19세기의 많은 복음주의자들이 당시에 무슨 일이 일어나고 있는지 제대로 인식하지 못한 점일 것이다. 그들은 진리에 대한 이층적 개념을 포용한 나머지, 정치철학을 하층부에 속한 "과학"으로 여겼고 그에 대한 독특한 기독교적 관점을 개발할 필요가 없다고 생각했다. 그 결과 당시의 많은 복음주의자들이 세속적 정치철학, 특히 존 로크의 사상을 수용했다. 로크 개인의 신앙(이에 대해서는 끝없는 논쟁이 이어지고 있다)이 무엇이었건 간에, 근본적으로 세속적인 그의 정치이론이 시민사회의 토대를 공평과 정의 같은 도덕적 선이 아니라 전적으로 개인의 자기이익에 두었다는 점은 의심의 여지가 없다.

복음주의자들은 어떻게 이런 점을 놓칠 수 있었을까? 조지 마스덴이 설명하듯이, "정부에 관한 로크의 계약론은 사실상 청교도의 언약 개념과 매우 흡사했다. 그래서 본질상 세속적인 그 이론적 기반을 비판하는 일이 중요하다고는 누구도 생각하지 않았던 것 같다."[7] 하층부를 철학적 중립지대로 취급한 탓에, 그리스도인은 **이질적인** 철학을 인식하는 데 실패했고 때로는 자기도 모르게 그것을 수용한 것이다.

우리 시대에도 많은 이들이 정치에 환멸을 느끼고 영적으로 만족하지 못하는 이유가 이런 세속화 과정으로 설명이 된다. "홉스와 로크의 자유주의는 자기보존과 부에 대한 욕망이라는 비교적 '낮은' 인간적 목표에 기초를 두고 있다"고 스탠리 커츠(Stanley Kurtz)는 쓰고 있다. 이는 "근대성의 핵심에 있는 만성적 환멸"을 잘 설명해 준다.[8] 인간은 본질상 도덕적 존재이며, 우리는 공동의 삶에서도 가장 높은 도덕적 이상이 표출되기를 갈망한다. 궁극적으로 시민생활에 대한 세속적 견해는, 공평과 정의에 헌신하는 도덕적 공동체 가운데서 더불어 살고 싶어하는 인간의 갈망을 채워 줄 수 없는 것이다.

부록 2_ 현대 이슬람교와 뉴에이지 운동

그리스도인은 때로 뉴에이지 운동을 1960년대의 반문화 운동이 남긴 찌꺼기 정도로 생각하기 쉽다. 그러나 이는 위험천만한 과소평가일 수 있다. 이 운동의 핵심에는 범신론적 신앙이 자리하고 있는데(4장을 보라), 그것은 서양과 동양 그리고 (이슬람교가 지배적인) 중동 등 거의 모든 시대와 문화에 출현했던 지극히 넓은 종교적 경향에서 유래한 것이다. 9·11 사태 이후 전세계가 이슬람문화에 관심을 집중하고 있다. 우리도 오늘날의 문화적·정치적 사건들을 이해하려면 이 폭넓은 종교적 경향을 제대로 이해할 필요가 있다.

    서구에서부터 이야기를 시작해 보자. 우리의 논의 주제인 유사 범신론사상은 3세기 고대 헬라인과 더불어 뿌리를 내렸다. 당시는 아시아 종교들이 고대 헬라문화 가운데 유행한 시기였는데, 이런 현상은 훗날 1960년대 미국에서도 반복되었다. 그 결과 탄생한 학파가 플라톤의 철학과 인도의 범신론이 합쳐진 신플라톤주의였다.

여기서 "신"(neo)이란 말은 새롭다는 뜻이기 때문에, 그것이 뉴에이지 운동의 고대판이었다고 생각해도 무방하다.

이처럼 동서양을 융합시킨 사조의 주요 대변인은 플로티누스(Plotinus)였다.[1] 그는 이 세상이 비인격적인 영 또는 절대자에게서 나온 "유출물"이나 방사물―빛이 태양에서 나온 방사물이듯―이라고 가르쳤다. 이 방사물의 최저 수준에 물질이 있는데, 그것은 무한한 선(Infinite Goodness)에서 가장 멀리 떨어져 있기 때문에 악한 성향을 지닌다. 달리 말하면, 신체적·물질적 물체 자체가 일종의 죄로 간주되었으며, 우리는 거기서 구원받아야 했다. 어떻게 하면 구원을 받을 수 있을까? 몸의 욕망을 억누르는 금욕적 행위를 통해서였다. 목표는 영을 몸의 "감옥"에서 해방시켜 그 기원인 무한으로 다시 흡수되게 하는 것이었다.

이런 생각은 동양의 범신론과 매우 유사하다. 현대의 일부 힌두교도들은 플로티누스를 자기들과 동류로 인정할 정도다. 스와미 크리슈나난다(Swami Krishnananda)는 "유명한 신비주의자인 플로티누스의 견해는 베단타(Vedanta)철학에 가장 가까우며, 실제로 동양의 현자들과 완전히 의견을 같이한다"고 했다.[2] 다른 학자들도 이에 동의한다. 여러 글을 편집해 엮은 「신플라톤주의와 인도철학」(Neo-Platonism and Indian Philosophy)이라는 책은, "플로티누스(기원 후 205-270)의 철학체계와 여러 세기에 걸친 다양한 힌두철학의 체계 사이에 놀랄 만큼 유사성이 있음"에 주목한다.[3] 양쪽 모두 하나님을 인격적 존재가 아니라 비인격적 본질로 간주하고 있다.

신플라톤주의는 처음부터 하나의 철학일뿐더러 신비적 종교이기도 했다. 사실 그 사조가 정립된 배경에는 기독교를 반대하려는 의도가 부분적으로 있었다. 즉 고대의 이교주의가 기독교에 대항해 싸울 때 무기로 사용하려 한 것이다. 4세기에는 배교자 율리아누스 황제가 기독교를 로마제국의 공식 종교의 자리에서 쫓아내고 신플라톤주의로 대치하려 한 적도 있었다.

놀라운 사실은, 그럼에도 불구하고 많은 초대 그리스도인들이 신플라톤주의에 공감했으며 그로부터 큰 영향을 받기도 했다는 점이다. 대표적인 인물로는 알렉산드리아의 클레멘스, 오리게네스, 아우구스티누스 등을 들 수 있다. 5세기 말에는 이 반(半)동양적인 철학이 기독교와 종합되기에 이르렀는데, 거기에는 사도 바울에 의해 1세기에 회심했다고 자처하는 아레오파고스의 디오니시오스(Dionysius the Areopagite)라는 무명의 필자가 있었다. 나중에 유사 디오니시오스로 알려진 그는 기독교화된 신플라톤주의를 제시했고, 이것이 중세에 굉장히 영향력 있는 사조가 되었다. 그의 저술은 9세기 중반 즈음에 존 스코투스 에리게나에 의해 라틴어로 번역되었으며, 이후 신플라톤주의는 헬라사상을 후대로 전하는 주요 통로가 되었다. 그것은 마이스터 에크하르트(Meister Eckhart)와 야콥 뵈메(Jacob Boehme)를 비롯한 여러 신비주의운동에 커다란 영향을 끼쳤다. 또한 피치노(Ficino)와 피코 델라 미란돌라(Pico della Mirandola) 같은 르네상스 인문주의자들 사이에서도 인기가 높았다. 심지어 근대 초기의 과학자들 가운데 많은 이들이 신플라톤주의 자연철학을 견지했고 거기서 영감을 받아 과학작업을 하기도 했다.[4]

훗날, 신플라톤주의의 철학적 관념론은 19세기의 낭만주의운동에 중대한 영향을 주었는데, 그 사조는 궁극적 실재를 영(Spirit)이나 정신(Mind), 절대자(the Absolute)로 보았다. 독일의 역사주의에서는 절대자가 진화론적 색채를 띠게 되어 낮은 차원에서 일련의 단계를 거쳐 더 높은 차원으로 계속 진화하는 것으로 간주되었다. 20세기 초에는 이런 개념이 과정신학으로 근대화되어, 하나님 자신이 진화의 과정 속에 깊이 연관되어 있는 것으로 여겨졌다. 즉 그분을 세계와 함께 진화하는 내재적이고 유사 범신론적인 신으로 본 것이다(8장을 보라). 비슷한 시기에, 영원의 철학이라는 이름 아래 동양종교와 서양 신비학(occultism)의 새로운 혼합형이 등장했다. 내가 십대 때 읽은 올더스 헉슬리의 「영원의 철학」에서 마주친 사상이 그것이다(4장을 보라).

내가 이처럼 주마간산 식으로 역사를 개괄하는 이유는, 비틀즈가 마하리쉬의 제자가 되기 오래전에 이미 다양한 형태의 유사 범신론적 사상이 서구문화의 전통 내에서 두드러진 흐름을 형성하고 있었음을 밝히기 위해서다. 뉴에이지 운동은 오래전 플로티누스와 신플라톤주의로 시작된 바, 서구문화에 동양 범신론을 유입하려던 오랜 전통의 최근 현상에 불과한 것이다.

중동지역은 어떤가? 우리가 재대로 모르고 있는 사실은, 역사적으로 이슬람 사상가들이 서구 사상가들만큼이나 고대 헬라철학에서 많은 것을 빌어왔기 때문에 신플라톤주의가 아랍문화에도 널리 보급되었다는 점이다.[5] 7-8세기에 걸친 이슬람 황금기에 무하마드의 군대는 아라비아 반도에서 출병하여 여러 지역을 휩쓸고 스

페인과 페르시아까지 합병하게 되었다. 그 과정에서 플라톤, 아리스토텔레스, 플로티누스, 그 밖의 여러 헬라 사상가들의 작품까지 합병했다고 할 수 있다. 그 결과 아랍세계는 헬라철학 해설의 풍부한 전통을 유럽보다 훨씬 앞서 수립하게 되었다. 대학의 역사 강좌에서 우리는 르네상스가 고대의 고전 저술을 발굴함으로써 촉발되었다고 배웠다. 그러나 그 문헌들을 보존해서 서구에 다시 소개한 이들이 바로 이슬람 철학자들이었음은 배우지 못했다.

결과적으로, 신플라톤주의는 이슬람사상에 강한 영향을 주었던 것이다. 오늘날 대표적인 이슬람 철학자 가운데는 서양과 동양의 범신론을 합친, 이른바 영원의 철학을 포용한 인물들이 여럿 있다. 사실상, 유럽인 가운데 이 철학을 초기에 옹호한 자들은 모두 이슬람교로 개종했다![6] 영원의 철학의 시조 격인 프랑스인 르네 구에농(René Guenon)이 세 가지 사상―서구의 신플라톤주의, 동양의 힌두교, 중동의 이슬람―을 하나로 묶어 주는 공통적인 핵이 존재한다고 믿으면서 이 순환고리가 완성되었다.

9·11 사태 이래, 이슬람이 아브라함을 시조로 하는 또 하나의 신앙에 불과하다는, 실은 기독교와 크게 다르지 않다는 소리를 우리는 거듭 들어 왔다. 따라서 이슬람의 하나님이 성경의 하나님보다 비인격적인 신플라톤주의와 힌두교의 절대자에 더 가깝다는 사실을 알게 되면 상당히 놀랄지 모르겠다.

그러나 그게 사실이다. 그 주된 이유는, 이슬람이 삼위일체를 배격하기 때문이다. 삼위일체의 개념이 없이는 온전히 인격적인 하나님 개념을 보유할 수 없다. 왜 그런가? 그것은 인격의 여러 속성—사랑, 의사소통, 감정이입, 자기양도 등—이 관계 내에서만 표현되기 때문이다.

전통적인 기독교 교리는 인격적인 하나님 개념을 주장한다. 이러한 인격 상호간의 속성이 영원 전부터 삼위의 인격 사이에 표출되었다고 가르치기 때문이다. 참으로 인격적인 하나님은 각기 차별성 있는 "인격들"을 필요로 하는데, 그럴 때에만 신성 내부에 존재하는 사랑과 의사소통이 가능하기 때문이다.

하지만 이슬람은 삼위일체를 부인한다. 이는 이슬람의 하나님 개념에 이런 관계적 속성이 내포될 수 없음을 의미한다. (적어도, 그분이 세상을 창조할 때까지는 그렇다. 그러나 창조한 다음에 그분은 창조세계에 의존된 존재가 될 것이다.) 그렇기 때문에 일부 이슬람 철학자들도 말하듯이, 이슬람은 실제로 신플라톤주의와 힌두교에 가깝다고 말하는 것이 정확하다.

이슬람은 이런 비인격적인 하나님 개념을 갖고 있기 때문에 자기 신앙을 거의 기계적인 의식(儀式)으로 표현하는 것이다. 이슬람 신자들은 코란을 본래의 아랍어로, 한 목소리로, 문자 그대로, 반복해서 암송한다. 다윗은 하나님께 마음을 쏟아 놓았고 욥은 그분과 논쟁을 벌였지만, 이슬람은 그 같은 인격적인 하나님께 기도하는 것이 아니다. 한 이슬람 웹사이트는 "[코란을] 이해하는 것은 암송과 의식보다 부차적인 일"이라고 표현했는데,[7] 이는 하나님이 인격적인 존재가 아닐 때 타당성을 지니는 말이다. 사회학자 로드니 스탁의 설명처럼, 비인격적인 신을 가진 종교는 의식의 집행과 신앙의 형식을 정확히 지키는 것을 강조하는 반면, 고도의 인격을 지닌 하나님을 믿는 종교는 그런 것에 신경을 덜 쓰게 된다. 인격적인 신은, 즉흥적인 간구와 자발적인 기도로 다가오는 자에게도 응답하는 존재이기 때문이다.[8]

기독교를 변호하다 보면, 오늘날 사상의 시장에 내다 놓은 종교와 철학이 무척 많은 것을 보고 쉽게 압도당할 수 있다. 그러나 그 모든 것이 두 가지 기본적인 범주로 묶일 수 있다는 것을 알면 짐을 덜 수 있다. 가장 중요한 구분은, 인격적 하나님으로 시작하는 체계와 비인격적인 힘이나 실재로 시작하는 체계로 나누는 것이다. 우리는 흔히 비인격적이라는 용어를 자연주의와 유물론 같은 세속적인 "주의들"을 가리키는 데 사용한다. 하지만 그 범주에는 종교적 신념들—비인격적인 영적 실재로 시작하는 것들—도 포함된다는 점에 유념해야 한다. 그리고 자연주의는 고등교육을 받은 사람들 사이에 유행하는 반면, 보통 사람들 사이에는 강신술(spiritualism)이 널리 퍼져 있다.

이런 현상이 이미 반세기 전에 널리 유행하는 것을 본 C. S. 루이스는, 우리가 종종 부딪히는 것이 "청중의 **비**종교성이 아니라 그들의 **참** 종교"라고 말했다. 그는 어느 정도 희석된 범신론을 가리켰던 것이다. 사람들은 하나님을 인격적 존재로 보지 않고 "만물에 스며드는 거대한 영적 힘이요, 우리 모두가 그 일부인 공동의 정신이요, 우리 모두가 흘러 들어갈 수 있는 일반화된 영성의 저수지"라고 생각하고 싶어한다. 이런 생각이 너무나 만연해 있기 때문에, 루이스는 그것을 "인간 정신의 자연스런 비뚤어진 성향"이라고 생각했다. 즉 "인간의 정신을 신적 계시 없이 그대로 내버려 두었을 때 자동적으로 빠지게 되는 태도"라는 것이었다.[9] 루이스가 옳다면, 범신론은 기독교의 천적으로서 언제나 다시 등장할 것이다.

    길게 보면, 세속주의는 그리 오래 갈 것 같지 않다. 인간이 본래 종교적 존재이기 때문에, 서구문화는 결국 다시 영적인 방향으로 전환하게 될 것이다. 세속주의는 기독교를 깎아내리는 본연의 역할을 다했기 때문에 서서히 사라질 것이며, 서양과 동양과 중동에서 이미 많은 사상의 핵심을 이루고 있는 범신론적 영성이 크게 부상할 것이다. 그리스도인이 이런 비인격적인 범신론적 세계관을 분석하는 법을 반드시 배워야만 하는 것은, 우리 자신을 보호할 뿐 아니라 영적으로 길 잃은 자들에게 복음을 전하기 위해서다.

부록 3 _ 유물론과 기독교 사이의 기나긴 전쟁

미국 역사에서 그리스도인이 알아야 할 가장 중요한 인물 중에 실용주의자들도 있는데, 그들이야말로 다윈주의의 철학적 함의를 개진하는 데 굉장한 노력을 기울인 자들이기 때문이다(8장을 보라). 그들 사상의 영향력을 달아보는 한 가지 방법은, 그들을 보다 큰 역사적 맥락 속에 위치시켜 보는 것이다. 찰스 샌더스 퍼스는 우연에 관한 자신의 생각이 철학자 에피쿠로스에서 유래한 것이라고 종종 말했는데[1], 따라서 그의 사상을 추적하자면 멀리 고대 헬라 사상가들에게 돌아가야 한다. 보다 넓은 역사적 안목으로 보면, 실용주의는 고대 헬라인에서 시작된 유물론과 기독교 사이의 기나긴 전쟁의 한 단계였다고 할 수 있다.

실제로 우리가 생각할 수 있는 모든 철학적 입장은, 서구문화가 동틀 무렵에 등장한 헬라 철학자들 사이에서 어떤 형태로든 발견할 수 있다. 2장에서 우리는 플라톤과 아리스토텔레스가 기독교

사상에 끼친 엄청난 영향을 추적했다. 그런데 헬라사상에는 에피쿠로스와 데모크리투스(그리고 나중에는 로마 시인 루크레티우스)로 대표되는 또 다른 흐름도 있었다. 그들은 고대의 유물론자였는데, 우주가 오직 움직이는 원자들로만 구성되어 있다고 가르쳤다. 그 원자들이 순전히 우연에 의해 합쳐지고 다시 합쳐지는 과정을 통해 생물을 형성하게 된다고 주장한 것이다. 루크레티우스는 「우주의 본질에 관하여」에서, 생물들이 "원자들의 목적 없는 회합과 합체"에 의해 발생했다고 주장했다.[2]

이는 묘하게도 현대적인 뉘앙스를 풍기며, 우리 시대의 유물론과 너무나 비슷하다. 자연선택이란 다윈의 메커니즘만 제외하면, 고대의 유물론은 현대의 유물론과 동일한 기본요소를 모두 갖추고 있다. 특히 아무런 계획이나 목적이 없다 해도 원자들의 우연한 충돌만으로 우리 주변의 모든 것을 산출할 수 있는 능력이 물질에 담겨 있다는 핵심 개념이 그렇다.

사실, 이미 옛날에 에피쿠로스는 유물론에 기초한 하나의 완전한 세계관을 그려 냈다. 첫째, 물질이 존재하는 전부라면, 우리는 경험론자가 되어 마땅하다. 즉 지식은 우리가 감각을 통해 알고 있는 것(원자들이 우리의 감각기관에 부딪히는 것)에 제한된다는 말이다. 둘째, 도덕도 감각에 기초해야 한다. 즉 선과 악은 쾌락과 고통의 감각에 따라 정의된다는 말이다. 유일한 도덕적 원칙은 쾌락을 극대화하고 고통을 극소화하는 것인데, 이것이 곧 쾌락주의다. 에피쿠로스 학당에 들어서는 학생들이 마주치는 대문에는 다음과 같은 글귀가 새겨져 있었다. "낯선 이여, 여기서 그대는 늦장을 부리는 편이 좋을 것이다. 여기서 우리의 최고 선은 쾌락이다." 그러나 에피쿠로스는 **쾌락주의**를 오늘날 우리가 생각하듯 고삐 풀린 탐닉과 동일시하지 않았다. 그는 대부분의 쾌락 뒤에는 고통이 따른다는 이유로(음주 후 숙취처럼) 중용과 심지어는 금욕주의를 권유하기도 했다. 그럼에도 그의 도덕이 지닌 주된 특징은 그것이 어떤 초월적인 절대선에 기초한 것이 아니라, 특정한 감각에 대한 우리의 자연스런 선호에 기초했다는 점이다.

이런 생각은 오늘날과 마찬가지로 당시 고대 세계에서도 논란을 불러일으켰다. 헬레니즘 시대(에피쿠로스가 살았던 때)가 지나가고 다시 한번 고전사상(플라톤과 아리스토텔레스)이 철학계를 휩쓸었는데, 그 추종자들은 에피쿠로스의 유물론을 강력하게 반대했다. 그들의 주장은, 만일 세계가 정말 원자들의 우연한 배열로 구성되어 있다면, 지식은 불가능하리라는 것이었다. 감각을 통해 우리 정신에 유입되는 끊임없는 인상의 흐름은, 그 어떤 이성적 패턴으로도 정돈할 수 없으며 순전히 시각·청각·미각·촉각 등의 무의미한 산발작용에 불과할 것이다. 우리가 무엇인가 알 수 있는 이유는, 실재라는 것이 무작위한 원자들의 흐름이 **아니라** 이해 가능한 패턴으로 정돈될 수 있는 것—형상(Forms) 또는 이데아(Ideas)라고 불리는—이기 때문이라고 했다. 우리의 정신이 포착하는 것이 바로 이런 이성적인 질서다. 생물체는 원자들의 우연한 합병에 의해 초래되는 것이 아니라 이해 가능한 형상으로 정돈된 물질로 구성되는데, 이를 라틴어로 **종**(*species*)이라 한다. (2장에서 논의한 형상/질료의 이원론을 상기해 보라.)

더 나아가, 고전 철학자들은 이런 이성적 질서에 목적이 담겨 있다고 주장했다. 즉 어떤 목표나 목적(헬라어로 텔로스)에 의해 지도된다는 말이다. 도토리가 자라 떡갈나무가 되거나 달걀이 닭이 될 때, 그 발전과정은 그 안에 담긴 계획이나 목적에 따라 지도를 받아 펼쳐지는 과정이다. 최종적인 목표나 형상은 완전히 자란 나무 혹은 다 자란 암탉이다. (아리스토텔레스는 우리가 요즈음 유전학이라고 부르는 것에 대해 꽤 명료한 상식적인 지식을 갖고 있었다.)[3]

고전사상에 따르면, 이와 같은 목적론적 추론이 도덕에도 적용된다. 도덕은 에피쿠로스 학파의 주장처럼 감각(고통과 쾌락)에 기초하는 것이 아니다. 그것은 절대선과 정의 같은 초월적인 형상에 기초해 있다. 이런 형상들은 인간이 마땅히 나아가야 할 목적이나 이상을 표현하고 있는 만큼 목적론적이라 할 수 있다. 즉 우리는 더 선하고 정의로운 존재가 되려고 계속해서 노력해야 한다는 의미에서 그렇다.[4]

고대의 지적 세계는, 기독교가 무대에 등장하기까지는 이처럼 경쟁적인 세계관들(이 밖에도 여럿 있었다)이 서로 싸우는 전쟁터였다. 초기 기독교 사상가들은 당시 진행되던 논쟁을 조사하고는 어느 편이 옳은지 분명히 알았다. 그들은 플라톤과 아리스토텔레스와 연합해서 에피쿠로스의 유물론을 강하게 공격했다. 진실로 에피쿠로스는 초기 그리스도인 변증가들 사이에 동네북이 되었던 것이다.[5] 그의 유물론에 대항하면서 변증가들은 영적 실재뿐 아니라, 경험세계 너머의 (진·선·미 같은) 추상적 관념을 알 수 있는 능력이 정신에 있다는 것을 긍정했다. 이해 가능한 형상이란 개념은 "하나님의 마음 속 생각", 곧 세계를 창조할 때 그분의 계획이나 설계로 재해석되었다. 그 결과 일종의 기독교화된 고전주의가 탄생하여 고대 후반에서 중세 전체와 그 후에 이르기까지 유럽의 지배적인 철학적 입장이 되었다. 반면에 에피쿠로스주의는 거의 잊혀지고 말았다.

그러고는 천 년이 넘는 세월이 흐른 후 과학혁명이 동틀 무렵에, 큰 지각변동이 있었다. 근대 초기의 과학자들 가운데 일부가 새로운 자연철학을 정립하려고 애쓰던 중, 에피쿠로스의 원자론을 조심스럽게 재고하기 시작했다. 그 가운데는 에피쿠로스에 대해 부정적인 판단을 내린 초대 그리스도인 변증가들과 결별하는 그리스도인이 많았다. 이런 과학 사상가들은, 원자론을 그 유물론적 철학의 맥락에서 뽑아 내어 기독교 세계관으로 세례를 주는 것이 가능하다는 낙관론을 품고 있었다. 에피쿠로스의 원자론을 처음 부활시킨 인물은 사제였던 피에르 가센디(Pierre Gassendi)였다. 신앙이 독실했던 화학자 로버트 보일과 타의 추종을 불허하는 아이작 뉴턴이 그 뒤를 이었다.[6]

하지만 그들이 과학 분야에서 소생시킨 에피쿠로스의 원자론은 철학 영역에 에피쿠로스의 유물론이 들어오는 문을 열어 놓은 셈이었다. 곧 이어 유물론이 문을 박차고 들어왔다. 결국에는, 찰스 다윈의 진화론과 함께 유물론이 서구사상에서 우위를 점하게 되었다. 다윈은 이해 가능한 형상(형상이 라틴어 단어로 종(種)임을 상기하라)의 개념을 내던져 버리고, 자연에는 종이라는 게 없으며 오직 계속해서 변하는 개체들의 흐름밖에 없다고 주장했다. 종이라는 것이 있는 것처럼 보이는 이유는 진화의 변화가 너무 더디기 때문인데, 이는 마치 지구 표면의 곡선이 너무 완만해서 지구가 평평한 것처럼 보이는 것과 같은 이치다. 다윈의 책제목이 「종의 기원」이라고 붙여진 것은 아이러니가 아닐 수 없다. 그의 목적은 사실 종의 존재를 부인하는 것이었기 때문이다. 그는 분류학적 범주들을, 우리가 자연의 흐름에 부과하는 유용한 정신적 구성물에 불과한 것으로 간주했다. 유기적 세계의 궁극적 구성요소는 계속해서 변하며 우연한 상호작용 중에 있는 개체들이다.[7] 다윈주의야말로 현 시대에 와서 에피쿠로스의 원자론이 승리한 것을 대변한다고 해도 과언이 아닐 것이다.[8]

만일 자연 속에 종이나 형상이 존재하지 않는다면, 도덕이나 형이상학 어디에도 진·선·미 같은 영원한 이상이란 존재하지 않는 것이다. 이처럼 한 걸음 더 나아간 자들이 바로 실용주의자들이었다. 다윈이 종에 대해 한 일을 그들은 사상에 대해 행한 것이다. 그들은 형상이나 이데아의 개념을 내던지고, 우리가 아는 것은 오직 계속해서 변하는 경험의 흐름뿐이라고 결론지었다. 존 듀이는 '철학에 끼친 다윈의 영향'이란 유명한 글에서, 우리는 이해 가능한 형상에 의거해 사물을 설명하려는 고전적인 헬라식 접근법을 버리고 "유전적이고 실험적인" 지식으로 대체해야 한다고 말했다.[9] 이제는 모든 것이 역사적 과정("유전적")에 기원을 두고 있으며, 그 과정은 경험적 조사("실험적")로 알 수 있다고 설명해야 한다는 것이다.

예를 들어, 실용주의는 도덕의 기초를 인간 본성(하나님이 태초에 우리를 창조할 때의 모습인 그 본래의 이상적 형상)에 두지 않고, 오랜 세월에 걸쳐 자연적 과정으로 생긴 그 무엇으로 설명한다. 인간이 실험삼아 다양한 행위를 해보던 중 만족스런 결과를 낳는 행위가 뇌 속에 새겨지게 된다는 것이다. 어쨌든 진화에 따르면, 모든 시대와 장소에 규범이 되는 본래의 이상적 인간 본성이란 애초에 존재하지 않는다. 그 대신, 도덕적 관행은 긴 역사에 걸쳐 환경의 압력에 대한 반응으로써 생긴 것이며, 편의와 실용적 결과의 시험을 통과해야만 계속 보존될 수 있다.

이와 마찬가지로, 진화가 계속되고 조건이 변함에 따라 도덕적 관행도 변해야 마땅하다. 중요한 것은 영구적·규범적 원칙을 밝히는 일이 아니라 변화에 대처할 전략을 배우는 일이다. 만일 종이 실재하지 않는다면 인간 본성을 규정하는 테두리가 유연해질 수밖에 없는데, 그 경우 과연 누가 인간에게 특별한 도덕적 지위를 부여할 수 있을까? 또한 사회공학을 통해 인간 진화의 과정을 통제하지 말아야 할 이유가 있을까? "인간은 현재 상태로는 쇠퇴하고 있다." 미국 성교육위원회의 위원장이었던 메리 칼데론이 1968년에 한 말이다. 교육자들이 직면한 주된 질문은 "우리가 어떤 유의 사람을 산출하기 원하며 어떻게 그 생산라인을 설계할 것인가?"라고 그녀는 말했다. 칼데론은 학교를 향해서는 "그 사회의 최고 지성이 그린 청사진에 따라 주의 깊게 설계된 과정에 의해 질 높은 인간" 생산을 시작하라고 요청했다.[10]

이처럼 사회공학을 적나라하게 요구하는 모습을 보면 두려워 몸이 떨릴 지경이다. 이보다 더 불길한 것은, 얼마 있지 않아 유전공학을 실행할 수 있는 역량이 우리에게 생길 것인데, 그것은 진화를 주관하려는 전문 기술자들의 손에 훨씬 더 큰 권력을 부여할 것이다. "인간 본성이란 개념 자체가 신다윈주의에서는 사라져 버리고 생명은 일련의 부품들, 곧 이리저리 옮길 수 있는 일용품이 되고 만다."[11] 발생학자 브라이언 굿윈(Brian Goodwin)의 설명이다. 규범적인 인간 본성이라는 게 없다면, 실험을 금지할 이유가 있겠는가? 유전자들을 이리저리 바꾸면서 편리한 방향으로 생명의 형태를 조작해서는 안될 이유가 있을까?

다윈주의를 둘러싼 논쟁을 먼 과거인 에피쿠로스에게까지 거슬러 올라감으로써, 보다 큰 맥락 속에서 그 이론의 위치를 찾아볼 수 있다. 다윈주의는 백지 상태에서 발명해 낸 완전히 새로운 그 무엇이 아니다. 여러 면에서 그것은 고대 에피쿠로스주의의 부활이다. 에피쿠로스의 유물론은 초대 기독교 변증가들에게 결정적인 패배를 당한 뒤, 1500년 동안 잠자고 있다가 근대에 들어와 다시 깨어 기독교와 싸움을 붙은 것이다.[12] 그리고 실용주의자는 다윈주의를 지성의 영역에 적용했다. 따라서 실용주의는 유물론과 기독교 사이의 기나긴 전쟁의 한 단계를 대표하는 셈이다.

부록 4_ 라브리의 실제적 변증 사역

초봄의 눈을 밟으며 알프스 산 기슭에 자리잡은 조그마한 마을 라브리에 처음 도착했을 때, 나는 이미 결정론에서 주관주의로 그리고 도덕적 상대주의에 이르기까지 여러 "주의들"(ism)을 섞어 놓은 잡동사니 사상을 품은 상태였다. 그런데 공부와 토론을 거듭할수록 그런 신념들이 줄곧 치열하게 공격당하는 것을 보고는 충격을 받았다. 뒤돌아보니 마침내 나를 설득해 기독교의 진리를 믿게 만든 것은 쉐퍼의 변증법이었다. 그것은 상식적 실재론과 네덜란드의 신칼뱅주의를 독특하게 결합한 것이었다(11장을 보라).

그렇다면 이 방법이 나와 같은 회의주의자에게 어떻게 변증의 효과를 발휘하게 되었던 것일까? 어떤 진리 주장을 시험할 수 있는 길은, 우리가 경험으로 알고 있는 것, 혹은 쉐퍼의 표현대로 보편적인 인간 경험에 견주어 보는 것이라고 쉐퍼는 주장했다(상식적 실재론). 그러고는 기독교만이 선(先)이론적 경험으로 알고 있는 바를 이론적으로 적절하게 설명할 수 있음을 보여주려고 애썼다(화란의 신칼뱅주의). 현대 과학 철학자들의 표현을 빌자면, 우리가 경험으로 아는 진리들은 "하나의 전제를 찾고 있는 결론들"이다.[1] 우리가 그것을 이해하려면 그것을 설명해 주는 "전제" 또는 체계적인 세계관을 찾아야 하는 것이다.

생존용 기계?

이런 논증을 보다 잘 이해하기 위해 나와 함께 몇 가지 사례를 살펴보기로 하자. 오늘날 널리 퍼져 있는—특히 인지과학의 분야에—환원주의와 결정론에 대해 우리는 어떻게 반응해야 할까? 최근에 「네이처」지에 실린 글은, 정신은 "예정된 선택을 하는 생존용 기계"이며 자유의지는 주관적 환상이라는 오늘날의 정통설을 반복했다.[2]

"인간의 행위 배후에 있는 인과관계는 결정론적 성격을 띠고 있다"고 또 한 편의 최근 기사가 같은 의견을 표했다. 자유의지는 일종의 자기기만이며, "우리는 자신이 이상적인 행위자인 듯 스스로를 속이는 데 명수인데…… 자아가 운전사의 자리를 차지하도록 그럴듯한 이야기를 꾸미는 존재"이기 때문이다.[3]

우리가 앞에서 만난 적이 있는 다니엘 데닛은 스스럼 없이 의식 자체를 하나의 환상으로 치부한다. 우리의 뇌는 복잡한 컴퓨터일 따름이기 때문에 우리는 로봇에 불과하며, 로봇이 그렇듯 우리도 주관적 인식(우리가 정신·영혼·의식이라고 부르는) 없이도 완벽하게 기능할 수 있다고 주장한다. 그래서 인간은 본질적으로 살아 있는 시체(좀비) 같은 존재라고 결론을 내린다. 살아 있는 시체란 영화에 나오는 괴물이 아니라 "철학자의 좀비", 곧 인간의 행위를 모두 보여주지만 의식이 전혀 없는 피조물을 일컫는다.[4]

라브리에 도착했을 때 내가 품고 있던 생각이 바로 이런 것이었다. 그러면 무엇이 나의 생각을 바꾸어 놓았을까? 결정론은 경험 자료와 모순된다는 반론이 있었다. 우리 모두는 대안적인 행동 방안이 필요한 상황이 오면 그것을 즉각 인지하고 여러 대안 중 하나를 선택하게 된다. 이것은 종종 마음을 들뜨게 하며 어떤 때는 고뇌를 동반하지만, 선택을 내려야 한다는 점을 실제로 부인할 수는 없다.

"우리는 우리의 선택과 행위에 있어서 근본적으로 자유롭고 책임 있는 존재임을 도무지 믿지 않을 수 없다"고 철학자 게일런 스트로슨(Galen Strawson)은 말한다. 일상생활에서 우리는 "우리가 하는 일의 궁극적 책임이 내게 있다는 것, 곧 비난과 처벌, 칭찬과 보상을 정당하게 하는 책임이 내게 있음"을 믿을 수밖에 없다.[5] 더구나, 모든 역사와 시대와 문화 속에서 우리는 이런 신념을 증언하는 문학 작품들을 발견할 수 있다. 그것은 보편적인 인간 경험의 일부이다.

결정론자가 일관성을 유지하려 한다면 이런 경험의 증언을 부인하지 않을 수 없다. 이는 세계관 경쟁에서 바람직한 처신이 아니다. 세계관을 제시하는 목적은 경험의 자료를 부인하는 것이 아니라 그것을 설명하는 것이기 때문이다. 이에 미치지 못하면 문제를 회피하는 것이나 다름없다. 그러므로 결정론을 초래하는 철학은 어떤 것이든 거짓이라고 자신 있게 말할 수 있다. 그것은 인간 본성에 대한 우리의 경험을 그대로 설명해 주지 못한다.

이 논점을 달리 표현하면, 아무도 결정론적 세계관에 기초해서는 일관되게 살 수 없다는 것이다. 일상생활에서 우리는 이론적으로 무엇을 믿든 간에 자유와 선택이 실제로 존재한다는 가정에 기초해서 움직일 수밖에 없다. 이는 불신자에게 긴장을 불러일으킨다. "자유에 대한 확신은 우리의 경험 속에 내장되어 있다. 그래서 그것을 도무지 포기할 수 없다"고 철학자 존 설이 한 인터뷰에서 말했다. "설사 포기하고자 시도하더라도 그렇게 살 수는 없는 법이다. 우리가 '좋다, 나는 결정론을 믿는다'라고 말할 수는 있다. 하지만 그 다음 순간 우리가 음식점에 가면 무엇을 주문할지 결정해야 하는데, 이는 자유로운 선택에 다름 아니다."[6] 전문 분야에 글을 쓸 때 그는 모든 실재를 맹목적인 물리적 힘에 의해 움직이는 분자들로 환원시킨다. 그러나 자기 실험실을 떠나 현실세계에서 활동할 때는 그런 토대에 기초해 살 수 없는 법이다. 그가 겪는 경험 자체가 자기 철학과 실제적으로 모순되는 셈이다.

이와 반대로, 기독교는 인간 경험과 완전히 일치한다. 인간의 자유가 하나님 형상의 한 측면임을 이성적으로 일관되게 설명한다. 만일 궁극적 실재가 의지와 선택 능력을 지닌 인격적인 하나님이라면, 인격을 지닌 인간도 더 이상 결정론적 세계에 사는 부적응자가 아니다. 기독교는 자유뿐 아니라 자유에서 유래하는 인간의 다른 측면들—창의성, 독창성, 도덕적 책임, 사랑—도 설명해 준다. 인간 인격의 전반에 대한 설명이 기독교 세계관으로 가능한 것은, 바로 인격적인 하나님에서 출발하기 때문이다. 우리는 인간 본성의 최고 이상을 확증할 목적으로 상층부로 비이성적 도약을 시도할 필요가 없다. 그런 이상들은 기독교 세계관 안에서 논리적으로 확실하게 일관되기 때문이다.

실재에 부딪히는 경험

주관주의는 어떨까? 내가 라브리를 두번째 방문했을 때에는 미들맨(우도와 데비)의 가정에서 묵는 특권을 누렸다. 저녁식탁에서 자주 나눈 대화의 소재 중 하나는 진리의 객관성이었다. 그것은 우리가 태어나는 순간부터 좋든 싫든 배우게 되는 교훈이라고 우도가 말했다. 아기가 어린이용 침대에 모서리로 기어가서 나무 빗장에 머리를 부딪히는 순간, 고통을 느끼면서 객관적 실재가 있다는 것을 배운다. 아장아장 걷는 아이가 높은 의자를 뒤로 젖혔다가 바닥에 나뒹구는 순간, 우주에는 객관적 구조가 있음을 배운다. 실재는 우리의 주관적 욕망에 따라 좌지우지되지 않는다. 이는 성인들조차 고통스럽게 배우는 교훈이다. 따라서 우리는 주관주의를 초래하는 철학적 입장을 모조리 자신 있게 거부할 수 있다. 어떻게 그럴 수 있을까? 그 이유는 그것이 일상의 경험이 날마다 우리에게 가르쳐 주는 것을 설명해 주지 못하기 때문이다. 경험의 자료와 상충한다는 말이다.

이와 반대로, 기독교는 진리를 객관적인 것으로 취급하고 그 이유도 설명해 준다. 즉 세계는 하나님의 창조이지 나의 생각이 만들어 낸 것이 아니라고 한다. 창조교리는, 본래의 구조와 설계를 지닌 객관적이고 외적인 세계가 존재한다는 우리의 신념을 뒷받침해 주는 논리적 근거를 제공한다.

더 나아가, 창조주는 침묵하지 않는다. 그분은 성경이라는 신적 계시를 통해 우리에게 말씀하셨다. 모든 것을 있는 그대로 보시고 아시는 하나님의 말씀이 우리에게 전달하는 내용은 객관적이며 믿을 만한 지식의 토대가 된다.

오늘날처럼 주관주의와 상대주의가 만연한 포스트모던 시대에 이것은 혁명적인 주장이 아닐 수 없다. 우리는 포스트모더니스트들이 말하듯이 "언어의 감옥"에 갇혀 있는 것이 아니다. 그들이 말하는 언어란 언어로 표현된 신념체계를 뜻하는데, 그들은 그것이 역사와 문화적 진화의 산물에 불과하다고 본다. 기독교는 이런 과격한 역사주의에 대해 반대의사를 표명한다. 하나님이 친히 말씀하셨으니 초역사적인(transhistorical) 진리에 접근할 수 있다고 주장한다.

그건 불공평해

현대문화의 특징적인 요소 하나는 도덕적 상대주의다. 하지만 이것은 가장 공격하기 쉬운 "주의들" 가운데 하나다. 왜냐하면 본인이 무엇을 믿는다고 말하든, 정말 잔혹한 것을 직면한 자는 더 이상 도덕적 상대주의자로 남아 있을 수 없기 때문이다.

제2차 세계대전 후, 나치 강제수용소의 대학살이 세상에 알려지자 교육받은 이들 사이에 일종의 위기감이 조성되었다. 그들은 그 계층에 걸맞는 냉소주의와 상대주의에 푹 빠져 있었지만, 악이 실재한다는 것을 처음으로 뼈 속 깊숙이 인지하게 되었다. 하지만 그들의 세속적인 철학은 객관적이고 보편적인 도덕적 판단을 내리는 데 필요한 기반을 제공하지 못했다. 그것은 도덕적 판단을 그저 개인적 선호나 문화적 관습으로 환원시켜 버렸기 때문이다. 그래서 그들은 실제적인 모순 상태에 처하게 된 것을 발견하고는 엄청난 내적 긴장을 느끼지 않을 수 없었다.

문제의 본질은, 인간은 어떻게든 불가피하게 도덕적 판단을 내릴 수밖에 없는데, 비성경적 세계관들은 그에 필요한 근거를 제공하지 못한다는 점이다. 불신자가 자신의 도덕적 본성에 따라 어떤 것을 옳거나 그르다고 선언할 경우, 그는 자신의 철학에 모순된 행동을 하는 셈이고 실은 그것을 비난하는 것이나 다름없다. "당신이 자기는 진짜 옳고 그른 것을 믿지 않는다고 말하는 사람을 발견할 때마다, 그 동일한 사람이 잠시 후에 이 문제로 되돌아가는 것을 보게 될 것이다. 그가 당신에게 한 약속을 깨뜨릴 수도 있는데, 만약 당신이 그에게 약속을 지키지 않으려고 하면 그는 당신이 잭 로빈슨이라고 말하기도 전에 '그건 불공평해'라며 불평할 것이다." C. S. 루이스의 말이다.

"그렇다면 우리는 진짜 옳고 그른 것이 있음을 믿지 않을 수 없는 것 같다"고 루이스는 결론짓는다. "사람들은 때로 합산을 잘못할 수 있는 것처럼 옳고 그름에 대해 실수할 때도 있지만, 그것이 취향과 의견의 문제가 아닌 것은 곱셈표가 그렇지 않은 것과 마찬가지다."[7] 그러면 옳고 그름에 대한 불가피한 신념을 뒷받침하는 논리적 근거는 무엇일까? 객관적 도덕에 대한 유일한 근거는 거룩한 하나님의 존재인데, 그분의 성품이 도덕적 표준에 대한 궁극적 토대를 제공하기 때문이다. 기독교는 왜 우리가 도덕적 피조물인지를 설명해 주며, 우리의 도덕의식이 타당함을 확증해 준다.

    이런 것들이 내가 그리스도인이 되기 전에 라브리에서 공부하는 동안 개인적으로 씨름했던 문제들이다. 거기서 내가 접했던 변증법은 인간 공통의 경험을 시금석으로 삼는 것이었다. 세계관의 목적은 세계에 대한 우리의 경험을 설명하는 것이며, 각 철학은 이 작업을 얼마나 성공적으로 수행하느냐에 따라 평가될 수 있다. 이 기준에 따라 기독교를 시험해 보면, 기독교가 가장 본질적이고 보편적인 인간 경험을 설명해 주고 그 의미를 밝혀 준다는 사실을 알게 된다. 우리는 이런 확신을 가지고 개인전도나 전문직을 통해 공적 영역에 신앙적 관점을 도입하고자 애써야 할 것이다.

추천도서

아래의 목록은 모든 자료를 망라한 것이 아니다(더 많은 자료를 보고 싶다면 각주를 참조하라). 이 책에서 다룬 주제들과 관련해 세계관에 대한 안목을 개발하는 데 특히 도움이 될 만한 것만 포함시켰다. 또한 각 자료에 대해서도 전반적인 요약이 아니라 기독교 세계관을 더 잘 이해하는 데 도움이 되는 주제들만 부각해 소개했음을 밝힌다. (한국어판은 우리말로 번역된 책 위주로 소개글을 달았으며, 국내 필자의 책도 일부 포함했다—편집자)

제1부_ 기독교 세계관의 정립

Albert M. Wolters, *Creation Regained: Biblical Basics for a Reformational Worldview* (Grand Rapids, Mich.: Eerdmans, 1985). (「창조, 타락, 구속」 IVP)

세계관의 구조를 이루는 요소들—창조, 타락, 구속—의 개념을 이해하도록 돕는 훌륭한 입문서.

C. S. Lewis, *Miracles, Mere Christianity, The Abolition of Man* (HarperSanFrancisco, 2001); *God in the Dock: Essays on Theology and Ethics*, ed. Walter Hooper (Grand Rapids, Mich.: Eerdmans, 1970). (「순전한 기독교」「인간 폐지」홍성사)

루이스의 책은 기독교 지성을 개발하고 싶은 사람이라면 누구나 읽어야 할 필독서다. 그의 변증적 논증은 매우 명쾌하기 때문에 철학적 배경이 없는 사람도 이해할 수 있다.

Paul Marshall with Lela Gilbert, *Heaven Is Not My Home: Living in the Now of God's Creation* (Nashville: Word, 1998). (「천국만이 내 집은 아닙니다」 IVP)

기독교 세계관에 입각한 사고에 대해 흥미롭고도 다채롭게 쓴 입문서. 마샬은 창조-타락-구속(그리고 완성이라는 네번째 범주를 덧붙여서)의 틀을 설명하고 나서, 이 범주들이 일·정치·예술·기술 같은 주제에 어떤 의미가 있는지를 탐구한다. 이처럼 도발적인 제목을 붙인 이유는, 하나님의 창조세계가 비록 타락했으나 선하다는 점과 우리의 최종 운명이 육체 없는 상태에서 사는 것이 아니라 새로운 땅에서 사는 것임을 강조하기 위해서다.

James Sire, *The Universe Next Door: A Basic World View Catalog*, 3rd ed. (Downers Grove, Ill.: InterVarsity Press, 1997). (「기독교 세계관과 현대사상」 IVP)

사이어는 유신론에서 자연주의 그리고 뉴에이지 범신론에서 포스트모더니즘에 이르는 다양한 철학들을 나란히 정렬해 놓고, 기본적인 세계관 질문—궁극적 실재는 무엇인가, 인간의 본성은 무엇인가, 인간의 역사는 어디로 가고 있는가—에 대한 답을 비교한다. 사이어의 비교방식을 유심히 살펴보면 세계관 분석 방법을 잘 배울 수 있다. 같은 맥락에서 그 후에도 여러 저서를 내놓았다. *Habits of the Mind, Discipleship of the Mind* (「지성의 제자도」 IVP), *Naming the Elephant*.

Arthur Holmes, *All Truth Is God's Truth* (Grand Rapids, Mich.: Eerdmans, 1977). (「모든 진리는 하나님의 진리다」 CUP)

세계관에 대한 고전적 논의를 담은, 여전히 유용한 입문서다.

John Stott, *Your Mind Matters* (Downers Grove, Ill.: InterVarsity Press, 1973). (「그리스도인의 사고활용과 성숙」 IVP)

내가 기독교로 회심한 지 얼마 안되어 읽은 고전이며, 지난 30년 내내 널리 읽힌 책이다. 그리스도인이 제자로 성장하는 데 지성이 얼마나 중요한지를 강력하게 변호하고 있다.

J. P. Moreland, *Love Your God with All Your Mind: The Role of Reason in the Life of the Soul* (Colorado Springs: NavPress, 1997).

Gene Edward Veith, *Loving God with All Your Mind: Thinking as a Christian in the Postmodern World*, rev. ed. (Wheaton, Ill.: Crossway, 2003). (「지성은 섬김의 걸림돌인가」 도서출판 바울)

> 비스는 그리스도인에게 근대성이 지닌 거짓되고 해로운 것은 폭로하는 한편 좋은 것은 인정하도록 촉구한다. 그는 세계관에 대한 든든한 관점에서 여러 분야에 걸쳐 책을 저술했다. 문학(*Reading Between the Lines*), 예술(*State of the Arts*, 「예술에 대해 성도가 가져야 할 태도」 나침반), 포스트모더니즘(*Postmodern Times*, 「현대사상과 문화의 이해」 예영) 등(각각 Crossway 1990, 1991, 1994). 세계관의 영향력에 관해 읽기 쉬우면서도 많은 정보도 담고 있기 때문에 모두 추천할 만하다.

David Naugle, *Worldview: The History of a Concept* (Grand Rapids, MIch.: Eerdmans, 2002).

> 노글은 "세계관"(Weltanschauung)이란 용어가 1790년에 임마누엘 칸트에 의해 창안된 이래 그 개념의 출처와 발달과정을 추적함으로써 세계관 논의에 크게 기여했다. 훗날 아브라함 카이퍼에서 칼 헨리를 거쳐 프란시스 쉐퍼에 이르기까지 여러 사상가들이 이 용어를 사용하면서 기독교를 포괄적이고 전체적인 인생철학으로 이해해야 한다고 주장했다.

Abraham Kuyper, *Lectures on Calvinism* (Grand Rapids, Mich.: Eerdmans, 1931). (「칼빈주의 강연」 크리스챤 다이제스트)

> 화란의 신칼뱅주의 입문서. 카이퍼는 세속주의가 포괄적인 세계관이므로 그리스도인도 그와 같은 포괄적인 성경적 세계관을 개발하기 전에는 그에 대처할 수 없을 것이라고 주장한다. 그는 세계관적 사고의 기초를 하나님의 주권을 강조하는 칼뱅주의에 두고 있는데, 이는 그리스도의 주되심이 정치, 학문, 예술 등 사회의 모든 영역에 걸쳐 인정되어야 함을 의미한다. 이것은 신정주의적 비전이라고 볼 수 없는데, 이 과업이 교회의 통제에 의해서(이것이 중세의 잘못이었다)가 아니라 설득에 의해 이루어지도록 되어 있기 때문이다.

Roy Clouser, *The Myth of Religious Neutrality: An Essay on the Hidden Role of Religious Belief in Theories* (Notre Dame, Ind.: University of Notre Dame Press,

1991, 2005 revised edition).
> 클라우저는 신칼뱅주의 철학자로서 각 이론(물리학이든, 수학이든 심리학이든)은 궁극적 실재가 무엇인지 근본적인 가정을 설정하지 않으면 안된다는 점을 보여준다. 한 이론이 무엇을 자존하는 궁극적인 실재로 간주하든, 그것이 바로 본질적으로 신의 역할을 하게 된다고 한다. 이런 의미에서 모든 철학은 종교적이라고 할 수 있다. 즉 각 철학은 창조세계의 일부를 취하여 그것을 궁극적인 원리로 절대화시켜서 참 지식의 여부를 규정하는 판단 기준으로 삼는 것이다. 이것이 모든 형태의 환원주의를 낳는 근원이다.

Etienne Gilson, *The Unity of Philosophical Experience: The Medieval Experiment, the Cartesian Experiment, the Modern Experiment* (San Francisco: Ignatius, 1937).
> 길슨은 토마스주의자인 만큼 클라우저와 아주 다른 관점에서 접근하고 있으나, 그 주제는 비슷하다. 여러 철학이 실패를 할 수밖에 없는 이유는 창조세계의 한 측면을 붙잡아서 그것을 궁극적인 원리로 격상시킨 다음 다른 모든 것을 그 원리로 환원시키기 때문임을 입증해주고 있다.

진리에 대한 두 영역 이론

H. Evan Runner, *The Relation of the Bible to Learning* (Toronto: Wedge, 1970).
> 러너는 그 영향력이 주로 학생들을 통해 퍼져나갈 정도로 유력한 교사였다. 그는 학생들에게, 모든 분야에서 그리스도인다운 존재가 될뿐더러 그 분야 자체에 대한 기독교적 관점을 개발하도록 가르쳤다. 러너는 기독교를 구획화시키거나, 어떤 학문 분야든 하나님의 진리로부터 자율적인 것처럼 취급하는 모든 형태의 이원론을 반대했다.

Herman Dooyeweerd, *Roots of Western Culture: Pagan, Secular, and Christian Options* (Toronto: Wedge, 1979; originally published by J. B. van den Brink, 1959) (「서양 문화의 뿌리」 크리스챤 다이제스트); *In the Twilight of Western Thought* (Nutley, n. J.: Craig, 1972; originally published by Presbyterian & Reformed, 1960). (「서구 사상의 황혼에서」 크리스챤 다이제스트)
> 도예베르트는 신칼뱅주의자로서 개신교 내에서 어쩌면 최고로 견실하고 체계적인 철학을 제시했다고 볼 수 있는데, 이 이유 하나만으로도 그의 저술은 읽을 가치가 충분하다. 지성사에 대한 그의 논의는 지식의 이층적 분열을 강조했는데, 나중

에 쉐퍼가 이것을 단순화해 보다 많은 독자들이 읽기 쉽게 만들었던 것이다.

Francis Schaeffer, *Escape from Reason* (Downers Grove, Ill.: InterVarsity Press, 1977) (「이성에서의 도피」 생명의 말씀사); *The God Who Is There* (Downers Grove, Ill.: InterVarsity Press, 1998), (「거기 계시는 하나님」 생명의 말씀사); both also available in *The Complete Works of Francis A. Schaeffer*, vol. 1 (Wheaton, Ill.: Crossway, 1982).

이 책들에서 쉐퍼는 오늘날 사실/가치의 분열이라고 일컫는, 지식에 대한 이층적 구분의 역사를 설명한다. 또한 증거주의와 전제주의의 요소를 모두 갖춘 대단히 효과적인 자신의 변증법을 묘사하고 있다.

Lesslie Newbigin, *Truth to Tell: The Gospel as Public Truth* (Grand Rapids, MIch.: Eerdmans, 1991); *Foolishness to the Greeks: The Gospel and Western Culture* (Grand Rapids, MIch.: Eerdmans, 1986). (「헬라인에게는 미련한 것이요」 IVP)

인도에서 40년간 선교사로 일한 뒤 서양으로 돌아왔을 때, 뉴비긴은 사실/가치의 이분법에 의해 서구 기독교가 개인적 가치의 영역에 갇혀 있는 현상을 보고 충격을 받았다. 그는 복음을 "공적 진리"로 제시해야 할 필요성에 대해 설득력 있는 논리를 전개한다.

Jon Roberts and James Turner, *The Sacred and the Secular University* (Princeton, N.J.: Princeton University Press, 2000).

Douglas Sloan, *Faith and Knowledge: Mainline Protestantism and American Higher Education* (Louisville: Westminster John Knox, 1994).

Martin Marty, *The Modern Schism: Three Paths to the Secular* (New York: Harper & Row, 1969).

Christian Smith, with Michael Emerson, Sally Gallagher, Paul Kennedy, and David Sikkink, *American Evangelicalism: Embattled and Thriving* (Chicago: University of Chicago Press, 1998).

David L. Schindler, ed., *Catholicism and Secularization in America: Essays on Nature, Grace, and Culture* (Huntington, Ind.: Our Sunday Visitor, Communio

Books, 1990).

세계관의 적용

Gene Edward Veith, *God at Work: Your Christian Vocation in All of Life* (Wheaton, Ill.: Crossway, 2002). (「평범한 일 속에 특별한 소명」 멘토)

Angus Menuge, ed., *Reading God's World: The Vocation of Scientist*, forthcoming from the Cranach Institute, Concordia University in Milwaukee.

Pierre Manent, *An Intellectual History of Liberalism* (Princeton, N.J.: Princeton University Press, 1994).

Alasdair MacIntyre, *After Virtue: A Study in Moral Theology* (Notre Dame, Ind.: University of Notre Dame Press, 1997). (「덕의 상실」 문예출판사)
계몽주의 도덕철학의 붕괴를 진단하는 한편, 자연적 목적론에 기초한 전통적인 도덕을 옹호하는 논점을 전개하는 중요한 책. 오늘날 남은 유일한 대안은 도덕을 비이성적 권력의 가면으로 환원하는, 니체에서 유래한 포스트모더니즘밖에 없다.

John D. Beckett, *Loving Monday: Succeeding in Business Without Selling Your Soul* (Downers Grove, Ill.: InterVarsity Press, 1998).

Udo Middelmann, *Pro-Existence: The Place of Man in the Circle of Reality* (Downers Grove, Ill.: InterVarsity Press, 1974).

Glenn Stanton, *Why Marriage Matters: Reasons to Believe in Marriage in Postmodern Society* (Colorado Springs: Pinon, 1997); Patrick Glynn, *God, The Evidence: The Reconciliation of Faith and Reason in a Postsecular World* (Rocklin, Calif.: Prima, 1997); Guenther Lewy, *Why America Needs Religion: Secular Modernity and Its Discontents* (Grand Rapids, Mich.: Eerdmans, 1996); Linda Waite and Maggie Gallagher, *The Case for Marriage: Why Married People Are Happier, Healthier, and Better Off Financially* (New York: Doubleday, 2001).

제2부_ 다윈주의와 지적 설계

Denyse O'Leary, *By Design or By Chance? The Growing Controversy over the Origin of Life in the Universe* (Oakville, Ontario, Canada: Castle Quay, 2004).

Jacques Barzun, *Darwin, Marx, Wagner: Critique of a Heritage* (Chicago: University of Chicago Press, 1941).

Jonathan Wells, *Icons of Evolution* (Washington, D.C.: Regnery, 2000).

Phillip E. Johnson, *Reason in the Balance: The Case Against Naturalism in Science, Law, and Education* (Downers Grove, Ill.: InterVarsity Press, 1995) (「위기에 처한 이성」 IVP); and *The Wedge of Truth: Splitting the Foundations of Naturalism* (Downers Grove, Ill.: InterVarsity Press, 2000). (「진리의 쐐기를 박다」 좋은씨앗)

> 존슨은 법률가로서 지적 설계를 옹호하는 입장을 논리적으로 정립하는 일을 주도했다. 또한 다윈주의적 자연주의의 폭넓은 문화적 함의를 묘사하는 데 명수이기도 하다. 그는 이 책들을 통해 다윈주의가 사실/가치의 분열을 고착화시켜서 기독교를 사적인 영역으로 전락시킨 점을 부각시킨다.

Michael Behe, *Darwin's Black Box: The Biochemical Challenge to Evolution* (New York: Touchstone, 1996). (「다윈의 블랙박스」 풀빛)

Neal Gillespie, *Charles Darwin and the Problem of Creation* (Chicago: University of Chicago Press, 1979).

William A. Demski, *The Design Inference* (Cambridge: Cambridge University Press, 1998); *Intelligent Design: The Bridge Between Science and Theology* (Downers Grove, Ill.: InterVarsity Press, 1999) (「지적 설계」 IVP); *No Free Lunch: Why Specified Complexity Cannot Be Purchased Without Intelligence* (Landam, Md.: Rowman & Littlefield, 2002).

> 뎀스키는 지적 설계 운동을 지지하는 책을 여러 권 집필한 다작의 이론가다. 그는 어떤 사건이 우연, 법칙, 혹은 설계의 산물인지 여부를 결정하는 데 사용하는 판단 기준으로서 세 단계에 걸친 설명의 여과기를 개발했다.

Mere Creation, ed. William A. Dembski (Downers Grove, Ill.: InterVarsity Press, 1998).

Signs of Intelligence: Understanding Intelligent Design, ed. William A. Dembski and James M. Kushiner (Grand Rapids, Mich.: Baker, 2001).

Darwinism, Design, and Public Education, ed. John Angus Campbell and Stephen C. Meyer (Lansing: Michigan State University Press, 2003).

Uncommon Dissent: Intellectuals Who Find Darwinism Unconvincing, ed. William A. Dembski (Wilmington, Del.: Intercollegiate Studies Institute, 2004).

Francis Beckwith, *Law, Darwinism, and Public Education: The Establishment Clause and the Challenge of Intelligent Design* (Lanham, Md.: Rowman & Littlefield, 2003).

Charles Thaxton, Walter Bradley, and Roger Olsen, *The Mystery of Life's Origin* (Dallas: Lewis and Stanley, 1992 originally published by Philosophical Library, 1984).

A. E. Wilder-Smith, *The Creation of Life: A Cybernetic Approach to Evolution* (Costa Mesa, Calif.: The Word for Today, 1970) Man's Origin, Man's Destiny: A Critical Survey of the Principles of Evolution and Christianity (Minneapolis: Bethany, 1968)

The Natural Sciences Know Nothing of Evolution (Costa Mesa, Calif.: The Word for Today, 1981).

Guillermo Gonzalez and Jay Richards, *The Privileged Planet: How Our Place in the Cosmos Is Designed for Discovery* (Washington D.C.: Regnery, 2004).

다윈의 철학적 함의

Hillary Rose and Steven Rose, eds., *Alas, Poor Darwin: Arguments Against Evolutionary Psychology* (London: Jonathan Cape, 2000).

Tom Bethell, "Against Sociobiology", *First Things* 109 (January 2001): 18-24.

Philip P. Wiener, *Evolution and the Founders of Pragmatism* (Gloucester, Mass.: Peter Smith, 1969 originally published by Harvard University Press, 1949).

Paul Conkin, *Puritans and Pragmatists: Eight Eminent American Thinkers* (New York: Dodd, Mead, 1968).

Louis Menand, *The Metaphysical Club: A Story of Ideas in America* (New York: Farrar, Straus, & Giroux, 2001).

Nancy R. Pearcey, "Darwin's New Bulldogs," *Regent University Law Review* 13, no. 2 (2000-2001): 483-511.

Albert W. Alschuler, *Law Without Values: The Life, Work, and Legacy of Justice Holmes* (Chicago: University of Chicago Press, 2000).

Paul F. Boller, Jr., *American Thought in Transition: The Impact of Evolutionary Naturalism, 1865-1900* (Chicago: Rand McNally, 1969).

Edward A. Purcell, Jr., *The Crisis of Democratic Theory: Scientific Naturalism and the Problem of Value* (Lexington: University Press of Kentucky, 1973).

Benjamin Wiker, *Moral Darwinism* (Downers Grove, Ill.: InterVarsity Press, 2002).

Richard Rorty, *Contingency, Irony, and Solidarity* (Cambridge: Cambridge University Press, 1989). (「우연성, 아이러니, 연대성」 민음사)

제3부_복음주의와 그 역사

Roger Finke and Rodney Stark, *The Churching of America 1776-1990: Winners and Losers in Our Religious Economy* (New Brunswick, N.J.: Rutgers University Press, 1992).

Mark Noll, *The Scandal of the Evangelical Mind* (Grand Rapids, Mich.: Eerdmans, 1994). (「복음주의 지성의 스캔들」 엠마오)

> 복음주의가 역사적으로 약한 지적 전통을 갖게 된 이유를 이해하는 데 유익한 입문서. 놀은 "복음주의 지성의 스캔들은 복음주의 지성이라는 것이 별로 없다는 점이다"라고 쓰고 있는데, 이는 해리 블레마이어즈의 고전 「그리스도인은 어떻게 사고해야 하는가?」에 나오는 유명한 문구를 각색한 것이다. 그는 근본주의, 오순절파, 세대주의 등에 초점을 맞추면서 그런 운동이 그리스도인의 지적인 삶에 끼친 부정적 영향을 진단한다.

Os Guiness, *Fit Bodies, Fat Minds: Why Evangelicals Don't Think and What to Do About It* (Grand Rapids, Mich.: Eerdmans, 1994).

> 미국 복음주의가 지닌 반지성주의를 약간 대중적으로 다룬 책. 기니스는 "복음주의가 경건주의, 원시주의, 대중주의와 같은 그 자체의 내적인 흐름을 통해 화를 자초한 셈이었다"고 주장한다.

The Bible in America: Essays in Cultural History, ed. Nathan O. Hatch and Mark A. Noll (New York: Oxford University Press, 1982) *Amazing Grace: Evangelicalism in Australia, Britain, Canada, and the United States*, ed. George A. Rawlyk and Mark A. Noll (Grand Rapids, Mich.: Baker, 1993) *Evangelicalism: Comparative Studies of Popular Protestantism in North America, the British Isles, and Beyond, 1700-1990*, ed. Mark A. Noll, David Bebbington, and George Rawlyk (New York: Oxford University Press, 1994) *Reckoning with the Past: Historical Essays on American Evangelicalism from the Institute for the Study of American Evangelicals*, ed. D. G. Hart (Grand Rapids, Mich.: Baker, 1995) *Evangelicals and Science in Historical Perspective*, ed. David Livingstone, D. G. Hart, and Mark A. Noll (New York: Oxford University Press, 1999).

Mark A. Noll, *America's God: From Jonathan Edwards to Abraham Lincoln* (Oxford: Oxford University Press, 2002).

Iain Murray, *Revival and Revivalism: The Making and Marring of American Evangelicalism 1750-1858* (Edinburgh: Banner of Truth, 1994). (「부흥과 부흥주의」 부흥과 개혁사)

Richard Hofstadter, *Anti-Intellectualism in American Life* (New York: Random House, 1966).

David Bebbington, *Evangelicalism in Modern Britain: A History from the 1730s to the 1980s* (Grand Rapids, Mich.: Baker, 1989). (「영국의 복음주의」 한들)

제1차 대각성운동

Allen C. Guelzo, "God's Designs: The Literature of the Colonial Revivals of Religion, 1735-1760," in *New Directions in American Religious History*, ed. Harry Stout and D. G. Hart (New York: Oxford University Press, 1997).

Ronald Knox, *Enthusiasm: A Chapter in the History of Religion* (Notre Dame, Ind.: Notre Dame University Press, 1950).

Alan Heimert, *Religion and the American Mind: From the Great Awakening to the Revolution* (Cambridge, Mass.: Harvard University Press, 1966).

Patricia Bonomi, *Under the Cope of Heaven: Religion, Society, and Politics in Colonial America* (New York: Oxford University Press, 1986).

Nathan O. Hatch, *The Sacred Cause of Liberty: Republican Thought and the Millennium in Revolutionary New England* (New Haven, Conn.: Yale University Press, 1977).

Harry Stout, *The Divine Dramatist: George Whitefield and the Rise of Modern Evangelicalism* (Grand Rapids, Mich.: Eerdmans, 1991) Stephen Marini, *Radical Sects of Revolutionary New England* (Cambridge, Mass.: Harvard University Press, 1982).

제2차 대각성운동

Nathan O. Hatch, *The Democratization of American Christianity* (New Haven, Conn.: Yale University Press, 1989).

Richard T. Hughes and C. Leonard Allen, *Illusions of Innocence: Protestant Primitivism in America, 1630-1875* (Chicago: University of Chicago Press, 1988).

Donald M. Scott, *From Office to Profession: The New England Ministry, 1750-1850* (Philadelphia: University of Pennsylvania Press, 1978).

Gordon S. Wood, *The Creation of the American Republic, 1776-1787* (Chapel Hill: University of North Carolina Press, 1969) and *The Radicalism of the American Revolution: How a Revolution Transformed a Monarchial Society into a Democratic One Unlike Any that Had Ever Existed* (New York: Knopf, 1992).

Joyce Appleby, *Capitalism and a New Social Order: The Republican Vision of the 1790s* (New York: New York University Press, 1984).

Michael Gauvreau, "The Empire of Evangelicalism: Varieties of Common Sense in Scotland, Canada, and the United States," in Mark Noll, David Bebbington, and George Rawlyk, eds., *Evangelicalism: Comparative Studies of Popular Protestantism in North America, the British Isles, and Beyond, 1700-1990* (New York: Oxford University Press, 1994).

Gary Thomas, *Revivalism and Cultural Change: Christianity, Nation Building, and the Market in the Nineteenth-Century United States* (Chicago: University of Chicago Press, 1989).

Joel Carpenter, *Revive Us Again: The Reawakening of American Fundamentalism* (Oxford: Oxford University Press, 1997).

Richard Quebedeaux, *By What Authority? The Rise of Personality Cults in American Christianity* (New York: Harper & Row, 1982).

Alan Wolfe, *The Transformation of American Religion: How We Actually Live Our Faith* (New York: Free Press, 2003).

D. G. Hart, *That Old-Time Religion in Modern America: Evangelical Protestantism in the Twentieth Century* (Chicago: Ivan R. Dee, 2002) *The Lost Soul of American Protestantism* (Lanham, Md.: Rowman & Littlefield, 2002) *Recovering Mother Kirk: The Case for Liturgy in the Reformed Tradition* (Grand Rapids, Mich.: Baker, 2003).

복음주의의 지적 전통

Henry May, *The Enlightenment in America* (New York: Oxford University Press, 1976).

Norman Fiering, *Moral Philosophy at Seventeenth-Century Harvard: A Discipline in Transition* (Chapel Hill: University of North Carolina Press, 1981) D. H. Meyer, *The Instructed Conscience: The Shaping of the American National Ethic* (Philadelphia: University of Pennsylvania Press, 1972) Allen Guelzo, "The Science of Duty': Moral Philosophy and the Epistemology of Science in Nineteenth-Century America," in *Evangelicals and Science in Historical Perspective*, ed. David Livingstone, D. G. Hart, and Mark A. Noll (New York: Oxford University Press, 1999).

Jeffrey Stout, *The Flight from Authority: Religion, Morality, and the Quest for Autonomy* (Notre Dame, Ind.: University of Notre Dame Press, 1981).

George Marsden, *Understanding Fundamentalism and Evangelicalism* (Grand Rapids, Mich.: Eerdmans, 1991) *Fundamentalism and American Culture: The Shaping of Twentieth-Century Evangelicalism, 1870-1925* (New York: Oxford University Press, 1980). (「미국의 근본주의와 복음주의 이해」 성광문화사, 「근본주의와 미국문화」 생명의 말씀사)

George Marsden, *The Soul of the American University: From Protestant Establishment to Established Nonbelief* (New York: Oxford University Press, 1994).

The Secular Revolution: Power, Interest, and Conflict in the Secularization of American Public Life, ed. Christian Smith (Los Angeles: University of California Press, 2003).

남성, 여성, 가족

Nancy Pearcey, "Is Love Enough? Recreating the Economic Base of the Family," *The Family in America* 4, no. 1 (January 1990) and "Rediscovering Parenthood in the Information Age," *The Family in America* 8, no. 3 (March 1994).

Peter Berger, *Facing Up to Modernity: Excursions in Society, Politics, and Religion* (New York: Basic Books, 1977).

Barbara Welter, "The Cult of True Womanhood: 1820-1860," in *The American Family in Social-Historical Perspective*, ed. Michael Gordon (New York: St. Martin's Press, 1973).

Nancy F. Cott, *The Bonds of Womanhood: "Woman's Sphere" in New England, 1780-1835* (New Haven, Conn.: Yale University Press, 1977).

Mary Ryan, *Womanhood in America: From Colonial Times to the Present*, 3rd ed. (New York: Franklin Watts, 1983).

E. Anthony Rotundo, *American Manhood: Transformations in Masculinity from the Revolution to the Modern Era* (New York: HarperCollins, 1993) and Michael Kimmel, *Manhood in America: A Cultural History* (New York: Free Press, 1996).

Robert Griswold, *Fatherhood in America: A History* (New York: Basic Books, 1993).

Christopher Lasch, *Haven in a Heartless World: The Family Besieged* (New York: Basic Books, 1979).

Allan Carlson, *From Cottage to Work Station: The Family's Search for Harmony in the Industrial Age* (San Francisco: Ignatius, 1993).

Glenna Matthews, *"Just a Housewife": The Rise and Fall of Domesticity in America* (New York: Oxford University Press, 1987).

Carl N. Degler, *At Odds: Women and the Family in America from the Revolution to the Present* (New York: Oxford University Press, 1980).

제4부_ 세계관의 실제적 적용

Francis Schaeffer, *True Spirituality* (Wheaton, Ill.: Tyndale, 1979); also available in *The Complete Works of Francis A. Schaeffera*, vol. 3 (Wheaton, Ill.: Crossway, 1982). (「진정한 영성」생명의 말씀사)

> 쉐퍼는 기독교 세계관을 개인적 영역과 실제적 영역에 적용함으로써 단지 추상적 관념이 되지 않도록 해야 한다고 역설한다. 기독교적 지성을 개발하고 싶다면 그리스도를 좇아 십자가에까지 가야 한다고 한다. 즉 그리스도의 마음(지성)으로 부활하려면 예전의 죄스러운 행위에 대해 죽는 고난을 감수해야 한다는 것이다.

Francis Schaeffer, *The Finished Work of Christ: The Truth of Romans 1-8* (Wheaton, Ill.: Crossway, 1998). (「프란시스 쉐퍼의 로마서 강해」생명의 말씀사)

> 이 성경연구를 통해 쉐퍼는 우리가 개인적인 열정과 야망에 대해 죽고 그리스도의 부활의 능력으로 삶으로써 "생명을 낳는 기계"가 될 수 있다는 메시지를 상세히 설명하고 있다. "우리 주변에 있는 사람들이 우리의 말과 삶으로 인해 하나님을 영접하든지 배척함에 따라 우리는 생명을 낳든지 죽음을 낳게 되는 셈이다."

Francis Schaeffer, *No Little People: Sixteen Sermons for the Twentieth Century* (Downers Grove, Ill.: InterVarsity Press, 1974); also available in *The Complete Works of Francis A. Schaeffera*, vol. 3 (Wheaton, Ill.: Crossway, 1982). (「쉐퍼의 명설교」생명의 말씀사)

> 이 가운데 특히 "주님의 사업은 주님의 방법으로"라는 설교가 기독교 세계관의 적용과 관련이 많다. 거기서 쉐퍼는 순전히 자기 힘으로 하나님의 일을 하려는 자들을 하나님이 인정하지 않을 것이라고 경고하고 있다. 그리스도인은 세상도 모방할 수 있는 순전히 활동중심의 행동주의를 넘어서는 그 무엇을 보여주어야 마땅하다고 한다.

Gene Edward Veith, *The Spirituality of the Cross: The Way of the First Evangelicals* (St. Louis: Concordia, 1999).

Ken Blue, *Healing Spiritual Abuse: How to Break Free from Bad Church Experiences* (Downers Grove, Ill.: InterVarsity Press, 1993) David Johnson and Jeff VanVonderen, *The Subtle Power of Spiritual Abuse: Recognizing and Escaping Spiritual Manipulation and False Spiritual Authority Within the Church* (Minneapolis: Bethany, 1991). (「교회에서 상처받은 영혼의 치유」 하늘기획)

Henry Cloud and John Townsend, *Boundaries: When to Say Yes, When to Say No, to Take Control of Your Life* (Grand Rapids, Mich.: Zondervan, 1992). (「No 라고 말할 줄 아는 그리스도인」 좋은씨앗)

이 책과 그 후속 저서들 및 테이프는 성경과 심리학에 기초하여 가정, 교회, 기독교 기관 등에서 건강한 관계를 형성하는 법에 대해 유익한 지침을 제공하고 있다.

송인규, 「죄 많은 이 세상으로 충분한가」, IVP
송인규, 「복음과 지성」, IVP
성인경, 「나의 세계관 뒤집기」, 홍성사
신국원, 「신국원의 문화 이야기」, IVP
강영안, 「강교수의 철학 이야기」, IVP
대천덕, 「우리와 하나님」, 홍성사

주

머리말

1. *How Now Shall We Live?*는 Charles Colson과 공저한 책으로 Tyndale 출판사(Wheaton, Ill., 1991)에서 출간했다(이후 *How Now?*로 줄여서 표시). 나는 또한 Harold Fickett의 수고에 감사하고 싶다. 그는 뛰어난 필자요 이야기꾼으로 *How Now?*에 나오는 긴 이야기들을 썼다. 이 책은 부분적으로 *How Now?*에서 다룬 주제들을 한층 더 개진한 것이며, 내가 직접 쓴 부분에 한해 그 책을 인용했다. (「그리스도인, 이제 어떻게 살 것인가?」 요단)
2. Bill Wichterman이 필자와 나눈 대화에서. 위치터맨은 다음 글에서 자기 논제를 자세하게 개진하고 있다. "The Culture: Upstream from Politics," in *Building a Healthy Culture: Strategies for an American Renaissance*, ed. Don Eberly (Grand Rapids, Mich.: Eerdmans, 2001), 76-101. "문화적 보수주의자는 명문화된 헌법의 명백한 의미를 재해석하는 사법적 행동주의를 개탄하지만, 그들은 법원의 역할이 이미 미국 국민의 마음속에서 시작된 어떤 작업을 종이에 마무리하는 일에 불과하다는 점을 망각하고 있다.…… 정치는 대체로 문화의 표출이다."
3. *Christian Research Journal*(April 2003)에 수록된, Phillip Johnson의 *The Right Questions* (Nancy Pearcey가 서문을 씀)에 대한 서평인 Mary Passantino의 "The Little Engine that Can"에서 인용.
4. Peter Berger, *Facing Up to Modernity: Excursions in Society, Politics, and Religion* (New York: Basic Books, 1977), 133.
5. 프란시스 쉐퍼는 진리에 대한 분열된 개념을 다음 글에서 다루고 있다. *Escape from Reason* and *The God Who Is There* (in *The Complete Works of Francis A. Schaeffer* [Wheaton, Ill.: Crossway, 1982]).
6. Phillip E. Johnson, *The Wedge of Truth: Splitting the Foundations of Naturalism* (Downers Grove, Ill.: InterVarsity Press, 2000), 148. 강조는 추가.

이 책에 대한 나의 서평도 보라. "A New Foundation for Positive Cultural Change: Science and God in the Public Square," *Human Events* (September 15, 2000, at http://www.arn.org). (「진리의 쐐기를 박다」 좋은씨앗)

7. Lesslie Newbigin, *A Word in Season: Perspectives on Christian World Missions* (Grand Rapids, Mich.: Eerdmans, 1994). 특히 다음 글에 주목하라. "The Cultural Captivity of Western Christianity as a Challenge to a Missionary Church."

8. "Reeve: Keep Religious Groups Out of Public Policy," *The Associated Press*, April 3, 2003, 강조 추가.

9. Michael Goheen, *"As the Father Has Sent Me, I Am Sending You": J. E. Lesslie Newbigin's Missionary Ecclesiology* (Zoetermeer: Uitgeverij Boekencentrum, 2000), 377.

10. Albert M. Wolters, *Creation Regained: Biblical Basics for a Reformational Worldview* (Grand Rapids, Mich.: Eerdmans, 1985), 4. (「창조, 타락, 구속」 IVP)

11. 기독교적 관점에서 세계관이라는 용어의 역사를 개괄한 글로는 다음을 보라. Albert M. Wolters, "On the Idea of Worldview and Its Relation to Philosophy," in *Stained Glass*, ed. Paul Marshall, Sander Griffioen, and Richard J. Mouw (Lanham, Md.: University Press of America, 1989), 65-80. 보다 자세한 설명을 담은 책으로는 다음을 보라. David K. Naugle, *Worldview: The History of a Concept* (Grand Rapids, Mich.: Eerdmans, 2002). 비기독교적 관점에서 다룬 간략한 역사로는 다음의 첫 두 부분을 보라. Eugene F. Miller, "Positivism, Historicism, and Political Inquiry," *American Political Science Review* 66, no. 3 (September 1972): 796-817; at http://members.shaw.ca/compilerpress1/Anno%20Miller.htm. Miller는 이렇게 쓰고 있다. "모든 인간의 표현물은 자기 자신을 넘어 자기가 속한 시대나 문화의 특징적인 세계관(*Weltanschauung*)을 가리키고 있다. 이처럼 저변에 깔린 충동 또는 정신이 그 문화를 온전히 하나로 만들고 그 속에 있는 모든 사상과 평가의 모양을 결정한다. 우리는 인간의 객관화 작업을 세계관의 무의식적 표출로 인식함으로써 그 의미를 파악할 수 있다. 이론적 철학조차도 당대의 정신이 표현되는 통로다."

12. 이 책의 첫 세 부분은 본래 Leadership Academy of the Association of Christian Schools International(2001년 6월 22-26일)에서 세 차례에 걸쳐 발표한 것인데, 당시의 강연 제목은 다음과 같다. "The Nuts and Bolts of a Christian

Worldview" (part 1), "A Worldview Approach to Science"(part 2), and "Facing Our Past: Whatever Happened to the Christian Mind?" (part 3). 그리고 나중에 개정해서 미네소타 주 로체스터에서 열린 라브리 수련회(2004년 2월 6-7일)에서도 발표했다.
13. Nancy Pearcey, "Anti-Darwinism Comes to the University: An Interview with Phillip Johnson," *Bible-Science Newsletter*, June 1990. 또한 다음을 보라. Nancy Pearcey, "Foreword," in Phillip E. Johnson, *The Right Questions: Truth, Meaning, and Public Debate* (Downers Grove, Ill.: InterVarsity Press, 2002).
14. *How Now?*의 내용 중 특히 과학을 다룬 2부의 몇 장과 구속에 관한 4부의 몇 장은 「성경-과학 뉴스레터」에서 빌려온 것이 많다. 본래의 출처를 찾아 읽고 싶은 독자는 그 책(3쇄)의 각주를 참조하고, 보다 광범위하게 알려면 이 책을 참고하라.

1장 이분법적 사고를 넘어서_ 창조, 타락, 구속

1. John D. Beckett, *Loving Monday: Succeeding in Business Without Selling Your Soul* (Downers Grove, Ill.: InterVarsity Press, 1998), 52.
2. 필자가 사라와 나눈 대화에서. 사생활을 보호하기 위해 이름은 바꾸었으나, 이야기 자체는 사실 그대로 정확한 것이다.
3. 프란시스 쉐퍼는 이런 현상에 대해 다음 책에서 설명하고 있다. *A Christian Manifesto*, in *The Complete Works of Francis A. Schaeffer*, vol. 5 (Wheaton, Ill.: Crossway, 1982), 424-425. "많은 그리스도인들이, 내가 기독교는 진리 혹은 절대 진리라고 말할 때 내가 말하고자 하는 바와 다른 의미로 이해한다. 그들은 그리스도인으로서, 말하자면 창조의 진리, 동정녀 탄생의 진리, 그리스도의 기적의 진리, 그리스도의 대속적 죽음, 그분의 재림 등을 믿는다는 말이다. 그러나 그들은 이런 진리 및 그 밖의 진리 하나하나를 믿는 데서 그친다. 내가 기독교는 진리라고 말할 때에는 그것이 총체적 실재에 대한 진리임을 의미하는 것이다. 즉 존재하는 모든 것에 대한 진리라는 뜻인데, 기독교는 일련의 진리들일 뿐 아니라 절대 진리(Truth) 곧 실재 전체에 대한 진리라는 말이다." (「기독교 선언」 생명의 말씀사)
4. Harry Blamires, *The Christian Mind* (New York: Seabury, 1963), 3, 강조 추가. (「그리스도인은 어떻게 사고해야 하는가?」 두란노)
5. Michael Weiskopf, "Energized by Pulpit or Passion, the Public Is Calling:

'Gospel Grapevine' Displays Strength in Controversy Over Military Gay Ban," *The Washington Post*, February 1, 1993, A1.
6. Blamires, *Christian Mind*, 3-4, 강조는 본래 필자의 것.
7. Charlie Peacock, *At the Crossroads: An Insider's Look at the Past, Present, and Future of Contemporary Christian Music* (Nashville: Broadman & Holman, 1999).
8. 다음 글에 인용. Allen C. Guelzo, "The Return of the Will," in *Edwards in Our Time: Jonathan Edwards and the Shaping of American Religion*, ed. Sang Hyun Lee and Allen C. Guelzo (Grand Rapids, Mich.: Eerdmans, 1999), 133.
9. Martin Marty, *The Modern Schism: Three Paths to the Secular* (New York: Harper & Row, 1969), 40. 다음 쪽도 보라. 57, 92, 96.
10. Sidney Mead, *The Old Religion in the Brave New World: Reflections on the Relation Between Christendom and the Republic* (Los Angeles: University of California Press, 1977), 4.
11. Dorothy L. Sayers, *Creed or Chaos?* (Manchester, N.H.: Sophia, 1949), 77.
12. Bob Briner, *Roaring Lambs* (Grand Rapids, Mich.: Zondervan, 2000), 17-18. (「양들, 포효하다」 죠이선교회출판부)
13. Terry Mattingly, "Veggies Attack the Funny Gap," Scripps Howard News Service, October 2, 2002.
14. Fritjof Capra, *The Tao of Physics* (Boston: Shambhala, 2000).
15. 실망스러운 대화였음에도 불구하고 나는 「성경-과학 뉴스레터」에 신(新)물리학에 관한 글을 쓸 수 있었다. 아니, 실은 두 개의 글을 썼다. Nancy Pearcey, "The New Physics and the New Consciousness," parts 1 and 2, *Bible-Science Newsletter*, October 1986 and November 1986. 나중에 내용을 보충하여 과학의 역사와 철학을 다룬 책 *The Soul of Science*의 두 장으로 삼았다. 상대성이론에 관한 8장 "Is Everything Relative? The Revolution in Physics"와 양자역학에 관한 9장 "Quantum Mysteries: Making Sense of the New Physics"를 보라. 이 프로젝트는 Charles Thaxton과 함께 수행했는데, 그는 과학 전문 지식을 제공하고 과학과 관련된 부분을 검토해 주었다 (Nancy Pearcey and Charles Thaxton, *The Soul of Science: Christian Faith and Natural Philosophy* [Wheaton, Ill: Crossway, 1994], 이후 *Soul of Science*로 표기).
16. 다음 책을 보라. H. Evan Runner, *The Relation of the Bible to Learning*

(Toronto: Wedge, 1970), 16.
17. "내가 너희에게 맑은 물을 뿌려서 너희를 정결하게 하며, 너희의 온갖 더러움과 너희가 우상을 섬긴 모든 더러움을 깨끗하게 씻어 주며"(겔 36:25).
18. 이와 같은 과학철학의 발전 양상에 대해서는 다음 글을 보라. Nancy Pearcey, "The Science of Science," *Bible-Science Newsletter*, August 1983; Nancy Pearcey, "From Tyrant to Tool: A New View of Science," *Bible-Science Newsletter*, April 1986. 그 후에 쓴 글로는 *Soul of Science*(특히 2장)를 보라.
19. Roy Clouser, *The Myth of Religious Neutrality: An Essay on the Hidden Role of Religious Belief in Theories* (Notre Dame, Ind.: University of Notre Dame Press, 1991), 87.
20. John Gray, "Exposing the Myth of Secularism," *Australian Financial Review*, January 3, 2003, at http://afr.com/review/2003/01/03/FFX9C QAJFAD. html.
21. R. G. Collingwood, *An Essay on Metaphysics* (Chicago: Regnery, 1972; orig., London: Oxford University Press, 1940), 253-257. "이성에 의해 '지배되어야' 마땅한, 플라톤적 의미의 물질은 수학적 법칙에 엄밀히 복종하지 않을 것이다. [다른 한편] 하나님이 무로부터 창조한 물질은 그 창조주가 정해 놓은 규칙을 엄밀히 따르는 게 당연하다. 이런 의미에서 나는 근대과학을 기독교의 유산이라고 불렀거니와, 아니 심지어는 기독교의 자식이라고 해도 무방할 것이다." (Carl von Weizsacker, *The Relevance of Science* [New York: Harper & Row, 1964], 163).
22. 기독교와 수학의 관계에 대한 역사적 설명에 관해서는 다음의 글을 보라. Nancy Pearcy, "Mind Your Mathematics: A Two-Part Series on the Role of Mathematics in Science," *Bible-Science Newsletter*, March 1990; Nancy Pearcey, "The Rise and Fall of Mathematics," *Bible-Science Newsletter*, April 1990. 이 내용을 나중에 확대해서 *Soul of Science* 의 두 장(6, 7장)으로 삼았다. 수학철학에 대해 잘 다룬 글로는 Roy Clouser의 *Myth of Religious Neutrality* 7장을 보라.
23. *Getting to Know "Connected Mathematics Project,"* April 30, 1996, Teacher's Guide, 17; cited in Michael Chapman, "Worldview War in the Classroom," in *No Retreats, No Reserves, No Regrets*, ed. Brannon Howse (St. Paul, Minn.: Stewart, 2000), 149. 상호 연관된 수학 프로젝트는 국립 과학재단의 후원을 받아 미시간 주립대학(MSU)이 개발한 6-8학년용 수학 교과과정이다.
24. *Minnesota State Statutes Governing the Licensing of Teachers*, 106, 111. 위

와 같은 출처에서 인용됨.
25. 실재는 여러 층으로 되어 있는데, 보다 단순한 차원에서는 그리스도인과 비그리스도인 사이에 폭넓은 합의가 이루어질 것이다. 가장 단순한 차원은 양과 관련된 것으로서 수학에 속한 부문이다. 약간 더 높은 차원은 수학을 물리적 세계―물리학―에 적용한 것인데, 거기서는 이론적 구성이 보다 큰 역할을 한다. 그보다 더 높은 차원은 생물학이며, 양자간의 불일치가 더욱 벌어지는 영역이다. 가장 복잡한 차원은 인문과학인데, 여기서 간격이 최대로 벌어진다. 심리학, 도덕, 종교 등이 이에 속한다. 사다리의 위편으로 올라갈수록 철학적 입장과 신앙적 헌신의 역할이 더욱 커지므로 관점의 차이도 그만큼 커지게 된다. 헤르만 도예베르트는 이것을 "양상의 사다리"라고 부르면서 모두 열네 개의 차원으로 구분한다. 수리적·공간적·물리적·생물적·심리적·논리적·역사적·언어적·사회적·경제적·심미적·법률적·도덕적·신앙적 양상이 그것이다. 각 차원마다 그에 해당하는 학문 분야가 있다. 이에 대한 읽기 쉬운 입문서로는 다음을 참조하라. L. Kalsbeek, *Contours of a Christian Philosophy: An Introduction to Herman Dooyeweerd's Thought*, ed. Bernard and Josina Zylstra (Toronto: Wedge, 1975)(「기독교인의 세계관」성광문화사). 도예베르트는 암스테르담의 자유 대학에서 가르쳤는데, 그 대학은 열네 층으로 된 건물로서 각 층이 도예베르트의 "양상의 사다리"의 각 차원으로 헌정되었다. 맨 위 층에는 신학과가 그 아래에는 철학과, 그리고 법과 등으로 내려온다. 다음 책도 참고하라. David Caudill, "A Calvinist Perspective on the Place of Faith in Legal Scholarship," in Michael McConnell, ed., *Christian Perspectives on Legal Thought* (New Haven, Conn.: Yale University Press, 2001), 313.
26. Os Guinness, *The Gravedigger File: Papers on the Subversion of the Modern Church* (Downers Grove, Ill.: InterVarsity Press, 1984), 43, 44, 강조는 추가. (「무덤파기 작전」낮은 울타리)
27. Clouser, *Myth of Religious Neutrality*, 80.
28. 이 주제에 관한 다른 단락으로는 이사야 6:9, 10, 42:18-20, 43:8, 마태복음 15:14, 23:16절 이하, 베드로후서 1:9 등이 있다.
29. 내가 문화 명령에 관해 강연할 때 그 개념에 관해 한번도 들어본 적이 없다는 사람들을 많이 만난다. 따라서 문화 명령에 관해 좀더 자세히 알려면 *How Now?* 31장을 보면 좋다.
30. C. S. Lewis, *The Last Battle* (New York: HarperCollins, 1994), 211. (「마지막 전투」시공주니어)
31. 프란시스 쉐퍼는 다음에서 이 점을 다루고 있다. *True Spirituality*, in *Complete*

Works, vol. 3, 200-201. (「진정한 영성」 생명의 말씀사)

32. Gene Edward Veith, *God at Work: Your Christian Vocation in All of Life* (Wheaton, Ill.: Crossway, 2002). Veith의 다음 글도 참조하라. *The Spirituality of the Cross* (St. Louis: Concordia, 1999), 71ff.

33. Veith, *The Spirituality of the Cross*. 다음도 참조하라. D. G. Hart, *Recovering Mother Kirk: The Case for Liturgy in the Reformed Tradition* (Grand Rapids, Mich.: Baker, 2003), chapter 12, "What Can Presbyterians Learn from Lutherans?"

34. "스위스 산골짜기에서 온 강렬한 인상을 풍기는 이 작은 남자는 1960년대 중반에 복음주의 진영 어디에서도 들을 수 없는 색다른 메시지를 전했다. 휘튼 대학에서 학생들이 밤비와 같은 영화를 보여주려고 싸우고 있는 동안, 프란시스는 베리만과 펠리니의 영화에 대해 얘기하고 있었다. 행정가들이 학생 출판물에 실존주의를 다루지 못하도록 금지하고 있는 동안, 프란시스는 카뮈, 사르트르, 하이데거를 논하고 있었다. 그는 딜런 토머스를 인용했고, 살바도르 달리의 예술품을 알았으며, 비틀즈와 존 케이지의 음악을 들었다." (Michael Hamilton, "The Dissatisfaction of Francis Schaeffer" [*Christianity Today*, March 3, 1997], at http://www.antithesis.com/features/dissatisfaction.html).

35. 쉐퍼는 지성사에 관한 그의 논의와 관련하여 여러 측면에서 일부 전문학자들의 비판을 받아 왔다. 그러나 누구든 쉐퍼의 분석에 조목조목 모두 동의하지 않더라도, 철학과 예술과 문화의 기본 주제들을 학생과 추구자가 이해하고 적용할 수 있도록 개념화한 그의 공헌에 감사하는 것은 얼마든지 가능하다. 그 가운데 많은 학생이 여러 학문 영역에서 다양한 전공을 연구하여 학위를 받았다. 그런 면에서 쉐퍼는 젊은이들을 지적이고 문화적인 세계로 인도하는 중요한 "교량" 역할을 했다.

36. 이는 내가 라브리에서 접한 변증의 논리를 가리키는데, 결국 나는 그 논리에 설득 당했고 그 논증은 이 책의 나머지 부분—특히 3장, 7장, 11장, 부록 4—를 가로질러 흐르고 있다.

37. Augustine, *Confessions*, I.1. (「성 어거스틴의 고백록」 대한기독교서회)

38. 이런 일상적인 예술성은 아름다움의 하나님과 맺은 우리의 관계를 표현하는 의식적 노력이었다. 이디스 쉐퍼는 일상생활에서 아름다움을 발견하는 자기 철학을 다음 책에 설명했다. *Hidden Art* (Wheaton, Ill.: Tyndale, 1972). 이를 짧게 다룬 자료로는 그녀의 강의록이 있다. "The Art of Life and the Courage to Be Creative," at http://www.soundword.com.

39. 가령 다음과 같은 자료를 보라. Francis Schaeffer, *The New Super-Spirituality*, in

Complete Works, vol. 3, 388; and The God Who Is There, in Complete Works, vol. 1, 27-31. (「초영성주의에 맞서는 그리스도인의 자세」 생명의 말씀사)
40. Schaeffer, The God Who Is There, in Complete Works, vol. 1, 34.
41. 그 교회의 목회자는 다음 글의 저자인 Erwin McManus이다. An Unstoppable Force (Loveland, Colo.: Group, 2001)(「멈출 수 없는 하나님의 운동력」 국제제자훈련원); and Seizing Your Divine Moment (Nashville: Nelson, 2002). 또한 McManus의 다음 에세이를 보라. "Fulfilling the Vision," at http://www.mosaic.org.
42. Quentin Smith, "The Metaphilosophy of Naturalism," in Philo 4, no. 2 (Fall/Winter 2001), at http://www.philoonline.org/library/smith_4_2.htm.
43. Smith는 다음 책에서 William Lane Craig와 논쟁을 벌인다. Theism, Atheism and Big Bang Cosmology (New York: Oxford University Press, 1995).
44. Alvin Plantinga, God and Other Minds: A Study of the Rational Justification of Belief in God (Ithaca, N.Y., Cornell University Press, 1967, 1990). (「신과 타자의 정신들」 살림)
45. Smith, "Metaphilosophy of Naturalism."
46. Sigmund Freud. The Future of an Illusion, trans. and ed. James Strachey (New York: Norton, 1961), 43.
47. Patrick Glynn, God, The Evidence: The Reconciliation of Faith and Reason in a Postsecular World (Rocklin, Calif.: Prima, 1997), 62.
48. Glynn, God, The Evidence, 20. 신앙과 건강의 긍정적 관계를 지지하는 의학적 증거에 대해서는 How Now? 32장에서 더 많이 다루고 있다. 다음 글도 참조하라. A. Matthews, Michael E. McCullough, David B. Larson, Harold G. Koenig, James P. Swyers, and Mary Greenwold Milano, "Religious Commitment and Health Status: A Review of the Research and Implications for Family Medicine," in Archives of Family Medicine 7, no. 2 (March/April 1998), at http://archfami.ama-assn.org/issues/v7n2/ffull/fsa6025.html.
49. International Center for the Integration of Health and Spirituality에서 나온 보도자료에 인용. "Scientists, Doctors Gather to Define and Measure Spirituality," January 15, 1997, at http://www.nihr.org/programs/archived releases.cfm.
50. 예를 들어, 다음 잡지에 나온 John Koch와 Benson의 인터뷰를 보라. The Boston Globe Magazine, November 9, 1997, at http://www.boston.com/globe/magazine/11-16/interview/.

51. Guenter Lewy, *Why America Needs Religion* (Grand Rapids, Mich.: Eerdmans, 1996), x.
52. 같은 책, 132-133.
53. 이 주제에 대한 더 많은 논의는 12장에 실려 있다.
54. 다음 글에 인용. Marvin Olasky, *The Tragedy of American Compassion* (Washington, D.C.: Regnery; Wheaton, Ill.: Crossway, 1992), 48. See online at www.olasky.com/Archives/toac/03%20(word5).pdf. Chapter 3, page 8.

2장 다시 찾은 기쁨

1. Charles Malik, *The Two Tasks* (Westchester, Ill.: Cornerstone, 1980), 32.
2. 필자가 실리 에이츠와 나눈 대화.
3. 다음 책을 보라. Joseph G. Allegretti, *The Lawyer's Calling: Christian Faith and Legal Practice* (Mahwah, N.J.: Paulist, 1996). (「법조인의 소명」 IVP). 법에 대한 기독교적 접근을 분석한 책으로는 다음을 보라. *Christian Perspectives on Legal Thought*, ed. Michael McConnell (New Haven, Conn.: Yale University Press, 2001).
4. Lesslie Newbigin, *Our Task Today*. 인도의 Tirumangalam 교구 협의회 4차 회의(1951년 12월 18-20일)에서 발표한 미간행 논문. 다음 글에 인용. Michael Goheen, "The Missional Calling of Believers in the World: Lesslie Newbigin's Contribution," at http://www.deepsight.org/articles/ goheenb.htm.
5. Lesslie Newbigin, *Truth to Tell: The Gospel as Public Truth* (Grand Rapids, Mich.: Eerdmans, 1991), 49.
6. Andy Crouch, "Christian Esperanto: We Must Learn Other Cultural Tongues," in *Christianity Today*, April, 2003.
7. Wade Clark Roof, *Spiritual Marketplace: Baby Boomers and the Remaking of American Religion* (Princeton, N.J.: Princeton University Press, 1999), 7.
8. Peter Berger, *Facing Up to Modernity: Excursions in Society, Politics, and Religion* (New York: Basic Books, 1977), 18. 버거는 가정이라는 사적 영역을 구체적으로 언급하고 있으나, 그것은 사적 영역 전반에 대한 적절한 묘사이기도 하다.
9. Peter Berger, *The Sacred Canopy: Elements of a Sociological Theory of Religion* (New York: Doubleday, 1967), 134. (「종교와 사회」 종로서적)

10. Walter Kasper, "Nature, Grace, and Culture: On the Meaning of Secularization," in *Catholicism and Secularization in America: Essays on Nature, Grace, and Culture*, ed. David L. Schindler (Huntington, Ind.: Our Sunday Visitor, Communio Books, 1990), 38.
11. Lesslie Newbigin, *Foolishness to the Greeks: The Gospel and Western Culture* (Grand Rapids, Mich.: Eerdmans, 1986), 31. (「헬라인에게는 미련한 것이요」 IVP)
12. Lesslie Newbigin, *The Gospel in a Pluralist Society* (Grand Rapids, Mich.: Eerdmans, 1989), 172. (「다원주의 사회에서의 복음」 IVP)
13. 1995년, 스미스와 그의 팀은 각기 두 시간씩 130회의 인터뷰를 실시했다. 1996년에는 2591번의 전화조사(그 가운데 2087번은 교회에 출석하는 개신교인을 대상으로 했다)를 실시했다. 1996년 후반에는 복음주의 그리스도인을 대상으로 두 시간씩 178회의 인터뷰를 실시했다. 또한 전화상으로 스스로를 "근본주의자"라고 밝힌 8명과, 그리고 "자유주의 개신교인"이라고 밝힌 6명과 각각 전화 인터뷰를 실시했다. 다음 책을 보라. Christian Smith, with Michael Emerson, Sally Gallagher, Paul Kennedy, and David Sikkink, *American Evangelicalism: Embattled and Thriving* (Chicago: University of Chicago Press, 1998), 17.
14. 이 분류는 본인 스스로 밝힌 소속감에 기초한 것이다. 예를 들어, 누군가가 스스로를 복음주의 장로교인이라고 밝히면 그는 "복음주의" 범주에, 자유주의 장로교인이라고 밝히면 "자유주의" 범주에 각각 포함시켰다. 그 결과 복음주의자의 수가 다른 대다수의 조사에 나온 것보다 더 적어졌는데(인구의 7%), 다른 조사에서는 조사자가 선택한 표준 곧 가입 교단이나 특정한 교리에 따라 대상을 분류했기 때문이다.
15. 놀랍게도, 복음주의자가 한 가지를 제외한 다른 모든 면에서 근본주의자를 앞질렀다. 그 이유는 근본주의자가 하부문화적 심성을 갖고 있기 때문일 것이라고 스미스는 추정한다. 즉 그들은 교회, 학교, 기독교 단체 등에서 문화적으로 고립되어 있다는 말이다. 더욱이, 근본주의자들 가운데 흔히 볼 수 있는 전천년설 세대주의 교리는 세상이 내리막길로 치닫고 있으므로 개혁이 쓸데없다는 식으로 종종 해석되곤 한다. (가라앉고 있는 배에서 금관악기를 닦을 필요가 있는가?) 이처럼 바깥세계에 참여가 부족하기 때문에 근본주의자가 복음주의자에 비해 조금 더 안일한 경향이 있지 않나 생각되는데, 복음주의자는 근본주의자보다 주변문화에 관여하는 것을 더 강조하고 있다. 적대적인 문화와 정규적으로 맞부딪히는 것이 실은 더 깨어 있고 능동적인 신앙을 도모할 수 있다고 스미스는 추정한다. (Smith, *American Evangelicalism*, 145-147).

16. 이것은 원자론적 사회관으로 말미암은 것인데, 이는 사회집단을 단지 개개인의 집합으로 생각하는 견해다. 일부 복음주의자가 지닌 이와 같은 개인주의적 사회철학의 근원을 이해하려면 3부를 보라.
17. Smith, *American Evangelicalism*, 188, 190.
18. 같은 책, 203.
19. 같은 책, 204, 205, 206.
20. 같은 책, 194.
21. 같은 책, 201, 198.
22. Plato, *Complete Works*, ed. John M. Cooper (Indianapolis: Hackett, 1997), Laws, book 10, 1542-1566.
23. 쉐퍼는 진리에 대한 이층적 개념을 「이성에서의 도피」「거기 계시는 하나님」에서 비판하는데, 단 그리스인들이 아니라 아퀴나스에서 시작한다. 쉐퍼의 비판은 헤르만 도예베르트가 *Roots of Western Culture: Pagan, Secular, and Christian Options* (Toronto: Wedge, 1979)에서 시도한 보다 상세한 분석과 비슷하다. (「서양문화의 뿌리」「서구 사상의 황혼에서」크리스챤 다이제스트)
24. 정확히 말하자면, 우리는 플라톤에 대한 종교적 해석을 다룰 터인데, 이는 유대인 철학자 필로에서 시작하여 3세기에 이르러 플로티누스의 저술에서 그 절정에 도달했다. 내가 "플라톤"이라고 말할 때에는 이런 플라톤에 대한 종교적 해석을 가리킬 것이며 종종 신플라톤주의를 지칭하기도 할 터인데, 이것이야말로 그리스 사상을 후대에 전달하는 가장 강력한 통로가 되었다. (보다 자세한 논의는 부록 2에서 다루었다.) 역사적으로 보면, 플라톤 사상과 아리스토텔레스 사상이 서로 합병되고 중첩되는 현상이 다분하지만, 여기서는 단순화시켜 따로따로 고찰하고자 한다. 플라톤과 아리스토텔레스의 사상, 그리고 그들이 기독교 사상에 미친 영향에 관해서는 다음 책이 읽을 만하다. Arthur Holmes, *Fact, Value, and God* (Grand Rapids, Mich.: Eerdmans, 1997) (「사실, 가치, 하나님」 IVP)
25. Charles Norris Cochrane, *Christianity and Classical Culture: A Study of Thought and Action from Augustus to Augustine* (New York: Oxford University Press, 1957), 342, 390, 417.
26. J. P. Moreland and Scott B. Rae, *Body and Soul: Human Nature and the Crisis in Ethics* (Downers Grove, Ill.: InterVarsity Press, 2000).
27. 목사이자 작가인 존 파이퍼는 이렇게 말한다. "나는 육체(혹은 육신, flesh)를 바울이 사용하는 대로 정의하려고 애써 왔다. 대다수의 경우…… 그것은 당신의 신체 부위를 가리키지 않는다. (바울은 몸 자체를 악하게 여기지 않는다.) 육체란, 자아가

공허감을 느끼고 그것을 자기 손아귀에 있는 자원으로 채우려고 애쓰는 자아를 지칭한다. 육체는 하나님의 자비 이외의 다른 것으로 나를 만족시키려고 애쓰는 '나'를 일컫는다"(다음 제목의 설교에서 인용, "The War Within: Flesh Versus Spirit," at http://www. soundofgrace.com/piper83/061983m.htm).
28. Robert Louis Wilken, *The Spirit of Early Christian Thought: Seeing the Face of God* (New Haven, Conn.: Yale University Press, 2003), chapter 1, passim.
29. 많은 그리스도인 사상가들이 헬라철학의 이원론적 사고에 영향을 받은 경위에 대해서는 Brian Walsh and J. Richard Middleton, *The Transforming Vision* (Downers Grove, Ill.: InterVarsity Press, 1984) 7장을 보라. (「그리스도인의 비전」IVP)
30. Colin Gunton, *The One, the Three, and the Many: God, Creation, and the Culture of Modernity* (New York: Cambridge University Press, 1993), 2, 138.
31. Henry Chadwick, *Augustine: A Very Short Introduction* (Oxford: Oxford University Press, 2001), 64-65, 122.
32. G. K. Chesterton, *Saint Thomas Aquinas*, "The Dumb Ox" (1933; reprint, Garden City, N.Y.: Doubleday, 1956), 92. (「성 토마스 아퀴나스」홍성사)
33. 성공회 철학자 Langmead Casserly는 아퀴나스를 원래 철학자로서보다 변증가로 여기는 편이 낫다고 말한다. "아리스토텔레스의 부활은 서구 제국이 몰락한 이래 처음으로 유럽에서 [기독교] 신앙으로 하여금 지적인 방어를 하지 않으면 안되게 만들었다." 그래서 아퀴나스는 그저 초연하고 객관적인 철학적 탐구를 한 것이 아니었다. 오히려, "그는 무엇보다도 당시의 절박한 지적 상황에 대처하려 했던 변증가다. …… 그는 변증의 핵심 전략이 바로 반대자에게 가능한 최대로 양보하고 나서 자기의 논증을 상대방의 가설에 기초하여 개진하는 일임을 인식했던 최초의 변증가였다. …… 이런 토마스의 전략을 그의 시대 이래 모든 지혜로운 기독교 변증가들이 채택해 왔다." 요컨대, 아퀴나스의 목표는 당대의 아리스토텔레스 추종자에게, 그들의 전제에 입각하더라도 그들이 진리로 믿는 바를 기독교가 더 잘 설명할 수 있음을 입증하는 것이었다. (J. V. Langmead Casserly, *The Christian in Philosophy* [New York: Scribner's, 1951], 77, 81-82).
34. 아퀴나스가 자연과 은혜를 처음으로 병치시킨 인물은 아니었다. 그것은 이미 중세 신학자들의 어휘에 포함되어 있었다. 초기의 예로는 아우구스티누스의 책 하나를 들 수 있다. 아우구스티누스는 펠라기우스의 *Nature*를 읽고 나서 그에 대한 응답으

로서 *Nature and Grace*라는 책을 썼다. 다음 책을 보라. Garry Wills, *Saint Augustine* (New York: Penguin, 1999), 125. 아퀴나스와 관련해 혁신적인 점은, 그가 "자연"을 아리스토텔레스적으로 정의했다는 것이다

35. Roger French and Andrew Cunningham, *Before Science: The Invention of the Friars' Natural Philosophy* (Aldershot, Hampshire, UK: Ashgate, 1996), 202. 저자들은 도미니카회의 수도사들—특히 아퀴나스의 스승인 알베르투스 마그누스—의 안목을 하나의 집단으로 묶어서 묘사하고 있다. 이를 요약한 글로는 다음을 참조하라. Nancy Pearcey, "Recent Developments in the History of Science and Christianity," and "Reply," *Pro Rege* 30, no. 4 (June 2002): 1-11, 20-22.
36. French and Cunningham, *Before Science*, 183-202.
37. Thomas Aquinas, *Summa Theologica* I-II, q. 109, art. 2. (「신학대전」)
38. Michael Lapierre, S.J., "Grace in Thomas Aquinas," at http://www.catholic-church.org/grace/western/scholars/lap1.htm. Lapierre는 이런 급진적 이원론에 찬동하고 있다.
39. Jacques Maritain, *Integral Humanism: Temporal and Spiritual Problems of a New Christendom*, trans. Joseph Evans (New York: Scribner's, 1968), 22.
40. Philip Melanchthon, *The Augsburg Confession* (1530), art. 26, "Of the Distinction of Meats," at http://www.iclnet.org/pub/resources/text/wittenberg/concord/web/augs-026.html.
41. Alister McGrath, "Calvin and the Christian Calling," *First Things* 94 (June/July 1999): 31-35.
42. John Kok, *Patterns of the Western Mind: A Reformed Christian Perspective* (Sioux Center, Ia.: Dordt College Press, 1998), 124, 125.
43. John D. Beckett, *Loving Monday: Succeeding in Business Without Selling Your Soul* (Downers Grove, Ill.: InterVarsity Press, 1998), 53.
44. 같은 책, 58, 68, 69.
45. Gordon Clark, *Thales to Dewey: A History of Philosophy* (Boston: Houghton Mifflin, 1957), 192.
46. Albert M. Wolters, *Creation Regained: Biblical Basics for a Reformational Worldview* (Grand Rapids, Mich.: Eerdmans, 1985), 49ff. (「창조, 타락, 구속」 IVP)
47. Alexander Solzhenitsyn, *The Gulag Archipelago*, 1918-1956: An Experiment

in Literary Investigation, III-IV (New York: Harper & Row, 1973), 615. (「수용소 군도」열린책들)
48. C. S. Lewis, *The Great Divorce* (New York: Macmillan, 1946), 28. (「천국과 지옥의 이혼」홍성사)
49. Beckett, *Loving Monday*, 72.
50. Paul Theroux, interview by Susan Olasky, "Agents of Virtue," *World*, March 15, 2003.
51. Robert Bellah, "At Home and Not at Home: Religious Pluralism and Religious Truth," *The Christian Century*, April 19, 1995, 423-428.
52. 성결운동(Holiness Movement)에 관한 간략한 묘사는 다음의 글을 참고하라. "American Holiness Movement," at http://mb-soft.com/believe/text/holiness.htm. 완전함(완덕)의 개념은 로마 가톨릭의 이층적 영성에 대한 반발로 생긴 것이다. 이는 일반 신자는 최소한의 도덕과 신앙을 지키면 되지만 전문적인 종교인(수도사, 수녀, 사제)은 "완덕(完德)의 권고"라고 불리는 것을 좇아야 한다고 본다(이 문구는 마태복음 19:21의 "네가 완전한 사람이 되고자 하거든, 가서 네 소유를 팔아서, 가난한 사람에게 주어라"에 기초한 것이다). 개신교는 가톨릭의 이층적 개념을 거부하고, 모든 그리스도인이 하나님께 전적으로 헌신하도록 부름 받았으며, 모두가 "너희 하늘 아버지가 완전하신 것같이, 너희도 완전하여라"(마 5:48)는 권고를 받았다고 주장했다. 하지만, 대다수의 개신교인은 하늘의 이 편에서 그 소명을 이룰 능력이 자신에게 있다고 생각하지 않는다.
53. Wolters, *Creation Regained*, 62-63.
54. 오늘날 일부 가톨릭 신자들은 사제의 독신생활을 지지하기 위해 이와 동일한 논점을 제시한다. "독신의 승리는 '결혼도 없고 이혼도 없이 모두가 하나님의 천사와 같은' 영원한 세계에 대한 거룩한 앙망이며, 그분의 말씀의 완전한 반포요 그분의 뜻의 실행자인 것이다"(Fr. Vincent Miceli, S.J., review of Celibacy and the Crisis of Faith, by Dietrich von Hildebrand, at http://www.ewtn.com/library/PRIESTS/HILDEBRA.HTM); "그러므로 교회에서의 독신은 새로운 복음의 질서를 주목하게 하는 반면에, 결혼은 옛 질서에 뿌리를 두고 있다.……[독신은] 다가올 세상의 표지다"(Max Thurian, "The Theological Basis for Priestly Celibacy," at http://www.vatican.va/roman_curia/congregations/cclergy/documents/rc_con_cclergy_doc_01011993_theol_en.html). 물론, 결혼을 헐뜯지 않으면서도 독신과 금욕의 타당한 이유를 수용할 수 있는데, 가령 사역을 위해 자신을 자유로이 전적으로 헌신하기 위해서 그 길을 택하는 경우가 그

러하다.

55. 바울은 "완전하다"는 것을 *teleios*(골 1:28, 4:12—ESV "mature"[성숙한])라는 용어로 표시하면서, 이를 도덕적 미성숙과 결함을 가리키는 *nepios* 곧 "어린아이 같다"(고전 3:1)는 말과 대조시킨다. "완전한 사람"(*teleion*)은 "그리스도의 충만하심의 경지에까지 이른" 안정된 자로서 온갖 교훈의 풍조에 흔들리거나 이리저리 밀려다니거나 하는 어린아이(*nepioi*)와 대조된다(엡 4:13-14).

56. 이것이 가톨릭 신학에 반영된 한 가지 양상을 들어 보면, 원죄는 일차적으로 더 첨가된 은혜의 상실로서 인간 본성이 무질서한 욕망에 이끌리기 쉽도록 약한 상태로 내버려 두는 것이지, 개신교가 가르치듯이 도덕적으로 타락한 상태를 일컫는 것이 아니라고 한다. 즉 가톨릭 사상에 의하면, 죄란 본래의 선이 공제된 것이지 반역과 악의 세력이 추가된 것이 아니다. [가톨릭 교회 요리 문답]은 다음과 같이 말하고 있다. "아담과 하와가 후손에게 전수한 것은 그들의 최초의 죄로 인해 상처받아 본래의 거룩함과 정의가 상실된 인간 본성이다. 이 상실을 일컬어 '원죄'라고 부른다"(417조).

57. Hermann Dooyeweerd는 (그가 거부하는) 자연/은혜의 이원론을 다음과 같이 묘사한다. "사람은 타락할 때 이 [첨가된 은혜의] 선물을 상실했고, 그 결과 모든 약점을 지닌 단순한 '인간 본성'으로 환원되었다. 그러나 자연적인 이성의 빛의 지도를 받는 이 인간 '본성'은 죄로 인해 타락한 것이 아니므로 그리스도에 의해 회복될 필요도 없다"(*Roots of Western Culture*, 116-117; 다음 책도 보라. Dooyeweerd, *In the Twilight of Western Thought*, 191-194).

58. Louis Dupré, "Nature and Grace: Fateful Separation and Attempted Reunion," in *Catholicism and Secularization in America*, 59, 62, 61. 달리 말하면, 자연/은혜의 이원론은 "순결한 상태, 타락, 구속의 역사적 단계를 거치는 동안 줄곧 자연이 연속성을 유지하고 있었던 것으로 가정한다." (말하자면, 아래층이 타락과 구속의 영향을 받지 않았다는 것이다.) 그 결과 "독립적이고 유사-자율적인 자연 질서"라는 개념이 생겼는데, 이는 "20세기 후반에 이르기까지 가톨릭 신학을 계속 지배해온" 사상이다(61). 20세기 중반에 이르러 가톨릭 내에서 자연/은혜의 이원론을 거부하는 한 학파(nouvelle theologie라고 불리는)가 생겼다. 쉐퍼의 "이층" 이미지를 연상시키는, 가톨릭 사상가들의 훌륭한 논의가 여러 논문의 형태로 *Catholicism and Secularization in America*에 실려 있다. 예를 들어, Walter Kasper는 자연과 은혜의 "이원론적이고 분리주의적인 개념"의 발달 과정을 묘사하면서 그것을 "이층적 체계"라고 부른다("Nature, Grace and Culture," 41).

이와 비슷하게, Hans Küng은 *Does God Exist?*에서 이렇게 쓰고 있다. "데카르트주의와 토마스주의는 인식의 두 가지 방법(자연적 이성과 은혜로 인한 신앙), 지식의 두 가지 차원(자연적 진리와 은혜로 계시된 진리), 두 종류의 과학(철학과 신학) 등을 분명히 나눈다. 마치 건물의 두 층과 같이 두 영역으로 말이다"(21). 또한 23-24, 35-38, 67, 511, 518-522를 보라. (「신은 존재하는가」 분도)

가톨릭 비판가들은 일반적으로 문제의 소재가 아퀴나스의 자연과 은혜의 공식에 있지 않고 후대의 스콜라철학에 있다고 생각한다. Cajetan, Molina, Suarez와 같은 인물의 사상에서 두 층이 갈수록 더 독자성과 자율성을 띠게 되었다는 것이다. 다음 글을 보라. Fr. Wojciech Giertych, OP, "Fundamental Moral Theology," at http://www.cfpeople.org/Books/Moral/cfptoc.htm; and International Catholic University, "Nature and Grace: Lesson One: The Natural Desire to See God—History," at http://icu.catholicity.com/c01601.htm. (이와 관련하여 프란시스 쉐퍼의 저술을 잘못 읽는 경우가 많은데, 사실 쉐퍼는 신중하게도 아퀴나스에게 후대 사상가들의 이원론의 책임을 돌리지 않았다. Ronald Nash의 섬세한 분석을 담은 다음 글을 보라. "The Life of the Mind and the Way of Life," in *Francis A. Schaeffer: Portraits of the Man and His Work*, ed. Lane Dennis [Westchester, Ill.: Crossway, 1986], 59-60.)

59. 다음 글에 인용. Richard Russell, "Biblical Foundations for Philosophy," at http://www.biblical creation.org.uk/theology_philosophy/bcs069.html.

3장 종교가 있어야 할 자리

1. Freeman J. Dyson, "Is God in the Lab?" *The New York Review of Books*, May 28, 1998, 강조 추가.
2. 필자가 Alan Sears와 나눈 대화(2002년 12월 30일).
3. Christian Smith, "Introduction: Rethinking the Secularization of American Life," in *The Secular Revolution: Power, Interest, and Conflict in the Secularization of American Public Life*, ed. Christian Smith (Los Angeles: University of California Press, 2003), 2-3.
4. Kathleen Nielson과 나눈 사적인 편지(2003년 4월 28일).
5. 다음을 보라. Roy Clouser, *The Myth of Religious Neutrality: An Essay on the Hidden Role of Religious Belief in Theories* (Notre Dame, Ind.: University of

Notre Dame Press, 1991), 86-87.
6. Anselm of Canterbury, *Why God Became Man*. 아타나시우스도 4세기에 이와 비슷한 변론을 한 적이 있다. 양자에 대한 읽을 만한 입문서로는 다음을 보라. Tony Lane, *Exploring Christian Thought* (Nashville: Nelson, 1984).(「기독교사상사」 나침반)
7. 일부 현대 가톨릭 사상가들도 자연/은혜의 이원론이 세속주의를 초래했다는 개신교의 비판에 공감한다. 예를 들면, Walter Kasper는 이렇게 쓰고 있다. "이층적 체계는…… 세상으로부터 소외되어 버린 기독교뿐 아니라 하나님이 없는 인본주의를 선호했다.…… 이런 식으로, 자연과 은혜의 관계에 대한 바로크 양식의 이해와 신 스콜라철학의 이해가 근대의 세속화를 초래한 하나의 원인이었다." ("Nature, Grace, and Culture: On the Meaning of Secularization," in *Catholicism and Secularization in America: Essays on Nature, Grace, and Culture*, ed. David L. Schindler [Huntington, Ind.: Our Sunday Visitor, Communio Books, 1990], 41).
8. Walker Percy, *Love in the Ruins* (New York: Avon, 1978), 181.
9. 데카르트의 기계론적 철학이 역사적으로 미친 폭넓은 영향에 관해서는 *Soul of Science*의 여러 장(1, 3, 4, 6장)에서 다룬 나의 논의를 참고하라. 과학의 역사는 지성사 전반에 대한 훌륭한 길잡이 역할을 하는데, 주요한 사상체계마다 자연철학을 내포하고 있으며, 후자는 다른 모든 것의 토대일 경우가 많기 때문이다. (뉴턴과 관련하여 아이러니컬한 사실은, 본인이 훗날 뉴턴의 세계관이라 불리게 된 것을 견지하지 않았다는 점이다. *Soul of Science* 4장을 보라.)
10. 흄은, 만일 우리가 엄격한 경험주의자라서 우리의 주장을 감각에 나타나는 것에만 국한시킨다면, 과학의 토대를 이루는 개념들(인과성과 같은 것)마저 변호할 수 없다고 지적했다. 왜냐하면 우리는 원인이라는 것을 도무지 인지할 수 없고, 우리가 실제로 인지하는 것은 연이어 발생하는 사건들이 전부이기 때문이다. 우리가 불이 열을 "발생시킨다"고 말할 수는 있어도, 우리가 실제로 인지하는 것은 열을 지각하고 나서 불을 보는 것이다. *Soul of Science*, 138-139를 보라.
11. 칸트의 자연/자유의 이분법에 관해서는 다음 책들을 참고하라. Francis Schaeffer, *Escape from Reason*, in *The Complete Works of Francis A. Schaeffer*, vol. 1 (Wheaton, Ill.: Crossway, 1982), 227-229; and Herman Dooyeweerd, *Roots of Western Culture: Pagan, Secular, and Christian Options* (Toronto: Wedge, 1979; orig., Zutphen, Netherlands: J. B. van den Brink, 1959), 171.
12. Immanuel Kant, *Groundwork of the Metaphysic of Morals* (New York:

Harper & Row, 1964), 123. (『윤리형이상학 정초』아카넷)
13. 루소의 사상은 4장에 보다 자세하게 분석해 놓았다.
14. Colin Gunton, *Enlightenment and Alienation: An Essay Towards a Trinitarian Theology* (Grand Rapids, Mich.: Eerdmans, 1985), 61.
15. Immanuel Kant, *Groundwork of the Metaphysic of Morals* (New York: Harper & Row, 1964), 116, 123.
16. Colin Brown, *Philosophy and the Christian Faith* (Downers Grove, Ill.: InterVarsity Press, 1968), 105. 아더 홈즈는 *Fact, Value, and God* (Grand Rapids, Mich.: Eerdmans, 1997)의 10장에서 칸트에 대해 더 긍정적인 해석을 하고 있다. (『철학과 기독교 신앙』기독교문서선교회)
17. Richard Dawkins, *The Blind Watchmaker* (New York: Norton, 1986), 6. (『눈먼 시계공』사이언스북스)
18. 이 주제들에 관한 보다 상세한 논의는 7장과 8장에 실려 있다.
19. Peter Kreeft가 한 인터뷰에서. at http://www.christianbook.com/Christian/Books/cms_content/92165368?page=364779&insert=7843899&event=ESRC>100f743.jpg. 강조 추가.
20. 이에 대한 짧은 논의로는, 2003년 10월 11일 행한 Nancy Pearcey의 "The Transforming Power of a Christian Worldview"가 있는데, 이것은 프린스턴 대학의 만나 기독교 단체가 후원한 "Developing a Gospel World view" 강좌의 하나로 발표한 것이다.
21. Steven Pinker, *How the Mind Works*, 55, 강조는 추가한 것임. 필립 존슨이 다음 책에서 핑커에 대해 다룬 부분도 보라. *The Wedge of Truth: Splitting the Foundations of Naturalism* (Downers Grove, Ill.: InterVarsity Press, 2000).
22. Pinker, *How the Mind Works*, 55-56, 강조 추가.
23. Steven Pinker, *The Blank Slate: The Modern Denial of Human Nature* (New York: Viking, 2002), 240. (『빈 서판』사이언스북스)
24. Marvin Minsky, *The Society of Mind* (New York: Simon & Schuster, 1985), 307, 강조 추가.
25. "Thinking Allowed: Conversations on the Leading Edge of Knowledge and Discovery"라는 TV 프로그램에서 Dr. Jeffrey Mishlove가 존 설과 나눈 인터뷰의 녹취록. http://www.williamjames.com/transcripts/searle.htm, 강조 추가.
26. 쉐퍼가 이 책을 쓸 때는 포스트모더니즘이란 용어가 창안되기 전이었지만, 그가 "절망의 선"(인간의 도덕과 의미에 대한 이성적 근거를 찾지 못하는 절망감)에 관

해 이야기하고 이어서 비이성적인 위층의 경험으로 껑충 뛰는 "신앙의 도약"을 논할 때 그는 그와 동일한 개념을 다루고 있었음이 분명하다. Millard Erickson은 다음 책의 4장에서 쉐퍼가 포스트모더니즘의 도래를 예상하고 있었다고 한다. *Postmodernizing the Faith: Evangelical Responses to the Challenge of Postmodernism* (Grand Rapids, Mich.: Baker, 1998).

27. Schaeffer, *True Spirituality*, in *Complete Works*, vol. 3, 172-173.
28. Schaeffer, *The God Who Is There*, in *Complete Works*, vol. 1, 122, 강조 추가. 이 논증은 본서의 11장에서 더욱 자세히 개진되어 있다.
29. Terry McDermott가 John Searle과 나눈 인터뷰. "No Limits Hinder UC Thinker," *The Los Angeles Times*, December 28, 1999.
30. 이 포럼은 다음 웹사이트에 실려 있다. http://www.edge.org/3rd_culture/dawkins_pinker/debate_p1.html. 핑커는 다음의 가장 최근 책에서도 비슷한 주장을 하고 있다. *The Blank Slate: The Modern Denial of Human Nature* (New York: Viking, 2002).
31. 다음 책을 보라. Paul M. Churchland and Patricia Churchland, *On the Contrary: Critical Essays, 1987-1997* (Cambridge, Mass.: Bradford/MIT Press, 1998). 또한 *Wedge of Truth* 118쪽의 필립 존슨의 분석도 보라.
32. Daniel Wegner, *The Illusion of Conscious Will* (Cambridge, Mass.: MIT Press, 2002). 기독교적 관점에서 제거적 유물론을 훌륭하게 분석한 책으로는 다음을 보라. Angus Menuge, *Agents Under Fire: Materialism and the Rationality of Science* (Lanham, Md.: Rowman & Littlefield, 2004).
33. 이것은 *Dictionary of Philosophy of Mind*에서 Teed Rockwell이 데닛의 견해에 대해 논의한 대목에서 인용한 것이다. 다음 웹사이트를 보라. http://www.artsci.wustl.edu/~philos/MindDict/eliminativism.html. 다음을 보라. Daniel Dennett, *The Intentional Stance* (Cambridge, Mass.: Bradford, 1987).
34. 이 여론조사는 National Association of Scholars를 위해 실시된 것이며, 그에 대해 John Leo가 논의한 글은 다음과 같다. "Professors Who See No Evil," at http://www.usnews.com/usnews/issue/020722/opinion/22john.htm.
35. 다음을 보라. Paul Gross and Norman Levitt, *Higher Superstition: The Academic Left and Its Quarrels with Science* (Baltimore: Johns Hopkins University Press, 1994).
36. 이 주제를 다룬 좋은 자료로는 다음을 보라. Jacques Barzun, *The Use and Abuse of Art* (Princeton, N.J.: Princeton University Press, 1974), 53. 같은 주

제를 다룬 또다른 자료로는 다음을 보라. *The Mirror and the Lamp: Romantic Theory and the Critical Tradition* (Oxford: Oxford University Press, 1953).

37. 필자가 Biola University에서 열린 제2차 Wedge 대회(2003년 12월 12일)에서 발표한 논문 "The Touch of Cold Philosophy: Darwinism and the Arts"를 보라. 나는 *How Now?* 42장에서 기독교와 예술의 관계에 대해 폭넓게 논의하면서 같은 주제들을 다룬 적이 있다.

38. William Thompson, "The Imagination of Jerry Brown," *The New York Times*, February 24, 1978, op-ed page.

39. 다음을 보라. Schaeffer, *The God Who Is There*, in *Complete Works*, vol. 1, 51-55. 여기서 나는 자유주의라는 용어를 넓은 의미로 사용하고 있는데, 여기에는 프리드릭 슐라이어마허에서 시작된 초기의 신학적 자유주의와 칼 바르트, 폴 틸리히, 루돌프 불트만, 니버 형제(리처드와 라인홀드) 같은 인물들이 속한 후대의 신정통주의가 모두 포함된다. 신정통주의 신학자들은 성경 내용에 대한 보다 풍성한 이해를 회복하려 했으나, 두 영역의 인식론에서 해방되는 데 실패했다. 보다 자세한 논의는 다음을 참고하라. Douglas Sloan, *Faith and Knowledge: Mainline Protestantism and American Higher Education* (Louisville: Westminster John Knox, 1994). Sloan은 진리에 관한 두 영역 이론을 이렇게 정의하고 있다. "이는 한편에는 과학과 논증적·경험적 이성이 주로 제공하는 지식으로 된 진리들이 있고, 다른 편에는 신앙·종교적 경험·도덕·의미·가치 등으로 이루어진 진리들이 있다는 견해다." 문제는 "후자는 지식에 근거한 것이 아니라 정서·윤리적 행위·공동의 관습·민속적 전통 혹은 헤아릴 수 없는 신비적 체험 등에 근거하고 있는 것으로 간주된다는 점이다"(ix). 요컨대, 신정통주의 신학자의 경우, 신앙이 "미지의 영역으로 실존적 도약"을 감행하여 위층에 머물러 있게 되었던 것이다(114).

40. 역사를 철학적 자연주의와 동일시한 사례로는 다음을 보라. Crane Brinton, *Ideas and Men: The Story of Western Thought*, 2nd ed. (Englewood Cliffs, N.J.: Prentice-Hall, 1963). Brinton은 역사가로서 자신이 기독교에 대한 "자연주의-역사주의적" 연구(108-109)와 유대교와 기독교 양자에 대한 "자연주의적 혹은 실증주의적 설명"(78)을 제공한다고 말한다. "역사적 분석 목적으로" 자신은 두 종교를 "역사상 인간 문화의 산물"로 가정한다(77)고 말한다. Brinton은 자기가 전문적인 역사가로서 말할 때에는 종교를 인간 정신의 산물, 곧 주관적 신념으로 환원시켜 자연주의적 범주 속으로 끼워 맞춰야 한다고 생각하는 것 같다.

41. William Reville, "God Knows, Richard Dawkins Is Wrong," *The Irish Times*, March 13, 2003.

42. 다음을 보라. Schaeffer, *God Who Is There*, in *Complete Works*, vol. 1, 7-8.
43. 다음 글에 인용. Peter Berger, *Facing Up to Modernity: Excursions in Society, Politics, and Religion* (New York: Basic Books, 1977), 155.
44. Richard Cimino, "Choosing My Religion," American Demographics, April 1, 1999, at www.demographics.com/publications/ad/99_ad/9904_ad/ad990402.htm.
45. Wade Clark Roof, *A Generation of Seekers: The Spiritual Journeys of the Baby Boom Generation* (San Francisco: Harper, 1993), 30. 또한 다음을 보라. Robert Fuller, "Spiritual, but Not Religious: More than One Fifth of Americans Describe Themselves With This Phrase. What Does It Mean?" at http://www.beliefnet.com (excerpted from Robert C. Fuller, *Spiritual, But Not Religious: Understanding Unchurched America* [New York: Oxford University Press, 2002]).
46. Terry Mattingly, "September 11's Impact on America's Faith Faded Fast," Scripps Howard News Service, September 13, 2002.
47. 다음을 보라. Schaeffer, *God Who Is There*, in *Complete Works*, vol. 1, 11.
48. Bill Wichterman, "The Culture: Upstream from Politics," in *Building a Healthy Culture: Strategies for an American Renaissance*, ed. Don Eberly (Grand Rapids, Mich.: Eerdmans, 2001), 79.
49. Sidney Mead, *The Old Religion in the Brave New World: Reflections on the Relation Between Christendom and the Republic* (Los Angeles: University of California Press, 1977), 18-19.
50. Phillip E. Johnson, "Is God Unconstitutional? The Established Religious Philosophy of America," at http://www.arn.org/docs/johnson/unconst1.htm.
51. Nancy Pearcey, "Wedge Issue: An Intelligent Discussion with Intelligent Designer's Designer," World, July 29, 2000.
52. Sloan, *Faith and Knowledge*, 190.
53. C. S. Lewis, *Surprised by Joy* (New York: Harcourt Brace 1955), 170. (「예기치 못한 기쁨」 홍성사)
54. David Downing, *The Most Reluctant Convert* (Downers Grove, Ill.: InterVarsity Press, 2002), 148. (「가장 반항적인 회심자 C. S. 루이스」 IVP)
55. C. S. Lewis, *God in the Dock: Essays on Theology and Ethics*, ed. Walter

Hooper (Grand Rapids, Mich.: Eerdmans, 1970), 66-67.
56. C. S. Lewis, *Surprised by Joy*, 235.

4장 영적 황무지에서 살아남으려면

1. Albert M. Wolters, *Creation Regained: Biblical Basics for a Reformational Worldview* (Grand Rapids, Mich.: Eerdmans, 1985), 11.
2. Alan Watts, *Behold the Spirit* (New York: Pantheon, 1947); Aldous Huxley, *The Perennial Philosophy* (New York: Harper, 1945); Teilhard de Chardin, *The Phenomenon of Man* (New York: Perennial Library, 1959) (「인간현상」 한길사); and *Building the Earth* (Wilkes-Barre, Pa.: Dimension, 1965). 현재 가장 저명한 영원의 철학 지지자는 Huston Smith로서 세계 종교 분야에서 가장 탁월한 학자로 알려져 있다. 영원의 철학에 대한 보다 자세한 논의는 부록 2를 참조하라.
3. 이 광고는 텍사스 주 뉴브라운펠스에 위치한 세계관 연구소(Worldview Academy)가 만든 것이다.
4. Aldous Huxley, *The Doors of Perception* (New York: Harper & Row, 1963). 내가 쉐퍼의 *The God Who Is There*를 처음 읽었을 때, 당시의 대다수 복음주의 지도자들과는 달리 그가 마약을 복용하는 철학적 동기를 이해하고 있음을 발견하고 무척 놀랐다. "이처럼 일종의 무(無)이성적 [위층의] 체험을 향한 억제할 수 없는 욕망으로 인해 많은 이들이 1960년대에 LSD와 STP 같은 마약을 심각하게 복용했던 것이다. 당시에 예민한 사람은 보통 마약을 도피 수단으로 사용한 것이 아니다. 그와 반대로, 그는 그것들을 복용함으로써 자기 삶에 어떤 의미를 줄 무언가를 체험하고 싶어했다" (*The Complete Works of Francis A. Schaeffer*, vol. 1 [Wheaton, Ill.: Crossway, 1982], 22). 이와 비슷하게, 쉐퍼는 *The Church at the End of the Twentieth Century*에서도, 마약과 관련된 모든 "심각한" 실험은 올더스 헉슬리를 좇아 "위층에 속한 희망"을 찾으려는 시도였다고 쓰고 있다 (*Complete Works*, vol. 4, 17). (「20세기말의 교회」 생명의 말씀사)
5. 이에 관한 매력적인 글로는 Thomas Cahill의 *How the Irish Saved Civilization* (New York: Doubleday, 1995)이 있다. Cahill의 책을 요약한 나의 글은 *How Now?* 31장에 나와 있다.
6. 행동주의에 관해서는 다음 글을 보라. Nancy Pearcey, "Sensible Psychology: How Creation Makes the Difference," *Bible-Science Newsletter*, February

1986. 구성주의 교육은 본서 8장에서 상세히 다루고 있다.
7. 나는 이 주제들에 관해 *How Now?* 34장에서 자세히 다뤘다.
8. John Milton, "Of Learning" (1644), in *Tractate on Education in The Harvard Classics*, vol. 3, part 4 (New York: Collier, 1909-1914), at http://www.bartleby.com/3/4/1.html.
9. 교실에 들어온 뉴에이지 테크닉에 관해서는 다음을 보라. Nancy Pearcey, "East Meets West in Education," *Missourians for Educational Excellence*, April/May 1983 심리치료의 기법을 교실 안으로 끌어오는 현상에 관해서는 다음을 보라. Nancy Pearcey, "Classroom 'Therapy' and Family Alienation," *Missourians for Educational Excellence*, January/February 1983.
10. Bryce Christensen, *Utopia Against the Family: The Problems and Politics of the American Family* (San Francisco: Ignatius, 1990), 3, 11. Christensen이 몰몬교의 관점에서 쓴 책이다.
11. B. F. Skinner, *Walden Two* (New York: Macmillan, 1968), 297. (「월든 투」현대문화센타)
12. Ted Peters, *For the Love of Children: Genetic Technology and the Future of the Family* (Louisville: Westminster John Knox, 1997). 이에 대한 서평으로는 다음을 보라. Nancy Pearcey, "I Take You..." in *First Things* 80 (February 1998): 48-53. 이와 비슷한 어조로, 영국의 사회학자 Anthony Giddens는, 결혼 및 가정과 관련하여 따로따로 계약을 맺도록 해야 하는데, 이를테면, 각 부모가 각 자녀와 일대일로 맺는 개별적인 계약에 서명하는 것이 필요하다고 한다. Anthony Giddens, *The Third Way* (Cambridge: Polity, 2000). (「제3의 길」생각의 나무)
13. Peters, *For the Love of Children*, 11, 31.
14. 과정신학은 8장에서 보다 상세하게 논의된다.
15. Francis Schaeffer, *True Spirituality*, in *Complete Works*, vol. 3, 344. 또한 다음을 보라. Cornelius Van Til, *Christian Apologetics*, 2nd ed. (Phillipsburg, N.J.: Presbyterian & Reformed, 2003), 8; *The Defense of the Faith* (Philadelphia: Presbyterian & Reformed, 1955), 25 (「변증학」기독교문서선교회); John D. Zizioulas, *Being As Communion: Studies in Personhood and the Church* (Crestwood, N.Y.: St. Vladimir's Seminary Press, 1985); Miroslav Volf, *After Our Likeness: The Church as the Image of the Trinity* (Grand Rapids, Mich.: Eerdmans, 1998), 특히 5장 "Trinity and Church"을 보라.
16. 결혼하지 않은 사람은 타인에 대한 도덕적 헌신을 통해 영적으로 성숙하기 위해서라도

다른 형태의 관계—무엇보다도 교회—에 참여할 수 있으며 또 그렇게 해야 마땅하다.
17. 인식론(우리가 사물을 아는 방법)에서는 철학적 쟁점이 보편자 대 특수자라는 용어로 표현된다. 보편자란 개별자를 해석하거나 그 의미를 밝히는데 사용되는 공통된 유형이나 패턴을 말한다. 예를 들어, 정의와 선 같은 이상들은 굉장히 많은 특수한 경험들을 조직화하고 해석하는 기능을 한다. 내가 어떤 특수한 사건을 접하고는 '이것이 정의로운가?' 하고 물을 때, 정의에 대한 나의 이해가 그 개별 사건의 의미나 그에 대한 해석을 제공해 준다. 고대세계는 보편자를 구체적인 특수자보다 "더 실재적인" 것으로 간주했다. 이에 대한 반작용으로서, 근대철학은 오감의 유명론을 시발점으로 삼아 특수자만이 실재적이라고 주장한다. 이에 비해 보편자는 순전히 정신적인 구성물로 전락되고 말았다.
18. Timothy Ware, *The Orthodox Church* (London: Penguin, 1997), 240; Kallistos [Timothy] Ware, *The Orthodox Way* (Crestwood, N.Y.: St. Vladimir's Seminary Press, 2002), 38-39.
19. 보다 자세한 논의는 다음 글들을 참고하라. Nancy Pearcey, "Religion of Revolution: Karl Marx's Social Evolution," *Bible-Science Newsletter*, June 1986; Nancy Pearcey, "Liberation, Yes . . . But How? A Study of Liberation Theology," *Bible-Science Newsletter*, July 1988. 보다 최근에 쓴 글로는 *How Now?* 24장을 보라.
20. 역사가 John Hermann Randall은, 우주를 미세하게 조율된 기계로 보는 뉴턴의 이미지는 "사람들에게 하나의 필연적인 과학적 가설로서 외부의 창조주를 믿도록 실질적으로 강요했다"(*The Making of the Modern Mind* [New York: Columbia University Press, 1976], 276).
21. 다음 글에 인용. Francis Nigel Lee, *Communism Versus Creation* (Nutley, N.J.: Craig, 1969), 28.
22. Robert G. Wesson, *Why Marxism? The Continuing Success of a Failed Theory* (New York: Basic Books, 1976), 30.
23. 같은 책, 25.
24. Klaus Bockmuehl, *The Challenge of Marxism* (Leicester, UK: InterVarsity Press, 1980), 17. (「마르크스주의의 도전과 크리스챤의 응전」 정음 출판사)
25. John Gray, "Exposing the Myth of Secularism," *Australian Financial Review*, January 3, 2003, at http://afr.com/review/2003/01/03/FFX9CQ AJFAD.html. 신마르크스주의적 페미니스트 운동 및 다문화주의 운동의 종교적 성격에 관해서는 다음 자료를 참고하라. Stanley Kurtz, "The Church of the

Left: Finding Meaning in Liberalism," National Review Online, May 31, 2001; and "The Faith-Based Left: Getting Behind the Debate," National Review Online, February 5, 2001.

26. Leslie Stevenson and David L. Haberman, *Ten Theories of Human Nature* (New York: Oxford University Press, 1998), 147. (「인간 본성에 관한 10가지 견해」종로서적)

27. Robert Nisbet, *The Quest for Community: A Study in the Ethics of Order and Freedom* (1953; reprint, San Francisco: Institute for Contemporary Studies Press, 1990), 127에 인용, 출처 불명, 강조 추가. 루소를 비롯한 근대의 초기 정치철학자들에 관한 자세한 논의는 2000년 Center for Public Justice에서 주관한 제6차 카이퍼 강좌의 다음 발표 논문을 참조하라. Nancy Pearcey, "The Creation Myth of Modern Philosophy," at http://arn.org/pearcey/nphone.htm.

28. Nancey Murphy, *Anglo-American Postmodernity: Philosophical Perspectives on Science, Religion, and Ethics* (Boulder, Colo.: HarperCollins, 1997), 180. 또한 다음을 보라. Nancey Murphy, *Beyond Liberalism and Fundamentalism: How Modern and Postmodern Philosophy Set the Theological Agenda* (Valley Forge, Pa.: Trinity Press International, 1996), 151.

29. Pierre Manent, *An Intellectual History of Liberalism* (Princeton, N.J.: Princeton University Press, 1994), 29.

30. Jean-Jacques Rousseau, *The Social Contract* (Chicago: Henry Gateway, 1954), 57. 또한 다음을 보라. Manent, *Intellectual History*, 72. (「사회계약론」산수야)

31. 기독교적 결혼관과 계약적 결혼관을 서로 대비시켜 논의한 것으로는 다음을 참조하라. John Witte, Jr., *From Sacrament to Contract: Marriage, Religion, and Law in the Western Tradition* (Louisville: Westminster John Knox Press, 1997).

32. 루소의 국가철학의 근원 중 하나는, 자기 자녀 다섯을 모두 국립 고아원에 내다버린 그의 개인적 결정이었다고 해도 무방하다. 국가가 그를 부모로서의 도덕적 책임에서 해방시킨 셈이다. 나는 이 비열한 이야기를 *How Now?* 17장에도 실었다.

33. Glenn Tinder, *Political Thinking: The Perennial Questions* (New York: HarperCollins, 1995), 198-199. Henry May는 루소를 "타락이 아주 실재적인

사건이었으나 되돌릴 수 있다"는 구속(救贖)의 메시지를 전한 "예언자"라고 부른다 (Henry May, *The Enlightenment in America* [New York: Oxford University Press, 1976], 165). 프랑스의 일부 진영에서는 루소가 "혁명적 구속을 전파하는 새로운 그리스도의 지위로까지 높아졌다"고 May는 쓰고 있다(170).

34. Nancy Pearcey, "Century of Cruelty: Making Sense of Our Era," *Boundless*, December 1999.
35. "대중은 고도로 원자화된 사회의 파편들에서 자라난 것이다.…… 대중 속 인간의 주된 특징은 잔학성과 고리타분함이 아니라 정상적인 사회성의 결핍과 사회적 고립이다" (*The Origins of Totalitarianism* [New York: Harcourt Brace, 1951], 310-311).
36. 신칼뱅주의 정치철학에 대해서는 James Skillen의 책들을 보라. *The Scattered Voice: Christians At Odds in the Public Square* (Grand Rapids, Mich.: Zondervan, 1990); *Recharging the American Experiment: Principled Pluralism for Genuine Civic Community* (Grand Rapids, Mich.: Baker, 1994); and *Political Order and the Plural Structure of Society*, ed. James Skillen and Rockne McCarthy (Grand Rapids, Mich.: Eerdmans, 1991). 또 다음 글도 보라. Jonathan Chaplin, "Subsidiary and Sphere Sovereignty: Catholic and Reformed Conceptions of the Role of the State," in *Things Old and New: Catholic Social Teaching Revisited*, ed. Francis McHugh and Samuel Natale (Lanham, Md.: University Press of America, 1993).
37. Eric O. Springsted, *The Act of Faith: Christian Faith and the Moral Self* (Grand Rapids, Mich.: Eerdmans, 2002), x.
38. Michael J. Sandel, *Democracy's Discontent: America in Search of a Public Philosophy* (Cambridge, Mass.: Harvard University Press, 1996), 6, 12.
39. 같은 책을 참고하되 특히 4장 "사생활의 권리와 가족법"을 보라. 이와 비슷한 어조로 Alasdair MacIntyre도 이렇게 쓰고 있다. "근대 이전의 많은 전통사회에서는, 개개인이 다양한 사회집단에 속한 구성원으로서 자신의 정체성을 발견했고 또한 타인에게도 그렇게 파악되었다. 나는 이 부족, 저 마을, 이 집안의 형제요 조카이며 손자요 그 일원이다. 이런 것들은 '진정한 나'를 발견하려면 벗어버려야 하는, 인간에게 우발적으로 속하게 된 특징적 요소들이 아니다. 그것들은 나의 실체를 이루는 일부다" (Alasdair MacIntyre, *After Virtue: A Study in Moral Theory*, 2nd ed. [Notre Dame, Ind.: University of Notre Dame Press, 1997], 33-34).
40. Mary Ann Glendon, *Rights Talk: The Impoverishment of Political Discourse*

(New York: Free Press, 1993), 48.

41. Pierre Manent, *Modern Liberty and Its Discontents* (Lanham, Md.: Rowman & Littlefield, 1998), 158. 또한 다음을 보라. Pierre Manent, "Modern Individualism," *Crisis* (October 1995): 35.
42. 이 연구는 다음 글에 요약되어 있다. Elana Ashanti Jefferson, "Sex 101: College Students Increasingly Casual About Bedfellows, Just as Casual About Condoms," *Denver Post*, October 24, 2002.
43. David Abel, "Porn Is Hot Course on Campus: Professors Seek Meaning Behind Flourishing Market," *Boston Globe*, August 20, 2001.
44. Margaret Sanger, *The Pivot of Civilization* (New York: Brentano's, 1922), 232. 생어, 킨지 그 외의 성혁명 개척자들에 관한 상세한 논의는 다음 글을 참조하라. Nancy Pearcey, "Creating the 'New Man': The Hidden Agenda in Sex Education," *Bible-Science Newsletter*, May 1990. 보다 최근의 논의로는 *How Now?* 25장을 보라. 생어는 성적 억압이 굉장히 다양한 신체적·심리적 기능 장애와 심지어는 정신 박약까지 일으킨다고 문자 그대로 믿었다. 만일 우리의 성이 완전히 그리고 자유로이 표출된다면, 우리가 문자 그대로 천재가 될 것이라고 그녀는 약속했다. "현대과학이 우리에게 가르치는 바는 천재성이 신들이 주는 어떤 신비로운 선물이 아니라는 것이다.…… 오히려 그것은 생리적이고 심리적인 억압과 통제를 제거함으로써 원초적인 인간의 내적 에너지의 방출과 전달이 일어나서 완전하고 신성한 표출이 가능하게 된 결과이다"(Sanger, *Pivot of Civilization*, 232-233).
45. Sanger, *Pivot of Civilization*, 271.
46. James Atlas, "The Loose Cannon: Why Higher Learning Has Embraced Pornography," *The New Yorker*, March 29, 1999, 60-65.
47. Margaret Sanger, *Pivot of Civilization*, 238.
48. Alfred Kinsey, *Wardell Pomeroy, and Clyde Martin, Sexual Behavior in the Human Male* (Philadelphia: W. B. Saunders, 1948), 7, 263, 강조 추가.
49. Paul Robinson, *The Modernization of Sex*, 2nd ed. (Ithaca, N.Y.: Cornell University Press, 1988), 49-50, 85.
50. Atlas, "Loose Cannon."
51. Michael Medved, "Hollywood Chic," *The Washington Post*, October 4, 1992.
52. John Stuart Mill, *On Liberty* (Indianapolis: Hackett, 1978), 12. (「자유론」 산

수야)
53. Dominic Mohan, "In Bend with Madonna," *The Sun*, March 11, 2003.
54. 동양 범신론이 "서양화된" 현상, 특히 그것이 낙관적인 진화론적 진보사상과 합쳐진 경위에 대해서는 다음 글을 보라. Nancy Pearcey, "East Meets West in Science," *Bible-Science Newsletter*, February 1985; Nancy Pearcey, "Spiritual Evolution? Science and the New Age Movement," presentation at the National Creation Conference, Cleveland, Ohio, August 14-16, 1985. 보다 최근의 글로는 *How Now?* 28장을 보라.
55. Francis Hodgson Burnett, *The Secret Garden* (New York: Harper & Row, 1911), 250, 254.
56. 같은 책, 236, 267, 251, 250. 이 이야기의 한 지점에 이르면, 여러 등장인물이 당신이 기독교의 송영을 사용해서 예배하든, 마법이라는 용어나 그 밖의 다른 이름을 사용해서 하든 "모두 같은 것"이라고 합의하는 대목이 나온다(285, 290).
57. 같은 책, 250.
58. 같은 책, 253-254, 강조 추가.
59. Nancy Pearcey, "New Age for Kids," *Bible-Science Newsletter*, December 1988. 이 글은 그 책에 나오는 동양종교의 요소들을 추가로 고증하고 있다.
60. 신지학(theosophy)이라는 이름은 Madame Blavatsky가 1800년대 말에 티벳에서 동양종교의 가르침을 배울 때 붙인 말이다. 버넷은 마담 블라바츠키의 영향뿐 아니라 정신 치료(Mind Healing)와 크리스천 사이언스의 영향을 크게 받았다. 신성을 만물에 스며들어 있는 통일된 정신이나 영으로 보는 그녀의 생각은, 이런 강신술적 철학에서 빌어온 것이다. 그리고 「*The Secret Garden*」을 비롯한 여러 책에서 중요한 주제로 등장하는 정신의 치유력에 관한 그녀의 생각도 마찬가지다.

마법이 내포된 이야기라고 모두 범신론적 세계관을 지니는 것은 물론 아니다. 예를 들어, C. S. 루이스와 J. R. R. 톨킨은 고전적인 요정 이야기 방식으로 마법을 사용했던 그리스도인 판타지 작가였다. 그것을 수단으로 보이지 않는 초월적인 영적 세계에 대한 갈증을 불러일으키는 한편, 현세의 일상적이고 물질적인 세계 이상의 실재가 존재한다는 점을 암시했던 것이다. 우리가 어떤 문학작품을 평가할 때, 거기에 마법과 같은 특정한 용어가 사용되고 있는지 여부로 단순하게 판단해서는 안되며 그 저변에 깔려 있는 세계관을 파악할 필요가 있다.
61. Francis Schaeffer, *Escape from Reason*, in *Complete Work*, vol. 1, 207-208.
62. 안타깝게도 지면 관계상 타락과 구속의 개념을 자세하게 분석할 수 없다. 하지만 독자 여러분이 원하면 *How Now?*의 해당 부분을 참고하기 바란다. 짧게 말하자

면, 타락에 관한 부분(15, 17-21장)은 죄에 관한 성경의 교리가 부정될 때에는 보통 강압적인 수단으로 강요되는 여러 형태의 유토피아주의를 발흥시키는 현상을 묘사하고 있다. 그동안 마지막 장은 악과 고통의 문제에 대한 성경의 독특한 해결책을 개관한다. 구속에 관한 부분(23-29장)은 현대의 이데올로기 대부분이 진보 신화의 변형들임을 보여주고 있는데, 철학자 Mary Midgely는 그것을 "자동계단 신화"라 부른다. 여기에는 마르크스주의, 성 해방, 뉴에이지 사상 등이 포함된다. (Midgely와 자동계단 신화에 관해서는 다음을 보라. Nancy Pearcey, "What Do You Mean, Evolution Is Religion?" Bible-Science Newsletter, April 1988)

5장 다윈과 베렌스타인 곰의 만남

1. "Huston Smith Replies to Barbour, Goodenough, and Peterson," *Zygon* 36, no. 2 (June 2001): 223-231.
2. 필자가 Patrick Glynn과 나눈 토론. Glynn은 또한 다음 책의 첫 장에서 자신의 개인적 경험을 이야기한다. *God, The Evidence: The Reconciliation of Faith and Reason in a Postsecular World* (Rocklin, Calif.: Prima, 1997).
3. 기독교 세계관에서 창조의 중심적 위치에 관해서는 다음의 글들을 보라. Nancy Pearcey, "Creation and the Unity of Scripture: Making the 'Simple Gospel' Simple," *Bible-Science Newsletter*, July 1984; Nancy Pearcey, "Did It Really Happen? Genesis and History," *Bible-Science Newsletter*, March 1987; Nancy Pearcey, "Everything You Wanted to Know About Evolution: But Don't Have Time to Read Up On," *Bible-Science Newsletter*, June 1988.
4. Edward A. Purcell, Jr., *The Crisis of Democratic Theory: Scientific Naturalism and the Problem of Value* (Lexington: University Press of Kentucky, 1973), 8, 21. 또 다음 글도 보라. Nancy Pearcey, "Darwinian Naturalism: Cultural and Philosophical Implications," Veritas Forum at UC Santa Barbara, October 25, 2003.
5. Elizabeth Flower and Murray G. Murphey, *A History of Philosophy in America*, vol. 2 (New York: Putnam, 1977), 553. 지식의 통일성에 관해 내가 다른 책에서 쓴 내용은 다음과 같다. "모든 주요 문명은 그 차이점에도 불구하고 신의 질서가 자연과 인간의 영역 모두에 필요한 법을 세운다고 믿어 왔다. 극동에서는

그것이 도(道)로, 고대 이집트에서는 마아트(Ma'at)로, 헬라철학에서는 로고스로 불렸다. 요한의 복음서는 헬라어 단어(로고스)를 빌어와 이런 우주적인 창조계획을 표현하고 이어서 놀랍게도 그것을 한 인격적 존재—예수 그리스도—와 동일시한다.…… 달리 말하면, 예수가 곧 포괄적인 창조계획 혹은 설계의 근원인 것이다" (*How Now?*, 297-298, C. S. 루이스, *The Abolition of Man*도 보라). (「인간 폐지」 홍성사)

6. Nancy Pearcey, "The Birth of Modern Science," *Bible-Science Newsletter*, October 1982; Nancy Pearcey, "How Christianity Gave Rise to the Modern Scientific Outlook," *Bible-Science Newsletter*, January 1989. 나중에 이를 더욱 확대하여 *Soul of Science*의 전반적인 주제로 삼았다. 특히 1장 "An Invented Institution: Christianity and Scientific Revolution"에서 많이 다뤘다.

7. Daniel Dennett, *Darwin's Dangerous Idea* (New York: Simon & Schuster, 1995), 63. 다음에 실린 필립 존슨의 서평도 보라. *The New Criterion*, October 1995.

8. 같은 책, 519, 520. New School for Social Research의 심리학 교수인 Nick Humphrey는 더 강경한 언어를 사용한다. 인권에 관한 국제사면위원회(Amnesty) 강좌에서 이렇게 말했다. "어린이에게는 넌센스로 머리가 혼란스럽게 되지 않을 권리가 있다. 그리고 사회인 우리는 그런 넌센스에서 아이들을 보호해야 한다. 그러므로 우리는 부모가 자기 자녀에게 성경의 문자적 진리를 믿도록 가르치는 것을 더 이상 허용하지 말아야 하는데…… 이는 부모가 자식의 이빨을 부수거나 아이들을 지하감옥에 가두는 것을 허용할 수 없는 것과 같은 이치다" ("What Shall We Tell the Children?" Amnesty Lecture, Oxford, February 21, 1997. Cited in Andrew Brown, *The Darwin Wars: The Scientific Battle for the Soul of Man* [New York: Simon & Schuster, 1999], 172).

9. PBS, "Evolution, Episode 1: Darwin's Dangerous Idea." Discovery Institute 가 이 시리즈에 대해 비판한 것도 보라. "Getting the Facts Straight: A Viewer's Guide to PBS's 'Evolution,'" at www.reviewevolution.com.

10. G. K. Chesterton, *Eugenics and Other Evils* (New York: Dodd, Mead, 1927), 98.

11. Stan and Jan Berenstain, *The Bears' Nature Guide* (New York: Random House, 1975). 이와 반대되는 입장에서 잘 쓰인 아동도서로는 다음 책이 있다. William Steig, *Yellow and Pink* (New York: Farrar, Straus, & Giroux, 1984). 이 이야기는 나무로 만든 두 꼭두각시 인형이 자신들이 자연적 과정으로 빚어졌는

지 혹은 지적 설계에 의해 만들어졌는지에 대해 서로 논쟁하는 내용이다. 다음에 실린 이 책에 대한 나의 서평은 Ransom Fellowship에서 출간한 *Critique* (March/April 1985)에 실렸고, 나중에 *Bible-Science Newsletter* (August 1985)에 "In the Language of Children"이란 제목으로 다시 게재되었다. 그 요약이 *How Now?* 94-95에 실려 있다.

12. Carl Sagan, *Cosmos* (New York: Random House, 1980), 4. (「코스모스」 사이언스북스)
13. 이에 대한 더 상세한 논의는 다음 글을 참고하라. Nancy Pearcey, "Canonizing the Cosmos: Carl Sagan's Naturalistic Religion," *Bible-Science Newsletter*, October 1984. 다음 글도 보라. Norman Geisler, *Cosmos: Carl Sagan's Religion for the Scientific Mind* (Dallas: Quest, 1983). 보다 최근의 글로는 *How Now?* 6장을 보라.
14. Jonathan Wells, *Icons of Evolution* (Washington D.C.: Regnery, 2000).
15. 다음 글을 보라. Nancy Pearcey, "The Galapagos Islands: A World All Its Own," *Bible-Science Newsletter*, February 1984; Nancy Pearcey, "The Origin of the Origin: Or, What Did Darwin Really Find?" *Bible-Science Newsletter*, December 1986.
16. Jonathan Weiner, "Kansas Anti-Evolution Vote Denies Students a Full Spiritual Journey," *Philadelphia Inquirer*, August 15, 1999.
17. Phillip E. Johnson, *Reason in the Balance: The Case Against Naturalism in Science, Law, and Education* (Downers Grove, Ill.: InterVarsity Press, 1995). 이 책에 대한 서평으로는 Nancy Pearcey, "Naturalism on Trial," *First Things* 60 (February 1996)를 보라. (「위기에 처한 이성」 IVP)
18. "만일 그 군도에 십 년에 한번씩 가뭄이 온다면, 약 200년이면 새로운 종의 핀치새가 생겨 날 것이다" (*Teaching About Evolution and the Nature of Science, National Academy of Sciences*, 1998, chapter 2, page 19, at http://www.nap.edu/readingroom/books/evolution98.)
19. Phillip E. Johnson, "The Church of Darwin," *Wall Street Journal*, August 16, 1999.
20. 그 이유는 돌연변이된 형태가 적응력이 더 약하기 때문이다. 그래서 변이되지 않은 바이러스가 급격하게 다시 지배하게 된다. 약물에 저항하는 돌연변이된 변종들이 지배하는 동안, 변이되지 않은 소수의 바이러스가 세포 속에 숨게 된다. 해변이 깨끗해지면—즉, 약물치료가 멈추고 선택적 압력이 제거될 때—이처럼 숨어 있던 야생 타입이 금방 그 개체군을 지배하게 되는데, 그것은 약물에 저항하는 형태가

적응력이 훨씬 약하기 때문이다. PBS 프로그램은 약물 저항이 완전히 역전될 수 있다는 점은 분명히 언급하지만, 그것을 진화에 반하는 증거가 아니라 진화를 지지하는 증거로 제시함으로써 시청자를 오도한다.

21. Nancy Pearcey, "What Species of Species? Or, Darwin and the Origin of What?" *Bible-Science Newsletter*, June 1989.
22. 여기서 우리가 논의하는 것은 고전적인 다윈이론이 아니라 신다윈주의다. 다윈은 생물체 내에서 어떻게 변이가 발생하는지 알지 못했으며, 당대에 이미 개발된 Gregor Mendel의 유전자론에 대해서도 잘 몰랐다. 유전적 돌연변이를 새로운 변이의 근원이라고 주장하는 신다윈주의는 1930년대와 40년대에 발흥했으며, 때로 "근대적 종합"이라 불린다.
23. 다음 글에 나오는 골드슈미트의 논의를 보라. Norman Macbeth, *Darwin Retried* (New York: Dell, 1971), 33, 154.
24. Luther Burbank, 같은 책 36쪽 인용. 다음 글을 참조하라. Nancy Pearcy, "Progress and Limitations in Plant and Animal Breeding," *Bible-Science Newsletter*, November 1982; Nancy Pearcey, "Everybody Can Know: The Most Powerful Evidence Against Evolution," *Bible-Science Newsletter*, June 1987; and "Darwin in the Dock," chapter 9 in *How Now?*
25. Nancy Pearcey, "Natural Selection, the Point that Moved the World," *Bible-Science Newsletter*, November 1984. 다음 글도 참조하라. M. W. Ho and P. T. Saunders, "Beyond Neo-Darwinism—An Epigenetic Approach to Evolution," *Journal of Theoretical Biology* 78 (1979): 573-591.
26. 살아 있는 나방이 사용된 사례도 있는데, 얼룩나방은 낮에 움직이지 않기 때문이다.
27. Peter D. Smith, "Darwinism in a Flutter," review of *Of Moths and Men: Intrigue, Tragedy, and the Peppered Moth*, by Judith Hooper, *The Guardian*, May 11, 2002.
28. Jerry Coyne, "Not Black and White," review of *Melanism: Evolution in Action*, by M. E. N. Majerus, *Nature* 396 (November 5, 1998): 35.
29. 다음 글에 캐나다 교과서 집필자인 Bob Ritter의 말이 인용되어 있다. "Moth-eaten Darwinism: A Disproven Textbook Case of Natural Selection Refuses to Die," *Alberta Report Newsmagazine*, April 5, 1999. "고등학교 학생들은 아직 매우 구체적인 것을 보고 배우는 연령에 속한다"고 리터는 말했다. "자연선택을 보여주는 이 사례의 장점은 그것이 지극히 가시적이라는 점이다." 이어서 그는 "우리는 선택적 적응의 개념을 전달하고 싶다. 나중에 학생은 그것을 비판적으로

고찰할 수 있을 것이다"라고 말했다. 다음 글을 참조하라. Nancy Pearcey, "Creation Mythology: Defenders of Darwinism Resort to Suppressing Data and Teaching Outright Falsehoods," *World*, June 24, 2000.

30. 다윈이 Asa Gray에게 1860년 9월 10일 보낸 편지. *The Life and Letters of Charles Darwin*, vol. 2, ed. Francis Darwin (New York: D. Appleton, 1896), 131.

31. Michael Richardson, quoted in Elizabeth Pennisi, "Haeckel's Embryos: Fraud Rediscovered," *Science* 277 (September 5, 1997): 1435.

32. 다음 글에 인용. Nancy Pearcey, "Michael Kinsley Out on a Limb: Stem-Cell Rationale Recalls Ideas of Debunked Scientist," *Human Events*, September 8, 2000.

33. 2000년에 또 다른 거짓 증거물이 나타났다. 깃털 달린 공룡이라 주장되어 온 것이었다. "내셔널 지오그래픽은 지난 10월에 기자회견을 개최해 그 화석이야말로 중대한 잃어버린 고리라 선포했고, 그것이 새가 공룡에서 진화했다는 새로운 이론(그들이 따로따로 진화했다는 이전의 이론과는 반대되는)을 뒷받침하는 최초의 탄탄한 증거라고 주장했다. 그러나 이는 권위 있는 저널의 자기 얼굴에 침 뱉기이라는 것이 곧 드러났다. 중국 농부들은 암시장에 비싼 값에 내다 팔 욕심으로 이런 저런 화석들을 접착제로 붙이는 명수로 이미 알려져 있다. 이 경우에 몸통은 이빨 있는 어린 새의 것이었고 꼬리는 공룡 것으로 판명되었다" (Nancy Pearcey, "The Missing Link that Wasn't: National Geographic's 'Bird Dinosaur' Flew Against the Facts," *Human Events*, March 10, 2000).

34. Melissa Ludwig, "New Force in the Fray on State's Textbooks: 'Intelligent Design' Adherents Use Science to Question Evolution," *Austin American-Statesman*, Wednesday, July 9, 2003.

35. Phillip E. Johnson, *Defeating Darwinism by Opening Minds* (Downers Grove, Ill.: InterVarsity Press, 1997), 37.

36. Jerry Alder and John Carey, "Is Man a Subtle Accident?" *Newsweek*, November 3, 1980, 95-96. 다음 글을 참조하라. Nancy Pearcey, "Evolution After Darwin: What's Left?" *Bible-Science Newsletter*, August 1985.

37. Stephen Jay Gould, "Evolution's Erratic Pace," in *Natural History* 86 no. 5 (May 1977): 14.

38. 대진화 학회가 열린 그 해에, Gould는 신다윈주의적 종합이 "교과서에서는 계속 정통설로 자리잡고 있으나 일반적 명제로서는 실질적으로 죽은 것이나 다름없다"

고 썼다 ("Is a New and General Theory of Evolution Emerging?" *Paleobiology* 6, no. 1 [January 1980]: 120). 그로부터 20년도 더 지난 오늘날도 바로 그 "죽은" 명제가 여전히 홍보되고 있는 것이다. 그것을 대치할 다른 것을 찾기 어렵기 때문이다. "다수의 미생물학자, 유전학자, 이론 생물학자, 수학자, 컴퓨터 과학자들이 생명에는 다윈주의 이상의 것이 있다고 말한다.…… 나는 그들을 '후기 다윈주의자'라 부른다.…… 그들의 이견은 다윈주의 논점이 지닌 아주 총괄적인 성격과 관련이 있는데, 결국에는 그것이 많은 것을 설명해 주지 못한다는 사실, 다윈주의만으로는 우리의 눈에 보이는 모든 것을 설명하기에 불충분하다는 증거의 출현 등과 관련 있다. 현재 우리가 알고 있는 진화의 내부에서 혹은 그 너머에서 또 다른 무엇이 작동하고 있는 것일까?" (Kevin Kelly, *Out of Control: The New Biology of Machines, Social Systems, and the Economic World* [Cambridge, Mass: Perseus, 1994], 365-366).

39. Michael Denton, *Evolution: A Theory In Crisis* (Bethesda, Md.: Adler & Adler, 1986).

40. Roger Lewin, "Evolutionary Theory Under Fire," in *Science* 210 (November 21, 1980): 883-887.

41. 다음 책을 보라. Nancy Pearcey, "Fact vs. Theory: Does Gould Understand the Difference?" *Bible-Science Newsletter*, April 1987. "변화의 속도가 필수적이라는 것에는, 소수의 큰 진척이나 다수의 굉장히 빠른 작은 진척이 있어야 함을 뜻한다. 큰 진척은 격변과 마찬가지이기 때문에 적합성의 문제가 제기된다. 작은 진척은 그 수가 엄청나게 많아야 하기 때문에 소진화에서 논의된 문제들을 안고 있다. 정지기(停止期)는 계통이 화석 기록에 들어갈 가능성을 제기하는데, 반복하건대 우리는 가설적인 중간 형태를 전혀 발견할 수 없다. 끝으로, 상당히 많은 종이 창출되어 하나의 웅덩이를 이루고 거기서 성공적인 계통이 선택되어야 하는데, 어디에서도 그런 것을 찾을 수 없다. 그러므로 우리는, 종의 선택이 더 고등한 분류군의 기원에 대한 일반적 해답일 확률은 그리 크지 않다는 것과, 종의 차원에서 일어나는 진화론적 변화에 관한 상반된 이론들, 곧 계통 발생적 점진주의설이나 단속 평형설 중 어느 것도 새로운 신체의 계획의 기원을 설명하는 데 적용될 수 없다고 결론을 내리는 것이다" (J. Valentine and D. Erwin, "Interpreting Great Developmental Experiments: The Fossil Record," in Rudolf A. Raff and Elizabeth C. Raff, eds., *Development as an Evolutionary Process* [New York: Alan R. Liss, 1987], 96).

42. Nancy Pearcey, "Foreword," in Phillip E. Johnson, *The Right Questions:*

Truth, Meaning, and Public Debate (Downers Grove, Ill.: InterVarsity Press, 2002), 13.

43. Richard Dawkins, *The Blind Watchmaker* (New York: Norton, 1986), 287.
44. S. C. Todd, "A View from Kansas on That Evolution Debate," *Nature* 401 (September 30, 1999): 423.
45. Case Western Reserve 대학의 물리학자 Mano Singham이 *Physics Today* (June 2002)에 쓴 글에서. 강조는 추가한 것임. 자신의 논점을 보강하려고 그는 고생물학자 George Gaylord Simpson의 다음 글을 인용했다. "지식 진보의 엄격한 필수요건은, 그 어떤 비(非)물리적 가정도 물리현상의 연구와 관련해 허용되어서는 안된다는 것이며…… 설명을 구하는 연구자는 반드시 물리적 설명만을 구해야 한다" (Tempo and Mode in Evolution [New York: Columbia University Press, 1944], 76).
46. John Rennie, "15 Answers to Creationist Nonsense," *Scientific American*, June 17, 2002.
47. Del Ratzsch의 다음 책을 보라. *The Battle of Beginnings: Why Neither Side Is Winning the Creation-Evolution Debate* (Downers Grove, Ill.: InterVarsity Press, 1996), 167. 보다 최근의 학문적·철학적 쟁점을 다룬 책으로는 Del Ratzsch의 다음 책을 보라. *Nature, Design, and Science: The Status of Design in Natural Science* (New York: SUNY Press, 2001).
48. *BSCS Biology: A Molecular Approach*, 8th ed., Jon Greenberg, revision editor (Everyday Learning Corporation, 2001), 446.
49. Neil A. Campbell, Jane B. Reece, and Lawrence G. Mitchell, *Biology*, 5th ed. (Reading, Mass.: Addison Wesley, 1999), 426. 교과서들을 분석한 글을 보려면 Norris Anderson의 다음 글을 보라. "Education or Indoctrination 2001," at http://www.alabamaeagle.org/education_or_indoctrination_2001.htm.
50. Douglas Futuyma, *Evolutionary Biology*, 3rd ed. (Sunderland, Mass.: Sinauer, 1998), 15. 다음 글도 보라. Jonathan Wells, "Opinions," Topeka Capital-Journal, November 23, 1999, at http://www.cjonline.com/stories/112199/opi_scien ce.shtml.
51. 역사가 Neal Gillespie는 다윈의 혁신적인 사상의 중심에는 과학을 자연적 원인들로 국한하는 실증주의적 과학관이 있다고 말한다. 그런 정의가 일단 받아들여진 이상, 그것은 "과학적 개념으로서의 특별한 창조를 파기해 버렸다." 거꾸로 표현하자면, "생물학에서 진화의 승리를 보증한 것은, 실증주의가 그보다 앞서 과학에

서 거둔 성공이었다." Gillespie는 종교를 직접 공격할 필요가 없었고 "실증주의를 과학 분야의 인식론적 표준으로" 채택하기만 하면 되었다고 설명한다. "그리고 이것이 하나님을 자연으로부터(실재로부터는 아니더라도) 떼어 놓는 데 무신론만큼이나 효과적이었다"고 한다 (*Charles Darwin and the Problem of Creation* [Chicago: University of Chicago Press, 1979], 152, 146, 153. 이 역사에 대해 더 알고 싶으면 다음 글을 보라. Nancy Pearcey, "You Guys Lost," in *Mere Creation: Science, Faith, and Intelligent Design*, ed. William A. Dembski [Downers Grove, Ill.: InterVarsity Press, 1998], 73-92).

52. Tom Bethell, "Against Sociobiology," *First Things* 109 (January 2001): 18-24, 강조 추가.

53. Charles Darwin, *The Descent of Man and Selection in Relation to Sex*, 2nd ed. (1871; reprint, London: John Murray, 1922), 92. 여기서 "불변의" (immutable)라는 용어는, 다윈이 당대의 일부 사람들이 견지하고 있던 부적절한 창조관, 곧 모든 종이 하나님의 손에서 직접 나왔기 때문에 과거에 새로운 종이 출현한 적이 전혀 없으며 사멸된 종도 없다는 견해(즉, 멸종이 없었다)에 부분적으로 반발하고 있었음을 보여준다. 그런데 다윈은 이 같은 특정한 창조이론에 반대하는 동시에 창조나 설계의 개념 자체도 반대했다.

54. Richard Lewontin, "Billions and Billions of Demons," *The New York Review of Books*, January 9, 1997, 28.

55. 다음 글에 인용. Roger Highfield, "Do Our Genes Reveal the Hand of God?" *Daily Telegraph* (London), March, 20, 2003, at http://www.telegraph.co.uk.

56. 같은 책에 인용.

57. Weinberg's comments were reported in "Free People from Superstition," *Freethought Today*, April 2000, at http://www.ffrf.org/fttoday/april2000/weinberg.html.

58. 다음 글에 인용. Michael Ruse, "Saving Darwinism from the Darwinians," *National Post*, May 13, 2000, B-3.

59. 같은 글. Ruse는 다음의 최근 저서에서도 동일한 논점을 개진한다. *Mystery of Mysteries: Is Evolution a Social Construction?* (Cambridge, Mass.: Harvard University Press, 1999).

60. 다음을 보라. Tom Woodward, "Ruse Gives Away the Store, Admits Evolution Is a Philosophy," at http://www.leaderu.com/real/ri9404/ruse.html.

61. 다음 글에 인용. Ruse, "Saving Darwinism from the Darwinians." Gould도

다른 곳에서 다윈주의가 종교의 대체물임을 명시적으로 묘사하고 있다. "진화는 호의적인 신이 우리를 자기 형상에 따라 직접 빚었다는 우리의 예전의 신념을 차가운 위로가 담긴 자연주의적 설명으로 대치시켰다"(Stephen Jay Gould, "Introduction," in Carl Zimmer, *Evolution: The Triumph of an Idea* [New York: HarperCollins, 2001], xi).

62. Ruse, "Saving Darwinism from the Darwinians."
63. Editorial, *Columbus Dispatch*, June 14, 2002.
64. Jacques Barzun, *Darwin, Marx, Wagner: Critique of a Heritage* (Chicago: University of Chicago Press, 1941), 37.
65. Nancy Pearcey, "Scopes in Reverse," *Washington Times*, July 24, 2000.
66. 다음 글에 인용. Pearcey, "Foreword," in Johnson, *Right Questions*, 7-25.
67. 지적 설계 운동 역사의 전반적인 개관은 다음 글을 보라. Nancy Pearcey, "The Evolution Backlash: Debunking Darwin," *World*, March 1, 1997, 12-15; Nancy Pearcey, "We're Not in Kansas Anymore: Why Secular Scientists and Media Can't Admit that Darwinism Might Be Wrong," *Christianity Today*, May 22, 2000.
68. James M. Kushiner가 Phillip E. Johnson과 한 인터뷰, "Berkeley's Radical: An Interview with Phillip E. Johnson," *Touchstone*, June 2002, at http://www.touchstonemag.com/docs/issues/15.5docs/15-5pg40.html.
69. Phillip E. Johnson, *Darwin on Trial* (Downers Grove, Ill.: InterVarsity Press, 1993); *Reason in the Balance: The Case Against Naturalism in Science, Law, and Education* (Downers Grove, Ill.: InterVarsity Press, 1995). (「심판대 위의 다윈」 과학과 예술)
70. 나는 창조론과 지적 설계론의 차이가 무엇인지 묻는 질문을 자주 받는다. 그 차이는 대체로 접근 방법에 있다. 창조론은 성경에서 시작하여, 성경이 과학에 대해 무엇을 말하고 있는지 묻는다. 그것은 마치 성경이 정치나 예술 혹은 다른 분야에 대해 어떤 의미를 갖는지 묻는 것처럼 전적으로 타당한 물음이다. 그러나 변증은 그런 식으로 접근해서는 안된다. 우리가 비기독교적 문화를 상대로 이야기할 때에는 우리의 청중이 믿을 만하다고 생각하는 자료로부터 시작해야 한다. 그래서 지적 설계론은 성경에서 시작하지 않는다. 그것은 과학적 자료에서 시작해, 자료 자체가 지적인 원인에 대한 증거를 제공하는지를 묻는다. 그것은 설계가 경험적으로 탐지될 수 있다는 입장을 변호한다.
71. 라브리의 테이프는 다음 웹사이트에서 구할 수 있다. http://www.soundword.

com/frontlabri.html.
72. "The Secular Web," at http://www.infidels.org/index.shtml.
73. Gillespie, *Charles Darwin and the Problem of Creation*, 16, 강조 추가.
74. 이 입장 선언문은 다음 웹사이트에 나와 있다. http://www.aristotle.net/~asta/science.htm. 흥미로운 사실은, ASTA가 1999년에 내놓은 이전의 선언문만 하더라도 종교를 참된 지식의 한 형태로 여전히 취급했다는 점이다. "사람들이 이 세계에 대해 알 수 있는 방법이 여럿 있는데, 거기에는 과학적 지식, 사회적 지식, 종교적 지식, 문화적 지식 등이 포함된다. 과학은 이와 같은 다른 인식 방법들과는 중요한 면에서 차별성이 있다"(같은 웹사이트에 게시되어 있음). 불과 2년 만에 종교가 일종의 지식에서 사회적 구성물에 불과한 것으로 전락한 셈이다.
75. 같은 책.
76. 헉슬리는 이어서 이렇게 말했다. "다윈은 초자연적 설계자가 필요없다고 지적했다. 자연선택이 어떤 새로운 형태의 생명이라도 설명할 수 있기 때문에, 그 진화과정에 초자연적 행위자가 들어설 여지가 없는 것이다. ("At Random: A Television Preview," in *Evolution After Darwin* [Chicago: University of Chicago Press, 1960], 41).
77. Douglas Sloan, *Faith and Knowledge: Mainline Protestantism and American Higher Education* (Louisville: Westminster John Knox, 1994), 190.
78. Allan Bloom, *The Closing of the American Mind* (Chicago: Chicago Review Press, 1989)(「미국 정신의 종말」 범양사). 이 인용문의 출처는 Allan Bloom이 번역하고 주와 해설을 덧붙인 *The Republic of Plato* (New York: Basic Books, 1968), x.
79. 다음 글에 인용. Victor Greto, "Delaware a Leader in Teaching Evolution," *The News Journal* (Wilmington, Del.), February 25, 2003, 강조 추가.
80. PBS 방송 "Evolution" 프로그램 중 "Emi and Nathan: Personal Testimonies"의 배경 해설문. www.pbs.org/wgbh/evolution/library08/1/l_081_07.html.

6장 상식에 기초한 과학

1. 다음 글에 인용. Gerald Schroeder, "Can God Be Brought into the Equation?" review of *Science and Religion: Are They Compatible?* ed. Paul Kurtz and Barry Karr, in the *Jerusalem Post*, May 23, 2003, 13-B; at http://www.jpost.

com/servlet/Satellite?pagename=JPost/A/JPArticle/ShowFull&cid=1\054002499080.

2. 이 조사는 *Skeptic*지의 편집인 Michael Shermer와 MIT 대학 Frank Sulloway 교수가 공동으로 실시한 것으로, 무작위 표본집단에 보내졌으나 알 수 없는 이유로 응답자 중에는 고등교육을 받은 사람이 평균 이상으로 많은 비중을 차지했다. 그 결과는 다음 책에 나와 있다. Michael Shermer, *How We Believe: The Search for God in an Age of Science* (New York: W. H. Freeman, 2000), 74-88. 아이러니하게도, 응답자들에게 다른 사람들이 왜 하나님을 믿는지 생각하느냐고 묻자, 첫 번째 이유로 정서적인 위로를 들었다. 달리 말하면, 응답자들이 자기는 믿음에 대한 이성적 근거를 갖고 있다고 주장하는 한편, 다른 모든 사람은 심리적 필요에 의해 믿게 된 것으로 간주한 것이다.

3. 이 주제에 관한 최근의 글은 다음과 같다. Nancy Pearcey, "Shooting Down the Warfare Myth," *Megaviews Forum*, Los Alamos National Laboratory, September 24, 2003; Nancy Pearcey, "The War that Wasn't," Veritas Forum at USC, February 18, 2004; Nancy Pearcey, "How Science Became a Christian Vocation," in *Reading God's World: The Vocation of Scientist*, ed. Angus Menuge, forthcoming from the Cranach Institute, Concordia University in Milwaukee. 간단한 입문으로는 *How Now?* 40장을 보라.

4. 과학과 상식의 차이는 종류의 문제가 아니라 정도의 문제라고 W. V. O. Quine은 다음 책에서 말한다. *Ontological Relativity and Other Essays* (New York: Columbia University Press, 1997), 129.

5. 이 사례는 Discovery Institute의 Center for Science and Culture 소장으로 일하는 나의 동료 Steve Meyer가 제공했다.

6. Eugenie Scott (executive director of the National Center for Science Education, Inc.), CNN Newsroom, May 3, 2001, at http://www.cnn.com/TRANSCRIPTS/0105/03/nr.00.html.

7. Michael Stroh, "The Office of Research Integrity—a.k.a., the Fraud Squad—Is on the Case," *Popular Science*, December 2003, at http://www.popsci.com/popsci/science/article/0,12543,519782,00.html. 이 글은 하나의 사례와 함께 시작한다. 암 연구가 Kenneth Pienta는 미시간 주립대학 실험실에서 유망한 젊은 박사 후 과정생이 쓴 논문을 훑어보다가 무언가를 발견하고는 가슴이 덜컥 내려앉았다. 두 개의 단백질 얼룩이 놀랄 정도로 닮았기 때문이었다. 너무나 비슷했다. Pienta는 이처럼 동일한 이미지를 설명하는 길은 단 하나밖에 없다는 것을 알았다.

그 여자가 자료를 조작했던 것이다. 이 사례가 보여주듯이, 설계에 대한 경험적 표지들이 존재한다. 비윤리적 설계(음모)까지 포함해서 말이다!

8. David Postman, "Letourneau Lands on WASL as Answer, Raising Questions," *The Seattle Times*, April 27, 2001.
9. William A. Dembski and James M. Kushiner, eds., *Signs of Intelligence: Understanding Intelligent Design* (Grand Rapids, Mich.: Baker, 2001).
10. 다음을 보라. Nancy Pearcey, "We're Not in Kansas Anymore," *Christianity Today*, May 22, 2000.
11. Neal C. Gillespie, *Charles Darwin and the Problem of Creation* (Chicago: University of Chicago Press, 1979), 83-85.
12. Richard Dawkins, *The Blind Watchmaker* (New York: Norton, 1986), 1, 강조 추가.
13. George Gaylord Simpson, "Plan and Purpose in Nature," *Scientific Monthly* 64 (June 1947): 481-495; Simpson의 다음 글에 인용. *This View of Life: The World of an Evolutionist* (New York: Harcourt Brace, 1964), 190-191, 212, 강조 추가. 심슨의 유명한 주장은 다음과 같다. "사람은 자기를 염두에 두지 않은, 아무런 목적이 없는 자연적 과정의 결과다. 사람은 계획된 존재가 아니었다" (Simpson, *The Meaning of Evolution: A Study of the History of Life and of Its Significance for Man* [1949; reprint, New Haven, Conn.: Yale University Press, 1960], 344).
14. William Paley의 Natural Theology는 저작권이 소멸되어 누구나 다음 웹사이트에서 구할 수 있다. http://www.hti.umich.edu/cgi/p/pd-modeng/pd-modeng-idx?type=HTML&rgn=TEI.2&byte=53049319.
15. Michael Behe, Darwin's Black Box: The Biochemical Challenge to Evolution (New York: Touchstone, 1996), 213. (「다윈의 블랙박스」 풀빛) 나의 서평도 보라. Nancy Pearcey, "The Biochemical Challenge to Evolution," in *Books and Culture* (November/December 1996), at http://www.arn.org/docs/pearcey/np_bc12 96.htm; and "Darwin in the Dock," chapter 9 in *How Now?* 설계를 지지하는 전통적 논증은 다음의 글에 논의되어 있다. Nancy Pearcey, "Design: The Oldest Argument for God," *Bible-Science Newsletter*, December 1982.
16. Nancy Pearcey, "Strangely Familiar: The New, but Not So New, World of the Cell," *Bible-Science Newsletter*, July 1987.

17. Francis Crick, *Life Itself: Its Origin and Nature* (New York: Simon & Schuster, 1981), 70-71. 이와 비슷하게, Bruce Alberts도 "세포 전체는 서로 맞물린 조립라인의 정교한 그물망을 가진 공장으로 볼 수 있는데, 각 라인은 일련의 커다란 단백질 기계들로 구성되어 있다"고 쓰고 있다(Bruce Alberts, "The Cell as a Collection of Protein Machines: Preparing the Next Generation of Molecular Biologists," *Cell* 92 [February 6, 1998]: 291-294).
18. Ronald D. Vale, "The Molecular Motor Toolbox for Intracellular Transport," in *Cell* 112 (February 21, 2003): 467-480. "세포 하나는 큰 대도시처럼 그 속에서 부대끼는 거대 분자의 공동체를 조직화해야 한다. 접속 지점들을 정하고 거래의 타이밍을 확립하는 일은 세포의 행위를 위해 근본적으로 중요하다. 세포 내부에서 일어나는 분자들과 세포 기관들의 고도의 공간적·시간적 조직화 작업은 구성요소들을 세포질 내의 다양한 목적지로 실어 나르는 단백질 기계들에 의해 가능해진다"(467).
19. David J. DeRosier, "The Turn of the Screw: The Bacterial Flagellar Motor," *Cell* 93 (April 3, 1998): 17
20. Behe, *Darwin's Black Box*, 39.
21. Charles Darwin, *On the Origin of Species*, facsimile of the first edition (Cambridge, Mass., and London: Harvard University Press, 1964), 189.
22. Behe의 논증을 변호한 Dembski의 글을 보라. "Evolution's Logic of Credulity: An Unfettered Response to Allen Orr," at http://www.designinference.com/documents/2002.12.Unfettered_Resp_to_Orr.htm.
23. Nancy Pearcey, "The Heavens Declare: The Origin of the Universe," *Bible-Science Newsletter*, September 1986; Nancy Pearcey, "A Universe Built for Us: The Anthropic Principle," in *Bible-Science Newsletter*, October 1990; and Nancy Pearcey, "The Anthropic Principle: The Closest Atheists Can Get to God," in *Bible-Science Newsletter*, November 1990. 보다 최근의 글로는 *How Now?* 7장을 보라.
24. George Greenstein, *The Symbiotic Universe: Life and Mind in the Cosmos* (New York: William Morrow, 1988), 85-90.
25. Paul Davies, "A Brief History of the Multiverse," *The New York Times*, April 12, 2003. Davies는 다른 곳에서, 자연의 근본적인 대비현상을 가능하게 하는 "외견상 기적같이 보이는 수적인 가치들의 동시발생은 우주의 설계를 지지하는 가장 강력한 증거"라고 쓰고 있다 (*God and the New Physics* [New York: Simon &

Schuster, 1983], 189). 미세 조율에 대해서는 다음을 보라. Dean Overman, *A Case Against Accident and Self-Organization* (Lanham, Md.: Rowman & Littlefield, 1997); Hugh Ross, *The Fingerprint of God* (New Kensington, Pa.: Whitaker, 2000); John Horgan, "Between Science and Spirituality," *Chronicle of Higher Education* 49, no. 14 (November 29, 2002), at http://chronicle.com/free/v49/i14/14b00701.htm; Guillermo Gonzalez and Jay Richards, *The Privileged Planet: How Our Place in the Cosmos Is Designed for Discovery* (Washington, D.C.: Regnery, 2004).

26. Dennis Overbye, "Zillions of Universes? Or Did Ours Get Lucky?" *New York Times*, October 28, 2003. 또한 다음을 보라. John Barrow, *The Constants of Nature: From Alpha to Omega—The Numbers That Encode the Deepest Secrets of the Universe* (London: Jonathan Cape, 2002).

27. Heinz Oberhummer, "Stellar Production Rates of Carbon and Its Abundance in the Universe," Science 289 (July 7, 2000): 88-90, 강조 추가. 다음 글에 인용. Nancy Pearcey, "Our 'Tailormade Universe,'" *World*, September 2, 2000.

28. Arno Penzias, "Creation Is Supported by All the Data So Far," *Cosmos, Bios, Theos: Scientists Reflect on Science, God, and the Origins of the Universe, Life, and Homo Sapiens*, ed. Henry Margenau and RoyAgraham Varghese (Chicago: Open Court, 1992), 83.

29. Malcolm Browne이 Arno Penzias와 나눈 인터뷰. "Clues to the Universe's Origin Expected," *The New York Times*, March 12, 1978. 또한 다음을 보라. Jerry Bergman, "Arno A. Penzias: Astrophysicist, Nobel Laureate," in *Perspectives on Science and Christian Faith* 46, no. 3 (September 1994): 183-187; also available online at http://www.asa3.org/ASA/topics/Astronomy-Cosmology/PSCF9-94Bergman.html#Penzias.

30. Fred Hoyle, "The Universe: Some Past and Present Reflections," *Annual Review of Astronomy and Astrophysics* 20 (1982): 16.

31. 1971년 기자회견에서 Hoyle은 이렇게 말했다. "인간은 우리의 일거수 일투족을 통제하는 외계의 지성들이 벌이는 장기판의 말과 같다. 그들은 하늘과 바다와 지구 도처에 있다.⋯⋯ 그것은 다른 유성에서 온 외계의 지성이 아니다. 그것은 최초의 순간에 다른 우주에서 우리 우주에 들어와 지금까지 줄곧 일어나는 모든 것을 통제해 온 것이다." 다음 글에 인용. L. K. Waddill. "On Tip Toes Before

Darwin," *Power of the Mind Magazine*, 1998, at http://www.btinternet. com/~meirion hughes/Pub/page14.htm.

32. Greenstein, *Symbiotic Universe*, 26-27, 223.
33. George Wald, quoted in Dietrick E. Thomsen, "A Knowing Universe Seeking to Be Known," *Science News* (February 19, 1983): 124.
34. Freeman Dyson, *Disturbing the Universe* (New York: Harper & Row, 1979), 250.
35. Gregg Easterbrook, "The New Convergence," Wired, December 2002, at www.wired.com/wired/archive/10.12.
36. Pagels는 인류 발생론적 원리가 "일부 무신론자들이 하나님께 가장 가까이 접근한 형태"라고 비꼬듯 결론지었다 ("A Cozy Cosmology," *The Sciences* [March/April, 1985], 35-38).
37. 다음 글에 인용. Overbye, "Zillions of Universes?"
38. Nancy Pearcey, "Copying the Human Script: Genome Project Raises Hopes, Fears," *World*, July 8, 2000.
39. Richard Dawkins, "Genetics: Why Prince Charles Is So Wrong," Checkbiotech.org, January 28, 2003, at http://www.checkbiotech.org/root/index.cfm?fuseaction=news&doc_id=4575&start=1&control=173&page_start=1&page_nr=101&pg=1.
40. Scott McCabe and Alex Navarro, "Writer in Sky Sends Wrong Message," *Palm Beach Post*, January 2, 2002, 1A. 다음 글도 보라. Nancy Pearcey, "*Which* God Is Great?" Salem radio editorial.
41. Jacques Monod, *Chance and Necessity: An Essay on the Natural Philosophy of Modern Biology*, trans. Austryn Wainhouse (New York: Knopf, 1971). (「우연과 필연」 범우사)
42. William A. Dembski, *The Design Inference* (Cambridge: Cambridge University Press, 1998). 이보다 쉽게 자신의 논점을 개진한 책은 다음과 같다. *Intelligent Design: The Bridge Between Science and Theology* (Downers Grove, Ill.: InterVarsity Press, 1999). 보다 간략한 논의로는 다음을 참고하라. William A. Dembski, "Science and Design" in *First Things* 86 (October 1998):21-27; at http://www.firstthings.com/ftissues/ft9810/articles/ dembski.html; and William A. Dembski, "Redesigning Science," in *Mere Creation*, excerpted at http://www.arn.org/docs/dembski/wd_explfilter. htm. (「지적 설계」 IVP)

43. David Adam, "Give Six Monkeys a Computer, and What Do You Get? Certainly Not the Bard," *The Guardian*, May 9, 2003.
44. 그 이유는 다음과 같다. 아미노산과 같은 단순한 복합체의 생산은, 열역학적으로 말하면, "하향적" 과정으로서 자연 속에서 쉽게 발생하는 화학적 반응을 포함하는 데 비해, 단백질과 DNA 같은 거대분자의 생산은 "상향적" 과정으로서 자연 속에서 쉽게 발생하지 않기 때문이다. 다음 글을 보라. Nancy Pearcey, "Running Down and Falling Apart: Thermodynamics and the Origin of Life," *Bible-Science Newsletter*, September 1987; Nancy Pearcey, "Code for Life: An Interview with Walter Bradley," *Bible-Science Newsletter*, February 1989.
45. 생명의 우연한 기원에 반대하는 최근의 책으로는 다음 책이 있다. David Swift, *Evolution Under the Microscope: A Scientific Critique of the Theory of Evolution* (Stirling University Innovation Park, UK: Leighton Academic, 2002). 그는 이렇게 쓰고 있다. "생물학적으로 활발한 단백질은, 가능하나 무용한 아미노산 연쇄고리의 한없는 대양 가운데 있는 고립된 작은 섬들과 같아서, 그것이 우연한 표류현상에 의해 발생했을 가능성은 없다고 본다"(183).
46. Nancy Pearcey가 Norman Geisler와 나눈 인터뷰에서. "Geisler's Rebuttal: An Appeal to Common Sense," *Bible-Science Newsletter*, March 1985.
47. 다음을 보라. Charles Thaxton, Walter Bradley, and Roger Olsen, *The Mystery of Life's Origin* (Dallas: Lewis and Stanley, 1992; originally published by Philosophical Library, 1984). 또한 다음을 보라. Nancy Pearcey, "The First Step—Chemical Evolution (an Interview with Charles Thaxton)," *Bible-Science Newsletter*, October 1985; and Nancy Pearcey, "A Science of Origins: An Interview with Charles Thaxton," *Bible-Science Newsletter*, January 1987.
48. Dean Kenyon and Gary Steinman, *Biochemical Predestination* (New York: McGraw-Hill, 1969). Kenyon은 또한 Melvin Calvin이라는 화학자 밑에서 공부했는데, 아마 우연의 일치일 것이다 (종교개혁자 Calvin이 예정설로 유명하기 때문에 그를 연상시키는 이름이므로 이렇게 상상해 본 것이다—옮긴이).
49. Nancy Pearcey, "Up from Materialism: An Interview with Dean Kenyon," *Bible-Science Newsletter*, September 1989.
50. Behe처럼, Kenyon은 가톨릭 신자이지만 종교적 동기를 품고 진화에 의문을 제기한 것은 아니었다. 그가 다른 대안을 찾게 된 것은 그 이론이 지닌 과학적 약점 때문이었다. 그는 결코 스스로 논쟁을 자초하지 않을 조용하고 협조적인 인물이

다. 그런데 그가 입장을 바꾸자 자신이 가르치던 샌프란시스코 주립대학 당국과 치열한 싸움에 돌입하게 되었다. 대학의 임원들이 그가 지적 설계론을 수용했다는 소식을 듣고는, 그가 자기 분야의 지도적 인물임에도 불구하고 강제로 교수직을 박탈하기에 이르렀다. 그 후 기나긴 신랄한 상소과정을 거치면서 대학의 학문의 자유 위원회와 미국의 대학교수 협의회가 모두 Kenyon의 학문적 자유가 침해되었음을 인정한 끝에 마침내 복권되었다. 이 단체들은 교수에게 자신이 가르치는 과목에서 널리 수용되는 정통설에 의문을 제기할 권리가 있음을 변호한 것이다. 이 이야기는 다음 자료에 나와 있다. Phillip E. Johnson, *Reason in the Balance: The Case Against Naturalism in Science, Law, and Education* (Downers Grove, Ill.: InterVarsity Press, 1995), 29-30; and in John Myers, "A Scopes Trial in Reverse," at http://www.leaderu.com/real/ri9401/scopes.html. 대학 임원들은 월스트리트 저널이 그 아이러니한 상황에 관한 기사를 실어서 여론을 자극하기까지 계속 버텼다. "Scopes의 경우와는 달리, 교수가 자기 과목을 가르치지 못하도록 금지되었는데, 그가 진화론을 가르쳤기 때문이 아니라(실제로는 가르쳤다) 그에 대한 비판적 평가를 내놓았기 때문이었다" (Steve Meyer, "Danger: Indoctrination—A Scopes Trial for the'90s," *The Wall Street Journal*, December 6, 1993).

51. 사실상, 만일 DNA 속의 순서가 어떤 법칙이나 공식으로 묘사할 수 있을 정도로 규칙적이고 반복적인 패턴이라면, 인간 게놈의 그림을 그리는 일이 비교적 쉬운 작업이었을 것이다. 공식만 발견하면 수수께끼가 쉽게 풀리듯 말이다. 게놈의 그림을 그리는 일이 그토록 어려운 이유는 바로 일반적인 공식이 존재하지 않기 때문이다. 화학적 "철자"가 개별적으로 일일이 명기되어야 하는 것이다.

52. 다음 글에 인용. Nancy Pearcey, "Phillip Johnson Was Right: The Unhappy Evolution of Darwinism," *World*, February 24, 2001.

53. 복잡성이론이 생명의 기원에 대한 해답을 제공할지 모른다는 희망은 어디까지나 희망에 불과하지 성취된 것이 아니다. 그런데도 복잡성이론이 마치 해답을 이미 제공한 것처럼 종종 인용된다. 예를 들어, *Scientific American*의 편집장은 진화를 비판하는 자들에 반발해 이렇게 쓰고 있다. "산타페 연구소와 다른 곳에서 비직선적 시스템과 세포의 자동장치를 연구하는 연구자들이 지도되지 않은 단순한 과정으로 굉장히 복잡한 패턴을 만들 수 있음을 증명했다. 따라서 유기체가 갖고 있는 복잡성의 일부는 자연적 현상을 통해 출현할 수도 있는데, 이에 대해서는 아직 아는 바가 거의 없다. 그러나 이는 복잡성이 자연적으로 발생했을 가능성이 없다고 말하는 것과는 아주 다른 것이다" (John Rennie, "15 Answers to Creationist

Nonsense," *Scientific American*, July 2002). 쉽게 풀이하자면, 거기에 어떤 과정이 포함되어 있는지는 모르지만 그것이 자연적이라는 점은 절대로 확신한다는 말이다. 이것이 바로 진화론자들이 경험적 증거가 불충분할 때 그것을 극복하고자 철학에 의존하는 전형적인 방식이다.

54. Stuart Kauffman, *At Home in the Universe: The Search for the Laws of Self-Organization and Complexity* (Oxford: Oxford University Press), 1995. 이에 대한 비평은 다음을 보라. Nancy Pearcey, "The Molecule Is the Message," *First Things* (June/July 1996): 13-14.
55. Richard Dawkins, *River Out of Eden: A Darwinian View of Life* (New York: HarperCollins, 1995), 17.
56. Nancy Pearcey, "Nature and Nature's God: What Information Theory Tells Us," *Bible-Science Newsletter*, July 1986; Nancy Pearcey, "Who Wrote the DNA Code? A Report on an Interdisciplinary Conference," *Bible-Science Newsletter*, March 1991. 보다 간단한 글로는 *How Now?* 8장을 보라.
57. John Brockman이 George Williams와 나눈 인터뷰에서. John Brockman, "George C. Williams: 'A Package of Information,'" in John Brockman, *The Third Culture: Beyond the Scientific Revolution* (New York: Simon & Schuster, 1995), 43. 매체와 메시지의 구별은 컴퓨터 시대가 시작된 이래 더욱 분명해졌을 것이라고 Williams는 말한다. "정보를 한 물리적 매체에서 다른 매체로 전달하고 이어서 본래의 매체에 있던 것과 같은 정보를 회복하는 과정이 계속 일어나는 것을 보면, 정보와 물질의 분리 가능성을 자각하게 된다. 생물학에서 유전자와 유전자형과 유전자 풀 같은 것에 대해 이야기할 때, 그것은 정보에 관한 것이지 물리적인 객관적 실재에 관한 이야기가 아니다"(43).
58. Paul Davies, "How We Could Create Life: The Key to Existence Will Be Found Not in Primordial Sludge, but in the Nanotechnology of the Living Cell," *The Guardian*, December 11, 2002, 강조 추가.
59. Dean Kenyon과 Charles Thaxton은 모두 Wilder-Smith의 저술에 영향을 받았다. 한편 Thaxton은 Steve Meyer, Bill Demski, Paul Nelson 같은 젊은 학자들을 격려했다. 다음 책들을 참조하라. A. E. Wilder-Smith, *The Creation of Life: A Cybernetic Approach to Evolution* (Costa Mesa, Calif.: The Word for Today, 1970); *Man's Origin, Man's Destiny: A Critical Survey of the Principles of Evolution and Christianity* (Minneapolis: Bethany, 1968); *The Natural Sciences Know Nothing of Evolution* (Costa Mesa, Calif.: The Word

for Today, 1981); *The Scientific Alternative to Neo-Darwinian Evolutionary Theory: Information Sources and Structures* (Costa Mesa, Calif.: The Word For Today, 1987).

60. *The Blind Watchmaker*에서 Richard Dawkins는 독자적으로 지정된 혹은 "사전에 지정된" 복잡성 체계에 대해 언급한다(7-8). *The Fifth Miracle* (New York: Simon and Schuster, 1999)에서, Paul Davies는 생명이 신비로운 것은 그 복잡성 자체 때문이 아니라 "치밀하게 지정된 복잡성" 때문이라고 주장한다 (112). 지정된 복잡성이란 개념을 쉽게 설명한 글로는 내가 쓴 *Soul of Science* 10장을 보라.

61. 지정된 복잡성이란 용어가 처음 사용된 곳은 Leslie Orgel이 1973년에 쓴 *The Origins of Life* (New York: John Wiley)였다. 이 개념은 Thaxton, Bradley, Olsen이 함께 저술한 *The Mystery of Life's Origin*에서 더욱 세밀하게 개발되었다. Thaxton은 또한 1988년에 워싱턴 주 타코마에서 "Information Content of DNA"라는 제목의 역사적인 학회를 개최했다. 보다 최근의 논의를 보려면 다음 자료를 참고하라. Walter Bradley and Charles Thaxton, "Information and the Origin of Life," in *The Creation Hypothesis: Scientific Evidence for an Intelligent Designer*, ed. J. P. Moreland (Downers Grove, Ill.: InterVarsity: 1994); Stephen Meyer, "DNA and Other Designs," First Things 102 (April 2000): 30-38; at http://www.firstthings.com/ftissues/ft0004/articles/meyer.html; and Stephen Meyer, "DNA and the Origins of Life: Information, Specification, and Explanation," in *Darwinism, Design, and Public Education*, ed. John Angus Campbell and Stephen C. Meyer (Lansing: Michigan State University Press, 2003).

62. Pearcey, "Molecule Is the Message."

63. Daniel Dennett, *Darwin's Dangerous Idea* (New York: Simon & Schuster, 1995), 50.

64. Darwin, ed., *Life and Letters of Charles Darwin*, vol. 2, 6-7, 28. 보다 자세한 논의는 다음을 보라. Nancy Pearcey, "You Guys Lost: Is Design a Closed Issue?" in *Mere Creation*, 73-92.

65. Douglas Futuyma, *Evolutionary Biology*, 3rd ed. (Sunderland, Mass.: Sinauer, 1998), 5.

66. David L. Hull, *Darwin and His Critics: The Reception of Darwin's Theory of Evolution by the Scientific Community* (Cambridge, Mass.: Harvard University Press, 1973), 54. 수세기에 걸쳐 학자들은 진정한 과학의 자격을 명확

하게 규정하는 선을 긋고자 노력해 왔다. 검증 가능성(그리고 반증 가능성)을 시험할 수 있는 다양한 테스트도 제안되었다. 그러나 어떤 표준이 설정될 때마다 그것을 무너뜨리는 과학이론이 발견되었다. 이를 "경계선의 문제"라 부른다. 오늘날의 여론은 과학적 지위를 부여할지 말지 그 자격 여부를 미리 정할 수 있는 방법이 아예 존재하지 않는다는 것이다. 유일한 수단은 각 이론을 시험하여 그것이 수집된 자료를 얼마나 잘 설명하는지를 보는 것이다. 다음을 보라. Stephen Meyer, "The Methodological Equivalence of Design and Descent: Can There Be a Scientific 'Theory of Creation'?" in *The Creation Hypothesis*; Stephen Meyer, "The Demarcation of Science and Religion," in *The History of Science and Religion in the Western Tradition: An Encyclopedia* (New York: Garland, 2000).

67. 설계론자들은 사실 모든 사건을 창조주의 직접적인 행동으로 돌리지는 않는데, 마치 그렇게 하는 것처럼 때로 비난을 받는다. 그들은 우연과 법칙이 우주의 역사를 가로질러 작동하는 것을 인정하는데, 이를 초기 과학자들은 "부차적 원인"이라고 불렀다. 설계론자들은 다만 추가적인 원인, 곧 "일차적 원인"이 과학 내에서 용인될 만한 범주로 포함되기를 바라는 것이다. Dembski가 말하듯이, "이제까지 시험을 거친 모든 참된 과학의 도구들은 그대로 남을 것이며, 다만 설계가 과학자의 설명의 도구상자에 새로운 연장으로 더해질 것이다"("Science and Design," *First Things*, 86 [October 1998]: 21-27).

68. Phillip E. Johnson, *The Right Questions: Truth, Meaning, and Public Debate* (Downers Grove, Ill.: InterVarsity Press, 2002), 18.

69. 그 집은 Haack 부부가 운영했는데, 내가 어린 신자였을 때 그들은 나의 멋진 친구가 되어 두 번에 걸쳐 여름 내내 거기에 머물도록 허락해 주었다. 훗날 그 부부는 기독학생회(IVF) 간사가 되었고 나중에 미네소타 주 로체스터에서 "쉐퍼 스타일 사역"인 Ransom Fellowship을 창립했다. 또한 "그리스도인이 분별의 기술을 개발하도록 돕기 위해" *Critique*이라는 월간지를 출간했다.

70. Phillip E. Johnson, *The Wedge of Truth: Splitting the Foundations of Naturalism* (Downers Grove, Ill.: InterVarsity Press, 2000), 166.

71. Nancey Murphy, "Phillip Johnson on Trial: A Critique of His Critique of Darwin," *Perspectives on Science and Christian Faith* 45, no. 1 (1993): 33. 다음에 실린 Johnson의 응답도 보라. *Reason in the Balance* (97-101). 방법론적 자연주의를 형이상학적 자연주의로부터 분리하는 전술은 궁극적으로 정합성이 결여된 것이다. 방법론적 자연주의가 건실한 것으로 생각되는 이유는, 바로 그

것이 실재를 반영한다고 여겨지기 때문이다.
72. Ellen T. Charry, *By the Renewing of Your Minds: The Pastoral Function of Christian Doctrine* (New York: Oxford University Press, 1977), 6.
73. John Maddox, "Churchman Preaching to the Unconvertible," review of *God Outside the Box: Why Spiritual People Object to Christianity*, by Richard Harries, *The Times Higher Education Supplement*, February 7, 2003.
74. Francis Schaeffer, *Death in the City*, in *The Complete Works of Francis A. Schaeffer*, vol. 4 (Wheaton, Ill.: Crossway, 1982), 288-299. (「도시의 죽음」 생명의 말씀사)

7장 다윈주의의 보편화 현상_오늘은 생물학, 내일은 세계

1. Robert Wright, *The Moral Animal: Why We Are the Way We Are* (New York: Vintage, 1994), 325. (「도덕적 동물」 사이언스북스)
2. 필자가 John Calvert와 나눈 대화에서. Calvert는 여러 맥락에서 이와 비슷한 진술을 했는데, 그 가운데 대부분을 다음 웹사이트에서 구할 수 있다. http://www.intelligentdesignnetwork.org.
3. Nancy Pearcey, "Design and the Discriminating Public: Gaining a Hearing from Ordinary People" (Touchstone, July/August, 1999); reprinted in *Signs of Intelligence: Understanding Intelligent Design*, ed. William A. Dembski and James M. Kushiner (Grand Rapids, Mich.: Baker, 2001). 7장과 8장에 나오는 여러 주제를 간략하게 다룬 글로는 다음을 참조하라. Nancy Pearcey, "Darwin Meets the Berenstain Bears: How Evolution Changed American Thought," Veritas Forum at Ohio State University, November 6, 2002. 이 글을 개정 확대한 것은 다음과 같다. Nancy Pearcey, "Darwin Meets the Berenstain Bears: The Cultural Impact of Evolution," in *Uncommon Dissent: Intellectuals Who Find Darwinism Unconvincing*, ed. William A. Dembski (Wilmington, Del.: Intercollegiate Studies Institute, 2004).
4. Francis Schaeffer, *A Christian Manifesto*, in *The Complete Works of Francis A. Schaeffer*, vol. 5 (Wheaton, Ill.: Crossway, 1982), 423.
5. Richard Dawkins, *The Selfish Gene* (New York: Oxford University Press,

1976); Robert Wright, *The Moral Animal: Evolutionary Psychology in Everyday Life* (New York: Vintage, 1994); Leonard D. Katz, ed., *Evolutionary Origins of Morality* (New York: Norton, 1998). (「이기적 유전자」을유문화사)

6. E. O. Wilson and Michael Ruse, "The Evolution of Ethics," in *Religion and the Natural Sciences: The Range of Engagement*, ed. J. E. Hutchingson (Orlando: Harcourt & Brace, 1991), 310; E. O. Wilson and Michael Ruse, "Moral Philosophy as an Applied Science," *Philosophy* 61 (1986): 179.
7. Richard Wrangham and Dale Peterson, *Demonic Males: Apes and the Origins of Human Violence* (New York: Houghton Mifflin, 1996).
8. Scott Atran, *In Gods We Trust: The Evolutionary Landscape of Religion* (New York: Oxford University Press, 2002); and Pascal Boyer, *Religion Explained: The Evolutionary Origins of Religious Thought* (New York: Basic Books, 2001).
9. Paul H. Rubin, *Darwinian Politics: The Evolutionary Origin of Freedom* (New Brunswick, N.J.: Rutgers University Press, 2002); Arthur E. Gandolfi, Anna S. Gandolfi, and David P. Barash, *Economics as an Evolutionary Science: From Utility to Fitness* (New Brunswick, N.J.: Transaction, 2002); John H. Beckstrom, *Evolutionary Jurisprudence: Prospects and Limitations on the Use of Modern Darwinism Throughout the Legal Process* (Champaign, Ill.: University of Illinois Press, 1989); 보다 최근에 나온 책은 다음과 같다. Suri Ratnapala and Jason Soon, *Evolutionary Jurisprudence* (Aldershot, Hampshire, UK: Ashgate, 2003); Margaret Gruter and Paul Bohannan, eds., Law, *Biology, and Culture: The Evolution of Law* (Portola Valley, Calif.: Ross Erikson, 1983).
10. Dean Keith Simonton, *Origins of Genius: Darwinian Perspectives on Creativity* (New York: Oxford University Press, 1999); Joseph Carroll, *Evolution and Literary Theory* (Columbia: University of Missouri Press, 1994). 또한 다음을 보라. Robert Storey, *Mimesis and the Human Animal: On the Biogenetic Foundations of Literary Representation* (Evanston, Ill.: Northwestern University Press, 1996).
11. Wenda Trevathan, James J. McKenna, and Euclid O. Smith, eds., *Evolutionary Medicine* (New York: Oxford University Press, 1999);

Randolph M. Nesse and George C. Williams, *Why We Get Sick: The New Science of Darwinian Medicine* (New York: Vintage, 1996); Anthony Stevens and John Price, *Darwinian Psychiatry* (New York: Routledge, 2000); Paul Gilbert and Kent G. Bailey, eds., *Genes on the Couch: Explorations in Evolutionary Psychology* (London: Brunner-Routledge, 2000).

12. Kingsley Browne, *Divided Labours: An Evolutionary View of Women at Work* (New Haven, Conn.: Yale University Press, 1999); Martin Daly and Margo Wilson, *The Truth About Cinderella: A Darwinian View of Parental Love* (New Haven, Conn.: Yale University Press, 1999); Nigel Nicholson, *Executive Instinct: Managing the Human Animal in the Information Age* (New York: Crown, 2000).

13. David M. Buss, *Evolution of Desire: Strategies of Human Mating* (New York: Basic Books, 1995); Malcolm Potts and Roger Short, *Ever Since Adam and Eve: The Evolution of Human Sexuality* (New York: Cambridge University Press, 1999).

14. Geoffrey Miller, *The Mating Mind: How Sexual Choice Shaped the Evolution of Human Nature* (New York: Doubleday, 2000). (「메이팅 마인드: 섹스는 어떻게 인간 본성을 만들었는가?」 소소)

15. Natalie Angier, "Of Altruism, Heroism and Nature's Gifts in the Face of Terror," *New York Times*, September 18, 2001.

16. 다음 글에 인용. Hillary Rose and Steven Rose, ed., *Alas, Poor Darwin: Arguments Against Evolutionary Psychology* (London: Jonathan Cape, 2000), 249.

17. Nancy Pearcey, "Real Heroism," Salem radio editorial. 많은 생물학자가 "설명이 가장 필요한 인간 행위의 도덕적·희생적 측면은 생물학적 인과관계로는 도저히 이해될 수 없음을 시인하고 있다"(252).

18. Stephen Jay Gould가 이 문구를 창안한 것 같다. Gould, "More Things in Heaven and Earth," in *Alas, Poor Darwin; Arguments Against Evolutionary Psychology*, ed. Hilary Rose and Steven Rose (London: Jonathan Cape, 2000), 94.

19. H. Allen Orr, "Dennett's Strange Idea: Natural Selection: Science of Everything, Universal Acid, Cure for the Common Cold...," in the *Boston*

Review, Summer 1996, at http://bostonreview.mit.edu/br21.3/Orr.html.
20. Randy Thornhill and Craig Palmer, "Why Men Rape," *The Sciences* (January/February 2000): 20-28; 또한 다음을 보라. *The Natural History of Rape: Biological Bases of Sexual Coercion* (Cambridge, Mass.: MIT Press, 2000). 이와 동일한 주제가 Steven Pinker의 최근 저서 *The Blank Slate: The Modern Denial of Human Nature* (New York: Viking, 2002)에서도 다뤄지고 있다. 그는 강간에 대해 "공동체에서 소외되고 여성의 동의를 얻을 능력이 없는" 낮은 지위의 남성이 추구하는 적응 전략일 가능성이 높다고 쓰고 있다(364). 그래서 그런 남성으로 하여금 강간을 하기 쉽게 만드는 유전자가 널리 퍼질 것이다.
21. Nancy Pearcey, "Darwin's Dirty Secret," *World*, March 13, 2000.
22. Randy Thornhill, "Controversial New Theory of Rape in Terms of Evolution and Nature," National Public Radio, January 26, 2000, 강조 추가.
23. Jerry Coyne and Andrew Berry, "Rape as an Adaptation," *Nature* 404 (March 9, 2000): 121-122.
24. Tom Bethell, "Against Sociobiology," *First Things* 109 (January 2001): 18-24.
25. Steven Pinker, "Why They Kill Their Newborns," *The New York Times*, November 2, 1997.
26. 이 「뉴스위크」 기사는 인디애나 주에서 유명한 유아 살해 사건("Baby Doe")이 일어난 지 불과 수개월 뒤에 실렸다. 다음을 보라. Nancy Pearcey, "Evolution and Murder," editorial, *Bible-Science Newsletter*, December 1982. 이 주제에 대해 더 길게 다룬 글로는 다음을 보라. Nancy Pearcey, "Why People Kill Babies: Are Scientists Becoming Apologists for a New Ethic?" *Bible-Science Newsletter*, August 1986.
27. H. Allen Orr, "Darwinian Storytelling," *The New York Review of Books*, February 27, 2003. Orr는 뉴욕 타임스에 실린 Pinker의 기사를 "위험천만하게도 패러디에 가까운, 근거 자료가 거의 없는 설명"이라고 묘사한다.
28. 다음 글에 인용. Ben Wiker, "Darwin and the Descent of Morality," *First Things* 117 (November 2001): 10-13; chapter 4 of Darwin's Descent of Man. 다음 웹사이트에서 볼 수 있다. http://www.literature.org/authors/darwin-charles/the-descent-of-man/chapter-04.html.
29. Provine의 논증은 "Darwinism: Science or Naturalistic Philosophy"라는 비디오에서 들을 수 있는데, 이는 1994년 4월 30일에 스탠포드 대학에서 필립 존슨과 벌인 논쟁이다. 그 녹취록은 다음 웹사이트에서 구할 수 있다. http://www.arn.

org/docs/orpages/or161/161main.htm.
30. Peter Singer, "Heavy Petting," review of *Dearest Pet: On Bestiality*, by Midas Dekkers, at http://www.nerve.com/Opinions/Singer/heavyPetting/main.asp.
31. 이 연극은 퓰리처 상을 받은 바 있는 Edward Albee가 만든 것으로, 최고의 신작에게 주는 상을 네 개나 받았다 (Tony, New York Drama Critics Circle, Drama Desk, and Outer Critics Circle).
32. Nancy Pearcey, "The Birds and the Bees: Pop Culture's Evolutionary Message," *World*, April 22, 2000.
33. Kinsey의 사상에 대한 논의로는 다음을 보라. Nancy Pearcey, "Creating the 'New Man': The Hidden Agenda in Sex Education," *Bible-Science Newsletter*, May 1990. 보다 최근의 글로는 *How Now?* 25장을 보라.
34. 예를 들어, 유전학자 Theodosius Dobzhansky는, 문화의 유전적 근거를 마련하는 면에서 "생물학적 진화는" 인간 진화에서의 일차적 역할을 비생물학적인 그 무엇에 넘겨줌으로써 "스스로를 뛰어넘고 말았다"고 썼다 (*Mankind Evolving: The Evolution of the Human Species* [New Haven, Conn.: Yale University Press, 1962], 20).
35. 다음 글에 인용. Nancy Pearcey, "Singer in the Rain," *First Things* 106 (October 2000): 57-63.
36. Peter Singer, *A Darwinian Left: Politics, Evolution, and Cooperation* (New Haven, Conn.: Yale University Press, 2000), 6.
37. Robin Dunbar, Chris Knight, and Camilla Power, eds., *The Evolution of Culture: An Interdisciplinary View* (New Brunswick, N.J.: Rutgers University Press, 1999); and Robert Aunger, ed., *Darwinizing Culture* (Oxford and New York: Oxford University Press, 2001).
38. Howard Kaye, *The Social Meaning of Modern Biology: From Darwinism to Sociobiology* (1986; reprint, New Brunswick, N.J.: Transaction, 1997). 이 책에 대한 나의 서평도 보라. *First Things* 83 (May 1998): 59-62.
39. Mary Midgely, "Why Memes?" in *Alas, Poor Darwin*, 72-73.
40. Robert Wright, *The Moral Animal: Why We Are the Way We Are* (New York: Vintage, 1994), 336, 351, 324-325, 350, 355, 325.
41. 같은 책, 376, 336 이하.
42. Dawkins, *Selfish Gene*, 215.

43. Steven Pinker, *How the Mind Works* (New York: Norton, 1997), 52.
44. Richard Dawkins, "The Evolution of Bill Clinton: Sex and Power," *The Observer* (London), Sunday, March 22, 1998.
45. Francis Schaeffer, *The God Who Is There*, in *Complete Works*, vol. 1, 69, 133.
46. Singer, *Darwinian Left*, 62. 그의 글에 대한 내 비평을 보라. "Singer in the Rain."
47. Singer, *Darwinian Left*, 63. 마지막 문장에서 그는 Richard Dawkins를 인용한다.
48. 같은 책.
49. C. S. Lewis, *God in the Dock: Essays on Theology and Ethics*, ed. Walter Hooper (Grand Rapids, Mich.: Eerdmans, 1970), part 1, chapter 12.
50. Ernst Mayr, "Evolution and God," *Nature* 248 (March 22, 1974): 285, 강조 추가.
51. Richard Dawkins, *A Devil's Chaplain*, ed. Latha Menon (London: Weidenfeld & Nicolson, 2003). 또한 다음을 보라. Richard Dawkins, "Viruses of the Mind," *Free Inquiry* 13 no. 3 (Summer 1993): 34-41.
52. Leo Strauss, *Natural Right and History* (Chicago: University of Chicago Press, 1950, 1953), 7-8. 또한 다음을 보라. 166.
53. Dean E. Murphy, "Scout Not Prepared for Group's Ultimatum: Get Right with God," *The New York Times*, November 9, 2002.
54. Michael Shermer, *How We Believe: The Search for God in an Age of Science* (New York: W. H. Freeman, 2000), 2-3.
55. Michael Shermer, "How We Believe: The Search for God in an Age of Science," Michael Shermer's E-Skeptic of October 2, 1999, Skeptics Society, Altadena, Calif., at http://www.e-skeptic.de/021099.htm.
56. E. O. Wilson, "Toward a Humanistic Biology," *The Humanist* 42 (September/October 1982): 40.
57. E. O. Wilson, *Consilience: The Unity of Knowledge* (New York: Knopf, 1998), 4. (「통섭」 사이언스북스)
58. E. O. Wilson, Naturalist (Washington, D.C.: Island, 1994), 45. Wilson이 진화 자체를 하나의 종교로 바꾼 경위에 대한 보다 자세한 설명은 *How Now?* 27장을 보라.

59. Abraham Kuyper, *Lectures on Calvinism* (Grand Rapids, Mich.: Eerdmans, 1931), 11. (「칼빈주의 강연」 크리스챤 다이제스트)
60. 필자가 Bill Overn(나중에 Bible-Science Association의 회장이 된 인물)과 나눈 대화에서. 빌이 미네소타 주립대학의 학생이던 시절, 하루는 강의시간에 늦을까봐 차를 얻어 타려고 엄지손가락을 치켜세웠다. 자동차 한 대가 정거해서 그를 태워주었는데, 그 사람은 대학원에서 수력공학을 전공하는 Henry Morris라는 매력적인 청년이었다. Morris는 나중에 Institute for Creation Research의 창립자가 되었는데, 당시에 이미 성경의 과학적 신빙성을 변호하는 책을 한 권 쓴 상황이었다. 빌이 차에서 내릴 즈음에는 이미 그 대의에 상당히 흥미를 가진 상태였고 그 이후로 창조를 지지하는 과학적 입장을 지칠 줄 모르고 개진해 왔다.

8장 철학적 다윈주의

1. Robert Frost, "Accidentally on Purpose," in *Robert Frost; Collected Poems, Prose and Plays* (New York: Library of America, 1995), 438.
2. 이 이야기는 본래 다음 책에 나온 것이다. E. Yaroslavsky, *Landmarks in the Life of Stalin* (Moscow: Foreign Languages Publishing House, 1940), 8-9.
3. Stow Persons, ed., *Evolutionary Thought in America* (New York: George Braziller, 1956).
4. John Dewey는 심리학자 G. Stanley Hall의 영향을 크게 받았는데, Hall은 자신이 "철학적 다윈"이란 별명을 얻은 것을 자랑스럽게 생각했다. 그것을 약간 바꾸어 이 장의 제목으로 붙인 것이다. 진화가 사회과학에 미친 영향을 일반적인 수준에서 논의한 글로는 다음을 보라. Nancy Pearcey, "Where Is Evolution Taking Us? Sociology and the New World Order," *Bible-Science Newsletter*, February 1988.
5. Paul Conkin, *When All the Gods Trembled: Darwinism, Scopes, and American Intellectuals* (Lanham, Md.: Rowman & Littlefield, 1998), 특히 39-40, 143-144을 보라. Conkin은 다음 책에서 훨씬 상세하게 설명한다. *Puritans and Pragmatists: Eight Eminent American Thinkers* (Bloomington: Indiana University Press, 1976).
6. Albert W. Alschuler, *Law Without Values: The Life, Work, and Legacy of Justice Holmes* (Chicago: University of Chicago Press, 2000), 41.
7. 홈즈는 몇 년이 지난 후 노트에 자기 생각을 기록했다. 다음 글에 인용. Louis

Menand, *The Metaphysical Club: A Story of Ideas in America* (New York: Farrar, Straus, & Giroux, 2001), 37.
8. Menand, *Metaphysical Club*, 4.
9. Oliver Wendell Holmes Jr., "Law in Science and Science in Law," *Harvard Law Review* 12:443 (1899), in *The Essential Holmes*, edited with an introduction by Richard A. Posner (Chicago: University of Chicago Press, 1996), 188-190. 또한 다음을 보라. E. Donald Elliott, "The Evolutionary Tradition in Jurisprudence," *Columbia Law Review* 85, no. 38 (1985): 52-53. 이 글은 공공연한 은유를 통해 진화를 끌어들이는 법이론들을 잘 개관하고 있다.
10. Conkin, *When All the Gods Trembled*, 42.
11. John Dewey, "The Influence of Darwin on Philosophy," in *The Influence of Darwin on Philosophy and Other Essays in Contemporary Thought* (New York: Henry Holt, 1910), 9.
12. Menand, *Metaphysical Club*, 361.
13. 같은 책, 357-358, 369.
14. 같은 책, 355, 358.
15. James Miller, "Holmes, Peirce, and Legal Pragmatism," *Yale Law Journal* 84 (1975): 1123, 1132.
16. Christopher Kaiser의 설명처럼, 근대 초기의 과학자들이 자연세계를 이해 가능한 것으로 여긴 이유는 "거기에 질서를 부여한 로고스가 인간의 이성에도 반영되어 있기" 때문이다 (*Creation and the History of Science* [Grand Rapids, Mich.: Eerdmans, 1991], 10). 이와 마찬가지로, 역사가 Richard Cohen은 과학 발흥의 필수요건이 "만물의 이성적 창조자"에 대한 믿음과 그에 따른 추론, 곧 "그보다 덜 이성적인 우리가, 하나님을 닮은 그 합리성으로 말미암아 자연법칙들을 해독할 수 있으리라"는 생각이었다고 말한다 ("Alternative Interpretations of the History of Science," in *The Validation of Scientific Theories*, ed. Philip Frank [Boston: Beacon, 1956], 227). 하나님의 형상이라는 관념이 그리스도인이 아닌 사상가들 사이에서도 계속 견지된(이를테면, 하나님이 절대자로 대치된 경우-) 경위에 대해서는 다음을 보라. Edward Craig, *The Image of God and the Works of Man* (Oxford: Clarendon, 1987).
17. 다음 글에 인용. Menand, *Metaphysical Club*, 353.
18. 같은 책, 355-356에 인용. 다른 곳에서는 이렇게 썼다. "만일 신학적 관념이 구체적인 삶을 위해 가치 있는 것으로 증명된다면, 실용주의로서는 선한 만큼 참된 것

이라고 할 수밖에 없다" ("What Pragmatism Means," in *Pragmatism: A New Name for Old Ways of Thinking* [New York: Longman, Green, 1907]). 또한 다음을 보라. William James, Varieties of Religious Experience (New York: Touchstone, 1997).

19. Paul F. Boller, Jr., *American Thought in Transition: The Impact of Evolutionary Naturalism*, 1865-1900 (Chicago: Rand McNally, 1969), 142, 강조는 본래 필자의 것.

20. Bertrand Russell, *A History of Western Philosophy* (Forage Village, Mass.: Simon & Schuster, 1945), 818.

21. Jon Roberts and James Turner, *The Sacred and the Secular University* (Princeton, N.J.: Princeton University Press, 2000). 이 책의 1부는 과학을, 2부는 인문학을 다루고 있다.

22. Conkin이 설명하듯, 진리에 대한 두 영역 이론은 인간의 인격 자체를 분열시키는 것처럼 보인다. 하층부는 경험적으로 검증 가능한 사실들은 추켜세웠으나, 결정론을 초래하여 "인간 이상의 타당성과 가치 및 목적의식"을 부정하게 했다. 다른 한편, 상층부는 도덕적·영적 이상의 실재는 긍정했으나, "논리[와] 사실을 희생시켜" 그렇게 했다. 그래서 오직 과학적 사실만을 고려하는 자연주의를 택하든지, 아니면 거창한 목적과 정의를 간판으로 하는 경박한 관념론을 택해야만 할 것처럼 보인다 (*Puritans and Pragmatists*, 275).

23. Morton White, *Science and Sentiment in America: Philosophical Thought from Jonathan Edwards to John Dewey* (New York: Oxford University Press, 1972). 화이트는 심지어 책의 한 장에 "John Dewey: Rebel Against Dualism" (11장)이라는 제목을 붙이고 있다.

24. James Kloppenberg, *Uncertain Victory: Social Democracy and Progressivism in European and American Thought, 1870-1920* (Oxford: Oxford University Press, 1986), 26. 듀이는 William James의 사상을 묘사할 때 구체적으로 "중간 매체"라는 표현을 사용했으나, Kloppenberg는 그것을 모든 실용주의자뿐 아니라 경쟁관계에 있는 경험론과 관념론의 전통을 서로 화해시키려는 다른 이들을 위한 윤활유로 사용한다.

25. Kloppenberg는 James가 19세기에 있었던 자연주의와 관념론 사이의 "철학적 마찰"을 "격렬한 개인적 고통으로" 체험했다고 말한다 (*Uncertain Victory*, 37).

26. Conkin은 제임스가 "과학을 미국에서 후원받고 대중화된 새로운 교회, 곧 자자한 명성과 제국주의적 주장과 참을 수 없을 만큼 지적인 자만으로 가득 찬 교회로 보

왔다"고 말한다 (*Puritans and Pragmatists*, 276-277).
27. Henry Steele Commager는 진리를 두 영역으로 분리하는 것이 사람들에게 양자택일을 강요하는 것과 같다고 말한다. 그것은 곧 "과학의 이름으로 이상주의와 신비주의를 내쫓은 잔인하고 딱딱한 철학"(하층부)과 "이상주의와 신비주의의 이름으로 과학을 내쫓은 부드러운 철학"(상층부) 사이의 선택을 일컫는다 (*The American Mind: An Interpretation of American Thought and Character Since the 1880s* [New Haven, Conn.: Yale University Press, 1950], 93).
28. William James, "The Present Dilemma in Philosophy," in *Pragmatism* (New York: Longman, Green, 1907), at http://www.4literature.net/William_James/Pragmatism. Conkin은 "실용주의의 고상한 목표는, 제임스 자신의 말에 따르면, 사실과 가치, 과학과 종교를 서로 이어주는 것이다"(*Puritans and Pragmatists*, 324).
29. Bruce Kuklick, *Churchmen and Philosophers: From Jonathan Edwards to John Dewey* (New Haven, Conn.: Yale University Press, 1985), 223.
30. 사실은 이것이 William James가 진화에서 취한 중심 개념이었다. "외부세계와 인간 속에 내재하는 개체의 자발성이라는, 파악하기 어려우면서도 진정한 특성은, 제임스의 진화관으로 보면, '약진적인' 돌연변이, 곧 본래의 자발적이고 환원불가능한 경험의 단계들로 표출된다" (Philip P. Wiener, *Evolution and the Founders of Pragmatism* [Gloucester, Mass.: Peter Smith, 1969; orig., Cambridge, Mass.: Harvard University Press, 1949], 101). Peirce는 자연법칙들조차 우연에 의해 진화되었다고 생각했으며, 이는 다윈에서 유래한 견해라고 그는 말했다. "나의 견해는 다윈주의를 분석하고 일반화시켜 존재론의 영역에 끌어온 것일 뿐이다" (다음 글에 인용. Menand, *Metaphysical Club*, 277).
31. James Ward Smith, "Religion and Science in American Philosophy," in *The Shaping of American Religion*, ed. James Ward Smith and A. Leland Jamison (Princeton, N.J.: Princeton University Press, 1961), 421 및 여러 곳. 스미스는 이런 경향을 지지하면서, 진화에 대한 다른 모든 반응을 "피상적"이라고 비웃는다. 동일한 책에 실린 다음 글도 보라. Stow Persons, "Religion and Modernity, 1865-1914," in the same volume.
32. Wiener, *Evolution and the Founders of Pragmatism*, chapter 4. 윌리엄 제임스도 전능하지도 전지하지도 않은 유한한 신을 가르쳤다. "그의 유한성은 악과 예지의 문제를 모두 피해 갔다"고 Conkin은 말한다 (*Puritans and Pragmatists*, 339). 말년에 제임스는, 하나님이 모든 개별 의식을 한데 모으고 꿰는 우주의 의

식이라고 보게 되었다.

33. "Hartshorne은 나중에 퍼스와 화이트헤드가 자기에게 가장 많은 영향을 끼친 두 철학자라고 주장했다" (G. Douglas Browning, Robert Kane, Donald Viney, Stephen Phillips, "Hartshorne Tribute," *Proceedings and Addresses of the American Philosophical Association* [May 2001], at http://www.hyattcarter.com/hartshorne_tribute.htm. 또한 다음을 보라. John B. Cobb, "Charles Hartshorne: The Einstein of Religious Thought, 1897-2000," Courtesy of the Center for Process Studies, Claremont, Calif., at http://www.ctr4process.org).

34. 부록 2를 보면 이것이 신플라톤주의의 한 형태임을 알 수 있을 것이다. 즉 세계를 하나님의 본질에서 방출된 것으로 보는 견해다.

35. Boller, "William James and the Open Universe," in *American Thought in Transition*, especially 134-138. 다음 글도 보라. Allen C. Guelzo, "The Return of the Will," in *Edwards in Our Time: Jonathan Edwards and the Shaping of American Religion*, ed. Sang Hyun Lee and Allen C. Guelzo (Grand Rapids, Mich.: Eerdmans, 1999), 100-102. 열린 유신론의 옹호자 중 일부는 퍼스와 화이트헤드의 영향을 인정하지만, 다른 이들은 하나님이 정말 영원하고 불변하며 고통을 느끼지 않는 분이라면 어떻게 한시적이고 변천하는 세상과 상호작용할 수 있는지(이를테면, 기도 응답과 같은 것)를 설명해 보려는 것일 뿐이라고 주장한다. 철학자 John Passmore(스스로 그리스도인이라고 고백하지 않는)는 신적인 완전성에 관한 많은 개념들이 헬라철학에서 연유했고 성경적 신학과 양립할 수 없음을 보여준다 (*The Perfectibility of Man*, 3rd ed. [Indianapolis: Liberty Fund, 2000; orig., New York: Scribner's, 1970]).

36. 그리스도인 사상가들이 직면하는 근본적인 문제는 역사주의적 의식(historical consciousness)의 발흥이다. 중세에는 교회가 본질적으로 정체적 혹은 순환적 세계관을 개발했다. 그 결과, 르네상스 시기에 시작해 낭만주의 운동에서 꽃을 피운, 역사 발전에 대한 새로운 의식에 제대로 반응하기가 어려웠다. Nancy Pearcey, "Recent Developments in the History of Science and Christianity" and "Reply," *Pro Rege* 30, no. 4 (June 2002), 22.

19세기 말에 일어나 신앙에 가장 큰 도전을 제기한 것은 독일의 고등비평과 다윈주의였다. 둘 다 새로운 역사주의적 심성을 대표하는 것이었다. 전자는 신학에서, 후자는 과학의 영역에서 그러했다. 고등비평은 기독교 자체를 종교적 관념과 관습의 진화의 산물로 설명해야 한다고 주장했다. 그것은 성경을 신적 계시가 아나라 인간 문화 내부의 신 개념이 진화하여 표출된 것에 불과하다고 보았다. 이런 식으로 진화의 도식을 성경에 부과해, 애니미즘에서 토테미즘으로, 그리고 다신론을 거쳐 결국 일신론으로 나아갔다고 본 것이다. 성경의 기사 가운데 이 도식에 맞지 않는 대목에 대해서는 믿을 수 없다거나 오류가 개입되었다고 치부해 버렸다. Nancy Pearcey, "Interpreting Genesis: A Reply to the Critics," *Bible-Science Newsletter*, August 1984; Nancy Pearcey, "Real People in a Real World: The Lessons of Archaeology," *Bible-Science Newsletter*, June 1985.

역사주의 문제점은, 다른 모든 "주의들"과 마찬가지로, 창조된 세계의 한 측면을 선택해서 모든 실재를 설명하는 단 하나의 통일된 해석의 원리로 격상시킨다는 점이다. 헤르만 도예베르트가 말하듯이 역사주의는 창조된 실재의 역사적 측면을 "절대시한다". (하나님이 절대적 실재로서 인정되지 않을 때마다, 창조세계의 일부가 절대자로 격상될 것이고 다른 모든 것은 그 하위 범주로 축소될 것이다.) 도예베르트는 또한 역사를 창조에 내장된 잠재성의 "표출"로 보는 기독교적 개념화 작업을 시도했다. 도예베르트 철학에 대한 쉬운 입문서로는 다음을 보라. L. Kalsbeek, *Contours of a Christian Philosophy*, ed. Bernard and Josina Zylstra (Toronto: Wedge, 1975), 111-113. 또한 다음을 보라. C. T. McIntire, "Dooyeweerd's Philosophy of History," in *The Legacy of Herman Dooyeweerd* (Lanham, Md.: University Press of America, 1985).

37. 실용주의자들은 법이란 "생존투쟁에서 서로 상충되는 욕망을 조정하기 위한 인간적 수단"에 불과하다는 다윈주의의 관념을 채택했다 (Wiener, *Evolution and the Founders of Pragmatism*, 153). 진화가 법철학에 끼친 영향을 더 보려면 다음을 참조하라. Nancy Pearcey, "Law and Democracy: Creation-A Complete Worldview," *Bible-Science Newsletter*, October 1983.

38. 법적 실용주의의 철학적 배경에 관해서는 다음 글을 보라. Nancy R. Pearcey, "Darwin's New Bulldogs," *Regent University Law Review* 13, no. 2 (2000-2001): 483-511. 이를 개작한 글은 다음과 같다. "Why Judges Make Law: The Roots and Remedies of Judicial Imperialism," *Human Events*, December 1, 2000, at http://arn.org/pearcey/nphome.htm.

39. Holmes, "Law in Science," 191.

40. 같은 책, 92.

41. Holmes, "The Path of the Law," *Essential Holmes*, 170.

42. Holmes, "Law in Science," *Essential Holmes*, 198. 홈즈는 법을 공부하는 목적이 "법원을 매개로 한 공적인 힘의 발생을 예측하는 것"에 불과하다고 말했다. 필

립 존슨은 홈즈에게 있어서 법은 "국가의 강압에 관한 과학"이라고 논평한다. 국가가 정책을 집행하려고 강제력을 어떻게 사용하는지를 공부하는 경험적 연구라는 것이다. (*Reason in the Balance: The Case Against Naturalism in Science, Law, and Education* [Downers Grove, Ill.: InterVarsity, 1995], 140). 그에 대한 비평은 다음을 보라. Nancy Pearcey, "Naturalism on Trial," *First Things* 60 (February 1996): 62-65.

43. 내가 이 장을 쓰면서 나는 「뉴욕 타임스」 기사 하나를 오려냈다. 뉴욕 주의 최고 재판소에서 열 아홉 명의 법학교수가 적요서를 제출했는데, 그 논점은 법이 무엇이라고 말하든지 상관없이 판사들이 최고형의 용납 여부를 자유로이 결정해야 한다는 내용이었다. 「뉴욕 타임스」는 이것을 "색다른 이론"이라고 부르는데, 사실 그것은 홈즈의 법적 실용주의를 적용한 것에 불과하다. "Law Professors Give State Court a Novel Theory on Executions," *New York Times*, May 6, 2002. 다음 논평도 보라. John Leo, "Stealth Strategy to Subvert Democracy," May 13, 2002, at http://www.townhall.com.columnists/johnleo/jl20020513.shtml.

44. 다윈주의는 우생학 운동을 촉진시킴으로써 낙태에 더 직접적인 영향을 미쳤다. Richard Weikart, "Progress Through Racial Extermination: Social Darwinism, Eugenics, and Pacifism in Germany, 1860-1918," *German Studies Review* 26 (2003): 273-294; and "Darwinism and Death: Devaluing Human Life in Germany, 1860-1920," *Journal of the History of Ideas* 63 (2002): 323-344. 또한 Weikart의 다음 신간을 보라. *From Darwin to Hitler: Evolutionary Ethics, Eugenics, and Devaluing Human Life in Germany* (New York: Palgrave Macmillan, 2004).

45. Kuklick, *Churchmen and Philosophers*, 230-231.

46. 다음 글에 인용. Menand, *Metaphysical Club*, 369. 다음 글도 보라. Kuklick, *Churchmen and Philosophers*, 232-235, 219, 243.

47. Kuklick, *Churchmen and Philosophers*, 241. Conkin은 "듀이는 삼십대까지 명목상 그리스도인이었다"고 말한다 (*Puritans and Pragmatists*, 346).

48. Conkin, *Puritans and Pragmatists*, 354. 듀이의 자연주의적 신앙은 엄청난 영향력이 있는 그의 교육철학에 스며들었다. 듀이의 다음 글을 보라. "Education as a Religion," *The New Republic*, August, 1922, 64ff.

49. 다음의 글을 보라. Nancy Pearcey, "The Evolving Child: John Dewey's Impact on Modern Education," parts 1 and 2, *Bible-Science Newsletter*, January and February 1991; and Nancy Pearcey, "What Is Evolution Doing

to Education?" *Bible-Science Newsletter*, January 1986. 보다 최근의 글로는 *How Now?* 34장을 보라.
50. Merrill Harmin, Howard Kirschenbaum, and Sidney Simon, *Clarifying Values Through Subject Matter: Applications for the Classroom* (Minneapolis: Hart, 1973), 31.
51. Thomas Lickona, *Educating for Character* (New York: Bantam, 1992), 237.
52. William Kilpatrick, *Why Johnny Can't Tell Right from Wrong: Moral Illiteracy and the Case for Character Education* (New York: Simon & Schuster, 1992), 93-94.
53. Catherine Fosnot, "Constructivism: A Psychological Theory of Learning," in *Constructivism: Theory, Perspectives, and Practice*, ed. Catherine Fosnot (New York: Teachers College Press, 1996), 8-33, 강조 추가.
54. J. F. Osborne, "Beyond Constructivism," *Science Education* 80 (1996): 63.
55. 다음 글에 인용. Allen Quist, *FedEd: The Federal Curriculum and How It's Enforced* (St. Paul, Minn.: Maple River Education Coalition, 2002), 118.
56. "교수 방법에 관한 교재들을 보면 구성주의가 곧 하나의 교수 방법론이라고 금방 결론을 내릴 수 있다"고 한 교육가가 쓰고 있다. 그러나 "이런 결론은 부정확하다. 구성주의는 하나의 인식론, 곧 지식의 본질에 관한 철학적 설명이다.…… 사실, 구성주의에 따르면, 자연법칙이란 존재하지 않는다. 모든 지식은 주관적이고 개인적이며, 우리 자신의 인지적 행위의 산물이기 때문이다"(Terry Simpson, "Dare I Oppose Constructivist Theory?" in *The Educational Forum* [Kappa Delta Pi] 66 [Summer 2002]: 347-354).
57. Ernst von Glasersfeld, "A Constructivist Approach to Teaching," in *Constructivism in Education*, ed. L. P. Steffe and J. Gale (Hillsdale, N.J.: Lawrence Erlbaum Associates, 1995), 3-15; 다음 웹사이트에서도 구할 수 있다. http://platon.ee.duth.gr/~soeist7t/Lessons/lesson7.htm.
58. 그 학교장은 브라질에서 왔는데, 이는 이런 급진적 인식론이 이미 산업화된 국가를 넘어 널리 보급되었음을 보여준다. 그리스도인 교사들은 종종 구성주의를 지극히 실제적인 의미로 해석한 나머지, 학생들에게 자기 나름의 해답을 적극적으로 찾도록 격려해야 한다거나 학생들의 실수를 제한된 목적을 위해(예를 들어, 틀렸다는 평가를 받을지 모르는 두려움에서 벗어나 창의적인 글을 쓰도록 격려하는 것) 잠시 무시해야 한다는 것으로 이해한다. 이런 것은 좋은 교사들이 특히 초등학교 저학년생을 대상으로 언제나 채택해 왔던 건전한 교육 습관이다. 하지만 그리

스도인 교사가 알아야 할 것은 구성주의의 세계관적 함의인데, 세속세계에서는 그것이 하나의 교육 방법에 불과하지 않고 진리를 사회적 구성물로 보는 관념에 기초한 상대주의적 인식론이라는 점이다.

구성주의에 대한 균형 잡힌 논의로는 다음을 보라. *Mathematics in a Postmodern Age: A Christian Perspective*, ed. Russell W. Howell and W. James Bradley (Grand Rapids, Mich.: Eerdmans, 2001). See especially chapter 12, "Teaching and Learning Mathematics: The Influence of Constructivism." 철학적 실용주의가 교육에 미친 영향에 대해서는 다음을 참고하라. Nancy Pearcey, "Darwin Meets the Berenstain Bears: The Cultural Impact of Evolution," in *Uncommon Dissent: Intellectuals Who Find Darwinism Unconvincing*, ed. William A. Dembski (Wilmington, Del.: Intercollegiate Studies Institute, 2004).

59. 포스트모더니스트가 모두 실용주의자는 아니지만 서로 많은 지적 뿌리를 공유하고 있다. 다음 책의 첫 두 부분을 보라. Eugene F. Miller, "Positivism, Historicism, and Political Inquiry," *American Political Science Review* 66, no. 3 (September 1972): 796-817; 이 자료는 다음 웹사이트에서도 구할 수 있다. http://members.shaw.ca/compilerpress1/Anno%20Miller.htm.

60. Richard Rorty, *Contingency, Irony, and Solidarity* (Cambridge and New York: Cambridge University Press, 1989), chapter 1, passim. 흥미롭게도, 로티의 입장은, 구성주의 역시 "지식은 만들어지는 것인가, 아니면 발견되는 것인가"라는 질문에 저촉되는 교육가들의 소리에 반향되고 있다. D. C. Phillips, "The Good, the Bad, and the Ugly: The Many Faces of Constructivism," *Educational Researcher* 24, no. 7 (October 1995): 5-12. (「우연성, 아이러니, 연대성」 민음사)

61. Richard Rorty, "Untruth and Consequences," a review of *Killing Time* by Paul Feyerabend, in *The New Republic*, July 31, 1995, 32-36.

62. Rorty, *Contingency, Irony, and Solidarity*, 17.

63. Rorty, "Untruth and Consequences."

64. Rorty, *Contingency, Irony, and Solidarity*, 15.

65. Francis Darwin, ed., *Life and Letters of Charles Darwin*, vol. 1 (New York: D. Appleton, 1898), 285. 이 수수께끼 같은 문제에 대한 다윈의 말을 더 인용한 것을 보려면 다음을 보라. Nancy Pearcey, "The Influence of Evolution on Philosophy and Ethics," in *Science at the Crossroads: Observation or*

Speculation? Papers of the 1983 National Creation Conference (Richfield, Minn.: Onesimus, 1985), 166-171.
66. Alvin Plantinga, *Warrant and Proper Function* (New York: Oxford University Press, 1993), 218.
67. Roger Trigg, *Philosophy Matters* (Oxford: Blackwell, 2002), 83.
68. 누구든 자연주의적 진화를 출발점으로 삼으면 그에 따른 "가장 일관성 있는 결론"이 "포스트모던한 회의주의"라고 역사가 George Marsden은 설명한다. (*The Soul of the American University: From Protestant Establishment to Established Nonbelief* [New York: Oxford University Press, 1994], 440, 430-431).
69. Francis Schaeffer, *The God Who Is There*, in *The Complete Works of Francis A. Schaeffer*, vol. 1 (Wheaton, Ill.: Crossway, 1982), 140-142.
70. Phillip E. Johnson, "The Limits of Pragmatism," *First Things* 59 (June/July 1996): 52, 54.
71. "Lewis Mumford, Waldo Frank, 그리고 이른 시기의 Randolph Bourne 등은 멈포드가 "실용적 묵인"(pragmatic acquiescence)이라고 칭한 것을 비난했다. 그것은, 실용주의가 목적보다는 수단에 관한 철학이라는 것과 실용주의가 그 목적을 주변문화에서 끌어와서 아무런 검토 없이 채택했다는 등 그들의 공통된 확신을 잘 포착한 문구였다. (Alan Ryan, in "Pragmatism, Social Identity, Patriotism, and Self-Criticism," a paper delivered at a conference titled "Conference on Identity: Personal, Cultural, and National," sponsored by the National Humanities Center, June 2-June 4, 1994; at http://www.nhc. rtp.nc.us:8080/publications/hongkong/ryan.htm).
72. 다음 글에 인용. Alschuler, *Law Without Values*, 59. 이것은 홈즈의 저술에서 거듭 등장하는 주제다. 법은 "그 공동체의 실질적인 최고 권력의 뜻에 맞게" 만들어져야 한다고 그는 썼다 (*Alschuler*, 58에서 인용). 그리고 "궁극적인 질문은 그 공동체의 지배적인 세력이 무엇을 원하는가 하는 것과 방해가 되는 것이면 무엇이든 무시할 만큼 그것을 원하는 욕구가 강한가 하는 것이다" (1926년에 John C. H. Wu에게 보낸 편지. 다음 글에 인용. Thomas C. Grey, "Holmes and Legal Pragmatism," *Stanford Law Review* 41 [1989]: 823). Alschuler가 평하듯이, 홈즈의 견해는 "어떤 정부든 쫓겨날 때까지는 선한 정부"라는 것을 의미한다 (60).
73. Holmes, "Natural Law," in *Essential Holmes*, 180.
74. Bertrand Russell, "Pragmatism" (1909), in *Philosophical Essays* (London:

Longmans, Green, 1910), 109.
75. Rorty, *Contingency, Irony, and Solidarity*, 5.
76. Jacob D. Bekenstein, "Information in the Holographic Universe," Scientific American.com, July 14, 2003, at http://www.sciam.com/article.cfm?articleID=000AF072-4891-1F0A-97AE80A84189EEDF
77. Rorty, *Contingency, Irony, and Solidarity*, 21, 강조 추가.
78. Schaeffer, *He Is There and He Is Not Silent*, in *Complete Works*, vol. 1. (『거기 계시며 말씀하시는 하나님』 생명의 말씀사)
79. Roberts and Turner, *The Sacred and the Secular University*, 90, 강조 추가.

9장 복음주의는 무엇이 좋은가_ 제1차 대각성운동

1. James McGready, *Short Narrative of the Revival of Religion in Logan County, in the State of Kentucky, and the Adjacent Settlements in the State of Tennessee, from May 1797, Until September 1800*, 다음 글에 인용. Iain Murray, *Revival and Revivalism: The Making and Marring of American Evangelicalism 1750-1858* (Edinburgh: Banner of Truth, 1994), 150.(『부흥과 부흥주의』 부흥과 개혁사)
2. 필자가 덴젤과 나눈 대화. 사생활을 보호하기 위해 이름은 바꾸었으나, 이야기 자체는 사실 그대로 정확한 것이다.
3. From John Wesley's journal for May 14, 1738, in *The Journal of the Rev. John Wesley*, ed. Nehemiah Curnock, 8 vols. (London: Epworth, 1938), 1:475-476. (『존 웨슬리의 일기』 크리스챤 다이제스트)
4. Evangelicalism's "distinctive feature is not so much a theology as a devotional ethos" (Alister McGrath, *Evangelicalism and the Future of Christianity* [Downers Grove, Ill.: InterVarsity Press, 1995], 132; 또한 다음을 보라. 57-59). (『복음주의와 기독교의 미래』 한국장로교출판사)
5. 같은 책, chapter 6.
6. James Turner, *Without God, Without Creed: The Origins of Unbelief in America* (Baltimore: Johns Hopkins University Press, 1985), 75-76. 마크 놀은 두 진영을 "형식주의자"와 "반(反)형식주의자"로 부른다. (*America's God: From Jonathan Edwards to Abraham Lincoln* [Oxford: Oxford University Press,

2002], 175-176). 현대 미국 복음주의에는 네 가지 주요 전통이 있는 것으로 James Davison Hunter는 분류한다. (1) 침례교 (2) 성결교-오순절파 (3) 재세례파 (4) 개혁주의-고백교회 (*American Evangelicalism: Conservative Religion and the Quandary of Modernity* [New Brunswick, N.J.: Rutgers University Press, 1983], 7-9). 이 가운데 처음 세 가지는 대체로 대중적 진영에 속하고, 마지막 것은 학문적 진영에 속할 것이다. 각 교단이 보다 넓은 범주로 나눌 때 어디에 속하는지를 보려면, Purdue 대학의 Polis Center가 분류한 것을 참조하라. http://www.polis.iupui.edu/RUC/Research/Glenmary_by_Polis_Types_as_table.htm.
7. 이 용어에는 보다 긴 역사가 있다. "복음주의자라는 용어의 출처는 16세기로 거슬러 올라간다. 중세 말 교회에 연관된 자들보다 더욱 성경적인 믿음으로 돌아가고 싶어했던 가톨릭 저자들을 언급할 때 처음으로 사용되었다." 그리고 나중에 종교개혁가들에게도 적용되었다. (McGrath, *Evangelicalism and the Future of Christianity*, 19).
8. D. G. Hart, *That Old-Time Religion in Modern America: Evangelical Protestantism in the Twentieth Century* (Chicago: Ivan R. Dee, 2002), 9. 복음주의의 특징을 열거한 것을 보려면 다음을 보라. David Bebbington, *Evangelicalism in Modern Britain: A History from the 1730s to the 1980s* (Grand Rapids, Mich.: Baker, 1992), 2-17.
9. 고백교회와 복음주의 교회의 차이에 관한 논의는 다음 글의 머리말을 보라. D. G. Hart, *The Lost Soul of American Protestantism* (Lanham, Md.: Rowman & Littlefield, 2002). 장로교는 제1차 대각성운동 기간 중인 1741년에 분열된 다음(신파 대 구파) 다시 연합했다가 제2차 대각성운동 중이던 1837년에 다시 분열했으며 (신학파 대 구학파), 1869년에 다시 연합했다. 그래서 장로교가 복음주의의 대중적 흐름과 학문적 흐름 양쪽에 발을 담그는 면에서 다른 집단보다 더 성공적이었던 듯하다. 그들은 19세기를 통틀어 종교적 세계와 미국사회 전반에 걸쳐 강력한 지적 리더십을 발휘하는 한편, 따스하고 생명력 있는 신앙심도 북돋울 수 있었다.
10. Mark Noll, *The Scandal of the Evangelical Mind* (Grand Rapids, Mich.: Eerdmans, 1994), 9. (「복음주의 지성의 스캔들」 생명의 말씀사)
11. Philip Jenkins, *The Next Christendom: The Coming of Global Christianity* (Oxford: Oxford University Press, 2002). 이 책에 대한 훌륭한 소개로는 그의 다음 글을 보라. "The Next Christianity," *The Atlantic Monthly*, October 2002, at http://www.theatlantic.com/issues/2002/10/jenkins.htm.
12. Roger Finke and Rodney Stark, *The Churching of America 1776-1990:*

Winners and Losers in Our Religious Economy (New Brunswick, N.J.: Rutgers University Press, 1992).

13. 그렇다고 미국 초창기 사람들이 비종교적이었다는 말은 아니다. 비율이 낮았던 부분적인 이유는, 교회의 회원 요건이 무척 엄격했기 때문에 많은 이들이 회원이 되지 않은 채 교회에 다녔기 때문이었다. 덧붙여, 변경에는 다닐 만한 교회가 없는 경우도 많았다. 하지만 이런 요인들을 감안하더라도 흔히 갖고 있는 고정관념에 비해 숫자가 적었던 것은 분명하다.

14. 종교가 있는 사람의 비율이 100%에 못 미치는 이유는, 그 숫자에 소규모 집단들—루터교회, 화란 개혁교회, 메노파, 위그노 교단, 모라비아 교도, 유대교인 등—이 포함되어 있지 않기 때문이다.

15. Jon Butler, *Awash in a Sea of Faith: Christianizing the American People* (Cambridge, Mass.: Harvard University Press, 1990), see especially chapter 4. 버틀러는 기존 교회들이 그 구성원을 잘 섬겼다고 주장하는 등 비교적 긍정적인 견해를 표명한다. 반대자들에 대한 억압과 관련하여 Nathan Hatch는 다음에 주목한다. "1770년대까지만 해도 침례교 전도자들이 버지니아 주에서 감옥에 갇힐 정도였다" (*The Democratization of American Christianity* [New Haven, Conn.: Yale University Press, 1989], 59).

16. 다음 글에 인용. Bebbington, *Evangelicalism in Modern Britain*, 11.

17. 다음 글에 인용. Finke and Stark, *Churching of America*, 19, 강조 추가. 더 자세한 내용은 2장 "The Colonial Era Revisited"을 참조하라.

18. 아일랜드와 퀘벡 같은 곳은 예외적이다. 거기서는 가톨릭 교회가 외부의 지배에 항거하는 정치적 저항의 주된 통로로 역할했기 때문이다.

19. Finke and Stark, *Churching of America*, 238, 212.

20. "독립 이후 사람들이 서쪽으로 계속 이주함에 따라, 그들은 언제나 안정된 사회제도보다 앞서갔다.…… 기관들은 와해되고 억제 장치는 사라졌다. 교회, 사회적 결속, 문화제도 등이 종종 무너졌으며, 그것들은 변경의 가정들이 황무지나 평원으로 또 다른 도약을 하기 전에 다시 정비될 수 없었다" (Richard Hofstadter, *Anti-Intellectualism in American Life* [New York: Random House, 1966], 76).

21. 다음 글에 인용. Mark A. Noll, Nathan O. Hatch, and George M. Marsden, *The Search for Christian America* (Westchester, Ill.: Crossway, 1983), 111, 강조 추가.

22. Finke and Stark, *Churching of America*, 33, 강조 추가. 이 모델은 "서부"가 펜실베니아나 켄터키 주의 서부를 지칭했던 식민지시대에도 적용된다. 변경의 상태

는 어느 곳이든 무척 비슷했다.
23. Hart, *That Old-Time Religion*, 7.
24. Hatch (*Democratization of American Christianity*, 87)가 인용한 조사결과에 따르면, 감리교의 첫 순회전도자 650명 가운데 거의 반이 30세가 되기 전에 죽었고, 200명에 가까운 사람이 사역을 시작한 지 5년 내에 죽었다고 한다. 다음 글도 참조하라. Finke and Stark, *Churching of America*, 153. 하나님의 "날렵한 포병대"는 Horace Bushnell의 표현인데, Hatch가 같은 책 67쪽에 인용했다. "까마귀와 감리교 전도자들"에 관한 이야기의 출처는 다음과 같다. Hofstadter, *Anti-Intellectualism in American Life*, 96.
25. 비판가들은 종종 부흥사들에 대해 반문화적이고 반지성적이라고 비판하는데, 공평하게 말하자면 많은 이들이 단지 변경의 상황에 걸맞게 대처했을 뿐이다. 복음주의 기독교에 대해 비판적인 리처드 호프스태터조차도 "그들은 고급문화의 수준을 낮춘 것이 아니라, 문명사회의 일반적인 억제책과 제도들을 문화의 불모지에 도입하려 했다고 말해야 옳다"고 썼다 (*Anti-Intellectualism in American Life*, 79).
26. 다음 글에 인용. Hatch, *Democratization of American Christianity*, 127.
27. Hatch, *Democratization of American Christianity*, 102.
28. 같은 책에 인용, 104.
29. 비복음주의 교단 가운데도 이와 비슷한 접근방식을 취하려 했던 교단들이 최상의 결과를 낳았다. 예를 들어, 가톨릭은 침례교와 감리교가 취했던 방식과 거의 동일하게 통속적인 언어를 사용하고 감정에 호소하는 부흥집회를 열기 시작했다. 20세기 초에 가톨릭은 제단과 종교적 상징을 갖춘 특수한 승합차와 열차 차량을 이동 예배당으로 만들어 교회가 없는 지역에 사제들을 실어 갔다. "움직이는 채플"이라 불린 그 승합차는, 옆 면에 넓은 문이 달려 있어 그것을 밖으로 열면 제단이 드러났고, 그것을 사용해 농촌지역에서 야외 미사를 열 수 있었다 (참조. Finke and Stark, *Churching of America*, chapter 4).
30. Dean Kelley, *Why Conservative Churches Are Growing* (New York: Harper & Row, 1972)(「왜 보수주의 교회는 성장하는가」신망애출판사). 물론 주류 교회의 하락은 천천히 점진적으로 일어났고, 숫자가 줄었음에도 그 제도적인 세력은 여전히 강한 상태를 유지했다. 그 역사를 잘 다룬 책으로는 다음을 참조하라. Robert Handy, *A Christian America: Protestant Hopes and Historical Realities* (Oxford: Oxford University Press, 1984).
31. 미국의 복음주의 운동이 이룩한 업적은 영국의 경험에 비추어 보면 그 특징이 더욱 현저하게 드러난다. 영국에서 존 웨슬리의 감리교 운동은, 가난하고 초라한 대

중을 전도하기보다 규율과 책임성을 유지하는 일에 더 관심이 많았던 지도자들의 손에 마침내 넘어가고 말았다. 그 결과 숫자가 줄어들어도 상관하지 않았다. 그들은 전도집회를 금지했고 저항하는 자들을 내쫓았는데, 회원의 1/3이 떠나거나 쫓겨났다. 결국 영국 감리교회는 노동자 계급과 단절되었고 오늘날에는 고도로 세속화되기에 이르렀다. 이와 반대로, 미국에서는 노동자 계급이 나머지 인구보다 더 종교적인 현상을 유지하고 있다. 다음을 참조하라. Hatch, *Democratization of American Christianity*, 92-93. 하지만 미국에서도 감리교회는 마침내 높은 지위의 유혹에 넘어가고 말았다. 핑크와 스탁의 책은, 감리교회가 부유해져 주류에 속한 다음 과거에 성장한 속도만큼 빠르게 하락하는 경위를 훌륭하게 기술하고 있다. 다음을 참조하라. *Churching of America*, chapter 5.

32. Noll, *Scandal of the Evangelical Mind*, 63.
33. Stout, *The Divine Dramatist: George Whitefield and the Rise of Modern Evangelicalism* (Grand Rapids, Mich.: Eerdmans, 1991), xix. 또한 다음 글을 보라. Harry Stout, "George Whitefield in Three Countries," in *Evangelicalism: Comparative Studies of Popular Protestantism in North America, the British Isles, and Beyond, 1700-1990*, ed. Mark Noll, David Bebbington, George Rawlyk (New York: Oxford University Press, 1994). Stephen Marini는 다음과 같이 쓰고 있다. "휫필드 유의 복음은······ 칼뱅주의적이었지만, 신학적 문제를 자세히 논한 것도 아니고 교리와 해석학의 언어로 말한 것도 아니었다. 그것은 오히려 스타일과 강조의 문제였으며, 감정을 움직이고 마음을 변화시키려고 고안된 드라마요 수사였다" (*Radical Sects of Revolutionary New England* [Cambridge, Mass.: Harvard University Press, 1982], 12). 휫필드의 삶에 대한 감동적인 진술은 다음 글을 참조하라. Arnold Dallimore, *George Whitefield: God's Anointed Servant in the Great Revival of the Eighteenth Century* (Wheaton, Ill.: Crossway, 1990).
34. Hart, *Lost Soul of American Protestantism*, 11. 휫필드는 상업세계에서 빌어온 마케팅 기법에 너무 의존했기 때문에, 어떤 책은 그를 "하나님의 행상인"이라 부르고 있다. (Frank Lambert, *"Pedlar in Divinity": George Whitefield and the Transatlantic Revivals, 1737-1770* [Princeton, N.J.: Princeton University Press, 2002]).
35. Stout, *Divine Dramatist*, xiii. 스타우트는 휫필드야말로 "그 영향력이 출생이나 양육 혹은 제도의 인준이 아니라, 인기와 대중성에 달려 있던 공적 인물을 적은 긴 목록의 첫 줄에 자리한 사람이었다"고 쓰고 있다(xiv).

36. 다음 글에 인용. Alan Heimert, *Religion and the American Mind: From the Great Awakening to the Revolution* (Cambridge, Mass.: Harvard University Press, 1966), 44.
37. 같은 책에 인용, 208.
38. 같은 책에 인용.
39. William H. Foote, *Sketches of North Carolina*, 396, 다음 글에 인용. Murray, *Revival and Revivalism*, 149-150.
40. McGready, *Short Narrative*, 다음 글에 인용. Murray, *Revival and Revivalism*, 150, 강조 추가.
41. Heimert, *Religion and the American Mind*, 43. 회심의 기쁨에 대한 언급은 1장 '새로운 탄생의 본질과 필요성'에 줄곧 등장한다.
42. Heimert는, 대각성운동의 옹호자와 반대자가 "각기 청교도주의 내에서 위태롭게 균형을 유지하던 '경건'과 '이성'이 각각 독자적으로 성취된 모습을 대표했다"고 쓰고 있다 (*Religion and the American Mind*, 3).
43. Patricia Bonomi, *Under the Cope of Heaven: Religion, Society, and Politics in Colonial America* (New York: Oxford University Press, 1986), 147.
44. Donald M. Scott, *From Office to Profession: The New England Ministry, 1750-1850* (Philadelphia: University of Pennsylvania Press, 1978). "개신교적 공동체주의"에 대한 설명은 다음 책에 나와 있다. Barry Alan Shain, *The Myth of American Individualism: The Protestant Origins of American Political Thought* (Princeton, N.J.: Princeton University Press, 1994).
45. Harry Stout, *Divine Dramatist*, xx.
46. 다음 글에 인용. Bonomi, *Under the Cope of Heaven*, 158, 154, 강조는 원저자의 것.
47. Bonomi, 같은 책, 158.
48. George Marsden, *The Soul of the American University: From Protestant Establishment to Established Nonbelief* (New York: Oxford University Press, 1994), 54.
49. 다음 글에 인용. Heimert, *Religion and the American Mind*, 119.
50. 제1차 대각성운동이 한 일은 "개인주의와 즉석주의의 씨앗을 심은 것이다. 이는 장차 기독교사상에 심오한 영향을 끼치게 될 것이었다" (Noll, *Scandal of the Evangelical Mind*, 61). "에드워즈와 휫필드가 이끈 부흥운동은, 개신교의 이전 모습에 도전하고 마침내 복음주의의 기본요소를 낳을 씨앗을 심었다" (Hart, *That Old-Time Religion*, 7).

10장 미국과 기독교가 만나 누가 이겼을까_ 제2차 대각성운동

1. Thomas Paine, *Common Sense*, at www.pagebypagebooks.com/Thomas_Paine/Common_Sense/Appendix_p4.html.
2. 흥미롭게도, 전도집회는 스코틀랜드의 성례전 집회에 뿌리를 두고 있었다. 당시에는 성찬이 일년에 두 번에서 네 번 정도밖에 집행되지 않았으므로, 수 천명이 멀리서 모여들어 며칠씩 캠핑을 하면서 설교도 듣고 성만찬에 참여했다. 다음을 참조하라. Leigh Eric Schmidt, *Holy Fairs: Scotland and the Making of American Revivalism*, 2nd ed. (Grand Rapids, Mich.: Eerdmans, 1989).
3. Gordon S. Wood, *The Radicalism of the American Revolution: How a Revolution Transformed a Monarchial Society into a Democratic One Unlike Any That Had Ever Existed* (New York: Knopf, 1992), 361-362, 강조 추가.
4. 다음 글에 인용. Nathan Hatch, *The Democratization of American Christianity* (New Haven, Conn.: Yale University Press, 1991), 36-38, 186. 이와 비슷한 주제들이 다음 책에도 나온다. Mark Noll, *The Scandal of the Evangelical Mind* (Grand Rapids, Mich.: Eerdmans, 1994), especially chapter 3. 미국 복음주의의 반지성주의에 대한 보다 대중적인 책으로는 다음을 보라. Os Guiness, *Fit Bodies, Fat Minds: Why Evangelicals Don't Think and What to Do About It* (Grand Rapids, Mich.: Baker, 1994).
5. 종교와 정치의 동일시는 제1차 대각성운동에서 시작되었다. 다음 책에서 자세하게 다루고 있다. Nathan O. Hatch, *The Sacred Cause of Liberty: Republican Thought and the Millennium in Revolutionary New England* (New Haven, Conn.: Yale University Press, 1977). 해치는 다음과 같은 시사성 있는 일화로 책의 서문을 연다. 1747년에 부흥을 위해 기도하는 조나단 에드워즈와 1787년에 "진정한 공화 정치의 정신"을 위해 기도하는 일단의 목사들을 대비시킨 것이다(1-2). 그 기간 동안 영적인 관심사가 성결에서 자유로 전환된 것이 분명하다.
6. Alexis de Tocqueville, *Democracy in America*, vol. 1 (New York: Knopf, 1980), 306-307. (「미국의 민주주의」 한길사)
7. John Leland, "The Connecticut Dissenters' Strong Box: No. 1, New London, 1802," at http://www.uark.edu/depts/comminfo/cambridge/strongbox1.html.
8. 다음 글에 인용. Hatch, *Democratization of American Christianity*, 98.
9. D. G. Hart, *The Lost Soul of American Protestantism* (Lanham, Md.: Rowman & Littlefield, 2002), 18.

10. 다음 글에 인용. Hatch, *Democratization of American Christianity*, 69-70, 강조는 원저자의 것.
11. 같은 책에 인용, 71.
12. 다음 글에 인용. Richard T. Hughes and C. Leonard Allen, *Illusions of Innocence: Protestant Primitivism in America, 1630-1875* (Chicago: University of Chicago Press, 1988), 105.
13. 복음주의자는 "높은 지위의 성직자들이 독립전쟁 중 대중화시킨 시민과 종교의 자유의 수사학을 전유하여, 전혀 새로운 목적 곧 그 창안자들을 무너뜨리는 일에 원용했다." 이제는 영국인이 아니라 "모든 종류의 엘리트, 특히 성직자"가 적이 되었다" (Hatch, *Democratization of American Christianity*, 76).
14. 같은 책에 인용.
15. Patricia Bonomi, *Under the Cope of Heaven: Religion, Society, and Politics in Colonial America* (New York: Oxford University Press, 1986), 158-159. Bonomi는 새로운 회심의 신학을 제1차 대각성운동과 연관해 묘사하고 있다. 그러나 대각성운동의 진행이 점진적인 과정이었기 때문에 그녀의 묘사는 오히려 제2차 대각성운동에 더 적실한 것 같다.
16. 청교도는 "소망을 품은 성도가 신의 선택의 증거를 평가할 수 있도록 의식의 단계, 곧 '회심의 형태학'을 정교하게 개발했다. 은혜 안에서 평생에 걸친 성장 과정은 각단계별로 적절한 태도와 행위로 신중하게 규정되었다. 원칙적으로, 청교도는 자신이 구원받았는지 여부를 결코 알 수 없었다. 다만 은혜로 말미암아 하나님의 손이 자신을 영광으로 인도하시는 것을 마음으로 희미하게 인식할 수 있다고 신뢰할 따름이었다" (Stephen Marini, *Radical Sects of Revolutionary New England* [Cambridge, Mass.: Harvard University Press, 1982], 12, 강조 추가).
17. Hughes and Allen, *Illusions of Innocence*, 113, 115. John Walsh는 다음과 같이 쓰고 있다. "즉각적이고 개인적인 확신을 제공하는 복음주의적 설교가 일부 사람에게서 의외로 환영을 받았는데, 특히 청교도 문화가 기대한 중생의 체험에 도달하기가 어려웠던 자들로부터 그런 반응을 얻었다" ("'Methodism' and the Origins of English-Speaking Evangelicalism," in *Evangelicalism: Comparative Studies of Popular Protestantism in North America, the British Isles, and Beyond, 1700-1990*, ed. Mark Noll, David Bebbington, George Rawlyk [New York: Oxford University Press, 1994], 29-31). David Bebbington은 다음과 같이 쓰고 있다. "청교도는 확신이란 드물고 더디게 오며 오랜 분투의 열매라고 주장한 반면에, 복음주의자는 그것이 일반적이고 회심할 때

주어지며 하나님의 선물을 받아들인 결과라고 믿었다"(*Evangelicalism in Modern Britain: A History from the 1730s to the 1980s* [Grand Rapids, Mich.: Baker, 1989], 43).

18. Gordon S. Wood, *The Creation of the American Republic, 1776-1787* (Chapel Hill: University of North Carolina Press, 1969), 599.
19. 다음 글에 인용. Henry May, *The Enlightenment in America* (New York: Oxford University Press, 1976), 163. 토마스 페인의 책, *Common Sense*는 다음 웹사이트에서 구할 수 있다. http://www.pagebypagebooks.com/Thomas_Paine/Common_Sense/index.html, Appendix, 4.
20. Wood, *Creation of the American Republic*, 590, 601, 612, 607.
21. Richard Hofstadter, *Anti-Intellectualism in American Life* (New York: Random House, 1966), 82-83.
22. Sidney Mead, *The Lively Experiment: The Shaping of Christianity in America* (New York: Harper & Row, 1963), 108-111.
23. Charles Malik, *The Two Tasks* (Westchester, Ill.: Cornerstone, 1980), 33.
24. "귀족 계급과 일반 서민은 너무나 동떨어져 있었고 차별이 심해서 그 두 집단은 서로 다른 두 질서를 대표한다고 생각하는 이들이 여전히 많았다. 사실, 만인이 평등하게 창조되었다는 18세기의 혁명적 사상이 얼마나 급진적이었는지는 이전의 기나긴 차별의 전통에 비추어 보아야만 그 의미를 조금이나마 이해할 수 있다. 신사 계급과 평민은 서로 다른 영혼, 서로 다른 정서 상태, 서로 다른 본성을 지녔다. 일반 서민은 단지 '태어나고 먹고 자고 죽고 잊혀지는' 존재일 뿐이었다"(Wood, *Radicalism of the American Revolution*, 27).
25. Wood, *Creation of the American Republic*, 418. 또한 다음을 보라. Barry Alan Shain, *The Myth of American Individualism: The Protestant Origins of American Political Thought* (Princeton, N.J.: Princeton University Press, 1994); and Joyce Appleby, *Capitalism and a New Social Order: The Republican Vision of the 1790s* (New York: New York University Press, 1984), 8-9, 81. Appleby는 "고전적 공화주의는 사회 내부의 세력들을 균형 있게 유지하게 만드는 정교한 헌법만이 인간의 권력욕과 이기적 욕망을 억제할 수 있다고 가르쳤다"고 쓴다(95). Noll은 *Scandal of the Evangelical Mind*, 70-71에서 고전적 공화주의와 청교도 신학의 유사성을 묘사하고 있다.
26. Appleby, *Capitalism and a New Social Order*, 82, 36-37.
27. 대중적 복음주의자들은 미덕이 개인의 가슴과 양심 속에 있는 것으로 사유화했기

때문에, 국가에 어떤 고유한 덕(공평 혹은 정의)도 부여하지 않은 자유주의자와 의견을 같이하는 경향이 있었다. 그래서 그들은 자유주의자의 순전히 도구론적 국가관을 수용했다. 즉 정부의 본질은 경제적 진보의 촉진자로 규정하는 기능적 또는 절차적 정의(定義)를 받아들인 것이다. 다음 글을 보라. Michael Gauvreau, "The Empire of Evangelicalism: Varieties of Common Sense in Scotland, Canada, and the United States," in *Evangelicalism*, ed. Noll, Bebbington, and Rawlyk, 225-233. "사유화했다"는 말은 복음주의자들이 공적인 영역에서 후퇴했다는 의미는 아니다. 그들은 여전히 많은 사회개혁을 주도하고 있었다. 그것은 미덕의 처소가 외적인 사회구조 속에 있지 않고 인간 개개인의 마음속에 있으며 사회개혁 자체도 개인의 변화에서 시작해야 한다고 그들이 믿었다는 뜻이다.

28. 다음 글에 인용. May, *Enlightenment in America*, 339, 304, 또한 다음 쪽도 보라. 273, 274. 용어에 다소 혼동의 여지가 있는데, 자유주의자도 공화주의자라는 말을 때로 사용했기 때문이다. (많은 이들이 "반쪽 공화주의자에 불과하다"고 불평한 Elias Smith의 말을 인용했던 것을 상기해 보라.) 더구나, 신학적으로 자유주의적이던 교역자는 정치 사회적으로 상당히 보수적인 성향을 띠었다. 유니테리언 교도와 여타 합리주의자는 대부분 연방주의자로서 고전적 공화주의의 오랜 엘리트주의를 유지하려고 애썼다(그들 자신도 엘리트 층에 속해 있었다). 350쪽 이하를 보라. 또 다음 책도 참조하라. Alan Heimert, *Religion and the American Mind: From the Great Awakening to the Revolution* (Cambridge, Mass.: Harvard University Press, 1966), viii, 15ff, 23, and passim.

29. Noll, *Scandal of the Evangelical Mind*, 75.

30. Appleby, *Capitalism and a New Social Order*, 27. 미국의 경우 1820년만 해도 농업에 종사하는 노동력의 비율이 거의 80%에 달했다 (Wood, *Radicalism of the American Revolution*, 312).

31. Roger Finke and Rodney Stark, *The Churching of America 1776-1990: Winners and Losers in Our Religious Economy* (New Brunswick, N.J.: Rutgers University Press, 1992), 44.

32. Wood, *Radicalism of the American Revolution*, 359.

33. 다음 글을 보라. Martin Marty, "The Revival of Evangelicalism and Southern Religion," in *Varieties of Southern Evangelicalism*, ed. David E. Jarrell, Jr. (Macon, Ga.: Mercer University Press, 1981), 14.

34. Gary Thomas, *Revivalism and Cultural Change: Christianity, Nation Building, and the Market in the Nineteenth-Century United States*

(Chicago: University of Chicago Press, 1989), 8, 18, 83, 88-89. Caroll Smith-Rosenberg도 이처럼 경제적 사회관과 종교적 사회관이 서로 병행하는 현상을 지적하면서 다음과 같이 쓰고 있다. 제2차 대각성운동 기간에, "18세기 정통 회중주의의 마지막 흔적—모든 권능을 가진 하나님 아버지, 인간의 수동성과 무력함, 농경사회의 가부장제를 닮은 영원성, 신학적으로 예정론이 대변하는 영적 희소성의 경제에 대한 주장—이 모두 도전받았고 마침내 버려지게 되었다." 복음주의는 새로운 자유와 자신의 주장을 선언했다. "피니는 영적 희소성의 경제를 폐기하고 구원을 찾는 자들에게 한없는 은혜로 상 주시는 사랑의 하나님을 전파했다. 부하든 가난하든 누구를 막론하고, 자신의 자유의지로 하나님을 믿는다고 주장하고 선을 행하기로 결단하는 자는 이제 구원을 얻을 수 있다고 했다"("The Cross and the Pedestal: Women, Anti-Ritualism, and the Emergence of the American Bourgeoisie," in *Disorderly Conduct: Visions of Gender in Victorian America* [New York: Oxford University Press, 1985], 142, 153).

35. Wood, *Radicalism of the American Revolution*, 145.
36. Gauvreau, "Empire of Evangelicalism," 223. Gauvreau는 캐나다 복음주의에 관해 이야기하는데, 그의 논의는 복음주의가 미국뿐 아니라 캐나다와 영국에서도 괄목할 만한 현상이었음을 상기해 준다. 그는 "미국과 영어권 캐나다의 복음주의 집단들이 정치와 문화의 민주화에 주도적인 역할을 했고 자발적 원칙(voluntarism)이란 신조에 따라 사회관계를 개조했다"고 쓰고 있다(220). 같은 책에서, 또 다른 캐나다 역사가 George Rawlyck은 "영국계 북아메리카는 미국 독립과 미국의 공화주의가 대변한 것을 모두 거부했지만……캐나다에서는……복음주의가 미국 복음주의에 비해 더 급진적이고 더 무정부주의적이며 더 민주적이고 더 대중적인 성향을 띠었다"고 쓰고 있다("'A Total Revolution in Religious and Civil Government': The Maritimes, New England, and the Evolving Evangelical Ethos, 1776-1812," in *Evangelicalism*, ed. Noll, Bebbington, and Rawlyk, 146). On Britain, see David Bebbington, *Evangelicalism in Modern Britain: A History from the 1730s to the 1980s* (Grand Rapids, Mich.: Baker, 1989).
37. 미국의 복음주의자는 여러 면에서 급진적 종교개혁의 여러 주제와 공명하고 있었다. 종교개혁에는 세 가지 흐름이 있었다. 루터와 그 추종자들, 칼뱅과 그 추종자들, 그리고 재세례파로 불리던 분리주의자와 정신주의자(sprituralists)로 구성된 제3의 집단이 있는데, 이 마지막 진영이 종종 급진적 종교개혁가로 불린다. 루터와 칼뱅은 영토에 따른 교회 모델을 유지했다. 즉, 특정 영토에 사는 자는 누구나

그 지역의 통치자와 같은 교회에 속하며, 유아세례를 받고, 그리스도인이 된다는 것은 점진적인 성장과 교리문답의 문제이며, 그리스도인의 삶도 일차적으로 교회의 공동예배와 성례전에 참여하는 것으로 규정되었다. 이와 대조적으로, 급진적 종교개혁가들은 "모인 교회"나 "신자들의 교회" 또는 "자유로운 교회"의 설립을 주창했는데, 여기에는 의식적인 회심 체험이 있는 자들만 포함되었다. 즉, 주관적 체험이 객관적 교회의 회원 자격보다 더 중시된 셈이다. 그리고 의식적인 선택을 내린 어른들만 세례를 받았다(유아들은 제외되었다). 성례전은 은혜의 수단(하나님이 행하시는 그 무엇)에서 순종의 표시인 외적인 상징 정도로(우리가 행하는 그 무엇) 축소되었다. 교회는 민주적이고 평등한 모습을 띠게 되어 성직자와 평신도의 차이는 기능적인 것에 불과하다고 생각했다. Ernst Troeltsch가 19세기 말에 처음 지적한 것처럼, 민주적 교회 개념을 갖고 있던 재세례파는 사실 상당히 "근대적"이었다고 볼 수 있다. 다음 글을 보라. Steven Ozment, *The Age of Reform 1250-1550: An Intellectual and Religious History of Late Medieval and Reformation Europe* (New Haven, Conn.: Yale University Press, 1980), chapter 10.

    미국에서 복음주의 운동이 주류 종교개혁가의 견해보다 급진적 종교개혁가의 견해를 반영하게 된 현상은 흥미로운 사실이다. Roland Bainton은 급진적 종교개혁가에 대해 말하면서 "그들은 세 가지 원칙을 선포하고 예증한 점에서 다른 모든 종교 집단을 앞질렀다. 그 세 가지는 북미 대륙에서 우리가 자명하다고 여기는 진리로서, 자발적 교회, 교회와 국가의 분리, 종교적 자유다"라고 말한다 (*Studies on the Reformation* [Boston: Beacon, 1963], 199). (「종교개혁사」 크리스챤 다이제스트)

38. 다음 글에 인용. Hofstadter, *Anti-Intellectualism in American Life*, 85.
39. 같은 책, 86.
40. Donald M. Scott, *From Office to Profession: The New England Ministry, 1750-1850* (Philadelphia: University of Pennsylvania Press, 1978), 128, 153.
41. 같은 책에 인용, 143-147.
42. Hatch, *Democratization of American Christianity*, 134.
43. Hofstadter, *Anti-Intellectualism in American Life*, 86.
44. Hatch, *Democratization of American Christianity*, 133.
45. Hofstadter, *Anti-Intellectualism in American Life*, 86.
46. Jonathan Edwards, *A Faithful Narrative of the Surprising Work of God* (1790; reprint, Grand Rapids, Mich.: Baker, 1979).
47. Hofstadter, *Anti-Intellectualism in American Life*, 92.

48. 다음 글에 인용. Hatch, *Democratization of American Christianity*, 135.
49. 다음 글에 인용. Finke and Stark, *Churching of America*, 89-92; and Noll, *Scandal of the Evangelical Mind*, 96. 다음 글을 보라. Charles Finney, "A Revival of Religion Is Not a Miracle," in *A Documentary History of Religion in America to the Civil War*, ed. Edwin Gaustad (Grand Rapids, Mich.: Eerdmans, 1982), 337.
50. 다음 글에 인용. Joel Carpenter, *Revive Us Again: The Reawakening of American Fundamentalism* (Oxford: Oxford University Press, 1997), 126.
51. 다음 글에 인용. Hatch, *Democratization of American Christianity*, 183.
52. Daniel Calhoun, *The Intelligence of a People* (Princeton, N.J.: Princeton University Press, 1973), 282; the Beecher citation is from 281.
53. Hatch, *Democratization of American Christianity*, 136.
54. Ronald Knox, *Enthusiasm: A Chapter in the History of Religion* (Notre Dame, Ind.: Notre Dame University Press, 1950).
55. Joel Carpenter, *Revive Us Again: The Reawakening of American Fundamentalism* (New York: Oxford University Press, 1997), 244.
56. 복음주의가 19세기에 문화적으로 지배적인 위치에서 20세기 초 근본주의를 거쳐 오늘날의 신복음주의로 이어진 역사를 간략하게 잘 묘사한 글로는 다음을 보라. Christian Smith, with Michael Emerson, Sally Gallagher, Paul Kennedy, and David Sikkink, *American Evangelicalism: Embattled and Thriving* (Chicago: University of Chicago Press, 1998), chapter 1, "Resurrecting Engaged Orthodoxy."
57. Richard Quebedeaux, *By What Authority? The Rise of Personality Cults in American Christianity* (New York: Harper & Row, 1982). See especially chapter 2, "Celebrity Leaders in the History of American Christianity: 1865-1960"; and chapter 3, "Celebrity Leaders in the History of American Christianity: 1960-present."
58. Carpenter, *Revive Us Again*, 237.
59. Alan Wolfe, *The Transformation of American Religion: How We Actually Live Our Faith* (New York: Free Press, 2003), 35, 3.
60. 이와 비슷한 논점을 개진하는 또 다른 도전적인 책은 Harold Bloom의 *The American Religion: The Emergence of the Post-Christian Nation* (New York: Simon & Schuster, 1992)이다. 블룸은 미국 특유의 영성이 있다고 주장하

면서 그 영성이 미국 교단 대다수를 점령했다고 말한다. 그것은 지극히 감정적이고 개인적이며 "영지주의적"인 특징을 갖고 있는데, 이는 가족 구성원이자 역사에 뿌리박은 교회의 일원인 우리 몸에서 떠나, 하나님과 직접적인 관계에 있는 개인의 영혼에 초점을 맞추는 것을 의미한다. 종교의 외적 표현인 교회, 신조, 의식 등은 기껏해야 불필요한 것으로, 최악의 경우에는 참된 예배의 방해물로 간주된다.

61. Wade Clark Roof, *Spiritual Marketplace: Baby Boomers and the Remaking of American Religion* (Princeton, N.J.: Princeton University Press, 1999), 84-85, 130, 강조 추가.
62. Wolfe, *Transformation of American Religion*, 80. 또한 다음을 보라. Udo Middelmann, *The Market Driven Church: The Worldly Influence of Modern Culture on the Church in America* (Wheaton, Ill.: Crossway, 2004). 유럽의 관점에서 글을 쓰는 Middelmann은 현대 복음주의의 긍정적·부정적 측면을 모두 분별하기에 좋은 지점에 있다고 할 수 있다. 그는 미국의 그리스도인이 자기 신앙에 대해 공개적으로 이야기하는 점을 긍정적으로 평가한 반면, 신앙을 개인적 성장과 사적인 해석의 문제로만 취급한 나머지 신앙이 공적인 진리이기도 하다는 점을 놓쳤다고 경고한다.

11장 이층적 진리를 받아들인 복음주의

1. Martin Marty, *The Modern Schism: Three Paths to the Secular* (New York: Harper & Row, 1969), 98.
2. 다음 글을 보라. Donald Dayton, " 'The Search for the Historical Evangelicalism': George Marsden's History of Fuller Seminary as a Case Study," in *Christian Scholar's Review*, September 1993, with responses by Marsden, Joel Carpenter, and others.
3. James Turner, *Without God, Without Creed: The Origins of Unbelief in America* (Baltimore: Johns Hopkins University Press, 1985), 75-76.
4. Theodore Dwight Bozeman, *Protestants in the Age of Science: The Baconian Ideal and Antebellum American Religious Thought* (Chapel Hill: University of North Carolina Press, 1977), 51, 132.
5. Herbert W. Schneider, 다음 글에 인용. Daniel Walker Howe, *The Unitarian Conscience: Harvard Moral Philosophy, 1805-1861* (Cambridge, Mass.:

Harvard University Press, 1970), 31.
6. Henry May, *The Enlightenment in America* (New York: Oxford University Press, 1976), 121.
7. 상식적 실재론의 창시자인 Thomas Reid는 "서구 대학의 근대철학 과목에서 사용되는 정규 도서목록에서 거의 사라져 버렸다. 그러나 18세기의 마지막 10년에서 19세기 대부분의 기간에 걸쳐, 그는 영국과 북미에서 가장 인기 있는 철학자인 듯했고 유럽 대륙에서도 상당한 대중성을 구가한 인물이었다"(Nicholas Wolterstorff, *Thomas Reid and the Story of Epistemology* [Cambridge: Cambridge University Press, 2001], ix).
8. Herbert Hovenkamp, *Science and Religion in America, 1800-1860* (Philadelphia: University of Pennsylvania Press, 1978), 5, 10, 강조 추가.
9. 흄은 철학이 자기가 "일상적인 삶"이라고 부르는 것(리드의 '상식'에 해당)을 결코 해칠 수 없다는 점을 인정했다. "일상적 삶"과 상충하는 철학적 결론이 있다면, "자연"이 언제나 그것을 압도하고 스스로의 권리를 주장할 것이라고 썼다(David Hume, *An Inquiry Concerning Human Understanding*, ed. Charles W. Hendel [Indianapolis: Bobbs-Merrill, 1955 (1748)], 5.1, page 55). 나중에 다음과 같이 더 자세하게 설명한다. "절대 회의설(Phrrhonism)을 전복시키는 것은 바로 일상적 삶의 행동과 일과 직무다. 그런 회의주의가 학교에서는 꽃을 피우고 승리할지 모른다. 그것을 반박하기가 불가능하지는 않더라도 대단히 어려운 것은 사실이다. 그러나 그런 것이 그늘에서 벗어나, 우리의 열정과 정서를 불러일으키는 실제 대상에 의해 우리 본성의 보다 강력한 본질과 맞대면하면 즉시 연기처럼 사라져 버리고, 가장 강경한 회의주의자도 다른 평범한 인간과 똑같은 상태에 빠지게 된다"(12.2, 167쪽).
10. Thomas Reid, *Essays on the Intellectual Powers of Man*, 2.20.
11. (존 로크로 시작되는) 영국의 경험주의자들은, 연역적 방법을 옹호하는 (르네 데카르트로 시작되는) 대륙의 합리주의자들에 대항하여 동료 영국인 프란시스 베이컨의 귀납적 방법을 옹호하려는 경향이 짙다.
12. Thomas Reid, *Essays on the Intellectual Powers of Man*, 2.8.
13. "리드의 말은 독립선언문의 '자명한 진리들'이란 문구 속에 영원히 보존되었다"(Turner, *Without God, Without Creed*, 62). 또한 다음을 보라. Garry Wills, *Inventing America: Jefferson's Declaration of Independence* (New York: Doubleday, 1978), chapter 12, "Self-Evident."
14. 다음 글에 인용. Charles Whitney, *Francis Bacon and Modernity* (New Haven, Conn.: Yale University Press, 1986), 11, 40. 지식에 대한 연역적 방법

에서 귀납적 방법으로의 전환에 담긴 중대한 함의는 다음 책에 논의되어 있다. Jeffrey Stout, *The Flight from Authority: Religion, Morality, and the Quest for Autonomy* (Notre Dame, Ind.: University of Notre Dame Press, 1981).

15. 다음 글에 인용. Bozeman, *Protestants in the Age of Science*, 151.
16. Charles Hodge, *Introduction to Systematic Theology* (1872), excerpted in *The Princeton Theology 1812-1921: Scripture, Science, and Theological Method from Archibald Alexander to Benjamin Warfield*, ed. Mark Noll (Grand Rapids, Mich.: Baker, 2001), 119. 다음 글도 보라. George Marsden, "Everyone One's Own Interpreter? The Bible, Science, and Authority in Mid-Nineteenth-Century America," in *The Bible in America: Essays in Cultural History*, ed. Nathan Hatch and Mark Noll (New York: Oxford University Press, 1982), 84.
17. 베이컨의 방법론이 개신교인에게 매력적으로 보였던 데는 다른 이유도 있었다. 특히 전통과 교회의 권위를 배격하는 입장이 로마 가톨릭을 대항하는 개신교에게 유용했기 때문이다. 같은 이유로 가톨릭은 베이컨의 방법론을 배격했는데, 그것은 교회의 권위와 상관없는 사적인 [성경] 해석의 권리를 지지했기 때문이었다. 가톨릭이 베이컨주의 과학적 방법론에 더 비판적인 입장을 취했다. 그들은 베이컨의 경험론이 유물론(우리가 감각으로 아는 것만이 실재한다)과 쾌락주의(선과 악이란 고통과 쾌락의 감흥을 불러일으키는 모든 것에다 우리가 갖다 붙인 이름일 뿐이다)를 초래했다고 주장했다. (참조. George H. Daniels, *American Science in the Age of Jackson* [New York: Columbia University Press, 1968], 68, 79, 83, 84.) 경험론이 유물론을 초래하는 경향에 가톨릭이 더 민감하게 반응한 이유는, 프랑스에서 바로 그런 현상이 실제로 일어났기 때문이었다. Henry May가 설명하듯, 가톨릭 국가인 프랑스에서는 뉴턴의 물리학이 "물질과 운동으로 된 자기 충족적인 기계(곧 세계)"를 함의한다고 해석해 그것이 유물론을 지지하는 것으로 간주했다. 이와 반대로, 개신교 국가인 영국에서는 뉴턴의 체계가 창조자를 필요로 하는 하나의 기계 같은 우주를 표상한다고 생각해 종교를 지지하는 것으로 간주했다(May, *Enlightenment in America*, 108, 110).
18. 다음 글에 인용. Robert Richardson, *Memoirs of Alexander Campbell*, vol. 1 (1868), at http://www.mun.ca/rels/restmov/texts/rrichardson/mac/MAC 103.HTM, 강조는 원저자의 것.
19. 다음 글에 인용. Nathan Hatch, *The Democratization of American Christianity* (New Haven, Conn.: Yale University Press, 1991), 169, 176, 177.

20. 다음 글에 인용. Michael Casey, "The Origins of the Hermeneutics of the Churches of Christ. Part Two: The Philosophical Background," *Restoration Quarterly* 31, no. 4 (1989): 193-206.
21. 다음 글에 인용. Hatch, *Democratization of American Christianity*, 163.
22. 다음 글에 인용. Stephen E. Broyles, "James Sanford Lamar and the Substructure of Biblical Interpretation in the Restoration Movement," *Restoration Quarterly* 29, no. 3 (1987), 143-151, 강조 추가; 이 자료는 다음 웹사이트에서도 구할 수 있다. http://www.stephenbroyles.com/J.%20S.%20Lamar.htm.
23. 사실, 캠벨은 일주일 전이나, 아니 심지어 하루 전에 자신이 내린 판단조차 신뢰하지 않는다고 하면서, 날마다 완전히 참신하게 성경에 접근할 때 외부의 어떤 영향도 받지 않으려고 "스스로를 경계한다"고 덧붙였다. (다음 글에 인용. Hatch, *Democratization of American Christianity*, 179).
24. Walter H. Conser, Jr., *God and the Natural World: Religion and Science in Antebellum America* (Columbia: University of South Carolina Press, 1993), 72.
25. 과학사가들에게 분명히 밝히고 싶은 것은, 내가 베이컨을 직접 논하고 있는 것이 아니라 그의 사상을 18세기와 19세기의 미국 복음주의자들이 어떻게 해석하고 적용했는지를 논하고 있다는 점이다.
26. 누구든 파헤쳐야 하는 임의의 자료 모음으로 성경을 읽을 경우, "그는 성경 자체를 목적으로 읽는 것이 아니라 특정한 의문과 관련된 자료를 뒤지기 위해 읽는 셈이다" (Broyles, "James Sanford Lamar and the Substructure of Biblical Interpretation in the Restoration Movement").
27. C. S. Lewis, "On the Reading of Old Books," in *God in the Dock: Essays on Theology and Ethics*, ed. Walter Hooper (Grand Rapids, Mich.: Eerdmans, 1970).
28. 19세기 복음주의자 가운데는 베이컨주의가 함축하는 반(反)신조적 입장에 대항하려던 이들이 일부 있었다. 이를테면, 구학파에 속한 장로교인들이 그랬다. 그들은 체계적인 진술을 모조리 없애려 했던 Campbell의 "크리스천" 운동을 혐오했는데, 자신들의 신앙고백과 신앙진술을 확고하게 유지하고 싶었기 때문이다. 하지만 스스로 베이컨 모델을 채택한 이상 그 함의를 피할 수 있었겠는가?

일부는 과학과의 유사성을 끌어내 양쪽에서 이득을 취하여 했다. 과학자가 선례를 공부해 자신을 단련하듯, 신학자도 기존의 체계와 신조를 단지 배경지식 정도로 공부할 필요가 있다고 했다. 그래서 James Alexander가 신학체계는 "단순한 가설, 진리의 근사치, 장래의 탐구를 위한 지침"이라고 썼던 것이다 (다음 글에 인용. Bozeman, *Protestants in the Age of Science*, 152-153). 이런 전략은 기존의 신학적 진술을 새로운 발견을 위한 가설에 불과한 것으로 격하시키고 말았다. 이처럼 귀납의 논리는 정통을 옹호하는 이들 사이에서도 교리의 권위를 손상시키는 데 기여했던 것이다.

29. "그러나 대다수의 16, 17세기 개신교 그룹들은 위험을 사전에 방지하기 위해 신조를 작성하되 실질적으로는 사적인 해석을 배제하여 자신의 입장을 더더욱 공고하게 했다." (Marsden, "Everyone One's Own Interpreter?" 80).

30. 다음 글에 인용. Hatch, *Democratization of American Christianity*, 180.

31. 같은 책, 81. 예를 들어, 1845년만 하더라도 신조에 반대하는 정서가 너무 강해서 남침례교단 총회를 창설한 침례교도들이 자신들은 "신조가 아니라 성경을" 따르겠다고 하면서 신앙진술 작성을 거부했다.

32. 물론, 가설-연역적 방법 자체도 비판과 수정의 대상이 되어 왔으며, 과학적 방법을 정의하는 문제도 계속해서 논쟁의 소재가 되어 왔다. Percy Bridgman의 조작주의, Michael Polanyi의 개인적 지식, Karl Popper의 반증주의, Imre Lakatos의 연구 프로그램, Thomas Kuhn의 패러다임 전환 등이 그 예다. 이에 대해서는 과학철학의 기본 교재에 개관되어 있다. 기독교적 관점에서 쓴 좋은 책으로는 Del Ratzsch, *Science and Its Limits: The Natural Sciences in Christian Perspective* (Downers Grove, Ill.: InterVarsity Press, 2000; originally published as *Philosophy of Science*)가 있다. (「과학 철학」 IVP)

33. Richard T. Hughes and C. Leonard Allen, *Illusions of Innocence: Protestant Primitivism in America, 1630-1875* (Chicago: University of Chicago Press, 1988), 130; 119.

34. 같은 책, 168, 169. 이와 비슷하게, E. Brooks Holifield도 남부 신학자들이 상식적 실재론을 포용한 현상을 논의하면서 다음과 같이 결론을 내린다. "남부의 종교적 보수주의자는 성경을 순수하고 단순하게 신봉한다고 종종 주장하지만, 그들의 자기인식은 부정확한 것이었다.……옛 남부의 종교적 보수주의는 언제나 성경과 관련된 문제에 못지 않게 철학에 관한 문제였다" (*The Gentlemen Theologians: American Theology in Southern Culture 1795-1860* [Durham, N.C.: Duke University Press, 1978], 125).

35. Sidney Mead, *The Lively Experiment: The Shaping of Christianity in America* (New York: Harper & Row, 1963), 108.

36. Anthony Trollope, *Barchester Towers* (London: J. M. Dent, 1906), 96.

37. Mark Noll, *America's God: From Jonathan Edwards to Abraham Lincoln* (Oxford: Oxford University Press, 2002), 94.
38. 다음 글에 인용. Holifield, *Gentlemen Theologians*, 136-137.
39. 다음 글에 인용. Mark Noll, *The Scandal of the Evangelical Mind* (Grand Rapids, Mich.: Eerdmans, 1994), 89.
40. 다음 글에 인용. George Marsden, "The Collapse of American Evangelical Academia," in *Faith and Rationality, ed. Alvin Plantinga and Nicholas Wolterstorff* (Notre Dame, Ind.: University of Notre Dame Press, 1984), 231.
41. Allen Guelzo, " 'The Science of Duty': Moral Philosophy and the Epistemology of Science in Nineteenth-Century America," in *Evangelicals and Science in Historical Perspective*, ed. David Livingstone, D. G. Hart, and Mark Noll (New York: Oxford University Press, 1999), 273.
42. John Witherspoon, "Lectures on Moral Philosophy," 다음 글에 인용. Mark Noll, Nathan Hatch, and George Marsden, *The Search for Christian America*, expanded edition (Colorado Springs: Helmers & Howard, 1989), 90. 또한 다음을 보라. Douglas Sloan, *The Scottish Enlightenment and the American College Ideal* (New York: Teachers College Press, Columbia University, 1971), 123.
43. Stow Persons, *American Minds: A History of Ideas* (New York: Henry Holt, 1958), 191. 또 한 명의 역사가는 도덕과학을 "신학적 교의학과 별개로 도덕론을 제시하려는 노력"으로 묘사한다 (D. H. Meyer, *The Instructed Conscience: The Shaping of the American National Ethic* [Philadelphia: University of Pennsylvania Press, 1972], 136). Holifield는 다음과 같이 쓰고 있다. "도덕은 성경의 계시에 의존하지 않는다. 계시는 다만 건전한 도덕철학을 인준하고 강제할 따름이다." (Gentlemen Theologians, 127).
44. C. S. Lewis, *The Abolition of Man*.
45. Elizabeth Flower and Murray G. Murphey, *A History of Philosophy in America* (New York: Putnam, 1977), 1:234, 강조 추가. Flower와 Murphey는 구체적으로 Witherspoon의 사상을 언급하고 있지만, 그들의 묘사는 다른 형태의 19세기의 도덕과학에도 적용된다.
46. Turner, *Without God, Without Creed*, 59, 60.
47. George Marsden, *Understanding Fundamentalism and Evangelicalism*

(Grand Rapids, Mich.: Eerdmans, 1991), 131.
48. 다음 글에 인용. Neal Gillespie, *Charles Darwin and the Problem of Creation* (Chicago: University of Chicago Press, 1979), 14.
49. George Marsden, *The Soul of the American University* (New York: Oxford University Press, 1994), 129, 199. 복음주의자가 베이컨의 "자유로운 탐구"의 이상을 포용한 사실, 그들이 학문을 본질상 자율적인 것으로 취급한 경위, 이런 전술이 오히려 그들에게 등을 돌리고 반기독교적 철학들을 도입하게 된 경위 등에 관해서는 특히 다음 페이지를 보라. 85, 120, 154-155와 7장.
50. "다윈이 특별한 창조를 거부한 것은, 생물학이 실증적[실증주의적] 과학으로 변모되는 과정의 일부였으며, 물질적 원인과 자연의 획일성에 기초한 철저한 자연주의적 설명에 의존한 것이었다" (Gillespie, *Charles Darwin and the Problem of Creation*, 19). 많은 역사가들은 그 갈등이 마치 베이컨의 사변적 가설에 대한 거부를 둘러싸고 일어난 것처럼 여기는데(예, Bozeman, *Protestants in the Age of Science*, 166-169), 그것도 분명히 하나의 요인이기는 했다. 역사가 John Hedley Brooke은 다음과 같이 설명한다. "이런 가설-연역적 구조들이 실효성은 컸으나, 베이컨의 과학에 대한 일반적인 인식을 벗어나는 것이었다. 그것은 다윈의 이론이 성직자에게뿐 아니라, 그 자체의 철학적 방종으로 인해 공격을 받을 수 있음을 의미했다. …… 다윈은 「종의 기원」에서, 예전에는 풀 수 없던 현상들을 자연선택이 '설명할 수 있다', '설명할 수 있을 지도 모른다'고 거듭해서 썼다. 이 때문에 그는 반대파로부터 엄밀한 과학이 아니라 사변적인 프로그램을 제시한다는 공격을 받게 된 것이다. …… 헉슬리도, 다윈의 갑옷에 약점이 있다면 그것은 한 종에서 다른 종으로 변형되는 현상을 직접 관찰할 수 없다는 점이라고 시인한 적이 있다. …… 다윈은 자기 주장을 소개할 때 '나는 의심하지 않는다', '그것은 믿지 못할 것이 아니다', '이렇게 생각할 수 있다'는 식의 표현을 썼다. [사무엘] 윌버포스는 '이런 진술은 진정한 베이컨 철학을 추종하는 충성스런 제자의 입에서 나오리라고 기대할 수 없는 얼마나 새로운 표현인가?' 하고 물었다" [2001년 2월 26일(월)에 케임브리지의 임마누엘 대학, 퀸즈 강당에서 한 강연에서 (제목은 없음), http://www.st-edmunds.cam.ac.uk/cis/brooke/lecture0.html).
51. Edward A. Purcell, Jr., *The Crisis of Democratic Theory: Scientific Naturalism and the Problem of Value* (Lexington: University of Kentucky Press, 1973), 8-9. 다윈 이후 반세기 동안, 다윈주의자로 자처한 다수의 인물들이 사실상 그 이론을 목적과 진보에 관한 철학의 맥락에 위치시켰다. 참조. Nancy Pearcey, "You Guys Lost: Is Design a Closed Issue?" in *Mere Creation*, ed.

William A. Dembski (Downers Grove, Ill.: InterVarsity Press), 73-92.
52. Mark Noll and David Livingstone, eds., *B. B. Warfield—Evolution, Science, and Scripture: Selected Writings* (Grand Rapids, Mich.: Baker, 2000), 29.
53. McCosh는 자연적 진화과정을, 하나님이 창조세계에 미리 내장한 설계가 개진되는 것으로 보았다. Marsden, *Soul of the American University*, 203-204.
54. 이것은 Gray에 대한 Gillespie의 해석이다. 다음을 보라. *Charles Darwin and the Problem of Creation*, 111-114. 하나의 세계관으로서 다윈주의에 대한 논의는 다음 책을 참조하라. John Greene, *Science, Ideology, and Worldview: Essays in the History of Evolutionary Ideas* (Los Angeles: University of California Press, 1981).
55. Charles Hodge, *What Is Darwinism? And Other Writings on Science and Religion*, ed. Mark Noll and David Livingstone (Grand Rapids, Mich.: Baker, 1994), 92, 155.
56. Phillip E. Johnson, *The Right Questions* (Downers Grove, Ill.: InterVarsity Press, 2002), 61-62. 이와 비슷한 어조로 J. P. Moreland와 William Lane Craig은 이렇게 쓰고 있다. "이 논쟁은 단순히 과학적 사실에 관한 것이 아니다. 역사적으로도 그런 적이 한번도 없었는데, 처음에 다윈 자신부터 그랬듯이 창조-진화의 논쟁은 과학철학에 관한 논쟁의 성격을 띠어 왔다. 즉 신학이 직접 반응해서 과학의 틀 속으로 들어가야 하는가, 아니면 과학이 방법론적 자연주의를 채택해야 하는가 하는 문제였다." 모어랜드와 크레이그는 이어서 종교적 혹은 신학적 개념들이 통제신념의 역할을 맡아 과학에서 시험 가능한 가설을 형성하는 일을 지도할 수 있는 다양한 방법을 열거한다. (J. P. Moreland and William Lane Craig, *Philosophical Foundations for a Christian Worldview* [Downers Grove, Ill.: InterVarsity Press, 2003], 354-356).
57. Gilman, *The Launching of a University* (1906), 다음 글에 인용. Jon Roberts and James Turner, *The Sacred and the Secular University* (Princeton, N.J.: Princeton University Press, 2000), 105-106.
58. Friedrich Heinrich Jacobi, 다음 글에 인용. Marty, *Modern Schism*, 41.
59. Douglas Sloan, *Faith and Knowledge: Mainline Protestantism and American Higher Education* (Louisville: Westminster John Knox, 1994), 23.
60. Marsden, *Understanding Fundamentalism and Evangelicalism*, 145, 강조 추가.
61. 영국인 신학자 John Henry Newman은 이처럼 부인할 수 없는 경험의 일부를 열

거했다. "물론 우리 모두는 우리가 존재한다는 것과, 우리가 고유한 개별성과 정체성을 갖고 있다는 것과, 우리가 생각하고 느끼고 행동한다는 것을 조금도 의심 없이 믿는다." 우리는 또한 "우리가 선과 악, 옳고 그름, 참과 거짓에 대한 현재의 감각을 갖고 있다는 것"도 확신한다. 마지막으로, "우리는 우리 자신만이 현존하는 유일한 존재가 아니라는 것과 외부세계가 존재한다는 것을 틀림없이 확신한다." 그는 다음과 같이 결론짓는다. "우리에게는 이 모든 진리를 바로 주저 없이 파악할 수 있는 힘이 있다"고 결론짓는다 (John Henry Newman, *An Essay in Aid of a Grammar of Assent* [1870; reprint Garden City, N.Y.: Doubleday, 1955], 148-150).

62. "미국인이 상식(Common Sense)에 특별히 매력을 느낀 이유는, 그것이 반(反)철학의 취지를 지닌 것으로 여겨졌기 때문이다" (Marsden, "Everyone One's Own Interpreter?" 82).
63. Reid, *Inquiry*, 1.4.
64. 같은 책, 7.4.
65. 다음 글에 인용. Bozeman, *Protestants in the Age of Science*, 58-59.
66. Noll, *Scandal of the Evangelical Mind*, 88, 강조 추가.
67. Marsden, *Understanding Fundamentalism and Evangelicalism*, 151; 5장도 보라. 마스덴은 그 두 집단을 "워필드파"와 "카이퍼파"라고 각각 부른다.
68. 쉐퍼는 웨스트민스터 신학교의 J. Gresham Machen 아래서 공부하면서 상식적 실재론에 입각한 옛 프린스턴 전통을 익혔다. 그는 또한 Cornelius Van Til 아래서 공부하면서 카이퍼와 도예베르트를 중심으로 한 화란 신칼뱅주의를 배웠다. 덧붙여, 유럽으로 건너간 뒤에는 네덜란드인 미학교수인 한스 로크마커의 영향을 받았다. 그는 나치 강제수용소에서 신앙을 갖게 된 인물로서, 거기서 전에 도예베르트의 학생이었던 동료 재소자 J. P. A. Mekkes의 사사를 받았다. 쉐퍼는 자기가 이 두 접근의 차이를 이론보다 실제적으로 어떻게 해결하는지를 다음 글에서 설명하고 있다. "A Review of a Review," *The Bible Today*, May 1948, at http://www.pcanet.org/history/documents/schaefferreview.html. 다음 글도 보라. Francis Schaeffer, *The God Who Is There*, in *The Complete Works of Francis A. Schaeffer*, vol. 1 (Wheaton, Ill.: Crossway, 1982), 137-138. 쉐퍼의 변증 방법에 대한 분석은 다음 자료를 참조하라. Gordon Lewis, "Schaeffer's Apologetic Method," in *Reflections on Francis Schaeffer*, ed. Ronald Ruegsegger (Grand Rapids, Mich.: Zondervan, 1986); and Kenneth Boa and Robert Bowman, *Faith Has Its Reasons: An Apologetics Handbook*

(Colorado Springs: NavPress, 2001).
69. Roy Clouser, *The Myth of Religious Neutrality: An Essay on the Hidden Role of Religious Belief in Theories* (Notre Dame, Ind.: University of Notre Dame Press, 1991), 69, 강조 추가.
70. Herman Dooyeweerd, *In the Twilight of Western Thought: Studies in the Pretended Autonomy of Philosophical Thought* (Nutley, N.J.: Craig, 1972), 18.
71. Alvin Plantinga, *Warrant and Proper Function* (New York: Oxford University Press, 1993), especially chapter 5, "Perception." Thomas Reid는 "우리의 감각, 우리의 기억, 우리의 이성은 모두 제한되고 불완전하다. 이는 인간의 숙명이다. 하지만 이런 모습은 우리의 창조주가 우리의 현재 상태에 가장 걸맞다고 여긴 것이다" (*Essays on the Intellectual Powers of Man*, 2.22).
72. Udo Middelmann, *Pro-Existence: The Place of Man in the Circle of Reality* (Downers Grove, Ill.: InterVarsity Press, 1974), 62.
73. Paul Davies, "Was Einstein Wrong?" *Prospect*, April 2003, at http://www.prospectmagazine.co.uk/ArticleView.asp?accessible=yes&P_Article=11889.
74. David Hume, *An Inquiry Concerning Human Understanding* (1748; reprint, LaSalle, Ill.: Open Court, 1956), 4.2, page 34.
75. Eugene Wigner, "The Unreasonable Effectiveness of Mathematics in the Natural Sciences," in *Mathematics: People, Problems, Results*, ed. Douglas M. Campbell and John C. Higgins, vol. 3 (Belmont, Calif.: Wadsworth, 1984), 117. 다음 글도 보라. Nancy Pearcey, "Mind Your Mathematics: A Two-Part Series on the Role of Mathematics in Science," *Bible-Science Newsletter*, March and April 1990; 보다 최근의 논의로는 *Soul Science* 6장과 7장을 보라.
76. Morris Kline, *Mathematics: The Loss of Certainty* (New York: Oxford University Press, 1980), 35.
77. Plantinga, *Warrant and Proper Function*, 136.
78. 다음 글에 인용. Plantinga, *Warrant and Proper Function*, 50.
79. Hume, *A Treatise of Human Nature*, ed. L. A. Selby-Bigge (Oxford: Oxford University Press, 1978), 1.4.6, page 252.
80. 동양사상과 뉴에이지사상에 관해서는 부록 2에서 보다 자세하게 다루고 있다.
81. Daniel Dennett은 *Freedom Evolves*(New York: Viking, 2003)에서, 참되거나 순수한 이타주의—자기에게 유익이 있을 것을 전혀 기대하지 않고 남을 위해 선을

베푸는 것—는 자연선택으로는 도달할 수 없는 것일지 모른다고 시인하고 있다. 진화는 단지 그가 "유사 이타주의"라고 일컫는 것을 발생시킬 수 있을 뿐이다. 이는 협력과 (일시적인) 자기희생이 가져올 장기적인 유익을 인식하는 일종의 긴 안목에 입각한 자기이익을 가리킨다(196, 217).

82. 그 불신자가 명석한 교수든 무식한 노동자든 상관없이, "당신은 긴장 가운데 있는 한 사람을 대하고 있는 셈이다. 당신이 그에게 이야기할 때 바로 이 긴장이 당신에게 유리한 방향으로 작동하게 된다"고 쉐퍼는 기록했다 (*The God Who Is There*, in *Complete Works*, vol. 1, 133). "당신 앞에 있는 사람이 자신의 비기독교적 전제에 의거해 논리적으로 일관된 삶을 산다면, 굳이 그 사람과 의사소통을 할 필요가 없다.…… 그러나 실제로는 아무도 자신의 비기독교적 전제에 따라 논리적으로 살 수 없으며, 따라서 상대방이 실재세계와 자기 자신을 정면으로 마주하고 있는 이상 **실제로** 당신은 대화의 소재를 찾을 수 있을 것이다.…… 그가 실재세계에 더 가까이 갈수록, 그만큼 자신의 전제에 대해 더 비논리적이 될 것이다" (같은 책, 137, 강조는 원저자의 것).

83. John Gray, review of *Freedom Evolves*, by Daniel Dennett, *The Independent* online, February 8, 2003, at http://enjoyment.independent.co.uk/books/reviews/story.jsp?story=376373.

84. John Gray, "Exposing the Myth of Secularism," Australian Financial Review, January 3, 2003, at http://afr.com/review/2003/01/03/FFX9CQAJFAD.html.

85. Plantinga의 책을 소개하자면, *Warrant: The Current Debate*; *Warrant and Proper Function*; and *Warranted Christian Belief* (New York: Oxford University Press, 1993, 1993, and 2002, respectively)가 있다. 여기에 인용한 문구의 출처는 다음과 같다. *Warrant and Proper Function*, 13.

86. James Turner, "The Evangelical Mind Awakens," *Commonweal*, January 15, 1999.

87. 이 예일 대학의 역사가는 Jon Butler였다. 다음 글을 참조하라. Darryl Hart, "What's So Special About the University, Anyway?" in *Religious Advocacy and American History*, ed. Bruce Kuklick and D. G. Hart (Grand Rapids, Mich.: Eerdmans, 1997), 137.

88. Marty, *Modern Schism*, 98, 135, 140.

89. 같은 책, 98.

90. 같은 책에 인용, 129-130.

91. Richard Hofstadter, *Anti-Intellectualism in American Life* (New York: Random House, 1966), 87, 강조 추가.

12장 여성은 어떻게 문화전쟁을 시작했는가

1. Peter Berger, *Facing Up to Modernity: Excursions in Society, Politics, and Religion* (New York: Basic Books, 1977), 133.
2. 이 글은 Sarah Grimké가 쓴 것으로 다음 글에 인용되어 있다. Carroll Smith-Rosenberg, "Beauty, the Beast, and the Militant Woman," in *Disorderly Conduct: Visions of Gender in Victorian America* (New York: Oxford University Press, 1985), 125.
3. Sarah Grimké, "Letters on the Equality of the Sexes, Addressed to Mary S. Parker, President of the Boston Female Anti-Slavery Society, 1837; Letter I: The Original Equality of Woman," at http://www.pinn.net/~sunshine/book-sum/grimke3.html.
4. Leon Podles, *The Church Impotent: The Feminization of Christianity* (Dallas: Spence, 1999), ix, 강조 추가. 초기 미국의 성 비율에 관해서는 다음 글을 보라. Roger Finke and Rodney Stark, *The Churching of America 1776-1990: Winners and Losers in Our Religious Economy* (New Brunswick, N.J.: Rutgers University Press, 1992), 33-35, 66-67. 현대 미국의 성 비율에 대해서는 Christian Smith, with Michael Emerson, Sally Gallagher, Paul Kennedy, and David Sikkink, *American Evangelicalism: Embattled and Thriving* (Chicago: University of Chicago Press, 1998), 80. 거기에는 미국 교회의 여러 분파를 대상으로 남성 대 여성의 비율을 조사한 1996년의 조사 결과가 다음과 같이 나와 있다.

	남성	여성
복음주의	43	57
근본주의	35	65
주류 개신교	34	66
자유주의 개신교	33	67
가톨릭	30	70

기독교 내에서 여성이 우세한 위치를 차지하기 시작한 것이 정확하게 언제인지에 대해서는 많은 논쟁이 있어 왔다. *The Rise of Christianity* (Princeton, N.J.: Princeton University Press, 1996)에서, Rodney Stark은 기독교가 1세기 때부터 남성보다 여성을 더 많이 끌었다고 주장한다. 그는 "기독교가 특이하게도 이방 여성에게 매력적으로 다가왔는데" 그 이유는 기독교 하위문화에서 여성이 전반적인 그리스-로마 세계보다 훨씬 높은 지위를 누렸기 때문이라고 한다. 기독교는 여성을 남성과 동등한 존재로, 동일한 초자연적 운명을 지닌 하나님의 자녀로 인정했던 것이다. 더구나, 일부다처제, 이혼, 산아 제한, 낙태, 유아 살해 등을 금하는 기독교의 도덕률은 여성의 존엄성과 복지를 증진시켰다.

이와 반대로, Podles는 "1200년이 되기 전에는 남자와 여자가 교회생활에서 동등한 역할을 담당했다.······ 중세 중반에 접어들기까지는 교회의 성적 균형에 아무런 변화가 없었다"고 주장한다 (*Church Impotent*, 101). 마지막으로, 미국의 경우, Jon Butler는 제1차 대각성운동이 일어나기 얼마 전에 변화가 있었다고 한다. "1680년과 1740년 사이에 뉴잉글랜드 지방에서는 새로운 커플 형태가 나타났는데, 곧 아내는 교인이나 남편은 교인이 아니거나 뒤늦게 교인이 된 경우였다. 1680년대에는 여성이 뉴잉글랜드의 대다수 기존 교회에서 다수파를 이루고 있었다. 1720년대에 이르면, 여성이 사실상 모든 뉴잉글랜드 교회에서 지배적인 위치를 차지하게 된다" (*Awash in a Sea of Faith: Christianizing the American People* [Cambridge, Mass.: Harvard University Press, 1990], 170).

5. Podles, *Church Impotent*, ix.
6. 이 장은 다음 두 기사에 크게 의존하고 있다. Nancy Pearcey, "Is Love Enough? Recreating the Economic Base of the Family," *The Family in America* 4, no. 1 (January 1990); and Nancy Pearcey, "Rediscovering Parenthood in the Information Age," *The Family in America* 8, no. 3 (March 1994). 이 둘을 하나로 개정한 글이 2001년 2월에 카비넌트 신학교의 프란시스 쉐퍼 연구소 주최로 열린 "Gender and Faith: An Examination of Women's Roles in Society" 대회의 기조 강연으로 발표되었다.
7. Carl N. Degler, *At Odds: Women and the Family in America from the Revolution to the Present* (New York: Oxford University Press, 1980), 5.
8. Ferdinand Lundberg and Marynia F. Farnham, *Modern Woman, the Lost Sex* (New York: Grosset & Dunlap, 1947), 97.
9. Alice S. Rossi, "Social Roots of the Woman's Movement," in *The Feminist Papers*, ed. Alice S. Rossi (New York: Columbia University Press, 1973), 250.

다음 글도 보라. Lundberg and Farnham, *Modern Woman, the Lost Sex*, 130-131.

10. Degler, *At Odds*, 365. Degler는 여성이 또한 "남편이 타지로 여행하는 동안 그 사업을 일시적으로 떠맡을 정도로 유능했다"고 한다. 다음 글도 보라. Ann Douglas, *The Feminization of American Culture* (New York: Knopf, 1977), 51. "과부는 문자 그대로 갑자기 남성의 후견을 빼앗긴 여성이기 때문에, 당시의 문화가 그녀에게 허락한 기회와 그녀를 대하는 태도를 보면 여성을 대하는 당대의 전반적인 자세를 잘 엿볼 수 있다."

11. Dorothy Sayers, *Are Women Human?* (Grand Rapids, Mich.: Eerdmans, 1971), 43. 인류학자들은 때로 전통사회에서 여성의 일을 "집안 관리"로 분류함으로써 그 중요성을 무시해 버린다. 그들이 제대로 이해하지 못한 점은, 당시와 같이 생산적인 노동이 집안에서 이루어진 시절에는 집안 관리가 바로 공적 경제의 관리였다는 사실이다. 거기에는 공과 사의 이분법이 존재하지 않는다. (Ruth Bleier, *Science and Gender: A Critique of Biology and Its Theories on Women* [New York: Pergamon Press, 1984], 148).

12. Gordon S. Wood, *The Creation of the American Republic, 1776-1787* (Chapel Hill: University of North Carolina Press, 1969). "개인의 이익을 보다 큰 전체의 유익을 위해 희생하는 것이 공화주의의 본질을 이루었다" (53). "국민의 대표는 사적이고 편파적인 이익의 대변자로 행동하지 않을 것이며, 모두가 '자신의 이익을 추구하지 않고 자기 시간을 모두 공적인 선을 위해 사용할 사심 없는 사람'일 것이다. 그러면 '단 하나의 이익밖에 남지 않게 되는데, 곧 전 국민의 유익이다'" (59, citing the *Boston Independent Chronicle*, July 10, 1777).

13. E. Anthony Rotundo, *American Manhood: Transformations in Masculinity from the Revolution to the Modern Era* (New York: Basic Books, 1993), 2, 12-14.

14. John Demos, *Past, Present, and Personal: The Family and the Life Course in American History* (New York: Oxford University Press, 1986), 44-47.

15. Maxine L. Margolis, *Mothers and Such: Views of American Women and Why They Changed* (Berkeley: University of California Press, 1984), 12-13, 18-22, 60.

16. John R. Gillis, *A World of Their Own Making: Myth, Ritual, and the Quest for Family Values* (New York: HarperCollins, 1996), 183.

17. 같은 책에 인용, 186.

18. 다음 글을 보라. Robert Young, *Darwin's Metaphor: Nature's Place in*

Victorian Culture (Cambridge: Cambridge University Press, 1981).
19. 다음 책을 보라. Christopher Lasch, *Haven in a Heartless World: The Family Besieged* (New York: Basic Books, 1979). 이런 변화가 서서히 일어났다는 점과 지역과 인구 집단에 따라 그 발생 시기에 차이가 있었다는 점에 유의할 필요가 있다. 산업혁명이 처음 뿌리를 내린 곳은 북동부였는데, 그곳이 이 장에서 묘사한 사회적 변화가 맨 먼저 일어난 지역이라고 보면 된다. 남부의 경우, 농장제도와 더불어 별도의 노예문화가 조성되어 있어서 산업화가 훨씬 늦게 이루어졌다. 마지막으로, 19세기 말까지 미국은 언제나 서진하는 변경이 있었기 때문에, 나라의 상당 부분이 모피 및 동물 사냥꾼과 소규모 농사를 짓는 농민으로 구성된 변경상태에 머물러 있었다. 우리가 9장에서 살핀 것처럼, 1850년에 이르면 동부의 주들에는 이미 고도로 발달된 200년 된 문화가 있는 반면에, 사람들이 미처 정착하지 못한 지역이 대륙의 반 이상이나 차지하고 있었다. 요컨대, 지배적인 문화가 북동부에 집중되어 있다가 다른 지역이 산업화되면서 서서히 퍼져나갔고, 중산층에 침투했으며, 결국 그 문화를 점령하게 되었던 것이다. 이런 동화과정이 일부 집단의 경우에는 완전하게 이루어지지 않았다. 예를 들어, 여성의 경제 기능 상실은 흔히 수사적으로 표현되듯이 완전히 마감된 것이 아니었다. 그러나 지배적인 풍조와 그 수사가 여전히 중요한 것은 그런 것이 사람들이 열망하는 이상(理想)을 설정해 주기 때문이다.
20. Margolis, *Mothers and Such*, 6, 33.
21. Gillis, *World of Their Own Making*, 190.
22. 산업혁명이 가정에 끼친 영향을 역사적으로 연구한 책으로는 다음 글을 참조하라. Allan Carlson, *From Cottage to Work Station: The Family's Search for Harmony in the Industrial Age* (San Francisco: Ignatius, 1993).
23. Douglas, *Feminization of American Culture*, 51.
24. 같은 책.
25. 참조. Wood, *Creation of the American Republic*.
26. Rotundo, *American Manhood*, 11-26, 227, 245-246. "경쟁적 인간이라는 현대적 개념은 역사적으로 최근에 개발된 것이다. "경쟁적"이라는 단어는 19세기 초까지만 해도 영어어휘에 포함되지 않았다. 어휘에 들 때에도 어떤 상황(경쟁적 시험)이나 기관(경쟁적인 사회)에 적용되었지 개인에게 적용되지는 않았다. 19세기의 사람들에게는 겨루기를 좋아하는 사람을 긍정적으로(혹은 중립적으로라도) 묘사할 만한 어휘가 없었다."
27. Lesslie Newbigin, *Foolishness to the Greeks: The Gospel and Western*

Culture (Grand Rapids, Mich.: Eerdmans, 1986), 109. (「헬라인에게는 미련한 것이요」 IVP)
28. 다음 글에 인용. Glenna Matthews, *"Just a Housewife": The Rise and Fall of Domesticity in America* (New York: Oxford University Press, 1987), 22. Peter Berger는 가정과 교회 둘 다 "근대화의 파괴적 영향을 '봉쇄하려는'" 전략에 동원되었다고 한다. 이 두 조직은 "소외를 조장하는 근대화의 세력으로부터 개인을 보호하는 피난처"를 제공했다. 이어서 버거는, 우리 시대에 "바로 이 두 기관이 지식인의 '적대적인 문화'의 주요 목표물이 된 것은" 의미심장한 사실이라고 말한다 (*Facing Up to Modernity*, 65).
29. Kenneth Keniston and the Carnegie Council on Children, *All Our Children: The American Family Under Pressure* (New York: Harcourt Brace, 1977), 10.
30. 다음 글에 인용. Degler, *At Odds*, 31. 다음 글도 보라. Barbara Welter, "The Cult of True Womanhood: 1820-1860," in *The American Family in Social-Historical Perspective*, ed. Michael Gordon (New York: St. Martin's Press, 1973).
31. Rotundo, *American Manhood*, 18.
32. 다음 글에 인용. Michael Kimmel, *Manhood in America: A Cultural History* (New York: The Free Press, 1996), 176.
33. Douglas, *Feminization of American Culture*, 18. 교역자들이 그리스도인의 은혜로운 모습을 그릴 때 여성의 실례를 자주 사용했다고 Donald M. Scott은 말한다. "남을 잘 돌보는 따스한 기독교적인 사랑은 이타적인 모습과 때로는 고난받는 모습으로 가장 잘 나타나지만, 사람을 포용하고 용서하는 어머니에게서는 언제나 볼 수 있는 것이다" (Donald M. Scott, *From Office to Profession: The New England Ministry, 1750-1850* [Philadelphia: University of Pennsylvania Press, 1978], 142).
34. 다음 글에 인용. Douglas, *Feminization of American Culture*, 17.
35. Joel Hawes, 같은 책에 인용, 113.
36. 다음 글에 인용. Nancy F. Cott, *The Bonds of Womanhood: "Woman's Sphere" in New England, 1780-1835* (New Haven, Conn.: Yale University Press, 1977), 129-130.
37. 같은 책, 86, 강조 추가.
38. Douglas, *Feminization of American Culture*, 75.

39. 다음 글에 인용. James Turner, *Without God, Without Creed: The Origins of Unbelief in America* (Baltimore: Johns Hopkins University Press, 1985), 203.
40. Frances Willard, 다음 글에 인용. Matthews, "Just a Housewife," 86.
41. 다음 글에 인용. Christopher Lasch, *Women and the Common Life: Love, Marriage, and Feminism*, ed. Elisabeth Lasch-Quinn (New York: Norton, 1997), 97.
42. 다음 글에 인용. Robert Smuts, *Women and Work in America* (New York: Columbia University Press, 1959), 129-130. 더욱이, 그들은 살림살이로 인해 여성이 실제적인 일을 관리할 수 있는 기술을 얻게 된다고 주장하면서, 정부의 일도 큰 규모의 살림살이에 불과한 것이 아니냐고 물었다. 1850년대에 Theodore Parker는 정치 경제를 "국가의 살림살이"라고 규정하면서 "존경할 만한 여성 가운데 미국처럼 형편없이 살림을 사는 자가 있는가?"라고 물었다 (다음 글에 인용. Matthews, "Just a Housewife," 88).
43. 다음 글에 인용. Cott, *Bonds of Womanhood*, 148.
44. Mary Ryan, *Womanhood in America: From Colonial Times to the Present*, 3rd ed. (New York: Franklin Watts, 1983), 150.
45. "노예제도의 가장 생생한 결과(노예폐지론자들이 거듭해서 지적했던)는 고삐 풀린 부정한 성이 지배하는 정욕의 체계였다. 노예제는 여자노예를 주인의 지칠 줄 모르는 성적 욕망의 무력한 희생자로 만들었다"(Scott, *From Office to Profession*, 90). 예를 들어, Sarah Grimké는 "너무나 아름답고 지성적인" 젊은 노예 여성이 "추잡하게 생긴 총각"에게 7000달러에 팔려 가는 것에 대해 치를 떨면서 썼다 ("Letters on the Equality of the Sexes, Addressed to Mary S. Parker, President of the Boston Female Anti-Slavery Society, 1837; Letter VIII: On the Condition of Women in the United States," at http://www.pinn.net/~sunshine/book-sum/grimke3.html).
46. Ryan, *Womanhood in America*, 130.
47. Degler, *At Odds*, 287, 282, 283.
48. Rotundo, *American Manhood*, 25.
49. 다음 글에 인용. Degler, *At Odds*, 377.
50. 같은 책에 인용, 378-379.
51. 덕의 의미의 변천에 관한 고전적인 논의는 다음을 보라. Ruth H. Bloch, "The Gendered Meanings of Virtue in Revolutionary America," *Signs* 13 (1987):

37-58.
52. 다음 글에 인용. Rotundo, *American Manhood*, 172.
53. 같은 책, 25이하.
54. 다음 글에 인용. Kimmel, *Manhood in America*, 169.
55. Steven Mintz and Susan Kellogg, *Domestic Revolutions: A Social History of American Family Life* (New York: The Free Press, 1988), 117.
56. Matthews, "Just a Housewife," 80-81. 트웨인 자신도 자기를 "교화하기로" 작정한 여성과 결혼했다. "Livy Clemens는 최선을 다해 투박한 자기 남편을 세련되게 만들기로 결심했다. 그의 온갖 더러운 언행, 식습관, 글쓰는 습관, 침대에서 담배를 피우고 술을 많이 마시는 습관, 낭비벽 등을 억제하기로 한 것이다. 허크 핀의 삶에 등장하는 여성들처럼, 리비 랭던 클레멘스도 그의 의지에 대항해 그를 '교화하는' 일에 착수했다. 클레멘스 씨는 집안의 평화를 위해 자기에게 중산층의 그럴듯한 도덕에 적응하라는 아내의 고집을 참고 견뎠다. 그러나 속으로는, 자기 주변의 문화에 노골적으로 드러나는 위선을 보고 분노를 금치 못했다" (D. Bruce Lockerbie, *Dismissing God: Modern Writers' Struggle Against Religion* [Grand Rapids, Mich.: Baker, 1998], 114).
57. 다음 글에 인용. Rotundo, *American Manhood*, 229.
58. Rotundo, 같은 책, 229, 254.
59. Thomas Wentworth Higginson, "Saints and Their Bodies," 다음 글에 인용. Kimmel, *Manhood in America*, 177.
60. 같은 책에 인용, 179.
61. 이 인용문은 Men and Religion Forward Movement의 창립자인 Fred Smith가 한 말로서, 같은 책 180쪽에서 인용했다. 다음 글도 보라. Podles, *Church Impotent*, 158.
62. 다음 글에 인용. Lasch, *Women and the Common Life*, 100.
63. 다음 글을 보라. Matthews, "Just a Housewife," 207이하.
64. 다음 글에 인용. Barbara Ehrenreich, *The Hearts of Men: American Dreams and the Flight from Commitment* (New York: Doubleday, 1983), 47.
65. Robert Griswold, *Fatherhood in America: A History* (New York: Basic Books, 1993), 99.
66. Mintz and Kellogg, *Domestic Revolutions*, 117, 195-196. 다음 글도 보라. Demos, *Past, Present, and Personal*, 61.
67. David Eggebeen and Peter Uhlenberg. 다음 글에 인용. Griswold,

Fatherhood in America, 229.
68. 다음 글에 인용. Christopher Lasch, *The New Radicalism in America, 1889-1963: The Intellectual as a Social Type* (New York: Vintage, 1965), 58.
69. Nancy Pearcey, "War on the Family: How Social Darwinism Weakened the Home," *Bible-Science Newsletter*, January 1990. 사회진화론자들이 여자의 성품과 여자의 환경(곧, 가정)을 경멸하는 소리를 잘 들어 보라. 가정생활은 진화론적 발전을 지체시킨다고 비난했다. Matthews가 말하듯, Herbert Spencer의 사회진화론은 가정을 "인간의 진보와 전혀 상관없는 것"으로 만들었고, "가정 밖에서의 남성의 분투가 변화의 동력"이라고 한다 ("Just a Housewife", 121). 다윈이 설명하는 '우월성'은 이와 좀 다르다. 그는 초기 야만인이던 시절부터 남성이 여성을 상대로 싸워서 강하게 되었다고 주장한다(자연선택이 아니라 성적 선택이다). 근대의 남성은 문자 그대로 배우자를 차지하려고 싸우지는 않았지만, 자기 자신과 자기 가정을 지탱하려고 계속 싸웠으며 그로 인해 정신 능력이 커졌다고 한다. (1800년대만 하더라도 아무도 유전의 원리에 대해 몰랐기 때문에, 남성은 후천적으로 획득한 자질을 아들에게, 여성은 딸에게 각각 물려준다고 생각했다.)
70. Matthews, "Just a Housewife," 131.
71. Charlotte Perkins Gilman, *The Home: Its Work and Influence*, introduction by William O'Neill (1903; reprint, Chicago: University of Illinois Press, 1972).
72. "여성이 '실생활'에서 동떨어져 있다고 인식된 것처럼, 명시적으로 표현되지는 않았지만 종교도 일상생활의 구체적 현실로부터 벗어난 것으로 여겨지게 되었다" (Turner, *Without God, Without Creed*, 81).
73. William Raspberry, "Women Taming Men," *The Washington Post*, November 24, 1993. Raspberry는, 남자의 성격이 본래부터 잔인하고 야만적이며 호전적이라고 규정한 George Gilder (*Men and Marriage*[Gretna, La.: Pelican, 1986])를 인용한다. 이와 대조적으로, 여자의 성격은 성적인 기능에 따른 보다 넓은 리듬에 의해 형성된다고 한다. 즉 임신, 수유, 유아 양육 등과 같은 여자에게 부과되는 장기적 헌신에 의해 형성된다는 말이다. 길더의 생물학적 환원주의에 따르면, 문명의 미래는 여성이 자신의 책임, 곧 남성을 길들여서 여성성의 장기적 지평에 굴복하도록 설득하는 과업을 수용하는 것에 달려 있다.
74. Dorothy Sayers, "The Human-Not-Quite Human," in *Unpopular Opinions* (London: Victor Gollancz, 1946). 역사적 세력들이 가정에 미치는 영향을 고려하는 가운데 낙태문제를 다룬 글로는 다음을 보라. Nancy Pearcey, "A Plea for

Changes in the Workplace," in *Pro-Life Feminism: Different Voices*, ed. Gail Grenier Sweet (Toronto: Life Cycle Books, 1985), 203-207.

75. "이상적 근로자"의 표준에 관한 논의는 다음 책을 보라. Joan Williams, *Unbending Gender: Why Family and Work Conflict and What to Do About It* (Oxford: Oxford University Press, 2002). 이 책은 이 장에서 묘사된 역사적 과정에 대해 잘 요약하고 있다 (단, 그 책은 급진적인 해결책을 제시하는데, 추천할 만한 것은 못 된다).

76. 다음 글들을 참고하라. Nancy Pearcey, "The American Mother: Balancing Career and Family," *The World & I*, July 1990; Nancy Pearcey, "Rediscovering Motherhood," *The World & I*, May 1991; and Nancy Pearcey, "The Family that Works Together," *The World & I*, March 1989. 많은 그리스도인이 세금 구조를 보다 가정 친화적으로 만드는 방안을 제시하기도 했다. 예를 들어, 어린이에 대한 면세를 더 증대하거나 세금 공제를 해주면, 그로 인한 재정적인 도움으로 인해 부모 중 한 사람이 일을 줄이고 자녀와 더 많은 시간을 보내는 것이 가능하게 될 것이다. 어떤 이들은 "부모를 위한 원호법"을 만들자고 제안했다. 마치 2차 세계대전 기간 동안 군대에서 복역한 미국 남자에게 그동안 잃어버린 경력을 보상해 주고자 '제대군인을 위한 청구서'(GI bill)를 주었던 것처럼, 자녀양육에 시간을 투자한 부모에게도 사회에 대한 기여를 보상하고 직장생활을 재개하도록 격려하는 차원에서 그런 청구서를 주자는 것이다. 다음 글을 참조하라. Don S. Browning, Bonnie J. Miller-McLemore, Pamela D. Couture, K. Brynolf Lyon, and Robert M. Franklin, *From Culture Wars to Common Ground: Religion and the American Family Debate* (Louisville: Westminster John Knox, 1997), 331.

77. 연령대 별로 본 직업의 주요 요소:

매우 중요한 요소 (%)	21-29	30-39	40-49	50-59
가족과 함께하는 시간	82	82	67	68
직장 동료와의 관계	72	75	74	82
도전적인 업무 수행	76	78	80	76
안정성	56	59	64	53
사회에 공헌하는 일	40	50	35	40
높은 봉급	46	45	46	33
높은 지위나 신분	27	26	24	22

출처: 2000 Life's Work Survey by Radcliffe Public Policy Center. See Mark Baumgartner, "On the Daddy Track: Fathers Opt for More Time with Families," ABCNews.com, June 15, 2001.

다음 책에는 그 밖의 여러 조사 결과가 실려 있다. James Levine and Todd Pittinsky, *Working Fathers: New Strategies for Balancing Work and Family* (New York: Harcourt Brace, 1997). 조사 결과에 따르면, 아버지들이 직장/가정 사이의 긴장을 흔히 생각하는 것보다 훨씬 더 많이 느끼는 것으로 드러났다.

78. 다음 글을 보라. Nancy Pearcey, "Unlikely Entrepreneurs," *The World & I*, December 1990.
79. Scott, *From Office to Profession*, 150-151.
80. Newbigin, *Foolishness to the Greeks*, 19, 31.
81. Rachel Cusk, *A Life's Work: On Becoming a Mother* (New York: Picador, 2001).
82. Cusk, *Life's Work*, 3.
83. 첫 아이를 가진 다음 나의 태도가 얼마나 많이 바뀌었는지에 대해서는 다음 글을 보라. Nancy Pearcey, "Why I Am Not a Feminist (Any More)," *The Human Life Review*, Summer 1987.

13장 참된 영성과 기독교 세계관

1. 다음 글에 인용. Henry Chadwick, *Augustine: A Very Short Introduction* (Oxford: Oxford University Press, 2001), 54.
2. 필자가 "토니"와 나눈 대화. 사생활 보호를 위해 가명을 썼으나, 이야기 자체는 사실 그대로다.
3. 범브란트는 나중에 전세계적으로 신앙 때문에 핍박을 받고 있는 신자들을 대상으로 사역하기 위해 '순교자들의 목소리'(Voice of the Martyrs)라는 단체를 설립했다. www.persecution.com을 보라. 가장 잘 알려진 책으로는 *Tortured for Christ* (Middlebury, Ind.: Living Sacrifice, 1969)와 In *God's Underground* (London: W. H. Allen, 1968)가 있는데, 모두 그의 수감생활을 묘사하고 있다. 상원에서 한 증언은 다음 웹사이트를 보라. http://www.christianmonitor.org/Testimony/Wurmbrand.html. (「하나님의 지하운동」한걸음)
4. 여기서는 지면 관계상 악의 문제, 혹은 신학자들이 "신정론"(theodicy: 선한 하나

님이 어떻게 악과 고난을 허용할 수 있는가?)이라 부르는 주제를 다룰 수 없지만, 이 문제에 대한 나의 논의를 보려면 *How Now?* 21장을 참조하라. 관련 주제인 죄와 악의 기원에 대한 논의는 그 책 20장에 실려 있다.

5. Francis Schaeffer, *True Spirituality*, in *The Complete Works of Francis A. Schaeffer*, vol. 3 (Wheaton, Ill.: Crossway, 1982), 196.
6. "이 순서-배척받고, 죽임당하고, 살아나는 것-는 참된 영성에 입각한 기독교적인 삶의 순서이기도 하다. 그 밖의 다른 순서는 없다" (Schaeffer, 같은 책, 221).
7. 다음 글을 보라. Gene Edward Veith, *The Spirituality of the Cross: The Way of the First Evangelicals* (St. Louis: Concordia, 1999).
8. Henry F. Lyte, "Jesus, I My Cross Have Taken," in *The Trinity Hymnal* (Atlanta: Great Commission Publications, 1998), 707.
9. Francis Schaeffer, *The Finished Work of Christ: The Truth of Romans 1-8* (Wheaton, Ill.: Crossway, 1998), 162, 161. "애석하게도, 그리스도인이 자신을 마귀에게 내어주어 마귀와 하나님의 싸움에서 마귀의 병기 노릇을 하는 것이 얼마든지 가능하다" (171). (「프란시스 쉐퍼의 로마서 강해」 생명의 말씀사)
10. 쉐퍼는 다음과 같이 쓰고 있다. "인간의 에너지로 해낸 주님의 일은 더 이상 주님의 일이 아니다. 그것이 다른 무엇일지는 몰라도 주님의 일은 분명히 아니다" (*True Spirituality*, in *Complete Works*, vol. 3), 260.
11. Schaeffer, *No Little People*, in *Complete Works*, vol. 3, 47.
12. Douglas Sloan, *Faith and Knowledge: Mainline Protestantism and American Higher Education* (Louisville: Westminster John Knox, 1994), 23.
13. Franklin Hamline Littell, *From State Church to Pluralism: A Protestant Interpretation of Religion in American History* (Chicago: Aldine, 1962), 107-108.
14. Sloan, *Faith and Knowledge*, 241.
15. 이 장에 실린 이야기들은 다양한 사역-지역, 주 전체, 국가, 국제적 차원에서 일하는-에 종사하는 여러 사람에게서 개인적으로 들은 것이다.
16. Francis Schaeffer, *No Little People*, in *Complete Works*, vol. 3, 44ff.
17. H. Richard Niebuhr, *Radical Monotheism and Western Culture* (New York: Harper & Row, 1960), 140.
18. Joel Carpenter, "Contemporary Evangelicalism and Mammon: Some Thoughts," in *More Money, More Ministry: Money and Evangelicals in Recent North American History*, ed. Larry Eskridge and Mark Noll (Grand

Rapids, Mich.: Eerdmans, 2000), 401.
19. Thomas Berg, " 'Too Good to Be True': The New Era Foundation Scandal and Its Implications," in *More Money, More Ministry*, 383.
20. Ken Blue, *Healing Spiritual Abuse: How to Break Free from Bad Church Experiences* (Downers Grove, Ill.: InterVarsity, 1993), 70-71.
21. Schaeffer, *True Spirituality*, in *Complete Works*, vol. 3, 363.
22. David Johnson and Jeff VanVonderen, *The Subtle Power of Spiritual Abuse: Recognizing and Escaping Spiritual Manipulation and False Spiritual Authority Within the Church* (Minneapolis: Bethany, 1991); Blue, *Healing Spiritual Abuse*. Another title is George Bloomer, *Authority Abusers: Breaking Free from Spiritual Abuse* (New Kensington, Pa.: Whitaker, 1995).

    직장에서 종업원 학대는 일반서적에서 새로운 장르가 되었는데, 대표적인 저서는 다음과 같다. Gary Namie and Ruth Namie, *The Bully at Work: What You Can Do to Stop the Hurt and Reclaim Your Dignity On the Job* (Naperville, Ill.: Sourcebooks, 2000); and Harvey Hornstein, *Brutal Bosses and their Prey* (New York: Riverhead, 1996). 많은 책들이 센세이션을 일으킬 만한 제목을 달고 있지만, 주로 상관이 부하직원의 경력과 생계를 좌우하는 권한을 악용할 수 있는, 그리고 실제로 악용하는 방법에 대한 냉철한 평가를 담고 있다.
23. The Best Christian Workplaces Institute의 웹사이트는 http://bcwinstitite.com.
24. 다음 글에 인용. Helen Lee, "The Forty Best Christian Places to Work," *Christianity Today*, April 2003.
25. Lee, "Forty Best Christian Places to Work"에 인용. 사업체가 직원들을 하나님의 형상으로 창조된 존재로 존중하는 정책을 어떻게 수립할지에 대해서는 John D. Beckett의 다음 책을 참조하라. *Loving Monday* (Downers Grove, Ill.: InterVarsity Press, 2001).
26. CBMC("Connecting Business Men to Christ")와 Christian Labour Association of Canada는 성경적 세계관을 기업과 산업의 세계에 적용하는데, 성경적 원리가 일상적인 정책 결정과 업무 처리의 지침으로 실효성이 있음을 입증하고 있다. 그 밖에도 Marketplace Leaders (www.marketplaceleaders.org), International Coalition of Workplace Ministries (www.icwm.net)등이 있다. 기타 단체로는 다음 웹사이틀 참조하라. http://www.elevate2004.com/main/marketplace_ministries_links.html.

27. Jim Collins, interview (on the website for the National Association of Convenience Stores), at www.nacsonline.com/NACS/Resource/Corporate/ cm_010901a_ir.htm - 36k. 다음 글도 보라. Jim Collins, *Good to Great* (New York: HarperCollins, 2001). (「좋은 기업을 넘어 위대한 기업으로」 김영사)
28. David Aikman, "A Christian Publishing Scandal," *Charisma*, July 2002.
29. Schaeffer, *No Little People*, in *Complete Works*, vol. 3, 5.
30. 물론, 남을 속이지 않으면서 도덕적으로 용인될 만한 협력관계도 가능하다. 예를 들어, 어떤 전문가가 실제로 자기 아이디어를 제공하고서 어떤 필자와 협력해 그것을 글의 형태로 만들 수 있다. 단, 필자의 이름을 전문가와 동등하게 표기하여, 마치 그 전문가가 졸지에 글쓰는 재능을 얻은 것처럼 대중들이 오해하지 않도록 하는 것이 필요했다. 여기서 지켜야 할 도덕적 원칙은 진실을 말하고 속임수를 피하는 것이다.
31. Jerram Barrs와의 사적인 편지, March 18, 2003.
32. Rick Santorum, "The Necessity of Truth," Heritage Lecture #643. August 6, 1999, at http://www.heritage.org/Research/Religion/HL643.cfm.
33. Kurt Senske, *Executive Values: A Christian Approach to Organizational Leadership* (Minneapolis: Augsburg, 2003), 11, 22, 24-26. 이 책을 홍보하는 웹사이트에는 이런 글이 실려 있다. "Senske는 Lutheran Social Services of the South, Inc의 회장이자 대표인데, 이 기관은 일년 예산이 7천만 불이 넘는 복합적인 사회봉사 단체다. 그가 재직하는 동안 그 단체의 규모가 두 배 이상 커졌으며 한 때 곤경에 빠졌던 상태에서 벗어나 재정적 안정을 이루게 되었다."
34. 레슬리 뉴비긴은 다음과 같이 쓰고 있다. "우리는 각 그리스도인에게 최전선에서의 전쟁 부담을 홀로 지도록 요구해서는 안된다.…… 교회는 이처럼 전방에 배치되어 자신의 생계뿐 아니라 가족의 생계까지 포기하는 결정을 내려야 하는 이들과의 연대감을 표현할 방법을 찾아야 한다" (Newbigin, "Basic Issues in Church Union," in *We Were Brought Together*, ed. David M. Taylor [Sydney: Australian Council for World Council of Churches], 155-169; address given at the National Conference of Australian Churches, Melbourne, February 1960). 뉴비긴은 교회가 세속적인 조직과 대결하기 때문에 고통당하는 그리스도인들을 반드시 지원해야 함을 말하고 있지만, 이 원칙은 기독교 기관 내부의 비윤리적 관행에 도전하는 이들에게도 똑같이 적용된다.
35. 이 편지들 대부분이 나중에 책으로 묶여 나왔다. (Edith Schaeffer, *Dear Family: The L'Abri Family Letters, 1961-1986* [San Francisco: HarperCollins, 1989]).

36. Dordt College 명예교수 John Vander Stelt와 나눈 사적 대화, May 28, 2003.
37. "What Is 'True'? The ASAP Poll," *Forbes ASAP*, October 2, 2000. 내가 이 글을 알게 된 것은, 2002년 1월 24일에 카비넌트 신학교의 프란시스 쉐퍼 연구소 주최로 열린 대회에서 Margie Haack이 발표한 논문 "Postmodern Credo: Authenticity Rules, Hypocrisy Rots"을 통해서였다.
38. Lesslie Newbigin, *The Gospel in a Pluralist Society* (Grand Rapids, Mich.: Eerdmans, 1989), 229.
39. 같은 책, 188, 227.

부록 1_ 미국의 정치는 어떻게 세속화되었는가

1. 참조. E. Harris Harbison, *The Age of Reformation* (Ithaca, N.Y.: Cornell University Press, 1955), chapter 3, "The Struggle for Power."
2. Jeffrey Stout, *The Flight from Authority: Religion, Morality, and the Quest for Autonomy* (Notre Dame, Ind.: University of Notre Dame Press, 1981), 175 (강조 추가). Quentin Skinner가 설명하듯, 종교개혁자들도 가톨릭교도만큼이나 "정부의 주요 목적 중 하나는 '참 종교'와 그리스도의 교회를 유지하는 일이어야 한다"고 믿었다. 그러나 "서로 다른 신조를 가진 경쟁자들이 서로 죽이기까지 싸우겠다는 의지를 표명하자마자, 여러 정치 이론가들이 보기에 공공의 평화를 이룩하려면 국가의 권력이 어떤 특정한 신앙을 지지하는 의무에서 당연히 벗어나야 할 것으로 여겨졌다"(*The Foundations of Modern Political Thought*, 2 vols. [Cambridge: Cambridge University Press, 1978], 2:352). 그래서 세속적이 된다는 것은, 곧 종교적으로 "중립"을 지키는 것이라는 생각이 나타난 것이다. 이런 관념은 세속적 영역은 작았던 반면에 종교적 기관이 강력한 힘을 가졌던 시대에는 개연성이 있었다. 오늘날처럼 세속주의 자체가 강력한 힘을 형성한 때는 그것이 전혀 "중립적"이지 않고 그 자체가 확고한 철학적 입장인 것을 쉽게 간파할 수 있다.
3. 아래 논의는 2000년 Center for Public Justice가 주최한 제6차 연례 카이퍼 강좌에서 내가 발표한 논문 "The Creation Myth of Modern Political Philosophy"에 크게 의존하고 있다. 한편 나의 해석은 다음 책에 빚진 바가 크다. Pierre Manent, *An Intellectual History of Liberalism* (Princeton, N. J.: Princeton University Press, 1994).
4. 필자가 2001년 12월에 Paul Marshall과 나눈 대화. 마샬의 저서는 다음과 같다.

Thine Is the Kingdom: A Biblical Perspective on the Nature of Government and Politics Today (Grand Rapids, Mich: Eerdmans, 1986), and *God and the Constitution: Christianity and American Politics* (Lanham, Md.: Rowman & Littlefield, 2002). (「정의로운 정치」 IVP)
5. 다음 글에 인용. Joyce Appleby, *Capitalism and a New Social Order: The Republican Vision of the 1790s* (New York: New York University Press, 1984), 36, 20.
6. 기독교적 사회이론은 인간 본성의 사회적 측면에 대해, 삼위일체 세 위격 간의 상호 의존적 통일성 교리에 기초해 훨씬 더 잘 설명한다. 출발점이 되는 이 전제는 개인의 존엄성과 인도적인 삶에 필요한 사회제도의 권위 양자를 뒷받침하는 정치질서를 이룩할 수 있도록 그 형이상학적 근거를 제공한다. (삼위일체 교리의 사회적 함의에 관한 논의는 4장을 참고하라.)
7. George Marsden, *Understanding Fundamentalism and Evangelicalism* (Grand Rapids, Mich.: Eerdmans, 1991), 131-132.
8. Stanley Kurtz, "The Future of 'History'," *Policy Review* 113 (June/July 2002), at //www.policyreview.org/JUN02/kurtz.html.

부록 2_ 현대 이슬람교와 뉴에이지 운동

1. 신플라톤주의의 창시자는 Ammonius Saccas인데, 그는 인도종교에 빚을 졌다고 명시적으로 인정했다. 플로티누스는 그의 학생이었으며 스승의 사상에 매혹되어 동양의 철학을 직접 배우려고 페르시아와 인도까지 여행하기로 결심했는데, 실제로 얼마나 멀리까지 갔는지는 분명하지 않다.
2. Swami Krishnananda, "Plotinus," in *Studies in Comparative Philosophy*, the Divine Life Society, at http://www.swami-krishnananda.org/com/com_plot.html.
3. Paulos Gregorios, ed., *Neo-Platonism and Indian Philosophy* (New York: SUNY Press, 2001). 인용문의 출처는 뒤 표지다. 1970년대에 유행한 바하이교(Bahá'í)의 신앙도 이와 마찬가지로 신플라톤주의에서 발전한 것이다. Juan R. Cole은 "신플라톤주의의 창시자인 플로티누스(203-269/70 A.D.)의 신비주의 신학은 특히 바하이 저술의 문화적 맥락에 영향을 미쳤다"고 지적한다 (*The Concept of the Manifestation in the Bahá'í Writings*, originally published as *Bahá'í*

Studies monograph 9 [1982]: 1-38, by the Association for Bahá'í Studies, Ottawa, Ontario; also available online at http://www-personal.umich.edu/~jrcole/bhmanif.htm).

4. 플라톤주의가 근대 초기의 과학자들에게 끼친 영향에 관해서는 *Soul of Science*에서 폭넓게 논의했다. 이 책의 주요 주제 중 하나는, 과학혁명 이래 과학이론들이 세 가지 세계관―아리스토텔레스주의, 신플라톤주의, 기계론―의 영향을 받았다는 것이다. 기계론적 세계관이 결국 지배하게 되었지만, 다른 두 세계관도 오늘날까지 과학의 영역에 소수파의 입장으로 여전히 남아 있다.

5. 최근의 논의로는 다음 글을 보라. Parviz Morewedge, ed., *Neoplatonism and Islamic Thought,* Studies in Neoplatonism: Ancient and Modern, vol. 5 (New York: SUNY Press, 1992); Majid Fakhry, *Al-Farabi, Founder of Islamic Neoplatonism: His Life, Works and Influence* (Rockport, Mass.: Oneworld, 2002); Ian Richard Netton, *Muslim Neoplatonists: An Introduction to the Thought of the Brethren of Purity* (Ikhwan Al-Safa') (New York: Routledge/Curzon, 2003). Netton이 잘 요약한 글은 다음 웹사이트에 "Neoplatonism in Islamic Philosophy"라는 제목으로 실려 있다. at http://www.muslimphilosophy.com/ip/rep/H003.htm.

6. 영원의 철학을 옹호한 저명한 유럽인으로 이슬람교로 개종한 인물 가운데는 René Guenon, Fritjof Schuon, Martin Lings 등이 있다. 오늘날 영원의 철학을 옹호하는 가장 유명한 이슬람 지지자는 Sayyed Hossien Nasr가 있다.

7. Sachiko Murata and William C. Chittik, "The Koran," at http://www.quran.org.uk/ieb_quran_chittik.htm.

8. Rodney Stark, "Why Gods Should Matter in Social Science," Chronicle of Higher Education 49, no. 39 (June 6, 2003): B7; also available online at http://chronicle.com/free/v49/i39/39b00701.htm. 이 글은 Stark의 다음 책에서 발췌한 것이다. *For the Glory of God: How Monotheism Led to Reformations, Science, Witch-Hunts, and the End of Slavery* (Princeton, N.J.: Princeton University Press, 2003).

9. C. S. Lewis, *Miracles: A Preliminary Study* (1947; reprint, New York: Macmillan, 1960), 81, 82, 83, 강조 추가.

부록 3_ 유물론과 기독교 사이의 기나긴 전쟁

1. 다음 책에 나오는 Peirce에 관한 논의를 보라. Paul Conkin, *Puritans and Pragmatists: Eight Eminent American Thinkers* (New York: Dodd, Mead, 1968), 244ff. 에피쿠로스는 원자가 때로 예측할 수 없는 방향으로 "일탈한다"고 추정함으로써 물질세계 안에 있는 우연의 요소를 설명했으며, 그것을 자유의지에 대한 신념을 뒷받침하는 물질적 기반으로 제시했다.
2. Lucretius, *On the Nature of the Universe*, book 2, line 98.
3. 나는 다른 책에 이렇게 쓴 적이 있다. "1970년대에 Max Delbrück는 '아리스토텔레스가 어떻게 DNA를 발견했는가'라는 제목의 강연에서, 만일 죽은 사람에게도 노벨상이 주어진다면 아리스토텔레스가 받아 마땅하다고 반 농담조로 말했다. 아리스토텔레스의 형상 개념은 현대의 유전학 프로그램의 개념 ― 태아가 성인으로 성장하는 과정을 담은 '사전에 짜여진' 계획 ― 과 놀랄 정도로 비슷하다고 그는 주장했다"(*Soul of Science*, 236).
4. 현대철학에서 목적론적 도덕 개념의 중요성에 대해서는 4장에 실린 Leo Straus에 관한 짧은 논의를 보라.
5. 에피쿠로스에 대한 공격은 다음 자료에 실려 있다. Tatian's *Address to the Greeks*, Justin Martyr's *Hortatory Address to the Greeks* and *On the Resurrection*, Irenaeus's *Against the Heretics*, Tertullian's *The Prescription Against Heretics*, Hippolytus's *Refutation of All Heresies*, Origen's *Contra Celsum*, Lactantius's *The Divine Institutes*, Athanasius's *On the Incarnation*, Jerome's *Against Jovinian*, and many of Augustine's writings.
6. 참조. Margaret Osler, *Divine Will and the Mechanical Philosophy: Gassendi and Descartes on Contingency and Necessity in the Created World* (Cambridge: Cambridge University Press, 1994).
7. 참조. Nancy Pearcey, "What's in a Name? Taxonomy and the Genesis 'Kinds'," in *Bible-Science Newsletter*, September 1985.
8. Benjamin Wiker는 다윈주의가 에피쿠로스적인 형이상학과 윤리의 부흥을 재현한다는 강력한 논증을 다음 책에서 제시하고 있다. *Moral Darwinism* (Downers Grove, Ill.: InterVarsity Press, 2002).
9. John Dewey, *The Influence of Darwin on Philosophy and Other Essays* (New York: Henry Holt, 1910), 9. 다음 글도 보라. John Dewey, *The Quest for Certainty* (1929; reprint, New York: Putnam, 1960).

10. 다음 글에 인용. Nancy Pearcey, "Creating the 'New Man': The Hidden Agenda in Sex Education," *Bible-Science Newsletter*, May 1990.
11. 다음 글에 인용. Nancy Pearcey, "Phillip Johnson Was Right: The Unhappy Evolution of Darwinism," *World* (February 24, 2001).
12. 고대의 에피쿠로스 철학을 부활시킨 이들은 과학자에 국한되지 않는다. 홉스, 로크, 루소의 사회계약론(부록 2)을 생각해 보라. 모두가 "자연 상태"에서의 원자론적 개인주의를 전제로 삼고 있지 않는가? 그것은 바로 에피쿠로스의 원자론을 사회에 적용한 것이었다. 이와 마찬가지로, 도덕철학자들(공리주의자인 제레미 벤담과 존 스튜어트 밀)도 도덕을 고통과 쾌락의 견지에서 규정하기 시작했는데, 그것도 에피쿠로스에게서 온 것이다. 공리주의는 도덕을 최대 다수의 최대 행복으로 정의했는데, 그것은 본질적으로 원자론적 사회관과 양립 가능한 윤리체계를 세우려는 시도였다. 그에 따르면 각 개인의 이익은 동일한 무게를 지니기 때문에 자율적인 개개인이 합쳐진 고통/쾌락의 비율을 표로 만들어 내어 만인의 선에 도달하게 된다는 것이다.

부록 4_ 라브리의 실제적 변증 사역

1. N. R. Hanson, *Patterns of Discovery* (London: Cambridge University Press, 1958), 90.
2. Melvin Konner, "The Buck Stops Here," *Nature* 423 (May 8, 2003): 17-18.
3. Thomas W. Clark, review of *The Illusion of Conscious Will*, by Daniel Wegner, in *Science and Consciousness Review* (May 2002), at http://psych.pomona.edu/scr/reviews/20020508.html.
4. 이것이 Dennett의 책 *Consciousness Explained* (Cambridge: MIT Press, 1992)의 주제다. 이를 기독교적 관점에서 비판한 책으로는 다음을 보라. Angus Menuge, *Agents Under Fire: Materialism and the Rationality of Science* (Lanham, Md.: Rowman & Littlefield, 2004).
5. Galen Strawson, "'Freedom Evolves': Evolution Explains It All for You," a review of "Freedom Evolves," by Daniel C. Dennett, *The New York Times*, March 2, 2003.
6. John Searle, interview by Jeffrey Mishlove, *Thinking Allowed: Conversations on the Leading Edge of Knowledge and Discovery*, PBS, at http://www.williamjames.com/transcripts/searle.htm.

7. C. S. Lewis, *Mere Christianity* (New York: Macmillan, 1952), 20. (「순전한 기독교」홍성사)

찾아보기

ㄱ

가정(the family) 249-251
가정(home)
　산업혁명 이전의 가정 589-605
　이상적 근로자의 표준 633-635
　산업혁명이 미친 영향 605-613,
　　628-630
　가정의 재구성 630-631
「가정에 맞서는 유토피아」(*Utopia Against the Family*) 250
가치(values) 334-336
　자의적·결정으로 축소된 가치 45
가톨릭(Catholicism)
　185, 478, 481, 484, 518, 534
　독신생활(celibacy) 762 주54
　원죄 교리 763 주56
　아일랜드와 퀘벡의 가톨릭 815 주18
　새로운 학파 763 주58
　부흥집회 816 주29
　이층적 영성 762 주52
감독교회(Episcopalians) 481, 491,
감리교(Methodists) 476, 481-482,
　489, 491, 523, 529, 816 주31
「강간의 자연사」(*The Natural History of Rape*) 395-396

개신교 노동윤리(Protestant work ethic) 162
개인주의(individualism) 500-503
개혁주의 인식론(Reformed Epistemology) 591
개혁주의 전통(Reformed tradition)
　독일 478
　화란 478, 576
　스코틀랜드 576
「거기 계시며 말씀하시는 하나님」(*He Is There and He Is Not Silent*) 461
게리 스타인맨(Gary Steinman) 366
게리 토마스(Gary Thomas) 526
게일런 스트로슨(Galen Strawson) 727
결정론(determinism) 404, 725-728
결혼(marriage) 254, 271
　현대의 결혼관 277
　결혼과 창조질서 180
경건주의(pietism) 498
〔영국의〕 경험주의(British empiricism)
　436, 438, 443
계몽주의(the Enlightenment)
　78-83, 121, 197, 198, 201, 203,
　220, 248, 436, 498, 546

예술과 인문주의 220-221
고든 우드 (Gordon Wood)
    508, 516, 522, 525, 528, 821 주24,
    839 주12
고든 클라크(Gordon Clark) 167
고등비평(higher criticism)
    537, 807 주36
고백교회(confessional churches) 478
고생물학(paleontology) 312
「곰이 안내하는 자연 속으로」(The Bear's Nature Guide) 297
공/사의 이분법(public/private dichotomy) 43, 44, 67-71, 130
「공동의 신앙」(A Common Faith) 447
공리주의(utilitarianism) 436
과정신학(Process Theology)
    252, 441, 442, 710
「과학, 이데올로기, 세계관」(Science, Ideology, and Worldview) 833 주54
과학(Science)
    예술에 대한 공격 197
    경계선의 문제 795 주66
    객관적 묘사 275, 276
    이상적인 이미지 316
    제국주의 437
    하나됨의 모델 554
    종교 326
    다원주의, 진화도 보라.
「과학의 영혼」(The Soul of Science)
    765 주9, 778 주6, 795 주60, 852 주4
과학적 유물론(scientific materialism)
    197, 198, 201, 216-218, 232,
    296, 321, 322, 584
    기독교 717-724
    제거적 유물론 217

과학적 자연주의(scientific naturalism)
    210, 213-216, 216, 223,
    297-298, 316-319
    다원주의 474
    형이상학 383, 796 주71
    방법론 383, 796 주71
과학철학(philosophy of science)
    82, 83
관념론, 낭만적(idealism, Romantic)
    436, 437, 443
교리문답(catechisms) 557
교육(education) 446-453
    기독교 교육 75-78, 231, 246-248
    구성주의적 접근 451-453, 810 주56
    듀이가 교육에 끼친 영향 447
    탐구적 접근 446-453
구속(Redemption) 93, 94, 98, 99,
    169-171, 176, 177, 248, 249, 255
    자유주의적 견해 225
구엔터 류이(Guenter Lewy) 120
국가주의(statism) 251-253
국립과학 아케데미(National Academy of Science, NAS) 300
국립 보건연구소(National Institute for Healthcare Research, NIHR) 118
「국부론」(The Wealth of Nations)
    525, 610
「권리론」(Rights Talk) 271
「권위의 탈주」(The Flight from Authority) 827 주14
그레샴 메이첸(J. Gresham Machen)
    544, 834 주68
그렉 이스터브룩(Gregg Easterbrook)
    358
그리스도의 교회(Churches of Christ)

476, 482
그리스도의 제자들(Disciples of Christ)
512, 523
「그리스도인, 이제 어떻게 살 것인가?」
(*How Now Shall We Live?*)
37, 749 주1, 751 주14
「그리스도인은 어떻게 사고해야 하는가」
(*The Christian Mind*) 68
'그리스도인이 되는 법'("*How to Become a Christian*") 530
근대의 분열(Modern Schism)
72, 593, 595
「근대의 자유와 불만족」(*Modern Liberty and Its Discontents*) 271
근대주의(modernism) 39, 46
근대화(modernization) 43
근본주의(fundamentalism) 39, 538
급진적 종교개혁(Radical Reformation)
823 주37
기독교(Christianity)
49, 53, 81-82, 105, 153-154, 180, 233-234, 323, 333-335, 417, 462-463, 474, 578, 524-526, 540
비합리적인 기독교 412
기독교와 자유주의 223-224
기독교와 유물론 717-724
기독교와 도덕 275
객관적 진리로서의 기독교 331-332
기독교와 사유화된 가치 47
기독교와 로마제국 490
기독교와 과학 293-295
기독교와 사고체계 83-84
"참 신화"로서의 기독교 233-235
기독교 세계관(Christian worldview)
38, 43, 49-50, 103, 145, 214, 235, 284-285, 296-297, 328-329, 412, 583-584, 640-641
성경적 원칙 666-669
기독교 세계관과 아이들 41-42
"생명을 낳는" 그리스도인 665
기독교 세계관을 세우다 94-97, 245-246
그리스도와 함께 죽고 살다 651-653, 653-655, 655-662, 669-670
마음 대 머리의 문제 43-47
고난 103-104
"기독교적으로 사고한다는 것" 70-71
훈련 53-54
공/사의 이분법, 성/속의 이분법도 보라.
「기독교 세계관과 현대사상」(*The Universe Next Door*) 49
기독교 여성 금주회(Women's Christian Temperance Union) 616
기독교 직장(Christian workplace)
성경적 원칙 370-371, 372-374
부정적 패턴 369-370
윤리 기준의 위반 371-372
'기본적인 철학적 의문들에 대한 적절한 답변'("Possible Answers to the Basic Philosophical Questions") 330
길버트 테넌트(Gilbert Tennent) 502

ㄴ

나다나엘 호손(Nathaniel Hawthorne) 620
나사렛 교파(Nazarenes) 178
남성(men)

아버지 지위의 상실 340-341
남성적 기독교 338-339
가정, 여성도 보라.
남성과 종교 증진 운동(Men and Religion Forward movement) 623
'남성을 길들인 여성'("Women Taming Men") 631
낭만주의(Romanticism)
　197-199, 203, 248, 436, 438,
　712, 807 주36
낸시 머피(Nancey Murphy) 266, 383
네이선 해치(Nathan Hatch)
　491, 509, 592, 815 주15, 주 24,
　819 주5
「노랑과 핑크」(Yellow and Pink)
　778, 779 주11
노리스 앤더슨(Norris Anderson)
　783 주49
노먼 가이슬러(Norman Geisler) 365
「눈먼 시계공」(The Blind Watchmaker)
　345, 795 주60
뉴에이지 운동(New Age movement)
　249, 280-284, 584
　이슬람 709-716
뉴턴의 물리학(Newtonian physics)
　201-202, 204, 266
니케아 신조(Nicene Creed) 519
니콜라스 월터스토프(Nicholas Wolterstorff) 591
닐 길레스피(Neal Gillespie) 783 주51

ㄷ

다니엘 데닛(Daniel Dennett)
　218, 295-296, 407, 585, 589,
　726, 835 주81
다니엘 웨그너(Daniel Wegner) 217
다니엘 코이트 길맨(Daniel CoitGilman)
　571
다문화주의(multiculturalism) 219, 259
「다섯 번째 기적」(The Fifth Miracle)
　795 주60
「다윈의 블랙박스」(Darwin's Black Box)
　348
「다윈의 위험한 생각」(Darwin's Dangerous Idea) 295
'다윈이 철학에 끼친 영향'("The Influence of Darwin on Philosophy") 430
다윈주의(Darwinism)
　83, 206, 289-293, 299, 303-304,
　315, 317, 319, 328, 331-333, 335,
　377, 387-389, 411, 455, 462, 537,
　722-724, 807-808 주36
　종교를 대신하는 다윈주의 323-326
　다윈적 점진주의 313-314
　우생학운동 809 주44
　종교적·섭리적 틀에 끼워 맞춤
　　568-569
　자연주의 316-319
　강간 394-398
　보편적 다윈주의 389-391, 405
　다윈주의와 가치 415-417
　진화, 대중문화, 다윈주의적 근본주의, 신다윈주의, 사회적 다윈주의도 보라.
'다윈적 근본주의'("Darwinian fundamentalism") 394-398
「다윈주의 좌파」(A Darwinian Left)
　404, 412

다윗(David) 691
「다음 세대의 기독교 세계」(The Next Christendom) 479
다중 우주론 가설("Many Worlds" hypothesis) 358
대각성(the Great Awakenings) 482, 493, 497, 500
    제1차 대각성운동 488, 494-503, 507-508, 819 주5
    제2차 대각성운동 486, 488, 503, 506-508, 510, 598
대릴 델하우지(Darryl DelHousaye) 683
대중문화(popular culture) 402
    대중문화의 다원화 404-405
대학(colleges/universities) 219-223, 571, 672
    어린 자녀들을 준비시키다 241-243
더글라스 슬로안(Douglas Sloan) 230, 673, 572, 768 주39
데니스와 마지 학(Denis and Margie Haack) 796 주69
데모크리투스(Democritus) 718
데이비드 그로스(David Gross) 359
데이비드 드로시어(David DeRosier) 352
데이비드 라슨(David Larson) 118, 120
데이비드 베빙턴(David Bebbington) 820 주17
데이비드 스위프트(David Swift) 792 주45
데이비드 아이크만(David Aikman) 687
데이비드 윌커슨(David Wilkerson) 110

데이비드 흄(David Hume) 201, 266, 547, 581, 583, 765 주10, 827 주9
도널드 데이턴(Donald Dayton) 543-544
도널드 스미스(Donald Smith) 287
도널드 스코트(Donald Scott) 529-530, 636, 841 주33
도덕(morality) 275, 390, 395, 401, 416-418
    성경적 도덕 402
「도덕의 진화론적 기원」(Evolutionary Origins of Morality) 390
「도덕적 다윈주의」(Moral Darwinism) 853 주8
「도덕적 동물」(The Moral Animal) 390, 408-409
도로시 세이어즈(Dorothy Sayers) 73, 602, 633
독립교회 교회(free-church ecclesiology) 524
「독사들의 세대」(A Generation of Vipers) 624
동양사상(Eastern thought) 278-284
    불교, 힌두교, 뉴에이지 운동도 보라.
듀안 기쉬(Duane Gish) 324
드와이트 D. 아이젠하워(Dwight D. Eisenhower) 227
딘 케넌(Dean Kenyon) 366-367, 792 주50, 794 주59
딘 켈리(Dean Kelley) 492
D. L. 무디(Dwight L. Moody) 529, 537, 543
W. V. O. 퀸(W. V. O. Quine) 787 주4

ㄹ

라브리(L'Abri) 107, 694-698
  라브리의 실제적 변증사역 725-732
랑미드 카서리(J. V. Langmead
  Casserly) 760 주33
랜디 손힐(Randy Thornhill) 396-398
레스터 프랭크 워드(Lester Frank Ward)
  627-628
레슬리 뉴비긴(Lesslie Newbigin)
  47, 133, 137, 610-611,
  693, 698, 849 주34
레슬리 스티븐슨(Leslie Stevenson)
  263
레슬리 오겔(Leslie Orgel, Leslie)
  795 주61
레오 스트라우스(Leo Strauss)
  417-419
레온 퍼들스(Leon Podles) 837 주4
레이첼 커스크(Rachel Cusk) 638
로고스(Logos) 70-71, 379, 460, 461
로널드 녹스(Ronald Knox) 537
로널드 베일(Ronald D. Vale) 789 주18
로 대 웨이드 판결(Roe vs. Wade decision, 1973) 445
로드니 스탁(Rodney Stark)
  479-482, 485-487, 714, 837 주4
로렌조 다우(Lorenzo Dow) 509
로마 가톨릭(Roman Catholicism)
  가톨릭을 보라.
로버트 라이트(Robert Wright)
  387, 408-409
로버트 벨라(Robert Bellah) 177
로버트 보일(Robert Boyle) 721
로버트 프로스트(Robert Frost) 425
로이 클라우저(Roy Clouser)
  84-85, 90, 578
로저 루윈(Roger Lewin) 314
로저 올슨(Roger Olsen) 375, 795 주61
로저 트리그(Roger Trigg) 457
로저 핑크(Roger Finke) 479, 485, 487
롤랜드 베인턴(Roland Bainton)
  824 주37
루이스 듀프레(Louis Dupré) 185
루이스 멈포드(Lewis Mumford)
  812 주71
루크레티우스(Lucretius) 718
루터교(Lutherans) 229, 478
루터 버뱅크(Luther Burbank) 304
르네 구에농(René Guenon) 713
르네 데카르트(René Descartes) 79-80,
  83, 765 주9, 827 주11
  정신과 물질의 이분법 102-103
르네상스(the Renaissance)
  101, 197, 807 주36
리처드 골드슈미트(Richard Goldschmidt) 303
리처드 니버(H. Richard Niebuhr) 677
리처드 도킨스(Richard Dawkins)
  206, 317, 344-345, 360, 371, 390,
  409-411, 417, 795 주60
리처드 랭햄(Richard Wrangham) 391
리처드 로티(Richard Rorty)
  454-457, 460-462
리처드 르원틴(Richard Lewontin)
  321-322
리처드 범브란트 (Richard Wurmbrand)
  648, 649-653, 846 주3
리처드 앨런(Richard Allen) 491

리처드 코헨(Richard Cohen) 804 주16
리처드 홉스타터(Richard Hofstadter) 528, 529, 531, 532, 594, 815 주20

□

마거릿 생어(Margaret Sanger) 273-275, 775 주44
「마귀 같은 남성」(*Demonic Males*) 390-391
마니교(Manicheism) 152
마돈나(Madonna) 278
마르크스주의(Marxism) 50, 258-263
마르틴 루터(Martin Luther) 101, 160, 328, 555, 557, 604, 823 주37
  십자가 신학 102
마르틴 하이데거(Martin Heidegger) 454
마빈 민스키(Marvin Minsky) 212
마빈 올래스키(Marvin Olasky) 121-124
「마음은 어떻게 작동하는가」(*How the Mind Works*) 208
「마음의 사회」(*The Society of Mind*) 212
마이스터 에크하르트(Meister Eckhart) 711
마이크 나로키(Mike Nawrocki) 75
마이클 고브로(Michael Gauvreau) 528, 823 주36
마이클 고힌(Michael Goheen) 48
마이클 루즈(Michael Ruse) 323-325, 390, 784 주59
마이클 메드베드(Michael Medved) 277

마이클 베히(Michael Behe) 348-352, 353
마이클 샌들(Michael Sandel) 270
마이클 셔머(Michael Shermer) 420, 787 주2
마이클 킨슬리(Michael Kinsley) 309
마이클 폴라니(Michael Polanyi) 830 주32
마크 놀(Mark Noll) 479, 493, 524, 563, 575, 592, 813 주6, 821 주25
마크 트웨인(Mark Twain) 622
  결혼 843 주56
마틴 마티(Martin Marty) 71, 543, 593
막스 델브뤽(Max Delbrük) 853 주3
머레이 머피(Murray G. Murphey) 831 주45
메리 라이언(Mary Ryan) 619
메리 미드겔리(Mary Midgely) 776 주62
메리 앤 글렌던(Mary Ann Glendon) 270
메리 칼데론(Mary Calderone) 723
「메이팅 마인드」(*The Mating Mind*) 393
모리스 클라인(Morris Kline) 582
문화 명령(the Cultural Mandate) 95, 96-99, 100, 143, 160, 248
「문화의 다원화 현상」(*Darwinizing Culture*) 405
「문화의 진화」(*The Evolution of Culture*) 405
「물리학의 도」(*The Tao of Physics*) 77
「미국 기독교의 민주화」(*The Democratization of American Christianity*) 509

「미국 대학의 영혼」(The Soul of the American University) 832 주49
「미국 문화의 여성화」(The Feminization of American Culture) 614
「미국식 긍휼의 비극」(The Tragedy of American Compassion) 123-124
「미국에서의 남성다움」(American Manhood) 603
「미국에서의 반지성주의」(Anti-Intellectualism in American Life) 528
「미국의 교회 상황」(The Churching of America) 479-482
미국의 변경(American frontier) 486-493, 816 주25
변경의 전설 621
「미국의 종교」(The American Religion) 825 주60
「미국에서의 진화사상」(Evolutionary Thought in America) 426
「미국 지성의 종말」(The Closing of the American Mind) 333
미셸 푸코(Michel Foucault) 454
「민주주의의 불만」(Democracy's Discontent) 270
믿음(faith) 192-193
믿음의 사유화 380-381
믿음과 이성 195
밀러드 에릭슨(Millard Erickson) 766 주26

ㅂ

바셋 맥과이어(Bassett Maguire) 310
바울(Paul) 176
「바체스터 탑」(Barchester Towers) 561
바톤 스톤(Barton Stone) 513
바하이교(Baháí) 851 주3
발터 카스퍼(Walter Kasper) 137, 763 주58, 765 주7
밥 리터(Bob Ritter) 780 주29
밥 브리너(Bob Briner) 73
배교자 율리아누스 황제(Julian the Apostate) 711
버트란드 드 주버날(Bertrand de Jouvenal) 703
버트런드 러셀(Bertrand Russell) 107, 435, 459
범신론(pantheism) 255, 280-284, 442, 776 주54
범재신론(panentheism) 442
베이컨의 해석학(Baconian hermeneutics) 552-554, 554-557
개신교에 호소함 828 주16
장로교 구학파의 저항 829 주28
가톨릭의 배격 828 주17
도덕철학의 세속화 562-565
자연과학의 세속화 565-568
과외활동으로 전락한 종교 571-572
성경해석의 관점 557-561
단점 554-557
벤자민 위커(Benjamin Wiker) 853 주8
변증(apologetics) 239-240, 456
보나벤투라(Bonaventure) 153
보에티우스(Boethius) 153
보편자 대 특수자(universals versus particulars) 772 주17
복음전도(evangelism) 226-228
도덕적·형이상학적 "상실" 231-232
복음주의(evangelicalism)

471-474, 513-514, 526-527,
543, 813 주4
갱생운동으로 시작함 471
캐나다와 영국의 복음주의 821 주36
미국사회의 기독교회 479-481
근대화의 동력인 복음주의 527-528
그 용어의 의미 477-478
대중적 진영 477, 478, 527, 528,
536, 537, 540, 821 주27
학문적 진영 477, 543-545
지성을 버린 이유 493-497, 510,
536-538
복음주의자(evangelicals)
193, 326, 463, 494, 510,
519-520, 758 주15
복음주의자와 정치 39-41, 47
분리 전략 39
복음주의자의 견해 138-141
그 단어의 의미 814 주7
신복음주의도 보라.
'복음주의 지성이 깨어나다'("The Evangelical Mind Awakens") 591
복잡성이론(complexity theory)
793 주53
복지에 대한 기독교적 관점(Christian view of welfare) 121-124
부차성(subsidiarity) 269
부활(the Resurrection) 226, 227
부흥주의자/부흥주의(revivalists/revivalism) 261, 265-266, 267-268,
269, 270-271, 286, 289-290
불교(Buddhism) 278-280
브라이언 굿윈(Brian Goodwin) 724
브루스 앨버츠(Bruce Alberts)
789 주17

브룩스 홀리필드(E. Brooks Holifield)
830 주34, 831 주43
블라드미르 일리이치 레닌(Vladimir Ilyich Lenin) 259
「비밀의 화원」(*Secret Garden*)
282-284
빌 로빈슨(Bill Robinson) 683
빌리 그레이엄(Billy Graham) 543
빌리 선데이(Billy Sunday) 537, 623
빌 오번(Bill Overn) 422, 803 주60
빌 위치터맨(Bill Wichterman) 41, 229,
749 주2
빌 클린턴(Bill Clinton) 360, 410
B. B. 워필드(B. B. Warfield) 544, 569
B. F. 스키너(B. F. Skinner) 250, 589

ㅅ

사도신경(Apostle's Creed) 169, 519
사라 그림케(Sarah Grimké) 842 주45
사람됨(personhood) 584-585
사실/가치 이분법(fact/value dichotomy)
44, 46, 47, 187, 207-211, 216, 217,
218, 219, 231, 290, 297, 334, 382,
416-417, 474
사업과 마케팅(business and marketing)
673
상업세계에서 빌려오는 그리스도인
673-677
사회계약론(social contract theory)
264, 515-517, 522-524, 701, 705,
854 주12
「사회계약론」(*The Social Contract*) 264
사회공학(social engineering) 723
사회 복음(Social Gospel) 446

사회생물학(sociobiology) 404
사회적 다윈주의(Social Darwinism)
    404, 443, 623, 627, 844 주69
산드라 하딩(Sandra Harding) 220
산업혁명(the industrial revolution)
    305, 840 주19.
    가정, 산업혁명이 끼친 영향도 보라.
삼위일체 교리(doctirine of Trinity)
    253-256, 264
상식적 실재론(Common Sense realism)
    510-514, 573-575, 585-586
    남부의 신학자들이 수용함 830 주34
새뮤얼 밀러(Samuel Miller) 523
새뮤얼 핀리(Samuel Finley) 501
「생명 기원의 신비」(*The Mystery of Life's Origin*) 375, 795 주61
생명의 기원(the origin of life)
    374, 376
    우연이론(chance theory) 363-366
    설계 371-374
    자연법칙 366-368
「생화학적 예정설」(*Biochemical Predestination*) 366
샬롯 퍼킨스 길맨(Charlotte Perkins Gilman) 628
설계론(design theory)
    지적 설계론을 보라.
「설계 추론」(*The Design Inference*) 362
설명을 찾아내는 여과기(Explanatory Filter) 362
섬기는 리더십(servant leadership) 684-692
성/속 이원론(secular/sacred dichotomy) 39, 53-54, 66-67, 73-75, 137, 163-169, 187
    성/속 이원론의 위험 76
성공회(Anglicans) 518
「성령을 보라」(*Behold the Spirit*) 238
「성의 굴레를 풀어」(*Unbending Gender*) 845 주75
성 혁명(the sexual revolution)
    142-146, 214-215
성화(sanctification) 52, 99
    전적인 성화 178
세계관 (worldview)
    38, 49-51, 257, 291,
    414-417, 750 주11
    그 용어의 역사 750 주11
    세계관의 목적 583, 732
    성 해방 273
    세계관의 출발점 330
    세계관의 시험 578
    기독교 세계관도 보라.
세속주의(secularism) 85, 185-186, 196
세속화 논제(secularization thesis) 141
「섹스」(*Sex*) 278
소크라테스(Socrates) 146
수도원주의(monasticism) 160, 180
「수용소 군도」(*Gulag Archipelago*) 648
수잔 브라운밀러(Susan Brownmiller) 397
수학(mathematics) 87-88
스코트 아트란(Scott Atran) 209
스코틀랜드 실재론(Scottish realism)
    상식적 실재론을 보라.
스코프스 재판(Scopes trial) 39
스콜라철학(scholasticism)
    159, 162, 764 주58
스탠리 커츠(Stanley Kurtz) 706

신마르크스주의 패미니스트와 다문화
주의 운동의 종교적 성격 772 주25
스튜어트 카우프만(Stuart Kauffman)
370
스티브 마이어(Steve Meyer) 370
스티븐 마리니(Stephen Marini)
817 주33, 820 주16
스티븐 와인버그(Steven Weinberg)
222, 323, 382
스티븐 제이 굴드(Stephen Jay Gould)
312, 325, 781 주38, 784 주61
스티븐 핑커(Steven Pinker)
208-209, 217, 398-410, 800 주20
두 영역론 208
하나된 자아 217
시드니 미드(Sidney Mead) 72, 230, 519
시어도어 파커(Theodore Parker)
842 주42
시제르 드 브라벤트(Siger de Brabent)
154
「신과 타자의 정신들」(God and Other
Minds) 117
신다윈주의(neo-Darwinism) 780 주22
신복음주의(neo-evangelicals) 39
신비주의(mysticism) 211-213
[세속적] '신앙의 도약'(secular "leap of
faith") 207-212, 409-410
신자 중심 교회론(believers-church
ecclesiology) 524
신조와 신앙고백(creeds and con-
fessions) 511, 558.
세부적인 신조들도 보라.
신지학(theosophy) 284, 776 주60
신플라톤주의(neo-Platonism)
709-714, 759 주24, 807 주34,
851 주1
실리 예이츠(Sealy Yates) 125-131
실용주의(pragmatism)
427-429, 436-437, 458-459, 722
지식에 대한 다윈주의적 견해
430-431, 438-440, 808 주37
실증주의(positivism) 201
'실증주의, 역사주의, 정치적 질문'
("Positivism, Historicism, and Poli-
tical Inquiry") 750 주11
실칼뱅주의(neo-Calvinism)
269, 577, 591
「심판대에 선 다윈」(Darwin on Trial)
328
십자가 신학(theology of the cross)
659-661
「십자가와 스위스칼」(The Cross and the
Switchblade) 110
C. S. 루이스(C. S. Lewis)
99, 170, 473, 556, 564,
715, 731, 776 주60
"참 신화"로서의 기독교 231-235

ㅇ

아가일 공작(Duke of Argyll) 567
아담 스미스(Adam Smith) 525-526,
610
아더 홈즈(Arthur Holmes) 766 주16
아레오파코스의 디오니시오스(Diony-
sius the Areopagite) 711
아르노 펜지아스(Arno Penzias) 356
아리스토텔레스(Aristotle)
74, 77, 389, 390
아브라함 카이퍼(Abraham Kuyper)

51, 421, 576
아사 그레이(Asa Gray) 570
아우구스티누스(Augustine)
　80, 84, 151-153, 644, 711 주34
　아우구스티누스와 아퀴나스 153-156
아우크스부르크 신앙고백(Augsburg
　Confession) 161-163
「아이들을 사랑하기 위하여」(For the
　Love of Children) 251
아이작 뉴턴(Isaac Newton)
　563, 565, 721
　뉴턴의 세계관 765 주9
아이작 배커스(Isaac Backus) 523
아칸소 과학교사협회(Arkansas Science
　Teacher's Association, ASTA) 332
아타나시우스(Athanasius) 765 주6
안셀무스(Anselm) 153, 196
안소니 기든스(Anthony Giddens)
　771 주12
안소니 로툰도(Anthony Rotundo)
　603, 612, 619, 840 주26
안소니 트롤로프(Anthony Trollope)
　561
알란 하이머트(Alan Heimert) 818 주42
알렉산더 솔제니친(Alexander
　Solzhenitsyn) 169, 648
알렉산더 캠벨(Alexander Campbell)
　552-554, 829 주23
알렉산드리아의 클레멘스(Clement of
　Alexandria) 151, 711
알렉시스 드 토크빌(Alexis de Tocque-
　ville) 486, 510, 594
알렌 오르(H. Allen Orr) 395, 399
알리스터 맥그래스(Alister McGrath)
　162, 476

알버트 월터스(Albert M. Wolters)
　50, 237
알빈 플란팅가(Alvin Plantinga)
　117, 457, 579, 591
알프레드 노스 화이트헤드(Alfred North
　Whitehead) 807 주33
알프레드 킨지(Alfred Kinsey) 275-276
암모니우스 사카스(Ammonius Saccas)
　851 주1
앤 더글라스(Ann Douglas)
　661, 839 주10
앤디 크라우치(Andy Crouch) 134
앨런 블룸(Allen Bloom) 333
앨런 시어즈(Alan Sears) 189-191
앨런 와츠(Alan Watts) 238
앨런 울프(Alan Wolfe) 540-541
앨런 칼슨(Allen Carlson) 840 주22
야콥 뵈메(Jacob Boehme) 711
「양들, 포효하다」(Roaring Lambs) 73
'양상의 사다리'("modal scale")
　754 주25
양자역학(quantum mechanics) 77
어네스트 토머스 세턴(Ernest Thomas
　Seton) 621
엄마는 가정에(Mothers At Home) 634
에드워드 손다이크(Edward Thorndike)
　432
에드워드 퍼셀(Edward Purcell) 569
에른스트 마이어(Ernst Mayr) 415
에른스트 트뢸치(Ernst Troeltsch)
　824 주37
에른스트 헤켈(Ernst Haeckel)
　307-310
에피쿠로스(Epicurus) 717-724, 853 주1
　에피쿠로스에 대한 공격 853 주5

엘렌 차리(Ellen Charry) 384
엘리사(Elisha) 667
엘리아스 스미스(Elias Smith) 512, 513
엘리자베스 플라워(Elizabeth Flower) 831 주45
여성(women)
   대각성운동 598
   교회 구성원의 다수를 점함 837 주4
   교회의 여성화 613-616
   사회 개혁 616-618, 630
   페미니즘, 가정, 남성도 보라.
여성 자영업 프로젝트(Women's Self-Employment Project) 635
역사주의(historicism)
   헤겔의 역사주의 439
   독일의 역사주의 712, 807 주36
   낭만주의적 역사주의 439
「연한 자주빛의 십년」(The Mauve Decade) 624
연합방어기금(Alliance Defense Fund, ADF) 189
열린 유신론(Open Theism) 443, 807 주35
「열정」(Enthusiasm) 537
'염소, 또는 누가 실비아인가?'(The Goat, or Who Is Sylvia?) 402
영성(spirituality) 227-228
「영원의 철학」(The Perennial Philosophy) 712
「영적 학대의 교묘한 힘」(The Subtle Power of Spiritual Abuse) 682
「영적 학대 치유하기」(Healing from Spiritual Abuse) 682
예술(the arts) 219-221
예술적 창조활동(artistic creativity) 57, 58
오리게네스(Origen) 151, 711
오순절 은사주의 운동(pentecostal-charismatic movement) 540
오스 기니스(Os Guinness) 91
오스왈드 오번(Oswald Overn) 224
오웬 위스터(Owen Wister) 622
오직 성경(sola Scriptura) 557-558
오캄의 윌리엄(William of Ockham) 195-196, 772 주17
올더스 헉슬리(Aldous Huxley) 239, 241, 712
올리버 웬델 홈즈(Oliver Wendell Holmes) 427-429, 443-444, 459, 808 주42, 812 주72
완전(perfection) 178, 762 주52, 763 주55
「왜 미국에 종교가 필요한가」(Why America Needs Religion) 120
「왜 보수적인 교회가 성장하는가」(Why Conservative Churches Are Growing) 492
「왜 존은 옳고 그른 것을 분별하지 못하는가」(Why Johnny Can't Tell Right from Wrong) 451
외계 지성의 탐색 작업(search for extra-terrestrial intelligence, SETI) 341
우도 미들맨(Udo Middelmann) 579, 729, 826 주62
「우리는 신들을 믿는다」(In Gods We Trust) 391
「우리의 의지에 반하여」(Against Our Wills) 397
「우연과 필연」(Chance and Necessity) 362

「우주의 본질에 관하여」(*On the Nature of the Universe*) 718
워싱턴 글래이든(Washington Gladden) 529
워커 퍼시(Walker Percy) 200
원시주의(primitivism) 518-519, 561
원자론(atomism) 255, 272, 436, 494
「월요일을 사랑한다는 것」(*Loving Monday*) 164
월터 브래들리(Walter Bradley) 375, 795 주61
웨슬리 교파(Wesleyans) 178
웨이드 클락 루프(Wade Clark Roof) 227, 541
「위기에 처한 이성」(*Reason in the Balance*) 328
윌리엄 뎀스키(William A. Dembski) 362, 789 주22, 791 주42, 796 주67
윌리엄 라스프베리(William Raspberry) 631
윌리엄 레인 크레이그(William Lane Craig) 833 주56
윌리엄 스타이그(William Steig) 778-779 주11
윌리엄 앨스턴(William Alston) 591
윌리엄 엘러리 채닝(William Ellery Channing) 621
윌리엄 제임스(William James) 427, 430, 432-433, 434-435, 804 주18, 806 주30, 주32
종교를 허용 434-435
하나님의 관점 806 주32
윌리엄 킬패트릭(William Kilpatrick) 450-451
윌리엄 페일리(William Paley) 345-348, 566
윌리엄 펜더(William Pender) 612
윌리엄 프로빈(William Provine) 401
유니테리언(Unitarians) 485, 523, 545
유아살해(infanticide) 398-340
유진 밀러(Eugene F. Miller) 750 주11
유진 위그너(Eugene Wigner) 582
유토피아 사상가들(utopians) 250
은총(grace)
    155-157, 194
    특별은총 86
    일반은총 86-43
    자연/은총의 이원론도 참조하라.
「의식적 의지의 환상」(*The illusion of Conscious Will*) 217
「이기적 유전자」(*The Selfish Gene*) 390, 404
이디스 쉐퍼(Edith Schaeffer) 696, 755 주38
이성(reason) 194-197, 233, 248
「이성에서의 도피」(*Escape from Reason*) 211, 241
이슬람, 뉴에이지 운동(Islam, and the New Age movement) 385-388
이신론자(Deists) 546
이타주의(altruism)
    394, 584-585, 835 주81
인간 본성(human nature) 266, 274
    장 자크 루소도 참조하라.
「인간에 있어서 남성의 성행위」(*Sexual Behavior in the Human Male*) 275
「인간의 권리」(*Rights of Man*) 510
인간의 자유(human freedom) 212, 215, 728
「인간의 후손」(*The Descent of Man*)

400
인과관계(causality) 581-582
「인식의 문」(*The Doors of Perception*) 241
「일생의 일」(*A Life's Work*) 638
임레 라카토스(Imre Lakatos) 830 주32
임마누엘 칸트(Immanuel Kant) 201-205, 209
　인간의 자유에 관하여 203
　두 영역론 202-205
A. E. 와일더-스미스(A. E. Wilder-Smith) 373, 794 주59
E. O. 윌슨(E. O. Wilson) 390, 421
R. G. 콜링우드(R. G. Collingwood) 87-88, 753 주21

ㅈ

'자동계단 신화'("Escalator Myth") 777 주62
자선의 제국(Benevolent Empire) 121, 617, 630
자연/은총의 이원론(nature/grace dualism) 157-159, 184-186, 188, 193-194, 763 주57, 764 주58
'자연과학에 있어서 수학의 터무니없는 효용성'("The Unreasonable Effectiveness of Mathematics in the Natural Sciences") 582
자연선택(natural selection) 344-346, 350, 389-391, 395
자유(freedom) 인간의 자유를 보라.
「자유는 진화한다」(*Freedom Evolves*) 589
「자유와 존엄을 넘어서」(*Beyond Freedom and Dignity*) 589
자유주의(liberalism) 223-226, 270-271, 484, 522, 589, 768 주39
자크 데리다(Jacques Derrida) 454
자크 마리탱(Jacques Maritain) 158
자크 모노(Jacques Monod) 362
자크 바준(Jacques Barzun) 221, 326
장로교(Presbyterians) 476, 478, 480, 481, 491, 497, 544-545, 814 주9
장 자크 루소(Jean-Jacque Rousseau) 203, 250, 263-272, 704-705, 773 주32, 854 주12
　자연 상태(자기애) 263-264
　사회계약론도 보라.
장 칼뱅(John Calvin) 162, 166, 558, 823 주37
잭 런던(Jack London) 622
전적 타락(total depravity) 184
「전체주의의 기원」(*The Origins of Totalitarianism*) 269
젊은 예술가의 초상(*Portrait of the Artist as a Young Man*) 174-175
정직한 연구를 위한 연구 윤리국(U.S. Office of Research Integrity, "Fraud Squad") 342
정치의 세속화(secularization of politics) 701-707
정치적 올바름(political correctness) 259
「제2의 월든」(*Walden Two*) 251
제람 바즈(Jerram Barrs) 688
제리미 벤담(Jeremy Bentham) 854 주12

제임스 데이비슨 헌터(James Davison Hunter) 815 주6
제임스 맥그레디(James McGready) 467, 499
제임스 맥코쉬(James McCosh) 509, 833 주53
제임스 스킬런(James Skillen) 774 주36
제임스 알렉산더(James Alexander) 551, 829 주28
제임스 왓슨(James Watson) 322
제임스 워드 스미스(James Ward Smith) 806 주31
제임스 조이스(James Joyce) 174-175
제임스 캘버트(James Calvert) 797 주2
제임스 크로펜버그(James Kloppenberg) 805 주24, 주25
제임스 헨리 손웰(James Henley Thornwell) 575
제프리 밀러(Geoffrey Miller) 393
제프리 슐로스(Jeffrey Schloss) 799 주17
제프리 스타우트(Jeffrey Stout) 702, 827 주14
조나단 에드워즈(Jonathan Edwards) 71, 498, 532
조나단 웰스(Jonathan Wells) 299
조셉 벅민스턴(Joseph Buckminster) 615, 618
조셉 스탈린(Joseph Stalin) 425
조안 윌리엄스(Joan Williams) 845 주75
조엘 카펜터(Joel Carpenter) 538, 540, 678
조이스 애플비(Joyce Appleby) 821 주25
조지 게일로드 심슨(George Gaylord Simpson) 345-346, 783 주45, 788 주13
조지 그린스타인(George Greenstein) 355-356
조지 길더(George Gilder) 844 주73
조지 로릭(George Rawlyk) 823 주36
조지 마스덴(George Marsden) 544, 567, 572, 592, 706-707, 812 주68, 832 주49
조지 부시(George W. Bush) 123
조지 월드(George Wald) 358
조지 윌리엄스(George Williams) 372, 794 주57
조지 휫필드(George Whitefield) 495-497, 817 주34, 주35
존 그레이(John Gray) 85, 262, 589
존 그린(John Greene) 833 주54
존 길리스(John Gillis) 604
존 네빈(John Nevin) 535
존 듀이(John Dewey) 427, 431, 437, 446-451, 722, 803 주4, 805 주24
교육적 방법론 446-449
존 로크(John Locke) 266, 704-706, 827 주11, 854 주12
존 릴랜드(John Leland) 510
존 매독스(John Maddox) 385
존 밀턴(John Milton) 248
존 반더 스텔트(John Vander Stelt) 697
존 버로우즈(John Burroughs) 623
존 버틀러(John Butler) 815 주15
존 베케트(John Beckett) 63, 164, 171
존 설(John Searle) 212-213, 216-217, 728
존 스코투스 에리게나(John Scotus

Erigena) 153, 711
존 스튜어트 밀(John Stuart Mill) 277, 852 주12
존 월시(John Walsh) 820 주17
존 웨슬리(John Wesley) 471, 481, 491, 543
존 위더스푼(John Witherspoon) 546, 563
존 위티 2세(John Witte, Jr.) 773 주31
존재론적 개인주의(ontological individualism) 252, 269, 272
존 파이퍼(John Piper) 759 주27
존 패스모어(John Passmore) 807 주35
존 해들리 브룩(John Hedley Brooke) 832 주50
존 허만 랜달(John Hermann Randall) 772 주20
존 헨리 뉴맨(John Henry Newman) 833 주61
존 휠러(John Wheeler) 337
종교(religion)
   83-85, 135-136, 194-195, 322, 326, 416, 484-485
   종교에 대한 기독교의 관점 379-381
   영성과 비교 227
   독립전쟁 이전 482-484
   건강에 긍정적인 영향 118-121
   사유화 135-137
   인간 주관성의 산물로서의 종교 225
   상징적 종교 225
종교개혁(the Reformation)
   159-162, 194-195, 247, 701
   오직 성경도 보라.
「종교 해설」(*Religion Explained*) 391
「종의 기원」(*On the Origin of Species*) 722

「좋은 기업을 넘어서 위대한 기업으로」(*Good to Great*) 684
죄에 대한 개신교 교리(Protestant doctrine of sin) 184
주권론(sphere sovereignty) 269
주디스 후퍼(Judith Hooper) 305
줄리안 헉슬리(Julian Huxley) 333, 786 주76
중세(the Middle Ages) 160, 193, 701, 807 주36
지그문트 프로이트(Sigmund Freud) 118
지적 설계론(Intelligent Design theory) 325, 327, 328, 330, 335, 338, 339, 375-376, 384-385, 419, 572, 780 주70, 796 주67
   생화학에서 지적 설계론 348-349
   "눈먼 시계공" 은유 343-346
   우주학에서 지적 설계론 354-358
   유전자 코드(DNA 구조) 359-361, 366-367
   환원불가능한 복잡성 350-352
   생명의 기원도 보라.
지정된 복잡성(specified complexity) 374
진리(truth)
   분열된 진리 개념 47-48
   진리의 객관성 729
   사적 진리 45
   공적 진리 45
   진리에 대한 두 영역론 45
진 에드워드 비스(Gene Edward Veith) 101
「진정한 영성」(*True Spirituality*) 653

진한 애무(Heavy Petting) 402
진화(evolution)
　　320, 321, 402, 404, 405,
　　다윈의 핀치새 299-301
　　화석 기록 312
　　초파리의 변이 302-304
　　대진화 311-312
　　소진화 311
　　얼룩나방 305-306
　　낭만적 역사주의의 산물 455-457
　　단속평형설 313, 314-315
　　"이기적 유전자" 390, 404
　　자가당착의 논리 456-457
　　유신론적 진화 383
　　진화심리학도 보라.
'진화'("Evolution", PBS 다큐멘터리)
　　296, 334-335, 393
진화심리학(evolutionary psychology)
　　389, 390, 394-398, 398-400, 404
　　실용주의도 보라.
「진화의 아이콘」(Icons of Evolution)
　　299
짐 콜린스(Jim Collins) 684
G. 스탠리 홀(G. Stanley Hall) 803 주4
G. K. 체스터튼(G. K. Chesterton)
　　154, 296
J. 밸런타인(J. Valentine) 782 주41
J. B. S. 홀데인(J. B. S. Haldane) 394
J. P. 모어랜드(J. P. Moreland)
　　833 주56
J. P. A. 메케스(J. P. A. Mekkes)
　　834 주68
J. R. R. 톨킨(J. R. R. Tolkein)
　　776 주30

ㅊ

찰리 피콕(Charlie Peacock) 70
찰스 다윈(Charles Darwin)
　　294, 299, 307, 320, 344, 352,
　　377-379, 400, 430, 438, 455,
　　580, 721, 784 주53, 832 주50,
　　844 주69
　　다윈의 핀치새 158-159
찰스 말릭(Charles Malik) 125, 520
찰스 샌더스 퍼스(Charles Sanders
　　Peirce) 427, 432, 441, 717,
　　806 주30, 807 주33
찰스 스펄전(Charles Spurgeon) 39
찰스 엘리엇 노튼(Charles Eliot Norton)
　　616
찰스 택스턴(Charles Thaxton)
　　375, 794 주59, 795 주61
찰스 피니(Charles Finney)
　　492, 532, 533-534, 678
찰스 하지(Charles Hodge)
　　544, 551, 570
찰스 하트숀(Charles Hartshorne)
　　441, 807 주33
창조(Creation)
　　86, 91, 94-96, 149, 165-166,
　　172-173, 174-175, 245-247,
　　250, 580
　　창조를 보는 자유주의적 견해
　　　　224-225
　　창조와 구속 181
창조론(creationism) 785 주70
창조-타락-구속의 틀(Creation/Fall/Re-
　　demption grid) 98, 172, 173, 182,

183, 187, 245-246, 257-258, 285
창조와 기독교 교육 245-248
창조와 가족 249-251
창조와 마르크스주의 258-261
창조와 뉴에이지 사상 278-279
창조와 루소 263-266
창조와 성 273-276
「천국과 지옥의 이혼」(The Great Divorce) 170
철학(philosophy) 255
  기독교 철학 116-117, 186
  철학의 탈세속화 116, 117
  헬라철학 146-150
  법철학 270-271, 444
  영원의 철학 237-239, 712, 852 주6
  정치철학 271, 524
  개별 철학을 참조하라.
철학적 자연주의(philosophical naturalism) 448, 565
청교도(Puritans)
  163, 247, 608, 820 주16, 17
최상의 기독교 직장 연구소(Best Christian Workplaces Institute) 682-683
침례교(Baptists)
  256, 259, 260, 264-265, 269, 283
  남침례교단 총회(Southern Baptist Convention) 437 주31
칭의(justification) 99

ㅋ

카밀라 파워(Camilla Power) 405
칼 데글러(Carl Degler) 619, 839 주10
칼 마르크스(Karl Marx) 259, 263, 439

칼뱅주의(Calvinism) 525, 527
  신칼뱅주의도 보라.
칼 세이건(Carl Sagan) 298
칼 포퍼(Karl Popper) 830 주32
캐롤 스미스-로젠버그(Carroll Smith-Rosenberg) 822 주34
캐슬린 닐슨(Kathleen Nielson) 193
커트 센스키(Kurt Senske)
  692, 849 주33
케네스 케니스턴(Kenneth Keniston) 611
켄 블루(Ken Blue) 679
코르넬리우스 반 틸(Cornelius Van Til) 834 주68
'코스모스'("Cosmos", PBS 다큐멘터리) 298
콜린 건턴(Colin Gunton) 152
콜린 브라운(Colin Brown) 205
쿠엔틴 스미스(Quentin Smith) 116-117
쿠엔틴 스키너(Quentin Skinner) 850 주2
크레이그 파머(Craig Palmer) 395-396
크레인 브린턴(Crane Brinton) 768 주40
크리슈나난다(Swami Krishnananda) 710
크리스찬 카이저(Christian Kaiser) 804 주16
크리스천 스미스(Christian Smith) 138, 144, 191, 758 주13
크리스토퍼 리브(Christopher Reeve) 48
클라우스 복뮤엘(Klaus Bockmuehl) 262

클라크 피녹(Clark Pinnock) 442

ㅌ

타락(the Fall)
  92-93, 97, 167-169, 173-174,
  247-248, 255-256
  복음주의의 지나친 강조 172
  자유주의의 관점 224
테드 피터스(Ted Peters) 251-252
테리 매팅리(Terry Mattingly) 228
테리 심슨(Terry Simpson) 810 주56
테야르 드 샤르댕(Teilhard de Chardin) 239
테오도시우스 돕잰스키(Theodosius Dobzhansky) 801 주34
토마스 리코나(Thomas Lickona) 450
토마스 버그(Thomas Berg) 678
토마스 아퀴나스(Thomas Aquinas)
  181, 194, 760 주33
  아퀴나스와 아리스토텔레스 153-156
  창조에 대한 지나친 강조 182
  이층구조를 견지 156-159
토마스 제퍼슨(Thomas Jefferson)
  520-524, 526, 546
토마스 쿤(Thomas Kuhn) 830 주32
토마스 페인(Thomas Paine)
  505, 509, 516
토마스 홉스(Thomas Hobbes)
  266, 268, 703, 706, 854 주12
토머스 리드(Thomas Reid)
  297, 298, 311, 312, 316,
  436 주7, 440 주71
토머스 찰머스(Thomas Chalmers) 483
톰 베델(Tom Bethell) 319, 317

톰 울프(Tom Wolfe) 456
티모시 웨어(Timothy Ware) 256

ㅍ

파스칼 보이어(Pascal Boyer) 391
파트리샤 보노미(Patricia Bonomi)
  820 주15
패트릭 글린(Patrick Glynn)
  119-120, 289-291
퍼시 브리지맨(Percy Bridgman)
  830 주32
페미니즘(feminism)
  220, 259, 626-628, 632
포르노 연구(porn studies)
  273-274, 277
포스트모더니즘(postmodernism)
  45, 86-90, 213, 219,
  221-223, 454-455
  톰 울프의 정의 455-456
폴 데이비스(Paul Davies)
  355, 372-373, 789 주25, 795 주60
폴 로빈슨(Paul Robinson) 276
폴 마샬(Paul Marshall) 705
폴 써로우(Paul Theroux) 173
폴 콘킨(Paul Conkin) 805 주22, 주26
프란시스 베이컨(Francis Bacon)
  550, 552, 559, 827 주11
  베이컨의 해석학도 참조하라.
프란시스 쉐퍼(Francis Schaeffer)
  107-109, 112, 214-215, 241, 389,
  461, 576-578, 588-589, 669,
  673-675, 680, 688, 755 주34,
  766 주26, 836 주82
  변증에 관하여 458

아퀴나스에 관하여 763 주58
교량 역할 755 주35
총체적 진리로서의 기독교
 39, 751 주3
신앙의 위기 653-655
진리에 대한 분열된 개념을 비판
 749 주5, 759 주23
문화 변증 329
그가 공부한 사람들 834 주68
칸트의 자연/자유 이분법 765 주11
"신앙의 도약" 210
영성 847 주6, 10
두 의자 이미지 385, 666-667
실재에 대한 이층적 견해 45, 147
마약 사용 770 주4
라브리도 보라.
프랑크 설러웨이(Frank Sulloway)
 787 주2
프랜시스 버넷(Frances Hodgson
 Burnett) 282
 버넷에게 영향을 준 것 776 주60
프랜시스 웨이랜드(Francis Wayland)
 563
프랜시스 콜린스(Francis Collins) 359
프랜시스 크릭(Francis Crick) 322, 349
프랜시스 트롤로프(Francis Trollope)
 613
프랜시스 파크스(Frances Parkes) 611
프랭클린 리텔(Franklin Littell) 672
프레드 호일(Fred Hoyle)
 357, 790 주31
프로티누스(Plotinus)
 710-712, 759, 851 주3
프리드리히 엥겔스(Friedrich Engels)
 262

프리먼 다이슨(Freeman Dyson)
 189, 358
프릿초프 카프라(Fritjof Capra) 77
플라톤/플라톤주의(Plato/Platonism)
 147-150, 166, 250, 717, 720,
 759 주24
 플라톤의 이원론 149-150
 신플라톤주의도 참조하라.
「플레이보이」(Playboy) 624
피에르 가센디(Pierre Gassendi) 721
피에르 마넨(Pierre Manent) 271
피치노(Ficino) 711
피코 델라 미란돌라(Pico della
 Mirandola) 711
피터 버거(Peter Berger)
 43, 135, 597 주8, 841 주28
피터 싱어(Peter Singer)
 401-405, 412-414
피터 크리프트(Peter Kreeft) 208
「필로」(Philo) 759 주24
필립 와일리(Philip Wylie) 624
필립 젠킨스(Philip Jenkins) 479
필립 존슨(Phillip Johnson)
 46, 56, 230, 301, 327-328,
 458, 570, 808 주42
 기독교 신앙의 사유화 228
필 비스커(Phil Vischer) 74-75

ㅎ

「하나님, 그 증거」(God: The Evidence)
 119-120, 289-291
하워드 케이(Howard Kaye) 406
하이디 브레넌(Heidi Brennan) 634
하인츠 오버훔머(Heinz Oberhummer)

356
하인츠 파겔스(Heinz Pagels)
　359, 791 주36
한나 아렌트(Hannah Arendt) 269
한스 로크마커(Hans Rookmaaker)
　834 주68
한스 큉(Hans Küng) 763 주58
합리주의(rationalism) 196, 197
해롤드 블룸(Harold Bloom) 825 주60
해리 블래마이어즈(Harry Blamires)
　68-69
　"기독교적 지성"에 관해 69
해리 블랙먼(Harry Blackmun) 445
해리 스타우트(Harry Stout) 496, 501
허드슨 테일러(Hudson Taylor) 666
허버트 벤슨(Hebert Benson) 120
허버트 스펜서(Herbert Spencer)
　429, 443, 844 주69
헤겔(Georg Wilhelm Friedrich Hegel)
　439-440, 446
헤르만 도예베르트(Herman Dooye-
　weerd) 54, 184, 574-578, 754주25,
　759 주23, 763 주57, 808 주36
　칸트의 자연/자유 이분법에 관한 견해
　　765 주11
헨리 메이(Henry May) 773 주33
헨리 시틸 코매저(Henry Steele
　Commager) 806 주27
헨리 워드 비처(Henry Ward Beecher)
　530, 535
헨리 제임스 경(Sr. Henry James) 614
환원주의(reductionism) 216
회복운동(Restoration movement)
　476, 552-554
　그리스도의 교회, 그리스도의 제자들

도 보라.
회심(conversion) 82
　회심을 강조하는 부흥주의
　493, 497-499, 513-514
　'회심하지 않은 목회사역의 위험'
　　("The Danger of an Unconverted
　　Ministry") 502
회의주의자 협회(Skeptics' Society)
　339, 420
회중교회(Congregationalists)
　476, 480, 482
휴스턴 스미스(Huston Smith)
　289, 770 주2
힌두교(Hinduism) 280-281
힐러리 클린턴(Hilary Clinton) 250
H. L. 멩켄(H. L. Mencken) 384

스터디 가이드

이 연구 가이드는 「완전한 진리」에 나오는 주요 주제들을 섭렵할 수 있도록 기획되었다. 여러분은 여기서 접하는 이야기와 사례 및 모본을 통해 지금까지 배운 내용을 실제 삶에 적용하는 법을 배우게 될 것이다. 또한 이 책의 초고를 일찍이 읽고 질문과 논평을 제공하여 결과적으로 더 나은 원고가 되도록 기여한 독자들과도 "대화"를 나누게 될 것이다. 각 장은 다음과 같이 구성되어 있다. 먼저 각 장의 중심 주제를 명료하게 이해하고 그것을 확장하도록 돕는 여러 토론 문제가 있고, 이어서 짧은 복습 문제("스스로에게 던질 질문")가 나오며, 마지막으로 소그룹에서 토론하기 좋은 몇 가지 제안("대화를 계속하기 위한 질문")이 실려 있다.

「완전한 진리」가 출간된 이래, 이 책을 중심으로 대화가 계속 이어지도록 기여한 모든 분들께 감사를 드린다. 그 가운데 몇 사람과 기관을 언급하면 다음과 같다. 조지아 주 애틀란타에 있는 코너스톤 크리스천 스토어의 주인 존 헤인즈(거기서 내가 C-SPAN's Book TV에서 방영하는 방송에 출연했다), 헤리티지 재단, 스탠포드 대학, 텍사스 A&M, 조지아 주립대학의 캠퍼스 그룹들, 프로브 사역, 포르티코 공공정책 그룹, 여러 기독 대학, 홈스쿨링 단체들……. 블로그상에서 활발하게 진행된 온라인 비평에 대해서는, 특히 알 몰러, 팀 찰리즈, 스테이시 하프의 '마이드 앤 미디어' 비평단에 감사를 드린다. 마지막으로, 나는 독자들로부터 수많은 서신을 받는 영예를 누렸는데, 비록 일일이 답장할 수는 없었으나 이 대화를 계속 이어가는 여러분 모두에게 감사를 드린다.

※ 스터디 가이드의 질문은 본문의 순서를 그대로 따르기보다는 주제별로 묶어 작성되었다. 해당 쪽수를 적은 것은 여러분이 이 책 전체를 보다 폭넓게 참고하도록 돕기 위함이다. (경우에 따라 한국 상황에 맞게 질문을 조금 각색했다―옮긴이)

머리말

수많은 실로 짜여진 하나의 융단처럼, 머리말에는 융단을 엮는 실과 같은 여러 주제들이 제시되어 있다. 이제 새로운 사례를 통해 그 주제들을 확실하게 파악해 보도록 하자. 문화 격변기에 이르면, 저변에 깔려 있던 세계관 논제들이 표면에 부상하기 마련이다. 2004년 미국 대통령 선거를 예로 들어 한동안 진행된 세계관의 충돌현상을 살펴보기로 하자.

　그 선거는 다름 아니라 "신앙과 이성이 대립하는 두 세계관 사이의 싸움"이었다고 조나단 프리들랜드는 「가디언」(2004년 10월 20일자)지에 썼다. 「뉴욕 타임스」(2004년 11월 7일자)의 모린 다우드는, 도덕적 보수주의자들이 "과학을 종교로, 사실을 신앙으로" 대치하게 될 것이라고 열을 올렸다. 「스탠포드 메디슨」(2004년 가을호)의 표지는, 성경을 든 성직자와 흰 코트를 입고 실험용 튜브를 든 과학자가 마주하고 있는 모습과 그 사이에 땅이 갈라져 있는 모습을 실었다. 어떤 메시지를 전달하려는 것일까? 미국 안에 성경을 믿는 자들과 과학을 믿는 자들이 서로 분열하고 있음을 보여주려는 것이다.

1. "신앙과 이성의 대립" 같은 문구를 들을 때마다 우리의 세계관 탐지기가 큰 소리로 울려야 한다. 위에서 든 사례는 사실/가치의 분리현상을 어떻게 드러내고 있는가? (43-48p)

2004년 선거의 결정적인 특징은 "도덕적 간격"이었다고 토마스 번 에드살이 「애틀랜틱 먼슬리」(2003년 1-2월호)에서 말했다. 과거 미국정치에서 좌파/우파의 분열은 주로 경제를 쟁점으로 했다. 사람마다 자기 돈지갑에 표를 던진다는 말이 하나의 공리처럼 여겨졌었다. 그런데 요즈음에는 성과 출산에 관련된 문제들—낙태, 동성간의 결혼, 배아 줄기세포 연구 등—이 주요 이슈가 되고 있다. 그 기사의 결론은 이렇다. "과거에는 선거에서 노동계급 정당과 월스트리트 정당이 대립했었다. 그러나 요즈음에는 **보편적이고 불편하는 도덕**을 믿는 자들과, 특히 성적인 문제에 관련해 도덕적 쟁점을 **주관적이고 유연한 개인적 선택**의 문제로 보는 자들이 서로 대립하고 있다."

여기서 문제의 핵심이 도덕의 **내용**(말하자면, 어떤 행위가 옳은가 그른가)이 아니라 도덕적 주장의 **진리 여부**에 있음을 주목하라. 도덕은 보편적이고 규범적인 표준인가? 아니면 단지 주관적인 선호의 문제인가? 이 문제가 선거가 끝난 후에도 계속될 문화충돌의 핵심에 놓여 있다.

2. 객관적 도덕관을 가진 자들과 도덕을 주관적 "가치"로 환원시키는 자들 사이에 도덕적 간격이 있다. 이 둘의 차이를 설명해 보라. (43-45p)

민주당 전당대회에서 론 레이건(전 대통령의 아들)이 배아 줄기세포 연구의

반대자들에게 던진 한마디가 대중매체를 타고 널리 전해졌다. "그들의 믿음은 일종의 신조와 같은 것이니 그들에게는 그렇게 주장할 권리가 있다. 그러나 소수의 신학이 다수의 건강과 안녕을 방해하도록 허용해도 된다는 말은 아니다."

여기에는 어떤 세계관이 담겨 있는가? 사람들은 자기 마음대로 무엇이든 믿어도 좋고 심지어는 "그렇게 할 권리"도 있다. 다만, 그것을 주관적인 "신조"로 삼는 데서 멈추어야 하며 그것이 과학적 연구의 방향을 지도할 객관적 진리로 주장하지 않는 선에서 그렇다는 말이다.

3. 레이건은 도덕적 간격의 어느 편에 서 있는가? 어떻게 그것을 알 수 있을까? (43-46p)

우리가 문화 선교사가 되려면 선교 대상이 되는 사람들의 언어를 이해하지 않으면 안된다. 대학생을 위한 한 경제학 교재는 **사실과 가치**에 대한 근대주의의 정의를 이렇게 설명한다.

> "사실은 객관적인 것이다. 측정 가능하고 그 진실성을 시험할 수 있다는 말이다.······ 다른 한편으로, 가치 판단은 주관적인 것으로서, 개인적 선호의 문제다.······ 그런 선호는 사실과 이치가 아니라 개인의 취향과 감정에 근거한다"(*Economics for Decision Making* [D. C. Heath, 1988]).

4. 이 인용문에 나오는 가치에 대한 정의는 그리스도인들이 흔히 사용하는 용법과 어떻게 다른가? 이러한 차이는 우리가 공적 영역에서 우리의 의사를 전달하려 할 때 겪는 어려움을 어떻게 잘 설명해 주는가? (47-48, 331-336p)

이런 사례에서 우리가 알 수 있는 것은, 기독교에 대한 도전이 과거보다 훨씬 더 과격해졌다는 사실이다. 과거에는 세속주의자들이 종교는 거짓이라고 주장했다. 거기에는 적어도 우리가 이치와 증거, 논리와 논증을 중심으로 그들과 토론할 여지가 있었음을 의미한다. 그러나 오늘날의 세속주의는, 종교가 주장하는 진리를 시험할 수 없다는 이유로 종교 자체에 아무런 지위도 부여하지 않는다.

구체적인 예를 들어 보자. 어떤 주제에 대해 당신의 입장을 내놓았는데, 상대방이 "그건 과학이야, 그건 사실일 뿐이라고. 그걸 나에게 강요하지 마" 하고 반응했다고 상상해 보라. 물론, 그렇게 말하는 사람은 아무도 없다. 오히려 "그건 당신의 종교일 뿐이야, 그걸 나에게 강요하지 마" 하고 말한다. 이런 차이는 어디에서 오는 것일까? 과학은 모든 이에게 구속력을 지니는 공적 진리로 간주되는 반면에, 종교는 그것을 믿는 자들에게만 상관있는 사적인 정서의 문제로 환원되었기 때문이다.

5. 사실/가치의 이분법 틀이 기독교적 관점이 공적 영역에 들어가지 못하도록 문지기 역할을 하는 경위를 설명해 보라. (45-48p)

"과학은 경험적으로 그 오류를 입증할 수 있는 사실들에 기초한 예측의 분야다." 물리학자 로렌스 크라우스의 말이다. "종교는 내적인 신앙에 기초한 희망의 분야다." 달리 말하면, 종교는 더 이상 참과 거짓의 범주로 고려될 수 있는 대상이 아니다. 볼프강 파울리라는 유명한 물리학자의 이야기가 있다. 그가 한 동료에게 '네 이론은 너무 형편 없어서 잘못되었다고 말할 여지도 없다'고 말했다. 대답 가능한 범주에 포함조차 되지 않는다는 것이다. 종교적 주장이야말로 오늘날 똑같은 푸대접을 받고 있다. 진리일 가능성이 있는 후보에도 끼지 못하는 실정이다.

6. 사실/가치의 분리가 복음을 "문화적 포로 상태"에 빠뜨린 장본인인 까닭은 무엇인가? (47-48p)

스스로에게 던질 질문

7. 근본주의와 복음주의의 차이는 무엇인가? 당신의 배경은 둘 중 어디에 더 가까운가? (39-41p)

8. 저자는 오늘날 그리스도인들이 [문화의 변혁보다] 정치적인 해결책을 얻으려고 너무 서두른다고 지적하고 있는데(39-43p), 한국의 경우는 어떻다고 생각하는가?

9. 세계관이 무엇인지 설명해 보라. 모든 사람이 각기 세계관을 갖고 있다는 생각의 성경적 뿌리는 무엇인가? (49-53p)

10. 세계관 개념은 "대체로 정치적 토론의 맥락에서 그리고 기독교 단체의 기금마련을 위해 사용되는 상투어로 여전히 남아 있다"고 프로브 사역에 종사하는 레이 볼린이 쓰고 있다(http://www.probe.org/docs/totaltruth.html). 세계관이 잘못 해석되는 다른 예를 들어 보라. (51-55, 100-103p)

대화를 계속하기 위한 질문

사실/가치의 이분법을 보여주는 다양한 사례를 책, 영화, 친구와의 대화 등에서 모아 보라. 어떻게 하면 앞을 가로막는 문지기를 지나, 기독교가 사적인 "가치"가 아니라 우주적 진리 주장임을 분명히 밝힐 수 있을까?

1장 이분법적 사고를 넘어서_ 창조, 타락, 구속

TV 인터뷰를 준비하던 피디가 내게 설명하기를, 그 프로그램은 메시지와 수단 모두에 있어 성경적이 되는 것을 목표로 삼고 있다고 했다. "이를테면, 우리는 시청자 숫자를 과장하지 않습니다."

"물론 그래서는 안되죠." 내가 응답했다. 숫자를 조작하지 않는 것은 너무 당연한 도덕적 원칙 아닌가.

"그런데 이 분야에서 일하는 사람들은 대부분 그렇게 합니다." 그는 내게 답하면서, 시청자 수를 부풀리기 위해 흔히 사용되는 통계적 속임수를 설명해 주었다. "다른 기독교 방송국에서 일하는 피디에게 우리는 그런 속임수를 쓰지 않는다고 했더니, 그가 이런 반응을 보이더군요. '뭐라구? 숫자를 부풀리지 않는다구요? 그런데 어떻게 아직 망하지 않은 거죠?'"

안타까운 사실은, 우리가 기독교 신앙을 갖고 있으면서도 세속적으로 살아가는 것이 얼마든지 가능하다는 점이다. 제1장은 "사라"의 이야기로 시작하는데, 그녀는 성실한 신자이면서도 자기가 종사하는 분야의 흐름에 따라 도덕적 상대주의를 받아들였다.

1. 이런 이야기는 성/속 이분법의 위험을 어떻게 보여주는가? (63-67p)

로버트 벤의 연구에 따르면, 대다수 기독교 대학들이 성/속의 분립을 영속화하고 있다고 한다(*Quality with Soul*, [Eerdmans, 2001]). 그는 이 같은 접근을 "덧붙이기"라 부르는데, 일반 대학에서 가르치는 것과 똑같은 내용의 교과과정에 기독교를—채플과 성경공부와 기도회 같은—살짝 덧붙여 놓았기 때문이다. 이런 대학들이 스스로를 기독교적이라고 규정하는 이유는, 그들이 세계에 대한 독특한 관점을 가르치기 때문이 아니라 그들의 기독교적인 풍조와 분위기 때문이다. 요컨대, 많은 교회와 기독교 학교들이 **신앙**생활에서는 기독교적이지만 정신생활에서는 세속적인 젊은이들을 양산하고 있는 셈이다. 그 결과, 주변문화로부터 세속적 세계관을 너무 쉽게 받아들이게 되는 것이다.

2. "덧붙이기"식의 접근법이 지닌 위험은 무엇인가? (73-80, 89p)

계몽주의는 이성을 진리에 이르는 중립적인 출처로, 곧 모든 철학적·종교적 신념에서 벗어난 것으로 간주했다. 그러나 아우구스티누스는 훨씬 더 통전적인 견해를 제시했는데, 우리가 하나님께 등을 돌리면 우리의 지성이 우리의 악한 선택을 합리화하며 "어두워지게" 된다고(롬 1:21) 가르쳤다. 그 결과, 이성의 이름으로 내놓은 주장이 실은 숨겨진 종교적·철학적 동기를 반영하는 경우가 많다.

3. 중립적 지식이란 없다는 말은 무슨 뜻인가? (78-94, 184-186, 191-194p)

"과학"이나 "이성" 같은 용어는 종종 숨겨진 의제를 가리는 데 이용된다. 엘리너 클리프트는 「뉴스위크」(2004년 8월 13일자)에 기고한 글에서, 2004년 대통령 선거유세 때 부시 대통령이 낙태문제와 관련해서 종교를 공공정책에 끌어들인다고 비판한 반면에, 존 케리는 정치에서 신앙을 배제한다고 칭찬했다. 그녀는 "유권자들은 믿음으로 통치하는 대통령과 합리적 의사결정을 믿는 도전자 중에서 선택을 내려야 한다"고 결론을 내렸다.

여기에 담긴 의미는 무엇인가? 우선, 기독교는 합리적이지 않다는 것이다. 반면에 자유주의적 입장은 특정한 이데올로기가 아니라 마치 사실에 대한 합리적 심사숙고인 것처럼 제시되고 있음에 유의하라. 그녀의 글 제목이 "신앙"대 "이성"인데, 이는 자유주의적 견해를 순전히 이성의 산물인 것처럼 묘사한 것이다.

사실상, 낙태와 생명윤리에 대한 개방적(자유주의적) 견해는 비용-수익 분석에 기초한 공리주의와 실용주의 입장이다. 여기서 배울 수 있는 교훈은, 세계관은 대체로 분명한 딱지를 달고 등장하지 않는다는 점이다. 이런 충돌을 두고, 공리주의적·실용주의적 윤리 표준 대 규범적·초월적 표준의 갈등이라고 말하는 사람은 없다. 오히려 과학 대 종교, 사실 대 신앙의 문제라고 말한다. 그런 소리를 들을 때면 우리는 언제나 세계관 탐지기를 갖다대고 그 아래 숨겨진 세계관을 간파할 필요가 있다.

4. 유물론이 주장하는 궁극적 실재는 무엇인가? 자연주의, 경험론, 범신론은 각각 무엇이 궁극적 실재라고 주장하는가? (83-94, 258-260, 280-281, 717-718p)

기독교를 비판하는 이들은, 기독교가 신앙에 기초한 비합리적이고 편향된 것이라고 욕하는 반면에, 세속적 신념은 이성에 기초한 공평하고 객관적인 것으로 제시한다. 하지만 이는 순전히 엄포일 따름이다. 사고체계는 모두 구조적으로 동일하다. 즉 모든 사고체계는 먼저 어떤 것을 궁극적 실재로 제시하고, 그것에 기초해 세계를 설명하려 한다. 그 과정에서 그 안에 함축된 의미를 끌어내고 경험적 근거를 끌어 모으는 등 여러 작업을 하는 것이다. 우리는 이런 숨겨진 가정을 밝혀 냄으로써 서로 경쟁적인 세계관들 사이에 공평한 싸움이 진행되도록 할 수 있다.

5. 대학 시절에 기독교로 회심한 다음, 나는 같은 과 친구 하나에게서 다음과 같은 말을 들었다. "이제 너는 나처럼 객관적인 입장에 설 수 없어." 이런 식의 부당한 대우에 대해 당신은 어떻게 반응하겠는가? 중립적 이성이란 개념이 기독교의 신빙성을 무너뜨리는 데 어떻게 이용되는가? (78-94, 184-186p)

스스로에게 던질 질문

6. 본문에 따르면, "사라"는 기독교를 작은 진리들의 집합으로 여겼지 실재 전체에 대한 진리(Truth)로 생각하지는 않았다. 이 둘의 차이를 설명해 보라. (64-67, 68-72, 751p 주3)

7. 세속적 영역이야말로 편향되지 않고 중립적이라는 생각은 유럽의 종교전쟁 중에 발생했다. 그러한 생각이 발전한 경위를 설명해 보라. (701-704, 850p 주2)

8. 다양한 세계관을 지닌 사람들 사이에서도 폭넓은 범위에 걸쳐 실질적인 의견 일치가 존재하는데, 이런 현상을 그리스도인은 어떻게 설명할 수 있을까? (87-88p)

9. 「완전한 진리」를 애독한 독자들 다수가 수학에 관한 논의를 읽고 세계관의 영향력을 크게 깨달을 수 있었다고 했다(87-90p). 물론 분야에 따라 "세계관에 민감한" 정도가 서로 다르다. 왜 그런지 설명해 보라. (754p 주25)

10. 창조교리에 따르면, 하나님은 모든 우주 질서의 근원이다. 즉 도덕적 질서뿐 아니라 물리적·사회적·정치적·심미적 질서의 근원이라는 뜻이다. 이 교리는 어떤 면에서 기독교 세계관의 기초가 되는가? (68-72, 90-94, 165-166p)

11. 성경적 "소명"의 교리는 우리가 세계관을 이해하는 데 어떤 도움을 주는가? (94-103p)

대화를 계속하기 위한 질문

1장의 마지막에 나오는 이야기는 흔히 불신자가 세속적 전제로 인해 보지 못하는 것을 그리스도인이 볼 수 있음을 잘 드러내 준다. 이처럼 비그리스도인이 흔히 간과하는 어떤 사실을 우리가 성경적 관점으로 인해 주목하게 되는 경우가 있다면, 몇 가지 사례를 들어 보라. (116-124p)

2장 다시 찾은 기쁨

몇 년 전에 재정 스캔들이 경제계를 강타했을 때, 최고 임원들 가운데 일부가 정규적으로 교회에 출석하며 심지어 그 가운데는 집사와 주일학교 교사도 있다는 사실에 그리스도인들이 충격을 받았다. 그들은 일요일에는 교회에 출석했으나, 주중에는 치부하기 위해 장부를 조작했던 것이다. "엔론, 글로벌 크로싱, 그리고 이제는 제록스와 같은 회사의 최고 경영자들이 자기 기업의 재정 상태에 대해 거짓말을 해서 거액의 돈을 챙긴 것을 합리화한 것으로 보인다." 칼럼리스트 그렉 이스터브룩이 '탐욕은 좋은 것이 아니다'라는 제목으로 올린 기사다(「뉴 리퍼블릭」 온라인, 2002년 7월 1일). "이것이 흔히 이야기하는 도둑질이 아니라면—다른 사람의 돈을 횡령하기 위해 거짓말하는 것—과연 무엇이겠는가?"

왜 그리스도인들도 때로 부정부패에 쉽게 빠지는 것일까? 이에 대한 대답은 성/속의 분리와 관련이 깊다. 댄 에델렌이 말하듯이(*www.dedelen.com*), "그들의—그리고 우리의—비극은, 신앙이 현실생활에 영향을 미치지 못하도록 하는 세계관의 탈구현상에 있다." 이층구조의 정신세계에 사는 신자들은 성경적 관점을 자기들의 직업에 적용해야 할 의무감을 느끼지 않는다. 이는 곧 그 자리에 다른 세계관이 스며들었음을 의미한다. 사업에 몸담은 많은 그리스도인들이 법적인 보호막을 입은 "재정 모델"을 수용했는데, 이는 기업을 오로지 이윤과 주주의 가치를 극대화하기 위해 존재하는 무(無)도덕적 실체로 보는 것이다. 이런 세계관을 갖고 있으면 비도덕적 관행도 얼마든지 합리화할 수 있다.

1. 오스 기니스의 "도구상자" 이미지를 사용해, 우리가 성경적인 분석의 도구를 개발하지 않을 경우 왜 **비성경적인 도구**를 쉽게 사용하게 되는지 그 이유를 설명해 보라. (89p)

다른 사람의 비행(非行)을 "가능하게 한" 사람도 책임이 있다. 타이코에서 스캔들이 터졌을 때, 그 회사의 변호사가 독실한 가톨릭 신자인 것으로 드러났다(「뉴욕」지 2004년 8월 9일자, 스티브 피셔맨의 기사를 보라). 그가 법적인 면에서 범죄를 저지른 것은 아니지만 "도덕적으로는 유죄"라고 배심원들이 말했다. 왜 그런가? 그는 자신의 흠 없는 평판으로 회사의 이미지를 떠받치는 한편, 부패를 가리키는 분명한 지표를 추적 조사하는 데 실패했기 때문이다.

최근에 유명한 목사요 강사인 사람이 알코올 남용 및 여타의 도덕적인 문제로 어쩔 수 없이 물러나게 되었는데, 이로 인해 한 동료 목사가 공공연하게 사과하는 글을 썼다. 그 이유는? 그 목사에게 문제가 있음을 알고도 계속해서 자기 교회에 초청강사로 불렀기 때문이었다. 그는 자기 이름을 그 강사와 연관시킴으로써, 그 사람의 신빙성을 떠받쳐 주고 책임을 모면하게 해주었던 것이다.

2. 이런 스캔들은, 세계관이 단지 학문적 차원의 문제가 아니라 실제로 깊은 영향을 주는 문제임을 어떻게 알려 주는가? 지도자의 위치에 있는 그리스도인이 책임 있는 삶을 살도록 하려면 우리가 어떻게 해야 하겠는가?

믿는 이들에게 성경적 관점을 자기가 하는 일에 적용해 보라고 하면, 많은 사람들이 성경구절 몇 개를 인용하는 정도에 그치고 만다. 성경 인용으로는 일반 사회에서 어떤 효과를 기대할 수 없다. 우리가 현대문화에 깊이 관여하려면 세상에 대한 전반적인 설명을 내놓아야 하는데, 이는 곧 성경의 진리를 여러 분야에서 통용되는 언어로 "번역"하는 것을 뜻한다. 즉 사업과 경제학에 대한 기독교 철학, 기독교적 과학철학, 기독교적 정치철학을 정립해야 한다는 말이다. 이런 의미에서 세계관은, 우리를 성경에서 우리 시대의 이슈들로 이어 주는 다리 같은 역할을 한다.

3. 성경은 현대사회의 여러 측면에 대해 명시적으로 다루고 있지 않다. 그렇다면 우리는 어떻게 기독교를 삶의 각 영역에 적용할 수 있을까? (94-99, 100-102, 159-161p)

성/속의 분리는 헬라의 이원론이 남긴 유물로서, 오늘날 직업적인 종교인의 일을 다른 어떤 일보다 더 가치 있다고 여기는 경향에 그 사상이 드러난다. 하버드 대학에서 공부한 고위 관리가 내게 이렇게 말한 적이 있다. "내가 다닌 대학의 기독교 그룹이 제시한 분명한 메시지는 이런 것이었습니다. '당신이 정말 주님을 위해 살고 싶다면 세 가지 선택이 있을 뿐이다. 목사가 되든지, 선교사가 되든지…… 목사나 선교사의 아내가 되든지.'"

또 다른 독자 하나는 「완전한 진리」를 읽기 전에는 "성/속의 이분법이 기독교적 세계관의 일부가 아니라고 생각해 본 적이 없었다"고 고백했다. "내가 자라면서 배운 것은 '진정한' 기독교 사역이야말로 유일한 사역이고 나머지 사람들은 최선을 다해 '일상적인' 일을 해서 '사역'에 더 많이 헌금하는 것이 본분이라는 것이었다."

4. 당신도 이런 태도를 가진 사람을 만난 적이 있는가? (131-133, 146-153, 157-165p) 모든 정당한 직업이 문화 명령에 대한 순종임을 당신의 말로 설명해 보라. (73-76, 94-99, 169-171p)

중세의 자연/은총의 이원론이 뚜렷하게 나타난 것은 단테의 작품이다. 당신이 영문학 시간에 읽은 「신곡」을 쓴 바로 그 단테 말이다. 「군주론」에서 그는 "사람에게는 이중적인 목표가 있는데, 이생에서의 행복과 영생에서의 행복이 그것이다"라고 했다. 지상의 목표는 "우리가 가진 이성의 능력을 사용하여" 달성할 수 있다. 그러나 천상의 목표는 "인간의 이성을 초월하는 영적 가르침 곧 계시된 진리"를 필요로 한다.

이런 자연/은총의 이원론을 비판한 낯익은 인물은 물론 프랜시스 쉐퍼지만, 보다 더 학문적인 차원에서 비판한 가톨릭 사상가들도 있다(80, 94, 404 주58, 405 주7). 그 가운데 가장 날카로운 분석을 한 사람은 「아우구스티누스주의와 근대신학」(Augustinianism and Modern Theology)을 쓴 프랑스 예수회 소속의 앙리 드 뤼박(Henri de Lubac)이다. 그는 "복제품처럼 서로 병행하는 두 질서"라는 생각에 담긴 문제는, 은총의 차원이 자연에 덧붙여진 첨가물, 곧 "하층부의 자연에 조심스레 올려진 상층부"에 불과한 것으로 여겨졌다는 점이라고 설명했다([Herder & Herder, 2000, 1965], 234쪽). 뤼박은 토마스 아퀴나스에게서 이런 잘못된 이분법의 씨앗을 발견했다(아직 그다지 치명적인 형태는 아니었지만). 결국에는 이것이 하층부에 속한 자연 질서가 하나님과 상관없이 작동한다는 생각을 낳았고, 그 후 자연주의로 흘러 들어가 오늘에까지 이어지고 있는 것이다.

5. 자연이 하나님과 상관없이 작동한다면, 자연은 순전히 이성과 과학으로 이해 가능한 것이 된다. 그리고 신학은 적실성이 없는 학문, 걸림돌이 될 수밖에 없을 것이다. 만일 당신이 강의실에서 역사나 경제학, 심리학, 혹은 다른 어떤 과목이든 그에 대한 기독교적 관점을 심각하게 고려해야 한다고 제안한다면, 교수나 교사가 어떤 반응을 보일 것 같은가?

스스로에게 던질 질문

6. 이제 많은 교회들이 종교를 치료적 기능에 국한시켜 버렸다. 그 이유는 무엇일까? (135-138p)

7. 크리스천 스미스의 조사 결과는 종교의 사유화 현상과 관련하여 무엇을 보여주는가? (138-146p)

8. 「완전한 진리」는 철학의 역사가 아니라 사상의 역사로 쓰여진 책이다. 즉 여러 철학자에 관한 포괄적이고 충분한 설명을 하는 책이 아니라, 각 철학이 하나의 구체적인 생각―이층적 구분―의 발전에 어떻게 기여했는지를 묻는 책이다. 플라톤주의와 아리스토텔레스주의가 기독교적 이원론에 영향을 끼친 경위를 설명해 보라. (146-163, 182-186, 192-197p, 부록 2)

9. "구조" 대 "방향"에 관해 설명해 보라. (168-169p)

대화를 계속하기 위한 질문

많은 독자들이 창조·타락·구속에 관한 논의를 이 책에서 가장 유익한 부분이라고 했다. 이 삼중적인 틀은 당신의 신학적 배경을 이해하는 데 어떤 도움을 주는가? (165-188p)

3장 종교가 있어야 할 자리

사람이란 자동인형에 불과한 존재, 곧 물리학과 화학법칙에 따라 상호작용을 하는 "유생분자(biomolecules)로 가득 찬 큰 가죽가방"일 뿐이라고 MIT 대학 로드니 브룩스는 말한다 (*Flesh and Machines* [Pantheon, 2002], 174). 이렇게 생각하는 것이 쉽지 않다는 점은 그도 시인한다. 그러나 그는 "자녀를 볼 때, 억지로 노력하면⋯⋯ 그들을 기계로 보는 것도 가능하다"고 한다.

그런데 이것이 전부가 아니다. "하지만 내가 그런 식으로 아이들을 대하는 것은 아니다.⋯⋯ 나는 아이들에게 나의 무조건적 사랑을, 합리적 분석으로 얻을 수 있는 최대한의 사랑을 준다." 일관성이 없는 것처럼 들리는가? 브룩스도 그 점을 인정한다. "나는 일관성이 없는 신념을 양손에 들고 있다."

이것이 바로 세속적인 이원론이며, 3장은 데카르트와 칸트 및 여러 현대 사상가들을 통해 그 출현과정을 추적하고 있다. 이제 보다 자세히 살펴보기 위해 세계관 탐지기의 주파수를 맞추어 보자.

스티븐 핑커의 세계관은 과학적 자연주의—자연이 존재하는 전부다—라 부를 수 있다. 우리의 정신은 컴퓨터, 곧 복잡한 자료 처리용 기계에 불과하다. 이것은 전문인으로서 핑커가 견지하는 이데올로기며, 실험실용 이데올로기라고 할 수 있다. 하지만 그는 가정에 돌아가거나 친구를 만날 때에는 이 과학적 자연주의가 실효성이 없다는 것을 안다. 아내를 복잡한 자료 처리용 기계로 취급할 수는 없는 노릇이다. 앞서 브룩스가 시인하듯이, 자녀를 작은 컴퓨터인 것처럼 대할 수도 없다. 그러므로 실제 생활을 할 때는 전혀 상반된 패러다임으로 전환하지 않으면 안된다고 과학자들조차 시인한다. 자기들의 지적인 체계 속에서는 근거를 찾을 수 없는 그런 패러다임으로 바꿔야 한다는 말이다. 마빈 민스키가 표현하듯이, 우리는 "그것이 거짓인 줄 알면서도" 의지의 자유를 믿지 않으면 안된다. 사실 그것은 과학적 자연주의에 의거할 때에만 거짓일 뿐이다.

1. 세속적 '신앙의 도약'이 무엇인지를 설명하고, 왜 본문에서 이것을 "포스트모던 시대의 비극"이라고 부르는지 이야기해 보자. (203-218, 408-415p)

포스트모더니즘을 수용했다고 자처하는 그리스도인들은, 교회가 모더니즘(근대주의) 시대를 뒤로 하고 포스트모더니즘 속으로 진입해야지 그렇지 않으면 교회는 적실성을 잃어버릴 것이라고 주장한다. 그런데 이런 주장은 모더니즘과 포스트모더니즘이 역사상 전후관계에 있는 것으로 오인한 데서 온 것이다. 사실, 이 둘은 옛적 헬라시대 이래 서구사상을 특징지어 온 두 갈래의 분열현상 속에서 상호 공존해 왔다. 모더니즘은 여전히 하층부—자연과학·정치·재정·산업세계—에 단단히 뿌리를 내리고 있다. (아무도 포스트모더니즘의 원리로 비행기를 고안하지 않는다.) 포스트모더니즘은 상층부를 차지하고 있는 오늘날의 변형일 뿐이다.

2. 당신이 포스트모더니즘을 포용하는 그리스도인들에게 반응할 때 이런 통찰을 어떻게 활용할 수 있겠는가? (45-47, 219-223p)

그렇다고 오늘날 무언가 새로운 현상이 일어나고 있음을 부인하는 것은 아니다. 하지만 그 변화를 보다 정확하게 그린다면, 두 층이 서로 더욱 멀어지고 있다고 하겠다. 하층부에는 모더니즘이 갈수록 더 물질주의와 환원주의적인 양상을 띤다. 오늘날에는 제거적 유물론이라고 불리는 학파까지 생겼는데, 그들은 의식의 실재를 부인하고 인간을 "좀비"와 같은 존재로 환원시킨다 (216-218, 726-728p). 동시에 상층부에는, 포스트모더니즘이 더욱 주관주의와 상대주의적인 양상을 띠며 비합리적(non-rational)인 것이 마치 해방인 양 경축하는 분위기다(219-223p).

이런 현상을 그림으로 그리면, 하층부는 아래쪽을 향해 내려가고 상층부는 위을 향해 올라가 서로 간의 간격이 점차 넓어지는 모습을 연상하면 된다.

3. 분석적인 사람―과학자나 엔지니어―은 모더니즘(하층부)에 공감하기 쉬울 것이다. 창의적인 사람―예술가나 작가―은 보통 낭만주의와 포스트모더니즘(상층부)으로 기울어질 가능성이 높다. 어떻게 하면 이 양자에게 기독교의 주장이야말로 믿을 만한 것임을 보여줄 수 있을까?

「완전한 진리」를 읽은 독자 가운데, 기독교를 문화적 포로 상태에서 해방한다는 것이 상층부에서 하층부로 끌어내리는 것을 의미하는지 물어 오는 이들이 많았다. 절대 그렇지 않다! 3장이 보여주는 것처럼, 하층부는 급진적인 환원주의와 실증주의에 점령되어 종교적 관점이 들어설 여지가 전혀 없다. 우리의 목표는 이런 이분법 자체를 완전히 버리고, 그것을 여러 유형의 진리를 인정하는 다면적인 지식 개념으로 대치하는 것이다.

우리 문화 속에는 과거의 통전적인 진리관이 아직 조금이나마 남아 있다. 몇 년 전에 한 교사협의회가 이렇게 발표한 적이 있다. "사람들이 세계를 이해하는 데는 여러 방식이 있는데, 거기에는 과학적·사회적·종교적·문화적 지식 등과 같은 것이 포함된다"(786p 주74). 이것은 성경의 견해에 가까운데, 거기에 수학적·도덕적·심미적 지식 등도 덧붙일 수 있을 것이다. 다차원적인 진리 개념은 하나님이 창조하신 다양한 세계를 아는 데 "여러 방식"이 있음을 인정하는 것이다.

4. 그리스도인은 "사실"과 "가치"에 대한 오늘날의 정의를 배격하지 않을 수 없다. 그 이유를 설명해 보라. (230-231p)

스스로에게 던질 질문

5. 세속주의자는 흔히 "이성"을 유물론이나 자연주의와 동일시한 나머지, 기독교를 당연히 "이치에 맞지 않는 것"으로 치부해 버린다. 그것은 애초에 그들이 이성을 정의 내릴 때 일련의 세계관적 전제를 그 속에 집어넣었기 때문이다. 그 맹점을 어떻게 보여줄 수 있을까? (196-197p)

6. 상층부/하층부를 중심으로 한 이층적 분석은 신학적 자유주의와 포스트모더니즘 영성을 어떻게 이해하는가? (223-228p)

7. 성경적인 신앙 개념과 근대적 신앙의 도약은 서로 어떻게 다른가? (215-216, 225-226, 231-236p, 부록 4)

대화를 계속하기 위한 질문

당신은 기독교야말로 과학적 자연주의가 도무지 설명할 수 없는 것들—인간의 존엄성과 도덕적 자유 같은 것—에 대해 논리적으로 일관성 있는 통일된 기반을 제공해 준다고 생각하는가? 당신의 입장을 보다 자세히 설명해 보라. (213-216, 408-415, 578-590p, 부록 4)

4장 영적 황무지에서 살아남으려면

내가 이 스터디 가이드를 쓰고 있을 무렵, 법원의 명령에 따라 테리 쉬아보의 생명을 지탱해 주던 튜브가 제거되어 그녀가 죽었다. 이제, 기독인 윤리학자들은 죽어가는 과정을 연장할 도덕적 의무가 없다는 점에서는 서로 일치한다. 하지만 테리는 죽어가고 있던 것이 아니다. 따라서 문제의 핵심은, 단지 인류의 일원이라고 해서 고유한 도덕적 가치를 지니는 것은 아니라는 "사람됨"에 관한 이론이다. 즉 어느 정도의 자율성과 선택을 내릴 수 있는 능력 등 일련의 **추가적인** 판단기준을 만족시켜야 한다는 말이다. 온전한 인지 능력이 없는 자는 누구나 "사람이 아닌 존재"(non-person)로 간주된다. 태아, 신생아, 정신에 손상을 입은 자들이 거기에 포함된다. 많은 윤리학자들이 "사람이 아닌 존재"는 연구와 실험, 신체기관의 채취, 혹은 여타 공리적인 목적에 사용될 수 있다고 주장한다. 이제 세계관 탐지기를 꺼내어 이처럼 죽음의 문화를 조장하는 관념을 추적해 보자.

이층적 분리를 인간에게 적용한 인물은 르네 데카르트였다. 그의 철학에 따르면, 몸은 영화롭게 된 기계인 반면에 정신은 어떤 면에서 몸을 하나의 수단으로 **사용**하는 자율적인 능력이다. 마치 당신이 자동차를 사용해 가고 싶은 곳에 가는 것과 비슷하다 (199-201p).

1970년대에 폴 램지(Paul Ramsey)라는 윤리학자는 데카르트의 이원론이 낙태·안락사·유전공학·생명에 관한 다른 사안들과 관련해 그 저변에 깔린 세계관이 되었음에 주목했다 (*The Patient as Person* [Yale University Press, 1970]). 오랜 시간 동안 낙태를 반대하는 그룹들은, 그 싸움의 본질이 사람들로 하여금 태아도 인간 생명임을 수긍하도록 하는 데 달려 있다고 생각해 왔다. 그런데 오늘날의 낙태 옹호론자들은 태아도 **생리학적으로는 인간**이라는 점에 기꺼이 동의하지만, 그 사실이 태아의 도덕적 지위와는 상관이 없고 법적 보호를 보장하는 것도 아니라고 주장한다. 결정적인 요인은 자율성이나 선택의 능력이란 견지에서 규정되는 "사람됨"의 정의에 있는 것이다.

생명 문제에 대한 이층적 접근

사람됨
법적인 보호가 보장됨

생리학적으로는 사람
도덕적 지위와는 상관 없음

예를 들어, 2004년 대통령 선거유세에서 존 케리는 "생명은 임신에서 시작된다"는 점에 동의해서 사람들을 놀라게 했다. 그런데도 어떻게 낙태를 지지할 수 있을까? 그의 설명대로 태아는 "**사람됨**을 획득한 생명 형태가 아니기" 때문이다(ABC News, 2004년 7월 22일).

같은 논리가 안락사에도 적용된다. TV 토론에서, 생명윤리학자인 빌 앨런(Bill Allen)에게 "당신은 테리가 사람이라고 생각합니까?"라고 대놓고 묻자, 그는 "아니오, 그렇게 생각하지 않습니다. 의식의 여부가 사람됨의 본질적인 평가기준이라고 생각합니다" 하고 답했다(Court TV Online, 2004년 3월 25일). 테리가 죽도록 허용하는 것을 찬성한 사람 가운데는 로널드 크랜포드 박사(Dr. Ronald Cranford)도 있는데, 그는 의식이 있고 부분적으로 움직일 수도 있는 장애인에게 음식과 물을 주지 않는 것을 공공연하게 변호한 인물이다. 전기 휠체어를 작동할 수도 있는 워싱턴의 한 남자가 그 경우에 해당했다

(Robert Johansen, National Review Online, 2005년 3월 16일).

1. 비판가들은 낙태를 반대하는 입장이, 생명이 임신에서 시작된다는 단순한 믿음에 기초하고 있다고 말한다. 하지만 생명의 시작은 생물학적 사실이다. 그와 반대로, 낙태를 지지하는 논리는 "사람됨"이라는 경험적이지도 과학적이지도 않은 철학적 개념에 근거하고 있다. 이 점에 착안해 낙태를 찬성하는 입장을 어떻게 비판할 수 있을까?

성에 대한 자유주의적 접근에도 이와 비슷한 이원론이 깔려 있다. 거기서 몸은 자율적인 자아가 쾌락을 주고받기 위해 사용할 수 있는 하나의 도구로 취급된다. 널리 활용되고 있는 한 성교육 비디오는, 성이란 "두 성인이 서로에게 즐거움을 주기 위해 행하는 어떤 것"이라고 정의한다('What Kids Want to Know about Sex and Growing Up," Children's Television Workshop, 1998).

사실, 요즈음의 최신 사조는 성(gender)이란 사회적 구성물이므로 해체될 수 있다는 포스트모더니즘의 생각을 따른다. "사람들은 어느 상자에든—게이·이성애·레즈비언·양성애—끼워 맞추는 것을 원치 않으며 자유롭게 자기 생각을 바꾸고 싶어한다"고 한 동성애 잡지는 말한다(Bret Johnson, *In the Family*, 1998년 7월). "이런 변화는 '이것이 바로 나다, 끝'이라는 식의 근대적 사고방식에 도전해서 '이것이 지금 현재의 나다'라고 말하는 포스트모더니즘으로 향해 가는 하나의 움직임인 것 같다." 모든 형태의 성적 정체성이 선택의 문제로 취급되고 있다.

"이는 문화적으로 '부여된' 어떤 정체성을 수용하기보다 스스로 자신의 정체성을 통제하는 것을 의미한다"고 진 에드워드 비스(Gene Edward Veith)는 말한다(*World*, 2004년 3월 27일). "일부 대학에서는 건강 검진표에 더 이상 '남' '녀'를 표시하지 않는다. 대신 '당신의 성 정체성 내력을 기술하라'고 묻는다."

몸은 자율적인 자아가 고통과 쾌락을 실용적으로 계산하여 제멋대로 사용해도 괜찮은 하나의 도구가 되고 말았다.

자율적인 자아
원하는 대로 몸을 사용함

몸
고통이나 쾌락에 사용되는, 도덕적으로 중립적인 메커니즘

2. 과거에 기독교는 몸의 활동을 낮게 평가한다고 비판을 받았다. 그러나 오늘날에는 세속적 공리주의나 실용적 견해보다 훨씬 더 **높은** 견해를 갖고 있다. 성경에서는 우리 몸이 성령의 전이요 장차 마지막 날에 부활한다고 가르치고 있다. 이제 기독교야말로 몸된 존재에 대해 높은 견해를 갖도록 그 토대를 마련해 준다는 것을 어떻게 보여줄 수 있을까?

선택을 우상화하는 것이 결혼의 위기를 초래한 핵심 요인이기도 하다. 루소의 사회계약론에 따르면, 인간의 본래 상태는 "자연 상태"로서 결혼도 가정도 시민사회도 존재하지 않았다고 한다. 그런 원시 상태에서 우리는 서로 분리된 존재이며 원자론적이고 자율적인 개개인일 뿐이다 (263-4269p).

만일 이것이 우리의 자연 상태라면―우리가 본래 자율적인 개개인이라면―결혼과 같은 사회관계는 어디에서 오는 것일까? 그들의 답은, 그런 관계는 선택에 의해 창조된 것이라 한다. 만일 우리의 선택으로 결혼이 **창조**된 것이라면, 당연히 선택에 의해 **재창조**도 할 수 있는 법이다. 우리가 원하는 방식대로 다시 정의를 내려도 무방하다. 미국 부통령 딕 체니는 "사람에게는 자기 마음대로 어떤 관계든 맺을 자유가 있어야 한다"고 말하면서 동성애를 변호했다 (CBSNews.com, 2004년 8월 25일).

3. 루소의 사상은 보통 사람들에게까지 스며들어 이제는 결혼에 대한 모든 규범적 표준이 차별적이고 억압적인 것으로 간주되는 실정이다. 이렇게 된 경위를 설명해 보라.

스스로에게 던질 질문

4. 삼위일체가 기독교 사회이론의 초석이 되는 이유를 설명해 보라. (249-257, 263-265p)

5. 본문은 헬라철학이 인간의 딜레마를 도덕이 아니라 형이상학적인 것으로 규정했다고 한다(151p). 무슨 뜻인가? 이 장에서 분석한 세계관들도 그와 마찬가지로 어떻게 인간 본성의 문제(타락)를 도덕적 견지가 아니라 형이상학적 견지에서 규정하고 있는지 설명해 보라. (245-284p)

6. 창조-타락-구속의 틀을 당신이 접하는 다양한 세계관―특히 일터에서 마주치는―에 적용해 보라.

대화를 계속하기 위한 질문

창조-타락-구속의 범주를 이용하여 정치와 국가, 사업과 경제, 그리고 다른 주제들에 관한 기독교 세계관의 기본요소들을 정리해 보라.

5장 다윈과 베렌스타인 곰의 만남

미국의 공립학교는 진화론을 가르치는 면에서 갈수록 독단적인 성격을 띠고 있지만, 청소년 가운데는 그것을 수용하지 않는 이들이 많다. 십대를 대상으로 실시한 2005년도 갤럽 여론조사에서, 38%가 "하나님이 사람을 현재의 모습과 비슷하게 창조했다"고 긍정했다. 또한 43%는 인간이 지금보다 미개한 형태에서 발전했다고 생각하지만 그 과정을 "하나님이 지도했다"고 믿는다. 전체에서 81%가 하나님이 어떤 식으로든 관여했다고 믿는다.

"당신이 주변의 자연세계에서 설계의 사실을 보지 못한다면, 그것은 보지 못하도록 교육받았기 때문이다"라고 마크 하드위그(Mark Hartwig)는 말한다(*Baptist Press News*, 2005년 3월 9일). "당신이 협박을 받았거나……〔그것을 보지 못하도록〕 사회화되어야만 그렇게 될 수 있다."

제2부는 당신 자신과 당신의 자녀가 그런 식으로 협박을 받거나 사회화되어 자연 속 설계를 인식하지 못하는 일이 없도록 구비해 줄 것이다. 다윈주의를 지지하는 표준적인 증거에 관해 읽을 때, 그 저변에 깔려 있는 논리를 파악하려고 애쓰라. 책과 박물관과 TV 프로그램 등에서 아주 다양한 예를 접하게 되겠지만 모두가 똑같은 논리에 바탕을 두고 있다. 즉 거의 인지할 수 없을 정도로 미세한 변화가 오랜 세월 동안 축적되어 새로운 구조(팔다리와 기관들)를 만들고 결국에는 새로운 종이 출현한다는 식이다.

그 과정이 너무나 긴 세월에 걸쳐 일어나서 관찰이 불가능하기 때문에, 이 이론은 외삽법(外揷法, extrapolation), 곧 오늘날 관찰할 수 있는 변화에 기초하여 거꾸로 과거에 일어났을 것으로 추정하는 방법에 의존하고 있다. 그러나 사실상 그것은 우리가 실제로 관찰할 수 있는 변화 패턴과 **상반된다**. 작은 규모의 변화들이 그 이론이 주장하는 것처럼 축적되지 않기 때문이다.

1. 다윈주의 이론의 논리가 왜 잘못되었는지를 당신의 말로 이야기해 보라.
   (299-304, 310-315p)

사람들이 다윈주의를 우려하는 이유는, 그 사상이 기독교를 상층부에 위치시켜 판타지나 요정 이야기와 나란히 놓기 때문이다. 「뉴욕 타임스」(2003년 7

월 12일자)에서 다윈주의 철학자 다니엘 데넷은, "우리는 유령이나 요정이나 부활절 토끼, 혹은 하나님을 믿지 않는다"고 대놓고 말했다.

리처드 도킨스는 「타임스」(2004년 11월 28일자)와의 인터뷰에서, 만일 어떤 종교적인 사람이 "자기 신앙으로부터 언제나 위안과 위로를 받되 아무런 해가 없었다면" 그에게 "당신의 삶은 거짓에 기초해 있다"고 설득할 정도로 강경한 자세를 취하겠느냐는 질문을 받은 적이 있다. 도킨스는 아주 관대하게도 "만일 그 사람이 누군가를 사별한 상태에서 내가 넌센스라고 생각하는 어떤 것으로부터 그런 위안을 실제로 받고 있다면, 나는 그의 꿈을 깨뜨리고 싶지 않다"고 응답했다.

2. 이에 대해 그리스도인은 어떤 반응을 보여야 할까? 이처럼 종교가 무해한 "백일몽"이기만 하다면 마지못해 참을 수도 있다는 식의 인색한 대우를 받아도 무방한 것일까? (205-207, 289-293, 326-329, 331-336, 382-383p)

다윈주의는 종교를 막연한 희망의 성취 정도로 취급하지만, 창조는 통일된 진리를 회복하는 데 필요한 기반을 제공해 준다(291-293, 462-464p). 「완전한 진리」를 읽은 독자들은 흔히 진리의 통일(unity of truth)이 무슨 뜻인지 묻는다. 그것은 일반적으로 나누는 분야별 경계선을 무시하는 것은 아니다. 과학은 신학과, 수학은 음악과 차별성이 있으며, 각 분야마다 나름대로의 방법론이 있다. 두 층의 은유는 어떤 관념의 진리성 여부를 가늠하는 일종의 그림 언어다. 기독교를 상층부에 갖다 놓는다는 것은, 그것이 진리 안에 뿌리를 두고 있는 것이 아니라 정서적 필요, 신화와 상징, 믿고자 하는 의지, 혹은 문화적 전통과 같은 것에 기초하고 있다고 말하는 셈이다.

야구경기의 규칙을 생각해 보자. "스트라이크 셋이면 아웃이다." 이것은 참인가 거짓인가? 물론 둘 다 아니다. 그것은 게임에 필요한 규칙일 뿐이다. 이와 비슷하게, 신학은 더 이상 참이나 거짓의 문제로 여겨지지 않고 그저 문화적 관습 내지는 개인별 선호로 간주되고 있다.

3. 우리가 기독교를 진리라고 주장하려면, 그에 앞서 기독교가 참이냐 거짓으로 판별될 수 있는 범주에 속한다는 입장을 확실히 세워야 한다. 당신은 어떻게 그런 입장을 개진하겠는가?

안타깝게도, 많은 그리스도인이 사실/가치의 분리에 굴복하고 말았다(333-336, 379-386p). 당신도 이층적 사고방식에 빠져 있지 않은지 어떻게 알 수 있을까? 스스로에게 두 가지 질문을 던져 보라. 첫째, 만일 기독교가 거짓임이 결정적으로 입증된다면, 그만 믿을 것인가? 물론 그런 중대한 결정을 하려면 여러 해 고민해야 할 것이다. 하지만 그런 과정을 거치더라도, 기독교가 확실히 거짓으로 판명된다면 그만 믿겠다고 솔직히 말할 수 있겠는가?

    기독교가 어쩌면 거짓으로 검증될 수도 있다는 생각은 믿음을 권하는 성경의 가르침과 상반되는 것처럼 보인다. 그러나 그것은 갈멜 산에서 엘리야가 가졌던 태도로서, 하나님의 존재 여부를 공공연한 경험적 시험대에 올려 놓았던 것이다. 그것은 바울이 청중들에게 예수의 부활을 목격한 500명의 증인에게 물어 보라고 말했을 때 취했던 태도이기도 하다(225, 234-235p).

4. 이와 비슷한 사례들을 성경 전체에서 찾아 보라.

두번째 질문은 종교가 지식의 다른 분야에 조금이라도 영향을 미치고 있는지를 물어 보는 것이다. 일반 학문세계에서는, 신학이 과학적 발견에 적응하기를 기대하지 거꾸로 과학이 신학에 적응하기를 기대하지는 않는다. 만일 당신이, 과학은 신학적 진리를 심각하게 고려해야 한다고 제안한다면 당신은 학문의 정통 규범을 침해한 자로 비난받을 것이다. 신학이 자연주의적 과학이 들려주는 이야기에 영적인 색채를 살짝 가미할 수는 있을지 모르나 이야기 자체를 바꾸는 것은 전혀 허용되지 않는다. 그저 주어진 대로 받아들여야 할 뿐이다.

5. 당신의 신앙과 여러 주제—일·사회적 이슈·가정생활 등—에 대한 당신의 생각 사이에는 쌍방 통행로가 있는가? 아니면 일방 통행로뿐인가? (223-226, 383-385p)

스스로에게 던질 질문

6. 고전적 다원주의와 단속평형설 사이에는 어떤 차이가 있는가? (310-315p)

7. 철학적 자연주의를 정의해 보라. 그것은 진화 논쟁에서 어떤 역할을 수행하는가? (295-298, 316-331, 382-386p)

8. 진화에 대한 헌신이 반(反)종교적 동기에 의해 유발되는 정도는 얼마나 될까? (321-326p)

9. 지적 설계의 패러다임은 어떤 면에서 신앙과 과학을 둘러싼 문제에 대한 새로운 접근법이라고 볼 수 있는가? (326-331p)

10. "모든 학생이 가치관은 상대적이라고 알고 있다"고 앨런 블룸은 말한다 (333-334p). 이어서 "그것[가치]은 사실이 아니라 단지 개인의 주관적 선호에 달려 있다"고 한다. 그리스도인이 "가치(관)"이라는 용어를 사용할 때 세상은 그것을 어떻게 이해하는가?

대화를 계속하기 위한 질문

당신은 기독교에 관해 이야기할 때 주로 감정적인 언어를 사용하지 않는가? 우리가 소중히 여기는 신앙에 대해 이야기할 때는 어떤가? 우리가 귀하게 여기는 신념들이나 위로와 위안에 대해서는 어떤가? 그것은 마치 세속주의자에게 백기를 흔들면서 우리를 진지하게 여길 필요가 없다고 표현하는 것과 다름없다. 그렇다면 비그리스도인들로 하여금 귀 기울이게 하려면 어떻게 말해야 할까?

6장 상식에 기초한 과학

「완전한 진리」가 출간된 직후, 한 저명한 무신론자가 마음을 바꾸었다고 선언하여 학문세계를 온통 뒤흔들어 놓았다. 지난 반세기 동안 안소니 플루(Anthony Flew)라는 철학자의 이름은 무신론과 동의어로 사용되어 왔다. 그러나 이제는 결국 하나님이 존재한다고 마음을 정한 것이다.

도대체 무엇이 그처럼 확고부동했던 무신론자의 마음을 바꾸어 놓았을까? 바로 지적 설계를 지지하는 과학적 논증이었다. "DNA를 검사한 결과, (생명을) 생산하는 데 필요한 믿을 수 없을 만큼의 복잡한 배열이 있음을 알게 되었고, 이로써 지성이 관여했음이 입증되었다"고 플루는 어느 비디오 프로에서 증언한다 ("Has Science Discovered God?" The Institute for Metascientific Research, 2004). 동료 무신론자들이 그의 변심에 크게 분개했으나, 그는 침착하게 "나의 일생은 플라톤의 소크라테스의 원칙을 지침으로 삼아 왔다. '증거가 어디로 이끌든지 그 길을 좇으라.'"

1. 비판가들은 흔히 지적 설계론을 과학의 옷을 입은 종교라고 치부한다. 그러나 플루의 전향이 보여주는 것은, 지적 설계를 지지하는 증거의 무게는 그 자체로 달아 보아야 한다는 점이다. 당신은 기독교가 "증거가 어디로 이끌든지 그 길을 좇으라"는 시험을 충분히 통과할 수 있다고 확신하는가?

미디어는 지적 설계 운동의 목적이 마치 진화를 가르치는 것을 금지하는 것인 양 줄곧 왜곡하고 있다. 사실은 그렇지 않다. 지적 설계를 옹호하는 사람들은, 학교에서 더 많은 것을 가르치기를 바라지 더 적게 가르치기를 원하지 않는다. 공부의 폭을 넓혀 과학적 자연주의를 비판하기도 하고 그에 반대하는 입장들도 논의하게 되기를 바란다. 그들의 표어는 "논쟁을 가르치라"다.

이러한 접근법은 다른 분야에도 적용될 수 있는 하나의 모델이다. 학생들을 제대로 교육한다는 것은, 다원주의 사회에서 접할 수 있는 모든 세계관—세속적 세계관뿐 아니라 종교적 세계관—에 대해 비판적으로 사고하도록 가르치는 것을 뜻한다. 오직 세속적 관점에서만 가르치는 것은, "학생들로 하여금 세속적인 사고방식과 생활양식에 대해 비판적인 거리를 두지 못하게 함으로써 비판적인 사고를 하지 못하도록 적극적으로 막는 것과 같다"고 철학자 워렌 노드(Warren Nord)는 말한다(*Darwinism, Design, and Public Education* [Michigan State University Press, 2003], 47).

2. 공립학교에서 비판적인 사고를 가르치도록 설득하는 방안으로, 교과과정에 모든 주요한 세계관 학습을 포함시키는 것에 대해서 어떻게 생각하는가? 이를 실현하기 위해 구체적으로 어떤 노력을 기울일 수 있겠는가?

그리스도인의 경우, 옛날 식으로 자신이 동의하지 않는 생각은 모조리 금지하는 실수를 범하기가 너무 쉽다. 한 저명한 라디오 프로의 평론가가 최근에 그리스도인 청중에게 논란이 많은 어떤 책을 "당장 갖다 버리라!"고 촉구했다. 그러나 문제를 은폐하는 것이 비판적 사고를 배우는 길은 아니다. 우리와 마찬가지로 하나님 형상으로 지어진 비판자들을 존중하는 자세도 아니다. 그리스도인은 다른 이의 생각을 진지한 자세로 대하는 면에서도 모범이 되어야 한다. 쉐퍼가 표현했듯이 "정직한 질문에 대해 정직한 답변을 해야" 한다.

과거 국가교회 시대에 다원주의와 종교적 자유를 옹호했던 이들은 바로 비국교도 그리스도인들이었다. 국공립학교의 시대인 이때에 교육에 있어 다원주의와 자유를 옹호하는 입장을 개진해야 할 사람도 바로 그리스도인이다.

3. 다원주의는 상대주의를 의미하는 것으로 흔히 오해된다. 교실에서 진정한 다원주의가 이루어진다면 어떤 모습이 되겠는가?

스스로에게 던질 질문

4. 지적 설계론의 핵심 주장은 무엇인가? (340-343p)

5. 환원불가능한 복잡성이란 무엇이며, 그것이 어떤 면에서 다원주의에 도전을 제기하는가? (347-354p)

6. 설명의 여과기―우연·법칙·설계―의 논리를 설명하고 그것이 생명의 기원과 우주의 기원에 어떻게 적용되는지 설명해 보라. (354-379p)

7. 지적 설계는 유신론적 진화와 어떻게 구별되는가? (383-386p)

8. 지적 설계는 고전적인 창조론과 어떻게 구별되는가? (785p 주70)

9. 비판가들은, 과학은 당연히 자연적인 원인들만 고려하도록 되어 있다고 주장하면서 지적 설계가 그런 규칙을 깨뜨린다고 비판한다. 이에 대해 당신은 어떻게 반응하겠는가? (317-319, 383-384p)

대화를 계속하기 위한 질문

공교육과 관련해 논란이 많은 문제 두세 개를 택하여 "논쟁을 가르치라"는 접근법을 어떻게 적용할 수 있을지 곰곰이 생각해 보라.

7장 다원주의의 보편화 현상_오늘은 생물학, 내일은 세계

종교 자체도 "진화의 산물이다." 최근 출간된 어떤 책에 실린 주장이다. 종교는 "집단들로 하여금 적응을 잘 하도록 돕는 역할을 하기" 때문에, 믿고자 하는 성향이 진화의 역사에서 선택되었다고 한다(David Sloan-Wilson, *Darwin's Cathedral* [University of Chicago Press, 2003], 6). 현재 급성장하고 있는 진화심리학은 자연주의적 진화를 포괄적인 세계관으로 확대시켜 인간의 모든 경험을 설명하려고 한다.

그런데 그 이론을 옹호하는 자들은 한결같이 세속적인 신앙의 도약을 감행하는 것으로 끝난다. 7장은 여러 사례들을 통해 그 점을 보여주는데(필요하면 3장을 복습해도 좋다), 이를 당신의 변증의 도구상자에 보관해 두고 요긴하게 활용하면 좋을 것이다. 복음을 전할 때 우리의 목표는 사람들로 하여금 하나님이 필요하다는 것—지적인 필요도 포함해서—을 인식하게 하는 것이다. 어떻게 하면 그렇게 할 수 있을까? 기독교를 제외한 어떤 세계관도 우리가 실제로 경험하는 그대로 이 세계를 적절하게 설명할 수 없음을 보여줌으로써 그렇게 할 수 있다(408-415, 730-732p).

가장 근본적인 원리를 말하자면, **성경의 진리에 기초하지 않은 세계관은 모두 모종의 환원주의로 끝나고 만다**는 것이다. 만일 당신이 하나님으로 시작하지 않으면, 하나님보다 못한 그 무엇으로 시작할 수밖에 없다. 그리고 당신이 궁극적인 실재로 제시하는 것이 무엇이든, 그것이 다른 모든 것을 설명하는 데 필요한 범주들을 제공한다. 유물론은 모든 것을 움직이는 분자로 환원시킨다. 과학적 자연주의는 모든 것을 자연법칙에 따라 작동하는 복잡한 메커니즘으로 환원시킨다. 범신론은 모든 개체의 존재를 저변에 깔린 영적인 통일성으로 환원시킨다. 각 세계관은 하나님이 창조하신 너무나 다양하고 다차원적인 세계를, 창조세계의 일부를 절대시하는 제한된 패러다임으로 환원시키는 것이다 (83-86p).

이러한 역학을 인지하는 것은, 우리가 기독교를 변증할 때 강력한 도구가 될 수 있다. 당신이 전적으로 확신해도 좋은 것은, 성경적인 세계관 외의 모든 세계관은 실재 전체를 설명하기에는 "너무 작다"는 점이다. 이를테면, 사람이 하나님의 형상으로 만들어졌다는 성경의 가르침은, 인간 본성에 대해 다른 어떤 세계관이 제공하는 것보다 더 풍성한 개념을 선사한다.

1. 쉐퍼는 비성경적인 세계관의 경우 인간 본성의 일부가 언제나 그 패러다임에서 "삐죽 튀어나올 것"이라고 말했는데, 이것이 무슨 의미인지 설명해 보라. (213-216p)

비성경적인 세계관은 너무 좁아서 하나님이 창조하신 실재 전체를 포괄적으로 설명할 수 없기 때문에, 그 세계관을 믿은 자들이 그런 신념체계에만 입각해서는 살 수 없다. 과학적 유물론이 어떻게 말하든 우리는 자료 처리용 기계에 불과한 존재가 아니다. 자연주의적 진화가 어떻게 말하든 우리는 생존 확률을 극대화하려는 자연선택의 산물이 아니다. 어느 지점에 이르면 사람들은 자신의 유전자에게 "호수로 뛰어들라"고 말하지 않을 수 없게 되고 (핑커의 표현을 빌자면(409-410p)), 자신의 세계관으로는 설명할 수 없는 어떤 것을 긍정하기 위해 신앙의 도약을 감행할 수밖에 없다.

일관성이 없는 그 지점이 바로 당신의 출발점이다.. 온유하게 기도하는 마음으로 상대방으로 하여금 자신의 삶을 성찰하도록 이끌어 주라. 그래서 자신이 고백하는 세계관에 기초해서는 일관성 있게 살 수 없다는 사실을 직면하도록 하라. 그러면 하나님의 은혜로 싱대빙이 마음을 열고 인간의 경험을 포괄적으로 설명할 수 있는 유일한 세계관에 대해 듣게 할 수 있다. 이 세계관은 창조세계의 일부에서 시작하는 것이 아니라 모든 것을 초월하는 하나님에서 시작하기 때문에 그런 설명이 가능한 것이다.

2. 우리가 불신자와 이야기할 때는 성경을 인용한다고 될 일이 아니다. 그 대신 그들의 세계관이 그들 스스로 경험하는 세계를 있는 그대로 설명하지 못한다는 점을 보여줄 수 있다. 기독교만이 실재에 대한 온전하고 일관된 설명을 제공한다는 점을 어떻게 입증할 수 있을까? (408-415, 578-590p, 부록 4)

스스로에게 던질 질문

3. "친족 선택"과 "맞대응하기"를 설명해 보라. 이런 이론은 이타주의를 적절하게 설명하고 있는가? (389-398, 584-585p)

4. 당신은 진화와 진화심리학이 한 묶음이라는 데 동의하는가? 즉 전제를 받아들이면 결론도 수용해야 한다는 논리에 수긍하는가? (394-405p)

5. 진화가 종종 종교로 기능한다는 말은 공정한가? (323-326, 419-421p)

대화를 계속하기 위한 질문

영화, 글, 정치인의 연설 등에서 세속적 신앙의 도약을 보여주는 사례를 수집해 보라.

8장 철학적 다원주의

한 고등학교의 역사선생은 학기를 시작할 때 역사와는 상관이 없는 간단한 연습문제를 낸다. 그 교사는 칠판에다 도덕적 딜레마(널리 알려진 "구명보트" 문제 같은)를 적어 놓고, 학생들이 스스로 자신의 가치관을 정립할 수 있도록 집과 교회에서 배운 도덕적 표준에 의문을 제기하게 만든다. 그리고 역사를 가르칠 때에는 상대주의적 틀을 가지고 그 내용을 전달한다. 학부모 초청의 날에 그에게 어떤 관점으로 역사를 가르치는지 물어 보자, 그는 이렇게 답했다. "사실 무엇이 참이고 무엇이 거짓인지, 무엇이 옳고 그른지 알 수 있는 방법은 없습니다. 역사는 개인의 해석에 열려 있다고 봅니다"(Pam Glass, *ChristianBookPreviews.com*).

이런 견해를 일컬어 사회 구성주의라고 부른다. 지식은 **발견**되는 것이 아니라 **창조**된다는 생각이다(451-453p). 실용주의 철학자들이 진화를 사고의 영역에 적용했을 때, 초월적이고 불변하는 진리는 존재하지 않는다고 결론을 내렸다. 모든 생각은 사회적 구성물이요 진화론적 발전에 종속되는 것이다.

1. 지식에 관한 이론을 인식론이라 부른다. 진화론적 인식론이 교과과정 전반에 걸쳐 상대주의를 낳는 이유를 설명해 보라. (430-435p)

도덕이론의 경우, 존 듀이는 진화론적 접근을 하려면 개인이 가치 있다고 여기는 것—그것이 무엇이든—에서 시작해야 한다는 것을 깨달았다. 그래서 도덕 교육은 학생들에게 자신이 소중히 여기는 것을 확실히 인식한 다음, 그 가치관에 적합한 결과를 가져올 행위를 결정하도록 여러 대안을 비교하도록 가르쳐야 한다고 본다.

2. 이런 자연주의적 접근법이 어떻게 오늘날 공립학교 도덕 교육의 기초를 이루고 있는지 설명해 보라. (446-451p)

베스트셀러「십대를 위한 신과 나눈 이야기」(*Conversation with God for Teens*, Hampton Roads, 2001)에서 닐 도널드 월쉬는 하나님의 입장에서 십대들의 질문에 답한다.

질문: 그런데 당신의 심판책에서 제가 저지른 나쁜 행위를 지우려면 어떻게 해야 하나요? (아일라, 13세)

하나님: "심판책"이란 없다.…… 대다수의 인간들이 놀랄지 모르지만 사실 옳고 그른 것 자체가 존재하지 않는단다. 다만 실효성이 있는 것과 없는 것만 있을 뿐이다.…… 절대적으로 옳은 것과 절대적으로 그른 것은 존재하지 않는다.

질문: 그러면 "옳은 것"과 "그른 것"은 변하는 것인가요?

하나님: 그래, 때와 장소에 따라 변하는 것이지.

3. 월쉬는 이 대목에서 어떻게 진화론적 인식론을 대변하고 있는가?

―⁓―

그리스도인 학생의 경우도 비판적인 세계관 틀을 배우지 않으면 이처럼 상대주의적이고 실용적인 도덕관에 빠져들기 쉽다. 기독교 계통인 이스턴 대학에 다니는 크리스토퍼 힐은, 학생들 대다수가 "성적으로 대단히 문란하다"고 한다(Philadelphia Inquirer, 2005년 3월 13일). 학생들이 쓴 학급일지를 보면, 찬양과 경배의 활동에서 성적 경험으로 갑작스럽게 도약하는 것을 알 수 있다. "젊은이가 입으로 믿음을 고백하는 것과 실제로 살아가는 모습 사이에는 굉장한 간격이 있다."

4. 도덕은 언제나 파생적인 성격을 띤다. 즉 세계관에서 흘러 나온다. 성경적 윤리의 배후에는 어떤 세계관과 이론적 근거가 자리잡고 있는가?

―⁓―

스스로에게 던질 질문

5. 과정신학은 오늘날 주류 신학교에 널리 퍼져 있다. 이 신학의 장점과 단점을 이야기해 보라. (440-443p)

6. 합법적 실용주의가 계속해서 영향을 끼치고 있음을 보여주는 사례를 들어 보라. (443-445p)

7. 그리스도인 교사들이 "구성주의"라는 용어의 출처가 진화론인 것을 알지 못한 채 자기 나름대로 잘못 해석하는 현상을 설명해 보라. (810p 주58)

8. 포스트모더니즘은 다윈의 진리를 제외한 모든 객관적 진리를 부인한다. 거기에 담긴 모순을 설명해 보라. (454-456p)

9. 다윈 자신이 인정한 진화론적 인식론의 치명적 결함은 무엇인가? (455-458p)

대화를 계속하기 위한 질문

7장과 8장에서 우리는 철학적 자연주의가 모든 과목에 스며들게 된 경위를 살펴보았다. 우리가 일터나 학교 혹은 정치 영역에서 마주치는 관념에는 자연주의적 가정이 깔려 있는 경우가 많다. 그런 예들을 수집해 보라.

 9장 복음주의는 무엇이 좋은가_ 제1차 대각성운동
10장 미국과 기독교가 만나 누가 이겼을까_ 제2차 대각성운동

동유럽 선교회의 회원들이 「완전한 진리」를 슬로바키아어로 번역하는 문제를 의논하고자 나를 캐녈시티에 초대한 적이 있다. 영예롭게 느끼면서도 조금 의아하기도 했다. "이 책의 일부는 미국 경험에 상당히 초점을 맞추고 있는데요." 내가 말했다(특히 3부를 염두에 두면서). "글쎄요, 다른 지역에도 적실성이 있을까요?"

선교회의 회장이 고개를 젖히고는 크게 웃었다. "우리 선교사들이 모두

어디에서 온다고 생각하십니까?" 그는 물었다. "미국에서 시작된 선교단체가 매우 많기 때문에, 긍정적이든 부정적이든 영적인 삶에 대한 미국식 정의가 전세계에 영향을 주고 있습니다."

9장과 10장은 미국식의 독특한 영성과 교회생활의 발생과정을 묘사하고 있다. 많은 독자들이 이 부분을 읽고 지금까지 교회와 관련해 문제라고 느껴 온 것들을 보다 잘 이해하게 되었다고 했다. 감정주의·반지성주의·유명인사 위주의 리더십 등이 그것이다. 이 두 장은 이야기가 이어지기 때문에 연구문제도 하나로 묶었다.

1. 학자들은 "복음주의"를 어떻게 정의하는가?(477-479p) 당신이 자란 배경에서 발견할 수 있는 복음주의의 특징은 무엇인가?

로널드 녹스는 초기 복음주의 역사를 쓴 인물로서(536-537p), 건강한 교회는 **영감**과 **제도** 사이에 균형을 유지하는 교회라고 말했다. 대다수의 개혁운동은 보다 깊은 영적인 실재에 목말라하는 사람들이 주도했는데, 그들은 제도권 교회가 텅 빈 의식주의와 죽은 정통을 붙들고 있다고 비난한다. 그러나 어떤 개혁이든 장기적인 영향을 주려면 제도의 옷을 입지 않을 수 없다. 체계적인 가르침(신학)을 개발하고, 공동의 신앙 진술(신조와 신앙고백)을 선포하며, 예배의 형식(의식과 찬송)으로 표현하고, 다음 세대를 가르치고 그들에게 전수하는 일(교회, 학교, 신학교)이 필요한 것이다. 교회의 제도적 측면은 마치 속에 생명의 물을 나르고 보호하는 파이프 라인과 같다.

복음주의가 기존 교회 내부의 개혁운동으로 남아 있는 동안에는, **제도**가 주는 유익을 당연시하는 한편 **영감**에 초점을 맞출 수 있었다. 그러나 복음주의 그룹이 따로 떨어져 나가 독립적이 되자 영감만으로는 충분하지 않았다. 바로 그런 시기에 이 두 장에서 묘사하는 특징, 곧 반지성적·반역사적·개인주의적·유명인사 중심의 특징이 나타나기 시작한 것이다 (471-472p).

2. 오늘날 복음주의 교회에서 시작해서 기존의 큰 "제도권" 교회―성공회, 정교회, 가톨릭―로 흘러 들어가는, 작지만 중요한 운동이 있다. 의식과 성례와 공동체를 중시하고, 역사적으로 뿌리 깊은 이 교회가 지닌 매력을 어떻게 설명하겠는가?

「완전한 진리」를 읽은 독자 가운데, "새로 출현하는 교회"(Emergent Church)에 대해 물어 오는 이들이 많았다. 이 교회는 제도권 교회의 실패에 대항해 영감에 초점을 맞추는 운동들과 맥을 같이하는데, 이에 대한 바람직한 반응으로는 프란시스 쉐퍼가 당대의 반문화 운동에 대해 보였던 균형 잡힌 자세를 추천하고 싶다. 그는 젊은이 문화의 위험(예, 마약)을 인식하면서도 그것을 물질주의적이고 시장 중심적인 부르주아 사회에 항거하는 현상이라고 칭찬했다. "1960년대의 히피들은…… 바람직하게도 플라스틱 문화를 대상으로 싸웠는데, 사실 교회도 그렇게 싸웠어야 했다"(*Pollution and the Death of Man* [Hodder & Stoughton, 1970], 19). 쉐퍼는 일부 과도한 반문화 운동에서도 그 저변에 흐르는 희망과 의미를 향한 굶주림을 긍정적으로 평가했다(770p 주4).

이 새로운 운동[새로 출현하는 교회]에도 마찬가지로 과도한 면이 있다. 많은 경우에, 부실한 성경관, 포스트모더니즘의 상대주의 수용, 종교적 소비주의처럼 보이는 절충주의 등이 그것이다. 하지만 동시에 그 저변에 흐르는 초월성과 진정한 공동체를 향한 목마름은 긍정적으로 평가할 필요가 있다. 주류 복음주의의 상당 부분이 번지르하게 포장되어 값싼 상업주의에 빠진 현상에 반기를 드는 것은 옳다. 알맹이 없는 진부한 문구로 가득한 찬양, 대량판매 기법에 의존한 비인격적인 교회성장 프로그램, 기업체에서 빌어온 홍보 및 경영 기법 등이 그것이다(528-536, 539-540, 672-694p).

"왜 그토록 많은 목회자들이, 사람들이 하나님을 더욱 알아 가도록 목회하는 것이 아니라, 이윤 극대화를 목적으로 하는 조직에 적합한 원리를 사용하는 것일까?" 한 이머전트 처치 웹사이트(www.theooze.com, 2005년 2월 2일)에 제이 바우먼(Jay Bauman)이 제기한 의문이다. "현대의 경영이론은 개개인의 안녕이나 영적 성장과는 거의 관계가 없다. 보통은 그와 반대로 그들을 목적—조직(이 경우에는 교회)을 더 키우는 것—을 위한 수단으로 본다." 거창한 사업과 거대 정부에 이제는 거창한 사역이 합류한 것이다. 이제 교회와 기독교 단체는 한결같이 거대한 예산과 대단한 프로그램을 자랑하고 있다. 우리가 잊고 있는 것은, 영적인 권위라는 것이 약삭빠른 사업가나 강력한 전략가가 아니라 깨진 세상과 교회의 영적 파산 상태를 보고 주님 앞에 눈물을 흘리는 자들에게 주어졌다는 사실이다.

스스로에게 던질 질문

3. 핑크와 스탁은 종교집단이 주변문화와 껄끄러운 관계에 있을 때 가장 빨리 성장한다는 사실을 발견했다. 왜 그럴까? (482-485p)

4. 제1차 대각성운동은 가슴과 머리의 균형을 유지하는 데 대체로 성공했다. 그런데도 어떻게 해서 반지성주의의 씨앗을 뿌리게 되었는지 설명해 보라. (493-503p)

5. 사회계약론이 미국인들 사이에 널리 수용된 까닭은 무엇일까?(515-524p) 오늘날은 존재론적 개인주의(이에 대한 정의는 251-252, 269-272p 참고)가 아주 멀리까지 진전해서 가장 친밀한 관계마저 깨지고 부서지기 쉬운 것이 되어 버렸다. 그로 인해 교회 내에서도 진정한 공동체를 바라는 갈망이 생기게 된 경위를 설명해 보라.

6. C. S. 루이스는 왜 그리스도인에게 "옛날 책"을 읽으라고 촉구했는가? (520, 556-557, 561p)

7. 정치와 경제 분야에 일어난 어떠한 변화가 복음주의 메시지에 타당성을 부여했는가? (520-528p)

8. 새로 등장한 리더십 모델을 묘사해 보라. 오늘날 이런 패턴이 어느 정도 남아 있는가? (528-536p)

대화를 계속하기 위한 질문
당신이 속한 교회가 영감과 제도 사이에 건강한 균형을 유지하려면 어떻게 해야 하겠는가?

11장 이층적 진리를 받아들인 복음주의

"뉴스룸에 들어갈 때는 신앙을 문밖에 두고 들어가야 합니다. 뉴스를 보도하는 동안 기독교적 관점을 끌어들여서는 안됩니다." 어느 기독인 저널리스트가 내게 딱 잘라 한 말이다. 교회가 세운 대학에서 가르치는 한 경제학자도 거의 유사한 말을 했다. "경제학에 대한 기독교적 관점이란 없습니다. 경제학은 사실에 기초한 과학일 뿐입니다." 기독교 대학에서 과학을 전공하는 한 학생은 다음과 같이 말했다. "나는 창조자가 있다고 믿지만 그것을 지지하는 **과학적 증거**는 없습니다. 순전히 믿음으로 받아들여야 할 문제입니다." 11장은 이처럼 구획화된 사고의 뿌리를 파헤치기 위해 역사 속으로 들어간다.

서구역사 대부분의 기간 동안, 세계는 도덕적이고 영적인 의미가 풍성하게 얽힌 장으로 해석되어 왔다. 역사학자는 역사적 사건에서 도덕적 교훈을 끌어내도록 기대되었다. 과학자는 자연 속에서 창조주의 정교한 "장치"를 발견하고 그분을 찬양했다. 예술가는 덕과 고상한 성품을 높이려고 애썼다. 경제학자는 이기적인 개인들 간의 경쟁을 이야기한 것이 아니라 이 땅에 대한 청지기직과 올바른 자원 활용에 대해 이야기했다. 식민지 미국의 교육 입문서에는 ABC와 함께 다음과 같은 종교적 가르침이 들어 있었다. "아담이 타락할 때, 우리 모두가 죄를 지었다."

그러나 19세기에 이르러 복음주의 학자들은 장차 이 도덕적 우주를 파헤치는 데 기여할 지식 개념을 받아들였다. 하층부를 종교로부터 중립적인 것처럼 취급하는 이층구조를 도입한 것이다. 이 접근법의 근간에는 상식적 실재론이 있는데, 이는 철학적 틀이 없이도 학문이 제 기능을 발휘할 수 있다고 전제한 사조였다. "경험적 관찰에서 귀납한 것이면 보편적이고 합리적인 동의를 얻을 것이다"라고 보았다(James D. Bratt, in *Models for Christian Higher Education* [Eerdmans, 1997], 135-136).

1. 스코틀랜드의 상식적 실재론과, 그것이 회의주의에 반대하며 발생한 경위를 설명해 보라. (544-550p)

복음주의자들이 중립적 지식의 이상을 포용하면서, 하층부의 학문연구를 지도할 기독교 세계관을 명시적으로 정립할 필요를 느끼지 못했다. 그 대신 이성의 자유로운 탐구로 발견되는 것이면 무엇이든 결국 성경의 가르침을 지지할 것이라고 확신했다. 역사학자들은 이것을 신앙과 학문의 **수렴**(convergence) 모델이라 부른다. 이성이 제대로 작동한다면 성경의 가르침으로 **수렴**될 것이라는 주장이다.

여기서 핵심 문구는 무엇인가? "이성이 제대로 작동한다면"이다. 그런데 이성과 신앙이 서로 수렴하지 않으면 어떻게 되는가? 과학이나 역사 혹은 심리학의 견해가 성경과 상반될 경우에는? "과학"과 "자유로운 탐구"의 깃발 아래에는 그 결과를 왜곡시키는 어떤 주의(ism)가 숨어 있는 경우가 많다.

2. 학문과 성경의 가르침이 수렴되지 않는 경우에는, 우리의 성경해석이 잘

못되었거나 학문연구가 어떤 세계관을 전제로 해서 진행되었기 때문이다. 이 두 가지 경우를 보여주는 사례들을 생각해 보라.

⸻

오늘날 대다수의 대학에서 가르치는 내용은 중립적인 학문과는 거리가 멀다. 경제학을 보자. 서구역사를 통틀어 그리스도인 사상가들은 경제학 관련 문헌을 풍성하게 집필했다(전통적으로 그것은 도덕신학의 일부였다). 그런데도 대학의 경제학 교재들을 조사해 본 결과, 종교적·철학적 견해를 폭넓게 가르치는 내용은 별로 없다는 것이 밝혀졌다. 그 대신 한 가지 견해, 곧 신고전주의 경제이론만 가르치고 있다. 신고전주의 경제론은 유용성을 극대화하는 이기적인 존재로 인간을 규정하며, 원자와 같은 개인들이 희소한 자원을 차지하기 위해 경쟁하는 장을 경제 영역으로 묘사한다.

가정경제학 교재에 대한 조사에서도, 결혼과 성 같은 도덕적으로 민감한 주제를 다룰 때 의무·책임·원칙 같은 전통적인 도덕 언어를 사용하지 않는 것이 발견되었다. 대신 자존감(self-esteem)의 언어를 무비판적으로 채택해 학생들에게 스스로 자기 가치관을 택하라고 거듭 촉구한다.

> 당신이 어떤 결정을 내릴 때 오직 당신만이 최선의 대안을 선택할 수 있다.…… 그 선택으로부터 무슨 혜택이나 이익을 얻을 수 있을지 자문해 보라.…… 그러고나서 최소의 불이익과 함께 최상의 것을 선사해 줄 대안을 선택하라(*The Business of Living*, South-Western, 1986).

도덕적 결정은 여러 행위의 결과를 각각 견주어 보고 가장 실효성이 큰 것을 계산하는 이른바 비용-수익 분석의 문제로 취급된다. (조사 결과는 다음 책에 묘사되어 있다. Warren Nord, *Religion and American Education* [University of North Carlina Press, 1995], 4장)

3. 중립적 지식이란 이상 때문에 대학에서 전적으로 세속적인 견해를 가르치는 문이 활짝 열리게 되었는데, 어떻게 그런 일이 일어났는가? 복음주의자들은 어떻게 그런 현상이 일어나고 있는 것조차 알아채지 못했던 것일까? 도덕철학과 자연과학에서 사례를 들어 보라. (561-573p)

19세기가 시작되면서 복음주의자도 사업·경영·재정·마케팅 같은 분야에서 대체로 공리적이고 실용적인 접근을 받아들이기 시작했다. 오늘날 교회와 기독교 단체가 성경의 메시지를 전할 때 세속적인 성공 개념에 입각한 의심스런 방법에 의존하는 현상에서 그 영향을 감지할 수 있다.

이를테면, 한 목사가 내게 일러 주기를, 어떤 기독교 단체가 자기들 프로그램의 실효성을 증명하려고 과학적인 연구조사를 의뢰했다고 한다. 그런데 그 분야의 전문가들이 그 연구에 결함이 많았다는 것을 보여주는 비판적인 글을 출간했다. 그런데도 그 단체는 홍보와 기금마련 프로그램에서 그 타당성이 없는 수치들을 계속 사용했다는 것이다.

4. 기독교 진영을 보면 윤리적인 타협책이 흔히 "사역을 위한 것"이라는 명목으로 합리화되곤 한다. 이층적 사고가 어떻게 영적인 옷을 입은 공리주의(목적이 수단을 합리화한다)로 그리스도인의 눈을 멀게 할 수 있는지 설명해 보라. (167-169, 189-194, 572-573, 672-694p)

스스로에게 던질 질문

5. "베이컨의" 해석학을 설명해 보라. 그 강점과 약점이 무엇인가? (550-561p)

6. 미국의 복음주의는 어떤 면에서 고전적인 종교개혁 신학과 다른가?

(557-558, 823p 주37)

7. 방법론적 자연주의의 수용은 어떻게 형이상학적 자연주의에 이르는 문을 열어 주었는가? (565, 572-573p)

8. 쉐퍼가 증거주의와 전제주의를 한데 묶어서 효과적인 변증법을 고안한 과정을 설명해 보라. (575-590p, 부록 4)

9. 철학적 "속임수"란 무엇인가? 사람들은 자기가 품은 전제가 낳는 논리적 결론을 피하기 위해 그런 속임수를 쓸 때가 많다. 구체적인 예를 들어 보라. (588-590p)

대화를 계속하기 위한 질문
당신이 수업시간에 보는 교재(혹은 당신 자녀들의 교과서)에서, 공립학교가 중립적인 입장에 서지 않고 순전히 세속적인 관점에서 가르치고 있음을 입증하는 사례를 모아 보라.

12장 여성은 어떻게 문화전쟁을 시작했는가

어느 집회에서 한 젊은이가 강연은 무시한 채「완전한 진리」를 정신없이 읽고 있는 모습을 본 적이 있다. 강연이 끝나자 그는 복도로 뛰어나와 휴대전화를 들고 신나는 목소리로 말하기 시작했다. 나중에 자기를 커크 마틴이라 소개한 그 젊은이는, 12장을 읽고 너무 감동을 받아 즉시 아내에게 전화를 했고 생활방식을 바꾸기로 결정했다고 설명해 주었다.

마틴은 아마존 웹사이트에 자신의 논평을 실었다. "식민지시대의 남성은 가정에서 아버지와 미덕의 지도자 역할을 능동적으로 수행한 필수불가결한 존재였다. 온 가족이 다 함께 날마다 가족사업에 종사했다. 산업시대가 도래하면서 이런 역학관계에 변화가 있었다. 여성은 남성을 '교화시키는' 책임을 맡게 되었다(이는 남성에게 변명거리를 제공해 주고 어쩌면 그들의 거친 행동을 은근히 기대하는 파괴적 심성을 낳았다).…… 가정의 역학에 탈구현상이 일어나 가정은 그 힘을 잃고 말았다."

마틴은 자신의 가정에서 시작해 조용한 개혁을 일으키고자 마음먹었다. "현재 우리 가정의 목표는, 그 같은 가족역학을 되찾아 가정에서부터 사업을 함께 운영하고 아내와 내가 아들을 교육하고 양육하는 일을 함께 책임지는 것이다."

편협하고 위축된 여성다움의 개념에 여성을 억지로 끼워 넣는다고 불평하는 페미니스트의 목소리를 우리는 종종 듣게 된다. 그러나 왜소한 남성다움의 개념 때문에 남성이 위축되고 있다는 이야기는 그처럼 자주 들리지는 않는다. 내가 가르치는 학생들과 젊은 성인들은, 이 장이 개인적으로 가장 가슴에 와 닿았다고 고백한다. "나는 모든 친구에게 당신의 책을 읽으라고 권하고 있습니다." MIT 출신의 똑똑한 젊은 여성이 신나서 한 이야기다. "그리스도인 남성이 절름발이 신세가 된 이유를 이 책이 잘 설명해 주고 있다고 말해주지요!" 나라면 그렇게 표현하진 않겠지만, 어쨌든 그녀는 남성에 대한 전통적인 도덕적·영적 표준이 상실된 현상을 잘 포착하고 있는 것 같다.

스스로에게 던질 질문

1. 산업혁명 이후, 어떻게 해서 남성다움의 정의가 갈수록 좁아졌으며 마침내 전통적인 책임에서 남성을 면제해 주게 되었는가?

2. 산업혁명은 여성의 일에 어떤 변화를 주었는가?

3. 이중 잣대의 기원은 무엇인가? 오늘날에도 그런 것이 존재하는가?

(611-620, 630-631, 632-633p)

4. 교회는 일과 가정생활을 통합하려고 노력하는 가족들을 어떻게 지원할 수 있을까? (631-635p)

대화를 계속하기 위한 질문

이 장에서 당신을 가장 놀라게 한 내용은 무엇인가? 당신은 장차 가정과 일의 관계를 어떤 식으로 조정할 계획인가?

13장 참된 영성과 기독교 세계관

당신의 생애는 하나의 이야기다. 당신도 그렇게 믿는가? 당신의 생애에서 일어나는 사건들은 퍼즐 조각과 같이 하나의 커다란 이야기를 이루고, 후자는 전자에게 영원한 의미를 부여해 준다고 믿는가? 어린 시절 우리가 모험담과 요정 이야기에 홀딱 빠지는 것은, 그것들이 영적인 진리를 그림 언어로 보여 주기 때문이다. 재미있는 이야기를 들으면 우리도 그런 신나는 드라마에 말려들고 싶은 마음이 생긴다. 우리에게는 위대하고 고상한 목적을 위해 살고 싶은, 하나님이 주신 갈망이 있다. 그 까닭은 우리의 삶이 더 커다란 이야기─하나님이 친히 들려주시는 이야기─의 일부이기 때문이다.

그러나 이 영적 드라마에 귀가 멀고 눈이 어두워질 때가 종종 있다. 우리는 물질의 영역이 전부라고 쉴새없이 쏘아대는 세속문화에 잠겨 있다. 그래서 가시적인 영역의 지평 너머에 초점을 맞추는 것이 지극히 힘들다. 날마다 일어나는 사건들을 보다 큰 목적을 위해 하나님이 주도하는 것으로 보기보다, 자연적 인과관계 곧 기계적 필연성에 의해 일어나는 것으로 보기가 쉬운 것이다.

내가 기독교 이야기의 진가를 새롭게 인식하게 된 계기는, 할리우드에서 시나리오 집필의 안내서로 가장 많이 사용되는 크리스토퍼 보글러의 「작가의 여정」(*Writer's Journey*, Michael Wiese Productions, 1998)을 누군가에게서 건네받은 것이었다. 모든 심포니가 음악의 기본구조 위에 쌓아올려지는 것처럼, 모든 좋은 이야기는 동일한 설화의 기본패턴에 변화를 준 것이다. 그렇다면 그 보편적인 패턴은 무엇일까? 나는 보글러의 대답에서 성경적인 암시를 발견하고는 너무 놀랐다. 그것은 곧 영웅이 죽음을 지나 부활에 이르도록 하는 사건의 연속이다.

고전적인 영웅 이야기에서 주인공은 일상적인 삶에서 불려나와 장엄한 모험 속으로 들어간다. 「오즈의 마법사」에서 도로시는 문자 그대로 캔자스에서 끌어올려져서 신비로운 오즈의 땅에 떨어졌다. 「호빗」의 빌보 배긴스는 갑자기 고요한 생활에서 벗어나 스머그라는 용과 싸운다. 그 후 영웅은 일련의 시련과 시험을 거치되 그 싸움은 이야기가 상징적인 죽음으로 절정에 도달하기까지 계속된다. 그 죽음은 일종의 큰 위기인데, 죽음을 계기로 영웅이 옛 자아―예전의 패턴과 생활방식―에 대해 죽고 새로운 자아로 변화하게 된다. 영웅은 부서졌으나 치유를 받으며 집에 돌아가서는 가족들에게 새로 얻은 지혜의 유익을 선사한다.

많이 들어 본 줄거리 아닌가? 이것은 모든 모험담에 깔려 있는 구조일뿐더러 깊은 영적인 공명을 불러일으킨다. 바로 그리스도의 생애가 그런 모양이기 때문이다. 마치 서사시 같은 그 이야기는, 그리스도가 신적 특권 곧 하늘 영광을 제쳐두고 스스로를 비워(빌 2장) 인간의 역사 속으로 들어오면서 시작된다. "그는 위에 있는 아버지의 집을 떠나, 사랑 이외의 모든 것을 벗었다"고 찬송가는 노래한다.

이 땅에 사는 동안, 예수는 사탄의 시험과 시련을, 주변 사람들의 조롱과 오해를 모두 견뎠다. 그는 "고난을 당함으로써 순종을 배웠고"(히 5:8) 앞으로 우리가 살아가야 할 삶을 먼저 사셨다. 인류 역사의 절정에 이르러, 그는 우리가 죽어야 할 죽음을 대신해 죽으셨고 우주에 전무후무한 지극한 상실감과 비극을 맛보아야 했다. "나의 하나님, 나의 하나님, 어찌하여 나를 버리셨습니까?"

그러나 죽음은 생명의 창조자를 가둬 둘 수 없었다. 불현듯 눈부신 에너지를 발산하며 예수는 무덤을 열어 젖히고 죽음의 권세를 깨뜨려 버렸다. 희생을 통해 그는 이제 자기 백성을 위해 중보하는 대제사장으로 계신다. 주일학교에서 거듭 듣다가 둔해진 정신을 벗어 버리고 열린 귀로 들을 수만 있다면, 그 이야기는 우리를 사로잡는 이야기가 아닐 수 없다.

그리고 그 이야기는 예수께서 우리를 **위해** 행하신 이야기를 넘어선다. 그 이야기는 예수께서 우리 **안에서** 행하시겠다고 약속하시는 이야기이기도 하다. 우리의 삶도 죽음과 부활의 이야기로 펼쳐지도록 되어 있다. 성화(sanctification)는 우리 속에 새겨진 잘못된 메커니즘, 우리가 품은 세상적인 성공 개념, 잘난 모습을 드러내고 싶은 욕망 등 옛 사람에 대해 죽는 과정이다. 이 과정의 절정에는 종종 깊은 상실감, 막심한 후회, 불의가 있어서 오랜 습관에 물든 우리를 사망의 음침한 골짜기로 내던진다. 그리고 우리가 그리스도의 고난에 동참할 때 비로소 그분의 부활의 능력에 참여할 약속이 주어진다.

스스로에게 던질 질문

1. 기독교 세계관을 적용하는 일을 방해하는 가장 흔한 우상은 어떤 것이 있는가?

2. 당신이 속한 분야에 공공연하게 성경적 관점을 적용하려 할 때, 무엇이 당신을 위협하는가? 동료들의 비웃음인가? 전문가로서 성과를 낼 수 있는 기회의 상실인가? 아니면 진급의 실패인가?

3. 당신이 진정 자유롭게 그리스도를 따르고자 한다면, 무엇에 대해서 "죽

어야" 하는가? 개인적인 이미지와 영향력인가? 성공과 갈채를 향한 야망인가?

대화를 계속하기 위한 질문

기독교 세계관은 생각과 논쟁의 문제에 불과한 것이 아니다. 우리가 하는 모든 일―지적인 활동을 포함해서―에서 하나님을 따르는 데 방해가 되는 걸림돌, 곧 우리의 마음속에 있는 우상에 대해 죽은 것에서 시작된다. 당신의 숨겨진 동기를 깊이 성찰해서, 마음속 우상을 발견하고 하나님만을 자유로이 섬길 수 있게 해달라고 그분에게 도움을 구하라.

옮긴이의 글

최근에 국내외적으로 세계관 관련 서적들이 계속 출간되고 있음은 참으로 고무적인 현상이다. 특히 이제는 철학적·이론적 차원을 넘어서서(아니, 그것을 바탕으로) 실제적·대중적 차원에서 세계관이 논의되고 책과 글이 쓰여지고 있다. 과거에는 기독교 내의 일부 진영에서만 주로 논의되던 세계관 논제가 이제 더욱 폭넓게 거론되기 시작한 것도 환영할 만한 일이다. 얼마 전에 출간된 찰스 콜슨과 낸시 피어시의 공저 「그리스도인, 이제 어떻게 살 것인가?」와 신국원 교수의 「니고데모의 안경」이 좋은 사례다. 이 같은 변화는, 초기에 이론적이고 개념적인 틀을 정립했던 선각자 세대의 노고에 힘입어 그 후계자들이 현대의 세속적인 사상과 문화와 이슈들을 기독교적 관점에서 조망하고 비판하는 작업을 부지런히 해 왔기 때문에 가능했던 것이다.

 이 책의 저자인 낸시 피어시도 그 후계자 가운데 한 사람이다.

프란시스 쉐퍼의 라브리 사역을 통해 잃었던 신앙을 되찾은 후, 지난 30여 년 동안 전문 필자와 편집인 그리고 강사로서 활발하게 활동해 온 결과물이 바로 이 책이다. 「성경-과학 뉴스레터」와 「브레이크 포인트」(찰스 콜슨의 라디오 방송 프로그램)를 비롯한 여러 저널과 잡지의 편집인과 필자로서 그간의 작업을 집대성한 이 책은 저자의 대표작인 셈이다. 이 책을 번역하면서 느낀 소감을 몇 가지로 정리하면 다음과 같다.

첫째, 이 책의 추천자들이 한결같이 칭찬하는 것과 같이 저자의 탁월한 글 솜씨와 명쾌한 논리, 지적인 깊이가 무척 돋보이는 책이라는 사실이 실감나게 다가왔다. 책의 뒤편에 있는 100여 쪽에 달하는 주가 보여주듯이 탄탄한 근거 자료를 바탕으로 쓰여졌기 때문에 자칫 딱딱해질 수도 있었지만, 틈틈이 삽입된 이야기들과 저자 자신의 간증이 부드러움을 더해 주었고 세계관 논의가 현실과 얼마나 밀접하게 연관되는지를 생생하게 보여주고 있다. 또한 신학·철학·역사·과학·문화·교육 등 여러 방면에 걸친 저자의 폭넓은 지식과 통찰력이 논의를 더욱 풍성하게 만들어 주는 책이다.

둘째, 세 권으로 쓸 수 있는 것을 절묘하게 하나로 묶었다는 느낌을 받았다. 1부에서 다루는 세계관의 주제, 2부의 기원과 과학의 문제, 3부의 미국 복음주의의 역사는 각각 한 권의 책으로 내놓아도 손색이 없으나, 그 세 가지를 잘 연결시켜 단권으로 엮어 낸 것이다. 1부에서는 우리가 익히 알고 있는 창조-타락-구속의 틀이 다른 세속적 세계관에서 어떤 변형된 형태로 나타나는지를 분명하고도 노련하게 다루고 있다. 2부에서는 진화론의 맹점과 그것이 함축하는 자연주의적 세계관을 날카롭게 지적하는 한편 1990년대에 등장한 지적 설계론의 타당성을 설득력 있게 제시하고 있다. 여기서 저자의 독창적 사상은 아니지만 기존의 논의를 일목요연하게 정리하고 소개하는 저널리스트의 자질을 충분히 감지할 수 있다. 3부에서는 미국 복음주의가 기독교적 지성을 제대로 개발하지 못했던 역사적 요인을 추적하는데, 수년 전에 출간되었던 마크 놀의 「복음주의 지성의 스캔들」을 떠올리는 내용이다. 이제는 한국에서도 한국인의 심성과 세계관을 깊이 있게 분석하고 한국 기독교의 역사와 특징을 비판적으로 조망해야 할 때가 되지 않았나 생각해 본다.

셋째, 이 책의 강점이자 우리에게 주는 실제적인 도전은 4부에서 맛볼 수 있었다. 저자는 자칫 관념적인 차원으로 흐르기 쉬운 세계관 논의를 기독교의 참된 영성과 접목시킴으로써 기존에 간헐적으로 논의되어 왔던 것을 깔끔하게 마무리하고 있다. 특히 십자가 신학과 고난의 제자도를 강조함으로써 기독교 세계관의 논의와 그에 따른 삶이 결국 자기를 부인하고 십자가를 지고 그리스도를 따르는 제자의 삶임을 분명하게 밝힌다. 저자 자신이 기독교 기관에 몸담고 있으면서 경험하고 관찰한 비윤리적이고 비기독교적인 관행을 적나라하게 폭로하는 대목에서는 저자의 상처를 미루어 짐작할 수 있었고, 오늘날 한국 교회와 기독교 단체의 실상을 깊이 반성하지 않을 수 없도록 만들었다. 책 뒤에 나오는 주에 모든 출처를 철저하게 밝힌 것(심지어 웹사이트까지)도 저자의 윤리적 표준을 대변하고 있다.

마지막으로, 이 책은 기존에 우리에게 알려진 필자들의 사상과 맥을 같이하는 부분이 많다는 생각이 들었다. 한국에서 처음으로 세계관 논의를 촉발시켰던 화란 개혁주의 계통의 사상가들(카이퍼, 도예베르트, 리처드 마우, 알버트 월터스, 브라이언 왈쉬, 리처드 미들턴 등), 70년대와 80년대에 젊은이들에게 큰 영향을 미쳤던 프란시스 쉐퍼, 서양의 여러 세계관을 우리에게 처음으로 소개했던 제임스 사이어, 선교학적 관점으로 서구문화의 문제점을 날카롭게 비판했던 레슬리 뉴비긴, 최근에 지적 설계론의 대표주자로 소개된 필립 존슨과 윌리엄 뎀스키, 한국인으로서 강의와 집필을 통해 세계관 논의를 주도해 왔던 손봉호, 송인규, 신국원 교수 등과 전반적으로 그 흐름을 같이하고 있는 것 같다(물론 세부적인 면에서는 의견을 달리하는 부분도 있겠지만). 따라서 이 책을 통해 지적인 자극을 받은 독자라면 상기한 필자들의 저서를 구해 보라고 권유하는 바다.

한국에 기독교 세계관이 본격적으로 소개된 것은 70년대 말이었다. 한 세대에도 못 미치는 짧은 기간이지만 특히 시기별로 대학생 세대가 당면했던 여러 이슈와 학문에 대해 기독교적 관점으로 사고하고 행동하도록 촉구한 면에서 그 영향력이 적지 않았다. 당시에 20대였던 첫 세대가 이제 50대에 접어들면서 그동안 축적된 자원이 구체적인 열매로 맺어지는 모습을 보는 것도 큰 감사거리다. 앞으로도 젊은 세대 가운데 새로운 주자가 등장하여 현 시대가 직면한 이슈들(생태학, 유전공학, 포스트모더니즘 등)과 관련해 지적인 차원에서 복음과 믿음을 변호하고, 학문 분야에서도 그리스도의 주권이 인정되는 일을 위해 진력하게 되기를 간절히 기대해 본다. 이런 면에서 한국 교회가 더욱 문제 의식을 갖고 인적 자원을 개발하며 그 물적 자원을 금방 열매가 드러나지 않는 이런 사역에 투자하게 되기를 바라는 바다. 마지막으로, 좋은 책을 번역하도록 맡겨 주고 지체된 번역 작업을 인내로써 기다려 준 복 있는 사람 지체들께 감사 드린다.

2006년 4월

홍 병 룡